권력에의 의지

Friedrich Nietzsche

Versuch einer Umwertung aller Werte

권력에의 의지

모든 가치의 가치전도 시도

Der Wille zur Macht

프리드리히 니체 지음
이진우 옮김

역자 서언

《권력에의 의지》는 매우 유명하고 매우 흥미로운 책이다. 1880년대 세상에서 외면받을수록 내면으로 침잠하여 세계 자체를 하나의 사상으로 포착하려고 몸부림쳤던 니체의 열정과 고뇌가 고스란히 담겨있는 이 책은 생각을 하는 사람들에게 여전히 영감을 준다. 여기에 모아놓은 잠언과 단편은 그의 사상의 여정이 남긴 흔적이다. 남겨진 유고의 단편들을 어떻게 연결하여 징검다리로 삼느냐에 따라 우리가 도달할 사상의 도착지가 달라진다는 점에서 이 책은 매우 흥미롭다. 그가 직접 발표한 글에만 머물지 않고 그가 궁극적으로 사유한 철학적 문제가 무엇인지를 알려고 위대한 사상가의 작업장을 들여다보는 것처럼 흥미로운 일도 없을 것이다.

《권력에의 의지》는 매우 유명하고 동시에 악명이 높다. 니체가 자신의 주요 사상과 주요 작품으로 여러 차례 계획했지만 실행하지는 못했다는 점에서 유명하다. 오늘날 많은 사람이 《차라투스트라는 이렇게 말했다》를 니체 사상의 정점으로 꼽지만, 니체 자신은 정작 이 책을 다음에 작업할 자신 철학의 '현관'으로 간주한다. 《권력에의 의지》가 그의 사상의 '본관'이 되어야 했다. 그가 1886년 《선악의 저편》을 출간하면서 책날개에 이 책을 예고하고, 1887년 발표한 《도덕의 계보》의 마지막 부분에서는 "권력에의 의지. 모든 가치의 가치전도 시도"라는 저서를 참조하라고 권한다. 이 책은 1880년대 니체의 사유 전체와 주요 저작들과 복잡하게 얽혀있음이 분명하다. 위대한 사상가 니체가 자기 사유의 본관으로 생각한 주저는 어떤 모습일까? 《권력에의 의지》를 유명하게 만든 이 질문은 여전히 우리를 이 책으로 이끈다.

그러나 이 책이 악명 높은 이유는 사후에 그의 누이 엘리자베트 푀르스터-니체에 의해 편집되었기 때문이다. 편집 자체가 니체의 사상을 왜곡하는 것은 아니다. 잠언을 선호한 니체의 독특한 글쓰기 양식 때문에 그의 사상을 체계적으로 이해하려면 어느 정도의 '편집'이 필요했다. 문제는 편집자가 히틀러와 나치즘과 이상한 관계를 맺은 그의 누이였다는 사실이다. 엘리자베트 푀르스터-니체는 정말 이 책을 파시즘에 헌정한 것인가? 《권력에의 의지》가 출간된 후 1세기가 지난 지금 엘리자베트와 관련된 전설의 안개는 서서히 걷히고 있다. 니체 사상과 파시즘의 관계가 근거 없는 소문이었던 것처럼, 니체가 나치에 의해 오용된 이유를 찾는 사람들에게 엘리자베트는 손쉬운 희생양이었다는 사실이 드러나고 있다.

위대한 사상의 참된 모습을 보고 그 뿌리를 이해하려면 우리는 종종 이 사상이 빚어낸 편견과 선입견의 덤불을 헤치고 사상의 집 자체로 들어가야 한다. 더군다나 니체의 경우처럼 그 사상이 다양한 가면과 베일에 가려있다면 건물과 그것을 에워싸고 있는 덤불을 가려내기란 여간 어려운 일이 아니다. 덤불을 걷어내고 니체 사상의 적나라한 모습을 마주하면, 우리는 오히려 더 놀랄 수 있다.《권력에의 의지》가 위험한 사상을 품고 있는 것은 그 제목 자체가 두려움을 불러일으키기 때문이다. 여기서 니체는 누구나 쉽게 입에 올리지 못하는 '권력'을 말한다. 마키아벨리가 권력을 정면으로 정직하게 사유했기 때문에 악명 높은 '마키아벨리즘'의 이데올로기를 수반하는 것처럼, 니체의 '권력에의 의지'는 바로 권력 자체를 건드리기 때문에 언제나 위험한 이데올로기로 여겨질 수 있다. 니체는 1884년의 유고에서 "언젠가 마키아벨리보다 더 고약한 사악한 책 한 권을 지을 것"이라고 고백한다. 그것이 바로《권력에의 의지》다.

물론 니체가 권력을 단지 정치적, 사회적 의미에서만 말한 것은 아니다. 니체에 의하면 권력에의 의지는 삶이고, 세계이고, 존재 자체이다. "삶에의 의지? 나는 그곳에서 항상 권력에의 의지를 발견했다."라고 말할 때, 니체는 그것으로 삶과 존재와 세계의 근원을 들여다보고 싶었던 것이다. 그러므로《권력에의 의지》는 니체 사상의 핵심으로 이어지는 징검다리임이 분명하다.《차라투스트라는 이렇게 말했다》가 현관에 불과하다면, 니체 사상의 본관은 여전히 수많은 가시덩굴로 덮여있다. 그 안에 정말 본관이 숨겨져있는지, 아니면 있지도 않은 건물에 대한 환상만 있는지는 모른다. 분명한 것은 본관으로 안내하는 현관의 머리 위에는 '권력에의 의지'라는 표어가 걸려있다는 점이다.

이 책은 수많은 오해에도 불구하고 단점보다는 장점을 많이 가지고 있다. 우선, 이 책은 1880년대의 단편과 노트를 연대순으로 흩어놓은 비평전집보다 훨씬 읽기 쉽다. 그뿐만 아니라 혼란스러운 단편들을 니체의 계획에 따라 편집함으로써 어느 정도 전망할 수 있는 철학적 풍경을 제공한다. 이 풍경은 독자들이 어디에서 시작하여 덤불을 헤치고 들어갈지 결정하는 데 도움을 준다. 그동안 주로 비평전집만을 읽어왔던 내게 이 책을 읽는 것은 정말로 새로운 경험이었다. 물론 《권력에의 의지》라는 이 책이 니체가 그 개념과 제목으로 의도했던 본관은 아니다. 미완성의 증거인 이 책은 동시에 완성된 사상의 모습을 간간이 보여준다. 그것이 이 책의 매력이다.

니체는 《인간적인 너무나 인간적인》 제4장 잠언 178에서 "불완전한 것이 오히려 효과적"이라고 강조한다. "효과적인 것으로서의 불완전한 것. 부조상들이 벽 쪽에서부터 모습을 드러내던 도중에 무엇인가에 가로막혀서 갑자기 멈추게 되면, 그 부조상들은 이 효과를 통해 상상력에 아주 강한 영향을 미치게 된다. 그와 마찬가지로, 어떤 사상과 철학 전체를 부조하는 것과 같은 방식으로 불완전하게 표현하는 것은 때때로 철두철미하게 표현하는 것보다 더 효과적이다. 더 많은 것이 보는 사람의 작업으로 떠맡겨진다. 그는 매우 심한 빛과 어둠 속에서 그 앞에 모습을 드러내는 것을 계속 구성해가면서 끝까지 생각하고, 그때까지 그것이 완전히 모습을 드러내는 데 방해가 되었던 장애물을 스스로 극복하도록 자극받게 된다."

니체 사상의 본관이 완성되지 않았기에 오히려 더 많은 상상력을 자극하는 것은 아닐까? 그런데 많은 사람이 '권력에의 의지'라는 말에 흠칫 놀라 물러서서 그의 사상을 맞닥뜨리려 하지 않는다. 하이데거가 말한 것처럼, "니체의 저작에 참여할 사유의 용기와 끈기가 없는 사람은 그에 관한 글을 읽을 필요가 없다." 지금까지 니체의 사상은 찬양되거나 미화되고, 혹은 모욕당하거나 착취당했다. 니체가 예언했던 허무주의가 이제 일상화되고 평범해진 지금, 우리는 비로소 니체를 읽을 수 있을지 모른다. 현대를 살아내기 위해서는 현대를 관통하는 정신을 꿰뚫어 보아야 하기 때문이다. 니체의 철학을 정치적 오용에서 구원하는 데 결정적으로 공헌한 하이데거가 이 책을 톺아나가면서 사유했다는 것은 시사하는 바가 크다. 이 책을 어떻게 읽든 중요한 것은 우리가 이 책과 함께 사유하는 것이다. 이 책은 우리 시대를 진지하게 고민하고, 우리 시대의 문제를 니체와 함께 풀고자 하는 사람들을 위한 것이다.

이 책을 옮기는 데 많은 고민이 있었다. 굳이 지금 이 책을 옮기는 것이 필요할까? 《권력에의 의지》에 엮어놓은 단편과 노트를 비평전집과 하나씩 대조하면서 옮기는 과정에서 이 책의 장점과 매력은 더욱 짙어졌다. 무엇보다 잠언과 잠언을 연결하는 상상의 자극은 사유의 즐거움을 더했다. 니체가 이 책을 기획하면서 이렇게 말했다고 한다. "권력에의 의지. 단지 사유를 위한 책, 그 이상은 아니다. 사유가 즐거움을 주는 사람들에게만 속하는 책일 뿐, 그 이상은 아니다."

이 책이 독자들에게 자신의 니체를 찾아가는 징검다리가 되고, 그 여정에 즐거움을 주기를 기대한다.

2023년 봄날 창리의 꽃골에서

이진우

차례

2권 이제까지의 최고의 가치에 대한 비판

3권 새로운 가치 정립의 원리

4권 규율과 훈육

1

위대한 것에 관해서는 침묵하거나 위대하게 말해야 한다. 여기서 '위대하게'라는 것은 '순진무구하게', '냉소적으로'를 의미한다.

2

내가 이야기하는 것은 다음 두 세기의 역사이다. 나는 다가오고 있으며, 더는 다르게 올 수 없는 것을 서술한다. **허무주의의 도래**. 이 역사는 지금 이미 이야기할 수 있다. 필연성 자체가 여기서 작동하고 있기 때문이다. 이 미래는 이미 100여 가지 징조로 말하고 있으며, 이 운명은 도처에서 예고된다. 이러한 미래의 음악을 들으려고 모두가 이미 귀를 쫑긋 세웠다. 우리의 전체 유럽 문화는 이미 오래전부터 십 년 단위로 증가하는 긴장의 고문을 받으며 파국을 향해 내닫고 있다. 안절부절못하고 난폭하게 허둥대고 있다. 그 **끝에** 도달하고자 하며, 더는 숙고하지 않고, 숙고하기를 두려워하는 강물처럼.

3

여기서 말하는 사람은 반대로 지금까지 **숙고하는 것** 외에는 아무것도 하지 않았다. 본능적으로 철학자이며 은둔자인 그는 먼 곳에서, 바깥에서, 인내에서, 지체에서, 뒤처짐에서 자신의 장점을 찾았다. 그는 모험과 실험의 정신으로서 미래의 모든 미로에서 한 번 길을 잃었다. 예언하는 새의 정신으로서 그는 무엇이 올 것인지에 대해 이야기할 때는 **뒤돌아본다**. 그러나 그는 유럽 최초의 완전한 허무주의자로서 허무주의 자체를 이미 자기 내면에서 끝까지 체험했다. 그는 허무주의를 자신의 뒤에, 자신의 밑에, 자신의 바깥에 두고 있다.

4

이 미래의 복음서가 불리기를 원하는 '**권력에의 의지**. 모든 가치의 가치전도 시도'라는 제목의 의미를 잘못 짚어서는 안 된다. 이 어구로 하나의 반대운동이 그 원칙과 과제와 관련하여 표현되었다. 미래의 언젠가 저 완전한 허무주의를 대체할 운동. 그러나 이 운동은 논리적으로 그리고 심리적으로 완전한 허무주의를 전제하며, 전적으로 **그것 다음에 그리고 그것으로부터만** 다가올 수 있다. 도대체 허무주의의 도래는 왜 **필연적인가**? 왜냐하면 우리의 기존 가치들 자체가 허무주의 안에서 그들의 최후의 결론을 내리기 때문이다. 허무주의는 바로 극단까지 사유된 우리의 위대한 가치와 이상들의 논리이기 때문이다. 이러한 "가치들"의 가치가 본래 무엇인가를 알아내려면 우리는 허무주의를 우선 체험해야 하기 때문이다. 우리는 언젠가는 **새로운 가치들**이 필요하다.

Friedrich
Nietzsche

Versuch einer Umwertung aller Werte

1권

유럽 허무주의

유럽 허무주의

1

계획

허무주의가 문 앞에 서 있다. 모든 손님 중에서 가장 무시무시한 이 손님은 어디에서 오는 것인가?

1. 출발점: 허무주의의 **원인**으로 "사회적 위기", "생리적 퇴화" 또는 심지어 "부패"를 언급하는 것은 오류이다. 우리 시대는 가장 정직하고 동정심이 많은 시대이다. 궁핍, 영혼과 신체와 지성의 궁핍 그 자체는 허무주의, 즉 가치나 의미, 바람직함의 철저한 부정을 야기할 수 없다. 이러한 궁핍은 항상 매우 다양한 해석을 허용한다. 오히려 기독교적-도덕적 해석이라는 특정한 해석 속에 허무주의는 뿌리를 내리고 있다.

2. 기독교의 몰락—대체될 수 없는 자신의 **도덕**에 의한 것이다. 이 도덕은 기독교적 신을 반대한다. (기독교를 통해 고도로 발전한 진실성의 감각은 모든 기독교적 세계 해석과 역사 해석의 거짓과 허위에 대해 **구토**를 느낀다. "신은 진리다."에서 "모든 것은 거짓이다."라는 광신적

인 믿음으로의 반동. **행동**의 불교.)

3. 도덕에 대한 회의가 결정적이다. 저편의 세계로 도피하려고 시도한 이후에 더는 **인가**를 받지 못한 도덕적 세계 해석의 몰락은 허무주의로 이어진다. "모든 것이 의미가 없다." (엄청난 힘을 쏟아부었던 하나의 세계 해석의 실행 불가능성 — **모든** 세계 해석이 거짓이 아닌가 하는 의심을 불러일으킨다.) 불교적 특성, 무(無)에 대한 동경. (인도불교는 철저한 도덕적 발전을 겪지 않았다. 그렇기 때문에 인도불교의 허무주의에는 단지 극복되지 않은 도덕만 있을 뿐이다. 형벌로서의 실존, 오류로서의 실존을 결합하면 따라서 형벌로서의 오류—하나의 도덕적 가치 평가.) "도덕적" 신을 극복하려는 철학적 시도들(헤겔, 다신론). 현자, 성자, 시인이라는 민중적 이상들의 극복. "진리이다", "아름답다", "선하다"의 대립.

4. 한편으로는 "무의미"에 대항하고, 다른 한편으로는 도덕적 가치판단에 대항하여, 모든 학문과 철학은 이제까지 어느 정도 도덕적 판단의 영향을 받았는가? 그리고 사람들은 학문의 적대를 함께 감수해야 하는가? 아니면 반학문적 성향을? 스피노자주의의 비판. 기독교적 가치판단의 잔재는 사회주의적이고 실증주의적인 체계 어디에서나 발견된다. **기독교 도덕에 대한 비판**이 결여되어있다.

5. 현대 자연과학의 허무주의적 결과(저편의 세계로 살그머니 도피하려는 그 시도들과 함께). 그 시도들의 작업 결과로 마침내 자기분해, 자신에 대한 반대, 반과학적 성향이 일어난다. 코페르니쿠스 이후 인간은 중심으로부터 x 속으로 굴러간다.[1)]

6. 모든 "원칙"이 마침내 연극적인 것이 된 곳에서 정치적, 경제적

사고방식의 허무주의적 결과. 평범함, 비참함, 부정직함 등등의 공기. 민족주의, 무정부주의 등등. 형벌. **구원하는** 신분 계급과 인간, 즉 정당화하는 사람들이 결여되어있다.

7. 역사와 "**실천적** 역사가", 즉 낭만주의자의 허무주의적 결과. 예술의 지위. 현대 세계에서 예술의 지위는 절대적으로 독창성이 **결여되어**있다. 예술이 어둠 속으로 쇠퇴한다. 괴테의 소위 대가 정신.

8. 예술과 허무주의의 준비. 낭만주의(바그너의 니벨룽겐 결말).

---

1) 프리드리히 니체,《도덕의 계보》, III, 25 참조.

1장

허무주의

1. 실존에 대한 기존의 가치 해석의 결과로서 허무주의

2

허무주의는 무엇을 의미하는가?—최고 가치들이 탈가치화하는 것. 목표가 결여되어있다. "왜?"라는 물음에 대한 대답이 결여되어 있다.

3

극단적 허무주의는 사람들이 인정하고, (실천하는) 최고의 가치들이 문제될 때 실존이 절대적으로 유지될 수 없다는 확신이다. 여기에 더해서 극단적 허무주의는 저편의 세계나 사물 자체를 "신적"이라거나 도덕을 구현한다고 설정할 수 있는 권리를 전혀 가지고 있지 않다는 사실의 **통찰**이다.

이런 통찰은 크게 함양된 "진실성"의 결과이다. 따라서 그 자체 도덕을 믿은 결과이다.

4

기독교의 도덕 가설의 **이점**은 무엇인가?

1. 생성과 소멸의 흐름에서 인간의 왜소함과 우연성과는 반대로, 그것은 인간에게 절대적 가치를 부여했다.

2. 그것은 고통과 악에도 불구하고 세계에 저 "자유"를 포함한 **완전성**의 성격을 부여하는 한, 신의 옹호자들을 섬겼다. 악은 의미로 가득 찬 것으로 나타났다.

3. 그것은 인간이 절대적 가치에 관한 지식을 가지고 있다고 가정함으로써 인간에게 가장 중요한 것에 관한 **적합한 인식**을 제공했다.

4. 그것은 인간이 자신을 인간으로서 경멸하거나 삶에 반대하는 편을 들지 못하도록 하고, 인식함에 있어서 절망하지 않도록 했다. 그것은 일종의 **보존 수단**이었다.

요약하면, 도덕은 실천적이고 이론적인 허무주의에 대한 훌륭한 **해독제**였다.

5

그러나 도덕을 성장시킨 힘 중에는 **진실성**이 있었다. 이 진실성은 마침내 도덕을 향하여, 도덕의 **목적론**을 발견하고 **이해관계에 얽매인** 관찰 방식을 발견한다. 사람들이 절망적으로 탈피하려는 오래 지속된 고질적인 허위에 대한 **통찰**은 이제 자극제가 된다. 이제 우리는 오랜 도덕 해석을 통해 심어진 욕구들을 우리 자신에게서 확인한다. 이 욕구들은 지금 우리에게 허위에 대한 욕구로 나타난다. 다른 한편으로 우리로 하여금 삶을 견디게 하는 가치는 이런 욕구들에 달려있는 것처럼 보인다. 우리가 인식하는 것을 존중하지 **않고**, 우리가 자신에게 거짓말하고 더는 존중해서는 안 되는 이 대립 관계는 해체 과정을 초래한다.

6

이것은 **이율배반**이다.

우리가 도덕을 믿는 한, 우리는 실존에 대한 **선고를 내린다**.

7

인간이 섬기며 살아야 하는 최고의 가치들. 특히 그것들이 매우 어렵고 많은 비용을 요구할 때 인간은 그것을 섬겨야 했다. 이러한 **사회적 가치들**의 목소리를 **강화하기** 위한 목적으로, 그것들은 마치 신의 명령인 것처럼, "실재"로서, "참된" 세계로서, 희망과 미래의 세계로서 인간 위에 세워졌다. 이런 가치들의 초라한 기원이 명백해진 지금, 우주는 가치를 잃어버리고 "무의미"해진 것처럼 보인다. 그러나 이것은 단지 **중간 상태**일 뿐이다.

8

도덕적 가치 평가의 결과로서 **허무주의적** 결과(무가치에 대한 믿음). **우리는 이기적인 것을 싫어한다**(이기적이지 않은 것이 불가능하다는 것을 깨닫고 난 후에도). **우리는 필연적인 것을 싫어한다**("자유의지 liberum arbitrium"와 "예지적 자유"의 불가능성을 깨닫고 난 후에도). 우리는 우리가 가치를 두었던 영역에 도달하지 못한다는 것을 안다.

그렇다고 그것이 우리가 사는 다른 영역에 가치를 부여하는 것은 **결코 아니었다**. 반대로, 우리는 주된 동기를 잃어버렸기 때문에 피곤하다. "이제까지의 일이 헛되구나!"

9

허무주의의 예비적 형태로서의 비관주의.

10

강함으로서의 비관주의—어떤 점에서? 그것의 논리가 가진 에너지에서, 무정부주의와 허무주의로서, 그리고 분석론으로서.

쇠퇴로서의 비관주의—어떤 점에서? 유약하게 만든다는 점에서, 세계주의적 감성으로서, "모든 것을 이해한다"와 역사주의로서.

비판적 긴장: 극단이 나타나고 우세해진다.

11

마지막 허무주의에 이르는 비관주의의 논리. 무슨 일이 일어나고 있는 것인가? 무가치성, 무의미성의 개념. 모든 높은 가치 뒤에는 도덕적 가치 평가들이 어느 정도 숨어있는가?

결론: **도덕적 가치판단들은 선고이며 부정이다. 도덕은 실존에의 의지를 배반하는 것이다.**

12

우주적 가치의 쇠퇴

1.

심리적 상태로서의 **허무주의**가 일어나야만 할 것이다. 첫째, 모든 사건에서 들어있지도 않은 "의미"를 찾았기 때문에 참는 사람이 결국 낙담할 때. 그러므로 허무주의는 오랫동안 힘을 **낭비**했다는 인식이고, "헛수고"의 고통이고, 불안정이고, 어떻게든 회복하고 그 어떤 무엇인가에 관해—마치 너무 오랫동안 자신을 **기만한** 것처럼 자신에 대한 수치심에 관해—평정심을 얻을 기회의 결핍이다. 사람들이 찾은 그 **의미**는 다음과 같은 것이었을 수 있다. 모든 사건 속에서 가장 높은 윤리적 규범의 성취, 윤리적 세계 질서, 또는 여러 존재의 교제에서 사랑과 조화의 증가, 또는 일반적으로 행복한 상태로의 점진적 접근, 또는 심지어 일반적인 소멸 상태로의 돌진. 하나의 목표는 여전히 의미를 구성한다. 이 모든 사고방식의 공통점은 무엇인가가 과정 자체를 통해 **성취되어야만** 한다는 것이다. 그런데 사람들은 이제 생성이 **무**(無)를 목표로 하고, **아무것**도 성취되지 않는다는 것을 깨닫는다. 그러므로 추정된 **생성의 목적**에 대한 실망이 허무주의의 원인이다. 아주 특정한 목적과 관련된 것이든, 전체 "발전"과 관련된 기존의 모든 목적 가설이 불충분하다는 통찰이든. (인간은 **더는** 생성의 중심은커녕 협력자도 아니다.)

심리적 상태로서의 허무주의는 **둘째로** 사람들이 모든 사건 속에 그리고 모든 사건 아래에 일종의 **전체성**과 **체계화**, 심지어 일종의 **조직화**가 일어난다고 가정할 때 나타난다. 그래서 감탄과 존경을 갈망하는 영혼은 최고의 지배 형식과 관리 형식에 관한 생각에 탐닉하게 된다. (그것이 논리학자의 영혼이라면, 모든 것과 화해하는 데 절대적인 일관성과 실재 변증법이면 충분하다.) 일종의 통일성, 그 어떤 것이든 "일원론"의 형식: 이러한 믿음 때문에 인간은 자신보다 무한히 우월한 전체와 심오한 관계를 맺고 있으며 의존하고 있다는 감정을 지니게 된다. 신성(神性)의 양식. "일반적 우주의 안녕은 개체의 헌신을 요구한다." 그러나 보라, 그러한 일반적 우주는 없다! 근본적으로 인간은 자신을 통해 무한히 가치 있는 전체가 이루어지지 않을 때 자신의 가치에 대한 믿음을 잃었다. 다시 말해 인간은 **자신의 가치를 믿으려고** 그러한 전체를 생각해냈다.

심리적 상태로서의 허무주의는 아직 **세 번째이자 마지막** 형태를 지닌다. 이 두 가지 통찰, 즉 생성으로 아무것도 성취되지 않는다는 통찰과 모든 생성 밑에는 개체가 최고 가치의 요소 속으로 사라지는 것처럼 완전히 사라질 수 있는 그 어떤 위대한 통일성도 일어나지 않는다는 통찰을 감안하면, 하나의 **탈출구**가 남아있다. 이 전체의 생성 세계를 허구로 선고하고, 이 세계의 저편에 있는 세계를 **참된** 세계로 발명하는 것이다. 그러나 인간이 이 세계가 오직 심리적 욕구로 만들어진 것이고 그럴 권리가 전혀 없다는 것을 알게 되자마자, 허무주의의 마지막 형식이 생겨난다. 이것은 **형이상학적** 세계에 대한 불신을 포함하며, **참된** 세계에 대한 믿음을 금지한다. 이 관점에 도달하면 사람들은 생성의 현실을 **유일한** 현실로 인정하고, 저편의 세계와 거짓 신성으로 살금살금 다가갈 그 어떤 비밀 통로도 금지한다. 그러나 **사람들은 부정하고 싶지 않은 이 세계를 견디지 못한다.**

— 근본에서 무슨 일이 일어난 것인가? 실존의 전체 성격이 "목

적"의 개념으로도, "통일성"의 개념으로도, 그리고 "진리"의 개념으로도 해석되어서는 안 된다는 것을 파악했을 때, 무가치의 감정이 일어난 것이다. 실존의 목표도 없고 끝도 없다. 사건의 다양성 속에는 포괄적 통일성이 없다. 실존의 성격은 "진리"가 아니라 거짓이다. 참된 세계가 존재한다고 자신을 설득할 아무런 근거도 없다.

간단히 말해, 우리가 세계에 하나의 가치를 투입하려고 사용했던 "목적"과 "통일성", "존재"의 범주들을 우리는 다시 **끄집어낸다**. 그래서 세계는 이제 **무가치하게** 보이는 것이다.

2.

이 세 가지 범주의 관점에서 세계는 더는 해석되어서는 안 되고 또 이러한 통찰 뒤에 세계가 우리에게 가치 없는 것이 되기 시작한다는 점을 우리가 인식했다고 가정하면, 우리는 이 세 가지 범주에 대한 믿음이 **어디에서** 유래한 것인가를 물어야만 한다. 그렇다면 이 범주들에 대한 믿음을 철회하는 것이 가능한지 시험해보자. 우리는 이 세 범주의 가치를 평가했다고 해서, 이 범주들을 우주에 적용할 수 없다는 것의 증명이 결코 **우주의 가치를 절하할** 근거가 되지는 않는다.

결론: 이성 범주들에 대한 믿음이 허무주의의 원인이다. 우리는 **순전히 허구적으로 꾸며낸 세계와 관련된** 범주들로 세계의 가치를 측정했다.

최종 결론: 우리가 이제까지 세계를 우선 평가가 가능한 것으로 만들려는 데 사용했던 수단들인 **모든** 가치, 이 가치들이 적용 불가

능한 것으로 증명되었을 때 우리가 세계를 결국 탈가치화한 수단이었던 모든 가치. 이 모든 가치는 심리학적으로 따져보면 인간의 지배 구조를 유지하고 증대시키기 위한 특정한 유용성 관점들의 결과이다. 그리고 인간의 지배 구조는 사물의 본질 속으로 잘못 **투사되었다**. 여기에는 여전히 자기 자신을 사물의 의미와 척도로 설정하는 인간의 **과장된 순진함**이 있다.

13

허무주의는 병리적 **중간 상태**를 나타낸다(병리적이라는 것은 엄청난 일반화이고, **아무런 의미도 없다**는 추론이다). 그것은 생산적인 힘들이 아직 충분히 강하지 않아서일 수도 있고, 데카당스[1]가 여전히 지체하고 그것의 치료제가 아직 발견되지 않았기 때문일 수도 있다.

---

1) 데카당스는 원래 단순히 쇠퇴, 퇴락, 퇴폐를 의미했지만, 이후 규범, 도덕, 종교적 신념, 명예, 규율에서 인식되는 퇴락을 가리키게 되었다. 니체가 사용하는 단어는 프랑스어 '데카당스(décadence)'에서 파생되었는데, 19세기 말 자연에 대한 초기 낭만주의의 순진한 관점보다 기교를 중시했던 '세기말(fin de siècle)'의 많은 작가에게 붙여진 이름이다. 상징주의 및 심미주의와 연관된 프랑스의 문화적 데카당스는 문학과 예술의 쇠퇴와 퇴폐를 의미한다. 니체는 데카당스를 허무주의의 맥락에서 사용한다. 문화적으로 데카당스는 삶에 기여할 새로운 가치를 창조할 수 없는 무기력한 병리적 상태를 가리킨다. 예술적으로 데카당스는 고통으로 가득 찬 현실을 외면한 채 비현실적인 이상과 아름다움을 추구하는 상태이다. 니체는 《바그너의 경우》에서 바그너를 데카당의 전형으로 평가하면서 데카당스를 '양식(Stil)'의 관점에서 규정한다. "생명이 더 이상 전체에 퍼져있지 않다는 것"이 데카당스 양식의 특징이다. "전체는 더 이상 살아있지 않다. 전체라는 것은 짜 맞춰지고, 계산되고, 인위적인 인공물이다." 니체는 19세기 유럽의 문화를 이러한 데카당스의 상태로 진단하며, 데카당스를 가져온 역사의 논리로 허무주의를 제시한다.

이러한 가설의 전제 조건: 진리가 존재하지 않는다, 사물의 절대적 특성은 없다, "물자체"는 존재하지 않는다는 가설. **이것 자체가 허무주의이고, 그것도 가장 극단적인 허무주의이다**. 이 허무주의는 사물의 가치를 집어넣었는데, 이 가치에는 어떤 실재도 부합하지 않고 또 부합했던 적이 없다. 이 가치들 속에는 오직 **가치-설정자** 측에 있는 힘의 징후만, 즉 삶의 목적을 위한 단순화만 있을 뿐이다.

14

가치들과 그것들의 변화는 **가치 설정자의 권력 성장**과 관계가 있다. **권력 성장의 표현**으로서의 **불신**과 허용된 "정신의 자유"의 척도.

최고로 강력한 정신이라는 이상과 가장 풍요로운 삶의 이상으로서의 "허무주의". 부분적으로는 파괴적이고, 부분적으로는 역설적이다.

15

믿음이란 무엇인가? 그것은 어떻게 생겨나는가? 모든 믿음은 '**무엇인가를-참으로-간주하는 것**'이다. 허무주의의 가장 극단적인 형식은 모든 믿음, 즉 모든 '무엇인가를-참으로-간주하는 것'이 필연적으로 거짓이라는 사실일 것이다. **왜냐하면 참된 세계는 전혀 존재하지 않기 때문이다**. 그러므로 우리 내면에 그 기원을 두고 있는 관점적 가상이 있을 뿐이다. (우리는 더 좁고, 더 축약되고, 더 단순화된 세계가 계속 필요하기 때문이다.)

몰락하지 않고 우리 자신에게 어떤 것이 표면적으로 나타나는 피상성, 즉 거짓의 필연성을 얼마만큼 시인할 수 있는가가 힘의 척도이다.

이런 점에서 허무주의는 진실한 세계와 존재의 부정으로서 신적인 사고방식일 수 있다.

16

우리가 "실망한 자들"이라면, 우리는 적어도 삶에 관련해서 그런 것은 아니다. 오히려 온갖 종류의 "소망하는 것들"에 관해 우리의 눈이 열렸기 때문에 그런 것이다. 우리는 경멸적인 분노를 가지고 "이상"이라고 불리는 것들을 바라본다. "이상주의"라고 불리는 저 터무니없는 충동을 억누를 수 없는 순간이 있기 때문에 우리는 우리 자신을 경멸한다. 이상주의를 애지중지하는 이러한 **악습**은 실망한 자의 분노보다 강하다.

17

[**쇼펜하우어의 허무주의는 어느 정도까지 여전히 기독교적 유신론을 만들어냈던 동일한 이상의 결과이다**.]

최고로 소망하는 것과 최고의 가치와 최고의 완전성에 대해 사람들이 확신하는 정도가 너무 커서 철학자들은 그것이 마치 **선험적인 절대적 확실성인 것처럼 여겼다**. 주어진 진리로서 정점에는 신이 있다. "신과 같이 되다", "신에 헌신하다" 이것이 수천 년 동안 가장 소박하면서도 가장 확신을 주는 소망 사항이었다. (그러나 어떤 사태가 확신을 준다고 해서 반드시 진리는 아니다. 그것은 단지 우리를 **확신시킬**

뿐이다. 멍청이들을 위한 주석.)

저렇게 이상을 설정하는 데도 인격이 실재한다는 사실을 인정하는 법을 잊어버려서, 사람들은 무신론적으로 되어버렸다. 그렇다고 사람들은 정말 이상을 포기했는가? 근본적으로 마지막 형이상학자들은 여전히 이상 속에서 진정한 "실재"와 "물자체"를 찾는다. 이것과 비교하면 다른 모든 것은 단지 가상일 뿐이다. 우리의 현상세계는 명백히 저 이상의 표현이 아니기 때문에 "진실"이 아니라는 것과 또 현상세계가 근본적으로 원인으로서의 형이상학적 세계로 환원되지 않는다는 것이 그들의 교리다. 무조건적인 것은 최고의 완전성인 한에서, 그것은 조건적인 모든 것의 근거가 될 수 없다. 쇼펜하우어는 다른 방식을 원했기 때문에 형이상학적 근거를 이상의 반대로서, 즉 "사악하고 맹목적인 의지"로 생각할 필요가 있었다. 이런 방식으로 형이상학적 근거는 현상의 세계 속에서 나타나는 "현상적인 것"이 될 수 있었다. 그렇다고 해서 쇼펜하우어가 이상이라는 절대적인 것을 포기한 것은 아니었다. 그는 살그머니 빠져나갔다. (칸트는 완전자ens perfectum에게 이 세계의 이러저러한 현상에 대한 책임을 면제하기 위해서는 "예지적 자유"가 필요하다고 생각했다. 간단히 말하면, 악과 병폐를 설명하기 위해서였다. 철학자에게는 추악한 논리.)

18

현대의 가장 보편적인 기호. 인간은 자기 눈에도 믿을 수 없을 정도로 **품위를** 잃었다. 오랫동안 실존의 중심이었고 비극의 주인공이었다. 그다음에는 적어도 실존의 중요하고 그 자체 가치 있는 측면과 밀접한 관련이 있다는 점을 증명하려고 애썼다. 도덕적 가치가 중요한 가치라는 믿음을 가지고 **인간의 존엄성**을 고수하려는 형이상학자들은 모두 이렇게 한다. 신을 포기한 사람은 더욱더 굳게 도덕에 대한 믿음을 고집한다.

19

순전히 **도덕적인** 가치 설정(예를 들면 불교적인)은 모두 **허무주의로 끝난다**. 유럽에서도 이렇게 되리라 예상된다! 사람들은 종교적 배경이 없는 도덕주의로 잘 지낼 수 있다고 믿는다. 그러나 그렇게 하면 **필연적으로** 허무주의로 갈 수밖에 없다. 우리 자신을 가치를 설정하는 존재로 간주해야 할 강제성이 종교에는 없다.

20

"무엇을 위해?"라는 허무주의의 물음은 목표는 외부로부터 설정되고 주어지고 요구되는 것처럼 여기는, 즉 그 어떤 **인간을 넘어서는 권위**에 의한 것으로 여기는 이제까지의 습관에서 나온다. 그런 권위를 믿는 법을 잊어버린 후에도 사람들은 여전히 오랜 습관에 따라 **다른 권위, 무조건적으로 말할 줄 알고** 목표와 과제를 **명령할 수 있는** 권위를 찾는다. 이제 양심의 권위가 앞장선다(신학으로부터 해방되면 될수록 **도덕**은 더욱더 명령적으로 된다). 인격적 권위의 훼손에 대한 보상으로서. 그게 아니면 이성의 권위. 또는 사회적 본능(무리). 또는 자신의 목표를 내면에 가지며 사람들이 자신을 **맡길** 수 있는, 내재적 정신을 가진 역사. 사람들은 의지를 회피하고 싶어 하고, 목표를 원하는 것과 자신에게 스스로 목표를 부여하는 것을 회피하고 싶어 한다. 사람들은 책임을 떨쳐버리고 싶어 한다(사람들은 **숙명론**을 받아들일 것이다). 결국 **행복**이, 몇 가지 위선을 갖춘 **최대 다수의 행복**이 일선에 나선다.

사람들은 자신에게 말한다.

1. 하나의 특정한 목표는 전혀 필요하지 않다.

2. 하나의 특정한 목표를 미리 아는 것은 불가능하다.

최고의 힘을 가진 의지가 필요한 바로 지금, 의지는 가장 약하고 가장 자신이 없다. **전체를 위한** 의지의 **조직력에 대한 절대적 불신**.

21

완전한 허무주의자—허무주의자의 눈은 추의 방향으로 이상화되고, 자신의 기억들에 충실하지 않다. 허무주의자의 눈은 기억들이 떨어져 잎이 지도록 내버려둔다. 그것은 기억들이, 멀고 지나간 것을 약하게 만드는 시체처럼 창백하게 빛이 바래는 것을 막지 못한다. 그리고 완전한 허무주의자는 자신에게 행하지 않는 것을 인간의 과거 전체에도 행하지 않는다. 그는 전체 과거가 떨어지도록 내버려둔다.

22

허무주의. **두 가지 의미**가 있다.

A. **정신의 힘이 증가한** 징후로서의 허무주의. **능동적 허무주의**로서.

B. **정신의 힘의 쇠퇴와 퇴행**으로서의 허무주의. **수동적 허무주의**.

23

허무주의, 정상적 상태.

허무주의는 **강함**의 징후일 수 있다. 정신의 힘은 이제까지의 목표들("확신들"과 신조들)이 그에게 더는 적합하지 않게 될 정도로 증대할 수 있다. (다시 말해 믿음은 일반적으로 실존 조건들의 제약을 표현하고, 어떤 존재가 **번창하고 성장하고 힘을 얻게 되는** 관계들의 권위에 대한 복종을 표현하기 때문이다.) 다른 한편으로 허무주의는 자신에게 다시 하나의 목표와 이유와 믿음을 **생산적으로** 설정할 수 있을 정도로 힘이 **충분히 강하지 않다**는 징후이다.

그것은 **파괴**의 폭력적 힘으로서 상대적 힘의 **최고점**에 도달한다. **능동적 허무주의**로서.

[그 반대는 더는 **공격하지** 않는 지친 허무주의일 것이다. 그것의 가장 유명한 형식은 불교이다. **수동적** 허무주의로서.] 약함의 징후로서. 정신의 힘이 지치고 **고갈되어 이제까지의** 목표와 가치들이 적합하지 않게 되고, 더는 신뢰받지 못한다. (모든 강한 문화의 토대가 되는) 가치와 목표의 통합이 해체되어, 개별적인 가치들이 서로 싸운다. 분열. 원기를 돋우고, 치유하고, 안정시키고, 마취시키는 모든 것이 종교적·도덕적·정치적·미적 등으로 다양하게 **위장하고서** 전면에 나선다.

24

허무주의는 "헛됨!"에 대한 고찰만도 아니고, 모든 것이 마땅히 몰락할 가치가 있다는 믿음만도 아니다. 사람들은 직접 개입하여 **몰락**

시킨다. 굳이 말하자면, 이것은 **비논리적이다**. 그러나 허무주의자는 논리적일 필요가 있다고 생각하지 않는다. 그것은 강한 정신과 의지의 상태이다. 강한 정신과 의지에게 "판단"의 부정에 머물러 있는 것은 불가능하다. 그들의 본성은 **행동의 부정**을 요구한다. 행동에 의한 무(無)로의 파괴가 판단에 의한 무로의 파괴를 지지한다.

25

허무주의자의 기원에 관하여. 사람은 진정으로 아는 것에 대한 용기를 오직 나중에 가지게 된다. 내가 근본적으로 이제까지 허무주의자였다는 사실을 나는 얼마 전에야 비로소 시인했다. 나를 허무주의자로 발전하게 한 에너지와 무관심이 이런 근본 사실에 관해 나를 기만했다. 하나의 목표를 향해 나아가면, "무목표성 자체"가 우리의 근본 신조라는 것은 불가능해 보인다.

26

활동력 있는 자들의 비관주의. 끔찍한 투쟁을 하고 나서, 심지어 승리한 후에도 "무엇을 위해?"라는 질문. 우리가 잘 지내는지 또는 못 지내는지에 관한 질문보다 백배는 **더 중요한** 무엇인가가 있다는 사실. 모든 강한 본성을 가진 자들의 근본 본능. 따라서 다른 사람들이 잘 지내는지 또는 못 지내는지에 관한 질문보다 백배는 더 중요하다. 요컨대 우리는 그것을 위해 **인간 희생**을 주저하지 않고, 모든 나쁜 것과 가장 나쁜 것조차 감수하는 것을 주저하지 않는 하나의 목표를 가진다. **위대한 열정**.

2. 허무주의의 먼 원인

27

허무주의의 원인들: 1. **우월한 종들이 결여되어있다**. 즉, 자신의 무한한 생산성과 힘을 유지하고 인간에 대한 믿음을 유지하고 있는 종들이 결여되어있다. (사람들이 빚지고 있는 나폴레옹의 덕을 생각해 보라. 그것은 금세기의 거의 모든 높은 희망이다.)

2. "무리", "대중", "사회"라는 **열등한 종들은** 겸손을 잊어버려서, 그들의 요구를 **우주적이고 형이상학적인** 가치들로 부풀린다. 이런 방식으로 전체 실존은 **천박해진다**. 다시 말해 대중이 지배하는 한, 대중은 **예외적인 존재들**을 강압적으로 지배한다. 결국, 예외적인 존재들은 자신에 대한 믿음을 잃어버리고 **허무주의자**가 된다.

우월한 유형을 창안하려는 모든 시도가 **실패한다**. ("낭만주의", 예술가, 철학자, 이들에게 최고의 도덕 가치를 부여하려는 칼라일의 시도에 반하여.)

그 결과는 우월한 유형에 대한 **저항**이다.

모든 우월한 유형의 쇠퇴와 불안정. 천재에 대한 투쟁("민중문학"

등). 비천한 자와 고통받는 자에 대한 동정이 **영혼의 높이**를 측정하는 **척도**이다.

철학자가 없다. 행위를 순서를 바꿔 단순히 개작하는 자가 아닌 행위를 해석하는 자가 없다.

28

불완전한 허무주의, 그것의 형식들. 우리는 그 한가운데서 살고 있다.

그 가치들을 재평가하지 않고 **허무주의에서 벗어나려는 시도들**. 그 반대를 초래하고, 문제를 첨예화시킨다.

29

[자기 마취의 방식들.] 가장 깊은 내면, 탈출할 수 있는 곳이 어디인지? 모른다. 공허함. 도취로 그것을 극복하려는 시도. 음악으로서의 도취. 가장 고귀한 것의 몰락을 비극적으로 즐기는 잔인함으로서의 도취. 개별적 인간(또는 시대)을 위한 맹목적 열광으로서의 (증오 등등으로서의) 도취. 학문의 도구로서 정신없이 작업하려는 시도. 많은 소소한 즐거움에 대해 눈을 뜨는 것. 예컨대 인식을 추구함에 있어서도. 자신에 대한 겸손함. 자신에 대한 만족을 열정으로 일반화하는 것. 신비주의, 영원한 공허의 관능적 **향락**. "그 자체를 위한" 예술("진실"), **자기** 자신에 대한 혐오감의 마취로서 "순수 인식". 어떤 종류의 지속적인 작업, **그 어떤** 작고 어리석은 광신주의, 모든 수단의 뒤죽박죽, 일반적인 무절제로 인한 병(방탕은 즐거움을 죽인다).

1. 그 결과로서 의지박약.

2. 극단적인 자부심과 사소한 약점으로 인한 굴욕은 대조적으로 **느껴진다**.

30

2000년 동안 **기독교인**이었다는 것에 대한 **대가를 치러야만** 하는 시간이 온다. 우리는 우리가 살아갈 수 있도록 했던 **무게중심**을 잃는다. 우리는 한동안 어디에서 나와 어디로 가야 하는지 방향을 알지 못한다. 우리는 돌연히 반대되는 가치 평가로 뛰어든다. [인간의 극단적 과도 평가를 산출했던 것과] 똑같은 정도의 에너지를 가지고.

이제 모든 것이 철저하게 거짓이다. "말"뿐이며 뒤죽박죽이고, 약하거나 과장된 것이다.

a) 사람들은 일종의 지상적인 해결을 시도한다. 그렇지만 진리, 사랑, 정의의 궁극적 승리라는 의미와 동일한 의미에서. 사회주의: "개인의 평등".

b) 사람들은 마찬가지로 도덕-이상을 고수하려고 시도한다. (비이기적인 것, 자기부정, 의지부정이 우선권을 가지고.)

c) 사람들은 "저편의 세계"조차 고수하려고 한다. 그것이 비논리적인 x일지라도. 그렇지만 사람들은 옛 양식의 일종의 형이상학적 위안이 그것으로부터 도출될 수 있도록 그것을 곧바로 해석한다.

d) 사람들은 **신의 인도**라는 **옛 양식**을 시도한다. 보상하고 처벌하고 교육하고 **더 나은 것**으로 인도하는 사물의 질서를 사건에서 읽어

내려 시도한다.

e) 사람들은 여전히 선과 악을 믿는다. 그래서 사람들은 선의 승리와 악의 소멸을 **과제**로 여긴다. (이것은 영국적이다. 전형적인 경우는 존 스튜어트 밀이라는 멍청이다.)

f) "자연성", 욕망, 자아의 경멸. 최고의 정신성과 예술조차 탈인격화의 결과와 무사심(無私心)으로 이해하려는 시도.

g) 사람들은 여전히 **교회**가 개별적 삶의 모든 본질적 체험과 주요 문제에 **신성**과 **더 높은 의미**를 부여하기 위해 이들에 개입하는 것을 허용한다. 우리는 "기독교적 국가", "기독교적 결혼"이라는 것도 가지고 있다.

31

우리 시대보다 더 많이 생각하고 생각에 중독된 시대가 있었다. 예컨대 붓다가 등장한 시대와 같은 시대들이다. 수 세기 종파 간의 다툼 끝에 사람들은 마침내 철학적 교리들의 협곡 깊은 곳에서 길을 잃어버렸다. 유럽 사람들이 때때로 종교적 교의의 미묘한 차이들 속에서 길을 잃는 것과 같다. 사람들은 우리 시대의 **정신**이 대단하다고 생각하도록 그릇 인도하는 "문학"과 언론의 유혹을 받아서는 안 될 것이다. 게다가 수백만의 심령론자와 하나의 기독교는 모든 영국의 발명품의 특징인 저 끔찍하게 추한 체조 연습을 하는데, 이는 훨씬 더 유익한 관점을 제공한다.—자신을 반대하는 증거.

유럽 비관주의는 아직 초기 단계에 있다. 그것은 한때 인도에서 그랬던 것처럼 무(無)를 반영하는 저 엄청나게 갈망하는 시선의 경직성을 아직 가지고 있지 않다. 유럽 비관주의에는 여전히 "인위적으로 만들어진 것"이 많이 있으며 "유기적으로 형성된 것"이 별로 없다. 너무 많은 학자와 시인들의 비관주의. 내가 말하는 것은 유럽 비관주의의 상당 부분은 생각해내고 발명된 것이고 "창조된" 것이지, "원인"이 아니라는 사실이다.

32

이제까지의 비관주의에 대한 비판.—'그것은 무슨 의미가 있는가?'라는 질문으로 궁극적으로 환원함으로써 행복론적 관점의 방어. 암울함의 감소.—우리의 비관주의. 세계는 우리가 믿었던 그런 가치를 가지고 있지 않다. 우리의 믿음 자체가 인식에 대한 우리의 욕망을 강화하여 우리는 이러한 사실을 오늘날 말해**야만** 한다. 그렇게 함으로써 세계는 우선 가치가 덜한 것으로 여겨진다. 세계는 그렇게 **우선 느껴진다**. 오직 이런 의미에서 우리는 비관주의자이다. 다시 말해 우리 자신에게 이러한 가치전도[2]를 인정하고, 옛이야기를 싫증이 날 정도로 계속 읊어대지 않고 거짓말을 하지 않으려는 의

---

2) "가치전도(Umwertung, revaluation)", 하나의 정식처럼 표현되고 있는 "모든 가치의 가치전도(Umwertung aller Werte)"라는 문장에서 '가치전도'라는 낱말은 독일어 동사 umwerten의 명사형이다. 이 낱말은 본래 '재평가하다', '평가를 새로 하다'라는 의미를 지니고 있다. 따라서 독일어 낱말 Umwertung은 본래 '재평가'로 번역하는 것이 맞는다. 이러한 재평가로 인해 가치관 따위가 뒤바뀌어 원래와 달리 거꾸로 되었다는 뜻에서 오랫동안 '전도(顚倒)'로 옮겨 사용되었기 때문에 여기서는 '가치전도'로 옮겼다.

지를 가진 비관주의자이다.

그렇게 함으로써 우리는 새로운 가치를 찾으라고 우리를 자극하는 파토스를 발견한다. 요컨대, 세계는 우리가 믿었던 것보다 훨씬 더 가치 있을 수 있다. 우리는 **우리 이상의 순진성**을 간파해야 한다. 우리는 우리가 인간 실존에 최고의 해석을 부여해야 한다는 의식에서 어쩌면 우리의 인간적 실존에 적당하게 정당한 가치조차 부여하지 않았을 수도 있다.

무엇이 **신격화**되었는가?—**공동체** 안에서의 가치 본능(공동체의 지속을 가능하게 하는 것).

무엇이 **비방을** 받았는가?—우월한 사람들을 비천한 사람들과 구분하는 것, 간극을 만드는 본능.

33

비관주의 도래의 원인들.

1. 가장 강력하고 가장 미래가 유망한 삶의 충동들이 지금까지 **비방을** 받아 삶이 자기 자신을 저주하는 것.

2. 커지는 인간의 용기와 정직성 그리고 좀 더 대담해진 불신으로 사람들이 **이러한 본능들이 삶으로부터 분리될 수 없음**을 깨닫고, 삶을 반대하는 것.

3. 이러한 갈등을 전혀 느끼지 못하는 **가장 평범한 중간치들**만이 번성하며, 우월한 종은 잘못되고 자신을 퇴화의 산물로 받아들이는 것. 다른 한편으로 가장 평범한 중간치가 자기 자신에게 목표와 의미를 부여하면서도 **분개하는** 것. (누구도 '무엇을 위해?'라는 질문에 더

는 대답할 수 없는 것.)

4. 왜소화, 고통에 대한 민감성, 불안, 조급함, 혼잡이 계속 증대하는 것.—이 전체 소동과 소위 "문명"이라는 것을 **인지하는 것**이 점점 더 쉬워진다는 것. 개개인은 이러한 거대한 기구에 직면해서 **낙담하고 굴복하는** 것.

34

현대적 비관주의는 세계와 실존의 무용성을 표현하는 것이 아니라 **현대** 세계의 무용성의 표현이다.

35

쾌감에 대한 고통의 우세 또는 그 반대(쾌락주의). 이 두 가지 교의는 그 자체로 이미 허무주의로 안내하는 이정표이다.

왜냐하면 이 두 경우에는 쾌감과 불쾌감 현상 이외에 어떤 궁극적 **의미**도 설정되지 않기 때문이다.

그렇지만 이런 식으로 말하는 자는 하나의 의지, 하나의 의도 그리고 하나의 **의미**를 설정하려고 더는 감행하지 않는 종류의 인간이다. 건강한 종류의 인간 모두에게 삶의 가치는 결코 그러한 부차적인 것의 척도로 측정되지 않는다. 그리고 고통이 우세할 수도 있다 하더라도, 강력한 의지와 삶에 대한 **긍정**이 가능하다. 이것의 우세가 필요하다.

"삶은 가치가 없다." "체념" "왜 눈물을 흘리는가?" 약하고 감상적인 사고방식. "유쾌한 괴물은 감상주의자보다 낫다."

36

철학적 허무주의자는 일어나는 모든 사건이 무의미하고 헛된 것이라고 확신한다. 무의미하고 헛된 것이 있어서는 안 된다는 것이다. 그렇지만 안 된다는 것은 어디에서 오는가? 사람들은 **이러한** “의미”와 “척도”를 어디에서 얻어야 하는가? 근본적으로, 허무주의자는 그처럼 황폐하고 쓸모없는 존재를 바라보는 것이 철학자에게 **불만족스럽고** 황폐하며 절망적인 영향을 끼친다고 생각한다. 이런 통찰은 철학자로서의 우리의 섬세한 감수성에 위배된다. 그것은 다음과 같은 어처구니없는 평가로 귀결된다. 실존의 다른 방식으로 존립하는 것이 지당하다면, 실존의 성격은 **철학자를 즐겁게 만들어야 한다**.

이제 쾌감과 불쾌감은 일어나는 사건의 내부에서 단지 **수단**의 의미만을 가질 수 있다는 것을 쉽게 알 수 있다. 남아있는 의문은 우리가 “의미”와 “목적”을 도대체 알 **수 있는가**, 무의미성의 문제 또는 그 반대의 문제는 우리가 해결할 수 없는 것은 아닌가 하는 점이다.

37

비관주의의 허무주의로의 발전.

가치의 탈자연화. 가치의 스콜라주의. 가치들은 분리되고 이상화되어, 행위를 지배하고 인도하는 대신에 행위에 유죄판결을 내리면서 **반대**한다.

대립들이 자연적인 등급과 순위를 대체한다. 위계질서에 대한 증오. 대립들은 천민적인 시대에 부합한다. 대립들은 쉽게 **파악할 수**

있기 때문이다.

타락한 세계와 인위적으로 세워진 "참되고 가치 있는" 세계의 대립.

마침내, 사람들은 어떤 재료로 "참된" 세계를 세웠는지 알게 된다. 그리고 이제 타락한 세계만이 남아있을 뿐이며, 사람들은 **이 세계가 버림받아 마땅할 이유에 극도의 실망을 포함한다**.

이렇게 허무주의는 있게 된 것이다. **심판하는** 가치들만을 가지고 있다.—더는 아무것도 없다!

여기서 **강함과 약함의 문제**가 발생한다.

1. 약자는 심판하는 가치로 파멸한다.

2. 더 강한 자는 파멸하지 않는 것을 파괴한다.

3. 가장 강한 자는 심판하는 가치를 극복한다.

이들이 함께 비극적 시대를 형성한다.

3. 데카당스의 표현으로서의 허무주의적 운동

38

최근에 사람들은 우연하지만 모든 측면에서 부적합한 낱말을 많이 오용했다. 사람들은 어디에서나 **비관주의**에 관해 말한다. 사람들은 그 질문에 대해 답이 있어야만 하는 것처럼 비관주의가 맞는지, 아니면 낙관주의가 맞는지의 질문에 대해 다툰다. 사람들은 명백한 사실임에도 비관주의는 문제가 아니라 하나의 징후라는 사실을 파악하지 못했다. 이름이 "허무주의"로 대체되어야 한다는 사실과 비-존재가 존재보다 더 나은 것인지의 질문 자체가 이미 하나의 병이고, 쇠퇴이고, 특이한 성질이라는 사실을 파악하지 못한 것이다.

비관주의적 운동은 생리적 데카당스의 표현일 뿐이다.

39

파악하기. 모든 종류의 쇠퇴와 질병은 전체 가치판단을 형성하는 데 계속해서 함께 참여했다. 지배하게 된 가치판단들에서 데카당스는 심지어 우세하게 되었다. 우리는 퇴화로 인한 현재의 모든 불행의 결과에 대항하여 싸워야 하는 것만이 아니다. **이제까지의 모든** 데카당스의 잔재가 남아있다. 즉, 생존해있는 것이다. 인류의 근본 본능으로부터의 인류의 그러한 총체적 일탈, 즉 그러한 가치판단의 총체적 데카당스는 진정한 의미의 물음표이고, "인간"이라는 동물이 철학자에게 제시하는 진정한 수수께끼다.

40

"데카당스"의 개념.—쓰레기, 타락, 제거는 그 자체로 비난받아야 할 것은 아니다. 그것들은 삶의, 생명 성장의 필연적 결과이다. 데카당스의 현상은 삶의 성장과 진보만큼이나 필연적이다. 사람들은 그것을 **폐지할** 위치에 있지 않다. 이성은 반대로 **데카당스 현상을 정당하게 대할 것을** 요구한다.

사회주의적 체계론자들이 악덕, 병, 범죄, 매춘, 고난이 더 커지지 않는 그런 상황과 사회적 결합들이 있을 수 있다고 생각하는 것은 그들 모두에게 치욕이다. 그러나 그것은 **삶을** 정죄하는 것을 의미한다. 어떤 사회에도 젊음을 유지하는 것이 허용되지 않는다. 사회의 힘이 최상의 상태일 때조차 사회는 오물과 쓰레기를 만들 수밖에 없다. 사회가 더 활기차지고 대담하게 발전하면 할수록, 실패와 기형은 더욱더 풍부해지고, 그만큼 쇠퇴에 더 가까워진다. 노년은 결코 제도로 폐지되지 않는다. 병도 아니다. 또한 악덕도 아니다.

41

데카당스의 본질에 관한 근본 통찰. **사람들이 이제까지 데카당스의**

원인으로 간주했던 것은 그 결과이다.

이로써 **도덕적 문제**의 전체 관점이 변화한다.

악덕, 사치, 범죄, 심지어 병에 대한 전체 도덕 투쟁은 순진하고 불필요한 것처럼 보인다. **후회**에 대해서는 어떤 "개선책"도 없다.

데카당스 자체는 결코 투쟁해야 할 대상이 아니다. 데카당스는 절대적으로 필요하고, 모든 시대와 민족은 자신의 고유한 데카당스를 가지고 있다. 온 힘을 다해 투쟁해야 하는 것은 유기체의 건강한 부분으로 전염되는 것이다.

사람들은 그렇게 했는가? 사람들이 한 것은 그 **반대**였다. 사람들이 **인간성**의 이름으로 애쓴 것이 바로 그것이었다.

이러한 **생물학적** 근본 물음과 관련하여 이제까지의 **최고** 가치들은 어떤 태도를 취하는가? 철학, 종교, 도덕, 예술 등등.

치료: 예를 들면 문명을 자신의 자연적인 적으로 간주한 나폴레옹부터 시작된 **군국주의**.

42

사람들이 이제까지 **퇴행의 원인**으로 간주했던 것은 그 **결과**이다.

그러나 사람들이 퇴화의 **치료제**로 여겼던 것은 단지 퇴화의 일부 효과에 대한 **완화제**일 뿐이다. "치료된 사람들"은 단지 특정한 유형의 **퇴화한 사람들**일 뿐이다.

데카당스의 결과: 악덕—악덕의 성향, 병—병적 성향, 범죄—범죄 성향, 독신—불임 성향, 신경증—의지박약, 알코올 중독, 비관주의, 무정부주의, 방종(또한 **정신적** 방종). 비방자, 기반 파괴자, 의심하

는 자, 파괴자.

43

"데카당스"의 개념에 대하여.

1. 회의는 데카당스의 결과이다. 정신의 방종도 마찬가지다.

2. 도덕 관습의 부패는 데카당스의 결과이다(의지의 약함, 강한 자극제의 필요).

3. 심리적인 것이든 도덕적인 것이든 치료 방법들은 데카당스의 진행을 변화시키지 못하고, 저지하지 못한다. 그 치료 방법들은 생리학적으로 **가치가 없다**. 이러한 주제넘은 반응들의 **커다란 무효**에 대한 통찰. 그러한 대응들은 치명적인 특정한 후유증에 대한 마취의 형식들이다. 그것들은 병적인 요소를 제거하지 못한다. 그것들은 종종 데카당스의 인간들을 무효화하고 그들의 **해로움**을 최소화하려는 영웅적 시도들이다.

4. 허무주의는 데카당스의 원인이 아니라 단지 데카당스의 논리일 뿐이다.

5. "선한" 사람과 "나쁜" 사람은 단지 데카당스의 두 유형일 뿐이다. 그들은 모든 근본 현상에서 서로를 지지한다.

6. 사회적 질문은 데카당스의 결과이다.

7. 질병들, 특히 신경과 머리와 관련된 병들은 강한 본성의 **방어**력이 부족하다는 징후이다. 과민성은 바로 이 점을 말해주어서, **쾌감**과 **불쾌감**이 중요한 문제가 된다.

44

데카당스의 가장 일반적인 유형들.

1. 사람들은 치료제를 선택한다고 믿으면서 실제로는 쇠약을 촉진하는 것을 선택한다. 본능이 헛짚는 최대의 사례를 들자면 기독교가 이에 속한다. "진보"가 다른 예이다.

2. 사람들은 자극에 대한 **저항**력을 잃는다. 사람들은 우연의 영향을 받게 된다. 사람들은 체험을 엄청나게 거칠게 만들고, 무시무시하게 확대한다. 일종의 "탈인격화", 일종의 의지의 분산. 모든 종류의 도덕, 동정심을 입에 달고 있는 이타주의적 도덕이 그 예이다. 이 도덕에서 본질적인 것은 인격성의 약함이다. 그래서 인격은 지나치게 자극된 현이 계속 떨리는 것처럼 **함께 울린다**. 극단적 과민성.

3. 사람들은 원인과 결과를 혼동한다. 사람들은 데카당스를 생리적인 조건으로 이해하지 않고, 데카당스의 결과들을 나쁜 상태의 실제 원인으로 생각한다. 종교적 도덕 전체가 그 예이다.

4. 사람들은 더는 고통받지 않는 상태를 갈망한다. 삶은 실제로 **해악**의 근거로 여겨진다. 사람들은 **의식이 없는**, 감정이 없는 상태(잠, 기절)를 의식이 있는 상태보다 비교할 수 없을 정도로 더 높이 평가한다. 이로부터 하나의 **방법론**이.

45

"약자들"의 위생학에 대하여.—약한 상태에서 행해진 모든 것은 실패한다. 도덕: 아무것도 하지 마라. 행위를 중단하고 반응하지 **않으려는** 힘이 바로 약함의 **영향**으로 가장 병들어있다는 것이 곤란한 점일 뿐이다. 사람들이 반응하지 않아야 할 때보다 결코 더 빨리, 더 맹목적으로 반응하지 않는다는 점이 곤란한 것이다.

어떤 본성의 강함은 반응의 기다림과 연기에서 나타난다. 일종의 무관심(adiaphoria)이 그 특성이다. 반면, 반대운동의 부자유, 갑작스러움, "행위"의 저지 불가능성이 약함을 특징짓는다. 의지가 약하다. 그리고 어리석은 일을 방지할 수 있는 처방은 강한 의지를 지니고 **아무것**도 하지 않는 것일 것이다. 모순. 일종의 자기 파괴. 보존 본능이 웃음거리가 되었다. **약자는 자기 자신을 해친다**. 그것이 데카당스의 유형이다.

실제로 우리는 **무감각**을 유발하는 관행들에 관한 엄청나게 많은 반성적 생각을 볼 수 있다. 아무것도 하지 않는 것이 무언가를 하는 것보다 훨씬 더 유용하다는 점에서 본능은 올바른 단서를 찾은 것이다.

수도회, 고독한 철학자, 수도자의 모든 관행에 영감을 불어넣은 올바른 가치척도는 특정한 종류의 인간은 그러한 관행들이 가능한 한 행위하는 것을 방해할 때 **가장 유용하다**는 사실이다.

완화제: 절대적 복종, 기계적 활동, 즉각적인 결정과 행위를 요구하는 일들로부터 인간의 분리.

46

의지의 약함. 이것은 오해를 불러일으킬 수 있는 비유이다. 왜냐하면 의지는 없기 때문이다. 그러므로 강한 의지도 약한 의지도 없다. 충동의 다수성과 분산, 그 충동들 사이의 체계의 결핍이 "약한 의지”다. 하나의 우세한 개별적 충동의 지배 아래 충동들이 조직되는 것이 “강한 의지”다. 첫째 경우에는 진동이 일어나고, 무게중심이 없다. 후자의 경우에는 방향의 정확성과 명확성이 있다.

47

유전되는 것은 병이 아니라 **병약함**이다. 해로운 감염의 위험에 저항하는 힘의 부재. 부서진 저항력. **도덕적으로 표현하면**, 적 앞에서 체념과 순종.

이제까지의 철학, 도덕, 종교의 이 모든 최고 가치를 약해진 사람들, **정신병자들**, 그리고 신경쇠약증 환자들의 가치들과 비교할 수 있는지 나는 자신에게 물어보았다. 그들은 좀 더 부드러운 형태로 **똑같은 해악**을 표현한다.

정상적일 때는 쉽게 보이지 않는 특정한 상태를 그들이 확대경으로 정상적인 것으로 보여주는 것이 모든 병적 상태의 가치다.

건강과 **질병**은 예전의 의사들과 오늘날 몇몇 임상의들도 믿고 있는 것처럼 본질적으로 서로 다른 것이 아니다. 건강과 실체를 분명한 실체와 원리, 즉 살아있는 유기체를 놓고 싸우고 그것을 자신들의 싸움터로 만들어버리는 원리와 실체로 만들 필요는 없다. 그것은 더는 쓸모가 없는 진부한 수단과 수다이다. 사실 건강과 질병이라는 두 가지 실존 방식 사이에는 단지 정도의 차이만이 있을 뿐이다. 정상적인 현상들의 과장, 불균형, 부조화는 병적 상태를 구성한다(클로드 베르나르).[3)]

과장과 부조화와 불균형이 **악**으로 간주될 수 있는 것처럼, **선**은 과장과 부조화와 불균형의 위험에 대한 보호적 섭생일 수 있다.

지배적인 감정으로서의 **유전성 약함**. 최고 가치의 원인.

주의하라. 사람들은 약함을 원한다. 왜? 대체로 사람들은 **필연적으로** 약하기 때문이다.

과제로서의 **허약화**. 욕망의 허약화, 쾌감과 불쾌감의 허약화, 권력에의 의지의 허약화, 긍지에의 의지의 허약화, 소유에의 의지와 더 많이 가지고자 하는 의지의 허약화. 순종으로서의 **허약화**, 신앙으로서의 허약화, 모든 자연적인 것에 대한 적의와 수치심으로서의 허약화, 삶의 부정으로서의 허약화, 질병과 습관적 약함으로서의 허약화. 복수, 저항, 적대감과 분노의 포기로서의 **허약화**.

치료의 실책. 허약함에 맞서 강화의 방법으로 싸우려 하지 않고, 정당화와 **도덕화**의 방식으로, 즉 **해석**을 통해 싸우려 한다.

두 가지 완전히 다른 상태들의 혼동. 본질적으로 반응의 억제라고 할 수 있는 강함의 평온, 아무것도 움직이지 않는 신들의 유형. 그리고 마비에 이르는 소진과 경직의 평온. 모든 철학적-금욕적 조치들

---

3) 클로드 베르나르(Claude Bernard, 1813~1878)는 프랑스의 생리학자로서 '내부 환경(milieu intérieur)'이라는 용어와 항상성(homeostasis)의 관련 개념을 창안했다. 그에 의하면 내부 환경의 안정성은 자유롭고 독립적인 삶의 조건이다. 역동적인 자기 조절의 과정으로서의 삶에 대한 니체의 이해는 클로드 베르나르의 생각과 많은 유사점을 갖고 있다. 교육개혁, 실험 및 자기 형성에 대한 니체의 관심은 유기체와 개인이 물리적 및 문화적 환경과의 상호 의존을 통해 상대적인 자유와 독립 상태를 달성하는 방법에 대한 탐구를 더욱 발전시킨 것이다. 생리학, 미학 및 인식론의 교차점에 대한 그의 관심은 개인이 자신의 한계와 관련하여 스스로 새로운 한계를 만들어내는 방식으로 의미 있는 자유와 창의성을 정의하도록 이끌었다.

은 두 번째 것을 추구하지만, 실제로는 첫 번째 것을 의도한다. 왜냐하면 그러한 조치들은 마치 신적인 상태가 달성된 것처럼 달성된 상태를 서술하기 때문이다.

48

가장 위험한 오해. 혼동이나 모호함을 허용하지 않는 것처럼 보이는 개념이 있다. 소진이라는 개념이다. 소진은 획득될 수도 있고, 유전될 수도 있다. 어느 경우든 그것은 사물의 양상, 즉 **사물의 가치**를 변화시킨다.

자신이 표현하고 느끼고 또 아무런 의도 없이 사물에 내주는 충만함에서 이 사물들을 한층 더 풍만하고, 더 강력하고, 더 유망한 것으로 바라보는 자, 그는 적어도 무언가를 나눠줄 **수 있다**. 이런 자와는 반대로 소진한 자는 자신이 바라보는 모든 것을 왜소하게 만들고 망쳐버린다. 그는 가치를 **빈곤하게 만든다**. 그는 해롭다.

이 점에 관해서는 어떤 실수도 가능해 보이지 않는다. 그러므로 역사는 끔찍한 사실, 즉 소진한 자들이 가장 충만한 자들과 항상 혼동되었고 또 가장 충만한 자들이 가장 해로운 자들과 **혼동**되었다는 사실을 포함하고 있다.

삶이 빈곤한 자, 약자는 삶을 더 빈곤하게 한다. 삶이 풍요로운 자, 강자는 삶을 풍요롭게 한다. 전자는 삶의 기생충이다. 후자는 삶에 선물을 주는 자이다. 혼동이 어떻게 가능하겠는가?

소진한 자가 최고의 활동성과 에너지를 가지고 등장할 때, 퇴화가 과도한 정신적 폭발이나 신경증적 폭발을 초래할 때, 사람들은 소진한 자를 풍요로운 자와 **혼동했다**. 소진한 자는 공포를 유발했다. 바보에 대한 숭배는 항상 삶이 풍요로운 자, 강자에 대한 **숭배**이다. 광신자, 신들린 자, 종교적 간질 병자 등 온갖 기괴한 자들이 최고의 권력 유형으로, **신적으로** 간주되었다.

공포를 유발하는 이런 종류의 강력함이 특히 신적으로 간주되었다. 여기서부터 권위가 시작되었고, 사람들은 여기서 **지혜**를 해석하고, 듣고, 찾았다. 여기서부터 거의 도처에서 "신격화"에의 의지, 즉 정신과 신체와 신경의 전형적인 퇴화로의 의지가 발전되었다. 좀 더 우월한 종류의 존재에 이르는 길을 발견하려는 시도였다. 스스로를 병들게 하고, 스스로를 미치게 만드는 것, 착란의 징후를 유발하는 것. 이것이 더 강해지고, 더 초인적이게 되고, 더 무섭게 되고, 더 현명해지는 것을 의미했다. 사람들은 그렇게 함으로써 **나누어줄** 수 있을 정도로 권력이 풍부해진다고 생각했다. 숭배하는 곳에서는 어디에서나 사람들은 나누어줄 수 있는 사람을 찾았다.

여기서 **도취**의 경험이 사람들을 오도했다. 도취는 권력감정을 최고로 증대시켰다. 따라서 단순하게 판단하면 **권력**을 최고로 증대시켰다. 권력의 최고 단계에는 **가장 도취한 자**, 가장 열광한 자가 있어야 했다. **도취**에는 두 가지 출발점이 있다. 삶의 과도한 충만함과 뇌의 병적인 영양 상태.

49

물려받은 유전성 소진이 아니라 **획득한 후천성** 소진. 종종 영양에 관한 무지에서 생기는 불충분한 **영양**. 예컨대 학자들에게서. 성적인 **조숙**. 특히 파리인들을 선두로 프랑스 젊은이들에게 내려진 저주. 그들은 고등학교에서 이미 망쳐지고 더럽혀져서 세상에 나온다. 경멸적 성향의 사슬에서 해방되지 않은 채, 그들은 자기 자신에 대해 풍자적이고 무례하다. 매우 세련된 갤리선의 노예들. 그 밖에도 가장 빈번하게 일어나는 경우, 그것은 모든 초민감성처럼 이미 종족 데카당스와 가족 데카당스의 징후이다. 환경의 전염이기도 하다. 환경을 통해 규정될 수 있다는 것은 역시 데카당스에 속한다. 알코올 중독, 본능이 아니라 습관이고 우둔한 모방이며, 지배체제에 우쭐대며 비겁하게 순응하는 것이다. 독일인들 사이에 유대인이 있다는 것은 얼마나 좋은 일인가! 얼마나 우둔한가, 머리는 얼마나 아마처럼 금발인가, 눈은 얼마나 창백한가. 얼굴과 말과 태도에서 정신의 결여. 게으른 스트레칭, 과로가 아니라 알코올로 인한 역겨운 자극이나 과도한 자극으로부터 생기는 독일적 휴양 욕구.

50

소진 이론. 악덕, 정신병자(또한 예술가), 범죄자, 무정부주의자. 이들은 **억압된** 계급이 아니라 이제까지의 모든 계급사회의 쓰레기다.

이러한 요소들이 우리의 모든 신분 계급에 스며들어 있다는 통찰과 함께, 우리는 현대사회가 "사회"도 아니고 "신체"도 아니라 시신을 다루는 불가촉민 찬달라(Tschandala)의 병든 집합체라는 것을 파악했다. **배설할** 힘을 더는 가지고 있지 않은 사회.

수 세기 동안의 공동생활을 통해 병약함이 얼마나 더 심각해진 것인지:

현대적 덕성
현대적 정신성 } 병의 여러 형식
우리의 학문

51

[**부패의 상태**.] 모든 부패의 형식들이 서로 결합되어있다는 것을 파악하는 것, 그리고 그러면서 기독교적 부패를 망각하지 않는 것 (파스칼이 그 전형이다). 사회주의적-공산주의적 부패도 마찬가지로 망각하지 않는다(기독교적 부패의 결과 중 하나). **최고** 사회에 대한 사회주의자의 구상은 사회의 서열상 **최저의 것**이다. 실제의 세계와 생성의 세계 바깥에 마치 존재자의 세계가 있는 것처럼, "피안"의 부패.

여기서는 어떤 **계약**도 있어서는 안 된다. 여기서 사람들은 박멸하고, 근절하고, 전쟁해야 한다. 사람들은 기독교적-허무주의적 가치척도를 어디에서나 **끄집어내어**, 온갖 가면을 쓰고 있는 그 가치척도에 맞서 싸워야 한다. 예컨대 지금의 **사회학**으로부터, 지금의 **음악**으로부터, 지금의 **비관주의**로부터 끄집어내야 한다. (이 모든 것은 기독교적 가치 이상의 형식들이다.)

이것이거나 아니면 다른 것이 **참**이다. 참은 여기서 인간 유형을 향상하는 것을 의미한다.

비난을 받아 마땅한 실존 형식들로서의 사제와 목회자. 지금까지의 교육은 무력하고, 근거 없고, 중심도 없고, 가치의 모순을 지니고 있다.

52

자연이 퇴화한 자들을 동정하지 않을 때, 자연이 부도덕한 것은 아니다. 반대로, 인류에게서 생리적이고 도덕적인 악의 성장이 **병적이고 반자연적인 도덕의 결과**이다. 다수 인간의 감수성은 병들과 반자연적이다.

인류가 도덕적으로 그리고 생리적으로 **부패한** 것은 무엇 때문인가? 어떤 기관이 **변경되면**, 신체는 몰락한다. 우리는 **이타주의의 권리**를 생리학으로 환원할 수는 없다. 도움에 대한 권리와 몫에 대한 권리도 마찬가지로 환원할 수 없다. 이 모든 것은 퇴화한 자와 낙오된 자들을 위한 상이다.

아무 소득이 없고 비생산적이고 파괴적인 요소들이 있는 사회에는 **연대성**이 없다. 그런데 이 요소들은 자신들보다 훨씬 더 퇴화한 후손들을 가지게 된다.

53

학문의 이상들조차 데카당스의 깊은, 완전히 무의식적인 영향을 받는다. 현대사회학 전체가 이 명제에 대한 증거이다. 사회학을 비난할 수밖에 없는 것은 사회학이 오직 사회의 **퇴락-형태**만을 경험적으로 알 뿐이며, 필연적으로 자신의 퇴락-본능을 사회학적 판단의 규범으로 삼는다는 점이다.

이런 본능에서 오늘날 유럽에서의 몰락하는 삶은 자신의 사회적 이상들을 표현한다. 이 이상들은 모두 **살아남은 오래된** 종족의 이상과 혼동될 정도로 비슷해 보인다.

지금 주권을 획득한 권력인 **무리 본능**은 **귀족사회**의 본능과는 근본적으로 다르다. 그리고 총계가 무엇을 의미하는지는 **개별 단위**의 가치에 달려있다. 우리의 전체 사회학은 무리의 본능, 즉 **합계된 영**(zero)의 본능 이외의 다른 본능은 전혀 알지 못한다. 여기서는 모든 영이 "동등한 권리"를 가지고, 영으로 존재하는 것이 도덕적인 것이 된다.

오늘날 다양한 사회의 형식들을 판단하는 가치 평가는 전쟁보다 **평화**에 좀 더 높은 가치를 부여하는 가치 평가와 전적으로 동일하다. 그렇지만 그 판단은 반생물학적이며, 그 자체 삶의 데카당스의 소산이다. 허버트 스펜서 씨는 생물학자로서 데카당이다. 그는 도덕주의자로서도 데카당이다. (그는 이타주의의 승리를 가장 바람직한 것으로 본다!!!)

54

수천 년 동안의 방황과 미혹을 겪은 후에 긍정과 부정에 이르는 길을 다시 발견한 것은 나의 **행운**이다.

나는 약하게 하고, 소진하게 만드는 모든 것에 대한 부정을 가르친다.

나는 강하게 하고, 힘을 축적하고, [힘의 감정을 정당화하는] 모든 것에 대한 긍정을 가르친다.

사람들은 이제까지 두 가지 중 어느 것도 가르치지 않았다. 사람들은 덕, 탈(脫)자아, 동정을 가르쳤고, 심지어 삶에 대한 부정을 가르쳤다. 이것은 모두 소진한 자들의 가치다.

소진의 생리학에 대해 오랫동안 깊이 생각한 끝에 나는 소진한 자의 판단들이 가치 세계에 얼마나 깊이 스며들었는지에 관한 질문을 할 수밖에 없었다.

내가 얻은 결과는 이미 많은 낯선 세계에서 살았던 나조차 더할 나위 없이 놀라운 것이었다. 나는 모든 최고의 가치, 즉 인류를 지배하게 된, 적어도 온건하게 길들은 인류를 지배하게 된 모든 최고의 가치판단들이 소진한 자의 판단으로 환원될 수 있다는 사실을 발견했다.

가장 성스러운 이름들 사이에서 나는 파괴적인 경향을 끄집어냈다. 사람들은 약하게 하고, 약함을 가르치고, 약함을 전염시키는 것을 신이라 불렀다. 나는 "좋은 사람"이 데카당스의 자기 긍정의 형식이라는 사실을 발견했다.

쇼펜하우어도 최고의 덕이고 유일한 덕이며 모든 덕의 토대라고 가르쳤던 그 덕, 즉 동정이 그 어떤 악덕보다 더 위험하다는 것을 나는 알아챘다. 종의 선택, 타락으로부터의 그 종의 정화를 원칙적으로 방해하는 것. 이것이 이제까지 덕의 전형으로 불렸다.

사람은 **운명**을 존중해야 한다. 운명은 약자에게 이렇게 말한다. 몰락하라!

사람들은 운명에 저항했을 때 신을 불렀다. 사람들은 인류를 망치고 부패시켰을 때 신을 불렀다. 신의 이름을 헛되이 끌어들여서는 안 된다.

인종은 그들의 악덕으로가 아니라 무지로 인해 타락했다. 인종은 소진을 소진으로 파악하지 못했기 때문에 타락했다. 생리적 혼동은 모든 악의 원인이다.

덕은 우리의 엄청난 오해이다.

문제: 소진한 자들이 어떻게 가치의 법칙을 만들게 되었단 말인가? 달리 물으면, 말단에 있는 자들이 어떻게 권력을 가지게 되었단 말인가? 어떻게 인간이라는 동물의 본능이 물구나무서기를 하게 된 것인가?

4. 위기: 허무주의와 영원회귀 사상

55

극단적인 입장들은 완화된 입장들로 대체되는 것이 아니라 다시금 **반대의** 극단적인 입장들로 대체된다. 만약 신과 본질적으로 도덕적인 질서에 대한 믿음이 더는 견지될 수 없다면, 자연의 절대적 비도덕성, 즉 무목적성과 무의미성에 대한 믿음은 심리학적으로 필수적인 **정동(情動)**[4]이 된다. 허무주의가 지금 나타나는 것은 실존에

4) Affekt(affect). 심리학, 특히 정신분석학에서는 대체로 감정(feeling), 정서(emotion), 정동(affect)을 구분한다. 감정은 주관적으로 경험되는 느낌이라면, 정서는 외부에서 관찰할 수 있게 드러나는 감정을 의미한다. 이에 반해 정동은 이러한 감정을 유발하는 무의식적인 격정을 의미한다. 철학에서는 스피노자가 신체적 또는 체화된 경험을 강조하기 위하여 라틴어 개념 affectus를 사용했다. 이는 감정, 정서와 정확히 일치하지는 않으며, 오히려 감정을 수반하는 마음과 몸의 상태를 뜻한다. 스피노자는 정동의 감정에는 쾌감 또는 기쁨, 고통 또는 슬픔, 그리고 욕망 등 세 가지가 있다고 말한다. 정동은 몸과 마음과 연결되어있어서 매우 파악하기 어렵다고 말하면서, 스피노자는 정동이 오직 신체 생명력의 증가 또는 감소에 의해서만 인식될 수 있다고 강조한다. 그뿐만 아니라 정동이라는 학술 용어는 일상적으로는 잘 쓰이지 않기 때문에 종종 이해에 방해가 되기도 한다. 여기서는 맥락에 따라 정동, 격정, 또는 정념으로 옮겼다.

대한 불쾌감이 예전보다 더 크기 때문이 **아니라** 사람들이 불행 속에 들어있는 "의미", 다시 말해 실존 속에 들어있는 의미에 대해 의심하기 때문이다. 하나의 해석이 몰락한다. 그러나 그것이 해석으로 여겨졌기 때문에 마치 실존에 아무런 의미가 없는 것처럼, 마치 모든 것이 **헛된** 것처럼 보인다.

*

이 "헛되이!"가 우리의 현재의 허무주의 성격이라는 사실은 여전히 증명되어야 한다. 우리의 예전 가치 평가에 대한 의심은 다음의 질문이 제기될 때까지 커져야 한다. "모든 가치는 희극을 지연하지만, 결코 해결의 대단원에 가까워지지 않게 하는 유인 수단이 아닌가?" 목표와 목적도 없이 "헛되이"와 함께 이루어지는 **지속**은 **가장 마비시키는** 사상이다. 속임수에 넘어가지만, 속임수에 넘어가지 않게 하는 힘을 가지지 못했다는 사실을 알게 되면 더욱 그렇다.

*

이 사상을 가장 끔찍한 방식으로 생각해보자. 의미와 목표도 없는, 그렇지만 피할 수 없이 회귀하는, 무에 이르는 피날레도 없는, 존재하는 그대로의 실존: "영원한 회귀".

그것은 허무주의의 가장 극단적인 형식이다. 무("무의미한 것")여, 영원하라!

불교의 유럽적 형식: 지식과 힘의 에너지는 그와 같은 믿음을 **강요한다**. 그것은 모든 가능한 가설 중에서 **가장 과학적인** 가설이다.

우리는 마지막 목표를 부정한다. 실존이 하나의 목표를 가지고 있다면, 그것은 달성되어야 할 것이다.

*

사람들은 여기서 범신론에 대한 반대가 시도되고 있다는 사실을 알아차린다. 왜냐하면 "완전하고 신적이고 영원한 모든 것"은 **마찬가지로 "영원회귀"에 대한 믿음을** 강요하기 때문이다. 질문: 도덕으로 인해 모든 사물에 대한 범신론적 긍정-입장은 불가능하게 된 것인가? 근본적으로 오직 도덕적 신만이 극복되었다. "선악의 저편"에 있는 신을 생각하는 것이 의미 있는 일인가? 범신론은 **이런** 의미에서 가능한가? 우리는 과정에서 목적 개념을 제거하고, 또 **그럼에도 불구하고** 과정을 긍정하는가? 만약 그 과정 안에 있는 무엇인가가 동일한 과정의 매 순간 달성된다면, 그리고 항상 동일한 것이 **달성된다면**, 우리는 그럴 수 있을 것이다.

모든 순간이 **논리적** 필연성을 가지고 있다는 점에서 스피노자는 그와 같은 긍정적인 입장을 획득했다. 그리고 그는 논리적인 근본 본능을 가지고 세계가 **그런** 방식으로 이루어졌다는 사실에 대한 승리감을 맛보았다.

*

그러나 그의 경우는 단지 개별적인 경우일 뿐이다. **모든** 사건의 밑바탕에 놓여있고, 모든 사건에서 표현되는 모든 **근본 특성**은 그것을 자신의 근본 특성으로 체험하는 모든 개인이 일반적 실존의 매

순간을 승리의 감정으로 인정하게 한다. 사람들이 자신에게 있는 이러한 근본 특성을 선하고 가치 있는 것으로 기쁘게 느끼는 것이 바로 중요한 것이다.

*

그런데 **인간**에 의해 폭력을 당하고 억압당한 사람들과 계급들에서 절망과 무로 뛰어드는 것으로부터 삶을 보호한 것은 **도덕**이다. 왜냐하면 실존에 대해 가장 절망적으로 환멸을 느끼게 만드는 것은 본성에 대한 무력감이 아니라 인간에 대한 무력감이기 때문이다. 도덕은 권력자, 폭력을 행하는 자, "지배자" 일반을 적으로 대했다. 이들에 대항하여 보통 사람을 보호하고, **다시 말해 우선 용기를 북돋우고 강화해야** 한다는 것이다. 따라서 도덕은 지배자들의 근본 특성인 것, 즉 **그들의 권력에의 의지**를 가장 깊이 **증오하고 경멸하는** 법을 가르쳤다. 이러한 도덕을 폐지하고, 거부하고, 파괴하는 것. 그것이야말로 가장 많이 증오받는 본능에 **반대의** 느낌과 가치를 부여하는 일일 것이다. 고통을 당하고 억압받는 자가 자신이 권력에의 의지를 경멸할 권리를 가지고 있다는 **믿음을 상실한다면**, 그는 희망의 여지가 없는 절망 단계에 들어설 것이다. 만약 이러한 특성이 삶에 본질적이고, 또 모든 "도덕에의 의지" 속에는 단지 이러한 "권력에의 의지"가 위장되어있어서 모든 증오와 경멸조차 하나의 권력의지라는 사실이 분명해진다면, 그런 경우일 것이다. 억압받는 사람은 억압하는 사람과 **같은 땅** 위에 서 있으며 또 억압하는 사람이 자신보다 어떤 **특권**도 **더 높은 지위**도 가지지 않는다는 사실을 깨닫게 될 것이다.

*

오히려 그 **반대**이다! 권력의 정도를 제외하고는 삶에 가치 있는 것은 아무것도 없다. 삶 자체가 권력에의 의지라고 전제한다면. 모든 사람에게 무한한 가치, 형이상학적인 가치를 부여하고 또 세속적인 권력과 위계질서와 일치하지 않는 질서 속에 그들을 배치함으로써, 도덕은 **불리한 사람들을** 허무주의로부터 보호했다. 도덕은 복종, 겸손 등등을 가르쳤다. **이러한 도덕에 대한 믿음이 몰락한다고** 가정하면, 불리한 자들은 자신들의 위로를 더는 받지 못하고, **몰락할** 것이다.

*

몰락함은 일종의 **자기를 몰락시키는 것**으로 나타나고, 파괴해야 하는 것을 본능적으로 선택하는 것의 형태를 취한다. 불리한 자들의 이러한 자기 파괴의 **징후들**. 자기 해부, 독살, 도취, 낭만주의, 특히 권력자를 **철천지원수**로 만드는 행위들의 본능적 필요(그것은 마치 자신의 사형 집행인을 스스로 사육하는 것과 같다), 더 깊은 본능의 의지로서의 **파괴에의 의지**, 자기 파괴 본능의 의지, **무에로의 의지**.

*

허무주의, 다음의 사실을 알려주는 징후이다. 불리한 자들에게는 어떤 위안거리도 없으며, 그들은 파괴되기 위해 파괴하며, 도덕으로부터 분리된 그들은 "헌신해야 할" 어떤 이유를 더는 알지 못하며, 그들은 반대 원칙의 토대 위에 서서, 권력자들에게 자신들의 처형자가 될 것을 강요함으로써 자신들 스스로가 **권력을 원한다**는 사실을 말해주는 징후이다. 이것은 유럽적 형태의 불교이고, 모든 실존이 "의미"를 잃어버린 후의 **부정(否定) 행위**이다.

*

"고난"이 더 커진 것은 아니다. 그 반대이다! "신, 도덕, 순종"은 비참함이 끔찍한 수준에 이른 단계에서 나타난 치유책이었다. 능동적 허무주의는 상대적으로 훨씬 더 유리한 상황에서 등장한다. 도덕이 극복되었다는 느낌은 이미 상당한 정도의 정신적 문화를 전제한다. 이것은 다시금 비교적 잘사는 것을 전제한다. 철학적 견해들의 오랜 투쟁 때문에 철학에 **대한** 절망적인 회의에 이른 정신적 피로는 이 허무주의자들의 수준이 결코 **낮지** 않았다는 것을 말해준다. 석가모니가 나타났던 상황을 생각해보라. 영원회귀 교의는 학문적 전제를 가지게 될 것이다. (석가모니의 교의가 예를 들면 인과성의 개념 등을 가지고 있었던 것처럼.)

*

"불리하다는 것"은 무엇을 의미하는가? 더는 정치적 의미에서가 아니라 특히 생리학적 의미에서. 유럽에서 (모든 신분 계급에서) 가장 건강하지 않은 종류의 인간이 이 허무주의의 토양이다. 그는 영원회귀에 대한 믿음을 **저주**로 느낄 것이다. 이 저주를 받으면 사람들은 어떤 행위도 주저하지 않는다. 수동적으로 소멸하는 것이 아니라, 이 정도로 의미 없고 목표도 없는 모든 것이 소멸**시키는** 것. 그것이 설령 모든 것이 오래전부터 존재했으며, 허무주의와 파괴욕의 이 순간도 이미 오래전부터 존재했다는 사실을 통찰하면서 일어나는 경련, 맹목적인 분노에 불과하더라도. **이런 위기의 가치**는 그것이 깨끗하게 정화해주고, 유사한 요소들을 한데 몰아넣어 서로를 망하게 하며, 반대의 사고방식을 가진 인간들에게 공동의 과제를 지정해준다는 데 있다. 그것은 또한 이 인간들 가운데 더 약하고 더 불확실한 자들을 드러내고, 그렇게 함으로써 건강의 관점에서 **힘의 서열**이 생겨나도록 자극한다. 명령자를 명령자로, 복종하는 자를 복종하는 자로 인식한다. 물론 모든 기존 사회질서의 바깥에서.

*

어떤 사람들이 이 과정에서 가장 강한 자로 증명될 것인가? 가장 절제력이 있는 자들, 극단적인 신앙 교조를 필요로 하지 않는 자들, 상당 정도 우연과 무의미를 인정할 뿐만 아니라 사랑하는 자들, 자기 가치의 상당 부분이 하락했지만 그렇다고 작아지거나 약해지지 않은 인간을 상상할 수 있는 자들이다. 거의 모든 불행을 감당할 능력이 있어서 불행 앞에서 두려워하지 않는, 건강이 풍부한 사람들—**자신의 권력을 확신하는** 사람들, 의식적인 긍지를 가지고 인간이 **이룩한** 힘을 대변하는 사람들.

*

어떻게 그런 인간이 영원회귀에 관해 생각할 수 있겠는가?

56

유럽 허무주의의 시기들

불명료한 시기. 옛것을 보존하고 새로운 것을 허용하지 않는 온갖 종류의 자신 없는 사람들의 시기.

명료한 시기. 옛것과 새로운 것이 대립한다는 것을 파악한다. 옛 가치는 쇠퇴하는 삶에서, 새로운 가치는 상승하는 삶에서 생겨난다. 모든 옛 이상은 삶에 적대적인 이상들이라는 것을. (아무리 일요일의 치장처럼 화려한 도덕의 모습일지라도 그것들은 데카당스에서 생겨나며, 데카당스를 규정한다.) 우리는 옛것을 이해하지만, 새로운 것을 이해하기엔 아직 충분히 강하지 않다.

세 가지 거대한 격정적 감정의 시기: 경멸의 시기, 동정의 시기, 파괴의 시기.

재앙의 시기: 인간을 걸러내는, 약자를 결의하도록 몰아세우고, 강자도 마찬가지로 결의하도록 몰아세우는 가르침의 도래.

2장

유럽 허무주의의 역사

1. 현대의 암울화

57

나의 친구들이여, 우리는 젊었을 때 힘들었다. 우리는 중병을 앓는 것처럼 젊음 자체에 고통을 당했다. 그것은 우리가 그 속으로 던져진[1] 시대 때문이다. 점점 더 나빠지는 거대한 쇠퇴와 붕괴의 시대, 그 시대가 가진 모든 약점과 심지어 강점을 가지고서 젊은이의 정신에 반대하는 시대. 붕괴, 그리고 또한 불확실성이 이 시대의 고유한 특성이다. 아무것도 자신의 다리로, 그리고 자신에 대한 견고한 믿음 위에 굳건히 서 있지 않다. 사람들은 내일을 위해 산다. 내일모레가 불확실하기 때문이다. 우리가 가는 길 위의 모든 것은 미

---

1) "던져진(geworfen)"은 훗날 하이데거의 중요 개념이 되었다. M. Heidegger, *Sein und Zeit*(Tübingen: Max Niemeyer, 1979), p.134, 140. 하이데거는 《존재와 시간》 제29절에서 세계 속에 존재하는 인간을 '현존재(Dasein)'라고 명명하면서 인간의 실존적 상황을 '던져져 있음'이라는 용어로 설명한다. '던져져 있음(Geworfenheit, Thrownness)'은 어디에서 와서 어디로 가는지 모르면서 그 실존의 의미를 스스로 해명해야 하는 과제가 과도하게 주어졌음을 의미한다.

끄럽고 위험하다. 그리고 우리를 지탱하고 있는 얼음은 점점 더 얇아진다. 우리는 모두 얼음을 녹이는 봄바람의 따뜻하고 묘한 숨결을 느낀다. 우리가 여전히 걷고 있는 곳에서 곧 아무도 더는 걸을 수 없게 될 것이다.

58

이것이 쇠퇴와 감소하는 생명력의 시대가 아니라면, 적어도 분별없고 자의적인 실험적 **시도**의 시대이다. 그리고 **성공하지 못한** 실험들의 과잉은 쇠퇴와 같은 전반적 인상을 생성할 것 같다. 어쩌면 사태 자체인 **쇠퇴**가 생겨날 수도 있다.

59

현대적 암울화의 역사에 대하여

국가-유목민들(공무원 등등): "고향"이 없다.

가족의 쇠퇴.

소진의 징후로서의 "선한 인간".

권력에의 의지(사육)로서의 정의.

음탕함과 신경증.

어두운 음악. 상쾌한 음악은 어디로?

무정부주의자.

인간 경멸, 구토.

심오한 구별: 창조적으로 되는 것은 굶주림인가, 아니면 과잉인가? 전자는 **낭만주의의 이상**을 산출한다.

북유럽의 부자연스러움.

알코올에 대한 욕구. 노동자들의 "고난".

철학적 허무주의.

60

중산층과 하류층의 느린 출현과 번성(하류의 정신과 신체를 포함하여). 프랑스혁명 이전에도 이미 이에 관한 많은 전주곡을 발견할 수 있고, 혁명 없이도 이런 일은 일어났을 것이다. 전체적으로, 모든 목자와 선도하는 양들에 대한 무리의 우위는 다음과 같은 사실을 필연적으로 수반한다.

1. 정신의 암울화(행복의 스토아적 **모습**과 행복의 경박한 **모습**의 병존은 고귀한 문화의 특징인데 이러한 결합이 감소한다. 사람들이 예전에는 참고 숨겼던 많은 고통을 **보고 들을** 수 있다).

2. **도덕적** 위선(도덕을 통해서가 아니라 무리의 덕성들을 통해 자신을 차별화하려는 방식. 무리의 능력 바깥에서는 인정되지 않고 존중받지 못하는 동정, 배려, 절제).

3. **실제로** 많은 양의 동정과 공유된 기쁨(모든 무리 동물이 가지고 있는 것과 같은 거대한 집단 속에서 느끼는 만족—"공동체 정신", "조국", 개인이 고려되지 않는 모든 것).

61

우연적인 곤경을 해결하고 예방하고, 유쾌하지 못한 가능성과 미리 선제적으로 전쟁을 벌이려는 열망을 가진 우리 시대는 **가난한 자**

들의 시대이다. 우리의 "부자들", **그들은** 가장 가난한 자들이다! 모든 부의 진정한 목적이 **잊혔다**!

62

현대인에 대한 비판.—"선한 인간", 나쁜 제도들(압제자와 성직자)에 의해 망쳐지고 현혹되었을 뿐이다. 권위로서의 이성. 오류의 극복으로서의 역사. 진보로서의 미래. 기독교적 국가 "군대의 신". 성에 대한 기독교적 관리 또는 결혼. "정의"의 왕국. "인간성"의 숭배. "자유".

현대인들의 낭만적 태도. 고귀한 인간(바이런, 위고, 조르주 상드). 고귀한 분개. 열정을 통한 신성화(참된 "본성"으로서). 억압받는 자와 불리한 자의 편에 섬. 역사가와 소설가의 모토. 의무의 스토아주의자들. 예술과 인식으로서의 무사심. 가장 기만적인 이기주의의 형식으로서 이타주의(공리주의). 가장 감상적인 이기주의.

이 모든 것이 18세기다. 반면 18세기에서 물려받지 않은 것: 무관심, 명랑, 우아함, 정신적인 밝기. 정신의 속도가 변했다. 정신적인 섬세함과 명료함에서 얻는 즐거움은 색채, 조화, 양, 현실 등에서 얻는 즐거움에 길을 비켜주었다. 정신적인 것에서의 감각주의. 간단히 말해 이것이 **루소**의 18세기다.

63

크게 보면, 지금의 인류는 엄청난 양의 **인류애**를 성취했다. 이것이 일반적으로 느껴지지 않는다는 사실 자체가 그에 대한 증거이다. 우리는 **작은 곤경들**에 너무 민감해져서 우리가 달성한 것을 부당하게 간과한다.

여기서 고려해야 하는 것은 많은 데카당스가 있다는 것, 그런 눈으로 바라보면 우리의 세상은 나쁘고 비참해 **보여야 한다는** 것이다. 그러나 이러한 눈은 항상 동일한 것을 보아왔다.

1. 도덕적 감각의 어느 정도의 과민.

2. 비관주의가 판단으로 끌어들인 씁쓸함과 암울함의 양. 두 가지는 우리 도덕성의 상황이 좋지 않다는 **반대** 생각이 우세하도록 도왔다.

신용, 전체 세계 교역, 교통수단의 실태.—인간에 대한 대단히 관대한 신뢰가 그 안에서 표현된다. 여기에 기여하는 또 다른 요인은

3. 도덕적 종교적인 의도로부터의 학문의 해방이다. 매우 좋은 징후이지만, 대개 잘못 이해된다.

나는 나의 방식으로 역사의 정당화를 시도한다.

64

제2의 불교. 인도 문화를 종식시킨 **허무주의적 재앙**. 그 조짐. 동정의 만연. 정신적인 피로. 문제들을 쾌감과 불쾌감으로 환원. 반격을 부르는 전쟁의 영광. 진심 어린 "형제애"를 유발하는 민족적 구분. 교의와 우화를 가지고 계속 작업할 수 없는 종교의 불가능성.

65

오늘날 가장 깊이 공격받는 것은 본능과 **전통**에의 의지다. 이 본

능에 기원을 둔 모든 제도는 현대 정신의 취향에 거슬린다. 근본적으로 사람들은 이런 전통에 대한 감각을 뿌리째 뽑아버리려는 목적을 따르지 않는 것은 생각하지도 않고 행하지도 않는다. 사람들은 전통을 숙명으로 받아들인다. 사람들은 전통을 연구하고, ("유전"으로) 인정하지만, 전통을 **원하지는** 않는다. 오랜 시대를 거쳐 이어지는 의지의 긴장, 미래의 수 세기 동안 지닐 수 있도록 만드는 상태와 가치 평가의 선택. 이것은 바로 최고로 반현대적이다. 이로부터 나타나는 결과는 **혼란스럽게 만드는** 원리들이 우리 시대의 성격을 구성한다는 점이다.

66

"단순하라." 이것은 복잡하고 파악하기 어려운 검사자에 대한 요구이지만, 완전히 어리석은 짓이다. 자연스러워라! 하지만 사람들이 "부자연스러우면" 어떻게 하는가?

67

오래 이어지는 가문을 통해 **동질적이고** 지속적인 존재를 달성하려는 이전의 수단들. 양도할 수 없는 토지 소유, 노인에 대한 존경 (조상으로서의 신들과 영웅들에 대한 신앙의 기원).

지금은 **토지 재산의 분할**이 반대 경향에 속한다. (일상적 기도 대신에) 신문, 철도, 전신. 하나의 영혼 속에 엄청나게 많은 수의 다양한 이해관계의 중앙집중화. 이 영혼은 **그러기 위해** 매우 강하고, 변신의 능력이 있어야 한다.

68

무엇 때문에 모든 것은 거짓 연극이 되는지. 현대인에게 없는 것. 확실한 본능(특정 종류의 인간의 **오랜 동질적 활동 형식**의 결과). 완전한 무엇인가를 수행할 수 없는 무능력은 단지 그것의 결과일 뿐이다. 사람들은 개인으로서 놓친 학업을 결코 만회할 수 없다.

도덕과 법전을 만들어내는 것. 그것은 **자동 작용**이 삶과 창조 작업에서의 완전성을 비로소 가능하게 한다는 것에 대한 깊은 본능이다.

그러나 이제 우리는 반대 지점에 도달했다. 그렇다. 우리는 그 지점에 도달하기를 **원했다**. 그것은 가장 극단적인 의식, 인간과 역사에 대한 자기 통찰이다. 이로써 우리는 사실상 존재와 행위와 의욕에서 완전성으로부터 가장 멀어졌다. 우리의 욕망, 인식에 대한 우리의 의지조차 엄청난 데카당스의 징후이다. 우리는 **강한 종족**과 **강한 본성을 가진 자들**이 원하는 것의 반대를 추구한다. 파악한다는 것은 하나의 종말이다.

오늘날 통용되는 의미에서의 과학이 가능하다는 것은 삶의 모든 기초적 본능, 삶의 **자기방어** 본능과 보호 본능들이 더는 기능하지 않는다는 사실의 증거이다. 우리는 선조에게서 물려받은 자산을 더는 모으지 않고 소모해버린다. 우리가 인식하는 방식에서조차 그렇다.

69

허무주의적 특성

a) **자연과학**에서("무의미성"). 인과주의, 기계론, "합법칙성"은 일종의 간주곡, 잔재.

b) **정치**에서의 동일한 것. 자신의 권리와 무죄에 대한 믿음이 부족하다. 거짓과 순간적 기회의 추종이 지배한다.

c) **경제**에서의 동일한 것. 노예제도의 폐지. 구원하는 신분 계급과 정당화하는 사람의 결핍. 무정부주의의 도래. "교육"?

d) **역사**에서의 동일한 것. 운명론, 다윈주의, 이성과 신성을 투입하여 해석하려는 마지막 시도들이 실패한다. 과거 앞에서의 감상적 태도. 사람들은 어떤 전기도 견디지 못한다! (여기에서도 현상론. 가면으로서의 성격. 어떤 사실도 존재하지 않는다.)

e) **예술**에서의 동일한 것. 낭만주의와 이에 대한 반격(낭만주의적 이상과 거짓에 대한 혐오). 후자는 좀 더 커다란 진실성의 의미에서 도덕적이지만, 비관주의적임. (고해신부-심리학과 청교도-심리학, 심리학적 낭만주의의 두 가지 형식. 그러나 또한 그것들에 대한 반격. "인간"에 대해 순전히 예술적 태도를 취하려는 시도, 그렇지만 여기서도 아직 반대의 가치 평가는 감행되지 않는다!)

70

환경과 외부 원인의 영향에 관한 학설에 **반대하며**. 내면적 힘은 무한히 우월하다. 바깥의 영향처럼 보이는 많은 것은 단지 내면으로부터의 적응에 불과하다. 동일한 환경조차 반대로 해석되고 활용될 수 있다. 사실은 존재하지 않는다. 천재는 그와 같은 생성의 조건들에 의해 설명되지 않는다.

71

영양과 소화의 은유로 본 "현대성".

감수성은 말할 수 없을 정도로 민감해진다. (**동정**의 증가라는 도덕주의적 치장을 하고) 그 어느 때보다 이질적인 인상들은 풍부해진다.—음식과 문학, 신문, 형식, 취향, 심지어는 풍경 등등의 **세계주의**.

이러한 흐름의 **속도**는 **프레스티시모**, '아주 빠르게'이다. 인상들은 서로를 지운다. 사람들은 무엇인가를 안으로 받아들이고, **깊이** 받아들이며, "소화하는" 일에 본능적으로 저항한다.

소화력의 약화라는 결과가 여기에서 나온다. 인상들의 이러한 과잉에 대한 일종의 **적응**이 일어난다. 사람은 **능동적으로 행동하는** 법을 잊어버리고, **단지** 외부로부터의 자극에 **반응할 뿐**이다. 일부는 **동화**, 일부는 **방어**, 일부는 **반항**하며, **사람은 자신의 힘을 다 써버린다**.

자발성의 심각한 약화. 역사가, 비평가, 분석가, 해석자, 관찰자, 수집가, 독자—모두가 반응하는 재능을 가진 자들이다. 모든 학문도!

자신의 본성을 "거울"로 만드는 인위적 **조작**. 관심이 있지만, 말하자면 표피에만 관심이 있다. 원칙적인 냉정함, 평형, 그 위에는 열과 운동, "폭풍", 파동이 일어나는 얇은 표면 바로 밑에서의 고정된 낮은 온도.

어느 정도의 **깊은 중압감과 피로감**에 대한 **외적인** 운동성의 대립.

72

우리의 현대 세계는 어디에 속하는가, 소진인가 아니면 상승인가? 현대 세계의 다양성과 불안은 의식이 최고 형식에 도달함으로써 야기된다.

73

과로, 호기심, 공감—우리의 **현대적 악덕**.

74

"**현대성**"의 특성에 대하여. **중간 형태의 과잉 발달, 전형들의 위축, 전통과 학파의 단절, 의지력** 및 목적과 수단을 원하는 의욕이 약화되기 시작한 이후의 **본능들의 과도한 우세**(철학적으로 준비되었다. 무의식적인 것이 더 가치가 있다).

75

유능한 장인이나 학자는 자기 기술에 자부심을 가지고 만족하며 삶을 흐뭇하게 바라볼 때 좋게 보인다. 이와는 반대로 제화공이나 교사가 고통스러운 표정으로 자신은 본래 더 나은 것을 위해 태어났다는 것을 암시할 때보다 더 애처로워 보이는 것은 없다. 좋은 것보다 더 좋은 것은 결코 존재하지 않는다! 그리고 그것은 어떤 능력을 가지고 있고 그것으로 무엇인가를 창조한다는 것, 즉 이탈리아 르네상스의 의미에서 비르투(virtù, 덕)이다.

오늘날, 국가가 터무니없이 뚱뚱한 배를 가진 시대에는 모든 분야와 부서에 본래의 노동자들 외에 "대표들"이 있다. 예를 들면 학자와 문인들, 고통받는 국민 계층과 이런 고통을 "대변하는" 허풍 치며 되는대로 지껄이는 말썽꾸러기들 외에도. 의회에서 여러 곤경을 큰 소리로 "대변하면서도" 잘 사는 직업 정치인들은 말할 것도 없다. 우리의 현대적 삶은 수많은 중개자 때문에 극도로 **비용이 많이 든다**. 반면에 고대 도시와 이를 회상하게 만드는 에스파냐와 이탈리아의 많은 도시에서 사람들은 스스로 등장하여, 그와 같은 대표자들과 중간상인들에게 콧방귀를 뀌거나 아니면 내쳤을 것이다!

76

가장 정신적인 문제에서도 **상인**과 **중개인**의 우세. 문인, "대표자", 역사가(과거와 현재를 결합하는 자로서), 이국주의자와 세계주의자들, 자연과학과 철학의 중개인들, 반(半)신학자들.

77

이제까지 내게 가장 큰 혐오감을 준 것은 정신의 기생충들이었다. 그들은 우리의 건강하지 않은 유럽 어디에서나 이미 발견된다. 그들은 세상에 대해 아무런 양심의 거리낌도 없다. 어쩌면 약간 침울하고, 약간 비관주의자 분위기를 풍기지만, 대개 탐욕스럽고, 더럽고, 더럽히고, 슬그머니 끼어들고, 알랑거리고, 도둑질하고, 잘 할퀴고, 그리고 모든 사소한 범죄자나 세균처럼 순진하다. 다른 사람들이 정신을 가지고 그것을 아낌없이 나누어주는 것으로 그들은 살아간다. 태평하고 전혀 신중하지 않게 단 하루에 헤프게 몽땅 써버리는 것 자체가 풍부한 정신의 본질에 속한다는 것을 그들은 알고 있다. 왜냐하면 정신은 살림을 꾸릴 줄 모르고, 모두가 자기 덕분에 먹고 산다는 사실에 주의를 기울이지 않기 때문이다.

78

거짓 연기

현대인의 다채로움과 그 매력. 본질적으로 은폐와 권태.

문인.

정치인("국민적 사기"에서).

예술에서의 거짓 연기.

기초 교육과 훈련의 성실 부족(프로망탱).[2)]

낭만주의자(철학과 학문의 부족, 그리고 문학의 과잉).

소설가(월터 스콧, 또한 가장 신경질적인 음악을 가진 니벨룽겐 괴물).

서정시인.

"학문성".

거장들(유대인들).

극복되었지만 아직 **민중 앞**에서는 극복되지 않은 민중적 이상들.

성자, 현자, 예언자

79

온갖 도덕적 치장을 한 **현대 정신의 규율 없는 태도**. 그것의 화려한 말들: ('예'와 '아니오'를 말할 수 없는 무능력에 대한) 관용, 동정의 넓이=3분의 1의 무관심, 3분의 1의 호기심, 3분의 1의 병적 과민성. "객관성"=인격과 의지의 결여, 사랑에 대한 무능력. 규칙에 맞서는

---

2) 외젠 프로망탱(Eugène Fromentin, 1820~1876)은 프랑스의 화가이자 작가이다.

"자유"(낭만주의). 위조와 거짓에 맞서는 "진리"(자연주의). "과학성"(인간의 기록), 독일어로 말하자면 통속소설, 그리고 구성 대신 첨가. 무질서와 무절제 대신 "열정". 뒤죽박죽과 상징들의 혼란 대신 "깊이".

80

거대한 낱말들에 대한 비판.—나는 사람들이 "이상"이라고 부르는 것에 대한 분노와 악의로 가득 차있다. 이것은 "더 높은 감정"이 불행의 원천, 즉 인간의 왜소화와 가치 저하의 원천이라는 것을 인식한 **나의 비관주의**이다.

사람들은 이상에서 "진보"를 기대할 때마다 매번 속는다. 이상의 승리는 지금까지 매번 **퇴보하는 운동**이었다.

기독교, 혁명, 노예제 폐지, 평등권, 박애, 평화, 사랑, 정의, 진리. 이런 모든 거대한 낱말은 투쟁할 때만 가치가 있다. 현실로서가 **아니라** 완전히 다른 어떤 것(정말이지 반대되는 것!)에 대한 **미사여구**로서.

81

사람들은 "모든 것을 이해하는 것은 모든 것을 용서하는 것이다."라는 문장과 사랑에 빠진 인간 종류를 알고 있다. 그들은 약자들이고, 특히 실망한 자들이다. 모든 사람에게 용서받을 것이 있다면, 모든 사람에게 경멸할 것도 있다는 것인가? 여기서 그토록 인간답게 동정으로 포장되어 달콤하게 보이는 것은 실망의 철학이다.

그들은 믿음이 사라져버린 낭만주의자들이다. 이제 그들은 모든 것이 어떻게 돌아가는지 적어도 관망하고자 한다. 그들은 그것을 '예술을 위한 예술(l'art pour l'art)', "객관성" 등등으로 부른다.

82

비관주의의 주요 징후들.—마니(Magny)에서의 오찬.[3] 러시아 비관주의(톨스토이, 도스토옙스키). 미학적 비관주의. 예술을 위한 예술. "기술"(낭만주의적 비관주의와 반낭만주의적 비관주의). 인식론적 비관주의(쇼펜하우어, "현상론"). 무정부주의적 비관주의. "동정의 종교", 불교적 선행 운동. 문화-비관주의(이국주의, 세계주의). 도덕적 비관주의: 나 자신.

---

3) 프리드리히 니체는 1887년 11월 10일 하인리히 쾨젤리츠에게 보낸 편지에서 마니에서의 오찬을 상세하게 묘사하고 있다. "《공쿠르 잡지Journaldes Goncourt》 제2권이 나왔다. 매우 흥미로운 신작이다. 그것은 1862~1865년에 관한 것이다. 여기서 유명한 마니에서의 만찬(dîners chez Magny)이 매우 생생하게 묘사되고 있다. 이 만찬에는 당시 가장 재치 있고 회의적인 파리지앵 집단이 매월 두 번 모였다(생트뵈브Saint-Beuve, 플로베르Flaubert, 테오필Théophile, 고티에Gautier, 텐Taine, 레앙Réan, 레 공쿠르les Goncourts, 쉐레Schérer, 가바니Gavarni, 그리고 때때로 투르게네프Turgenjew 등). 분노한 염세주의, 냉소주의, 허무주의가 활기찬 즐거움과 좋은 유머와 함께 번갈아 나타난다. 나 자신은 이곳에 전혀 어울리지 않지만—나는 이 사람들을 마음으로 속속들이 알고 있어서 이들이 싫증이 날 정도이다. 더 급진적이어야 한다. 근본적으로 그들 모두에게는 가장 중요한 것이 결여되어있다.—'힘이(la force)'." Friedrich Nietzsche, *Sämtliche Briefe. Kritische Studienausgabe in 8 Bänden*, hrsg.v. Giorgio Colli und Mazzino Montinari (München: DTV, 1986), Bd. 8, p.191-2: "948. Brief an Heinrich Köselitz in Venedig, Nizza den 10. Nov. 1887." 《권력에의 의지》, 915에서도 마니에서의 오찬이 언급된다.

83

"기독교적 신앙이 없다면 너희 자신도 자연과 역사와 마찬가지로 괴물과 혼돈이 되어버린다."라고 생각했다. 이 예언을 우리는 성취했다. 나약하고 낙관적인 18세기가 인간을 **예쁘게 만들고 합리화한** 후에 말이다.

쇼펜하우어와 파스칼: 본질적인 의미에서 쇼펜하우어는 파스칼의 운동을 다시 받아들인 첫 번째 사람이다. 괴물과 혼돈, 결과적으로 부정할 수 있는 어떤 것.—역사, 자연, 인간 자신!

진리를 인식하지 못하는 우리의 무능력은 우리의 **부패**, 즉 우리의 도덕적 **타락**의 결과이다. 이처럼 파스칼은 주장한다. 근본적으로는 쇼펜하우어도 그렇다. "이성의 부패가 심화되면 될수록 구원의 가르침이 더욱 필요하게 된다." 또는 쇼펜하우어적으로 말하자면 부정이 더욱 필요하게 된다.

84

추가분으로서의 쇼펜하우어(혁명 이전의 상태).—동정, 감성, 예술, 의지의 약함, 가톨릭주의. 이것이 좋은 18세기 자체이다.

의지에 대한 **쇼펜하우어**의 근본적인 오해(마치 욕구, 본능, 충동이 의지에서 **본질적인 것**이라는 듯)는 전형적이다. 쇠약해질 때까지 의지의 가치를 낮추는 것. 또한 원하는 의욕에 대한 증오. 더는 원하지 않음과 목표나 의도를 가지지 않는 주체("의지로부터 자유로운 순수한 주체")에서 더 높은 어떤 것, 정말로 더 높고 가치 있는 것을 보려는 시도. **피로**의 중대한 징후, 또는 **의지박약**의 중대한 징후이다. 왜냐하면 이것은 바로 욕망을 주인으로 취급하고, 욕망에게 길과 척도를 지시하는 것이기 때문이다.

85

사람들은 바그너와 쇼펜하우어를 정신착란자의 전형으로 보려는 가치 없는 시도를 했다. 양자가 표현하는 데카당스의 전형을 과학적으로 명확히 규명하면 비교할 수 없을 정도로 더 본질적인 통찰을 얻을 것이다.

86

헨리크 입센은 내게 매우 명료해졌다. 자신이 가진 모든 "진리에의 의지"로써 그는 "자유"를 말하지만, 자유가 무엇인지 인정하지 않으려는 도덕 환상주의로부터 자유로워지려는 시도를 감행하지 않았다. "권력에의 의지"의 변형에서 두 번째 단계. 그 첫 단계에서 사람들은 권력을 가진 자들의 편으로부터 정의를 요구한다. 두 번째 단계에서 사람들은 "자유"를 말한다. 다시 말해, 사람들은 권력을 가진 자들에게서 **"해방되기를"** 원한다. 세 번째 단계에서 사람들은 **"평등한 권리"**를 말한다. 달리 말해 사람들은 자신이 아직 우세하지 않는 한 경쟁자들의 권력 성장을 막고자 한다.

87

프로테스탄티즘의 몰락. 이론적으로나 역사적으로 중간적인 것으로 파악된다. 가톨릭주의의 실질적 우위. 프로테스탄티즘의 정서가 너무나 소멸되어 가장 강렬한 **반(反)프로테스탄트적** 운동들도 더는 프로테스탄티즘에 반대하는 것으로 느껴지지 않는다(예를 들면 바그너의 파르지팔). 프랑스에서 좀 더 우월한 정신성은 **가톨릭적**이다. 비스마르크는 프로테스탄티즘이 더는 존재하지 않는다는 사실을 알아차렸다.

88

정신적으로 불순하고 지루한 데카당스 형식인 프로테스탄티즘. 이러한 형식으로 기독교는 평범한 북쪽에서 지금까지 자신을 보존할 수 있었다. 다양한 질서와 연원을 가진 경험을 동일한 머릿속에 함께 모아놓는 한, 그것은 중간적이고 복합적인 것으로서 인식을 위한 가치가 있었다.

89

독일 정신은 기독교로부터 무엇을 만들어냈는가! 그리고 내가 프로테스탄티즘의 곁에 있어 보니, 얼마나 많은 맥주가 프로테스탄티즘의 기독교 정신에 들어있는지! 독일의 평균적 프로테스탄트의 신앙 형식보다 정신적으로 더 우둔하고 더 게으르며 더 해이해진 기독교 신앙 형식을 생각할 수 있겠는가? 나는 그것을 검소한 기독교라고 부른다! 나는 그것을 기독교의 동종요법이라고 부른다! 오늘날에도 **검소하지 않은** 프로테스탄티즘, 궁정 설교가나 반유대주의적 사변가의 프로테스탄티즘이 있다는 사실을 사람들은 내게 상기시킨다. 하지만 어떤 "영(靈)"이 이런 물 위에 "떠다니고" 있다고는 아무도 주장하지 않았다. 이것은 기독교 정신의 좀 더 상스러운 형식일 뿐이다. 결코 좀 더 지각 있는 형식은 아니다.

90

진보.—우리가 착각하지 않는다는 것! 시간은 앞으로 흐른다. 우리는 시간 속에 있는 모든 것 또한 앞으로 나간다고 믿고 싶다. 발전은 앞으로의 발전이라고 믿고 싶다. 그것은 가장 사려 깊은 자들조차 이 환상에 유혹된다. 그러나 19세기는 16세기에 비해 발전하지 않았다. 그리고 1888년의 독일 정신은 1788년의 독일 정신에 비해 퇴보했다. "인류"는 앞으로 나가지 않는다. 인류라는 것이 존재하지도 않는다. 총체적 양상은 엄청난 실험 공장의 모습이다. 이 공장에서 몇몇은 성공하지만, 모든 시대를 걸쳐 분산되어있고, 말할 수 없을 정도로 실패가 많다. 그곳에는 모든 질서, 논리, 연결과 구속력이 결여되어있다. 어떻게 우리가 기독교의 도래가 일종의 데카당스 운동이라는 사실을 잘못 볼 수 있다는 말인가? 독일의 종교개혁이 기독교적 야만의 재발이라는 것을?—혁명이 거대한 조직에 대한 본능을, 사회의 가능성을 파괴했다는 것을?—인간은 짐승에 비해 진보한 것이 아니다. 문화의 풋내기는 아랍인이나 코르시카인에 비하면 기형적 존재이다. 중국인은 우수한 유형이다. 다시 말해 유럽인보다 더 영속적인 유형이다.

2. 최근 세기들

91

암울화, 즉 비관주의적 색조가 계몽주의의 결과로서 필연적으로 다가온다. 1770년경에 이미 명랑함의 쇠퇴가 눈에 띄기 시작했다. 여성들은 항상 덕의 편을 드는 저 여성적인 본능으로 거기에는 비도덕성이 책임이 있다고 생각했다. 갈리아니가 정곡을 찔렀다. 그는 볼테르의 시구를 인용한다.

"명랑한 괴물은 지루하기 짝이 없는 명랑한 사람보다 훨씬 더 낫다."

만일 내가 지금 볼테르나 심지어—훨씬 깊이가 있었던—갈리아니보다 계몽에서 수 세기나 앞서있다고 생각한다면, 나는 암울화의 과정에서도 얼마나 멀리 나가야만 했던 것인가! 이것 또한 사실이다. 나는 쇼펜하우어적인 혹은 심지어는 레오파르디적인 비관주의의 독일적이고 기독교적인 편협함이나 부당한 결과를 유감스럽게 생각하며 늦지 않게 경계하고, 가장 원리적인 형식들을 탐구했다(아시아를). 그러나 (내《비극의 탄생》의 여기저기서 울려 나오는) 이러한 극단적 비관주의를 견디기 위해 그리고 “신이나 도덕 없이” 살아가기 위해, 나는 대응물을 고안하지 않을 수 없었다. 아마 나는 왜 인간만이 웃고 있는지 가장 잘 알고 있을 것이다. 인간만이 너무 깊게 고통을 당해 웃음을 고안하지 **않을 수 없다**. 불행하고 우울한 동물은, 당연한 일이지만, 가장 명랑한 동물이다.

92

독일 문화에 관해서 나는 **쇠퇴**한다는 느낌을 항상 가졌다.—쇠퇴해가는 종류의 문화를 알게 되었다는 사실이 나로 하여금 유럽 문화 현상 **전체**에 대해 부당한 태도를 취하게 했다.—독일인들은 항상 뒤에서 늦게 따라온다. 그들은 **깊은 곳**에 무언가를 지니고 있다. 예를 들면,

외국에 의존. 예를 들면 **칸트**—루소, 감각주의자들, 흄, 스베덴보리.

쇼펜하우어—인도인과 낭만주의자, 볼테르.

바그너—끔찍한 것과 웅장한 오페라에 대한 프랑스의 숭배, 파리와 **원시 상태**로의 도피(자매와의 결혼).

낙오자의 법칙(파리를 따르는 지방, 프랑스를 따르는 독일).

어떻게 바로 그런 **독일인들**이 **그리스적인 것을 발견했는가**,

어떤 충동이 더 강하게 발전할수록, 한번은 **그 반대로 뛰어들고 싶은 유혹이 더욱 강해진다**.

93

르네상스와 종교개혁.―르네상스는 무엇을 증명하는가? "개인"의 왕국은 오직 짧게만 존재할 수 있다는 것. 낭비가 너무 크다. 모으고 자본화할 가능성 자체가 결여되어있다. 그리고 소진이 곧 뒤따른다. 모든 것이 **낭비되는** 시기, 모으고 자본화하고 부에 부를 쌓을 힘 자체도 낭비되는 시기다. 그런 운동의 반대자들조차 무의미한 힘의 낭비를 할 수밖에 없게 된다. 그들 또한 곧바로 소진되고 소모되고 황폐해진다.

종교개혁에서 우리는 이탈리아 르네상스에 관한 거칠고 저속한 대립물을 가지고 있다. 그것은 유사한 충동에서 생겨났지만, 뒤처진 채 거친 상태로 남아있는 북방에서 종교적으로 위장할 수밖에 없었다. 그곳에서는 더 높은 삶의 개념이 종교적 삶의 개념으로부터 여전히 분리되지 않았기 때문이다.

종교개혁을 통해서도 개인은 자유를 추구했다. "모든 사람은 각자 자신의 사제"는 또한 자유의 공식일 뿐이다. 실은 한 단어로 족했다. "복음주의 자유." 그리고 숨겨져있어야 할 이유가 있었던 모든 본능이 들개처럼 튀어나오고, 가장 잔인한 욕구들이 단번에 자신에 대한 용기를 얻었다. 모든 것이 정당한 것처럼 보였다. 사람들은 근본적으로 어떤 자유를 염두에 두고 있는지 알려 하지 않았고, 자신에 대해 눈을 감아버렸다. 하지만 눈을 감아버리고 광신적인 말로 입술을 적시고 열정적인 연설을 했다고 해서 무엇이든 잡을 수 있는 것은 손으로 움켜쥐는 것을 막을 수는 없었으며, 배가 "자유 복음"의 신이 되는 것을, 모든 복수욕과 질투욕이 만족할 수 없는 분노로 스스로를 만족시키는 것을 막지는 못했다.

이 상태가 얼마간 지속되었다. 그러고 나서 유럽 남부에서 그랬던 것과 똑같이 소진이 찾아왔다. 그리고 여기서도 역시 **저속한** 소진이었고, 일반적인 노예 상태로의 전락이었다. 독일의 **무례한** 세기가 도래했다.

94

쟁취한 권력 지위로서의 **기사도**. 그것의 점진적인 해체(그리고 부분적으로는 좀 더 넓은 시민적인 것으로의 이행). **라로슈푸코**(La Rochefoucauld)에게는 심정의 고귀함이라는 진정한 동기에 대한 의식이 있다. 그리고 이 동기에 대한 기독교적 음울한 평가가 있다.

프랑스혁명을 통한 **기독교의 연속**. 유혹자는 루소이다. 그는 여성을 다시 사슬로부터 해방했는데, 이때부터 여성은 점점 흥미롭게—**고통당하는** 모습으로 묘사되었다. 그런 후에 노예들과 비처 스토 부인. 그러고 나서 가난한 자들과 노동자들. 그런 후에 품행이 나쁜 사람들과 병든 자들. 이 모든 자들이 전면에 세워졌다(천재에 대해 호의를 지니기 위해 그들은 500년 동안 천재를 고통을 짊어진 위대한 자로 묘사하는 것 외에는 다른 방법을 알지 못했다!). 그러고 나서 관능적 쾌락에 대한 저주가 뒤따랐다(보들레르와 쇼펜하우어). 지배욕은 최대의 악덕이라는 가장 단호한 확신이 뒤따랐다. 도덕과 무사심은 동일한 개념이라는 완전한 확신, "만인의 행복"은 추구할 가치가 있는 목표라는 (즉 그리스도의 천국이라는) 완전한 확신이 뒤따랐다. 우리는 최선의 길을 걷고 있다. 마음이 가난한 자들의 천국이 시작된 것이다. ―중간 단계: 부르주아(돈의 결과로서 졸부)와 노동자(기계의 결과로서).

그리스 문화와 루이 14세 시대의 **비교**. 자기 자신에 대한 좀 더 단호한 신뢰. 힘겨워하며 자기 극복을 위해 많이 애쓰는 한가한 사람들의 신분. 형식의 힘, 자신을 형성하고자 하는 의지. 목표로 인정받고 있는 "행복". 극단의 형식주의 **뒤에 있는** 많은 힘과 에너지. 너무 쉬워 보이는 삶의 모습을 바라보면서 느끼는 즐거움. **그리스인들**은 이집트 사람들에게 어린아이처럼 보였다.

95

3세기

이 세기들의 다양한 감수성은 다음과 같이 가장 잘 표현된다.

귀족주의: 데카르트, **이성**의 지배, **의지**의 주권에 대한 증거.

페미니즘: 루소, **감정**의 지배, **감각**의 주권에 대한 증거(허위적이다).

동물주의: 쇼펜하우어, **욕망**의 지배, 동물성의 주권에 대한 증거(더 정직하지만 더 어둡다).

17세기는 **귀족적**이고, 질서를 강요하며, 동물적인 것에 대해 교만하고, 심장에 대해서는 엄격하며, 불친절하고, 심지어는 심정조차 가지고 있지 않으며, "비독일적"이고, 익살이나 자연적인 것을 싫어하며, 일반화하면서 과거에 대해서는 주권적이다. 왜냐하면 17세기는 자신을 믿기 때문이다. 실제로는 훨씬 맹수에 가깝고, 주인으로 남아있기 위한 습관. **강한 의지의** 세기. 또한 강한 열정의 세기.

18세기는 **여자**에 의해 지배되고, 도취적이며, 재기가 넘치고, 얇다. 그러나 소망할만한 것과 심장에 봉사하는 정신을 지니고 있고, 가장 정신적인 것을 즐길 때는 방종하며, 모든 권위를 잠식한다. 도취되어있고, 명랑하며, 명료하고, 인간적이며, 자신에 대해서는 부당하고, 실제로는 천민에 가까우며, 사교적이다.

19세기는 **더 동물적**이고, 더 지하의 기운을 풍기며, **더 추하고**, 더 현실적이며, 더 천민적이다. 바로 그 때문에 "더 낫고", "더 정직하며", 모든 종류의 "현실"에 굴복하고, **더 진실하다**. 그러나 의지가 약하고, 슬프고 암울한 욕망으로 가득 차있으며, 운명적이다. "이성" 앞에서든 "심장" 앞에서든 두려워하지도 경외하지도 않는다. 욕망(쇼펜하우어의 말로는 "의지". 그러나 그 안에 의지가 결여되어있다는 것보다 그의 철학을 잘 드러내는 특징도 없다)의 지배에 대해 깊이 확신한다. 도덕조차 하나의 본능("동정")으로 환원된다.

오귀스트 콩트는 18세기의 연속이다(머리에 대한 마음의 지배, 인식론에서의 감각주의, 이타주의적 열광).

학문이 이 정도로 주권을 행사하게 되었다는 사실은 19세기가 **이상**의 지배에서 벗어났다는 것을 증명한다. 소망에 있어서의 어느 정도의 "무욕"이 비로소 우리의 학문적 호기심과 엄정함을 가능하게 한다. 우리가 지닌 이러한 종류의 덕을.

낭만주의는 18세기의 **장식음**이다. 이는 위대한 양식의 도취적 열광에 대한 일종의 탑처럼 쌓아올린 열망(실제로는 한 편의 거짓 연극이고 자기기만이다. 사람들은 **강한 본성**, **위대한 열정**을 포현하고자 했다).

19세기는 사실적인 것에 대한 운명론적 복종을 정당화하는 것처럼 느끼게 만드는 **이론들을** 본능적으로 추구한다. "감상주의"와 낭만주의적 관념론에 대한 헤겔의 성공도 이미 자신의 숙명론적 사고방식, 승리자의 편에 서는 더 위대한 이성에 대한 자신의 믿음, ("인류" 등등 대신에) 현실 "국가"에 대한 자신의 믿음 때문이었다. 쇼펜하우어: 우리는 어리석은 존재이며, 기껏해야 심지어 자기 자신을 지양하는 존재이다. 이전에 절대적인 것으로 간주되었던 **의무들**을 계보학적으로 도출하는 결정론의 성공, 환경과 적응에 대한 이론, 반사운동으로의 의지의 환원, "작용인"으로서의 의지의 부정. 결국 실질적인 이름 변경. 사람들은 의지를 별로 보지 못해서 의지라는 낱말은 다른 어떤 것을 표시할 수 있도록 **자유로워**진다.

추가 이론들: 진리에 이르는, **또한 아름다움에 이르는** 유일한 길로서 객관적이고 "의지가 배제된" 관조에 대한 이론(또한 복종할 권리를 가지기 위한 "천재"에 대한 믿음으로서). 기계주의, 기계적 과정의 계산 가능한 경직성. 소위 말하는 "자연주의", 선택하고 심판하고 해석하는 주체의 제거를 원리로서.

칸트는 자신의 "실천이성"과 도덕 광신주의 때문에 전적으로 18세기다. 그는 여전히 역사적 운동의 바깥에 있다. 자신의 시대의 현실, 예컨대 혁명을 바라볼 눈이 없다. 그리스 철학의 영향을 받지 않는다. 의무 개념에 대한 공상가. 독단적인 악습의 은밀한 성향을 지닌 감각주의자—우리 세기에 벌어지는 **칸트로 돌아가자는 운동**은 **18세기로 돌아가자는 운동**이다. 사람들은 옛 이상들과 옛 열광에 대한 권리를 다시 얻기를 원한다. 그렇기 때문에 "한계를 설정하는" 인식론, **이성의 저편을 마음대로 설정하게** 허용하는 인식론.

헤겔의 사유 방식은 괴테의 사유 방식과 멀리 떨어져있지 않다.

스피노자에 대해 괴테가 한 말을 들어보라. 자신의 직관과 탐구에서 **안식**과 **행복**을 느끼기 위해 모든 것과 삶을 신격화하려는 의지. 헤겔은 도처에서 이성을 본다. 이성 앞에서 사람들은 **항복해도** 좋으며 **겸손해도** 좋다. 괴테에게는 일종의 즐겁고 믿음직한 숙명론이 있는데, 이 숙명론은 반항하지 않고 지치지 않으며 자신으로부터 총체성을 형성하려 한다. 총체성 안에서 모든 것이 구제되고, 선하고 정당한 것으로 나타난다고 믿으며.

96

계몽주의의 시기, 그다음에 감상주의의 시기. 쇼펜하우어는 어느 정도로 "감상주의"에 속하는지(헤겔은 정신주의에).

97

17세기는 **모순의 합**에 고통을 받듯이 **인간에게서 고통을 받는다**. "모순의 퇴적물"인 우리 자신이 인간을 발견하고 **정리하고** 발굴하려 한다. 반면 18세기는 이 시대의 유토피아에 인간을 맞추려고 인간의 본성에 대해 사람들이 알고 있는 것을 잊으려고 한다. "피상적이고, 연약하고, 인간적인"—"인간"에 열광한다.

17세기는 작품이 가능한 한 삶과 비슷해 보이도록 개인의 흔적을 지우려 노력한다. 18세기는 작품을 통해 작가에 관한 **관심을 불러일으키려** 노력한다.

17세기는 예술 안에서 예술, 즉 문화의 한 부분을 찾는다. 18세기는 예술로 사회와 정치적 본성의 개혁을 선전한다.

"유토피아", "이상적 인간", 자연의 신격화, 자기를 돋보이게 하는 허영심, 사회적 목표의 선전에 대한 종속, 사기—이것들이 우리가 18세기로부터 받은 것이다.

17세기의 양식: 적절, 정확 그리고 자유.

자족하거나 아니면 신 앞에서 열심히 노력하는 강한 개인—그리고 근대 작가들의 집요함과 뻔뻔함—이것들이 대립한다. "과시하기 위해 자신의 역량을 보이기"—그것을 포르루아얄(Port-Royal)의 학자들과 비교해보라.

알피에리는 **위대한 양식**에 대한 감각이 있었다.

익살(품위 없는 것)에 대한 증오, **자연 감각의 결여**는 17세기에 속한다.

98

루소에 반대하여: 인간은 **유감스럽게도** 더는 충분히 악하지 않다. "인간은 맹수이다."라고 말하는 루소의 반대자들은 유감스럽게도 옳지 않다. 인간의 타락이 아니라 인간의 약화와 도덕화가 저주인 것이다. 루소가 가장 격렬하게 싸웠던 영역 안에는 바로 **상대적으로** 여전히 강하고 성공한 종류의 인간이 있었다. (권력에의 의지, 명령하는 의지와 능력의 위대한 감정을 여전히 지닌 인간.) 무엇이 문제인지를 알아차리려면 18세기의 인간과 르네상스의 인간(또한 17세기 프랑스인)을 비교해야 한다. 루소는 자기 경멸과 가열된 허영심의 징후이다. 두 가지는 지배하는 의지가 결여되어있다는 표시다. 루소는 도덕화하며, 원한에 찬 인간으로서 자신의 비참함의 **원인**을 **지배하는**

신분들에게서 찾고 있다.

99

[볼테르—루소.] 자연 상태는 무섭다. 인간은 맹수이다. 우리의 문명이란 이런 맹수 본성에 대한 전대미문의 **승리**다.—이렇게 볼테르는 판단했다. 그는 문명화된 상태의 부드러워짐과 세련됨과 정신적 즐거움을 느꼈다. 그는 편협함을, 덕이라는 형식에서의 편협함을 경멸했다. 또한 금욕주의자와 승려들에게 있는 미식의 결여도 경멸했다.

인간이 **도덕적으로 비난받아 마땅하다**는 선입견이 루소를 사로잡은 것처럼 보였다. 사람들은 "부당하다", "잔인하다"라는 낱말로 억압받는 자들의 본능을 가장 잘 자극할 수 있다. 이들은 그렇지 않으면 금지와 냉대의 속박을 받아서, **그들의 양심이 봉기하려는 욕망을 단념시킨다**. 이 해방자들은 무엇보다도 한 가지를 추구한다. 즉, 그들이 속한 당파에 더 높은 본성의 태도를 부여하여 강조하려 한다.

100

루소: 감정에 기반을 둔 규칙. 정의의 원천으로서의 자연. 인간은 **자연에 가까워지는** 정도에 따라 완전해진다(볼테르에 따르면 **자연으로부터 멀어지는** 정도에 따라). 동일한 시기가 한 사람에게는 **인간성의** 진보의 시기고, 다른 사람에게는 불의와 불평등이 심화되는 시기다.

볼테르는 여전히 인간성을 르네상스의 의미에서 파악한다. 마찬가지로 비르투(virtù)를 ("높은 문화"로서) 파악한다. 그는 정직한 사람과 교양 있는 사람의 책무를 위해, 취향과 학문과 예술의 책무를 위해, 진보 자체와 문명의 책무를 위해 싸운다.

싸움은 1760년경에 발발했다. 제네바 시민과 페르네 전하 사이. 이때부터 볼테르는 그 세기를 대표하는 사람, 철학자, 관용과 무신앙의 대표자가 된다(그때까지 그는 단지 재치 있는 사람일 뿐이었다). 루소의 성공에 대한 질투와 증오가 그를 앞으로, "높이까지" 밀어붙였다.

"천민"을 위해 보상하고 벌을 주는 신—볼테르.

문명의 가치에 관한 양자의 관점에 대한 비판. **사회적 발명**은 볼테르에게 있을 수 있는 가장 아름다운 것이고, 이것을 즐기고 완성하는 것보다 더 높은 목표는 존재하지 않는다. 사회적 관습을 존중하는 것이 바로 예절인 것이다. 덕이란 "사회"의 보존을 위해 필수적인 특정 "편견"들에 복종하는 것이다.

문화 선교사, 귀족주의자, 승리한 지배계급들과 그들의 가치 평가를 대표하는 자. 그러나 루소는 문필가로서도 **평민**으로 남아있었다. 이것은 전대미문의 일이었다. 그 자신이 아니었던 모든 것에 대한 그의 뻔뻔스러운 경멸.

루소에게서 **병적이었던 것**은 가장 많이 경탄을 받고 모방이 되었다. (바이런 경도 유사하다. 그 또한 자신을 숭고한 태도로 추켜올리면서 원한의 앙심을 품었다. "비천함"의 표시. 훗날 그는 베네치아를 통해 평정을 찾고, 그를 더욱 편안하게 해주고 그에게 좋은 것이 무엇인지를 파악했다. 무관심을.)

루소는 자신의 태생에도 불구하고 자신이 어떤 존재인지에 대해 긍지를 가진다. 그렇지만 사람들이 이 점을 상기시키면 그는 이성을 잃는다.

루소에게는 의심의 여지없이 **정신착란**이, 볼테르에게는 비범한 건강과 가벼움이 있다. **병자의 원한**. 그의 광기의 시간은 또한 인간에 대한 경멸과 불신의 시간이기도 하다.

루소에 의한 **섭리**의 옹호(볼테르의 비관주의에 반대하여). 그는 사회와 문명에 저주를 퍼부을 수 있기 위해 신이 **필요했다**. 모든 것은 그 자체로 선이어야 한다. 신이 그것을 창조했기 때문이다. **오직 인간만이 인간을 타락시켰다**. 자연인으로서의 "선한 인간"은 순전히 환상이었다. 그렇지만 신이 창조했다는 교리로 인해 그것은 개연성 있고, 근거 있는 것 같았다.

루소식 낭만주의: 열정("정열의 주권적 권리"). 자연스러움. 광기의 매력(위대함에 포함된 어리석음). 약자의 터무니없는 허영심. **판관**으로서의 천민의 원한("정치에서 백 년 동안 병든 자가 지도자로 받아들여졌다").

101

칸트: 영국인의 인식론적 회의주의를 독일인에게도 가능하게 만든다.

1. 독일인의 도덕적이고 종교적인 욕구가 인식론적 회의주의에 관심을 가지게 함으로써 아카데미 학파의 후기 철학자들이 같은 이유로 회의주의를 아우구스티누스의 플라톤주의에 대한 준비로 사용했던 것처럼, 심지어 파스칼이 신앙의 필요성을 자극하기 위하여

("정당화하기 위해") 도덕적 회의를 사용했던 것처럼.

2. 인식론적 회의주의를 스콜라적으로 치장하고 주름을 잡아 독일인의 학문적인 형식-취향에 적합하게 만듦으로써(로크와 흄은 그 자체 너무 밝고 명료하고, 달리 말해 독일적 가치 본능에 따르면 "너무 피상적"이기 때문이다).

칸트: 열등한 심리학자이며 인간을 잘 모르는 자. 위대한 역사적 가치(프랑스혁명)에 대해 중대한 실책을 범하고 있다. 지하처럼 어두운 가치의 기독교성을 지닌 루소식 도덕의 광신자. 철두철미한 독단론자. 그렇지만 이러한 성향에 답답해하며 권태를 느껴 독단론을 압제하고 싶어 하지만, 그는 회의하는 일에 곧 지쳐버린다. 아직 세계주의적 취향이나 고대의 아름다움의 숨결이 조금도 느껴지지 않는다. 그는 **지연자**이고 **매개자**일 뿐 독창적인 점은 전혀 없다(라이프니츠가 기계론과 유심론 사이에서, **괴테**가 18세기의 취향과 [본질적으로 이국적 감각인] "역사적 감각"의 취향 사이에서, **독일 음악**이 프랑스 음악과 이탈리아 음악 사이에서, 그리고 카를대제가 로마제국과 민족주의 사이에서 **매개하고 다리를 놓았던** 것처럼, **지연자**의 전형이다).

102

자신의 비관주의를 가진 기독교적 세기가 18세기보다 얼마나 **더 강한** 세기였는지, 그리스인의 **비극적** 시대가 이에 상응한다.

18세기에 맞서는 19세기. 어떤 점에서 상속이, 어떤 점에서 18세기에 비해 후퇴가("정신"이 더 빈곤하고, 취향이 더 빈곤하다), 어떤 점에서 18세기에 비해 진보가(더 어둡고, 더 현실적이며, 더 강하다).

103

우리가 로마 대평원에 공감한다는 것은 무엇을 **의미하는가**? 그리고 고산지대를?

샤토브리앙은 1803년에 퐁타네에게 보낸 편지에서 로마 대평원에 대한 첫인상을 말한다.

디종 의회 의장 샤를 드 브로스는 로마 대평원에 관해 이렇게 말한다. "로물루스는 그렇게 추한 지역에 도시를 건설할 생각을 했을 때 술에 취했을 것이다."

들라크루아도 로마를 좋아하지 않았고, 로마를 두려워했다. 그는 셰익스피어나 바이런, 조르주 상드처럼 베네치아에 열광했다. 로마에 대한 거부감은 테오필 고티에에게도 있다. 그리고 리하르트 바그너에게도.

라마르틴은 소렌토와 포실리포를 지지한다.

빅토르 위고는 에스파냐에 열광한다, 왜냐하면 "다른 어떤 나라도 고대로부터 거의 차용하지 않기 때문이고, 그 나라는 고전의 영향을 전혀 받고 있지 않기 때문이다."

104

18세기를 극복하기 위해 시도된 **두 가지 위대한 잠정적인 것들**:

나폴레옹, 남성과 군인들, 그리고 권력을 위한 대투쟁을 다시 일깨움으로써—유럽을 정치적 통일체로 구상하면서.

괴테, 이미 **달성된** 인간성의 완전한 유산이 만드는 유럽 문화를 상상함으로써.

금세기의 독일 문화는 불신을 일깨운다.—음악에는 괴테의 저 완전하고 구원하며 결합하는 요소가 결여되어있다.

105

1830년과 1840년 사이의 낭만주의자들에게 나타나는 **음악**의 우위. 들라크루아. 열정적인 음악가(글루크, 하이든, 베토벤, 모차르트 숭배)인 앵그르가 로마에 있는 제자들에게 말했다. "내가 너희 모두를 음악가로 만들 수 있다면, 너희는 화가로서 나아질 것이다." 돈 후안에 대한 특별한 열정을 가진 오라스 베르네도 마찬가지다(멘델스존이 1831년에 증언하듯이). 자신에 대해 다음과 같이 말하는 스탕달도 마찬가지다. "《돈 후안》이나 오페라 《비밀결혼》을 듣기 위해 얼마나 먼 거리를 걸어야 하고, 또 얼마나 많은 날을 감옥에서 견뎌야 하는가. 그리고 나는 다른 무엇을 위해 이 노력을 해야 할지 모른다." 그때 그의 나이는 쉰여섯 살이었다.

— 빌린 형식들. 예를 들면 전형적인 "아류"로서의 브람스. 멘델스존의 교양 있는 프로테스탄티즘도 마찬가지다(이전의 "영혼"이 시적으로 모사된다).

— 바그너에게 나타나는 도덕적이고 시적인 대용품들. 다른 것들에 있는 결함을 위한 응급처방으로서의 예술.

— "역사적 감각", 시와 영웅 전설을 통한 영감.

— 프랑스인 중에는 귀스타브 플로베르, 독일인들 중에는 리하르트 바그너가 가장 분명한 사례인 저 전형적인 변형. 사랑과 미래에 대한 낭만적인 믿음이 어떻게 무에 대한 욕망으로 변하는가, 1830

년에서 1850년까지.

106

왜 독일 음악은 독일 낭만주의 시기에 절정에 이르는가? 왜 독일 음악에 괴테는 없는가? 이와는 반대로 얼마나 많은 실러가, 더 정확하게는 얼마나 많은 "테클라"가 베토벤에 있는가!

슈만은 아이헨도르프, 룰란트, 하이네, 호프만, 티크를 자기 안에 가지고 있다. 리하르트 바그너는 마탄의 사수, 호프만, 그림, 낭만주의 전설, 본능의 신비적인 가톨릭주의, 상징주의, "열정의 자유주의", 루소의 의도를 지녔다. "방랑하는 네덜란드인"에서는 1830년 어두운 사람이 유혹자의 유형이었던 프랑스 맛이 난다.

음악의 숭배: 형식의 혁명적 낭만주의. 바그너는 낭만주의, 독일과 프랑스의 낭만주의를 요약한다.

107

독일과 독일 문화에 대한 그의 가치만으로 평가해보면, 리하르트 바그너는 커다란 물음표이고, 어쩌면 독일의 불운일지도 모르지만, 어쨌든 하나의 운명이다. 하지만 그게 무슨 상관인가? 그는 단지 독일적 사건이기보다는 그 이상의 것이 아닐까? 심지어 내게는 그가 독일보다 덜 속한 곳이 없는 것 같아 보인다. 독일에는 그를 위해 준비된 것이 아무것도 없다. 그의 유형 전체는 독일인 사이에서는 그저 낯설고, 기묘하고, 이해되지 않고, 이해 불가능하다. 하지만 사람들은 이런 점을 인정하기를 꺼린다. 그러기에는 그들은 너무 호의적이고, 너무 완고하고, 너무 독일적이다. "터무니없기에 믿는다(credo quia absurdus est)." 이것이 바로 이 경우에도 독일 정신이 바라고 또 바랐던 것이다. 그리고 독일 정신은 바그너가 자기 자신에 대해 믿고자 원했던 것이 무엇이든 모두 믿는다. 독일 정신은 심리학에 있어서는 언제나 자유와 예감이 결여되어있다. 독일 정신이 조국애와 자만의 높은 압력을 받고 있는 오늘날 그것은 눈에 띄게 진해지고 거칠어진다. 어떻게 독일 정신이 바그너라는 문제를 감당할 수 있단 말인가!

108

독일인은 아직 아무 존재도 **아니지만**, 그 어떤 존재가 **되어간다**. 따라서 그들은 아직 문화를 가지고 있지 않으며, 따라서 그들은 아직 문화를 가질 **수** 없다! 이것이 나의 명제다. 그럴 수밖에 없는 사람은 그 문제와 부딪힐 수 있다. 그들은 아직 아무 존재도 아니다. 이것이 의미하는 것은 그들은 모든 종류의 존재라는 것이다. 그들은 그 어떤 존재로 **되어간다**. 이것이 의미하는 바는 그들이 언젠가 모든 종류로 존재하는 것을 멈춘다는 것이다. 이 후자는 근본적으로 단지 소망일 뿐, 아직 희망은 아니다. 다행히도 그것은 우리가 의존해 살 수 있는 소망이며, 의지, 노동, 훈육, 사육의 문제인 것과 마찬가지로, 또한 불쾌감, 욕망, 궁핍, 불편, 심지어 분노의 문제다. 간단히 말해, 우리 독일인들은 사람들이 우리에게서 아직 바란 적이 없는 그 무엇을 우리에게서 원한다. 우리는 무엇인가 그 이상을 원한다!

이런 “아직 존재하지 않고 생성되어가는 독일인”에게 오늘날의 독일의 “교양”보다 더 나은 것이 다가온다는 것, 모든 “생성되는 자”가 이런 영역에서 만족을 인지하고, 뻔뻔스러운 “은퇴”나 “스스로 그을리기”를 인지할 때 그들은 격분하지 않을 수 없다는 것. 이것이 내가 생각을 바꾸지 않은 나의 두 번째 명제이다.

3. 강해짐의 징후

109

근본 명제: 현대인을 가리키는 모든 것 안에는 타락의 요소가 있다. 그러나 질병 아주 가까이에는 영혼의 실험되지 않은 힘이나 강력함의 징후가 있다. **소인들을 더욱더 왜소하게 만드는 동일한 이유가 더 강하고 희귀한 자들을 위대함에 이를 때까지 끌어올린다.**

110

총체적 통찰: 우리 현대 세계의 모호한 성격, 동일한 징후들이 **쇠퇴**와 **강함**으로 해석될 수 있다. 그리고 강함과 쟁취한 성숙함의 징후는 전해진(남겨진) 부정적 감정 평가를 근거로 약함으로 오해될 수도 있다. 간단히 말해, **가치에 대한 감정인 우리의 감정은 아직 시대의 첨단에 서 있지 않다.**

일반화하자면, 가치에 대한 감정은 항상 시대에 뒤처져있다. 가치 감정은 훨씬 이전의 시대를 보존하고 성장시키는 조건들을 표현한다. 가치 감정은 새로운 실존 조건들에 대항하여 싸운다. 가치 감정은 이러한 실존 조건들로부터 성장하지 않았기 때문에 그것들을 필연적으로 오해한다. 따라서 그것은 새로운 것을 억제하고, 새로운 것에 대한 의심을 불러일으킨다.

111

19세기의 문제. 이 세기의 강한 측면과 약한 측면은 함께 속하는가? 이 세기는 하나의 목재로 만들어진 것인가? 이 세기의 이상들이 지닌 다양성과 모순은 더 높은 목적 때문에 야기된 것인가, 더 높은 어떤 것으로서? 격렬한 긴장 속에서 그런 정도로 성장하는 것이 **위대함에 이르는 예정된 전제 조건**일 수 있기 때문이다. 불만족과 허무주의는 **좋은 징조일 수 있다**.

112

총체적 통찰.—실제로 모든 위대한 성장은 엄청난 **부서짐**과 **소멸**을 동반한다. 고통, 쇠퇴의 징후들은 엄청난 전진의 시기에 속한다. 인류의 모든 생산적이고 강력한 운동은 동시에 허무주의적 운동을 **함께 창조했다**. 비관주의의 **가장 극단적인** 형식인 진정한 **허무주의**가 세상에 출현하리라는 것은 경우에 따라서는 결정적이고 가장 본질적인 성장에 대한 징후, 새로운 실존 조건으로의 이행에 대한 징후일 수 있다. **이 점을 나는 파악했다.**

113

A

현재 인류의 가치를 진심으로 완전하게 **존중하는 것**으로 시작하려면 겉모습에 속지 마라. 이 인류는 덜 "인상적"이지만 전혀 다른 지속성을 보증한다. 속도는 느리지만 박자 자체는 훨씬 더 풍부하다. 건강은 증가하며, 강한 몸의 실질적 조건들이 인식되고, 서서히 만들어진다. 역설적으로 "금욕주의". 극단적인 것에 대한 두려움, "올바른 길"에 대한 어느 정도의 신뢰, 열광하지 않음. ("조국"이나 "학문" 등등과 같은) 협소한 가치에 이따금 정통함.

그러나 이 전체 모습은 항상 여전히 이중적일 것이다. 그것은 삶의 **상승** 운동일 수도 또는 **하강** 운동일 수도 있다.

B

"진보"에 대한 믿음—지능의 낮은 영역에서 그것은 상승하는 삶처럼 보인다. 그러나 그것은 자기기만이다.

지능의 높은 영역에서는 **하강하는** 삶으로 보인다.

징후의 서술.

관점의 일치. 가치척도와 관련한 불확실성.

일반적인 "헛됨"에 대한 공포.

허무주의.

114

사실 우리는 최초의 허무주의에 대한 치료제를 더는 필요로 하지 않는다. 우리 유럽에서의 삶은 더는 그 정도로 불확실하지 않고, 우연적이지 않고, 부조리하지 않다. 인간의 가치, 악의 가치 등등에서 그렇게 엄청난 **증가**는 지금 그렇게 필요하지 않다. 우리는 이러한 가치의 현저한 **감소**를 참아낸다. 우리는 많은 부조리와 우연을 용인해도 된다. 인간이 성취한 **권력**은 지금 사육 수단에 대한 **과소평가**를 허용한다. 이 수단 중에서 도덕적 해석은 가장 강력한 것이었다. "신"은 너무 극단적인 가설이다.

115

어떤 것이 우리의 인간화, 진정한 실제적인 진보를 의미한다면, 그것은 우리가 어떤 과도한 대립도, 그 어떤 대립도 필요하지 않다는 사실이다.

우리는 감각을 사랑해도 좋다. 우리는 감각을 모든 수준에서 정신화하고 예술적으로 만들었다.

우리는 이제까지 가장 심하게 악평받았던 모든 것에 대한 권리를 가지고 있다.

116

위계질서의 역전.—경건한 위조자와 사제들은 우리 사이에서는 인도의 천민 계급 찬달라가 된다.—그들은 허풍쟁이, 돌팔이 의사, 위조자, 마술사의 위치를 차지한다. 우리는 그들을 의지의 타락자,

삶에 대한 대단한 비방자이자 복수심에 가득 찬 자, 하위 계층 사이에서의 **반역자**로 간주한다. 우리는 하인 계급인 수드라를 우리의 중산층, 즉 정치적 결정을 내리는 우리의 "민중"으로 만들었다.

반면에 찬달라는 이전부터 맨 위에 있었다. 신성 모독자, **비도덕주의자**, 온갖 종류의 유목민, 예술가, 유대인, 방랑 악사가 맨 앞에 위치했다. 근본적으로 **평판이 좋지 않은** 모든 인간 계급 전부가.

우리는 **명예로운** 생각까지 우리를 고양시켰으며, 더 나아가 우리는 지상의 명예를 **규정한다**. "고귀함"을.—우리 모두는 오늘날 **삶의 변호자**이다.—우리 **비도덕주의자들**은 오늘날 **가장 강력한 힘**을 가지고 있다. 다른 거대한 힘들이 우리를 필요로 한다. 우리는 세계를 우리의 이미지에 따라 구성한다.

우리는 찬달라 개념을 **사제**와 **피안의 설교자** 그리고 이들과 서로 엉켜 자라난 **기독교 사회**로 전이시켰다. 거기에 동일한 기원을 가진 것인 비관주의자, 허무주의자, 동정의 낭만주의자, 범죄자, 악덕한 자들로도 전이시켰다.—"신"이라는 개념이 **구세주**로 상상되는 전체 영역으로.

우리는 더는 거짓말쟁이, 삶에 대한 비방자, 삶에 대한 의혹자가 될 필요가 없다는 데서 긍지를 느낀다.

117

18세기에 대한 19세기의 진보—근본적으로 우리 **선한 유럽인**은 18세기와 전쟁을 벌이고 있다.

1. "자연으로의 귀환"은 점점 더 단호하게 루소가 이해했던 것과

는 정반대의 의미로 이해된다. **전원생활과 오페라로부터 떠나자**!

2. 점점 더 단호하게 반이상주의적이 되고, 구체적이게 되며, 두려워하지 않게 되고, 근면해지며, 신중해지고, 갑작스러운 변화를 불신하게 되며, **반혁명적**이 된다.

3. 점점 더 단호하게 **몸의 건강** 문제가 "영혼"의 건강 문제보다 앞선다. 후자는 전자에 따른 상태로 파악되고, 적어도 영혼의 건강의 선결 조건으로 파악된다.

118

무엇인가 성취된 것이 있다면, 그것은 감각에 대한 무해한 태도, 감성에 관한 좀 더 즐겁고 좀 더 호의적이고 좀 더 괴테적인 태도이다. 마찬가지로 인식과 관련하여 좀 더 자랑스러운 감정이다. 그래서 "순전한 바보"는 믿음을 얻지 못한다.

119

우리 "**객관적인 자들**".—우리에게 가장 멀고 가장 낯선 종류의 존재와 문화에 이르는 문을 열어주는 것은 "동정"이 아니다. 오히려 "함께 괴로워하지"(동정하지) 않고, 그 반대로 사람들이 예전에 고통을 겪었던(격분하거나 충격을 받거나 적의를 품고서 냉정하게 응시했던) 100가지 것들에 즐거워하는 우리의 붙임성과 편파적이지 않음이다. 모든 뉘앙스의 고통이 이제 우리에게 흥미롭다. 우리는 고통을 바라보며 완전히 충격을 받아 눈물을 흘리더라도, 그런다고 해서 우리가 동정심이 더 많은 사람이 되는 것은 정말 **아니다**. 우리가 그런다고 정말 더 도움을 주고 싶다고 느끼지도 않는다.

모든 종류의 곤경과 위반을 이처럼 **자발적으로** 바라보고자 함으로써, 우리는 18세기보다 더욱 강해지고 활기차게 되었다. 그것은 우리 힘이 증가했다는 증거이다. (우리는 17세기와 16세기에 **가까워졌다**.) 그러나 우리의 "낭만주의"를 우리의 "아름다워진 영혼"에 대한 증거로 파악하는 것은 심각한 오해이다.

우리는 **더 조야했던** 모든 시대와 계층들이 원했던 것처럼 **강한** 감각을 원한다. 이것은 신경이 약한 사람들과 퇴폐적인 사람들의 욕구와는 구별되어야 한다. 그들에게는 신랄함에 대한 욕구, 심지어 잔인함에 대한 욕구가 있다.

우리는 **모두** 시민 도덕이 **더는 발언권이 없는**, 성직자의 도덕은 훨씬 더 발언권이 없는 상태를 추구한다(우리는 목사나 신학자들의 공기가 여전히 드리워져있는 책들에서 애처로울 정도로 어리석고 가난하다는 인상을 받는다). "좋은 사회"는 시민사회에서 금지되고 나쁜 평판을 얻게 하는 것 이외에는 근본적으로 아무것에도 관심을 가지지 않는 사회이다. 책, 음악, 정치 및 여자에 대해서도 마찬가지다.

120

19세기 인간의 자연화(18세기는 우아함과 섬세함 그리고 관대한 감정의 세기다). "자연으로 돌아감"이 아니다. 왜냐하면 자연적 인류는 한 번도 존재한 적이 없었기 때문이다. 비자연적 가치와 **반**자연적 가치들에 대한 스콜라주의는 규칙이고 시작이다. 인간은 오랜 투쟁 후에야 자연에 도달하지—그는 결코 "되돌아가지" 않는다—자연,

그것은 자연처럼 비도덕적이기를 과감하게 시도하는 것이다.

우리는 관대한 감정에 굴복할 때조차 이 감정에 대해 더욱 조야하고, 더욱 직접적이고, 아이러니로 가득 차 있다.

풍요로운 자의 사회, 한가한 자의 사회인 우리의 최초의 **사회**는 좀 더 자연적이다. 사람들은 서로를 사냥하고, 성적인 사랑은 결혼이 방해되기도 하고 자극을 주기도 하는 일종의 스포츠이다. 그들은 즐겁게 대화하고, 즐거움을 위해 살아간다. 사람들은 육체적인 장점을 무엇보다 높이 평가하고, 호기심에 차있고, 대담하다.

인식에 대한 우리의 태도는 좀 더 자연적이다. 우리는 전적으로 순진무구한 정신의 자유를 가지고 있고, 우리는 장중하고 성직자처럼 위엄 있는 매너를 증오하며, 우리는 가장 금지된 것을 즐기고, 우리는 인식을 향한 길에서 너무 지루함을 느끼게 되면 인식에 대한 어떤 관심도 알지 못하게 될 것이다.

도덕에 대한 우리의 태도는 좀 더 자연적이다. 원칙들은 우스꽝스러워졌다. 누구도 아이러니 없이는 더는 자신의 "의무"에 대해 말할 수 없다. 하지만 사람들은 남을 돕기 좋아하는 호의적 성품을 중히 여긴다(사람들은 본능 안에서 도덕을 발견하며, 그 외의 것은 경멸한다. 그 밖에 몇 가지 명예 문제와 관련된 개념).

정치에서 우리의 태도는 좀 더 자연적이다. 우리는 권력의 문제, 즉 일정량의 다른 권력에 맞서는 일정량의 권력의 문제를 본다. 우리는 자신을 관철시키는 권력에 근거하지 않은 권리를 믿지 않는다. 우리는 모든 권리를 정복하여 얻은 것이라고 느낀다.

위대한 인간과 일에 대한 우리의 평가는 좀 더 자연적이다. 우리는 열정을 특권으로 여기고, 위대한 범죄를 포함하지 않는 것은 그 어떤 것도 위대하다고 생각하지 않는다. 우리는 모든 위대함이 도덕과 관련하여 자신을 그 밖에 위치하는 것이라고 생각한다.

자연에 대한 우리의 태도는 좀 더 자연적이다. 우리는 자연을 더는 그것이 가지고 있는 "순진무구", "이성", "아름다움" 때문에 사랑하지 않는다. 우리는 자연을 멋지게 "악마"로 만들고 "우둔하게" 만들었다. 하지만 그 때문에 자연을 경멸하는 대신, 우리는 그 이후로 자연 안에서 한층 친근하고 편안함을 느낀다. 자연은 덕을 갈망하지 **않는다**. 그렇기 때문에 우리는 자연을 존중한다.

예술에 대한 우리의 태도는 좀 더 자연적이다. 우리는 예술에서 아름다운 가상적 허위를 요구하지 않는다. 흥분하지 않고 사실을 확인하는 잔인한 실증주의가 지배한다.

요약하자면 19세기의 유럽인이 자신의 본능을 덜 부끄러워한다는 징후가 있다. 그는 자신의 무조건적인 자연성, 다시 말해 자신의 비도덕성을 인정하기 위한 좋은 발걸음을 내디뎠다. **격분해서가** 아니라, 그 반대로 이런 모습을 혼자서도 견뎌낼 수 있을 만큼 충분히 강해서.

이것이 어떤 귀에는 마치 **부패**가 진전되기라도 한 것처럼 들린다. 그런데 확실한 것은 인간이 **루소**가 말하는 "자연"에 접근하는 것이 아니라, 그가 몹시 **꺼렸던** 문명 안에서 한 발짝 더 나아갔다는 것이다. 우리는 강해졌다. 우리는 17세기에 다시 접근했다. 특히 17세기 말의 취향(당쿠르, 르사주, 레냐르)에.

121

[**문화 대 문명**.] 문화와 문명의 정점은 서로 떨어져있다. 문화와 문명 간의 극심한 적대 관계에 관해 속아서는 안 된다. 문화의 위대한 시기는 항상, 도덕적으로 말하자면, 부패의 시대였다. 반면 인간을 **가축으로 길들이기**("문명")를 원하고 강요하는 시대는 더없이 정신적이고 대담한 본성의 소유자에게는 참을 수 없는 시기였다. 문명은 문화가 원하는 것과는 다른 것을 원한다. 아마도 정반대의 것이리라.

122

내가 경고하는 것: 데카당스의 본능을 **인간성**과 혼동하지 않는다.

해체시키고 또 필연적으로 데카당스로 몰아가는 문명의 **수단**을 문화와 혼동하지 않는다.

자유사상, "자유방임"의 원리를 **권력에의 의지**와 혼동하지 않는다(그것은 **반대** 원리다).

123

내가 새롭게 제기하는 해결되지 않은 문제들. **문명의 문제**, 1760년경 루소와 볼테르의 싸움. 인간은 더 심오해지고, 더 불신하고, "더 비도덕적이 되고", 더 강해지고, 자신을 더 신뢰하게 된다.—그리고 그런 점에서 "더 자연적으로" 된다.—이것이 "진보"이다.

(여기서 더욱 사악해진 계층과 더욱 온건하게 사육된 계층은 일종의 분업을 통해 서로 분리된다. 그래서 **전체 사실**이 즉시 눈에 들어오지 않는다.) 더 강한 계층들이 자신이 사악해지는 것을 더 높은 어떤 것으로

느끼게 만드는 기술을 가진다는 것은 강함, 자기통제 및 강함의 매혹에 속한다. 강화된 요소를 "선"으로 재해석하는 것은 모든 진보에 적합한 특징이다.

124

인간에게 그들의 자연 충동에 대한 용기를 다시 되돌려주는 것.

인간의 자기 과소평가를 제지하는 것(개인으로서 자기를 과소평가하는 것이 아니라 자연으로서 자기를 과소평가하는 것).

우리가 대립 관계를 사물들에 투영했음을 파악한 후, 사물들로부터 **대립 관계**를 제거하는 것.

실존으로부터 **사회의 특성들**(죄·벌·정의·정직·자유·사랑 등)을 제거하는 것.

"자연성"으로의 진보. 모든 정치적 문제에서, 또한 당파들의 관계에서도, 심지어 상인 당파 또는 노동자 당파나 기업가 당파들의 관계에서도 중요한 것은 **권력 문제**이다. "무엇을 할 수 있는가?"의 문제이며, 그러고 나서 비로소 "무엇을 해야만 하는가?"의 문제이다.

125

사회주의는—가장 보잘것없고 가장 어리석은 자들, 다시 말해 피상적이고 질투하고 4분의 3이 연기하는 자들이 끝까지 생각해낸 **폭정**이다.—실제로는 "현대적 이념들"과 그 잠재적 무정부주의가 도달한 **결론**이다. 그러나 민주적 복지의 미지근한 공기 속에서는 추론하는, 더욱이 결론에 도달하는 능력이 느슨해진다. 사람들은 따르지만, 무엇이 뒤따르는지를 더는 추론하지 못한다. 그러므로 사회주의는 전체적으로 절망적이고 씁쓰레한 문제이다. 오늘날 사회주의자들이 짓고 있는 유독하고 절망적인 얼굴과—더욱이 그들의 양식은 얼마나 가련하고 으스러진 감정이 있다는 것을 증언하는가!—그들의 희망과 소망이 품은 무해한 양들의 행복 사이의 모순을 바라보는 것보다 더 즐거운 일은 없다. 그럼에도 불구하고 유럽의 많은 지역에서 때때로 기습과 습격이 일어날 수도 있다. 다음 세기에는 여기저기에서 근본적으로 내부에서 "소요"가 일어나게 될 것이다. 그리고 독일에도 변호인과 옹호자가 있는 파리코뮌은 다가올 것에 견주어 평가해보면 단지 훨씬 가벼운 소화불량에 지나지 않았다. 그럼에도 불구하고 사회주의가 질병 발생 이상의 것을 의미할 수 있는 것처럼 언제나 너무 많이 소유한 사람들이 있게 될 것이다. 그리고 이러한 유산자는 "무언가가 되려면 무언가를 소유해야 한다."라는 한 가지 신앙을 가진 어떤 사람과 같다. 그러나 이것은 모든 본능 가운데 가장 오래되고 가장 건강한 본능이다. 나는 "그 이상이 되려면 사람은 가지고 있는 것보다 더 많이 가지길 원해야 한다."라는 말을 덧붙일 것이다. 이것이 살아있는 모든 것에게 삶 자체를 통해 설파되는 교리, 즉 발전의 도덕이기 때문이다. 가지고 더 많이 가지고자 하는 것, 한마디로 성장—이것은 생명 그 자체이다. 사회주의의 교리 안에는 단지 "삶을 부정하려는 의지"가 숨어있다. 그러한 교리를 생각해내는 사람은 성공하지 못한 인간이나 종족임이 틀림없다. 사실, 내가 바란 것은 사회주의사회에서 삶이 자기 자신을 부정하고 스스로 그 뿌리를 잘라내려 한다는 점이 몇몇 커다란 실험으로 증명되는 것이었다. 대지는 충분히 크고, 인간은 아직 충분히 고갈되지 않아서, 그와 같은 종류의 실천적 교훈이나 배리(背理) 논증(demonstratio ad absurdum)은, 설령 그것이 엄청난 인간 생명의 비용을 치르고서 얻어진다고 할지라도, 바람직한 것으로 보일 수밖에 없을 것이다. 아무튼, 어리석음 속으로 빠져들고 있는 사회의 불안한 땅 밑 두더지처럼 사회주의는 유용하고 유익한 것이 될 수 있을 것이다. 사회주의는 "지상의 평화"를 지연시키고, 민주적 무리 동물의 전체적 온순화를 지연시킨다. 사회주의는 유럽인이 정신, 즉 간계와 조심성을 지닐 것을 강요하고, 남성적이고 호전적인 덕을 완전히 포기하지 않을 것을 맹세하도록 강요하고, 정신의 일부 잔재, 즉 정신의 명료함·진지함·냉철함의 잔재를 보존하도록 강요한다. 사회주의는 자신에게 위협을 가하는 여성 소모증으로부터 당분간 유럽을 보호한다.

126

"현대성"의 가장 유리한 억제 및 치료법.

1. 농담을 할 수 없는 실전을 치러야 하는 일반적 **병역의무**.
2. 국가의 편협성(단순화하고 집중하는).
3. 개선된 영양 섭취(고기).
4. 주거지의 청결과 건강 증진.
5. 신학, 도덕주의, 경제학 및 정치에 대한 생리학의 우위.
6. 자신의 "책무"를 요구하고 처리하는 데 있어서 군사적 엄격함(사람들은 더는 칭찬하지 않는다).

127

나는 유럽의 군사 발전과 내부의 무정부적 상태에 대해서도 기쁘게 생각한다. 갈리아니가 이 세기를 두고 예언했던 평온과 중국 정신의 시대는 지나갔다. 개인적인 남성적 재능, 신체적 재능은 다시 가치를 얻고, 평가는 좀 더 신체적인 것이 되고, 영양 섭취는 좀 더 육식성으로 된다. 아름다운 남자가 다시 가능해진다. (콩트가 꿈꾸었던 것처럼 중국 고관이 맨 꼭대기에 있는) 창백한 위선. 야만인, 그리고 야수 또한 우리 각자의 내면에서 **긍정된다**. 바로 그 때문에 철학자들은 그 이상이 될 것이다.—칸트는, 언젠가 한번은 허수아비가 될 것이다!

128

나는 아직 낙담할 이유를 찾지 못했다. **강한 의지**를 보존하고 철저하게 배워 익힌 사람, 동시에 풍성한 정신을 가진 사람은 그 어느 때보다 유리한 기회를 얻었다. 왜냐하면 인간을 길들이는 **훈련 가능성**이 이 민주적 유럽에서 매우 커졌기 때문이다. 쉽게 배우고 쉽게 적응하는 사람들이 상례이다. 무리 동물, 심지어 매우 지능이 있는 무리 동물도 준비되어있다. 명령할 수 있는 사람은 복종**해야 하는** 사람들을 발견한다. 예를 들자면 나는 나폴레옹과 비스마르크를 생각한다. 가장 많이 장애가 되는 강력하지만 지능이 없는 의지와의 경쟁은 사소한 일이다. 그 누가 랑케 또는 르낭처럼 연학한 의지를 지닌 "객관적인" 이 신사들을 넘어뜨리지 않겠는가!

129

정신적 계몽은 인간을 불확실하게, 의지박약하게, 접촉과 지원이 필요하게 하기 위한, 간단히 말해 인간 안의 **무리 동물**을 발달시키기 위한 오류가 없는 수단이다. 그렇기 때문에 이제까지 모든 위대한 통치 예술가들(중국의 공자, 로마제국, 나폴레옹, 천민뿐만 아니라 권력을 최고로 여겼던 시대에서의 교황권)은 지배 본능이 지금까지 **정점에 이르렀던** 곳에서 또한 정신의 계몽에 봉사했다. 적어도 (르네상스 시대의 교황들처럼) 정신적 계몽이 **일어나도록** 내버려두었다. 예를 들어, 모든 민주주의에서 이 점에 대한 대중의 자기기만은 지극히 가치 있는 것이다. 인간의 왜소화와 통치 가능성은 "진보"로서 추구된다!

130

쇠약의 상태로서의 최고의 공평과 관대(《신약성서》와 기독교 원시 공동체—완전한 우둔함은 영국인 다윈과 월리스에게서 보인다). 그대들 우월한 본성의 인간들이여, 그대들의 공평은 그대들을 보통선거권 등으로 내몬다. 그대들의 "인간성"을 범죄와 어리석음에 대한 관대로 내몬다. 장기적으로 그대들은 이를 통해 결국 어리석음과 위험하지 않은 사람들을 승리로 이끈다. (안락과 어리석음—중간.)

외면적으로: 엄청난 전쟁, 전복, 폭발의 시대. **내면적으로**: 점점 더 커지는 인간의 약함, **흥분제**로서의 **사건들**, 유럽적 극단으로서의 파리인.

결과: 1. **야만인**, 처음에는 물론 이제까지의 문화의 형식 아래에

있다. 2. **주권적 개인들**(야만적인 **힘의 집합**과 기존의 모든 것에 대한 거리낌 없는 방자함이 교차한다). **대중**의 최대의 어리석음, 잔인함 및 비참함의 시대 그리고 **최고의 개인들**의 시대.

131

헤아릴 수 없이 많은 보다 높은 유형의 개인들이 이제 멸망한다. 그러나 **거기서 벗어나는 사람**은 악마처럼 강하다. 르네상스 시대와 흡사하다.

132

이 선한 유럽인들. 우리가 그들이다. 조국을 가진 인간들 앞에서 우리를 특징짓는 것은 무엇인가? 첫째, 우리는 무신론자이고 비도덕주의자이다. 그러나 우리는 우선 무리 본능의 종교와 도덕을 지지한다. 왜냐하면 그것들로 말미암아 우리 손안에 떨어질 수밖에 없고, 우리의 손을 **갈망할** 수밖에 없는 어떤 종류의 인간이 준비되기 때문이다.

선악의 저편, 그러나 우리는 무리 도덕이 무조건적 성스럽게 유지되어야 한다고 요구한다.

우리는 가르칠 필요가 있는 많은 종류의 철학을 마련해둔다. 상황에 따라서는 비관주의 철학을 망치로서. 유럽의 불교는 아마 없어서는 안 될 것이다.

우리는 아마도 민주적 제도의 발달과 성숙을 지지할 것이다. 민주적 제도는 의지의 약함을 키울 것이다. 우리는 "사회주의"에서 안일

함을 막는 가시를 발견한다.

민족들에 관한 입장. 우리의 편애. 우리는 교배의 결과에 주의를 기울인다.

떨어져있고, 부유하고, 강하다. "언론"과 그 교양에 대한 아이러니. 학자들이 문필가가 되지 않도록 걱정. 우리는 신문을 읽거나 신문에 기고하는 일과 타협하는 온갖 교양에 대해 경멸적인 태도를 취한다.

우리는 (괴테나 스탕달처럼) 우리의 우연한 지위와 우리의 체험을 전경으로 삼고 강조함으로써, 우리의 배경에 관해 속인다. 우리는 스스로 **기다리고**, 그것에 집착하지 않도록 조심한다. 그것들은 방랑자가 필요로 하고 받아들이는 것처럼 우리에게 대피소를 제공한다.

우리는 우리의 동료 인간들에 앞서서 의지의 훈련을 받고 있다. 모든 힘은 의지력의 발달에 사용된다, 우리에게 가면을 쓰도록 허용하는 기술, 정동 저편에서의 이해의 기술(때로는 "초유럽적"으로 생각하는 기술).

[미래의 입법자,] 대지의 주인이 되는 준비. 최소한 우리의 자식들에게서. 결혼에 대한 근본적 배려.

133

20세기.—갈리아니 신부가 언젠가 말한다. "예견은 유럽의 현재 전쟁의 원인이다. 아무것도 예견하지 않는 고통을 감수하면 전 세계가 평온해질 것이다. 그리고 나는 전쟁을 하지 않는다고 해서 더 나빠질 것이라고 믿지 않는다." 이제 나는 내 죽은 친구 갈리아니의 비호전적인 견해에 전적으로 동의하지 않기 때문에, 나는 몇 가지 사실을 예언하는 것을 두려워하지 않으며, 어쩌면 그로 인해 전쟁의 원인을 유발하는 것을 두려워하지 않는다.

끔찍한 지진 뒤의 엄청난 **자각**: 새로운 질문.

134

위대한 정오, 더없이 굉장한 밝아짐의 시간이다. **나의 비관주의의 종류**: 위대한 출발점.

I. 문명과 인간 향상에서의 근본 모순.

II. 더 강한 인간에게 저항하는 (**무리** 의지의) 권력에의 의지에 종사하는, 거짓과 비방의 역사로서의 도덕적 가치 평가들.

III. 모든 문화 향상의 (다수의 비용으로 이루어진 **선택**을 가능하게 하는) 조건들은 모든 성장의 조건이다.

IV. 모든 사물을 **자신의 성장 관점**에서 바라보는 힘의 문제로서의 세계의 **다의성**(고대 세계의 귀족제적 가치판단에 대항하여). 노예 봉기와 노예 허위성으로서의 **도덕적 기독교적** 가치판단들.

Friedrich Nietzsche

Versuch einer Umwertung aller Werte

2권

이제까지의 최고의 가치에 대한 비판

1장

종교 비판

우리가 실제의 그리고 상상한 사물들에 빌려주었던 모든 아름다움과 숭고함을 나는 인간의 소유물과 생산물로서, 그리고 인간의 가장 훌륭한 변론으로서 반환받기를 원한다. 시인으로서, 사상가로서, 신으로서, 사랑으로서, 그리고 권력으로서의 인간. 아, 그는 자신을 **가난하게** 만들고 **자신을** 비참하게 느끼기 위해 얼마나 대단한 관대함으로 사물에게 선물을 주었던가! 그가 경탄하고 숭배했으며 또 그가 경탄한 것을 창조한 자가 바로 **그 자신**이었다는 사실을 자신에게 숨기는 법을 알았다는 것은 이제까지 그의 최대로 사심이 없는 행위였다.

1. 종교의 기원에 대하여

135

종교의 근원에 관하여.—오늘날 교육을 받지 못한 사람은 아직도 분노가 그가 분노하는 일의 원인이라고, 정신이 그가 생각하는 일의 원인이라고, 영혼이 그가 느끼는 일의 원인이라고 믿는다. 요컨대 원인일 거라고 생각되는 한 무더기의 심리적 실체들이 지금도 여전히 서슴없이 상정되고 있다. 그래서 좀 더 단순한 단계에 있는 인간은 동일한 현상들을 심리적인 인격적 실체들의 도움을 받아 설명한다. 그에게 낯설고 매혹적이며 압도적인 것처럼 보였던 상태들을 그는 어떤 인격의 힘의 영향을 받은 강박 상태와 마법에 걸린 상태라는 해석을 준비해놓았다. 따라서 오늘날 가장 순진하고 후진적인 인간종인 기독교인은 희망, 안식, 그리고 "구원"의 느낌을 신의 심리적 영감으로 환원한다. 본질적으로 고통을 받으며 불안한 유형인 그에게는 행복과 헌신 및 안식의 감정들은 당연히 **낯선** 것으로, 설명이 필요한 것으로 나타난다. 영리하고 강하고 삶에 충만한 종족들에게서 여기에 **낯선 힘**이 작용하고 있다는 확신을 가장 많이 불러일으키는 것은 간질 병자이다. 그러나 모든 유사한 부자유, 예를 들어 영감을 받은 자, 시인, 위대한 범죄자, 사랑이나 복수와 같은 열정의 부자유는 인간을 넘어서는 힘을 생각해내는 데 도움이 된다. 사람들은 특정 상태를 인격 속으로 구체화하고, 그 상태가 우리에게 나타나면 그것은 바로 그 인격의 작용이라고 주장한다. 달리 표현하면, 신을 형상화하는 심리에는 어떤 상태가 결과로 나타나기 위한 원인으로서 의인화가 있다는 것이다.

심리학적 논리는 이것이다. **권력 감정**이 갑자기 압도적으로 인간을 엄습하면—모든 커다란 감정 상태가 그러한데—그것은 그에게서 자신의 인격에 대한 회의를 불러일으킨다. 그는 자신이 이 놀라운 감정의 원인이라고 감히 생각하지 않는다. 그래서 그는 이 경우를 설명하려고 **더 강한** 인격과 하나의 신성을 상정한다.

요약하면 종교의 근원은 **낯설기** 때문에 인간을 놀라게 하는 극단적 권력 감정에 있다. 팔다리 중 하나가 너무 무겁고 이상하게 느껴져서 어떤 다른 사람이 자기 위에 누워있다고 결론짓는 병자처럼, 순진한 종교적 인간(homo religiosus)은 **여러 인격**으로 분열된다. 종교는 "인격의 변용"의 사례이다. 자기 자신에 대한 **공포감**과 **전율감**의 일종이다. 그러나 또한 비범한 행복감과 고양된 감정이기도 하다. 병자들 사이에서는 건강의 느낌만으로도 신을 믿고, 신의 가까이에 있음을 믿기에 충분하다.

136

종교적 인간의 가장 기초적인 심리학.—모든 변화는 작용이다. 모든 작용은 의지의 작용이다. "자연", "자연법"의 개념은 없다. 모든 작용에는 행위자가 있다. 가장 기초적인 심리학: 자신이 의지의 행위를 했다는 것을 아는 경우에만 그 자신이 원인이다.

결과: 권력의 상태를 경험할 때 인간은 자신이 원인이 **아니고 책임도 없다**는 느낌을 가지게 된다. 그러한 권력의 상태들은 원하지 않았는데 나타난다. 따라서 우리는 상태의 창시자가 아니다. 자유롭지 않은 의지(즉 우리가 의지로 원하지 않아도 우리가 변화했다는 의식)는 **외래의** 의지가 필요하다.

결론: 인간은 자신의 모든 강력하고 놀라운 동기들을 감히 자신에게 귀속시키지 못했다.—그는 그것들을 "수동적"으로, 당하는 것으로, 엄습하는 것으로 생각했다. 종교는 개인의 통일성에 대한 **회의**의 산물이고 인격의 변경이다. 인간의 모든 위대함과 강함이 **초인간적**인 것으로, **낯선** 것으로 생각되는 한에서 인간은 자신을 왜소하게 만들었다.—그는 두 측면, 즉 아주 가련하고 약한 측면과 아주 강하고 놀라운 측면을 두 영역으로 분열시켰고, 전자를 "인간"이라고, 후자를 "신"이라고 불렀다.

인간은 계속 이런 방식으로 생각했다. 도덕적 특이한 성격의 시기에 그는 자신의 높고 숭고한 도덕 상태들을 "의지로 원한" 것으로서, 개인의 "작품"으로 해석하지 않았다. 기독교인도 자신의 인격을 그가 인간이라 명명하는 초라하고 약한 허구와 그가 신(구원자, 구세주)이라고 부르는 다른 허구로 분열시켰다.

종교는 "인간" 개념을 깎아내렸다. 종교의 극단적 결론은 모든 선, 위대함, 진리는 초인간적이고 오직 은총에 의해서만 선물로 부여된다는 것이다.

137

높고 강한 상태들이 마치 낯선 상태들처럼 물러감으로써 야기되는 인간의 저열화에서 탈피하는 다른 방법은 친족 이론이다. 이 높고 강한 상태들은 적어도 우리 선조들의 영향이라고 해석될 수 있을 것이다. 우리는 연대하면서 서로에게 속해있었으며, 우리에게 알려진 규범에 따라 행동함으로써 우리 눈에는 우리가 더욱 성장한다.

종교를 자신들의 자부심과 일치시키려는 고귀한 가문들의 시도. 시인과 예언가들도 똑같은 일을 한다. 그들은 그런 교제를 할 정도로 가치 있고 그런 교제를 하도록 **선택되었다**는 점에 자부심을 느낀다. 그들은 전혀 개인으로서 고려되지 않고 단지 대변자에 불과하다는 점을(호메로스) 매우 중요하게 생각한다.

자신의 높고 자랑스러운 상태를 단계적으로 취득하고, 자신의 행위와 작품을 소유하는 것. 이전에 사람들은 자신이 행한 최고의 일들에 대한 책임이 자신에게 있는 것이 아니라 신에게 있다고 생각했을 때 영광이라고 믿었다. **의지의 부자유**가 어떤 행위에 좀 더 높은 가치를 부여하는 것이라고 여겨졌다. 그때는 신이 행위의 장본인이 되었다.

138

사제들은 자신이 명백하게 보여줘야만 하는 어떤 초인적인 것의 배우이다. 즉, 그것이 이상적인 것이든, 신들이든 또는 구원자들이든, 어떤 초인적인 것을 연기하는 배우이다. 사제들은 그 일에서 자신의 소명을 찾고, 그 일에 대한 본능을 가지고 있다. 가능한 한 그 일을 그럴듯하게 만들려고 그들은 되도록 닮아야 한다. 그들은 배우의 영리함으로 사람들에게 무엇보다 **선한 양심**을 불러일으켜서, 그 도움으로 진정으로 설득당할 수 있게 해야 한다.

139

사제가 관철하고자 하는 것은 자신이 **최고의 유형**으로 여겨지는 것, 자신이 지배하는 것, **권력**을 손에 넣고 있는 자까지도 지배하는 것, 자신은 범할 수 없고 공격할 수 없다는 것. 자신이 공동체 안에서 **최고의 권력**이며 절대로 대체되거나 폄하될 수 없다는 것이다.

수단: 그 혼자만 **지자**이다. 그 혼자만 **덕 있는 자**이다. 그 혼자만 **자신에 대한 최고의 지배권**을 가지고 있다. 그 혼자만 어떤 의미에서 신이고, 신성으로 되돌아간다. 그 혼자만 신과 **다른 존재** 사이의 매개자이다. 신성은 사제에게 불리한 모든 것과 사제에 반대하는 모든 사상을 벌한다.

수단: 진리는 존재한다. 그것을 얻는 방식은 오직 하나뿐, 사제가 되는 것이다. 질서와 자연과 전통에서 좋은 모든 것은 사제의 지혜로 거슬러 올라간다.—성서는 그들의 작품이다. 자연 전체는 그 안에 들어있는 규정의 실현일 뿐이다.—사제 외에 **선**의 다른 원천은 없다. 다른 종류의 우월성은 모두, 예컨대 **전사**의 우월성은 사제의 우월성과는 **위계**가 다르다.

결과: 사제가 **최고의** 유형이어야 한다면, 그의 **덕들**의 **등급**이 인간

의 가치 등급을 구성해야 한다. **연구**, **탈감각화**, **비능동성**, **무감정하고 냉정함**, **엄숙함**.—**반대**: **가장 낮은** 인간 종류.

사제는 자신이 **최고의** 유형으로 느껴지도록 한 종류의 도덕을 가르쳤다. 그는 **반대** 유형인 찬달라를 생각해낸다. 온갖 수단을 이용하여 이 유형을 경멸스럽게 만드는 일은 카스트 질서를 돋보이게 하는 포장을 제공한다. 관능에 대한 사제의 극단적인 불안은 동시에 이것이 카스트 질서를 (즉 질서를 일반적으로) 가장 심각하게 위협한다는 통찰의 영향을 받는다. 정조와 관련한 "자유 경향"은 결혼 서약을 뒤엎는다.

140

사제 유형의 발전으로서의 **철학자**.—그는 몸 안에 사제 유형의 유산을 지니고 있다. 그는 경쟁자라 하지라도 당대의 사제가 사용했던 동일한 수단을 가지고 동일한 목적을 얻기 위해 싸워야 한다.—그는 **최고의 권위**를 열망한다.

물리적 권력을 수중에 가지고 있지 않을 때 (어떤 군대도, 어떤 종류의 **무기**도) 무엇이 **권위**를 부여하는가? 특히 물리적 위력과 권위를 가지고 있는 자들에 대해 어떻게 권위를 획득하는가? 그들은 군주, 승리한 정복자, 현명한 정치가에 대한 외경심을 가지고 경쟁한다.

좀 더 높고 좀 더 강력한 위력을, 즉 **신**을 수중에 가지고 있다는 믿음을 그들이 일깨움으로써만. 어느 것도 충분히 강하지 않다. 사람들은 사제의 매개와 봉사가 필요하다. 그들은 자신을 **그 사이에서** 없어서는 안 될 존재로 제시한다. 그들은 생존 조건으로 다음의 것을 필요로 한다. 1. 자신들의 신의 절대적 우월성에 대한 믿음, **그들의 신**에 대한 믿음. 2. 신에 이르는 다른 직접적 통로의 부재. 두 번째 요구만으로도 "이단" 개념을 만들고, **첫 번째** 요구는 "불신자"(즉 **다른** 신을 믿는 자) 개념을 만들어낸다.

141

신성한 거짓말에 대한 비판.—경건한 목적을 위해서는 거짓말이 허용된다는 것은 모든 성직자 계급 이론에 속한다.—이 이론이 그들의 실천에 어느 정도 속하는지가 이 연구의 대상이다.

하지만 철학자들 역시 사제들의 은밀한 의도를 가지고 인간을 지도하려고 하자마자 곧바로 자신에게 거짓말할 권리를 부여했다. 플라톤이 앞장섰다. 가장 대단한 것은 전형적으로 아리아적인 베단타 철학자들에 의해 발전된 이중적 거짓말이다. 모든 주요한 점에서 모순적이지만 교육 목적으로 서로 교대하고 보충하며 보완하는 두 가지 체계. 한 체계의 거짓말은 다른 체계의 진리가 일반적으로 **청취될 수 있는** 상태를 만들어야 한다.

사제와 철학자들의 경건한 거짓말은 **얼마나 멀리** 가는가? 여기서 물어야 한다. 그들은 교육을 위해 어떤 전제 조건을 가지고 있는가? 그 전제 조건들을 충족시키기 위하여 그들은 어떤 교리를 **생각해내야** 하는가?

첫째, 그들은 권력, 권위, 무조건적 신빙성을 자기편으로 만들어야 한다.

둘째, 개인에게 영향을 미치는 모든 것이 그들의 법칙에 의해 영향을 받는 것처럼 보이기 위해서는 그들은 자연의 운행 전체를 손아귀에 넣어야 한다.

셋째, 그들은 또한 훨씬 더 광범위한 권력 영역을 가져야 하는데, 이 영역에 대한 통제는 복종하는 사람들의 시선에서 벗어난다. 피안, "죽음 이후"에 대한 벌의 양, 행복에 이르는 길을 아는 수단들 역시 얼마나 당연한가.

그들은 자연적 진행이라는 개념을 멀리해야 한다. 하지만 그들은 영리하고 사려 깊은 사람들이기 때문에 아주 큰 효과를 **약속할** 수 있다. 물론 이 효과는 기도를 통해서나 그들의 법칙을 엄격히 준수함으로써 초래된다. 마찬가지로 그들은 절대적으로 이성적인 많은 것을 **규정할** 수 있다. 단지 그들은 경험과 경험적 지식을 이러한 지혜의 원천으로 명명해서는 안 되며, 오히려 계시라든가 아니면 "가장 엄격한 참회"의 결과라고 명명한다.

그러므로 **신성한 거짓말**은 원칙적으로 행위의 목적에 관련된다(자연 목적, 이성은 보이지 않게 사라지고, 도덕 목적, 율법 성취, 신에 대한 봉사가 목적으로 나타난다). 행위의 **결과**와 관련된다(자연적 결과는 초자연적인 것으로 해석되고, 그리고 확실하게 작용하기 위해서 통제할 수 없는 다른 초자연적 결과들이 전망된다).

이런 방식으로 "유용한", "해로운", "삶을 증진하는", "삶을 부정하는"이라는 자연 개념과 완전히 분리된 것처럼 보이는 **선**과 **악**의 개념이 만들어진다. 다른 삶을 생각해내는 한, 이 개념은 자연적인 선악 개념에 직접적으로 **적대적인** 것이 될 수 있다.

이런 방식으로 결국에는 그 유명한 "양심"이 만들어진다. 모든 행위에서 행위의 가치를 결과에 관련하여 측정하지 않고 의도와 이 의도가 "법칙"과 일치하는 정도와 관련하여 측정하는 내면의 목소리.

그러므로 신성한 거짓말은 **처벌하고 보상하는** 신을 발명했다. 정확히 사제의 율법을 인정하고, 정확히 그들을 자신의 대변자와 위임자로서 세상에 보낸 신을. 그 안에서 거대한 처벌 기계가 비로소 작용한다고 생각되는 **삶의 피안**을, 이 목적을 위해 **영혼의 불멸성**을 발명했다. 선과 악이 확고하게 정해졌다는 의식으로서, 그것이 사제가 지시한 계율에 순응하도록 권고할 때는 신 스스로 그것을 통해 말하고 있다는 의식으로서 인간의 내면에 **양심**을 발명했다. 모든 자연적 과정에 대한 **부정으로서의 도덕**, 모든 사건을 도덕적으로 제한된 사건으로 환원하는 것으로서의 도덕을 발명했다. 세계 전체에 스며든 것으로서, 유일한 위력으로서, 모든 변화의 창조자로서의 도덕 효과(즉 벌과 보상에 대한 관념). **진리**를 주어진 것으로서, 계시된 것으로서, 사제의 가르침과 일치하는 것으로서 발명했다. 이 세상과 저세상의 삶의 모든 구원과 행복의 조건으로서.

요약하면 도덕적 **개선**의 대가는 무엇으로 지불하는가? **이성**을 떼어내는 것, 모든 동기를 공포와 희망(처벌과 보상)으로 환원하는 것. 사제의 후견에 의존하는 것, 신적 의지를 표현한다고 주장하는 지나친 형식 준수에 의존하는 것. 시험과 시도 대신에 거짓 지식을 설정하는 "양심"의 이식. 무엇을 해야 하고 무엇을 하지 말아야 하는지가 이미 확고하게 정해져있는 것처럼 탐구하고 앞으로 나가려는 정신의 일종의 거세. 요약하면, 최악의 인간 **절단**. 사람들은 이것을 소위 "선한 인간"으로 상상할 수 있다.

실제로 이성 전체, 사제 계율의 전제인 영리함과 섬세함과 신중함의 전체 유산이 추후에 자의적으로 단순한 기계장치로 환원된 것이다. 율법을 따르는 것이 목표, 최고 목표로 간주된다. **삶은 더는 아무런 문제가 없다**. 세계 개념 전체가 **처벌이라는 관념**으로 더럽혀졌다. **사제적인** 삶을 최상의 완전성을 표현하려는 의도로 인해, 삶 자체가 삶에 대한 비방과 모욕으로 달리 생각되었다. "신" 개념은 삶에 등을 돌리는 것, 삶에 대한 비판과 경멸을 표현한다. 진리는 **사제적인** 거짓말로 바뀌고, 진리 추구는 **성서 연구**로, **신학자가 되는** 수단으로 바뀐다.

142

마누법전에 대한 비판을 위하여.—책 전제가 신성한 거짓말에 기초한다. 이 전체 체계가 영감을 준 것이 인류의 복지인가? 모든 행위의 이해관계를 믿는 이 종류의 인간은 이 체계를 관철하는 데 관심을 기울이고 있었던 것인가, 아니면 아니었던 것인가? 인류를 개선한다는 것, 이런 의도는 어디서 영감을 받은 것인가? 어디서 개선이라는 개념을 얻은 것인가?

우리는 자신이 규범이라고, 정상이라고, 인간 유형의 최고 표현이라고 느끼는 종류의 인간, 즉 사제의 종류를 발견한다. 그들은 자신들에게서 "개선"이라는 개념을 얻는다. 그들은 자신들의 우월함을 믿는다. 그들은 실제로도 그 우월함을 **원한다**. 신성한 거짓말의 원인은 **권력에의 의지**다.

지배의 설립: 이 목적을 위해, 사제 계급에 권력의 최상을 설정하

는 개념들의 지배—거짓말에 의한 권력—권력은 물리적으로나 무력으로 소유하는 것이 아니라는 통찰, 권력의 보완으로서의 거짓말—새로운 "진리" 개념.

여기서 무의식적이고 순진한 발전을 전제하는 것은 잘못이다, 일종의 자기기만. 광신자들은 그처럼 신중하게 숙고한 압박 체계의 발명가가 아니다. 여기서는 가장 냉철한 반성이 작동했는데, 그것은 플라톤이 《국가》를 생각해냈을 때와 같은 종류의 반성이다.—"목표를 원한다면 수단 또한 원해야 한다."—모든 입법자는 이런 정치인 통찰에 관해 명백히 알고 있었다.

우리는 특히 아리안적인 고전적 본보기를 가지고 있다. 그러므로 우리는 가장 많은 능력을 부여받고 가장 사려 깊은 종류의 인간에게 지금까지 들은 것 중 가장 근본적인 거짓말에 대한 책임을 지울 수 있다. 그 거짓말은 거의 모든 곳에서 모방되었다. **아리아의 영향**이 전 세계를 부패시켰다.

143

오늘날 《**신약성서**》의 **셈족** 정신에 관해 많이 이야기한다. 하지만 셈족 정신이라고 부르는 것은 단지 사제적인 것이다. 그리고 가장 순수한 종족의 아리아 법전인 마누법전에서는 이런 종류의 "셈족주의", 즉 사제 정신은 다른 어디에서보다 더 나쁘다.

유대적 사제 국가의 발전은 독창적이지 않다. 그들은 바빌로니아에서 그 양식을 배웠다. 그 양식은 아리아적이다. 나중에 게르만 혈통이 우세한 유럽에서 동일한 양식이 다시 지배하게 되었을 때, 그것은 **지배** 종족의 정신에 상응했다. 커다란 격세유전. 게르만의 중세는 **아리아 카스트 계급 질서**의 부활을 의도했다.

마호메트교는 다시 기독교인들에게 배웠다. 처벌의 도구로서 "피안"을 사용하는 것.

사제가 정점에 있는 **변하지 않는 공동체**의 양식: 조직의 영역에서 아시아의 가장 오래된 위대한 문화 산물. 이것은 모든 면에서 반성과 모방을 불러일으킬 수밖에 없었다. 플라톤도 그랬다. 하지만 특히 이집트인들이 그랬다.

144

도덕과 **종교**는 사람에게서 원하는 것을 만들 수 있는 **주요 수단**이다. 사람들이 흘러넘치는 창조력을 가지고 있으며, 자신의 의지를 오랫동안 관철할 수 있다는 전제를 한다면 말이다.

145

지배계급의 산물인 **긍정의**('예'라고 말하는) 아리아 종교는 어떤 모습인가: 마누법전. (브라만의 권력 감정의 신격화. 그것이 전사 계급에서 생겨나 사제에게 옮겨갔다는 것이 흥미롭다.)

지배계급의 산물인 **긍정의** 셈족 종교는 어떤 모습인가: 마호메트 법전. 《구약성서》의 오래된 부분. **남성**을 위한 종교인 마호메트교는 여성의 종교인 것처럼 느끼는 기독교의 감상과 허위를 깊이 경멸한다.

억압받는 계급의 산물인 **부정의**('아니오'라고 말하는) 셈족 종교는

어떤 모습인가: 인도-아리아의 개념에 따르면 《신약성서》—**찬달라 종교**.

지배계급에서 성장한 **부정의** 아리아 종교는 어떤 모습인가: 불교.

우리가 **억압받는** 아리아 종족의 종교를 가지고 있지 않다는 것은 전적으로 지당하다. 왜냐하면 그것은 모순이기 때문이다. 지배자 종족은 맨 위에 있거나 아니면 몰락한다.

146

종교는 그 자체 도덕과 관련이 없다. 그러나 유대 종교의 두 후예는 **본질적으로** 도덕적 종교들이다. 어떻게 살아야 하는지에 관해 지시하는 종교들이고, 보상과 벌로써 자신의 요구를 경청하게 만드는 종교들이다.

147

이교적-기독교적. **이교적**이란 자연적인 것에 대한 긍정이고, 자연적인 것에서 순진무구를 느끼는 것이고, "자연성"이다.

기독교적인 것은 자연적인 것에 대한 부정이고, 자연적인 것에서 가치 없음을 느끼는 것이고, 반자연성이다.

예를 들면, 페트로니우스는 "순진무구하다". 이 행복한 자와 비교해보면, 기독교인은 순진무구함을 영원히 잃어버린다.

그러나 **기독교적 신분** 역시 궁극적으로는 자연 상태일 수밖에 없지만 스스로를 그런 상태로 파악할 수 없기 때문에, '기독교적'이라는 것은 **심리적 해석의 위조**를 원칙으로 끌어올리는 것을 의미한다.

148

기독교의 사제는 처음부터 관능의 철천지원수이다. 아테네의 가장 명예로운 여성 숭배에 있는 성적 상징을 보면서 느꼈을 장엄한 태도, 불길한 예감에 가득 찬 태도보다 더 큰 대립을 생각할 수 없다. 생식 행위는 비-금욕적인 종교에서 신비 자체이다. 완성, 신비스러운 의도, 미래(부활, 불멸)에 대한 일종의 상징이다.

149

우리에 대한 믿음은 가장 강력한 속박이고 최고의 채찍질이다. 그리고 **가장 강한 날개**이다. 기독교는 인간의 순진무구를 믿음의 항목으로 제시해야만 했을 것이다. 인간은 신들이 될 수도 있었을 것이다. 당시에 사람들은 아직 믿을 수 없었다.

150

역사에서 위대한 **거짓말**: 기독교의 길을 열어준 것이 마치 이교도의 **타락**이었다는 듯! 그러나 그것은 고대 인간의 약화와 **도덕화**였다! 자연적 충동을 **악덕**으로 재해석하는 일이 이미 진행되었다!

151

종교들은 도덕에 대한 믿음 때문에 몰락한다. 기독교적-도덕적 신은 유효하지 않다. 따라서 "무신론"—마치 다른 어떤 종류의 신들도 있을 수 없다는 듯.

마찬가지로 문화도 도덕에 대한 믿음 때문에 몰락한다. 왜냐하면 도덕을 성장시키는 필수적 조건들이 발견되면 사람들은 그 조건들을 더는 **원하지** 않기 때문이다: 불교.

152

허무주의적 종교들의 생리학.—**허무주의적** 종교들 모두 다: 종교적-도덕적 전문용어를 사용하는 **체계화된 질병의 역사**.

이교적 숭배에서는 거대한 **계절의 순환**의 해석이 숭배의 중심이다. 기독교 숭배에서는 **마비 현상들**의 순환이 숭배의 중심이다.

153

이 **허무주의적** 종교는 데카당스 **요소들**과 고대에서 발견되는 그와 유사한 것을 모은다. 즉,

a) **약자**와 **실패한 자들**의 당파(고대 세계의 불량품: 고대 세계가 가장 강력하게 배척했던 것).

b) **도덕화된 자들**과 **반이교적인 자들**의 당파.

c) 정치적으로 지친 자들과 무관심한 자들의 당파(둔감해진 로마인), 그들에게 오직 공허만이 남아있는 국적이 박탈당한 자들의 당파.

d) 자신에게 싫증이 난, 기꺼이 지하 음모에 참여하는 자들의 당파.

154

부처 대 "십자가에 못 박힌 자".—허무주의적 종교들 안에서도 여전히 **기독교적** 종교와 **불교적** 종교는 분명하게 구분할 수 있다. 불

교적 종교는 아름다운 밤을 표현한다, 완성된 감미로움과 온화함을. 그것은 배후에 있는 모든 것에 대한 감사이다. 괴로움, 실망, 원한이 없다는 것도 포함한다. 마지막으로 고도의 정신적 사랑이다. 생리적 모순의 정교함을 이미 체험하고, 그것으로부터도 안식을 취한다. 하지만 자신의 정신적 영광과 일몰의 작열을 여기서 얻는다. (최고 계급의 기원.)

기독교적 운동은 온갖 종류의 쓰레기와 불량품으로 이루어진 퇴화 운동이다. 그것은 특정한 종의 쇠퇴를 표현하지 않는다. 그것은 처음부터 서로에게 밀려들고 서로를 찾는 병적 형성물로 이루어진 집합체이다. 그렇기 때문에 그것은 민족적이지 **않고**, 인종적 제약을 받지 **않는다**. 그것은 어디에나 있는 상속 받지 못한 사람들에게 호소한다. 그것은 근본적으로 성공하고 지배하는 모든 것에 대한 원한을 가진다. 그것은 성공한 자와 지배하는 자에 대한 저주를 표현할 **상징**이 필요하다. 그것은 또한 모든 정신적 운동과 모든 철학에 대립적이다. 그것은 바보의 편을 들고, 정신에 대해 저주를 퍼붓는다. 재능 있는 자, 학식 있는 자, 정신이 독립적인 자들에 대한 원한: 그것은 이들에게서 **성공한 것**과 **지배하는 것**을 알아차린다.

155

불교에서는 이런 생각이 우세하다. "모든 욕망, 정서를 불러일으키고 피를 만드는 모든 것은 행위로 이끈다." 오직 이 정도로 악에 대해 **경고를** 받는다. 왜냐하면 행위에는 아무런 의미가 없기 때문이다. 행위는 실존 속에서 굳게 유지된다. 그러나 모든 실존은 아무런 의미도 없다. 그들은 악에서 비논리적인 어떤 것으로의 충동을 본다. 다시 말해 사람들이 부정하는 목적의 수단들을 긍정하려는 충동을 본다. 그들은 비-존재에 이르는 길을 추구하며, **그렇기 때문에** 정서와 관련된 **모든** 충동을 몹시 꺼린다. 예를 들면, 복수하지 마라! 원수가 되지 마라!—지친 자들의 쾌락주의가 여기서 최고의 가치척도를 제공한다. 불교도에게는 바울의 유대인 광신주의보다 더 먼 것은 없다. 종교적 인간의 이러한 긴장, 격정, 불안, 그리고 무엇보다 기독교가 "사랑"이라는 이름으로 신성화한 그런 감성의 형식보다 더 불교도들의 본능에 거슬리는 것은 없다. 게다가 불교에 만족하는 사람들은 교양 있고, 심지어 지나치게 정신화된 계급들이다. 즉, 수 세기에 걸친 철학자들의 싸움에 물리고 지친 종족이긴 하지만, 기독교를 발생시킨 계층처럼 **모든 문화의 하부**에 있는 종족은 아니다. 불교의 이상에서는 선악으로부터의 해방 역시 본질적인 것으로 나타난다. 여기서 완전성의 본질과 일치하는 세련된 도덕의 피안이 고안된다. 물론 선한 행위들 역시 단지 일시적으로 필요하기는 하지만, 말하자면 모든 행위로부터 해방되기 위한 단지 수단으로써 필요하다는 전제에서 말이다.

156

[기독교와 같은] 허무주의적 종교는 나이 많은 노인처럼 질기고 온갖 강한 본능을 견뎌낸 민족에게서 생기며, 이런 민족에게 적합하다. 이 종교는 점차 다른 환경 속으로 옮겨가 결국은 **아직 전혀 살아보지 못한** 젊은 민족들 속으로 들어간다.

정말 진기하다! 종말의 행복, 목자의 행복, 황혼의 행복이 야만인에게, 게르만인에게 설교되었다! 이 모든 것이 우선 게르만화되고 야만화되어야만 했던가! 전사자의 천당 **발할라**를 꿈꾸었던 그런 자들에게, 모든 행복을 전쟁에서 발견했던 그런 자들에게! 한 **초자연적인** 종교가 아직 국가**조차 없었던** 혼돈 속으로 설교되었던 것이다.

157

사제와 종교를 반박하는 유일한 수단은 항상 이것이다. 그들의 오류가 더는 **유익하지** 않다는 것을, 그것이 오히려 해롭다는 것을, 간단히 말해 그들의 고유한 특성인 "힘의 증명"이 더는 설득력이 없다는 것을 보여주는 것.

2. 기독교의 역사

158

[**역사적 현실**로서의] 기독교를 그 이름이 상기시키는 하나의 뿌리와 혼동해서는 안 된다. 기독교를 성장시킨 **다른** 뿌리들이 훨씬 더 강력했다. "기독교 교회", "기독교 신앙", "기독교적 삶"으로 불리는 쇠퇴의 모습과 기형이 그런 성스러운 이름으로 표시된다면, 그것은 비할 바 없는 오용이다. 그리스도가 무엇을 **부정했는가**? 오늘날 기독교적이라고 불리는 모든 것.

159

무엇을 믿어야 하는지에 대한 전체 기독교 가르침, 전체 기독교 "진리"는 오직 사기일 뿐이다. 기독교 운동을 시작하게 했던 것과 정반대이다.

교회적 의미에서 기독교적인 바로 그것이 처음부터 반기독교적인 것이다. 상징 대신에 오직 사건과 인물, 영원한 사실 대신 오직 역사, 삶의 실천 대신 오직 공식, 의식, 교리. 기독교적이란 교리, 제식,

사제, 교회, 신학에 대한 완전한 무관심이다.

불교의 실천이 망상이 아닌 것처럼 기독교의 실천은 결코 망상이 아니다. 그것은 행복해지는 수단이다.

160

예수는 마음 안에 있는 "하늘나라" 상태로 직접 나아간다. 그리고 그 수단을 유대교회당의 계율 준수에서 발견하지 **않는다**. 그는 유대교의 현실(이 종교의 자기 보존 필요성)조차 아무것도 아니라고 생각한다. 그는 순전히 내면적이다.

마찬가지로 그는 신과의 교류에서 조잡한 형식들 전체를 아무것도 아니라고 생각한다. 그는 회개와 속죄의 가르침 전체에 저항한다. 그는 스스로를 "신성시되었다고" 느끼기 위해서 어떻게 살아야 하는지를 보여준다. 그리고 자신의 죄에 대한 참회와 회개를 통해서는 그런 삶에 도달할 수 없음을 보여준다. "**죄는 중요하지 않다**."라는 것이 그의 주요 판단이다.

죄, 회개, 용서—이 모든 것이 여기에 속하지 않는다. 그것은 혼합된 유대교이거나 이교적인 것이다.

161

하늘나라는 마음의 상태이다(아이들에 관해 "아이들 마음이기에 하늘나라이다."라고 말한다). "지상 너머"에 있는 것이 아니다. 신의 왕국은 연대기적-역사적으로, 달력의 특정한 날짜에 "오는" 것이 아니다. 언젠가는 여기 있을 수도 있지만 그 전날에는 그렇지 않은 그런 것이 아니다. 신의 왕국은 "개개인 안에서의 마음의 변화"이고, 언제라도 찾아오고 언제라도 여전히 없는 그런 것이다.—

162

십자가에 매달린 도적: 고통스러운 죽음에 괴로워하는 범죄자가 자신이 "이 예수처럼 저항하지 않고 적대감 없이 은혜롭게 순종하며 고통을 당하면서 죽어가는 것만이 올바른 일이다."라고 판단하면, 그는 복음을 긍정한 것이다. 그리고 그렇게 함으로써 **그는 낙원에 있다**.

163

[예수가 명하길], 우리에게 악의를 가진 자에게 행동으로든 마음으로든 저항하지 마라.

자신의 아내와 이혼할 어떤 이유도 인정하지 마라.

이방인과 토착민, 외국인과 동포를 구별하지 마라.

누구에게도 화내지 말며, 누구도 멸시하지 마라. 자선을 은밀히 베풀어라. 부유해지는 것을 원하지 마라. 맹세하지 마라. 심판하지 마라. 서로 화해하고 용서하라. 공개적으로 기도하지 마라.

"**지복**"은 약속된 것이 아니다. 지복은 그렇게 살고 행하면 실제로 있다.

164

훗날 추가된 것.—선지자와 기적을 행하는 자 전체의 태도, 분노,

심판들을 야기하는 것은 혐오스러운 타락이다(예를 들어 〈마가복음〉 6장 11절: "누구든지 너희를 영접하지 아니하면 …… 내가 진실로 너희에게 이르노니, 소돔과 고모라가 될 것이다." 등).[1] "무화과 나무"(〈마태복음〉 21장 18~19절): 아침에 예수께서 다시 성안으로 들어오시는데, 예수께서는 시장하셨다. 길가에 있는 무화과나무 한 그루를 보시고, 그리로 가셨으나, 잎사귀 밖에는 아무것도 보이지 않으므로, 그 나무에게 말씀하셨다. "이제부터 너는 영원히 열매를 맺지 못할 것이다!" 그러자 무화과나무가 곧 말라버렸다.

165

아주 터무니없는 방식으로 **보상과 처벌에 대한 가르침**이 뒤섞였다. 이것으로 모든 것이 망가졌다.

마찬가지로 초기의 호전적 교회와 사도 바울의 실천, 그리고 그의 태도는 매우 위조하는 방식으로 **명령된** 것, **미리** 확립된 것으로 제시되었다.

초기 기독교인들의 실질적인 삶과 가르침에 대한 나중의 예찬: 마치 모든 것이 그렇게 **지시된** 것처럼. 그리고 단지 **준수된** 것처럼.

그리고 예언의 **실현**조차 여기서 모든 것이 얼마나 위조되고 꾸며

---

1) 니체가 인용한 구절은 〈마가복음〉 6장 11절이 아니라 〈마태복음〉 10장 14~15절이며, 내용은 다음과 같다. "누구든지 너희를 영접하지도 아니하고 너희 말을 듣지도 아니하거든 그 집이나 성에서 나가 너희 발의 먼지를 떨어버리라. 내가 진실로 너희에게 이르노니 심판 날에 소돔과 고모라 땅이 그 성보다 견디기 쉬우리라."

졌는지!

166

예수는 실질적인 삶, 진리 안의 삶을 저 통상적인 삶에 대립시켰다. "불멸의 베드로", 인격의 영원한 존속이라는 정말 터무니없는 말보다 예수로부터 멀리 떨어져있는 것은 없다. 그가 맞서 싸우는 것이 "인격"의 거들먹거림인데, 어떻게 그가 **이런 인격**을 영원화하고 싶어 할 수 있는가?

마찬가지로 그는 공동체 안에서의 위계질서와 맞서 싸운다. 그는 보상이 성과에 비례할 것이라고 약속하지 않는다. 어떻게 그가 저 세상에서의 처벌과 보상의 뜻으로 말할 수 있는가!

167

[기독교는] 불교적 평화운동의 순진한 시작인데, 이는 원한 감정을 가진 진정한 무리 안에서 생겨나고. 그러나 **바울**에 의해 이교적 신비론으로 뒤집어지는데. 이 신비론은 결국 **국가 조직** 전체와 타협하는 법을 배우고. 전쟁하고 단죄하고 고문하고 맹세하고 증오한다.

바울은 종교적으로 흥분한 거대한 군중의 신비에 대한 요구에서 시작한다. 그는 **희생**을, 비밀 의식의 이미지와 견주어도 이겨낼 피비린내 나는 환상을 찾는다. 십자가에 못 박힌 신, 피를 마심, "희생자"와의 신비적 합일.

그는 내세의 **지속적 삶**(죄 사함을 받고 영생을 얻는 개별 영혼의 지속적 삶)을 부활로서 **희생**과 (디오니소스, 미트라, 오시리스 유형에 따라) 인과적으로 결부시키려 한다.

그는 죄과와 죄악의 개념을 전면에 내세울 필요가 있다. (예수 자신이 보여주고 가르쳤듯이) 하나의 새로운 실천이 아니라 하나의 새로운 숭배, 하나의 새로운 신앙, 기적과도 같은 변신에 대한 신앙(신앙을 통한 "구원")을.

그는 이교도의 세계가 가장 필요로 하는 것이 무엇인지를 이해했으며, 그리스도의 삶과 죽음의 사실들로부터 완전히 자의적으로 선택해서, 모든 것을 새롭게 강조하고, 도처에서 중점을 옮긴다. 그는 원칙적으로 원시 기독교를 **파기한** 것이다.

사제와 신학자에 대한 암살 행위가 바울 덕택에 새로운 사제 계급과 신학자의 결과로 이어졌다. 하나의 **지배**계급과 하나의 **교회**라는 결과로 이어졌다.

"인격"의 과도한 거들먹거림에 대한 암살 행위가 "영원한 인격"에 대한 믿음이라는 결과로 ("영원한 구원"에 관한 우려라는 결과로), 가장 역설적인 개인-이기주의의 과장이라는 결과로 이어졌다.

이것은 사태의 **유머**, 비극적인 유머이다. 바울은 그리스도가 자신의 삶을 통해 파기했던 바로 그것을 위대한 양식으로 재건한 것이다. 마침내 교회가 완성되었을 때, 교회는 심지어 **국가의 실존**마저 자신의 승인 대상으로 삼는다.

168

교회는 정확히 예수가 그것에 반대하여 설교하고 자신의 사도들에게 그것에 대항하여 싸우라고 가르친 바로 그것이다.

169

어떤 신도 우리의 죄를 위해 죽지 않았다. 신앙을 통한 구원도 없다. 죽음 이후의 부활은 없다. 이 모든 것은 진정한 기독교를 위조한 것이다. 이에 대해 우리는 재앙을 가져오는 독불장군 [바울에게] 책임을 물어야 한다.

모범적인 삶은 사랑과 겸손에 있다. 가장 비천한 자도 배제하지 않는 마음의 풍요로움에, 권리 주장과 방어, 그리고 개인적인 승리라는 의미에서의 승리를 형식적으로 단념하는 데에, 곤경이나 저항 및 죽음에도 불구하고 지상에서의 행복에 대한 믿음에, 화해에, 분노와 경멸의 부재에, 보상받고 싶어 하지 않음에, 누구에게도 구속되지 않음에, 가장 영적이고 지적으로 주인이 없는 독립적 상태에, 가난하고 봉사하는 삶을 살려고 하는 의지 아래 매우 긍지에 찬 삶에 있다.

교회는 기독교적 실천 전체를 박탈당하도록 내버려두고, 예수가 맞서 싸우고 단죄했던 바로 그런 종류의 삶을 승인한 이후에 기독교의 의미를 어딘가 다른 곳으로 옮겨야만 했다. 믿을만한 가치가 없는 것에 대한 **신앙**으로, 기도나 예배 또는 축제일 등등의 의식으로 옮겼다. "죄악", "용서", "벌", "보상"이란 개념—초기 기독교에 의해 거의 **배제되었던** 매우 하찮은 모든 것이 이제 전면으로 부각한다.

그리스 철학과 유대교의 끔찍한 뒤범벅. 금욕주의. 지속적인 심판과 단죄. 위계질서.

170

기독교는 처음부터 상징적인 것을 미숙한 표현으로 바꿔놓았다.

1. "참된 삶"과 "거짓 삶"의 대립: "이 세상의 삶"과 "저세상의 삶"으로 오해되었다.

2. 개인의 무상한 삶과 대립하는 "영원한 삶"의 개념이 "개인의 불멸"로 오해되었다.

3. 히브리인과 아랍인의 관습에 따라 음식과 음료를 함께 나누는 형제애를 "실체 변화의 기적"으로 오해되었다.

4. "부활"—"참된 삶"으로 들어가는 것, "다시 태어나는 것"으로 오해되었다.—이것으로부터 사후의 언젠가 나타나는 역사적 사건이 만들어졌다.

5. 사람의 아들이 "신의 아들"이라는 가르침, 인간과 신 사이의 생명 관계—이것으로부터 "신성의 두 번째 인격"이 만들어졌다.—이로써 바로 모든 인간, 가장 비천한 자도 신의 아들이라는 관계가 **폐지되었다**.

6. 신앙에 의한 구원, 즉 신의 아들이 되는 데 그리스도가 가르친 **삶을 실천하는 것** 외에 다른 길이 없다는 신앙에 의한 구원—사람들에 의해서가 아니라 그리스도의 행위에 의해 성취된 놀라운 죄의 변제를 믿어야만 한다는 신앙으로 역전된다.

이로써 "십자가에 못 박힌 그리스도"는 새롭게 해석되어야만 했다. 이 죽음 자체는 전혀 중요한 사안이 아니었다. 그것은 단지 이 세상의 권력과 법률에 대해 어떻게 행동하느냐에, **저항하지 않는다는 것**에 대한 또 하나의 표시에 불과했다. **모범은 이 점에 있었다**.

171

바울의 **심리학**을 위하여.—예수의 죽음은 사실이다. 이것을 **해석하는** 일이 남아있다.—해석에는 진리도 있고 오류도 있다는 사실을 그런 자들은 전혀 깨닫지 못했다. "이 죽음은 이러저러한 것을 의미할 **수 있을 것**"이라는 숭고한 가능성 하나가 어느 날 그들의 머리에 떠오른다. 그리고 그 죽음은 이러저러한 의미가 **된다**! 하나의 가설은 그것이 가설의 창안자에게 제공하는 숭고한 **감격**을 통해 입증된다.

"힘의 증명": 즉, 어떤 생각은 그것이 가지는 **효과**에 의해 입증된다. (성경이 순진하게 말하는 것처럼 "그것이 맺는 열매들"에 의해). 감격시키는 것은 **진리여야** 한다. 사람들이 그것을 위해 피를 흘리는 것은 **진리여야** 한다.

여기서는 어떤 생각이 그 창안자에게 불러일으키는 갑작스러운 권력 감정이 이 생각에 **가치**로서 첨가된다. 사람들은 그것을 진리라고 부르는 것 외에는 어떤 생각을 존중하는 법을 알지 못하기 때문에 어떤 생각이 존중받게 되는 최초의 술어는 '그것은 진리다'라는 것이었다. 그렇지 않고서 그 생각이 어떻게 효력을 발휘하겠는가? 그 생각은 어떤 힘에 의해 상상된 것이다. 만약 그 힘이 실재가 아니라면, 그것은 효력을 발휘할 수 없었을 것이다. 그 생각은 **영감을 받는 것**으로 파악된다. 그 생각이 행사하는 효력은 악마적 영향력을 가지고 있다.

그와 같은 데카당이 저항할 수 없이 완전히 빠져버린 그 생각은 **진리로** "입증되었다"!!!

이 모든 성스러운 간질 병자와 환상의 예지자는 오늘날 문헌학자가 어떤 텍스트를 읽을 때나 역사적 사건의 진리를 검토할 때 사용하는 자기비판의 정직성의 천분의 일도 가지고 있지 않다. 우리와 비교할 때 그들은 도덕적 천치다.

172

어떤 것이 참인가는 중요하지 않고 그것이 **어떤 효력을 미치는가**가 중요하다. **지적 정직성**의 절대적 **결핍**. 거짓이건 비방이건 가장 파렴치한 위조이건 간에 모든 것은—사람들이 "믿을" 때까지—온도를 높이는 데 도움이 된다면 좋다.

신앙으로 **유혹하는 수단**의 공식적인 학교: 모순이 발행할 수도 있는 영역(이성, 철학과 지혜, 불신, 조심)에 대한 원칙적인 경멸. 교의를 가르친 것이 신이라는 사실을 계속 끌어대면서 그 교의에 대한 뻔뻔스러운 칭찬과 찬미—사도는 아무런 의미가 없다는 것—여기서는 아무것도 비판될 수 없으며 단지 믿고 받아들이기만 하면 된다는 것, 그러한 구원의 교의를 받아들이는 것은 더할 나위 없는 은혜요 은총이라는 것, 이 교의를 받아들여만 하는 상태는 가장 깊은 감사와 겸허라는 것이 계속해서 언급된다.

이 비천한 자들이 존경받고 있는 모든 것에 대해 느끼는 원한 감정을 계속 계산에 넣는다. 이 교의가 세계의 지혜와 세계의 권력에 대립하는 반대 교의로서 비천한 자들에게 제시된다는 점이 그들을 이 교의로 유혹한다. 이 교의는 온갖 종류의 추방된 자와 소외된 자들을 설득한다. 그것은 가장 초라하고 가장 굴종적인 사람들에게 지복과 우월과 특권을 약속한다. 이 교의는 가련하고 하찮고 어리석은 자들이 마치 대지의 의미이며 소금이라는 터무니없는 망상을 품게 한다.

거듭 말하자면, 이 모든 것은 아무리 깊이 경멸해도 충분하지 않다. **교의 비판**은 이쯤 해두자. 어떤 문제를 다루고 있는지를 알려면 이 교의가 이용하고 있는 수단을 보는 것만으로도 충분하다. 이 교의는 **덕**과 협정을 맺었다. 이 교의는 **덕의 매력** 전체를 뻔뻔스럽게 오직 자신만을 위해 요구했다. 이 교의는 역설의 힘과 협정을 맺었고, 신랄함과 부조리에 대한 옛 문명의 요구와 협정을 맺었다. 이 교의는 깜짝 놀라게 하고, 격분시켰으며, 박해와 학대를 부추겼다.

이것은 유대의 사제가 자신들의 권력을 확립하고 유대교회당를 설립했던 것과 똑같은 **숙고한 비열함**이다.

우리는 구별해야 한다. 1. (격렬한 관능을 기반으로 하는) "사랑"이라는 열정의 뜨거움. 2. 기독교의 절대적인 **품위 없음**—지속적인 과장, 수다스러움—냉정한 정신성과 아이러니의 결핍—모든 본능에서 비군사적 특성—남성적 긍지, 감성, 학문과 예술에 대한 사제의 편견.

173

바울: 그는 지배하는 유대교에 **맞설** 권력을 추구한다. 그의 운동은 너무 약하다. "유대인" 개념의 재평가. "종족"은 제쳐둔다. 하지만 이것은 **토대**를 부정한다. "순교자", "광신자", 모든 **강한** 믿음의 가치.

기독교는 가장 무력한 상태에 있는 옛 세계의 **타락 형식**이다. 그래서 가장 병적이고 가장 건강하지 않은 계층들과 욕구들이 맨 위로 올라온다.

따라서 하나의 통일성, 스스로 방어하는 권력을 **창조하려면** 다른 본능들이 전면에 나서야만 했다. 간단히 말해서 유대인들이 그것으로부터 **자기 보존 본능**을 획득했던 바로 그런 곤궁 상태가 필요했다.

이와 관련하여 기독교인의 박해는 대단히 귀중한 가치를 지닌다. 위험 속에서의 공동체 의식, 개인의 박해를 끝낼 수 있는 유일한 수단으로서의 집단 개종(따라서 그는 "개종"이라는 개념을 가능한 한 가볍게 받아들인다).

174

기독교적-유대적 삶: 여기서는 르상티망이 우세하지 않았다. 대대적인 박해가 비로소 열정을 이 정도로 발전시켰다. **사랑**의 **열정**뿐만 아니라 **증오**의 열정도.

자신의 신앙을 위해 자신이 가장 사랑하는 자가 희생되는 것을 보면, 사람은 **공격적**이 된다. 기독교의 승리는 그 박해자 덕택이다.

기독교의 금욕주의는 특별히 기독교적인 것이 아니다. 쇼펜하우어는 이 점을 오해했다. 금욕주의는 단지 기독교 안으로 들어와 성장했을 뿐이다. 기독교가 없어도 금욕주의가 존재하는 곳이라면 어디에든.

우울증의 기독교, 동물 학대하듯 양심을 학대하고 고문하는 것도 마찬가지로 기독교적 가치들이 뿌리를 내렸던 특정한 토양에 속한다. 그것은 기독교 자체가 아니다. 기독교는 병든 토양의 온갖 종류의 병들을 받아들였다. 우리가 기독교에 대해 비난할 수 있는 유일한 것은 기독교가 자신이 감염되는 것을 막을 줄 몰랐다는 점이다. 하지만 바로 **그것이** 기독교의 본질이다. 기독교는 데카당스의 한 유형이다.

175

기독교가 그 위에 세워질 수 있었던 현실은 이산(diaspora) 유대인 거주지역의 **작은 유대 가족**이었다. 그 가족은 온정과 애정을 가지고, 전 로마제국에서 들어보지도 못하고 아마 이해되지도 못했을 흔쾌히 서로를 돕고 지지할 자세를 가지고, "선택된 자들"이라는 겸손으로 위장된 숨겨진 긍지를 가지고, 위에 있는 모든 것과 그 자체로 영광과 권력을 가지는 모든 것을 질투하지 않고 내적으로 가장 깊이 부정했다. 이것을 권력으로 인식했다는 것, 이러한 행복한 상태를 이교도에게도 전달 가능하고 유혹적이고 전염 가능한 것으로 인식했다는 것—이것이 바울의 **천재성**이다. 잠재적 에너지와 현명한 행복이라는 귀중한 자원을 "더 자유로운 종파인 유대교회당"을 위해 이용하는 것, 외국의 통치하에서 **신앙 공동체의 자기 보존**에 관한 전체 유대인의 경험과 노련함과 유대인의 선전도 이용하는 것—바울은 이것이 자신의 과제라고 추측했다. 그가 발견한 것은 절대적으로 비정치적이고 소외된 종류의 **하찮은 사람들**이었다. 자기를 주장하고 관철하는 그들의 기술이었다. 이 기술은 ("특정한 종류의 인간을 보존하고 향상하는 수단"이라는) 덕의 유일한 의미를 표현하는 수많은 덕성에 의해 양육되었다.

작은 유대 공동체로부터 **사랑**의 원리가 생겨난다. 여기 겸손과 가난이라는 재 밑에서 타오르는 것은 **훨씬 더 열정적인** 영혼이다. 따라서 그것은 그리스적이지도 인도적이지도 않으며 더욱이 게르만적이지도 않았다. 바울이 지은 사랑의 찬가는 기독교적인 것이 아니었고, 오히려 셈족의 영원한 불꽃이 유대인 식으로 타오른 것이었다. 기독교가 심리적 측면에서 무엇인가 본질적인 것을 행했다면, 그것은 당시에 정상에 있던 더 냉정하고 고귀한 종족들 곁에서 **영혼의 온도를 올린 것**이다. 그것은 가장 비참한 삶이 온도 상승을 통해 풍요로워지고 대단히 귀중한 가치를 가질 수 있다는 발견이었다.

지배계급과 연관해서 이러한 전이가 일어날 수 없었다는 것은 자명하다. 유대인과 기독교인은 서로에 대해 나쁜 태도를 보이고 있었다. 나쁜 생활 태도를 가진 사람들에게서 영혼의 힘과 열정은 불쾌감을 야기하고 거의 역겨움을 불러일으킨다. (《신약성서》를 읽을 때 나는 이런 나쁜 생활 태도를 발견한다). 매력을 느끼기 위해서는 저열함과 곤궁을 통해, 여기서 말하고 있는 더 비천한 민족 유형과 동족 관계를 맺어야만 했다.—《신약성서》를 어떻게 대하는지는 **고전적 취향**을 몸에 지녔는지를 시험하는 것이다(타키투스 참조). 《신약성서》에 반발하지 않는 자, 《신약성서》에서 심히 끔찍한 미신적인 것, 즉 더럽혀지지 않으려면 손을 뒤로 빼야 하는 어떤 것을 솔직하고 철저하게 느끼지 않는 자, 그는 고전적인 것이 무엇인지를 알지 못한다. 사람은 "십자가"를 괴테처럼 느껴야 한다.

176

비천한 사람들의 반동: 사랑은 최고의 권력 감정을 제공한다. 여기서 어느 정도로 인간 일반이 아니라 특정한 종류의 인간이 말하고 있는지를 파악할 것. 이 점은 좀 더 캐볼 수 있다.

"우리는 사랑 안에서 신적이다. 우리는 '신의 아이들'이 된다. 신은 우리를 사랑하고, 우리에게서 사랑 이외에는 아무것도 바라지 않는다." 이것은 다음을 의미한다. 모든 도덕, 모든 복종과 행위는 사랑이 산출하는 것과 같은 권력 감정과 자유를 산출하지 않는다. 사람은 사랑으로 나쁜 짓을 하지 않는다. 사랑으로 사람은 복종과 덕으로 하는 것보다 훨씬 더 많은 것을 한다.

여기서 무리의 행복이, 크고 작은 것에서 공동체 감정이, 그리고 **삶의 느낌의 합계**로서의 생동적인 일체감이 느껴진다. 도움과 배려와 유익함이 계속해서 권력 감정을 불러일으키고, 가시적 성공과 기쁨의 표현이 권력 감정을 강조한다. 긍지도 부족하지 않다, 공동체로서, 하나님의 거처로서, "선민"으로서.

실제로 인간은 **인격의 변용**을 다시 한번 체험했다. 이번에는 그는 자신의 사랑의 감정을 신이라고 불렀다. 그런 감정의 깨어남이 어떤 것인지를 상상해보아야만 한다. 일종의 황홀경, 방언, "복음". 그런데 인간에게 사랑을 돌리는 것을 허용하지 않았던 것은 바로 이 새로운 것들이었다. 인간은 신이 자기 앞에서 걷고 있고, 자기 안에서 살아있게 되었다고 생각했다. "신이 인간에게 온다." 이웃 사람이 신으로 변형된다(그런 한에서 신에게서 사랑의 감정이 유발된다). 예수가 신성으로 생각되고, **권력 감정을 불러일으키는** 원인으로 생각되는 한에서, **예수는 이웃이다**.

177

신자들은 기독교에 무한한 은혜를 입었다는 것을 알고 있으며, 따라서 기독교의 창시자가 일급 인물이라고 결론짓는다. 이런 결론은 잘못된 것이지만, 그것은 숭배자들의 전형적인 결론이다. 객관적으로 보면 **첫째**, 신자들이 기독교에 은혜를 입고 있는 것의 가치에 대해 잘못 생각하고 있다는 것이 가능하다. 확신은 확신하고 있는 대상에 대해 아무것도 증명하지 않는다. 종교에서 확신은 오히려 그 확신에 대한 의심의 근거가 된다. **둘째**, 기독교의 은혜를 입은 것을 그 창시자에게 돌려서는 안 되고 그로부터 만들어진 구성물, 전체, 교회로 돌리는 것이 가능하다. "창시자" 개념은 너무 다의적이어서, 창시자 자체가 어떤 운동의 단순한 기회 원인만을 의미할 수 있다. 창시자의 형태는 교회가 성장하는 만큼 확대되었다. 하지만 바로 이러한 숭배의 관점은 이 창시자가 언젠가는 무언가 매우 불확실하고 불안정한 것이었다는 결론을 허용한다. 처음에는 바울이 예수의 개인 문제를 얼마나 **자유롭게** 다루고 있는지, 요술로 거의 사라지게 했는지를 생각해보라. 그의 죽음 후에 사람들이 다시 보았던 죽은 자, 유대인에 의해 죽임을 당한 자. 그것은 한갓 "모티브"일 뿐이다. 바울이 여기에다 음악을 만들었다.

178

어떤 종교 창시자는 하찮을 수 있다.—기껏해야 성냥개비 정도!

179

기독교의 심리적 문제에 대하여.—**추진력**은 남아있다. 르상티망, 민중 봉기, 소외된 자들의 봉기. (불교에서는 사태가 다르다. 불교는 **르상티망 운동**에서 생기지 않았다. 불교는 **행위**를 하도록 움직이기 때문에 이것에 맞서 싸운다.)

이 평화 당파는 **사고와 행동에서 적의를 포기하는 것**이 구별과 보존의 조건이라는 사실을 파악한다. 여기에 기독교에 대한 이해를 방해했던 심리적 어려움이 있다. 기독교를 창조한 욕구가 자기 자신과의 근본적인 싸움을 강요한다.

이러한 봉기 운동은 평화와 무죄의 당파로서만 성공의 가능성이 있다. 극단적인 부드러움과 달콤함, 온화함을 통해서 승리해야 한다. 이 운동의 본능은 이 점을 파악한다.

재주: 자신이 표현하는 욕구를 부정하고 심판하는 것, 말과 행동으로 이 욕구의 정반대를 끊임없이 드러내는 것.

180

자칭 젊음.—여기서 옛 문화와 대조를 이루는 순진하고 젊은 민족의 실존을 꿈꾼다면 착각하는 것이다. 기독교가 성장하고 뿌리를 내린 가장 비천한 민족의 계층에서 삶의 좀 더 깊은 샘이 다시 솟구쳐 오른다고 믿는 미신이 돌아다닌다. 기독교 정신을 새롭게 부상하는 민족의 청춘과 종족 강화의 표현으로 간주한다면, 기독교 정신의 심리학을 전혀 이해하지 못하는 것이다. 오히려 기독교 정신은 전형적인 데카당스의 형식이며, 지쳐서 목표를 상실하고 병들어버린 뒤죽박죽 혼합된 민중의 도덕의 유약화이고 히스테리다. 민중 유혹의 이 대가를 둘러싸고 모인 이 기묘한 사회는 본래 예외 없이 러시아 소설에 속한다. 모든 신경질환은 이 사회에서 모임을 가진다. 과제들의 부재, 모든 것이 정말 끝이고, 아무것도 더는 소용이 없다는 본능적 인식, 무위의 즐거움에 만족함.

유대인의 본능이 가지는 권력과 미래에 대한 확신, 실존과 권력을 향한 무시무시하게 질긴 의지가 유대인 지배계급 속에 있다. 젊은 원시 기독교를 떠받든 **바로 그** 계층들을 가장 분명하게 특징짓는 것은 다름 아닌 본능의 피로이다. 한편으로 사람들은 질렸다. 그리고 다른 한편으로 사람들은 자신에게서, 자신 안에서, 자신에 대해 만족한다.

181

해방된 유대교로서의 기독교(지역과 종족에 따라 제약되었던 고귀함이 마침내 이런 조건들로부터 해방되어 관련 요소들을 **찾아가는** 것과 동일한 방식으로).

1. 국가를 토대로 하는 교회(공동체)로서, 비정치적 구성물로서.
2. 삶, 훈육, 실천, 삶의 기술로서.
3. **죄의 종교**로서 (**신에 대한** 위반을 유일한 종류의 위반으로, 모든 일반적 고통의 유일한 원인으로 보고) 죄에 대한 보편적 치유책을 가지고 있는 종교로서. 신에 대해서만 죄가 있다. 인간에게 범한 죄를 인간 스스로 심판하거나 문책해서도 안 된다. 그것이 신의 이름으로 행해지면 몰라도. 모든 계명(사랑)도 마찬가지다. 모든 것은 신과 연

관되어있으며, 모든 것은 신을 위해 인간에게 행해진다. 여기에 고도의 영리함이 들어있다(에스키모인의 경우처럼 대단한 곤경에 처한 삶은 더없이 온유하고 관대한 성향에 의해서만 견뎌낼 수 있다. 유대적-기독교적 교의는 "죄인"에게 가장 유리하도록 죄에 반대했다).

182

유대의 사제들은 그들이 요구하는 모든 것을 **신의 계율**로, 신의 명령에 복종하는 것으로 제시할 줄 알고 있었다. 마찬가지로 **이스라엘의 보존**에 도움이 되는 것, 이스라엘의 존립을 **가능케 하는 것**(예를 들면 여러 작업: 민족의식의 중심으로서의 할례, 희생 예식)을 자연으로서가 아니라 "신"으로서 도입할 줄 알았다. **이런 과정이 계속된다**. (말하자면 외부와 자신을 분리하는 수단으로서) "작업"의 필요성을 느끼지 않았던 유대교 **내부에서**, 귀족에 대해 "고귀한 본성"처럼 태도를 취하는 사제적 종류의 인간이 고안될 수 있었다. 계급이 없고 동시에 자연 발생적인 영혼의 사제성이 이제 자신에 반대되는 것과 분명하게 구별하기 위해 "작업"이 아니라 "성향"에 가치를 두었다.

근본적으로 다시 문제가 된 것은 **특정한 종류의 영혼을 관철하는 것**이었다. 이를테면 사제적인 민족 **내부에서** 일어나는 **민중 봉기**—밑(죄인, 세리, 여자, 병자)으로부터의 경건주의 운동이 문제였다. 나사렛 예수는 민중이 스스로를 **인식하게** 한 징후였다. 그리고 자신을 믿을 수 있기 위해 그들은 다시 **신학적 변용**이 필요했다. 그들이 자신에 대한 믿음을 창조하기 위해 필요한 것은 바로 "신의 아들"이었다. 그리고 사제들이 이스라엘의 전체 역사를 왜곡했던 것처럼 바로 그렇게 다시 한번 인류의 역사를 전반적으로 **변조하려는** 시도가 여기서 이루어졌다. 그렇게 기독교가 가장 중요한 사건으로 나타날 수 있도록. 이 운동은 유대교의 토대 위에서만 생겨날 수 있었다. 유대교의 주요 활동은 **죄와 불행**을 결합하고 모든 죄를 **신에 대한 죄**로 환원하는 것이었다. **기독교는 이것을 두 제곱했다**.

183

기독교의 상징주의는 유대교의 상징주의를 기반으로 한다. 유대교 상징주의는 이미 전체 현실(역사, 자연)을 신성한 비자연성과 비실재로 해체했다. 그것은 현실 역사를 더는 보려고 하지 않았다. 그것은 자연의 결과에 대해 더는 관심을 가지지 않았다.

184

유대인은 전사 계급과 농민 계급이라는 두 계급이 그들에게서 소멸해버린 후, 자신을 관철하려고 시도한다.

그들은 이런 의미에서 "거세된 자들"이다. 그들은 사제를 가지고, 그러고 나서 바로 찬달라를 가진다.

당연한 일이지만 그들에게 분열이 생겼다. 찬달라의 봉기가 일어났다. **기독교**의 기원.

그들은 전사를 오로지 그들의 주인으로만 알았기 때문에, 그들은 그들의 종교에 **고귀한 자들**에 대한 적개심, 긍지 있는 귀족들에 대한 적개심, 권력에 대한 적개심, **지배**계급에 대한 적개심을 끌어들였다. 그들은 분개의 비관주의자들이다.

이렇게 그들은 중요한 새로운 지위를 창조했다. 찬달라의 우두머리에 있는 사제를—**고귀한** 계급에 맞서는.

기독교는 이 운동의 마지막 결론을 내렸다. 그것은 유대인의 사제 계급 안에서도 여전히 계급, 특권층, 고귀한 자를 감지했다. **기독교는 사제를 삭제했다**.

그리스도는 사제를 거부하는 찬달라이다. 자기 자신을 구원하는 찬달라.

그렇기 때문에 프랑스혁명은 기독교의 딸이자 후계자이다. 그것은 교회와 고귀한 자와 최후의 특권에 대항하는 본능을 가지고 있다.

185

"**기독교적 이상**": 유대인 식으로 영리하게 무대에 올려졌다. 심리적 근본 욕구, 이 이상의 "본성".

: 지배하는 교회 권력에 대한 반란.

: **가장 비천한 자들의 행복**을 가능하게 하는 덕들을 모든 가치를 심판하는 이상으로 만들려는 시도, 그 이상을 신으로 부르려는 시도: 생명력이 가장 빈곤한 계층들의 보존 본능.

: 전쟁과 저항의 절대적 **포기**를—마찬가지로 복종을—그 이상으로부터 정당화하려는 시도.

: 신에 대한 사랑의 결과로서 상호 간의 사랑.

책략: 모든 **자연적인 움직임을 부인하고** 그것을 정신적이고 피안적인 것으로 옮겨 뒤집는다. **덕**과 덕의 숭배를 전적으로 자신을 위해 이용하고, 점차 비기독교적인 모든 것에서는 덕을 **인정하지 않는다**.

186

여전히 고귀했던 고대 세계에서 기독교인이 대접받았던 **깊은 경멸**은 오늘날 유대인들에 대한 본능적 혐오와 같은 종류의 것이다. 그것은 **자신을 끝까지 밀고 나가면서** 소심하고 서투른 태도를 터무니없는 자존심과 결합한 자들에 대한 자유롭고 자의식이 강한 계층들의 증오이다.

《신약성서》는 전혀 고귀하지 않은 인간 종류의 복음이다. 더 많은 가치를 가지고, 정말로 모든 가치를 가지고자 하는 그들의 요구는 실제로 격분시키는 무언가를 가지고 있다. 오늘날에도 여전히.

187

대상은 얼마나 중요하지 않은가! 생명력 있게 만드는 것은 정신이다! "구원", 사랑, "지복", 신앙, 진리, "영생"에 대해 흥분한 온갖 수다 한가운데는 얼마나 병들고 썩은 공기가 있는가! 이와는 달리 한번쯤 **이교적인** 책, 예를 들면 페트로니우스를 읽어봐라. 이 책에는 근본적으로 기독교 신앙심이 두터운 체하는 자의 가치척도에 따르면 죄이거나 심지어는 대죄이지 않은 그 어떤 것도 행하지도 말하지도 원하지도 평가하지도 않는다. 그럼에도 불구하고 더 깨끗한 공기, 더 빠른 발걸음의 우월한 정신력, 그리고 미래를 확신하는 자유롭게 되고 흘러넘치는 힘이 느끼는 쾌감이 얼마나 좋은가! 《신약성서》 전체에는 유쾌함이 하나도 등장하지 않는다. 그러나 이 때문에 한 권의 책이 반박되었다.

188

기독교적 삶의 바깥에 있는 모든 삶을 정죄할 때의 **매우 품위 없는 부당성**: 그들에게는 그들의 적수를 나쁘게 생각하는 것만으로는 충분하지 않다. 그들은 **그들이** 아닌 모든 것에 대한 총체적 비방을 필요로 한다. 비열하고 교활한 영혼은 신성함의 오만과 가장 잘 어울린다. 증거 최초의 기독교인들.

미래: 그들은 **충분히 대가를 받게 된다**. 그것은 존재하는 것 중 **가장 불결한 종류의 정신**이다. 그리스도의 전체 삶은 예언을 정당화하는 것으로 제시된다. 그는 예언이 옳다고 여겨지도록 행동한다.

189

죽어가는 자의 말, 몸짓 그리고 상태들에 대한 거짓 해석: 예를 들면 여기서는 죽음에 대한 공포가 "죽음 이후"에 대한 공포와 근본적으로 혼동된다.

190

기독교인들도 유대인들이 행한 것처럼 행했다. 그리고 그들은 실존 조건과 혁신으로 느꼈던 것을 자신들의 스승의 입을 통해 말했고, 그것으로 스승의 삶의 외피를 덮었다. 마찬가지로 그들은 전체 격언의 지혜를 스승에게 돌렸다. 간단히 말해, 그들의 실제적 삶과 행동을 **복종**으로 서술하고, 그렇게 함으로써 그것들을 그들의 선전을 위해 신성화했다.

모든 것이 달려있는 중요한 것은 바울에게서 나타난다. 그리 **많지**

는 않다. 다른 것은 그들에게 신성하다고 여겨지는 것으로부터 성자의 전형이 만들어진 것이다.

부활을 포함한 "기적의 교의" 전체는 공동체에 의한 자기 찬미의 결과이다. 이 공동체는 자기 자신이 할 수 있다고 믿는 것을 스승이 높은 수준으로 할 수 있다고 믿었다(또는 스승으로부터 그들의 힘을 도출했다).

191

기독교인들은 예수가 그들에게 지시한 행위를 한 번도 실천하지 않았다. "신앙을 통한 정당화"와 신앙이 가지는 유일한 최고의 의미에 관한 뻔뻔스러운 수다는 오로지, 예수가 요구한 **일을** 신봉하고 행하려는 용기도 의지도 없었다는 것의 결과일 뿐이다.

불교 신자는 불교 신자가 아닌 자들과는 달리 행동한다. **기독교인은 전 세계가 행하는 것처럼 행동하며**, 제식과 **분위기**를 중시하는 기독교를 가진다.

유럽에서 기독교의 깊고도 경멸스러운 기만: 우리는 정말로 아랍인과 힌두교 신자와 중국인의 멸시를 받을 만하다. 지금까지 40년 동안 유럽이 몰두해온 것에 관한 독일 최초의 정치인의 연설을 들어보라. 궁정 설교가의 위선적인 말을 들어보라.

192

"믿음"인가, 아니면 "작업"인가? "작업"과 특정한 작업의 습관이 특정한 가치 평가와 결국에는 **성향**을 산출하는 것은 자연스러운 일이다. 그만큼 단순한 가치 평가로부터 "작업"이 생겨난다는 것은 부자연스러운 일이다. 연습해야 하는 것은 가치 감정의 강화가 아니라 행위이다. 사람은 우선 무엇인가를 **할 수 있어야만** 한다. 루터의 기독교적 딜레탕티즘. 믿음은 자습서이다. 그 배경은 루터와 그와 같은 부류들의 기독교적 작업을 실천할 수 없는 무능력에 대한 깊은 확신이다. 그리고 **모든** 행위는 죄이며 악마에 의한 것이 아닌가 하는 극단적 의심 밑에 은폐된 개인적 사태이다. 그래서 실존의 가치는 극도로 긴장된 개별적 무활동의 상태(기도, 격정의 폭발 등등)에 있게 된다. 결국 루터가 옳았을 수도 있다. 종교개혁자들의 전체 행위에서 표현된 본능들은 있는 것 중에서 가장 잔인한 것이다. 절대적으로 자신을 **외면**할 때만, 자신과 대립하는 것으로 할 때만, 그리고 오직 **환상**("믿음")으로서만 그들에게 실존은 견딜 수 있는 것이었다.

193

"믿기 위해서 무엇을 하는가?" 터무니없는 질문. 기독교에 부족한 것은 그리스도가 **행하라고** 명령한 모든 것을 그만둔다는 것이다.

그것은 비열한 삶이지만, 경멸의 눈으로 해석된 것이다.

194

참된 삶으로 들어감—**일반적인 삶을 살면서 개인적 삶을 죽음으로부터 구한다**.

195

"기독교"는 그의 창시자가 행하고 원했던 것과는 근본적으로 다른 것이 되었다. 기독교는 고대의 거대한 **반이교적 운동**이다. 그것은 기독교 창시자의 삶과 가르침, 그리고 "말씀들"을 사용했지만, **근본적으로 다른 욕구**의 도식에 따라 완전히 **자의적으로** 해석되어 표현되었다. 이미 존립하고 있는 **지하 종교들**의 언어로 번역되었다.

그것은 비관주의의 발흥이다. 반면 예수는 어린양들에게 평화와 행복을 가져오기를 원했다.

그것도 약자, 열등한 자, 고통받는 자의 비관주의이다.

그들의 숙적은 1. 성격과 정신과 취향에서의 **힘**, "세속적인 것", 2. 고전적 "행복", 고귀한 경쾌함과 회의, 단단한 긍지, 현자의 기묘한 일탈과 냉정한 자족, 행동과 말과 형식에서의 그리스적 세련됨이다. **그리스인**이 그런 것처럼 **로마인**도 그들의 숙적이다.

스스로 자신의 철학적 근거를 세우고 가능하게 만들고자 하는 반이교주의의 시도: 고대 문화의 이중적 모습에 대한 후각, 특히 본능적으로 반-그리스적인 셈족 사람인 플라톤에 대한 후각. 마찬가지로 본질적으로 셈족 사람들의 작품인 스토아주의에 대한 후각 (엄격함, 법으로서의 "품위", 위대함, 자기 책임, 권위로서의 "덕", 그리고 최고의 인격 주권으로서의 덕, 이것이 셈족다운 것이다. 스토아주의자는 그리스 포대기와 개념들로 싸인 아랍의 족장이다).[2)]

196

기독교는 **고전적** 이상과 **고귀한** 종교에 대해 이미 행해지고 있었던 투쟁을 단지 계속한다.

실제로 이 전체적 **개혁**은 당시의 **종교적 대중**의 욕구와 이해 수준으로 번역하는 것이다. 그 대중은 이시스, 미트라, 디오니소스, "위대한 어머니 신"을 믿었으며, 종교에 다음의 것을 요구했다. 1. 내세의 희망, 2. 희생 동물의 피투성이 환영, "신비", 3. 구원 행위, 신성한 전설, 4. 금욕주의, 세계 부정, 미신적 "정화", 5. 위계질서, 공동체 형성의 형식.

간단히 말하자면 기독교는 이미 존재하고 있었으며 도처에 뿌리내리고 있었던 반-이교주의에 적응하고, 에피쿠로스가 싸웠던 문화에 적응한다. 더 정확하게는 **여성**과 **노예**라는 **비천한 대중의 종교**, **고귀하지 않은** 계급의 종교에 적응한 것이다.

따라서 우리는 다음과 같은 **오해**를 하고 있다.

1. 인격의 불멸.

2. 추정된 **다른** 세계.

3. 실존 해석의 중심에 있는 벌 개념과 죄 개념의 부조리.

4. 인간을 신격화하는 대신에 인간의 신성 박탈, 오직 기적만이 그리고 가장 깊은 자기 굴욕의 복례(伏禮, 바닥에 엎드려 올리는 예배

---

2) 스토아철학을 창시한 키티온 출신의 제논은 기원전 300년경부터 아테네에서 철학을 가르쳤다. 제논은 기원전 334년 키프로스의 페니키아 식민지 키티온에서 태어났다. 기원전 333년 알렉산드로스 대왕이 키티온 왕국을 페르시아로부터 독립시킨 후 이 지역에는 여러 종족이, 특히 페니키아인과 그리스인이 섞여 살았다. 오늘날 대부분의 역사가는 제논을 페니키아인으로 간주한다. 그는 셈족이었을 것이다.

의식)만이 넘어갈 수 있게 하는 가장 깊은 틈을 벌리는 것.

5. 애정 어린 단순한 실천 대신, 지상에서 성취할 수 있는 불교적 행복 대신, 부패한 상상과 병적 정념의 전체 세계.

6. 사제 계급, 신학, 제식, 종교 성사를 구비한 교회 질서. 간단히 말하면 나사렛 예수가 **맞서 싸웠던** 모든 것.

7. 곳곳의 모든 것에 나타나는 **기적**, 미신: 반면 유대교와 가장 초기의 기독교의 특징은 바로 기적에 대한 **반감**과 상대적 **합리성**이다.

197

심리적 전제: **무지**와 **무교양**, 모든 수치심을 잊어버린 무식: 아테네 한복판에 이런 몰염치한 성자들이 있다고 생각해보라.

유대인의 선민 본능: 그들은 모든 덕을 거리낌 없이 자신을 위해 요구하며, 나머지 세계를 자신의 반대로 여긴다. **영혼의 저열함**에 대한 심오한 표시.

실제 목표와 실제 과제의 완전한 결여. 이 목표와 과제에 대해서는 위선자의 덕과는 다른 덕이 필요하다. **국가가 그들에게서 이 노고를 덜어주었다**. 그럼에도 불구하고 몰염치한 민족은 그들이 국가를 필요로 하지 않는 것처럼 행동했다.

"너희가 어린아이처럼 되지 않으면": 아, 우리는 이런 심리적 순진함에서 얼마나 멀리 떨어져있는가!

198

기독교의 창시자는 그가 유대인 사회와 지성의 가장 낮은 계층에 관심을 돌린 것에 대한 대가를 치러야만 했다. 이 계층은 자신이 이해할 수 있는 정신에 따라 그를 생각했다. 모든 인격적인 것과 역사적인 것의 실재를 논박하는 가르침으로부터 구원의 역사, 인격적 신, 개인의 구원자, 개인의 불멸성을 지어냈다는 것, 그리고 "인격"과 "역사"에서 보잘것없는 것만을 남겨두고 있다는 것은 진정한 치욕이다.

상징적인 지금과 항상, 여기와 도처 대신에 구원의 전설, 심리적 상징 대신에 기적.

199

《신약성서》만큼 결백하지 않은 것은 없다. 우리는 《신약성서》가 어떤 토양에서 성장했는지 알고 있다. 자신에 대한 가차 없는 의지를 가진 민족, 모든 자연적인 지지대를 잃어버리고 실존에 대한 권리를 오래전에 상실한 후에도 자신을 관철할 줄 알며, 이를 위해 전적으로 (선택된 민족, 성자들의 공동체, 약속된 민족, "교회"라고 하는) 비자연적이고 완전히 가상적인 전제들 위에 자기 자신을 세울 필요가 있었던 민족. 이 민족은 신성한 거짓말을 어느 정도의 "양심"을 가지고 완벽하게 다루어서, 그들이 도덕을 설교할 때는 아무리 조심해도 충분할 수 없다. 유대인이 결백 그 자체로서 등장하면, 위험은 커진다. 《신약성서》를 읽을 때 사람들은 약간의 분별과 의심과 악의를 항상 지니고 있어야 한다.

가장 낮은 태생의 사람들, 부분적으로는 천민들, 상류사회뿐만 아니라 존경할만한 사회에서도 추방된 자들, 그 **향기**조차 맡지 못할 정도로 문화로부터 멀리 떨어져, 즉 훈육도 없이 지식도 없이, 정신적인 사안에 양심 같은 것이 있을 수 있다는 사실에 대한 어떤 예감도 없이 성장한 자들, 그렇지만 유대인들은 본능적으로 영리해서 모든 미신적 전제 조건들을 가지고, 그리고 무지 자체를 수단으로 장점과 **매력**을 창조한다.

200

나는 기독교를 이제까지 있어왔던 것 중 가장 숙명적인 유혹의 거짓으로, **신성하지 않은** 커다란 **거짓**으로 간주한다. 나는 온갖 변장을 하고 있어도 그 이상의 새싹과 어린나무를 끄집어낸다. 나는 그것에 대한 반쯤이든 아니면 4분의 3 정도이든 어떤 형태의 타협도 거부한다. 나는 어쩔 수 없이 그것과 전쟁하도록 만든다.

사물의 척도로서 **비천한 사람들의 도덕성**: 그것은 문화가 이제까지 보여주었던 가장 역겨운 퇴화이다. **그리고 이런 종류의 이상**이 "신"으로서 인류의 위에 드리워져있다!

201

지적 결벽에 대한 요구가 아무리 겸손할지라도, 《신약성서》를 접할 때 뭐라 말할 수 없는 역겨움이 느껴지는 것은 피할 수 없다. 왜냐하면 가장 자격이 없는 자가 큰 문제에 관한 대화에 한몫 끼려는 방자한 뻔뻔스러움이, 아니 그런 문제를 심판할 수 있다는 그의 주장은 도가 지나치기 때문이다. 여기서는 가장 다루기 어려운 문제들(삶, 세계, 신, 삶의 목적)이 마치 아무런 문제가 아니며 이런 비천한 위선자들이 알고 있는 간단한 사항일 뿐이라는 듯이 뻔뻔스러울 정도로 가볍게 이야기된다.

202

이것은 이제까지 지상에 있었던 것 중 가장 숙명적인 과대망상이었다. 이처럼 거짓말 잘하는 비천한 기형의 위선자들이 "신", "최후의 심판", "진리", "사랑", "지혜", "성령" 등의 말을 주장하고 또 그렇게 함으로써 자신과 "세상"을 구별하기 시작하면, 이런 종류의 인간이 마치 **그들이** 그들 외의 나머지 전체의 의미이고 소금이며 척도이자 중요한 기준이라는 듯 **가치를 자신에 맞춰 뒤집기** 시작하면, 그들에게 정신병원을 지어주는 것 외에는 할 일이 아무것도 없다. 그들을 **박해한** 것, 그것은 위대한 방식으로 이루어진 고대의 어리석음이었다. 이 박해로 인해 사람들은 그들을 너무 진지하게 받아들였고, 그들로부터 진지한 것을 만들어냈다.

이런 전체 숙명은 그들과 유사한 종류의 과대망상이, 즉 **유대인의** 과대망상이 **세상에 있었기에** 가능했다. 유대인과 기독교적 유대인 사이에 깊은 틈새가 일단 벌어진 후, 기독교적 유대인들은 유대인의 본능이 고안한 자기 보존의 방식을 다시 한번 최고로 강화하여 자신들의 자기 보존을 위해 적용**해야만 했다**. 다른 한편 그리스 도덕철학은 그리스인과 로마인 사이에서도 도덕 광신주의를 그들의 취향에 맞게 준비시키기 위한 모든 것을 했다. 플라톤, 타락의 위대한 교량. 그는 우선 도덕 안에 있는 자연성을 보지 않으려 했고, "**선**" 개념을 가지고 이미 그리스 신들의 가치를 저하시켰으며, 이미 **유대**

인의 위선에 빠져있었다(이집트에서?).

203

이런 작은 무리 동물의 덕들은 결코 "영원한 삶"으로 인도하지 않는다. 이 덕들을 이런 식으로 보여주고, 자신을 이런 덕들로 보여주는 것은 매우 영리한 일일 수도 있지만, 이를 주시하는 사람에게는 그 모든 것에도 불구하고 모든 연극 중에서도 가장 우스꽝스러운 연극일 뿐이다. 작고도 사랑스러운 양의 연극이 완전성에 이르렀을지라도 사람은 결코 지상과 하늘에서 특권을 누릴 자격을 얻지 못한다. 이를 통해 사람은 기껏해야 단지 뿔을 가진 작고 사랑스러운 터무니없는 양으로만 남아있을 뿐이다. 사람이 허영심으로 터져버리지 않고, 심판자적 태도로 소동을 일으키지 않는다는 전제에서 그렇다.

여기서 작은 덕들을 비추는 엄청난 색채의 변용—마치 그것이 신적 자질의 반영인 것처럼.

모든 덕의 **자연적** 의도와 유용성은 근본적으로 **침묵되었다**. 그것은 오직 신의 계율과 신의 모범과 관련해서만, 오직 피안의 정신적 재화와 관련해서만 가치가 있다. (훌륭하다. 마치 "**영혼의 구원**"이 문제인 것 같다. 그러나 그것은 여기서 가능한 한 아름다운 감정을 많이 가지고 그것을 "견뎌내기" 위한 수단이었다.)

204

법률, 한 공동체의 특정한 보존 조건들을 철저하게 현실적으로 공식화한 것은 특정한 방향을 취하는, 말하자면 공동체에 맞서는 특정 행위들을 금지한다. 공동체는 이런 행위들이 흘러나오게 하는 성향을 금지하지는 **않는다**. 왜냐하면 공동체는 이러한 행위들을 다른 방향에서, 즉 공동체의 **적**에게 대항하려면 필요하기 때문이다. 이러한 상황에서 도덕 이상주의자가 등장하여 말한다. "신은 마음을 주시한다. 행위 자체는 아직 아무것도 아니다. 사람은 그런 행위를 산출하는 적대적 성향을 근절해야 한다." 정상적인 관계에서 사람들은 이를 비웃는다. 공동체가 자신의 생존을 위해 전쟁할 필요성이 **절대적으로** 없는 상황에서 살아가는 예외적인 경우에만 사람들은 이런 말에 귀를 기울인다. 사람들은 그 **유용성**을 예측할 수 없는 성향은 포기한다.

예를 들면 아주 평화로워 정신적으로 매우 지쳐 있는 사회 안에서 부처의 출현이 그 경우이다.

절대적으로 **비정치적인** 유대인 사회가 그 전제 조건인 초기 기독교 공동체(유대인 공동체 역시)도 마찬가지의 경우이다. 기독교는 오직 유대교의 토대 위에서만 성장할 수 있었다. 말하자면 정치적으로는 이미 포기했고 로마 질서 안에서 일종의 기생적인 존재로 살았던 민족 안에서만 자랄 수 있었다. 기독교는 한 걸음 **더** 나아간다. 사람들은 자기 자신을 더욱더 "거세해도" 된다. 상황이 그것을 허용한다.

"너의 원수를 사랑하라."라고 말하면, 그것은 도덕에서 **자연**을 몰아**내는** 것이다. 그렇게 되면 "너는 너의 이웃을 **사랑하고**, 너의 원수를 **미워해야** 한다."는 **자연 본성**이 법칙(본능) 안에서 무의미해지기 때문이다. 이제 이웃 사랑도 (일종의 신에 대한 사랑으로서) 새롭게 정당화되어야 한다. 어디에나 신이 삽입되고, "유용성"은 빠진다. 어디에서나 모든 도덕의 실제 **근원**이 부정된다. **자연 도덕의 인정**에 들어있는 자연 숭배는 완전히 **파괴된다**.

그렇게 거세된 인간 이상이 가지는 **유혹적 매력**은 어디에서 나오는 것일까? 왜 그것은 거세된 남자를 떠올릴 때 느끼는 것과 같은 혐오감을 불러일으키지 않는가? 바로 여기에 그 대답이 있다. 잔인한 절단이 그 조건임에도 불구하고 거세된 남자의 음성은 우리에게 혐오감을 불러일으키지 **않는다**. 그의 목소리는 더 달콤해졌다. 바로 덕에서 "남자의 성기"를 절단해버림으로써 덕이 예전에는 가지지 않았던 여성의 음색이 덕의 목소리에 들어왔다.

다른 한편으로 남성적 덕의 삶이 가져오는 무서운 냉혹함과 위험과 예측 불가능성을 생각해보면 오늘날 코르시카인의 삶이나 이교도인 아랍인의 삶 또한 그런 삶이다(아랍인의 삶은 세세한 부분에 이르기까지 코르시카인의 삶과 같다. 그들의 노래는 코르시카인들에 의해 지어졌을 수도 있다). 어떻게 가장 억센 종류의 인간이 "선의", "순수"의 색정적인 음향에 매혹되고 감동되는지를 이해할 수 있다. 목자의 방식, 목가적 정경, "선한 인간": 이런 것들은 비극이 거리를 휩쓰는 시기에 가장 강력하게 작용한다.

*

이것으로 우리는 "이상주의자"(이상적인 거세된 사람) 역시 어느 정도까지 아주 특정한 현실에서 나오며, 또 단순한 공상가가 아닌지를 알게 되었다. 그는 그런 종류의 현실에 대해서는 특정한 행위를 **금지**하는 조야한 규정은 아무런 의미가 없다는 인식에 도달했다. (왜냐하면 오랫동안 연습도 하지 않았고 연습할 필요도 없어서 바로 이런 행위를 하려는 본능이 **약화되었기** 때문이다.) 거세주의자는 아주 특정한 종류의 인간을 위한 여러 가지 새로운 보존 조건들을 공식화한다. 이 점에서 그는 현실주의자이다. 그의 입법 **수단**은 옛날 입법자들의 수단과 같다. 즉, 모든 종류의 권위에 호소하고, "신"에 호소하고, "죄와 벌"의 개념을 사용한다. 다시 말해, 그는 오래된 이상의 모든 부속물을 사용한다. 단지 새롭게 해석하여, 예를 들면 벌을 더욱 내면화한다(양심의 가책 같은 것으로).

실제로는 이런 종류의 인간은 예외적인 그의 실존 조건이 끝나면 그 즉시 **몰락**한다. 지방에 사는 소규모 유대인의 삶이 그런 것처럼 일종의 타히티섬과 같은 섬의 행복이다. 그들의 유일한 자연적 적수는 그들이 성장한 토양이다. 그 토양에 맞서 그들은 싸울 필요가 있고, 그 토양에 맞서 공격적 감정과 **방어적 감정**이 다시 자라나도록 해야 한다. 그들의 적수는 옛 이상의 추종자들이다(이런 종류의 적대감은 유대적인 이상과 관련해서는 바울이, 사제적이고 금욕적 이상과 관계해서는 루터가 매우 훌륭하게 대표한다). 이러한 적대감의 가장 온화한 형식은 확실히 초기 불교도의 적대감이다. **적대적인** 감정을 낙담시키고 약화하는 것보다 더 많은 노고를 기울인 것은 아마 없을 것이다. 르상티망에 대한 투쟁은 거의 불교도의 제일 과제처럼 보인다. 이렇게 함으로써 비로소 영혼의 **평화**가 보장된다. 원한 없이 자신을 분리하는 것: 이것은 물론 놀라울 정도로 부드러워지고 감미로워진 인간성을 전제한다.—성자.

*

도덕 거세주의의 영리함.—남성적인 정념과 가치 평가에 대한 전쟁을 어떻게 하는가? 물리적 폭력 수단은 가지고 있지 않다. 오직 책략과 마법과 거짓말의 전쟁, 간단히 말해 "정신의" 전쟁만을 할 수 있다.

첫째 처방: 덕을 일반적으로 자신의 이상을 위해 주장한다. 오래된 이상을 그것이 **모든 이상과 대립**할 때까지 **부정한다**. 여기에 비방의 기술이 속한다.

둘째 처방: 자신의 유형을 **가치척도** 일반으로 설정한다. 그것을 사물 안에, 사물의 배후에, 사물의 운명의 배후에 투사한다. 신으로서.

셋째 처방: 자신의 이상의 반대자를 신의 반대자로 설정한다. 위대한 파토스와 권력에 대한 권리, 저주하고 축복하는 **권리**를 자신을 위해 고안한다.

넷째 처방: 실존의 모든 고통, 무시무시하고 끔찍하고 숙명적인 것을 자신의 이상에 맞서는 적대 관계로부터 도출한다. 모든 고통은 벌로서 뒤따르며, 추종자들에게서도 그렇다(그것이 시험 등등이 아니라면).

다섯째 처방: 자연을 자신의 이상에 대한 반대로 간주하여 자연에 대한 믿음을 없앨 정도까지 멀리 나간다. 자연적인 것 속에서 그렇게 오랫동안 견뎌내는 것을 하나의 커다란 인내의 시험으로 간주하고, 일종의 순교로 간주한다. 모든 "자연적인 것들"과 관련하여 경멸

의 표정과 태도를 연습한다.

여섯째 처방: 반자연의 승리, 이상적 거세주의의 승리, 순수한 자와 선한 자와 죄 없는 자, 축복받은 자의 세계의 승리가 미래에, 즉 종말과 종국과 커다란 희망 및 "신의 나라의 도래"로서의 미래에 투사된다.

내가 희망하는 바는 보잘것없는 종이 이렇게 사물의 절대적 가치 척도로 올라가는 것에 대해 사람들이 여전히 웃을 수 있는가이다.

205

내가 나사렛 예수나 그의 사도 바울에게서 전혀 좋아하지 않는 것은 그들이 비천한 사람들의 머리에 너무 많은 것을 넣어서 그들의 소박한 덕들이 마치 매우 중요한 것이라도 되는 양 생각한다는 것이다. 이것은 아주 비싼 대가를 치러야 한다. 왜냐하면 그들은 덕이 지닌 더 가치 있는 특성들의 평판을 나쁘게 만들었고, 양심의 가책과 고귀한 영혼의 자부심을 서로 대립시켰으며, 강한 영혼의 **용감하고 관대하며 대담하고 과도한** 경향들을 자기 파괴에 이를 때까지 잘못된 방향으로 인도했기 때문이다.

206

《신약성서》에서, 특히 복음서에서 나는 "신적인 것"이 말하는 것을 전혀 듣지 못하고, 오히려 최악의 비방과 절멸의 분노가 **간접적** 형식으로 말하는 것을 듣는다. 증오의 가장 비열한 방식 중의 하나가 말하는 것을:

더욱 높은 본성의 특성에 대한 **모든** 지식이 결여되어있다. 온갖 종류의 속물근성을 거리낌 없이 오용하는 것. 격언의 전체 보물은 철저하게 이용되고 부당하게 자기 것으로 주장되었다. 그런 세리(稅吏)들에게 말하기 위해 신이 올 필요가 있었던가.

터무니없고 비실천적인 도덕을 가장하는 도움을 받아 **바리새인**과 이런 식으로 싸우는 것보다 더 비열한 것은 없다. 그 민족은 그런 어려운 묘기에 즐거움을 느꼈다. "위선"에 대한 비난이! 이런 입에서 나오다니! 반대자를 그런 식으로 다루는 것보다 더 비열한 것은 없다. 고귀함을 알려주는 가장 수상한 종류의 증거 또는 **그렇지 않은**.

207

원시 기독교는 **국가의 폐지**다. 원시 기독교는 맹세, 병역, 법정, 자기방어와 어떤 전체의 방어, 자국인과 외국인, 그리고 마찬가지로 **계급** 질서도 금지한다.

그리스도의 모범: 그는 자신에게 나쁜 짓을 하는 자들에게 저항하지 않는다. 그는 방어하지 않는다. 그는 그 이상의 일을 행한다. 그는 "왼쪽 뺨을 내민다." ("네가 그리스도인가?"라는 질문에 그는 "이제부터 너희가 [하늘나라에 올라 권세의 오른쪽에 앉아있는 사람의 아들을] 보게 되리라."라고 대답한다. 그는 자기 제자들이 그를 방어하는 것을 금지한다. 그는 도움을 받을 수 있지만 **원하지** 않는다는 점을 주지시킨다.

기독교는 또한 **사회의 폐지**다. 기독교는 사회에서 버림받은 모든 사람을 선호한다. 그것은 비난받고 선고받은 자, 온갖 종류의 나병 환자, "죄인", "세리", 매춘부, 가장 어리석은 민중("어부들")으로부터 성장한다. 그것은 부자, 식자, 귀족, 덕 있는 자, "올바른 자"를 무시한다.

208

《신약성서》에서 행해지고 있는 고귀한 자와 권력자에 대한 전쟁은 레이너드의 붉은여우가 같은 수단으로써 행하는 전쟁과 같은 것이다. 단지 그의 고유한 교활함을 알기 위하여 언제나 성직자처럼 번지르르하게 말하고 단호하게 거부한다.

209

복음: 비천하고 가난한 자들에게 행복에 이르는 통로가 열려 있다는 소식—상류층의 제도, 전통 및 후견으로부터 자신을 해방하는 것 외에는 달리 할 일이 없다는 소식. 이런 한에서 기독교의 발흥은 전형적인 사회주의자들의 가르침과 다를 바 없다.

재산, 소득, 조국, 신분과 지위, 법원, 경찰, 국가, 교회, 교육, 예술, 군제: 이 모든 것은 행복을 방해하는 것들이고, 오류이며, 잘못 연루되는 함정이고, 악마의 활동이다. 복음은 이것들에 심판이 이루어질 것이라고 예고한다. 모든 것이 전형적인 사회주의자의 가르침이다.

봉기의 배후에는 "주인"에 대한 누적된 반감의 폭발이 있다. 그토록 오랜 압박 뒤에 자신이 자유롭다고 느끼는 데에 얼마나 많은 행복이 있을 수 있는지를 알아차리는 본능이 있다.

대개는 하부 계층들이 너무 인도적으로 다루어졌다는 징후이고,

그들에게 금지된 행복을 이미 혀로 맛보았다는 징후이다. 혁명을 낳는 것은 배고픔이 아니라 민중이 먹음으로써 식욕을 느꼈기 때문이다.

210

한번 《신약성서》를 **유혹의 책**으로 읽어보라. 덕을 가지고 여론을 자기편으로 만든다는 본능 속에 **덕**은 합당하다. 더욱이 (목자를 포함하여) 무리를 짓는 이상적인 양만을 인정할 뿐인 가장 검소한 덕이. 작고 부드러우며 호의적이고 친절하며 열광적으로 즐기게 되는 종류의 덕. 이 덕은 외부에 대해서는 절대적으로 욕심이 없으며 "세계"와 거리를 둔다.

마치 인류의 운명이 이 덕의 주위를 돌아 한편에 있는 공동체는 옳고 다른 한편에 있는 세상은 잘못된 것, 영원히 비난받을 만하고 또 비난받은 것이라는 듯 말하는 **가장 터무니없는 오만**. 권력을 가진 모든 것에 대한 **가장 터무니없는 증오**, 그렇지만 권력을 건드려보지도 못한다! 외면적으로는 모든 것을 옛날 그래도 내버려두는 일종의 내면적 분리(순종과 노예 상태. **모든 것**으로부터 신과 덕에 봉사하는 수단으로 만들 줄 안다).

211

기독교는 가장 사적인 실존 형식으로서 가능하다. 그것은 밀접하고 멀리 떨어져있으며 전적으로 비정치적인 사회를 전제한다. 그것은 비밀 종파에 속한다. "기독교적 국가", "기독교적 정치"는 이와는 반대로 몰염치이고 거짓이다. 마침내 "군대의 신"을 마치 참모총장처럼 대하는 기독교적 군대 지휘와 같은 거짓말이다. 교황도 기독교적 정치를 한 번도 할 수 없었다. 루터처럼 종교개혁자들이 정치를 할 때는 사람들은 그들이 그 어떤 비도덕주의자들이나 전제군주들처럼 마키아벨리의 추종자들이라는 것을 안다.

212

기독교는 어느 순간이나 여전히 가능하다. 기독교는 기독교라는 이름으로 치장되었던 파렴치한 교의들의 그 어느 것과도 연결되어 있지 않다. 기독교는 **인격적 신**에 대한 가르침도, **죄**에 대한, **불멸**에 대한, **구원**에 대한, **믿음**에 대한 가르침도 필요하지 않다. 기독교는 형이상학을 전혀 필요로 하지 않으며, 더군다나 금욕주의와 기독교적인 "자연과학"은 더욱 필요로 하지 않는다. [기독교는 실천이지, 결코 신앙의 가르침이 아니다. 기독교는 우리가 어떻게 행위를 해야 하는지를 말하지, 우리가 무엇을 믿어야 하는지를 말하지 않는다.]

"나는 군인이기를 원치 않는다." "나는 법정을 신경 쓰지 않는다." "나는 경찰의 봉사를 요구하지 않는다." "나는 내 안의 평화를 방해하는 그 어떤 것도 행하지 않으려 한다." "내가 그것으로 고통을 당한다면, 고통보다 나의 평화를 유지하게 하는 것은 아무것도 없다." 누군가가 지금 이렇게 말한다면, 그는 기독교인일 것이다.

213

기독교의 역사에 대하여.—환경의 지속적 변화: 기독교의 가르침은 이로써 계속 그 **주안점**을 바꾼다. **비천하고 하찮은** 사람들의 우대—자선의 발전—전형적 "기독교인"은 자신이 원래 부정했던 모든 것을(그것을 부정함으로써 기독교는 존립했다) 단계적으로 다시 받아들인다. 기독교인은 시민, 군인, 판사, 노동자, 상인, 학자, 신학자, 사제, 철학자, 농부, 예술가, 애국자, 정치인, "군주"가 된다. 그는 자신이 하지 않겠다고 맹세했던 모든 **활동**을 다시 받아들인다(자기방어, 판결, 형벌, 맹세, 민족 사이의 구별, 경멸, 분노). 기독교인의 전체 삶은 결국 **그리스도가 벗어나라고 설교했던** 바로 그 삶이다.

교회는 근대국가, 근대 민족주의가 그런 것처럼 반기독교적인 것의 승리에 속한다. 교회는 기독교의 야만화이다.

214

기독교에 대한 지배자가 되었다. 유대주의(바울), 플라톤주의(아우구스티누스), 신비 숭배(구원의 가르침, "십자가"의 상징), 금욕주의("자연", "이성", "관능"에 대한 적대감—동양).

215

"무리 동물-도덕"의 **탈자연화**로서의 기독교: 절대적인 오해와 자기기만에 의한. 민주화는 이 도덕의 **좀 더 자연적인** 형태이며, 덜 기만적인 형태이다.

사실: 억압받는 자, 비천한 자, 그리고 아주 많은 노예와 반쯤 노예인 자들은 **권력을 원한다**.

첫째 단계: 그들은 자신을 자유롭게 한다. 그들은 우선 상상 속에

서 자신을 자유롭게 하고, 서로를 인정하고, 자신을 관철한다.

둘째 단계: 그들은 투쟁을 시작하고 인정과 평등한 권리와 "정의"를 원한다.

셋째 단계: 그들은 특권을 원한다(그들은 권력의 대변자를 자기편으로 끌어들인다).

넷째 단계: 그들은 **독점적** 권력을 원하고, 그것을 **가진다**.

기독교에서는 세 가지 요소들이 구별되어야 한다. a) 모든 종류의 억압받는 자, b) 모든 종류의 평범한 자, c) 모든 종류의 만족하지 않는 자와 병든 자. **첫째** 요소를 가지고 기독교는 정치적 귀족과 그들의 이상에 맞서 싸운다. **둘째** 요소를 가지고 기독교는 모든 종류의 예외자들과 (정신적인, 감각적인) 특권자들과 맞서 싸운다. **셋째** 요소를 가지고 기독교는 건강하고 행복한 자의 **자연-본능**에 맞서 싸운다.

기독교가 승리하면, 둘째 요소가 전면에 등장한다. 그렇게 되면 기독교가 건강하고 행복한 자들을 자기편이 되도록 설득하고(기독교의 명분을 위한 전사로), 마찬가지로 권력자도 (군중의 정복이라는 이해관계를 가지고 있어서) 설득할 수 있기 때문이다. 이제 기독교는 **무리 본능**이고, 모든 점에서 가치 있고 기독교를 통해 최고의 승인을 받은 평균적 본성이다. 이런 **평균적 본성**은 마침내 자신에게 **정치적 권력**도 승인할 정도로 자의식이 자란다(자신에 대한 용기를 얻는다).

민주주의는 자연화된 기독교이다. 오직 극단적인 반자연성을 통해서만 반대되는 가치 평가를 극복할 수 있었던 시기 이후의 일종의 "자연으로의 회귀". 결과: **귀족적 이상은 이제부터 탈자연화된다**

("우월한 인간", "고귀한", "예술가", "열정", "인식" 등등). 예외 및 천재 등에 대한 숭배로서의 낭만주의.

216

언제 "지배자들"도 기독교인이 될 수 있는가. 그것은 **공동체**의 본능(부족, 가문, 무리, 공동체), 즉 그 덕분에 공동체가 보존되는 그런 상태나 욕망을 **그 자체 가치 있는** 것으로 느끼는 공동체의 본능에 있다. 예를 들면 복종, 호혜성, 배려, 자제, 동정. 그렇게 함으로써 그것들을 방해하거나 반대하는 모든 것을 **진압한다**.

마찬가지로 그것은 복종하는 자들을 **다루기 쉽게** 만들고 **복종하게** 만드는 덕들을 장려하고 표창하는 **지배자들**의 (개인으로든 계급으로든) 본능에 있다(그들 자신의 것과는 가능한 한 아주 다른 상태와 정념들이다).

무리 본능과 **지배자의 본능**은 일정 수의 특성과 상태를 칭찬하는 데는 **일치**한다. 그러나 다른 이유에서 그렇다. 전자는 직접적 이기주의에서, 후자는 간접적 이기주의에서 그렇게 한다.

지배자 종족이 기독교에 굴복하는 것은 본질적으로 기독교가 **무리 종교**이고 **복종**을 가르친다는 통찰의 결과이다. 간단히 말해 기독교인은 비기독교인보다 쉽게 지배할 수 있다는 통찰의 결과이다. 이 점을 암시하며 교황은 오늘날에도 중국 황제에게 기독교의 선전을 권한다.

기독교적 이상이 가지는 유혹의 힘은 위험과 모험 그리고 대립을 사랑하고, 자신의 목숨을 걸게 하지만 최상의 권력 감정을 느끼게 만들 수 있는 모든 것을 사랑하는 본성을 가진 사람들에게 아마 가장 강력하게 작용할 것이다. 그녀의 형제들의 영웅적 본능 한가운데 있는 성녀 테레사를 생각해보라. 기독교는 거기서 의지의 방탕의 형식, 의지력의 형식, 그리고 돈키호테적 영웅주의의 형식으로 나타난다.

3. 기독교적 이상들

217

기독교적 이상에 대한 전쟁, “지복”과 삶의 목표로서의 구원에 대한 가르침에 대적하는 전쟁, 단순한 자, 순수한 마음을 가진 자, 고통받는 자, 실패자 등의 패권에 대적하는 전쟁.

고려되는 중요한 그 어떤 사람이 언제 그리고 어디서 저 기독교적 이상과 비슷해 보였는가? 심리학자나 검사자가 가져야 하는 눈에는 적어도 그럴 것이다! 플루타르코스의 영웅들을 대충 훑어보라.

218

우리의 우위: 우리는 비교의 시대에 살고 있다. 우리는 예전에는 한 번도 검사되지 않았던 것처럼 검사할 수 있다. 우리는 모든 방면에서 역사 일반의 자기의식이다. 우리는 다르게 즐기고, 다르게 고통을 받는다. 전례 없이 많은 것을 비교하는 것이 우리의 가장 본능적인 활동이다. 우리는 모든 것을 이해한다. 우리는 모든 것을 살아본다. 우리는 더는 어떤 적대감도 가지지 않는다. 비록 우리가 그것

으로 해를 입을지라도, 우리를 환영하고 거의 다정하기까지 한 우리의 호기심은 거리낌 없이 가장 위험한 것을 향해 나아간다.

"모든 것이 좋다." 무엇인가를 부정하는 것이 우리에겐 힘들다. 언젠가 우리가 무엇인가에 반대편을 들 정도로 영리하지 못하면, 우리는 고통을 당한다. 근본적으로 우리 학자들이 오늘날 그리스도의 가르침을 가장 잘 이행하고 있다.

219

기독교가 현대 자연과학에 의해 **극복되었다고** 믿는 사람들에 대한 아이러니. 기독교적 가치판단은 이런 방식으로 결코 극복되지 **않았다**. "십자가에 못 박힌 그리스도"는 가장 숭고한 상징이다. 여전히.

220

두 가지 거대한 허무주의 운동들: (a) 불교, (b) 기독교. 후자는 이제야 비로소 본래의 소명을 성취할 수 있는 문화의 상태에 이르렀다.—기독교가 속한 수준—그 안에서 자신을 순수하게 보여줄 수 있는 수준.

221

우리는 기독교적 이상을 다시 세웠다. 그 이상의 가치를 **결정하는** 일이 남아있다.

1. 어떤 가치들이 기독교적 이상에 의해 부정되는가? 그것의 **반대-이상**은 무엇을 포함하고 있는가? 긍지, 거리두기의 파토스, 위

대한 책임, 자만, 훌륭한 동물성, 호전적이고 정복적인 본능, 열정과 복수와 계략과 분노와 육욕과 모험과 인식의 신격화. 고귀한 이상이 부정된다. 인간 전형의 아름다움, 지혜, 권력, 화려함과 위험성. 목표를 설정하는 "미래의" 인간(여기서 유대교의 결과로서 기독교 정신이 생겨난다).

2. 기독교적 이상은 **실현 가능한가**? 그렇다. 하지만 인도의 이상과 비슷하게 기후 조건의 제약을 받는다. 노동이 결여되어있다. 기독교적 이상은 민족, 국가, 문화 공동체, 사법권으로부터 분리되고, 교육, 지식, 좋은 태도의 교육, 소득, 상업을 거절한다. 그것은 인간의 이익과 가치를 구성하는 모든 것을 떼어낸다. 기독교적 이상은 인간을 감정의 특이성을 통해 **차단한다**. 비정치적이고 반민족적이며, 공격적이지도 않고 방어적이지도 않게—질서가 가장 확고하게 확립된 국가의 삶과 사회의 삶의 내부에서만 가능하다. 이 삶은 **신성한 기생충**이 공공의 비용으로 번성하게 한다.

3. **쾌감**에의 의지의 결과만이 남는다. 그 밖의 다른 어떤 것에 대한 의지가 아니다! "지복"은 자명한 것, 정당화를 더는 필요로 하지 않는 것으로 간주된다. 나머지 모든 것(사는 방식과 살게 하는 방식)은 오직 목적을 위한 수단일 뿐이다.

그러나 이것은 **저열한 생각**이다. 고통에 대한 공포, 오염에 대한 공포, 퇴폐에 대한 공포 자체가 모든 것을 포기하는 충분한 동기다. 이것은 **가련한** 사고방식이다. **지쳐버린** 종족의 징후. 기만당해서는 안 된다. ("어린아이처럼 되어라.")—유사한 본성의 사람들: 프란츠 폰 아시시(예수처럼 신경증에 걸려 있고, 간질 환자이며, 공상가이다).

222

우월한 인간은 두려움이 없고 불행에 도전할 준비가 되어있다는 점에서 **열등한** 인간과 구별된다. 행복주의적 가치가 최상의 가치로 간주되기 시작한다는 것은 **퇴행**의 한 징후이다(생리적 피로, 의지의 빈약). "지복"이라는 관점을 갖춘 기독교는 고통을 당하고 빈곤해진 인간종을 위한 전형적인 사고방식이다. 충만한 힘은 창조하고, 고통을 당하고, 몰락하고자 한다. 이런 힘에게 신앙심이 두터운 체하는 사람을 위한 기독교적 구원은 나쁜 음악이고, 성직자의 태도는 짜증 나는 일이다.

223

가난, **겸손** 그리고 **순결**—위험하고 비방적인 이상, 그러나 독처럼 특정한 병의 경우에는 유익한 약, 예컨대 로마의 황제 시대에 그렇다.

모든 이상은 실제적인 것을 깎아내리고 그것에 오명을 씌우기 때문에 위험하다. 모든 것은 독이다. 그러나 일시적인 치료제로서 없어서는 안 된다.

224

신은 인간을 행복하고 한가하며 순진하고 불멸의 존재로 창조했다. 우리의 실제 삶은 거짓되고 타락하며 죄 많은 삶이고 형벌의 실존이다. 고통, 투쟁, 노동, 죽음은 삶에 대한 이의 제기와 물음표로 평가된다. 반자연적인 어떤 것, 지속되어서는 안 되는 어떤 것으로 평가된다. 사람은 이것에 대한 치료제가 필요하고, 또 **가지고** 있다.

인류는 아담 이래 지금에 이르기까지 비정상적인 상태에 처해있다. 신은 스스로 이 비정상적 상태에 종지부를 찍으려고 아담의 죄를 위해 자기 아들을 희생했다. 삶의 자연적 성격은 **저주**이다. 그리스도는 자신을 믿는 사람들에게 정상 상태를 되돌려준다. 그는 자신을 믿는 자들을 행복하고 한가하게, 그리고 죄 없이 만든다. 그러나 대지는 노동 없이 풍요로워지지 않는다. 여자는 고통 없이 아이를 출산하지 못한다. 질병은 끝나지 않았다. 여기에서 신앙이 가장 깊은 자도 신앙이 가장 없는 자와 마찬가지로 나쁜 처지에 놓여있다. 인간이 죽음과 **죄**로부터 해방되었다는 것은 어떤 검증도 허용하지 않는 주장인데, 이것만을 교회는 더욱 단호하게 주장해왔다. "그는 죄에서 자유롭다." 그의 행위를 통해서가 아니라, 자기 쪽에서의 가혹한 투쟁을 통해서가 아니라, **구원의 행위**를 통해 **풀려난다**. 따라서 완전하고 순진무구하며 낙원과 같다.

참된 삶은 단지 하나의 믿음(즉 자기기만, 망상)일 뿐이다. 광채와 암흑으로 가득 찬, 고군분투하는 현실적인 실존은 단지 나쁘고 거짓된 실존일 뿐이다. 이 실존으로부터 **구원되는** 것이 과제이다.

"인간은 죄 없고 한가하며 불멸하고 행복하다." "최고로 소망할만한 것"에 대한 이런 착상은 무엇보다도 비판되어야 한다. 왜 죄, 노동, 죽음, 고통(그리고 기독교적으로 말하자면 **인식**)이 최고로 소망할 만한 것과 **반대되는** 것인가? "지복", "무죄", "불멸"이라는 의심스러운 개념들.

225

"신성함"이라는 기이한 개념이 없다. "신"과 "인간"은 갈라지지 않았다. "기적"은 없다. 이런 영역은 결코 존재하지 않는다. 고려할만한 가치가 있는 유일한 것은 데카당스로서의 "정신적인 것"(즉 상징적이고 심리적인 것)이다. "에피쿠로스주의"의 보충물—**낙원**, 그리스적 개념에 따르면 "에피쿠로스의 정원".

그런 삶에는 **과제**가 없다. 삶은 아무것도 원하지 않는다. "에피쿠로스 신들"의 한 형식, 목표를 더 설정할 이유가 하나도 없다. 아이들을 가질 **이유**도. 모든 것이 달성되었다.

226

그들은 몸을 경멸했다. 그들은 몸을 고려하지 않았다. 더욱이, 그들은 몸을 적처럼 다루었다. 시체라는 기형 속에도 "아름다운 영혼"을 지닐 수 있다고 믿는 것은 그들의 망상이었다. 이것을 또한 다른 사람들에게 납득시키려고, 그들은 "아름다운 영혼"을 다른 방식으로 제시하고 그 자연적 가치를 재평가할 필요가 있었다. 결국에는 창백하고 병적이고 바보처럼 열광적인 존재가 완전한 것, 천사 같은 것, 미화, 우월한 인간으로 느껴질 때까지.

227

심리학적인 것에서의 무지—기독교인은 신경 체계를 가지고 있지 않다. 몸의 요구와 몸의 **발견**에 대한 경멸과 간과하고자 하는 자의적인 욕망. 그것이 인간의 좀 더 높은 본성에 적합하다는 전제—

그것이 영혼에 필연적으로 도움이 된다는 전제—몸의 모든 총체적 감정들을 도덕적 가치로 환원하는 것. 질병마저 도덕에 의해 영향을 받는 것으로 생각되었다. 이를테면 벌로서나 혹은 시험으로서, 혹은 사람이 건강할 때 가능한 것보다 훨씬 더 완전해질 수 있는 구원의 상태로서(파스칼의 생각). 사정에 따라서는 자발적인 병듦.

228

"자연에 반대하는" 기독교인의 이런 투쟁은 도대체 무엇인가? 우리는 기독교인의 말이나 해석에 속아서는 안 된다! 그것은 또한 자연인 그 무엇인가에 반대하는 자연이다. 많은 사람에게 그것은 공포이고, 또 많은 사람에게 그것은 혐오감이며, 다른 사람에게는 어떤 영성이고, 최고의 사람들에게는 육체와 욕망이 없는 이상에 대한 사랑, 즉 "자연의 추출"에 대한 사랑이다. 이들은 그들의 이상에 부응하려고 한다. 자존감 대신에 겸손함, 욕망에 대한 불안한 조심성, 일상적인 의무로부터의 해방(이것에 의해 다시 계급의 우월감이 만들어진다), 엄청난 것을 얻으려는 끊임없는 투쟁의 흥분, 감정 토로의 습관—이 모든 것이 하나의 유형을 구성한다. 이 유형에서는 쇠약해지는 몸의 **민감성**이 우세하지만, 신경과민과 그것의 영감은 달리 **해석된다**. 이러한 종류의 본성을 가지고 있는 사람의 취향은 언젠가 1. 세부적인 사항에 대한 예민함, 2. 미사여구, 3. 극단적인 감정을 지향한다. 자연적인 성향들은 **어쨌든** 만족되지만, 이는 예를 들면 "신 앞에서의 변명", "은총 안에서의 구원 감정"(거부하기 어려운 **쾌감**은 이렇게 해석된다!), 긍지, 관능적 쾌락 등등의 새로운 형식 아래에서 그런 것이다. 일반적인 문제: 자연적인 것을 헐뜯고, 실제로 부정하고 쇠약하게 만드는 인간은 어떤 인간이 될 것인가? 사실 그리스도는 자기 지배의 과장된 형식으로 드러난다. 자신의 욕망을 제어하기 위해, 그는 그 욕망을 제거하거나 십자가에 매달아 죽일 필요가 있는 것처럼 보인다.

229

수천 년의 오랜 세월이 지나는 동안 인간은 자신을 생리학적으로 알지 못했다. 그는 오늘날에도 여전히 자신을 알지 못한다. 예를 들어 인간이 신경 체계를 가지고 있다는("영혼"은 가지고 있지 않다) 사실을 아는 것은 여전히 교육을 가장 잘 받은 자들의 특권이다. 그러나 인간은 여기서 알지 못한다는 것을 의심하지 않는다. "나는 그것을 알지 못한다."라고 말하기 위해서는, 자신의 무지를 **기꺼이 받아들이기** 위해서는 매우 인간적이어야 한다.

그가 고통을 받거나 기분이 좋다면, 그는 자신이 찾기만 하면 그 원인을 발견할 수 있다는 것을 의심하지 않는다. 따라서 그는 그 원인을 찾는다. 사실 그는 그 원인을 찾을 수 없다. 어디서 찾아야 하는지에 대해 그는 의심조차 하지 않기 때문이다. 무슨 일이 일어난 것일까? 그는 자신의 상태의 **결과**를 그 **원인**으로 간주한다. 예를 들어 좋은 기분에서 이루어진(근본적으로 좋은 기분이 그것을 행할 용기를 주었기 때문에 이루어진) 작업은 잘 된다. 여기서 그 이유는, 작업이 좋은 기분의 **원인**이기 때문이다. 실제로 작업의 성공은 좋은 기분을 결정한 것과 동일한 것에 의해 결정된다. 즉, 생리적 힘과 체계의 잘 이루어진 합동에 의해.

그는 기분이 나쁘다. **그 결과로** 그는 근심, 양심의 가책, 자기비판을 극복하지 못한다. 사실 사람은 자신의 나쁜 상태가 양심의 가책, 죄, "자기비판"의 결과라고 믿는다.

그러나 깊은 피로와 탈진 뒤에 종종 회복의 상태가 돌아온다. "내가 이렇게 자유롭고, 이처럼 편안한 것이 어떻게 가능한가? 이것은 오직 신만이 내게 행할 수 있는 하나의 기적이다." 결론: "신이 나의 죄를 용서하셨다."

이것에서 하나의 실천이 생겨난다. 죄의 감정을 자극하기 위해, 회한을 준비하기 위해 사람은 신체를 병적이고 신경질적인 상태로 만들어야 한다. 그 방법은 잘 알려져있다. 지당하게도 사람은 그런 사실의 인과적 논리를 의심하지 않는다. **육욕의 금욕**을 종교적으로 해석한다. 육욕의 금욕은 후회라는 저 병적인 소화불량을 가능하게 하기 위한 수단으로만 발생하지만, 그것은 목적 자체로 나타난다(죄라는 "고정관념", "죄"라는 밧줄로 암탉의 최면 걸기).

몸의 학대는 일련의 "죄 감정"의 토대를 산출한다. 즉, **설명을 요구하는** 일반적인 고통을.

다른 한편으로 "구원"의 방법도 마찬가지로 생겨난다. 기도, 운동, 몸짓, 서약을 통해 온갖 감정의 과도한 분출을 자극했다. 피로가, 가끔은 돌연히, 가끔은 간질의 형식으로 뒤따른다. 그리고 깊은 혼수상태 뒤에 회복처럼 보이는 것이 나타난다. 종교적으로 말하자면, "구원"이.

230

이전에는 생리적 탈진의 상태와 결과들을, 그것들이 급작스러운 것, 깜짝 놀라게 하는 것, 설명할 수 없고 예측할 수 없는 것을 많이 가지기 때문에, 건강한 상태와 그 결과들보다 더 중요하게 생각했다. 사람은 두려워했다. 사람은 여기서 **보다 높은** 세계를 설정했다. 잠과 꿈, 그림자와 밤, 그리고 자연적 공포가 두 세계의 생성에 책임이 있는 것으로 생각되었다. 특히 생리적 탈진의 증상들은 이런 관점에서 고찰되어야 한다. 옛 종교들은 실제로 신앙심이 깊은 자들을 탈진 상태에, 저 증상들을 체험**해야만 하는** 상태에 이르도록 훈련시켰다. 사람들은 모든 것이 더는 익숙하지 않은 더 높은 질서로 들어섰다고 믿었다. 좀 더 높은 권력이라는 가상.

231

온갖 탈진의 결과로서의 잠, 온갖 과도한 자극의 결과로서의 탈진.

잠에 대한 욕구, 모든 염세적 종교와 철학에서 "잠"이라는 개념 자체의 신격화와 숭배.

탈진은 이 경우에 종족의 탈진이다. 잠은 심리학적으로 보자면 훨씬 더 깊고 훨씬 더 긴 **휴식 충동**의 비유일 뿐이다. 여기서 잠이라는 형제의 모습으로 그토록 유혹적으로 영향을 미치고 있는 것은 실제로 죽음이다.

232

기독교의 참회 연습과 구원의 연습 전체는 자의적으로 유발된 **조**

울증의 순환정신병으로 간주될 수 있다. 지당하게 예측할 수 있는 것처럼, 그것은 이미 운명적으로 예정된 (즉 병적 소질을 지닌) 개인에게서만 유발될 수 있다.

233

후회와 그것에 대한 순수하게 심리적 치료에 반대하며.—어떤 체험을 극복할 수 없다는 것은 이미 데카당스의 징후이다. 옛 상처를 다시 들춰내는 것, 자기 경멸과 회한 속에서 뒹구는 것은 또 하나의 병이며, 그것으로부터는 결코 "영혼의 구원"이 생길 수 없고 언제나 새로운 형식의 질병이 생겨날 수 있을 뿐이다.

기독교인들의 이런 "구원 상태"는 단지 하나의 같은 병적 상태의 변화일 뿐이다. 즉, 간질의 위기를 과학이 아니라 종교적 망상이 제공하는 특정한 정식으로 해석한 것이다.

병들었을 때, 사람은 병적인 방식으로 **선하다**. 우리는 이제 기독교의 작업 도구였던 심리적 장치의 대부분을 히스테리와 간질의 형식으로 간주한다.

심리적 회복의 전체 실천은 **생리적인** 토대로 환원되어야만 한다. 보통 말하는 "양심의 가책"은 쾌유의 장애물이다. 사람은 **자학**이라는 숙환으로부터 가능한 한 빨리 벗어나기 위해서는 새로운 행위를 통해 모든 것을 균형 있게 만들어야 한다. 교회와 종파의 순수 심리적인 실행 방법은 건강에 위험한 것이라는 악평을 받게 해야 한다. 기도와 악령 추방으로는 병자를 치료할 수 없다. 그 영향으로 발생하는 "평안"의 상태가 심리적 의미의 신뢰를 불러일으킬 수 없다.

사람이 건강한 것은, 자기 삶의 그 어떤 상세한 부분도 **최면에 걸리게** 했던 진지함과 열정을 웃음거리로 삼을 때, 개가 돌을 깨물 때 느끼는 정도로 양심의 가책을 느낄 때, 자신의 후회를 수치스러워할 때이다.

순전히 심리적이고 종교적인 이제까지의 실천은 단지 **징후의 변화**만을 목표로 했다. 사람이 십자가 앞에 무릎을 꿇고 선한 사람이 되겠다는 서약을 하면, 그 실천은 그가 회복된 것으로 간주했다. 하지만 어떤 답답한 진지함에 자신의 운명을 붙들어 매고 그 뒤로는 자신의 행위를 비방하지 않는 범죄자는 **영혼의 건강을 더 많이** 갖추고 있다. 도스토옙스키가 감옥에서 함께 지냈던 범죄자들은 모조리 불굴의 본성을 가진 자들이었다. 그들은 "낙담한" 기독교인보다 백배나 더 가치 있는 것 아닌가?

(나는 미첼 요법으로 양심의 가책을 치료할 것을 권한다.)[3)]

---

3) 사일러스 위어 미첼(Silas Weir Mitchell, 1829~1914)은 미국의 의사, 과학자, 소설가, 시인이었다. 의학 신경학의 아버지로 불리는 그는 작열통(복합부위 통증 증후군)과 홍반 통증을 발견하고 휴식 요법을 개척했다. "휴식 요법"은 주로 격리, 침대에 가두기, 다이어트 및 마사지로 구성된다. 그의 휴식(요양) 요법은 후에 프로이트에 의해 받아들여져 환자를 안락의자에 눕게 하여 신체적 긴장 완화를 통해 의사가 환자의 체험 속으로 들어가는 정신분석학적 암시 치료로 발전하게 된다. 니체는 《도덕의 계보》 제1 논문 6장에서 성직자의 질병을 치료하기 위해 고안된 치료법의 부작용이 질병보다 더 위험하다고 말하면서 식이요법, 단식, 성적 금욕, 황야로의 도피 등 미첼 식의 격리법을 언급한다.

234

양심의 가책: 성격이 행위에 맞설 수 없다는 표시. **좋은 일**을 한 후에도 양심의 가책이 있다. 그것이 오랜 환경으로부터 끄집어내는 예사롭지 않은 것.

235

후회에 반대하며. 나는 자신의 행위에 대한 이런 종류의 비겁함을 좋아하지 않는다. 예기치 않은 치욕과 곤경이 몰려올 때 자기 자신을 방치해서는 안 된다. 오히려 극단적인 긍지가 필요하다. 결국 후회가 무슨 도움이 된단 말인가! 어떤 행위도 후회한다고 해서 되돌릴 수 있는 것은 아니다. 그 행위가 "용서되거나" 또는 "속죄된다고" 하더라도 마찬가지다. 죄에 대한 책임을 없애주는 힘을 믿으려면 신학자여야만 할 것이다. 우리 비도덕주의자들은 "죄"를 믿지 않은 것을 선호한다. 우리는 온갖 종류의 행위가 근원에 있어서는 가치가 동등하다고 여긴다. 마찬가지로 우리를 **반대**하는 행위들도, 경제적으로 계산하면, 바로 반대한다는 이유로 여전히 유용하고 일반적으로 소망할만한 행위들일 수 있다고 여긴다. 어느 특별한 경우에 우리는 어떤 행위를 쉽게 하지 **않을** 수도 있었지만, 단지 상황이 그렇게 하도록 만들었다고 고백한다. 상황이 **그렇게 만들었다면**, 우리 중 과연 누가 온갖 종류의 범죄를 이미 저지르지 않았겠는가? 그렇기 때문에 "너는 이러저러한 일을 해서는 안 되었다."라는 말을 결코 해서는 안 되며, 오히려 "내가 그것을 이미 백 번쯤 하지 않았다는 것이 얼마나 진기한 일인가."라고만 항상 말해야 한다. 결국

극소수의 행위들만이 **전형적인** 행위들이고, 실제로 한 인격의 축도들이다. 대다수의 사람들이 인격을 별로 갖추지 못하고 있다는 점을 고려하면, 한 인간의 **특성**은 좀처럼 개별적인 행위를 통해 **그려지지** 않는다. 상황에 의한 행위는 단지 표피적일 뿐이며 자극에 대한 반응으로서 반사적일 뿐이다. 그 행위는 그것이 우리 존재의 깊은 곳을 건드려서 그것에 관해 물어보기 이전에 이루어진다. 화를 내고 붙잡고 칼로 찌르는 것, 그런 것에 무슨 인격이 있는가! 행위는 종종 일종의 완고한 시각과 부자유를 동반한다. 그래서 행위자는 기억을 통해 마치 마술에 걸린 것처럼 꼼짝하지 못하며, 자신이 단지 행위에 대한 **부속품**인 것처럼 느낀다. 무엇보다 이러한 정신장애, 이러한 형식의 최면에 맞서 싸워야 한다. 개별적 행위는 그것이 어떤 것이든 사람이 행한 전체와 비교하면 제로와 같으며, 제외해도 되는데, 그래도 계산 착오는 일어나지 않을 것이다. 개별적 행위를 산출하는 것이 마치 우리 전체 실존의 의미인 것처럼, 우리의 전체 실존을 단지 한 방향에서만 다루고자 하는, 사회가 가질 수 있는 유치한 관심은 행위자 자체를 감염시켜서는 안 된다. 유감스럽게도 그것은 거의 끊임없이 일어난다. 비일상적인 결과를 가져오는 모든 행위에는 정신적 장애가 뒤따른다는 점에 그 이유가 있다. 이런 결과들이 좋은지 나쁜지와는 상관없다. 약속받는 연인이나 극장에서 박수갈채를 받는 시인을 보라. 지적인 무기력과 관련하여 그들은 기습적으로 가택수색을 받는 무정부주의자들과 어떤 점에서도 구별되지 않는다.

우리에게 합당하지 않은 행위들이 있다. 전형적으로 보자면, 그것들은 우리를 더 비천한 종으로 만드는 행위들이다. 여기서 우리는 이 한 가지 오류만은 피해야 하는데, 그것은 이런 행위들을 전형적으로 받아들인다는 **사실**이다. **우리가** 행하기에는 합당하지 않는 그런 정반대 종류의 행위들이 있다. 이는 행복과 건강의 특별한 충만에서 생겨난 예외적인 것들로, 폭풍과 우연이 한번 그만큼 높이 올려버린 우리의 최고의 파도이다. 그러한 행위들과 "작업들"은 전형적이지 않다. 한 예술가를 결코 그의 작품의 척도에 따라 측정해서는 안 된다.

236

A. 오늘날 기독교가 아직도 필요해 보이는 만큼, 인간은 여전히 거칠고 숙명적이다.

B. 다른 관점에서 보면, 기독교는 필요한 것이 아니라 극도로 해로운 것이지만, 매혹적이고 유혹적인 영향을 미친다. 왜냐하면 기독교는 현재 인류의 모든 계층과 모든 유형이 가지고 있는 **병**적 특성에 부응하기 때문이다. 그들은 기독교를 열망하면서 자신들의 성향을 따른다. 온갖 종류의 타락한 자들.

여기서 A와 B를 엄격히 구별해야 한다. A의 경우에 기독교는 치료제이고, 적어도 억제 수단이다(사정에 따라서 그것은 병들게 하는 데 사용된다. 거침과 조야함을 깨기 위해 유익할 수 있는 것).

B의 경우에 기독교는 병의 징후 그 자체이며, 데카당스를 **증대시킨다**. 여기서 그것은 **확증하는** 치료 체계에 반대로 작용한다. 여기서 그것은 그의 치료에 효력이 있는 것에 **대적하는** 병자의 본능이다.

237

진지한 자, **품위 있는 자**, **사려 깊은 자들**의 당파: 그리고 이들의 반대편에는 거칠고 불결하고 예측할 수 없는 짐승. 단순한 **짐승 길들이기**의 문제. 이때 사육자는 짐승에게 가혹하고 무시무시하고 공포를 불러일으켜야 한다.

모든 본질적인 요구는 잔인할 정도로 명료하게, 즉 천배 정도 과장해서 제시되어야 한다.

요구의 **성취** 자체도 외경을 불러일으킬 수 있도록 거친 방식으로 제시되어야 한다. 예를 들면 브라만 계급 쪽에서 요구되는 관능으로부터의 해방.

*

천민과 짐승과의 싸움: 특정한 길들이기와 질서에 도달하면, 정화되고 다시 태어난 사람들과 나머지 사람들 사이의 간격은 가능한 한 끔찍하게 벌려져야 한다.

이러한 간격은 상류계급에서는 자기 존중과 그들이 대변하는 것에 대한 신뢰를 증대시킨다. 그래서 찬달라가. 경멸과 그것의 과도함은 심리적으로는 완전히 옳다. 즉, 공감받기 위해서는 백배나 더 과장한다.

238

잔인한 본능에 대한 투쟁은 **병든** 본능에 대한 투쟁과는 다른 것이다. **병들게** 만드는 것은 그 자체로 잔인성을 지배하기 위한 수단일 수 있다. 기독교에서의 심리적 치료는 종종 가축을 병든 짐승으로 그리고 **따라서** 길든 짐승으로 만드는 결과를 초래한다.

거칠고 조야한 본성들에 대한 투쟁은 그들에게 영향을 미치는 수단을 사용하는 투쟁일 수밖에 없다.

239

우리 시대는 어떤 의미에서 부처의 시대가 그랬던 것처럼 **성숙해** 있다(즉 퇴폐적이다). 그렇기 때문에 기독교 정신은 불합리한 교의가 없이도 가능하다(고대의 잡종 문화의 더없이 역겨운 산물).

240

설사 기독교적 신앙에 대한 반증을 수행할 수 없다고 가정하더라도, 파스칼은 그 반증이 참일 수도 있다는 **두려운** 가능성과 관련하여 기독교인으로 존재한다는 것은 최고의 의미에서 영리한 일이라고 간주했다. 기독교가 이런 두려움을 얼마나 많이 잃어버렸는가에 대한 표시로서 오늘날 사람들은 기독교를 정당화하는 다른 시도를 발견한다. 기독교가 설령 오류라고 할지라도 사람들은 평생 이 오류의 커다란 이점과 기쁨을 누릴 수 있다는 것이다. 바로 이 오류의 안정화 효과 때문에. 따라서 위협적 가능성에 대한 두려움에서가 아니라 오히려 매력을 잃어버린 삶에 대한 두려움에서 이 신앙이 유지되어야 하는 것처럼 보인다. 이 쾌락주의적 전회, **쾌감**에 의거한 논증은 몰락의 징후이다. 그것은 **힘**에 의거한 논증, 기독교의 이념을 흔들어놓는 것에 의거한 논증, 즉 **두려움**에 의거한 논증을 대체한다. 이러한 해석의 전환에서 기독교는 실제로 쇠약해진다. 탐구, 투쟁, 모험, 독립 의지에 대한 힘도 가지고 있지 못하고 또 파스칼주의, 즉 이 꼬치꼬치 캐묻는 자기 경멸과 "어쩌면 선고받은 죄인"일 수 있다는 두려움에 대한 힘도 가지고 있지 못하기 때문에 사람들은 **아편과 같은** 기독교에 만족한다. 그러나 무엇보다 병약한 신경들을 진정시켜야만 하는 기독교는 "십자가에 못 박힌 신"이라는 저 끔찍한 해법이 **필요하지 않다**. 그렇기 때문에 불교는 유럽에서 조용히 발전하고 있다.

241

유럽 문화의 유머: 이것을 참이라고 간주하면서도 **저것**을 행한다. 예를 들면 (가톨릭적이든 프로테스탄트적이든) 교회의 성서 해석이 여전히 견지되고 있다면, 독서와 비판의 온갖 기술이 무슨 소용이란 말인가!

242

사람들은 우리 유럽인들이 살아가는 데 근거가 되는 개념들이 얼마나 야만적인가에 대해 충분히 설명하지 않는다. "영혼의 구원"이 한 권의 책에 달려있다는 점을 믿을 수 있었다는 사실! 그리고 사람들은 아직도 그것을 믿고 있다고 내게 말한다.

만약 교회에서 견지되고 있는 저런 터무니 없는 성서 해석이 수치심으로 붉어진 얼굴색을 영구적인 피부색으로 만들지 않는다면, 모든 학문의 교육과 모든 비판과 해석학이 무슨 소용이란 말인가?

243

숙고할 것: 신의 섭리에 대한 숙명적인 믿음이 어느 정도까지 여전히 존속하는지, 이제까지 있었던 것 중에서 손과 이성을 가장 마비시키는 믿음. 기독교적 전제와 해석이 "자연", "진보", "완전화", "다윈주의"라는 공식 아래에서, 그리고 행복과 덕, 불행과 죄가 서로에 속해있는 특정한 관계에 대한 미신 아래에서 어느 정도까지 여전히 생명을 유지하는지. 일의 진행 과정, "삶", "삶의 본능"에 대한 **터무니없는** 신뢰와 각자는 오직 자신의 의무를 다하기만 하면 **모든 것**이 잘 될 것이라는 믿음에서 나온 우직한 **체념**—이러한 것들은 일의 진행이 선의 관점에서 이루어진다는 가정하에서만 의미가 있다. 오늘날 우리가 취하고 있는 철학적 감수성의 형식인 **운명론**조차 여전히 신의 섭리에 대한 가장 오래된 믿음의 결과, 무의식적인 결과이다. 다시 말해 모든 것이 어떻게 되든 우리의 책임은 아니라는 듯(마치 모든 것이 진행되는 것처럼 그대로 진행되게 내버려둬도 **된다는** 듯. 모든 개인 자체도 절대적 실재의 한 양태에 불과하다는 듯).

244

인간이 행하는 심리적 허위의 정점은 자신에게 좋고 현명하고 강력하고 가치 있는 것으로 보이는 것의 편협한 귀퉁이 척도에 따라 어떤 존재를 시작과 "그 자체"로서 계산해내는 것이다. 그러면서 그 어떤 선, 어떤 지혜, 어떤 권력도 그 덕택에 존립하는 그런 **전체 인과관계**를 마음속에서 지워버리는 것이다. 요컨대 가장 많은 조건의 영향을 받은 가장 최근의 요소들을 발생한 것으로서가 아니라 "그 자체"라고 설정하고, 아마 심지어 모든 발생의 원인으로 설정한다는 것이다. 경험으로 판단하면, 즉 어떤 인간이 평균적 인간의 크기를 넘어설 정도로 자신을 높인 모든 경우로 판단하면, 우리는 모든 고도의 권력은 선과 악으로부터의 자유와 마찬가지로 "참"과 "거짓"으로부터의 자유를 내면에 포함하고 있으며, 선의가 원하는 것은 결코 고려하지 않는다는 것을 알 수 있다. 우리는 고도의 지혜의 경우에도 똑같은 사실을 알 수 있다. 그 안에서 선의는 진실성과 정의, 덕과 다른 통속적 가치 평가의 욕망과 마찬가지로 폐지된다. 최후에는 모든 고도의 선의 자체가 폐지된다. 이런 인간은 이미 어떤 정신적인 근시안과 조야함을 전제한다는 것이 명백하지 않은가? 마찬가지로 선과 악, 그리고 유익한 것과 해로운 것을 거리를 두고 멀리서 구별할 수 있는 능력이 없다는 것도 명백하지 않은가? 고도의 권력이 최고의 선의라는 손에 있을 때 가장 해로운 결과("악의 폐지")를 가져올 거라는 것은 말할 나위도 없지 않은가? 실제로, "사랑의 신"이 자기 신자들에게 어떤 경향을 불어넣는지를 보기만 해도 알 수 있다. 그 경향들은 선을 위해 인류를 파괴한다. 실제로 이 똑같은 신은 세계의 실제 성질에 직면해서는 **최고로 근시안적이고 악마와 같으며 무기력한 신**으로 드러난다. 그 결과 이런 신의 구상이 어느 정도의 가치를 지니는지 밝혀진다.

지식과 지혜는 그 자체로는 아무런 가치가 없다. 선의도 마찬가지다. 사람은 이런 특성들을 가치 있게 하거나 무가치하게 하는 목표를 항상 먼저 가지고 있어야 한다. 극단적인 지식을 매우 가치가 없는 것으로 만드는 **목표가 있을 수 있다**(예컨대 극단적인 기만이 삶의 향상의 전제 중 하나일 때, 마찬가지로 선의가 거대한 욕망의 용수철을 마비시키고 낙담시킬 때).

우리의 인간적 삶이 있는 그대로 주어져있고, 기독교적 양식에서의 모든 "진리", "선의", "신성함", "신성"은 지금까지 커다란 위험이었음이 증명되었다. 아직도 인류는 삶에 적대적인 이상주의로 인해 몰락할 위험에 처해있다.

245

인간의 모든 제도를 먼저 **인가하는** 신적이고 피안의 **더 높은 영역**이 설정되는 경우, 그 제도가 끼칠 **손해**를 생각해보라(예컨대 결혼의 경우). 이런 허가에서 가치를 발견하는 일에 익숙해지면서, 사람은 **자연적 가치를 후퇴시키고**, 상황에 따라서는 **부정했다**. 사람들이 신의 반자연성을 숭배하는 만큼 자연은 비호의적으로 평가되었다. "자연"은 "경멸스럽고" "나쁜" 것이 되어버렸다.

최고의 도덕적 성질의 실재로서의 신에 대한 믿음의 숙명: 이렇게 해서 모든 현실적 가치가 부정되고, 근본적으로 무가치한 것으로 이해되었다. 이렇게 **반자연적인 것**이 왕좌에 올랐다. 사람들은 엄격한 논리에 의해 **자연을 부정하라는** 절대적 요구에 이르렀다.

246

기독교는 이타심과 사랑을 전면에 내세움으로써 결코 인간종의 이익을 개인의 이익보다 더 높은 가치로 설정하지는 않았다. 기독교의 실질적 **역사적** 효과와 그 효과의 운명적 요소는 정반대로 **이**

기주의의 증대였고 개인 이기주의를 그 극단까지 (개인의 불멸이라는 극단까지) 강화한 것이었다. 기독교에 의해 개인은 너무 중요하고 너무 절대적으로 설정되어서 더는 **희생될** 수 없었다. 그러나 종은 오직 인간의 희생을 통해서만 존립한다. 신 앞에서 모든 "영혼"은 평등해졌다. 하지만 바로 이것이야말로 모든 가치 평가 중에서 가장 위험한 가치 평가이다! 개인들이 평등하다고 생각하면, 우리는 종을 의문시하고 또 종의 파멸로 이끄는 실천을 장려하게 된다. 기독교는 **자연선택에 반대하는** 원리다. 퇴화하고 병든 자("기독교인")가 건강한 자("이교도")와 같은 가치를 가지거나, 또는 병과 건강에 대한 파스칼의 판단에 따라 더 많은 가치를 가져야 한다면, 발전의 자연적 진행 과정은 방해되고 **반자연**이 법칙이 된다. 이 일반적인 인간 사랑은 실제로는 모든 고통 받는 자, 혜택을 받지 못한 자, 퇴화한 자를 **우대하는** 것이다. 그것은 사실상 인간을 희생시키는 힘과 책임과 고도의 의무를 저하시키고 약화시켰다. 기독교의 가치척도에 따르면 오직 남아있는 것은 자기 자신을 희생시키는 것뿐이다. 하지만 기독교가 허용하고 권유하기까지 하는 인간 희생의 **잔여물**은 총체적 육성의 관점에서 보면 아무런 의미가 없다. 종의 번성은 어떤 개인이 자신을 희생하는지와는 상관없다(승려의 금욕적인 방식이든, 아니면 오류의 "순교자"로서 십자가나 장작더미, 단두대의 도움을 받든). 종은 실패자, 약자, 퇴화한 자들의 몰락을 필요로 한다. 그러나 기독교가 **보수적** 권력으로서 관심을 돌리는 것은 바로 이들이다. 기독교는 자신을 보살피고 자기를 보존하고 서로 의지하려는 이미 그 자체로 강력한 약자들의 본능을 더욱 강화했다. 기독교에서 "덕"

과 "인간 사랑"은 이런 상호 보존, 이런 약자들의 연대, 이런 선택의 방해가 아니고 무엇이겠는가? 기독교의 이타주의는 모두가 서로를 보살필 때 모든 개인이 가장 오랫동안 보존된다는 것을 직감적으로 알아맞히는 대중 이기주의가 아니고 무엇이겠는가? 이러한 성향이 극단적 반도덕성, 삶에 대한 범죄라고 느끼지 않는 사람은 병자들의 무리에 속하게 되며, 그 자신이 그들의 본능을 가지게 된다.

진정한 인간 사랑은 종의 최선을 위한 희생을 요구한다. 그것은 인간 희생을 필요로 하기 때문에 가혹하고, 완전한 자기 극복이다. 그리고 기독교라 불리는 사이비-인도주의는 **누구도 희생되지 않는다는** 것을 관철시키려 한다.

247

철저한 **행위 허무주의**보다 더 유용하고 더 장려할만한 것은 없다. 내가 기독교와 비관주의의 모든 현상을 이해한 바로는 그것들이 말해주는 것은 다음과 같다. 우리는 존재하지 않을 정도로 성숙해있다. 우리에게는 존재하지 않는 것이 이성적이다. "이성"이란 언어는 이 경우에 **선택하는** 자연의 언어일 것이다.

반면 모든 개념에 대해 비난할 수 있는 것은 **기독교**가 그런 것처럼 종교의 애매하고 비겁한 절충이다. 좀 더 명확하게는 교회가 그렇다. 죽음과 자기 파괴를 장려하는 대신에 모든 실패자와 병든 자들을 보호하고 번식시키기까지 하는 교회 말이다.

문제: 어떤 수단으로 전염성이 강한 거대한 허무주의의 엄중한 형식이 달성될 것인가. 학문적 양심을 가지고 자유로운 죽음을 가르

치고 실천하는 허무주의의 형식이(허위의 내세를 기대하며 허약한 식물적 생존을 가르치고 실천하는 것이 **아니라**).

기독교는 아무리 비난해도 충분하지 않다. 기독교는 아마 이미 진행 중이었을 **정화하는** 거대한 허무주의 운동의 가치를 평가절하했기 때문이다. 불멸의 사적 인격에 관한 사상을 통해 그리고 마찬가지로 부활의 희망을 통해, 요컨대 자살이라는 **허무주의의 실천**을 항상 제지함으로써 평가절하했기 때문이다. 기독교는 더딘 자살로 대체했다. 즉, 서서히 하찮고 비천하고 지속적인 삶으로 대체했다. 서서히 평범하고 시민적이며 평균적인 삶 등등으로 대체했다.

248

기독교적 도덕 돌팔이 의사.—동정과 경멸이 빠르게 바뀐다. 때때로 나는 비열한 범죄를 볼 때처럼 분노한다. 여기서는 오류가 의무가 되고 미덕이 되었으며, 실책이 요령이 되었고, 파괴자 본능이 "구원"으로 체계화되었다. 여기서는 모든 수술이 상처를 입히며, 그 에너지가 건강 회복의 전제 조건이 되는 기관 자체가 절단된다. 그리고 최상의 경우에도 치유는 일어나지 않으며, 오히려 일련의 악한 징후들이 다른 징후들로 바뀔 뿐이다. 그리고 이런 위험한 난센스와 삶을 더럽히고 거세하는 체계가 신성한 것, 불가침의 것으로 여겨진다. 그런 것에 봉사하며 사는 것, 그 치료법의 도구로 존재하는 것, **사제**가 되는 것은 누군가를 두드러지게 만들고, 존경할만한 존재로 만들고, 신성한 불가침의 존재 자체로 만든다. 오직 신성만이 이런 최고 치료술의 창시자일 수 있다. 구원은 오직 계시로서만 이해될 수 있다. 은 종의 행위로서, 피조물에게 주어진 가장 과분한 선물로서.

첫째 명제: 영혼의 건강은 병으로 간주된다, 의심스러운 것으로.

둘째 명제: 강하고 번성하는 삶을 위한 전제 조건들인 강력한 욕망과 열정들은 강하고 번성하는 삶에 대한 항변으로 간주된다.

셋째 명제: 인간을 위험에 직면하게 하는 모든 것, 인간을 지배하고 몰락시킬 수 있는 모든 것은 악하고 비난받아 마땅하다.—그것은 인간의 영혼에서 뿌리째 뽑아버려야 한다.

넷째 명제: 자신과 타인에 대해서 위험하지 않게 된 인간, 유약하고 겸허와 겸손에 몸을 엎드리고 자신의 약점을 의식하고 있는 인간, "죄인"—바로 이런 인간이 가장 바람직한 유형이며, 영혼에 대한 약간의 외과 수술을 통해 **산출할** 수 있는 유형이다.

249

내가 무엇에 반대하여 항의하는가? 엄청난 힘의 축적이라는 위대한 동기를 알지 못하는 영혼의 이 사소하고 평화로운 평범함과 이 평형을 무언가 높은 것으로 간주하지 않고, 가능하다면 **인간의 척도**로까지 간주하지 않는 것이다.

바코 폰 베룰람(Bako von Verulam)[4]: "평범한 민중은 가장 낮은 덕을 칭찬하고, 중급의 덕은 존경하며, 최고의 덕에 대해서는 어떤 감각도 보이지 않는다." 그러나 기독교는 종교로서 이 평범한 사람들에 속한다. 기독교는 최고 종의 덕에 대해 아무런 감각도 지니고 있지 않다.

250

"진정한 기독교인"이 자신의 본능에 반대하는 모든 것을 가지고 무엇을 하는지 살펴보자. 아름다운 자, 빛나는 자, 부유한 자, 긍지 있는 자, 당당한 자, 인식하는 자, 강력한 자를 **더럽히고 의심한다**. 요컨대 **문화 전체**를 더럽히고 의심한다. 그의 의도는 그들에게서 **선한 양심**을 빼앗는 것이다.

251

사람들은 이제까지 기독교를 항상 단지 소심한 방식뿐만 아니라 잘못된 방식으로 공격해왔다. 기독교의 도덕을 **삶에 대한 중죄**로 느끼지 않는 한, 기독교를 옹호하는 사람들의 일은 매우 쉽다. 기독교의 단순한 "진리" 문제는—기독교의 천문학이나 자연과학에 관한 것인 경우는 말할 것도 없고 신의 실존에 관한 것이든 아니면 기독교 발생에 관한 전설의 역사성에 관한 것이든 간에—기독교 도덕의 가치문제를 건드리지 않는 한 완전히 부차적으로 중요한 문제이다. 기독교의 도덕은 무언가 **도움이** 되는가, 아니면 그 유혹 기술의 온갖 신성함에도 불구하고 오명이고 치욕인가? 진리 문제에 대해서

---

4) 바코 폰 베룰람(Bako von Verulam)은 역사나 문학에 알려진 인물이 아니다. 그는 바로 프랜시스 베이컨(Francis Bacon)으로, 1618년에 베룰람(Verulam) 남작 작위를 받았으며 베룰람(Verulam) 경으로도 알려졌다. 그는 1561년부터 1626년까지 살았던 영국의 철학자이자 정치가이다. 그는 1603년에 기사 작위를 받았고, 1621년에 세인트 올번 자작이 되었으며, 1618년부터 사망할 때까지 로드 챈슬러를 역임했다.

는 온갖 종류의 은신처가 있다. 그리고 신앙심이 강한 사람들은 특정한 것들을 반박할 수 없는 것으로서, 즉 모든 반박 수단의 저편에 있는 것으로서 긍정할 수 있는 권리를 얻으려고 결국에는 가장 신앙이 없는 자들의 논리를 사용한다(이러한 술책은 오늘날 "칸트의 비판주의"라고 불린다).

252

기독교가 파스칼 같은 사람들을 몰락시킨 것을 결코 용서해서는 안 된다. 기독교의 바로 이점과 맞서 싸우는 일, 즉 바로 가장 강하고 가장 고귀한 영혼을 파괴하려는 기독교의 의지와 맞서 싸우는 일을 중단해서는 안 된다. 이 한 가지가 철저하게 파괴되지 않는 한 결코 안심해서는 안 된다. 그것은 곧 기독교에 의한 발명된 인간의 이상이다. [인간에 대한 기독교의 요구, 인간과 관련하여 기독교의 긍정과 부정.] 기독교 우화, 개념의 거미줄과 신학의 터무니없는 온갖 잔재는 우리에게 아무런 상관이 없다. 그것은 천배나 더 터무니없을 수 있다. 그리고 우리는 그것에 손가락 하나 대지 않을 것이다. 하지만 병적인 아름다움과 여성적 유혹 그리고 비방자의 은밀한 능변으로, 지친 영혼의 온갖 나약함이나 허영심에 호소하는 저 이상에 맞서 우리는 싸워야 한다. 그리고 가장 강한 자들도 지칠 때가 있다. 즉, 마치 이런 상태에서 가장 유용하고 가장 바람직한 것으로 보이는 모든 것, 예컨대 신뢰, 악의 없음, 겸허, 인내, 자기 동료에 대한 사랑, 체념, 신에의 귀의, 자신의 자아 전체를 벗겨내어 면직시키는 것이 그 자체로서 가장 유용하고 가장 바람직하다는 듯이, 마치 잘못 태어난 보잘것없고 겸손한 영혼, 즉 덕을 가진 평균적 짐승과 양 떼와 같은 인간이 더 강하고 더 악의적이고 더 탐욕적이고 더 반항적이고 더 낭비적이고 또 그 때문에 백배나 더 위험에 처해있는 우선될 뿐만 아니라 바로 인간 일반을 위해 이상과 목표와 척도와 최고로 원하는 것을 제공하는 듯이 호소하는 저 이상과 맞서 싸워야 한다. **이러한** 이상을 세우는 것은 이제까지 인간이 내맡겨졌던 가장 섬뜩한 유혹이었다. 왜냐하면 인간 유형 전체의 권력에의 의지와 성장에의 의지가 한 걸음 더 발전하게 만드는 더 강해진 예외적인 행운의 인간들이 이 이상으로 말미암아 몰락의 위협을 받았기 때문이다. 자신의 높은 요구와 과제를 위해 더욱 위험한 삶(경제적으로 표현하면, 성공의 비개연성만큼 증가하는 사업의 비용)을 자발적으로 감수하는 저 우월한 인간의 성장이 이 이상의 가치들로 인해 뿌리가 손상되었기 때문이다. 우리는 기독교의 무엇과 싸우는가? 기독교가 강자들을 파괴하려 한다는 것. 기독교가 강자들의 용기를 꺾어버리고 그들의 나쁜 시기와 피로를 이용하며, 그들의 자랑스러운 확신을 불안이나 양심의 고통으로 바꾸기를 원한다는 것. 기독교가 고귀한 본능을 독으로 오염시키고 병들게 할 줄 안다는 것. 이 본능들의 힘과 권력에의 의지가 방향을 뒤로 돌려 자기 자신을 향할 때까지, 강자들이 도를 넘어선 자기 경멸과 자기 학대로 인해 몰락하게 될 때까지. 이런 소름이 끼치는 몰락의 방식, 파스칼은 그것의 가장 유명한 예를 제공한다.

2장

도덕 비판

1. 도덕적 가치 평가의 기원

253

도덕이 가진 마법의 지배를 받지 않으면서, 도덕의 아름다운 태도와 시선을 의심하면서 도덕에 관해 사유하려는 시도.

우리가 존경할 수 있고 또 우리의 숭배 충동에 부합하는 세계, 그 세계는 끊임없이 입증된다. 개별적인 것과 일반적인 것의 지도를 통해. 그것은 우리 모두의 기원을 이루는 기독교적 관점이다.

예리함과 의심과 학문성의 성장을 통해(또한 좀 더 높은 곳을 향한 진실성의 본능을 통해, 다시 말해 다시금 기독교적 영향을 받아서), 이러한 해석은 점점 더 용인할 수 없는 것이 되었다.

가장 정교한 타개책: 칸트의 비판주의. 지성은 자신이 이런 의미에서 해석할 권리뿐만 아니라 이런 의미에서의 해석을 **거부할** 권리에 대해 스스로 이의를 제기한다. 사람들은 신뢰와 믿음이 **증가**하는 것에 만족하고, 자신의 믿음의 문제에 있어 모든 증명 가능성을 포기하는 것에 만족하고, 빈틈을 메우는 임시방편인 파악할 수 없는 우월한 "이상"(신)에 만족한다.

헤겔의 타개책은, 플라톤과 관련하여, 일종의 낭만주의이고 반동이며, 동시에 역사적 감각과 새로운 **힘**의 징후이다. "정신" 자체는 스스로 드러나고 실현되는 이상이다. "과정" 속에서, "생성" 속에서 우리가 믿는 이상에 관해 더 많은 것이 점점 더 나타난다.—그러므로 이상은 실현되고, 믿음은 자신의 고귀한 욕구에 따라 숭배할 수 있는 미래를 지향한다. 요컨대,

1. 신은 우리에게 인식될 수 없으며 증명될 수 없다.—인식론적 운동의 숨은 뜻.

2. 신은 증명될 수 있지만 생성되는 그 무엇으로서 증명될 수 있다. 그리고 우리는 이상적인 것을 향한 갈망과 함께 그 생성 과정에 속해있다.—역사적 운동의 숨은 뜻.

사람들은 알게 된다. 비판은 이상 자체를 겨냥한 것이 **결코** 아니고, 단지 이상에 대한 반대는 어디에서 시작되는지, 이상은 왜 성취되지 않은 것인지 또는 이상은 왜 작은 것이나 큰 것에서 모두 증명될 수 없는지 하는 문제만을 겨냥했다.

*

그것은 최대의 차이를 만든다. 사람들이 열정 때문에, 열망 때문에 이 곤경을 곤경으로 느끼는 것인지, 아니면 사람들이 최고의 사상과 역사적 상상력의 힘을 가진 뒤에도 여전히 하나의 문제로서 이러한 곤경에 다다르게 된 것인지는 가장 커다란 차이이다.

우리는 종교와 철학의 밖에서도 동일한 현상을 발견한다. 공리주의(사회주의, 민주주의)는 도덕적 가치 평가의 기원을 비판하지만, 기

독교인이 그런 것처럼 그것을 믿는다. (마치 제재하는 신이 없으면 도덕이 남아있다고 생각하는 듯한 순진함이다. 도덕에 대한 믿음이 견지되어야 한다면, "저편의 내세"는 절대적으로 필요하다.)

근본 문제: 이러한 믿음의 전능은 어디에서 나오는가? 도덕에 대한 믿음의 전능은? (그것은 삶의 근본 조건들 자체가 도덕을 위해 잘못 해석되고 있다는 사실에 폭로된다. 동물 세계와 식물 세계에 대한 지식에도 불구하고. "자기 보존": 이타주의적 원칙과 이기주의적 원칙의 화해에 대한 다윈의 관점.)

254

우리의 가치 평가와 가치 목록의 기원에 대한 물음은, 종종 생각하는 것과는 달리, 그에 대한 비판과 전혀 일치하지 않는다. 그 어떤 수치스러운 기원(pudenda origo)에 대한 통찰이 그렇게 생성된 것의 가치가 감소한다는 감정을 수반하고 또 그것에 대한 비판적 분위기와 태도를 준비시킨다는 것이 아무리 확실할지라도 그렇다.

우리의 가치 평가와 도덕적 가치 목록 자체는 얼마나 가치가 있는가? **그것들이 지배하는 결과는 무엇인가**? 누구를 위하여? 무엇과 관련하여? 대답: 삶을 위하여. 그러나 삶이란 무엇인가? 따라서 여기서 "삶"의 개념에 관한 새롭고 더욱 분명한 이해가 필요하다. 그에 대한 나의 공식은 이렇다. 삶은 권력에의 의지다.

가치 평가 자체는 무엇을 의미하는가? 그것은 다른 형이상학적 세계를 다시 가리키는가? (거대한 역사적 운동 앞에 서 있는) 칸트가 여전히 믿었던 것처럼. 간단히 말해서, 그것은 어디에서 "**발생했는가**"?

혹은 그것은 어디에서 발생하지 않았는가? 대답: 도덕적 가치 평가는 **해석**이며, 일종의 해석하는 방식이다. 해석 자체는 특정한 생리적 상태들의 징후이며 마찬가지로 지배적 판단들의 특정한 정신적 수준의 징후이다. **누가 해석하는가**? 우리의 정서가.

255

모든 덕은 생리적 상태들이다. 다시 말해 필연적이고 좋은 것으로 느껴지는 유기체의 주요 기능들이다. 모든 덕은 본래 세련된 **열정**이며 고양된 상태이다.

동정과 인류애는 성적 충동이 발전한 것이다. 정의는 복수의 본능이 발전한 것이다. 저항의 즐거움과 권력에의 의지로서의 덕. 유사한 자와 권력이 동등한 자의 인정으로서의 명예.

256

나는 "도덕"을 어떤 존재의 생명 조건과 상통하는 가치 평가들의 체계로 이해한다.

257

이전에 사람들은 도덕에 관해 이렇게 말했다. "그 열매로 너희는 도덕을 인식할 것이다." 나는 도덕에 관해 이렇게 말한다. 그것은 내가 도덕이 자라날 토양을 인식하게 만드는 열매이다.

258

생리적 번영이나 실패의 과정들과 보존 및 성장 조건들에 관한 의식을 드러내는 징후와 기호언어로서 도덕적 판단을 이해하려는 나의 시도: 점성술의 가치에 관한 해석 방식. 편견들. 본능은 이 편견에 (인종, 공동체, 청년기 또는 쇠퇴에 관해) 넌지시 가르쳐준다.

특별히 기독교-유럽적 도덕에 적용하면 우리의 도덕적 판단들은 쇠퇴의 징후, 삶에 대한 불신의 징후들이며, 비관주의의 준비다.

나의 주요 명제: 도덕적 현상들은 존재하지 않으며, 오직 이 현상들에 대한 도덕적 해석이 있을 뿐이다. 이 해석조차 도덕 바깥에 근원을 가지고 있다.

우리의 해석이 실존 속에 모순을 투사했다는 것은 무엇을 의미하는가? 결정적 중요성: 다른 가치 평가들 배후에서도 이런 도덕적 평가가 명령하고 있다. 그것들이 사라진다고 가정하면, 우리는 무엇에 따라 측정하는가? 그렇게 되면 인식 등등은 어떤 가치를 가지는가?

259

통찰: 모든 가치 평가에서 문제가 되는 것은 어떤 특정한 관점이다. 개인, 공동체, 종족, 국가, 교회, 신앙, 문화의 보존이라는 관점.

—오직 관점에 의한 평가만 있을 뿐이라는 사실을 **망각**함으로 인하여 **한** 개인 안에는 온갖 모순된 가치 평가가 그리고 **그 결과로 온갖 모순된 충동이** 우글거린다. 그것은, 기존의 모든 본능이 매우 특정한 과제들을 충족시키는 동물들과는 반대로, **인간에게 있어서는 질병의 표현**이다.

—그러나 이 모순으로 가득 찬 피조물은 자신의 본질에 있어서 위대한 **인식** 방법을 가지고 있다. 그는 많은 것에 대해 찬성과 반대의 감정을 느낀다. 그는 정의를 향해 자신을 일으킨다. **선과 악의 평가를 넘어서** 이해하기 위해.

가장 현명한 사람은 모순이 가장 풍부한 사람, 온갖 종류의 인간에 대한 촉각기관을 지닌 사람일 것이다. 그 사이사이에는 **장엄한 화음**의 위대한 순간들이 있다. 우리 속에도 숭고한 우연이 있다. 일종의 행성 운동.

260

"의욕"은 목적의 의욕이다. "목적"은 가치 평가를 포함한다. 가치 평가는 어디에서 오는가? "즐거운"과 "괴로운"이라는 확고한 규범이 그 토대인가?

그러나 헤아릴 수 없이 많은 경우 우리는 우리의 가치 평가를 넣어 해석함으로써 어떤 사태를 고통스럽게 **만든다**.

도덕적 가치 평가의 범위: 그것들은 거의 모든 감각 인상에서 함께 작용한다. 우리의 세계는 그것을 통해 **채색된다**.

우리는 목적과 가치를 투입했다. 그렇게 함으로써 우리는 우리의 내면에 거대한 **잠재력**을 가진다. 그러나 가치들을 **비교하면** 반대되는 것들이 가치 있는 것으로 여겨졌고 또 많은 가치 목록이 존재했다는 (따라서 "그 자체로" 가치 있는 것은 없다는) 사실이 드러난다.

개개의 가치 목록을 분석하면 그것들을 세우는 것이 특정 집단의—그리고 종종 그릇된—생존 조건을 세우는 것이라는 점이 드러난다. 보존을 위해.

현시대의 인간들을 고찰해보면 우리가 **매우 다양한** 가치판단을 하고, 또 그것에는 어떠한 창조적 힘도 들어있지 않다는 사실이 분명해진다. 근거: 도덕적 판단에는 지금 "생존 조건"이 결여되어있다. 그것은 훨씬 더 쓸모없는 것이 되었다. 그것은 그다지 고통스럽지 않다. 그것은 **자의적인** 것이 된다. 혼돈.

인류 위에 그리고 개인 위에 걸려있는 **그 목표**는 누가 창조하는가? 지금까지 사람들은 도덕으로써 스스로 보존하고자 했다. 그러나 아무도 더는 보존하기를 원치 않는다. 보존할 것도 없다. 그러므로 자신에게 하나의 목표를 **부여하는 실험적 도덕**.

261

도덕적 행위의 기준은 무엇인가? 1. 사심이 없는 비이기성, 2. 보편타당성 등등. 그러나 이는 탁상 도덕이다. 여러 민족을 연구하고, 매번 기준이 무엇인지 또 그 안에서 무엇이 표현되는지 살펴보아야 한다. "그런 행동은 우리의 첫째 생존 조건 중 하나라는" 믿음. 부도덕하다는 것은 "파멸을 가져온다"는 것을 의미한다. 그런데 이런 명제들이 발견되는 모든 공동체는 몰락했다. 이 명제들 중 어떤 것들은 항상 다시 강조되었는데, 새로 형성되는 공동체가 "도둑질해서는 안 된다" 같은 명제를 다시 필요로 했기 때문이다. 사회에 대해 (예컨대 로마제국) 공동체 감정을 요구하지 않는 시대에 본능은 종교적으로 말하면 "영혼의 구원", 또는 철학적으로 말하자면 "최대 행복"에 몰두했다. 그리스의 도덕철학자들도 이제는 그들의 폴리스에 대해 아무 감정도 느끼지 못했기 때문이다.

262

잘못된 가치의 필요성.—어떤 판단이 영향을 받는 조건을 증명함으로써 그 판단을 반박할 수 있다. 이로써 그 판단을 유지해야 할 필요성이 제거된 것은 아니다. 잘못된 가치들은 근거에 의해 근절될 수 없다. 어떤 병자의 눈의 난시가 그러하듯. 우리는 **그것이 있어야** 하는 필요성을 파악해야 한다. 잘못된 가치들은 근거들과는 아무 상관이 없는 원인들의 **결과**이다.

263

도덕의 문제를 **보고** 또 **보여주는** 것—이것이 내게는 새로운 과제이자 주요한 문제로 보인다. 나는 이러한 일이 지금까지의 도덕철학에서 일어났다고 생각하지 않는다.

264

인류는 자신의 내면세계에 대해 항상 얼마나 틀리고, 얼마나 허위적이었는가! 이 점에 대해 눈을 감고, 이 점에 대해 입을 다물거나 입을 연다.

265

도덕적 판단이 이미 얼마나 많은 역전을 겪었으며, 또 얼마나 여러 번에 걸쳐 이미 가장 근본적인 의미에서 "악"이 "선"으로 개명되었는지에 관한 지식과 의식이 결여되어있다. 나는 "도덕의 도덕성" 이라는 반대개념을 가지고 이러한 전위를 [언급했다]. 또한 양심도 자신의 영역을 뒤바꾸었다. 무리의 양심의 가책이 있었다.

266

A. **부도덕의 작품으로서의 도덕**

1. 도덕적 가치가 **지배**하려면 온갖 부도덕한 힘과 정념이 도와야 한다.

2. 도덕적 가치의 **발생**은 부도덕한 정념과 동기의 작품이다.

B. **오류의 작품으로서의 도덕**

C. **서서히 자기모순에 빠지는 도덕**

보복.—진실성, 회의, 판단의 유보(epoché), 심판.—

도덕에 대한 믿음의 "부도덕".

단계:

1. 도덕의 절대적 지배: 모든 생물학적 현상은 도덕에 따라 평가되고 심판받는다.

2. 삶과 도덕을 동일시하려는 시도(깨어난 회의의 징후: 도덕은 더는 대립으로 느껴져서는 안 된다). 많은 수단, 심지어 초월적 방법도.

3. **삶**과 **도덕**의 대비: 도덕의 삶의 관점에서 심판하고 징벌한다.

D. 도덕은 어느 정도까지 삶에 유해했는지.

a) 삶을 즐기는 데 대한, 삶에 대한 감사의 마음 등등에,

b) 삶의 미화와 향상에,

c) 삶의 인식에,

d) 삶의 **최고** 현상들이 삶 자체와 사이가 나빠지도록 한다는 점에서 삶의 발전에.

E. 역산: 삶에 대한 도덕의 **유익성**.

1. 좀 더 큰 전체를 보존하고 그 전체의 구성원을 제한하는 원리로서의 도덕: "**도구**".

2. 열정으로 인해 인간이 내면적으로 위태로워지는 것과 관련된 보존 원리로서의 도덕: "**평범한 자**".

3. 심각한 고난과 쇠약함의 치명적인 영향에 대항하는 보존 원리로서의 도덕: "**고통받는 자**".

4. 강력한 자들의 무서운 폭발에 대항하는 반대 원리로서의 도덕: "**비천한 자**".

267

"옳다"와 "그르다" 등등을 시민이 사용하는 특정한 좁은 의미로 받아들이는 것도 괜찮다. "옳은 일을 행하면 두려워할 것이 없다."라는 말처럼. 즉, 하나의 공동체가 존립하는 틀이 되어주는 특정한 중요한 도식에 따라 자신의 의무를 다하라.

268

도덕의 두 유형이 혼동되어서는 안 된다. 건강한 본능이 시작되고 있는 데카당스에 맞서 자신을 방어하는 도덕, 그리고 바로 이 데카당스가 자신을 명확히 표현하고 정당화하고 퇴락의 길로 인도하는 도덕. 전자는 스토아적이고 냉혹하고 전제적인 경향이 있다. **스토아주의** 자체가 제동자-도덕이었다. 후자는 열광적이고 감상적이고 비밀로 가득 차 있다. 그것은 여자와 "아름다운 감정"을 자기편으로 가지고 있다. [원시 **기독교**는 그런 도덕이었다.]

269

도덕화 전체를 현상으로 파악하는 것. 또한 **수수께끼**로서. 도덕적 현상은 수수께끼처럼 나를 몰두하게 한다. 오늘날이라면 나는 대답할 줄 알았을 것이다. 내게 이웃의 행복이 나의 행복보다 더 높은 가치가 있어야 **한다는** 것은 무엇을 의미하는가? 하지만 이웃 자신이 자기 행복의 가치를 나와는 다르게 평가해야 **한다면**, 다시 말해 자기 행복보다 **나의** 행복을 상위에 두어야 한다는 것은 무엇을 의미하는가? 철학자들이 그 자체로 "주어진 것"으로 생각하는 "너는 해야만 한다."라는 것은 무엇을 의미하는가?

어떤 사람이 자신이 다른 사람에게 보여준 행위를 자기 자신을 위해 수행한 행위보다 더 높이 평가해야 하고, 다른 사람도 마찬가지로 그렇게 한다는 명백히 미친 생각, 또 어떤 사람이 행위를 하면서 자기 행복을 의도하지 않고 타인의 행복을 염두에 두고 있기에 그 행위를 좋게 평가한다는 명백히 미친 생각도 나름대로 의미가 있다. 다시 말해 개개인은 중요하지 않지만 모든 개인을 함께 합하면 매우 중요하다는 가치 평가에 기반을 두고 있는 공통 감각의 본능은 공통의 감정과 공통의 양심을 가지고 하나의 **공동체**를 구성한다. 따라서 시선을 특정한 방향으로 두는 연습, 자기 자신을 볼 수 없게 만들려는 관점에의 의지.

나의 생각: 목표가 결여되어있다. 그리고 **이 목표는 개개인이어야** 한다! 일반적인 활동을 본다. 모든 개인은 희생되고, 도구로 이용된다. 곳곳에서 많은 "노예들"을 마주치지 않은 것처럼 사람들은 거리를 걸어간다. 어디로? 무엇 때문에?

270

누군가가 **오직** 도덕적 가치와 관련해서**만** 자신을 존중하고, 그가 다른 모든 것을 **하위에 두고** 선, 악, 개선, 영혼의 구원 등과 비교해서 보잘것없는 것으로 평가하는 것이 어떻게 가능한가? 헨리 프레데리크 아미엘이라는 예. **도덕적 특이 성질**의 의미는 무엇인가? 이것을 나는 심리학적으로 묻고, 또한 생리학적으로도 묻는다. 예를 들면 파스칼. 따라서 위대한 **다른** 성질들이 결여되지 않은 모든 경우에 묻는다. 자신이 가지지 않았고 또 가질 수 **없었던** 것을 분명히 높이 평가했던 쇼펜하우어의 경우에도 역시 그것은 실제의 고통 상태와 불쾌한 상태들에 대해 단지 습관적으로 하는 **도덕적 해석**의 결과가 아닐까? 그것은 수많은 불쾌감의 원인을 **이해하지 못하면서도** 그것을 **도덕적 가설을 가지고 설명할 수 있다고 믿는** 특정한 종류의 **감수성**은 아닌가? 그렇게 해서 그때그때의 건강과 힘의 느낌이 곧바로 "좋은 양심", 신의 가까움, 구원의 의식이라는 관점으로 항상 조명되어 드러나는 것은 아닌가? 그러므로 도덕적 특이 성질의 소유자는,

1. 사회의 덕 유형에 접근해가면서 정말로 자기 자신의 가치를 **가**

지거나 "행실 좋은 사람", "올바른 사람". 높이 존경받는 중간적 상태: 모든 능력에 있어서는 평균적이지만, 그가 원하는 모든 것에서는 예절 바르고 양심적이며 견실하고 존중받으며 믿을 만하다. 2. 아니면 그의 모든 상태를 다른 방식으로는 이해할 수 없다고 믿기 때문에, 그가 그런 가치를 가지고 있다고 믿는다. 그는 자신에게 알려지지 않았으며, 그는 자신을 그런 방식으로 해석한다.

인간이 자신을 견뎌내도록 만드는 유일한 **해석 도식**으로서의 도덕, 이것도 일종의 긍지인가?

271

도덕적 가치의 우세.—이 우세의 결과들: 심리학의 부패 등등. 그것에 걸려있는 운명이 어디에나 있다. 이런 우세는 무엇을 **의미하는가**? 그것은 무엇을 가리키는가?

이 영역에서 특정한 '예'와 '아니오'가 훨씬 더 긴급하다는 것. 사람들은 도덕적 가치들이 확정된 것으로 보이도록 온갖 종류의 **명령**을 사용했다. 도덕적 가치들은 가장 오랫동안 명령되었다. 그것들은 본능처럼 **보인다**. 마치 내적인 명령처럼 보인다. 도덕적 가치들이 **논의의 여지가 없는** 것처럼 느껴진다는 사실 속에 **사회의 보존 조건들**이 표현되어있다. 실천: 말하자면 최고의 가치에 관해 서로 이해한다는 **유용성**이 여기서 일종의 인가를 받은 것이다. 우리는 이 영역에서 성찰과 비판이 **마비되도록 온갖 수단이 사용되었음을** 알고 있다. 칸트마저 어떤 태도를 보이는지 보라. 여기서 "연구하는" 것을 반도덕적이라고 거부하는 자들에 대해서는 말할 것도 없다.

272

나의 의도, 모든 사건에서 절대적인 동질성을 보여주고, 도덕적 구별을 적용하는 것은 단지 **관점에 의해 제약된다**는 점을 보여주는 것이다. 도덕적으로 칭찬받는 모든 것이 부도덕한 모든 것과 본질적으로 같으며, 그것도 모든 도덕 발전이 그러하듯 부도덕한 수단을 사용하여 부도덕한 목적을 위해서만 가능해졌다는 점을 보여주는 것이다. 반대로 부도덕하다는 악평을 받는 모든 것이 경제적으로 고찰하면 좀 더 고차원적이고 좀 더 근원적이며, 더욱 충만한 삶을 향한 진보는 필연적으로 또한 **부도덕의 진보**를 요구한다는 점을 보여주는 것이다. 우리가 **이런** 사실을 통찰하도록 허용하는 정도의 "진리".

273

끝으로 이렇게 섬세한 방식으로 부도덕하기 위해서는 많은 도덕성이 필요하다. 나는 비유를 사용하고자 한다.

어떤 질병에 관심을 가지는 생리학자의 관심과 그에게서 치유받기를 원하는 병자의 관심은 같지 않다. 그 질병이 도덕이고—도덕은 질병이기 때문에—그리고 우리 유럽인들은 환자라고 가정해보자. 우리 유럽인들이 동시에 이 질병의 호기심 많은 관찰자이며 생리학자라고 한다면 얼마나 미묘한 고통과 난관이 발생하겠는가! 도덕에서 벗어나기를 진지하게 바랄 것인가? 우리가 그것을 원할 것인가? '우리가 그것을 할 수 있겠는가?'라는 질문을 도외시하더라도 말이다. 우리는 "치유될" 수 있겠는가?

2. 무리

274

누구의 권력에의 의지가 도덕인가?—소크라테스 이후의 유럽 역사의 공통점은 도덕적 가치가 모든 다른 가치를 지배하게 하려는 시도이다. 그렇게 해서 도덕은 삶의 지도자나 판관이어야 할 뿐만 아니라, 1. 인식의, 2. 예술의, 3. 국가와 사회의 노력의 지도자나 판관이어야 한다. "개선"이 유일한 과제이고, 그 외의 모든 것은 이 과제를 위한 수단이다(또는 방해, 저지, 위험이다. 따라서 이것이 절멸될 때까지 싸우는 것이다).—**중국**에서의 이와 비슷한 운동. **인도**에서의 이와 비슷한 운동.

도덕적 권력의 편에서 이제까지 지상에서 이루어진 엄청난 발전에 영향을 미친 이 **권력에의 의지**는 무엇을 의미하는가?

답변: 권력에의 의지 뒤에 세 가지 권력이 숨어있다. 1. 강하고 독립적인 사람에 맞서는 **무리** 본능, 2. 행복한 사람에 맞서는 **고통받는 자**와 소외된 자의 본능, 3. 예외적 존재에 맞서는 **평균적인 사람들**의 본능. 이 운동의 엄청난 이점. 얼마나 많은 잔인함, 오류, 편협함이

이 운동에 도움을 주었는가. (**삶의 근본 본능과 도덕의 싸움**에 관한 역사는 이제까지 지상에 존재했던 가장 큰 비도덕성이기 때문이다.)

275

극소수의 사람만이 우리가 살아가는 일상생활 속에서, 예로부터 우리가 익숙해진 것에서 문제를 볼 수 있다. 우리의 눈은 바로 그런 것에 맞춰져있지 않다. 우리의 도덕과 관련해 이제까지 그런 일은 일어나지 않은 것 같다.

"모든 사람은 타인에게 객체이다."라는 문제는 최고의 명예를 수여할 수 있는 계기다. 자신을 위해, 아니다!

"너는 해야 한다."라는 문제: 성적인 본능과 비슷하게 스스로 설명할 수 없는 성향은 본능을 비난하는 대상이 되어서는 안 된다. 반대로, 그것은 본능의 가치척도이자 판관이 되어야 한다!

우리 모두 탁월함을 갈망함에도 불구하고 평등의 문제: 바로 여기에서 우리는 다른 사람에게 요구하는 바로 그것을 반대로 우리에게도 요구해야 한다. 그것은 너무 멍청하고 명백히 미친 짓이다. 그러나 그것은 신성한 것으로, 수준이 높은 것으로 느껴진다. 이성과의 모순은 거의 인지되지 않는다.

희생과 이타심을 훌륭한 것으로 여기는 것, 도덕에 대한 무조건적 복종, 그리고 도덕 앞에서 누구나 동등하다는 믿음.

행복과 삶을 경시하고 희생하는 것이 탁월하다. 자신의 가치 설정을 완전히 포기하고, 모든 사람에게 각자의 가치 설정을 포기할 것을 엄격하게 요구하는 것. "행위의 가치는 **결정되어**있다. 모든 개인은 이 가치 평가에 예속되어있다."

보라. 권위자가 말한다.—누가 말하는가?—이 권위 밑에서 가능한 한 굴욕감을 덜 느끼기 위해 인간이 이 권위를 가능한 한 높은 곳에서 찾았다면 그 인간적인 자존심을 너그럽게 봐줘야 한다. 따라서 신이 말한다!

자신보다 더 높은 심급 법정이 없는 무조건적 제재로서의 신, "정언명법"으로서의 신이 필요했다. 또는 우리가 이성의 권위를 믿는 한, 하나의 통일성의 형이상학이 필요했다. 그것 덕분에 이것은 논리적인 것이 되었다.

신에 대한 믿음이 사라졌다고 가정해보자. 그러면 질문이 새롭게 제기된다. "누가 말하는가?" 나의 대답은 형이상학이 아니라 동물생리학에서 얻었다. 무리 본능이 말한다. 무리 본능이 주인이 되려 한다. 그런 까닭에 무리 본능은 "너는 해야만 한다!"라고 말한다. 그는 전체의 의미에서만 그리고 전체의 최선을 위해서만 개인의 가치를 인정하려 한다. 무리 본능은 스스로를 분리하는 자들을 증오한다. 그것은 모든 개개인의 증오를 그들에게 돌린다.

276

유럽의 전체 도덕은 무리의 이익에 기반한다. 좀 더 고귀하고 좀 더 희귀한 모든 인간의 고뇌는 그들을 특징짓는 모든 것이 왜소화와 비방의 감정과 함께 그들에게 의식된다는 데 있다. 현시대 인간들의 **강점**은 염세주의적 암울의 원인이다. 평균적인 보통 사람들은 무리가 그런 것처럼 질문과 양심도 별로 없이—명랑하다. 강자들을 암울하게 만드는 것에 대하여: 쇼펜하우어, 파스칼.

무리의 어떤 특성이 위험해 보이면 보일수록 그것에 더욱더 철저하게 주의를 기울인다.

277

무리에서 **진실성**의 도덕. "너는 인식될 수 있어야 하며, 너의 내면을 명료하고 지속적인 기호로 표현해야 한다. 그렇지 않으면 그대는 위험하다. 그리고 만약 네가 악하다면, 자신을 위장하는 능력은 무리에게 가장 나쁜 것이다. 우리는 은밀하고 인식될 수 없는 자를 경멸한다. **따라서** 너는 자신을 인식될 수 있는 자로 간주해야 하며, 자신에게 은폐되어서는 안 되며, 자신의 변화를 믿어서는 안 된다." 그러므로 진실성의 요구는 인격의 **인식 가능성**과 **지속성**을 전제한다. 실제로, 무리의 성원을 인간의 본질에 관한 **특정한 믿음**으로 이끄는 것은 교육의 일이다. 교육이 먼저 이러한 믿음을 만들고, 그런 다음 "진실성"을 요구한다.

278

어떤 무리나 모든 공동체 내에서, 즉 같은 사람들 사이에서(inter pares), 진실성을 **과도하게 평가하는 것**은 나름의 의미가 있다. 속지 마라. 그리고 그 결과, 개인적인 도덕으로서, 속이지 마라! 같은 사람들 사이에서의 상호적 의무! **밖을** 향하여 위험과 주의는 사람들이 **기만에 주의할** 것을 요구한다. 그렇게 하기 위한 심리적 조건으로서 **내면을** 향해서도 마찬가지다. 진실성의 원천으로서의 불신.

279

무리의 덕에 대한 비판에 대하여.—타성이 작동한다. 1. 불신은 긴장과 관찰과 성찰이 필요하게 만들기 때문에 신뢰 속에서. 2. 권력의 차이가 크고 복종이 필요한 곳에서는 존경 속에서. 두려워하지 않기 위해 사랑하고 높이 존중하고 또 권력 차이를 가치 차이로 해석하려 시도할 것이다. 그래서 관계는 **더는 반항하지 못하도록** 만든다. 3. 진리에 대한 감각 속에서. 무엇이 참인가? 우리에게 최소한의 정신적 노력만을 요구하는 설명이 주어진 곳에서(게다가 거짓말은 무척 힘이 든다). 4. 동감 속에서. 동일시하고, 똑같이 느끼려 하고, 있는 감정을 그대로 **받아들이면** 안심이 된다. 그것은 가치판단의 가장 고유한 권리를 보존하고 계속해서 활동시키는 능동성과 견주어볼 때 수동적인 것이다. 능동성은 휴식을 허용하지 않는다. 5. 공평성과 판단의 냉정함 속에서: 사람들은 감정의 수고를 꺼리고, 차라리 멀리 떨어져 "객관적"이고자 한다. 6. 정직성 속에서: 사람들은 스스로 법을 만들기보다, 자신과 다른 사람들에게 명령하기보다 기존의 법에 복종하고자 한다. 명령하는 것에 대한 두려움—반응하기보다 차라리 복종한다. 7. 관용 속에서: 권리의 행사와 심판에 대한 두려움.

280

무리 본능은 **중간**과 **평균**을 최상의 것과 최고의 가치로 평가한다. 이것은 다수가 살아가는 장소이며, 다수가 스스로를 최상과 최고의 가치로 간주하는 방식이다. 이렇게 무리 본능은 모든 서열의 반대자가 되며, 밑으로부터 위로의 상승을 동시에 다수로부터 소수로의 하강으로 여긴다. 무리는 **예외자**를, 그것이 자신의 밑이든 아니면 자신의 위이든, 자신에게 적대적이고 해로운 것으로 느낀다. 위로 향하는 예외자들, 즉 더 강하고 더 강력하며 더 현명하고 더 풍요로운 자들에 대한 무리의 술책은 이들을 보호자, 목자, 파수꾼이 되도록—무리의 **첫째가는 하인**이 되도록 설득하는 것이다. 이렇게 무리는 위험을 이익으로 바꿨다. 중간에서 공포는 그친다. 여기서 사람들은 결코 혼자이지 않다. 여기서는 오해의 여지가 별로 없다. 여기에는 평등이 있다. 여기서는 자신의 존재가 비난받아야 할 것이 아니라 정당한 존재로 느껴진다. 여기서는 만족감이 지배한다. 불신은 예외자에게 느껴지는 것이다. 예외자로 존재하는 것은 죄로 여겨진다.

281

우리가 공동체의 본능에 따라 우리에게 지시하고 특정한 행위를 금지할 때, 우리가 이성이 그러는 것처럼 특정한 "존재"의 방식과 성향을 금지하는 것이 아니라, 단지 이러한 "존재"와 "성향"의 특정한 방향과 적용을 금지하는 것이다. 그런데 이때 덕의 이념 제공자와 **도덕주의자**가 등장하여 이렇게 말한다. "신이 가슴속을 들여다본다! 너희가 특정한 행동을 억제하는 것이 무슨 소용인가? 너희는 그렇게 해서 개선되지 않는다!" 답변: 친애하는 당나귀여, 덕 있는 자들이여, 우리는 결코 개선되기를 바라지 않는다. 우리는 우리에게 매우 만족한다. 우리는 서로에게 **해를 입히고** 싶지 않을 뿐이다. 그런 까닭에 우리는 특정한 행위들을 특정한 것을 고려해서, 즉 우리를 고려해서 금지하는 것이다. 반면에 이러한 행위들이 공동체의 적에게—예를 들면 당신에게—적용된다고 전제하면, 우리는 이러한 행위들을 아무리 존경해도 충분하지 않다. 우리는 우리의 아이들을 그렇게 하도록 교육한다. 우리는 그들을 그렇게 키운다. 우리가 그대들의 신성한 난센스가 우리에게 권고하는 "신을 기쁘게 하는" 급진주의를 가지고 있다면, 우리가 행위와 함께 그것의 원천인 "가슴"과 "성향"을 비난하는 바보천치라면, 그것은 우리의 실존을 비난하고, 실존과 함께 동시에 그것의 전제 조건인 성향과 가슴 그리고 우리가 최고의 명예로 존경하는 열정을 비난하는 것을 의미할 것이다. 우리의 법령을 통해 우리는 이러한 성향이 목적에 맞지 않는 방식으로 드러나서 표현되는 것을 방지한다. 우리는 우리 자신에게 그런 법을 만들 때 영리하다. 우리는 그렇게 함으로써 또한 **도덕적인** 사람이 된다. 그것이 어떤 희생을 요구하는지, 얼마나 많은 길들이기와 자기 극복과 우리 자신에 대해 혹독함을 요구하는지, 아무리 멀리서라도, 의심하지 마라? 우리는 우리의 욕망에 있어 격렬하다. 우리 자신을 다 먹어 치우고 싶은 순간들이 있다. 하지만 "공통체 감각"이 우리를 지배한다. 이것이 거의 도덕성의 정의라는 점을 주의하라.

282

무리 동물의 약점은 퇴폐적인 사람들이 만들어내는 것과 매우 유사한 약점을 만들어낸다. 그들은 서로를 이해하고, 서로 연합한다. (거대한 데카당스 종교들은 항상 무리의 지지에 의존한다). 그 자체로 무리 동물에게 병적인 것은 없다. 무리 동물은 그 자체로 대단히 귀중하다. 하지만 무리 동물은 스스로를 이끌어갈 능력이 없어서 "목자"를 필요로 한다. 사제는 이 점을 알아차리고 있다. 국가는 충분히 은밀하지도 않고 내밀하지도 않다. 국가는 "양심을 지도하는 일"을 놓쳐버린다.

283

육체와 영혼의 **특권을 가진 자들**에 대한 **증오**: 아름답고 당당하고 명랑한 영혼에 반란하는 실패한 추한 영혼. 그들의 수단: 아름다움과 긍지와 기쁨에 대한 의심: "공적은 없다," "위험은 엄청나다, 두려움에 떨어야 하고 상태가 나빠야 한다," "자연성은 나쁘다, 자연을 거역하는 것이 올바른 것이다. 또한 '이성'을 거역하는 것도." (반자연적인 것이 좀 더 높은 것이다.)

이런 상태를 악용하고 "민중"을 자기편으로 만드는 자는 또다시 **사제들**이다. 신이 "의로운 자"보다 더 기뻐하는 "죄인". 이것이 "이교"에 대한 투쟁이다(영혼의 조화를 파괴하는 수단으로서의 양심의 가책).

예외자들에 대한 **평균적인 자들의 증오**: 독립한 자들에 대한 무리의 증오. (진정한 "인륜성"으로서의 관습.) "이기주의"에 반대하는 방향 전환: "다른 사람을 위한 것"만이 가치가 있다. "우리는 모두 평등하다." 지배욕에 반대하여, "지배" 자체에 반대하여. "특권"에 반대하여. 분파주의자, 자유사상가, 회의주의자에 반대하여. (도구 본능과 모서리 본능에 거역하는 것으로서) 철학에 반대하여. 철학자들에게조차 "정언명법", 즉 도덕적인 것의 본질은 "일반적이고 보편적이다".

284

칭찬받는 상태와 욕망들: 평화롭고, 공정하고, 절제하고, 겸손하고, 경외심이 있고, 배려하고, 용감하고, 순결하고, 성실하고, 충실하고, 곧고, 신뢰하고, 헌신적이고, 동정심이 많고, 기꺼이 돕고, 양심적이고, 단순하고, 온화하고, 정의롭고, 관대하고, 자비롭고, 순종적이고, 이기적이지 않고, 시샘하지 않고, 호의적이고, 근면하고.

구별할 것: **그러한 특성들**이 어느 정도로 특정한 의지와 **목적**(종종 "나쁜" 목적)을 위한 **수단**으로 정해졌는지, 또는 지배하는 정서(예를 들면 **영성**)의 자연스러운 결과로 정해졌는지, 또는 곤경의 표현인지, 말하자면 (예를 들면 시민, 노예, 여자 등등의) 생존 조건인지.

요약: 그러한 특성들 모두는 **그 자체 때문에 좋게 여겨지는 것이 아니라**, 이미 "사회"나 "무리"의 척도에 따라 이들의 목적을 위한 수단이고, 이들을 보존하고 진흥시키기 위해 필수적인 것이고, 동시에 개인 안에 있는 진정한 **무리 본능**의 결과이다. 그래서 그 특성들은 이 **덕성의 상태**와는 **근본적으로 다른** 본능에 봉사한다. 무리는 외부를 향해서는 **적대적이고**, **이기적이고**, **무자비하고**, 지배욕과 불신 등으로 가득 차있기 때문이다.

"목자" 내부에서 적대적 대립이 생겨난다. 그는 무리에 대립하는 특성들을 가져야 한다.

위계질서에 대한 무리의 불구대천의 적대감: **평등하게 만드는 사람**(그리스도)에게 호의적인 무리의 본능. 무리는 **강한 개인**(최고 권력을 지닌 주권자)에 맞서서 적대적이고 공정하지 않고 불손하며 무례하고 배려하지 않고 비겁하고 기만적이고 그릇되고 비정하고 음험하고 시샘하고 복수심에 불탄다.

285

나는 가르친다. 무리는 특정한 유형을 보존하려고 애쓰고 양방향으로, 즉 무리 위에 우뚝 선 자뿐만 아니라 무리로부터 퇴화한 자(범죄자 등)에 맞서 자신을 방어하려고 한다. 무리의 경향은 정지와 보존을 지향한다. 그 안에는 창조적인 그 어떤 것도 들어있지 않다.

선하고 호의적이고 의로운 사람이 우리에게 불어넣어 주는 유쾌한 감정들이 (위대한 새로운 인간이 만들어내는 긴장과 공포와는 반대로) **우리의** 개인적인 안전과 평등의 감정이다. 무리 동물은 무리의 본성을 찬미하고, 그들 스스로 편안해한다. 안락함에 대한 이러한 판단은 그럴싸한 말로써 자신을 숨긴다. 그렇게 "도덕"이 생겨난다.

진실한 사람들에 대한 무리의 증오를 주시해보라.

286

자신에 대해 잘못 생각하지 마라! 우리가 내면에서 이타주의가 이해하는 것처럼 도덕적 명령을 듣는다면, 우리는 **무리**에 속하는 것이다. 그 반대의 감정을 가진다면, 즉 이 명령에 따른 사심 없고 이타적인 행위에서 위험과 착오를 느낀다면, 우리는 무리에 속하지 않는 것이다.

287

나의 철학은 위계질서를 목표로 하지, 개인주의적 도덕을 목표로

하지 않는다. 무리의 의미는 무리 속에서 군림해야지 그것을 넘어서서는 안 된다. 무리의 지도자는 자신들의 행위에 대한 근본적으로 다른 평가를 요구한다. 독립적인 자들이나 "맹수들" 등이 마찬가지로 그런 것처럼.

3. 도덕의 일반적인 특성

288

인간의 긍지를 세우는 시도로서의 도덕.—"자유의지"에 관한 이론은 반종교적이다. 이 이론은 자신의 고귀한 상태와 행위의 원인이 자신이라고 생각해도 좋다는 권리 청구권을 인간에게 부여하고자 한다. 이 이론은 성장하는 **긍지 감정**의 한 형식이다.

사람들이 말하는 것처럼 인간은 자신의 권력과 자신의 "행복"을 느낀다. 이런 상태의 앞에는 "의지"가 있어야만 한다. 그렇지 않으면 그 상태는 그에게 속하지 않는다. 덕은 원하고 원했다는 의지 행위의 사실을 모든 고귀하고 강력한 행복감에 앞서는 필연적 선행조건으로 설정하려는 시도이다. 특정 행위에 대한 의지가 의식 속에 규칙적으로 존립한다면, 권력 감정은 그것의 효과로 해석되어도 된다. 이것은 한갓 심리학의 관점일 뿐이다. 그것은 우리가 의식적으로 원하지 않는 것은 아무것도 우리에게 속하지 않는다는 잘못된 전제하에 있다. 책임에 관한 전체 이론은, 의지만이 원인이며 자신을 원인으로 믿을 수 있으려면 의지로써 원했음을 알고 있어야 한다는,

이런 순진한 심리학에 의존한다.

반대운동이 일어난다. 본인이 의지로써 원한 것에 대해서만 책임이 있다는 같은 편견을 여전히 가진 도덕철학자들의 반대운동. 인간의 가치가 **도덕적** 가치로 설정되어있다. 따라서 인간의 도덕성이 제일원인(causa prima)이어야만 한다. 따라서 어떤 원리가 인간 안에 있어야 한다. "자유의지"가 제일원인으로서 있어야 한다. 여기에 숨어있는 저의는 이렇다. 인간이 의지로서 제일원인이 아니라면, 그는 책임이 없다. 따라서 인간은 결코 도덕 법정에 서지 않는다. 덕 혹은 악덕은 자동적이거나 기계적인 것일지도 모른다.

요약하면 자신을 존경할 수 있으려면, 인간은 악해질 수도 있는 능력을 가져야 한다.

289

"자유의지"의 도덕의 결과로서의 **거짓 연기**.—자신의 고귀한 상태(자신의 완전성) 자체도 스스로 초래했다는 것은 권력 감정을 발전시키는 일보이다. 따라서 사람들은 그것을 **의지로써 원했다고** 결론짓는다.

비판: 모든 완전한 행위는 무의식적이며, 더는 의지로써 원한 것이 아니다. 의식은 개인의 불완전하고 종종 병적인 상태를 표현한다. **의지를 통해 야기된 것으로서의 개인적인 완전성**, 즉 의식으로서, 변증법을 수반한 이성으로서의 개인적인 완전성은 캐리커처이고, 일종의 자기모순이다. 의식의 정도는 정말이지 완전성을 불가능하게 한다.—**거짓 연기**의 형식.

290

신을 정당화하는 목적을 가진 **도덕-가설**은 이렇다. 악은 자발적이어야 하며(단지 선의 자발성을 믿을 수 있도록), 다른 한편으로 모든 재앙과 고통 속에는 구원의 목적이 놓여있다.

실존의 궁극적 근거에까지 미치지 못하는 "죄" 개념, 그리고 교육적으로 유익한 것이며 따라서 **선한** 신의 행위로서의 벌 개념.

다른 모든 것에 **대한** 도덕적 가치 평가의 절대적 지배: 신이 악할 수는 없으며, 해로운 어떤 것도 행할 수 없다는 사실에 대해 사람들은 의심하지 않았다. 즉, 사람들은 완성을 단지 도덕적 완전성으로만 생각했다.

291

행위의 가치가 **의식** 안에서 행위에 선행하는 것에 의존해야 한다는 것, 그것은 얼마나 잘못된 것인가! 그런데 사람들은 도덕성을 그것에 따라 판단했다, 심지어 범죄조차.

행위의 가치는 그 결과로 측정되어야 한다. 공리주의자들이 이렇게 말한다. 행위를 그 기원에 따라 판단한다는 것은 불가능성을 포함한다. 즉, 기원을 **안다는** 것은 불가능하다.

그런데 사람들이 결과는 아는가? 다섯 걸음 정도는 아마도. 어떤 행위가 무엇을 자극하고 불러일으키고 도발하는지를 누가 말할 수 있단 말인가? 자극제로서? 어쩌면 폭약을 점화시키는 불꽃으로서?—공리주의자들은 순진하다.—궁극적으로 우리는 무엇이 유용한지 먼저 **알아야만** 하는 것이다. 여기서도 공리주의자들의 시각은 단지 다섯 걸음 정도만 멀리 보았을 뿐이다. 그들은 악이 없이는 할 수 없는 큰 경제에 대해서는 어떤 개념도 가지고 있지 않다.

사람들은 기원도 알지 못하고, 결과도 알지 못한다. 그렇다면 행위는 도대체 가치란 것을 가지고 있는 것인가?

행위 자체만이 남아있다. 의식 속에 있는 행위의 부수 현상들, 행위의 수행에 따르는 긍정과 부정. 그렇다면 행위의 가치는 주관적인 부수 현상들 속에 놓여있는 것일까? (그것은 음악이 우리에게 불러일으키는—**작곡가**에게 불러일으키는—만족이나 불만족에 따라 음악의 가치를 평가하는 것과 같다.) 물론 그것들은 가치 감정을 동반한다. 권력 감정, 강제의 감정, 무기력의 감정을, 예를 들면 자유와 경쾌를. 질문을 바꿔보자. 행위의 가치는 생리적 가치로 환원될 수 있는가? 행위는 완전한 삶의 표현인가, 아니면 저지된 삶의 표현인가? 행위 속에는 **생물학적** 가치가 표현될 수도 있다.

그러므로 어떤 행위를 그 기원에 의해서도, 결과에 의해서도, 행위의 부수 현상에 의해서도 평가할 수 없다면, 행위의 가치는 미지의 x이다.

292

도덕의 탈자연화에 대하여. 인간에게서 행위를 분리하는 것. "죄"를 향해 증오와 경멸을 돌리는 것. 그 자체로 좋거나 나쁜 행위들이 있을 것이라고 믿는 것.

"자연"의 회복. 행위 자체는 완전하게 가치가 없다. 모든 것은 누가 행위를 하느냐에 달려있다. 동일한 "범죄"가 어떤 경우에는 최고의 특권일 수 있고, 다른 경우에는 낙인일 수 있다. 사실 어떤 행위 또는 그 행위자를 자신의 이익이나 손실과의 관계에서 (또는 자신과의 유사성이나 비유사성과의 관계에서) 해석하는 것은 판단자의 이기심이다.

293

"비난받을만한 행위"라는 개념은 우리를 곤란하게 만든다. 일어나는 일은 어느 것도 그 자체로 비난할 수 없다. **왜냐하면 일어난 일이 일어나지 않기를 바랄 수 없기 때문이다**. 모든 것은 다른 모든 것과 결합되어있어서 어떤 것을 배제하고자 한다는 것은 모든 것을 배제한다는 것을 의미하기 때문이다. 하나의 비난받을만한 행위는 하나의 비난받은 세계를 의미한다.

그렇다 하더라도 비난받은 세계 안에서는 비난 행위도 비난받아 마땅할 것이다. 그리고 모든 것을 비난하는 사고방식의 결과는 모든 것을 긍정하는 실천일 것이다. 생성이 거대한 원이라면, 모든 것은 동등한 가치를 가지고 영원하며 필연적이다. 긍정과 부정, 선호와 거절, 사랑과 증오의 모든 상관관계 안에서 표현되는 것은 오직 특정한 삶의 관점과 관심이다. 존재하는 모든 것이 그 자체로 말하는 것은 긍정이다.

294

주관적 가치 감정에 대한 비판.—양심. 예전에는 이렇게 결론을 내렸다. 양심이 이 행위를 비난한다. 따라서 이 행위는 비난받아 마땅하다. 사실 양심이 이 행위를 비난하는 것은 그 행위가 오랫동안 비난받아왔기 때문이다. 양심은 그것을 단지 자기 말처럼 말할 뿐이다. 양심은 어떤 가치도 창조하지 않는다. 이전에 특정 행위를 비난하도록 결정한 것은 양심이 **아니었다**. 그 결과에 대한 통찰이거나(또는 편견)이었다. 양심의 동의, "자기 자신과의 평화"에 대한 쾌감은 예술가가 자기 작품에서 느끼는 쾌감과 동일한 서열이다. 그것은 아무것도 증명하지 않는다. 자기만족의 결여가 어떤 사태의 가치를 반대하는 논증이 될 수 없는 것처럼, 자기만족은 그것이 연관되어있는 것에 대한 가치척도가 아니다. 우리는 우리 행위의 가치를 측정할 수 있을 정도로 충분한 지식을 가지고 있지 않다. 게다가 우리는 우리 행위에 대해 객관적일 수 있는 능력이 결여되어있다. 우리가 어떤 행위를 비난하더라도, 우리는 판관이 아니라 당파적인 이해관계자이다. 행위를 수반하는 고상한 흥분들은 결코 그 행위의 가치를 증명하지 않는다. 예술가는 더없이 높은 열정의 상태에서도 비참함을 산출할 수 있다. 오히려 이 흥분들이 유혹적일 수 있다고 말해야 한다. 이 흥분들은 우리의 시선과 힘을 비판과 조심과 의심에서 벗어나도록 유혹하여 우리가 어리석은 짓을 하게 한다. 그것들은 우리를 어리석게 만든다.

295

우리는 2000년 동안 이루어진 양심의 해부와 자기 고행의 상속인이다. 이 점에서 우리는 오랫동안 훈련했고, 어쩌면 대가처럼 노련해졌으며, 아무튼 세련되었다. 우리는 자연적 성향을 나쁜 양심과 결합했다.

정반대의 시도도 가능할 것이다. 반자연적인 성향들, 내가 말하고자 하는 것은 저편 세계의 것에 이르고자 하는 경향과 감각, 이성, 자연에 반하는 것에 대한 경향들, 간단히 말해 모두 세계를 비방하는 이상이었던 이제까지의 이상들은 나쁜 양식과 결합될 수 있었다.

296

심리학에서의 중대한 범죄들:

1. 모든 **불쾌감**과 모든 **불행**이 옳지 못한 것(죄)에 의해 왜곡되었다는 것(고통에서 죄 없음을 빼앗아버렸다).

2. 모든 **강력한 쾌감**(자만, 관능, 승리, 긍지, 과감성, 인식, 자신감과 행복 자체)이 죄 있는 것, 유혹 그리고 의심스러운 것으로 낙인찍혔다는 것.

3. **약함의 감정들**, 가장 내적인 비겁함, 자신에 대한 용기의 부족은 성스러운 이름에 의해 덮여 최고의 의미에서 바람직한 것으로 가르쳐졌다는 것.

4. 인간에게 있는 모든 **위대함**이 탈자기화, 다른 어떤 것이나 타인을 위한 자기희생으로 재해석되어서 인식자에게나 예술가에게서조차 **탈인격화**가 그들의 최상의 인식과 능력의 원인으로 제시되었다는 것.

5. **사랑**이 헌신과 (이타주의로) 왜곡되었다는 것. 반면에 사랑은 인격의 충만에서 나오는 더 받는 소유이거나 내어주는 증여이다. **더없**

이 완전한 사람만이 사랑할 수 있다. 탈인격적인 사람들, "객관적인 사람들"은 가장 나쁜 연인이다. (여자들에게 물어보라!) 이것은 신에 대한 사랑이나 "조국"에 대한 사랑에도 해당한다. 사람은 자기 자신 위에 굳건히 서 있어야 한다. **자기**가 됨으로서의 이기주의, **타인**이 됨으로서의 이타주의.

6. 형벌로서의 삶, 유혹으로서의 행복. 열정은 사악하고, 자신에 대한 확신은 신이 없는 것이다.

이런 전체 심리학은 방해의 심리학이며 무서워서 일종의 **방어벽을 치는 것**이다. 그것으로 한편으로는 거대한 군중(소외된 자와 평균적인 자들)이 더 강한 자들에게 저항하고(발전 과정에 있는 강자들을 파괴한다), 다른 한편으로는 이 군중 자신이 가장 잘 번성하게 하는 모든 충동을 신성시하고, 오직 이것만을 존경할 줄 안다. 유대의 성직자 계급과 비교해보라.

297

도덕적 초월을 통한 **자연의 가치 저하**의 **잔재들**: 무아(無我)의 가치, 이타주의의 숭배, 결과들의 유희 안에 있는 인과응보에 대한 믿음, 그것이 모두 **무아의 결과**라는 듯이 "선의"와 "천재" 자체에 대한 믿음, 시민적 삶에 대한 교회의 인가의 지속, 역사를 오해하고자 하는 절대적 욕망(도덕화의 교육 수단으로서) 또는 역사를 바라보는 관점에서의 비관주의(후자는 비관주의자가 보는 것을 보려고 하지 않는 사이비 정당화가 그런 것처럼 자연의 가치 저하의 결과이다).

298

"도덕을 위한 도덕"—도덕의 탈자연화에서 중요한 단계: 도덕 자체가 궁극적 가치로 나타난다. 이 단계에서 도덕은 종교에 침투한다. 예를 들면 유대교에. 그리고 도덕이 종교를 다시 자신에게서 분리하고 또 도덕에 어떤 신도 충분히 도덕적이지 않은 단계가 있다. 그러면 도덕은 비인격적 이상을 선호한다. 이것이 지금의 경우이다.

"예술을 위한 예술"—이것도 마찬가지로 위험한 원리다. 이것과 함께 잘못된 대립이 사물에 도입되며, 실재의 비방으로(**추한 것**으로의 이상화로) 귀결된다. 이상을 현실로부터 분리하면, 사람들은 현실적인 것을 비하하고 빈약하게 만들고 비방한다. **"아름다움을 위한 아름다움"**, **"진리를 위한 진리"**, **"선을 위한 선"**—이것들은 현실을 바라보는 사악한 시선의 세 가지 형식이다.

예술, **인식**, **도덕**은 **수단**이다. 이것들 안에서 삶의 향상이라는 의도를 인식하는 대신에 사람들은 이것들을 삶의 반대와 "신"과 연관시켰다. 말하자면 이것들이 더 높은 세계에 대한 계시이며, 이 세계는 계시를 통해 여기저기를 내려다볼 수 있다는 듯이.

"미와 추", **"참과 거짓"**, **"선과 악"**—이러한 **구별**과 **대립**은 실존 조건과 향상 조건들을 보여준다. 이러한 조건들은 인간에 관한 것이 아니라 자신의 반대자를 자신에게서 분리하는 확고하고 지속적인 어떤 복합체에 관한 것이다. 이렇게 해서 발생하는 전쟁은 본질적인 것이다, 고립을 강화하는 **분리** 수단으로서.

299

도덕적 자연주의: 겉으로는 해방된 초자연적 도덕 가치를 그것의 "자연 본성"으로 환원하는 것. 즉, **자연적 비도덕성**으로, 자연적 "유용성" 등으로.

나는 이러한 고찰의 경향을 **도덕적 자연주의**로 부를 수 있을 것이다. 나의 과제는 겉보기에 해방된 것으로 보이지만 **자연 본성을 잃어버린** 도덕 가치를 자신의 자연 본성으로 다시 옮기는 것이다. 즉, 그것의 자연적 "**비도덕성**"으로.

주의. 유대적 "신성"과 그것의 자연적 토대의 비교: (자연 본성과 대립할 때까지) 자신의 **자연 본성**으로부터 분리된 **주권의 권력을 가지게 된 도덕법칙**도 마찬가지다.

도덕의 탈자연화(소위 말하는 "이상화")의 단계:

개인의 행복에 이르는 길로서,

인식의 결과로서,

정언명법으로서,

신성화에 이르는 길로서,

삶에의 의지에 대한 부정으로서.

단계적으로 이루어지는 **도덕의 삶에 대한 적의**.

300

도덕 안의 **억압되고 지워진** 이단.—개념들: 이교적인, 주인 도덕, 덕(virtù).

301

나의 문제: 인류는 이제까지 도덕뿐만 아니라 그것의 도덕성에 의해 어떤 해를 입었는가? 정신 등의 해.

302

마침내 인간의 가치들을 그것만이 오로지 권리를 가진 구석으로 아주 훌륭하게 되돌려놓는다는 것. 즉, 구석에 서서 빈둥거리는 가치로서. 많은 동물종이 이미 사라졌다. 인간 역시 사라진다고 가정하더라도, 세계에 부족한 것은 아무것도 없을 것이다. **이러한** 허무(虛無)마저 경탄하려면 우리는 충분히 철학자이지 않으면 안 된다(허무를 경탄하라).[1)]

303

비천하고 기이한 동물종인 인간은 다행스럽게도 자신의 시대를 가지고 있다. 지상에서의 삶은 대체로 순간이고, 우발사건이며, 후속이 없는 예외이고, 지구의 전체 성격에 대해서는 별로 중요하지 않다. 지구 자체는 모든 별과 마찬가지로 두 개의 무(無) 사이의 틈새이고, 계획도 없고 이성도 없고 의지와 의식도 없는 사건이며, 최

---

1) Nil admirari(Admire nothing). 이 라틴어 경구는 본래 "아무것에도 놀라지 않는다."라는 의미로 인용된다. 키케로는 진정한 지혜는 모든 것에 대비하여 어떤 것에도 놀라지 않는 것이라고 말한다. 철학은 놀라움이라는 전통적 관점과는 달리, 니체는 고대 그리스 철학 전체는 이 명제로 표현된다고 생각한다.

악의 필연성이자 **어리석은** 필연성이다. 이런 고찰에 대해 우리 내부의 무언가가 반발한다. 뱀의 허영심이 우리에게 말한다. "모든 것이 거짓임이 **틀림없다**. **왜냐하면** 그것은 분개하게 만들기 때문이다. 그 모든 것은 가상에 불과할 수는 없는가? 그리고 칸트가 말하는 것처럼 인간은 그 모든 것에도 불구하고."

4. 어떻게 덕이 지배하게 만드는가

304

[**도덕주의자의 이상에 관하여**.—] 이 논고는 덕의 위대한 정치를 다룬다. 이 논고는 사람들이 어떻게 덕이 있게 되는지가 아니라, 어떻게 사람들을 덕 있게 **만드는지를**—어떻게 사람들이 덕을 지배하게 만드는지를—배우는 데 관심이 있는 사람들에게 유용하도록 의도된 것이다. 나는 심지어 바로 이 한 가지의 일, 즉 덕의 지배를 바라기 위해서는 원칙적으로 다른 것을 바라서는 **안** 된다는 것을 증명하고자 한다. 바로 이 때문에 사람들은 덕 있는 사람이 되는 것을 포기해야 한다. 이것은 커다란 희생이다. 그렇지만 그런 목표를 위해서는 희생할만한 가치가 있는 것이다. 심지어 더 큰 희생이라도 말이다! 그리고 몇몇 위대한 도덕주의자들은 그렇게 많은 위험을 무릅썼다. 다시 말해 이들은 이 논고를 통해 처음으로 가르쳐야 할 진리를 이미 인식하고 선취했다. **덕의 지배**는 오직 여타의 지배를 달성할 수 있는 것과 같은 **동일한 수단에 의해서만 달성될 수** 있으며, 아무튼 덕에 의해서는 아니라는 점을.

이미 말했듯이 이 논고는 덕에서의 정치를 다룬다. 이 논고는 이런 정치의 이상을 설정하고, 이 지상에서 무언가가 완전할 수 있으려면 그 정치는 어떠해야 하는가를 기술한다. 지금은 어떤 철학자도 정치에서 완전성의 전형이 무엇인지에 대해 의심하지 않을 것이다. 그것은 마키아벨리즘이다. 하지만 순수하고 섞이지 않으며 꾸밈없고 활달하며 전력을 다하고 매우 격렬한 마키아벨리즘은 초인적이고 신적이고 초월적이다. 인간은 이것을 결코 달성하지 못하며 기껏해야 스치듯 피상적으로 접근할 뿐이다. 덕의 정치라는 좀 더 좁은 종류의 정치에서도 이런 이상은 결코 도달하지 못했던 것처럼 보인다. 플라톤도 단지 이 이상을 스쳤을 뿐이다. 숨겨져있는 것을 볼 수 있는 눈을 가졌다면 가장 선입견이 없고 가장 의식적인 도덕주의자들(그리고 그것은 그런 도덕 정치인들을 위한, 새로운 도덕 권력을 세우는 온갖 종류의 설립자들을 위한 명칭이다)에게서조차, 그들이 인간적인 약점을 인정했다는 흔적을 발견한다. **그들 모두는**, 적어도 피로했을 때, 자신들을 위해서도 **덕을 열망했다**. 이것은—실천의 비도덕주의자여만 하는—도덕주의자들의 첫 번째이자 중대한 오류였다. 그가 비도덕주의자로 **보여서는 안 된다**는 것은 다른 문제이다. 아니면 그것은 오히려 다른 문제가 아니다. 그것은 근본적인 자기부정과 (도덕적으로 표현하면 위장과 함께) 도덕주의자의 근본원리와 그의 가장 고유한 의무론의 근본원리에 속한다. 이것 없이는 도덕주의자는 결코 자신의 완전성에 이르지 못한다. 도덕으로부터의 자유, 또한 모든 희생을 보상하는 목표를 위한, 즉 **도덕의 지배**를 위한 **진리로부터의 자유**—이것이 저 근본원리다. 도덕주의자들은 **덕**

의 태도를, 진리의 태도를 필요로 한다. 그들이 덕에 **굴복할** 때, 그들이 덕에 대한 지배권을 상실할 때, 그들 자신이 **도덕적**이 되고 **진실하게** 될 때, 그들의 오류는 비로소 시작된다. 위대한 도덕주의자는 무엇보다도 필연적으로 위대한 배우이기도 하다. 그의 위험은 그의 위장이 부지중에 본성이 되어버리는 것이다. 그의 존재와 그의 행위를 신적인 방식으로 구별하는 것이 그의 이상인 것처럼 말이다. 그가 행하는 모든 것을 그는 선의 모습으로 행해야만 한다.—그의 높고 멀며 무거운 이상! 신적인 이상!—그리고 실제로, 도덕주의자는 바로 신 자신을 모방한다는 말이 있다. 이 신은 존재하고 있는 것 중 가장 위대한 실천의 비도덕주의자이지만 그럼에도 불구하고 존재하는 바의 자신, 즉 선한 신으로 남는 법을 안다.

305

덕 자체를 가지고는 덕의 지배를 확립할 수 없다. 덕 자체를 가지고 사람들은 권력을 포기하고, 권력에의 의지를 상실한다.

306

도덕적 이상의 승리는 여느 승리와 동일한 "비도덕적" 수단으로 얻어질 것이다. 폭력, 거짓, 비방, 불의.

307

모든 명성이 어떻게 생겨나는지를 아는 사람은 덕이 누리는 명성에 대해서도 의심하게 될 것이다.

308

도덕은 지상에 있는 다른 모든 것처럼 바로 "비도덕적"이다. 도덕성 자체가 비도덕성의 한 형식이다.

이러한 통찰이 가져다주는 위대한 **해방**. 모순이 사물에서 제거되고, 모든 사건에서 동질성이 구제된다.

309

비도덕적인 것이 있는 곳을 찾는 자들이 있다. 그들이 "이것은 옳지 않다."라고 판단하면, 그들은 이것을 제거하고 변화시켜야 한다고 믿는다. 그 반대로 나는 어떤 사안에서 그들의 **비도덕성**에 대해 명확하지 않는 한 안정을 얻지 못한다. 비도덕성을 찾아내면 나의 평정이 다시 회복된다.

310

A. **권력에 이르는 길들**: **오래된** 덕의 이름으로 새로운 덕을 소개한다. 새로운 덕에 관한 관심을 자극한다(그 결과로서 "행복" 또는 그 반대). 새로운 덕에 저항하는 것을 비방하는 기술. 새로운 덕을 찬미하기 위해 이점과 우연을 이용하는 것. 새로운 덕의 추종자를 희생이나 격리를 통해 광신자로 만드는 것. 웅대한 상징주의.

B. 달성된 권력: 1. 덕의 강제 수단, 2. 덕의 유혹 수단, 3. 덕의 (궁정) 에티켓.

311

어떤 수단으로 덕은 권력을 얻게 되는가?—바로 정치적 정당의 수단으로. 이미 권력을 가지고 있는 대립하는 덕들에 대한 비방과 의심과 손상, 그것들의 이름을 바꾸는 것, 체계적인 박해와 야유. 따라서 **순전한 "비도덕성"을 통해**.

어떤 **욕망**이 덕이 되기 위해서는 자기 자신과 무엇을 해야 하는가? 명칭을 바꿈, 자신의 의도를 원칙적으로 부정함, 자신을 오해하는 연습, 존립하고 있고 인정받는 덕들과의 제휴, 자기 적에 대한 과시적인 적대감. 가능하다면 신성하게 하는 권력의 보호를 매수하는 것. 도취시키는 것, 감격하게 하는 것, 이상주의의 위선, 자신과 함께 정상에 도달하든지 아니면 몰락하는 당파를 얻는 것. 무의식적으로 되고, 단순하게 되는 것.

312

잔인함은 비극적 동정으로 세련되게 다듬어져서 **부정된다**. 이와 같은 방식으로 성적인 사랑은 애정이라는 형식으로 세련되게 다듬어진다. 노예적 성향은 기독교적 복종으로, 비참함은 겸손으로, 병든 교감신경은 예를 들면 비관주의, 파스칼주의 또는 칼라일주의 등으로.

313

어떤 사람이 예의 바름을 유지하기 위해서는 **이유**가 필요하다고 말하는 것을 듣게 되면, 우리는 그 사람에 대해 의심하게 된다. 우리가 그와의 교제를 피할 것이라는 점은 확실하다. "왜냐하면"이라는 짧은 말은 어떤 경우에는 당혹하게 만든다. 사람들은 심지어 "왜냐하면"이라는 단 한마디로 때때로 **자가당착**에 빠진다. 더 나아가 덕을 열망하는 그런 자가 존경받으려고 나쁜 이유를 필요로 한다는 것을 듣게 되면, 그것이 그에 대한 우리의 존경을 높여야 할 이유가 되지는 않는다. 하지만 그는 계속 그렇게 하고, 우리에게 다가와, 우리의 면전에서 이렇게 말한다. "그대 신앙이 없는 자여, 그대는 그대의 불신으로 나의 도덕성을 방해한다. 그대가 나의 **나쁜 이유**를 믿지 않는 한, 즉 신과 내세에서의 벌과 의지의 자유를 믿지 않는 한 그대는 나의 덕을 **방해하는** 것이다. 교훈: 신앙이 없는 자를 없애야 한다. 그들은 **대중의 도덕화**를 방해한다."

314

최고 가치와 관련한 우리의 가장 신성한 확신과 변하지 않는 것은 **우리 근육의 판단들**이다.

315

종족과 신분들의 가치 평가에서 도덕. — 모든 종족과 신분에서 정서와 근본 충동들은 그들의 실존 조건들에 관해 (적어도 가장 오랜 시간 동안 그들이 자신을 관철시킬 수 있었던 조건들에 관해) 무엇인가를 표현한다는 점을 고려하여 그들이 "덕이 있어야" 한다고 요구하는 것은,

: 그들이 자신의 성격을 변화시키고, 성격이 된 피부를 벗어던지

고, 자신의 과거를 지워버리는 것을 의미한다.

: 자신을 구별하는 것을 그만두어야 한다는 것을 의미한다.

: 그들이 욕구와 요구에 있어서 서로 닮아야 한다는 것을, 더 분명하게는 **그들이 몰락한다는 것**을 의미한다.

하나의 도덕을 지향하는 의지는 이 하나의 도덕이 정확하게 맞는 종이 다른 종들에 대해 **폭정을** 하는 것으로 증명된다. 그것은 (지배하는 종에게 더는 두렵지 않은 존재로 만들기 위해서든, 지배종에 의해 이용되도록 하기 위해서든) 지배하는 종을 위해 다른 종들을 절멸하거나 획일화하는 것이다. "노예제의 폐지"—명목상으로는 "인간 존엄"에 대한 경의이지만 사실은 근본적으로 다른 종이 **절멸된** 것이다 (이 종의 가치와 행복의 파괴).

적대적인 종이나 적대적 신분이 강점을 가진 성질들은 **가장 사악하고** 가장 나쁜 것으로 해석된다. 왜냐하면 그것들은 우리를 해치기 때문이다(그것이 지닌 "덕들"은 비방되거나 명칭이 바뀐다).

사람이나 민족이 **우리에게 해를** 끼치면, 그것은 그들에게 반대할 **이의**로 여겨진다. 그러나 그들의 관점에서 보면 우리는 그들에게 바람직한 존재이다. 우리는 사람들이 이용할 수 있는 존재이기 때문이다.

("인간적인 것이 무엇인지?"에 대한 공식을 가지고 있다고 전적으로 순진하게 믿는) "인간화"에 대한 요구는 위선이다. 이 위선 뒤에서 하나의 특정한 종류의 인간이, 더욱 정확하게 정말 특정한 본능, 즉 **무리 본능**이 지배권을 얻으려고 한다. "인간의 평등": 더욱 많은 인간을 인간으로서 **평등하게 설정하려는** 경향 아래 **숨겨진** 것.

공통의 도덕과 관련된 "관심"(책략: 지배욕과 소유욕이라는 중대한 욕망을 덕의 보호자로 만드는 것).

모든 종류의 사업가들과 탐욕스러운 사람들, 신용을 주거나 요구해야만 하는 모든 것이 성격과 가치 개념에서 점점 더 동등해지는 것이 어느 정도 필요한가. 모든 종류의 **세계무역**과 **교역**은 덕을 강탈하고, 말하자면 **사들인다**.

국가도 마찬가지이고, 관리나 군인들과 관련된 모든 종류의 지배욕에도 마찬가지로 적용된다. 학문도 신뢰를 느끼고 힘을 절약하며 일할 수 있으려면 마찬가지다. 사제 계급도 마찬가지다.

그러므로 여기서 공통의 도덕이 강요되는 것이다. 이 도덕으로 이익을 얻기 때문이다. 그리고 이 도덕이 승리하게 만들기 위해 비도덕성에 대한 전쟁과 폭력이 행사된다. 무슨 "권리"로? 어떤 권리에 의해서가 아니라 단지 자기 보존 본능에 따라서일 뿐이다. 비도덕성이 그들에게 유용할 때, 동일한 계급은 비도덕성에 봉사한다.

316

마치 **시민적 질서들**이 **도덕성의 산물**인 것처럼 그것들을 겉치장하는 위선적 외관. 예를 들면 결혼, 노동, 직업, 조국, 가족, 질서, 법. 하지만 그것들은 모두 남김없이 **가장 평균적인** 종류의 인간에 근거해서 예외자와 예외적 욕구들에 대한 보호로서 만들어졌기 때문에, 여기서 많은 거짓말이 이루어져도 사람들은 그것을 지당하게 여겨야만 한다.

317

덕을 설교하는 자들로부터 덕을 방어해야 한다. 그들은 덕의 가장 나쁜 적이다. 왜냐하면 그들은 덕을 모든 사람을 위한 이상으로 가르치기 때문이다. 그들은 덕에서 희귀함과 모방할 수 없음, 예외적임과 평균적이지 않음의 매력을, 즉 덕이 지닌 **귀족적 마력**을 빼앗아버린다. 모든 냄비를 열심히 두드려보고 그것이 텅 빈 소리를 내면 만족스러워하는 완고한 이상주의자들에 대해서도 마찬가지로 저항해야 한다. 위대하고 희귀한 것을 요구하고 그것이 없다는 것을 알아채고 통분하며 인간을 혐오한다는 것이 얼마나 순진한 일인가! 예를 들면 **결혼**이 그것으로 결합하는 사람들만큼 가치가 있다는 것, 다시 말해 결혼이 전체적으로는 비참하고 부적절한 것이 되리라는 것은 명백하다. 어떤 목사, 어떤 시장도 결혼으로부터 다른 어떤 것을 만들어낼 수 없다.

덕은 그것에 반대하는 평균적 인간의 모든 본능을 가지고 있다. 덕은 이롭지 않고, 영리하지 않다. 덕은 고립시키고 열정과 닮았지만, 이성에는 근접하기 어렵다. 덕은 성격과 머리와 감각을 망친다. 덕은 항상 중간급 인간의 척도로 측정된다. 덕은 질서에 대해 적대 관계이며, 온갖 질서와 제도 및 현실 속에 숨겨진 **거짓**에 대해서도 적대 관계이다. 덕이 타인에게 미치는 유해함에 따라 판단해보면, 덕은 **가장 나쁜 악덕**이다.

나는 다음과 같은 점에서 덕을 인식한다. 1. 덕은 인식되기를 바라지 않는다. 2. 덕은 어디에서나 덕을 전제하는 것이 아니라 바로 다른 어떤 것을 전제한다. 3. 덕은 덕의 부재로 고통받지 않고, 정반대로 덕의 부재를 거리를 두는 관계로 간주하여 덕에는 무언가 존경할만한 것이 있다는 근거로 삼는다. 4. 덕은 선전하지 않는다. 5. 덕은 항상 **자신을 위한** 덕이기 때문에 누구도 판관이 되는 것을 허용하지 않는다. 6. 덕은 바로 평상시에는 금지된 모든 것을 행한다. 내가 이해하는 바에 의하면 덕은 모든 무리의 입법 안에서 본래 금지된 것이다. 7. 요컨대 덕은 르네상스 양식의 덕, 즉 위선으로부터 자유로운 덕 비르투(virtù)이다.

318

덕 있는 여러분, 무엇보다 여러분은 우리보다 우월하지 않습니다. 우리는 여러분이 상당히 겸손하기를 바랍니다. 여러분의 덕이 권하는 것은 가련한 이기심과 영리함입니다. 여러분이 내면에 더 많은 힘과 용기를 가졌다면, 여러분은 자신을 그런 식으로 덕이 있는 하찮은 존재로 떨어뜨리지는 않았을 것입니다. 여러분은 자신이 할 수 있는 것을 여러분에게서 만들어냅니다. 일부는 여러분이 해야 하는 것이고—환경이 여러분에게 그렇게 하도록 강요하는 것이고—일부는 여러분에게 즐거움을 주는 것이며, 일부는 여러분에게 유익해 보이는 것입니다. 그러나 여러분의 경향에 맞는 것 또는 여러분의 필요가 여러분에게 요구하는 것이나 여러분에게 유익한 것을 여러분이 행했다고 해서, 여러분은 자신을 **칭찬해서도 안 되며 다른 사람이 여러분을 칭찬하게 내버려두어서도 안 됩니다**! 오직 **도덕적이기만** 한 사람은 철저하게 비천한 종류의 인간입니다. 이 점에 대해서 결코 미혹에 빠져서는 안 됩니다! 어떤 점에서든 주목받은 인간들은 한 번도 덕 있는 바보는 아니었습니다. 여러분의 가장 내적인 본능, 즉 권력이라는 양자(量子)의 본능은 그런 식으로 만족하지 않았습니다. 반면에 여러분의 권력이 최소일 때는 여러분에게 덕보다 현명한 것은 없다고 보입니다. 그렇지만 여러분은 **수적으로** 우세합니다. 그리고 여러분이 **폭정을 하는** 한, 우리는 **여러분과** 전쟁하고자 합니다.

319

덕 있는 인간이 이미 비교적 저급한 종인 것은 바로 다음과 같은 이유 때문이다. 그는 "인격"이 아니며, 그는 최종적으로 설정된 인간 도식에 맞게 존재함으로써만 자신의 가치를 얻는다. 그는 자신의 가치를 별도로 가지지 않는다. 그는 비교될 수 있고, 그는 자신과 동등한 자들을 가지고 있으며, 그는 개인이 되어서는 **안 된다**.

선한 인간들의 특성을 검산해보자. 그들은 무엇 때문에 우리를 기쁘게 하는가? 우리는 그들과 싸울 필요가 없으며, 그들이 우리에게 어떤 불신과 조심, 어떤 집중과 엄격함도 부과하지 않기 때문이다. 우리의 게으름, 선량함, 경박함이 좋은 하루를 만든다. **우리가 우리 자신에게서 빼내어 투사하여** 선한 인간에게 그의 **특성**과 **가치**로 부여하는 것은 바로 이런 **좋은 기분**이다.

320

덕은 상황에 따라서는 단지 어리석음의 존경할만한 형식에 불과하다. 그렇다고 누가 덕에 대해 악의를 품겠는가? 그리고 이런 종류의 덕은 오늘날에도 진부하지 않다. 농부의 견고한 단순함의 일종, 그렇지만 모든 계급에서 가능하며 그것을 마주할 때 존경과 미소로 대할 수밖에 없는 이런 농부의 단순함은 모든 것이 선의의 손안에 있다고, 즉 "신의 손" 안에 있다고 오늘날에도 여전히 믿고 있다. 그리고 그들이 마치 둘에 둘을 곱하면 넷이라고 말할 때와 같은 단순한 확실성으로 이 명제를 견지한다고 하더라도, 우리 다른 사람들은 반박하기를 삼갈 것이다. 무엇 때문에 **이러한** 순수한 어리석음을 흐리겠는가? 무엇 때문에 인간과 민족과 목표와 미래에 관한 우리의 우려로 그것을 어둡게 만들겠는가? 설령 우리가 원한다고 해도 우리는 그렇게 할 수 없다. 그들은 그들의 존경할만한 어리석음을 사물 **안에 투사하여** 비추어본다(사물들에는 옛 신, 근시안적 신이 여전히 살아있다!). 우리는 다른 사람들을—우리는 무언가 다른 것을 사물 속으로 투사하여 본다. 우리의 수수께끼 본성, 우리의 모순, 우리의 좀 더 깊고 좀 더 고통스럽고 좀 더 악의적인 지혜를.

321

덕을 쉽게 여기는 자는 덕을 웃음거리로 삼는다. 덕에 있어서 진지함을 유지할 수 없다. 사람들은 덕에 도달하고, 덕을 넘어서 높이 뛴다. 어디로? 악마 같은 성질로.

그동안 우리의 모든 나쁜 성향과 충동은 얼마나 총명해졌는가! 얼마나 많은 학문적 호기심이 그것들을 괴롭히는가! 온통 인식의 낚싯바늘뿐이다!

322

악을 완전히 고통스러운 것과 결합하여, 사람들이 악과 결합되어 있는 것에서 벗어나기 위하여 결국 악으로부터 달아난다. 그것이 유명한 탄호이저의 경우이다. 바그너의 음악을 통해 인내심을 잃어버린 탄호이저는 비너스 부인에게서조차 견딜 수 없게 된다. 단번에 덕이 매력을 얻는다. 어느 튀링겐 처녀의 가치가 상승한다. 그리고 가장 과격하게 말하자면, 그는 심지어 볼프람 폰 에셴바흐의 양식을 즐긴다.[2)]

323

덕의 보호자.—소유욕, 지배욕, 게으름, 단순함, 공포. 이 모든 것은 덕의 사안에 관심을 가진다. 그 때문에 덕은 굳건히 서 있는 것이다.

324

덕은 이제 더는 신뢰를 받지 못한다. 덕의 매력은 사라졌다. 그래서 누군가 모험이나 과도한 탈선의 비통상적인 형식으로 덕을 다시 시장에 내놓을 줄 알아야만 한다. 덕을 신봉하는 자들이 오늘날 자신을 반대하는 양심을 가지지 않도록 덕은 그들에게 너무 많은 극

---

2) 볼프람 폰 에셴바흐(Wolfram von Eschenbach)는 독일 기사, 시인, 작곡가로, 중세 독일 문학의 가장 위대한 서사시인 중 한 명으로 여겨진다.

단과 편협함을 요구한다. 물론 양심 없는 자와 완전히 사려 깊지 못한 자들에게는 바로 이 점이 덕의 새로운 매력일 수도 있다. 덕은 이제 그것이 지금까지 한 번도 아니었던 것, 즉 하나의 **악덕**이다.

325

덕은 여전히 가장 비용이 많이 드는 악덕이다. 그것은 그래야만 한다!

326

덕은 악덕만큼이나 위험하다. 사람들이 덕을 외부로부터 권위와 법으로서 자신들을 지배하게 놔두고 권위와 법을 자신에게서 우선 만들어내지 않는 한 그렇다. 그렇게 하는 것이 가장 개인적인 자기 방어와 필수품으로서 올바른 일이고, 다른 사람들이 우리와 함께 같은 조건에서 성장하는지 아니면 다른 조건에서 성장하는지의 문제와는 상관없이 우리가 인식하고 인정하는 **우리의** 실존과 성장의 조건으로서 올바른 일이지만 말이다. 비개인적인 것으로 이해된 **객관적** 덕의 위험에 관한 이 명제는 겸손에도 적용된다. 선별된 정신 중 많은 것이 이 겸손 때문에 몰락한다. 겸손이라는 도덕성은 때에 맞춰 **단단해지는** 것만이 의미가 있는 영혼에게는 가장 나쁜 유약함이다.

327

도덕성의 영역을 단계적으로 줄이고 제한해야 한다. 여기서 실제로 작용하고 있는 본능들이 매우 오랫동안 거짓된 이름 아래 은폐되었기에 이 본능들의 이름을 밝히고 존경해야 한다. 점점 더 명령조로 말하는 "정직"에 대한 수치심에서 자연적인 본능들을 부정하고 또 없다고 거짓말하고 싶은 수치심을 잊어버려야 한다. 덕에서 얼마나 멀리 벗어날 수 있는가가 힘의 척도이다. 그리고 "덕"의 개념을 다르게 느껴 그것이 마치 르네상스의 덕이고 위선으로부터 자유로운 덕인 비르투로 들리는 곳에서는 어떤 정점을 생각할 수 있다. 그러나 그러는 동안 우리는 이러한 이상으로부터 얼마나 멀리 떨어져있는가!

도덕 영역의 축소: 도덕이 진보한다는 징후. **인과적으로** 사유할 수 없는 곳에서는 어디에서나 **도덕적으로** 사유했다.

328

결국 나는 무엇을 성취했는가? 이 가장 흥미로운 결과를 자신에게 숨기지 말자. 나는 덕에 새로운 **매력**을 부여했다. 덕은 **금지된** 어떤 것으로서 작용한다. 덕은 우리의 가장 섬세한 정직성과 대립한다. 그것은 학문적 양심의 가책이라는 "소금 알갱이"로 절여졌다. 덕은 고풍스럽고 골동품 냄새가 나서 이제는 결국 세련된 자들을 유혹하고 호기심을 불러일으킨다. 간단히 말해서 덕은 악덕으로서 작용한다. 모든 것이 거짓과 가상이라는 사실을 인식하고 난 후에 비로소 우리는 이러한 가장 아름다운 허위, 즉 덕의 허위에 대한 허가권을 얻는다. 우리에게 덕의 허위를 금지할 수 있는 법정은 더는 없다. 우리가 덕을 **비도덕성의 형식**으로 제시한 후에야 비로소 덕은 다시 **정당화된** 것이다. 덕은 그것의 근본 의미를 고려하여 분류되고 비교된다. 덕은 모든 실존의 근본적인 비도덕성에 관여한다. 1등급의 사치 형식으로서, 가장 오만하고 값비싸고 진귀한 형식의 악덕으로서. 우리는 덕의 주름살을 폈다. 우리는 덕을 다수의 뻔뻔함으로부터 구제했다. 우리는 덕에서 터무니없는 완고함, 공허한 시선, 뻣뻣한 가발, 성직자의 근육조직을 제거했다.

329

나는 그렇게 함으로써 덕에 해를 끼쳤는가? 무정부주의자들이 군주에게 거의 해를 입히지 않은 것만큼이나 해를 입히지 않았다. 군주들은 총을 맞은 이후에야 비로소 그들의 왕좌에 굳건히 앉아있다. 언제나 그래왔듯이 계속 그럴 것이기 때문이다. 어떤 문제를 추적하고 모든 개를 동원하여 사냥하는 것보다 그 문제에 더 유익할 수는 없다. 이것이 바로 내가 행한 것이다.

5. 도덕적 이상

A. 이상의 비판에 대하여

330

“이상”이라는 낱말을 폐기하도록 이 비판을 시작한다. **바람직한 것**에 대한 비판.

331

“그래야만 하는데, 그렇지 않다.” 또는 “그랬어야만 했어.”라는 모든 관점, 즉 바람직한 것의 관점이 무엇을 함축하는지 분명하게 아는 사람은 아주 적다. 그것은 사물의 전체 진행에 관한 단죄다. 이 진행 과정에 고립된 것은 없기 때문이다. 가장 작은 것이 전체를 받치고 있고, 미래의 전체 구조가 너의 작은 불의에 달려있으며, 가장 사소한 것을 겨냥한 비판에도 전체가 함께 비난받는다. 칸트조차 잘못 생각했듯이, 도덕적 규범은 결코 완전하게 이루어지지 않고, 일종의 피안으로서 현실 위에 걸려있으며, 한 번도 현실 속으로 떨어진 적이 없다고 가정한다면, 도덕은 전체에 관한 판단을 포함할 것이다. 하지만 이 판단은 여전히 다음의 질문을 허용했다. **도덕은 어디서 그럴 권리를 얻는가**? 부분은 어떻게 여기서 전체에 대한 판관이 되는가? 사람들이 주장한 것처럼, 현실에 대한 이 도덕적 판단과 불만이 실제로 근절하기 어려운 본능이라면, 이 본능은 우리 종이 지닌 근절하기 어려운 어리석음, 뻔뻔스러움 가운데 하나가 아닌가? 그러나 우리는 이렇게 말하면서 우리가 비난하는 바로 그것을 행한다. 바람직한 것의 관점, 권한이 없으면서도 판관 역할을 하는 관점은 사물 진행의 성격에 속하며, 모든 불의와 불완전성도 마찬가지다. 그것이 바로 만족하지 않는 "완전성"에 관한 우리의 개념이다. 충족되기를 원하는 모든 본능은 사물의 현재 상황에 대한 불만을 털어놓는다. 어떻게? 온통 바람직한 것만 생각하는 불만스러운 부분들로 전체가 이루어진 것은 아닌가? "사물의 진행"은 어쩌면 바로 "여기서 떠나라! 현실에서 멀어져라!" 영원한 불만족인가? 바람직함은 추진력 자체인가? 그것은—신인가?

*

우리가 우주와 통일성, 그 어떤 힘과 무조건적인 것에서 벗어나는 일은 내게 중요해 보인다. 그렇지 않으면 우리는 그것을 최고의 법정으로 생각하고 신으로 명명할 수밖에 없을 것이다. 우리는 우주를 깨뜨려 산산조각을 내야 한다. 우주를 존경하는 법을 잊어버려야만 한다. 우리의 미지의 것과 전체에 부여했던 것을 가장 가까운 것, 우리의 것을 위해 다시 돌려받아야 한다.

예컨대 칸트가 "두 가지 사물은 영원히 존경할만한 가치가 있다."[3]라고 말했다면, 오늘날 우리는 오히려 이렇게 말할 것이다. "소화가 더 존경할 만하다." 우주는—"악은 어떻게 가능한가?" 등의 옛 문제들을 언제나 수반할 것이다. 그러므로 **우주는 존재하지 않으며**, 커다란 감각기관이나 재고 목록이나 힘 저장소는 **없다**.

332

그렇게 존재해야만 하는 바의 인간: 이것은 "그렇게 존재해야만 하는 바의 나무"처럼 어리석게 들린다.

333

윤리학 또는 "바람직함의 철학".—"그것은 달라**야만 했다**." "그것은 달라져**야만 한다**." 따라서 불만족은 윤리학의 싹이다.

사람은 자신을 구할 수 있다. 첫째로 이런 감정을 가지지 않는 곳을 선택함으로써, 둘째로 자만심과 어리석음을 파악함으로써. **어떤 것**이 현재의 모습과는 달라야 한다고 열망하는 것은 **모든 것**이 달라야 한다고 열망하는 것을 의미하기 때문이다. 그것은 전체에 대한 비난적 비판을 포함한다. **하지만 삶 자체는 그런 열망이다**!

---

3) 임마누엘 칸트, 《실천이성비판》, 맺는말: "내가 두 가지 사물을 자주 또 끊임없이 성찰할수록, 그 두 가지 사물은 더욱 새롭고 더욱 많은 감탄과 경외를 내 마음에 가득 채운다. 이 두 가지 사물이란, 내 머리 위의 별이 총총한 하늘과 내 마음속의 도덕법이다."

무엇이 존재하고, 그것이 어떻게 존재하는가를 확인하는 것은 "그것은 그래야만 한다."라고 말하는 것보다 대단히 더 고귀하고 더 진지한 것처럼 보인다. 왜냐하면 후자는 인간의 비판과 오만으로서 처음부터 웃음거리가 될 선고를 받은 것처럼 보이기 때문이다. 그 안에는 세계의 조직이 인간의 안녕에 부합할 것을 열망하는 욕구가 표현되어있다. 그리고 이러한 지시에 따라 가능한 한 많을 일을 하려는 의지 또한 표현되어있다.

다른 한편으로, "그것은 그래야만 한다."라는 이 열망만이 존재하고 있는 것에 대한 다른 열망을 불러일으켰다. 존재하고 있는 것에 대한 지식은 이미 "어떻게? 그것은 가능한가? 왜 하필이면 그렇게?"라는 질문의 결과이다. 우리의 소망과 세계의 진행이 일치하지 않는 데 대한 놀라움은 세상의 진행을 알려는 학습으로 이어졌다. 어쩌면 상황은 또 다를지도 모른다. 아마 "그래야만 한다."라는 저 말은 세계를 극복하려는 우리의 소망일 것이다.

334

우리가 "인간은 이러저러**해야 한다**."라는 모든 말을 약간의 아이러니와 함께 입에 올리는 오늘날, 그 모든 것에도 불구하고 사람은 있는 그대로의 존재가 될 뿐이라고 확신하고 있는 오늘날(모든 것에도 불구하고 그것은 교육, 수업, 환경, 우연과 사고를 의미한다), 우리는 도덕적 문제에서 기묘한 방식으로 원인과 결과의 관계를 **역전시키는** 것을 배웠다. 이것보다 더 우리를 옛날의 도덕 신봉자들로부터 철저하게 구별해주는 것은 아마도 없을 것이다. 예를 들어 우리는

"악덕은 인간이 생리적으로도 몰락하는 원인이다."라고는 더는 말하지 않는다. 마찬가지로 우리는 "덕을 통해 인간은 번성하고, 덕은 장수와 행복을 가져온다."라고도 말하지 않는다. 우리의 견해는 오히려 악덕과 덕은 원인이 아니라 결과일 뿐이라는 것이다. 행실이 바른 사람이 되는 것은 그가 행실이 바른 사람이기 때문이다. 즉, 그가 좋은 본능과 유용한 환경이라는 자본의 소유주로 태어났기 때문이다. 모든 것에서 단지 낭비만 하고 아무것도 축적하지 않은 부모에게서 가난하게 태어나면, 사람은 "좋아질 수 없다". 그는 감옥이나 정신병원에 가기 쉽다는 것을 의미한다. 오늘날 우리는 도덕적 퇴화가 더는 생리적 퇴화와 분리되어 생각될 수 없다는 것을 알고 있다. 도덕적 퇴화는 단지 생리적 퇴화의 징후 복합체일 뿐이다. 사람이 필연적으로 병든 것처럼 필연적으로 나쁘다. 나쁘다. 이 낱말은 여기서 생리적으로 퇴화 유형과 연관된 특정한 **무능력들**을 표현한다. 예를 들면 의지의 약함, 인격의 불안정과 심지어 다중의 "인격", 그 어떤 자극에 대한 반응을 삼가면서 자신을 "통제할" 수 없는 무능력, 온갖 종류의 낯선 의지의 암시 앞에서의 부자유. 악덕은 원인이 아니다. 악덕은 결과이다. 악덕은 생리적 퇴화의 특정한 결과들을 한마디로 요약하기 위한 상당히 임의적인 개념 구분이다. 기독교가 가르치는 것처럼 "인간은 나쁘다."라는 일반 명제는, 퇴화된 유형을 인간의 정상 유형으로 받아들이는 것이 정당하다면 정당화될 수 있을 것이다. 하지만 그것은 아마도 과장일 것이다. 기독교가 번성하고 정상에 있는 곳이면 어디에서든 이 명제는 확실히 옳다. 그것으로써 병든 토양과 퇴화를 위한 영역이 입증되기 때문이다.

335

인간이 어떻게 싸워서 뚫고 나가고, 자신의 길을 견뎌내며, 상황을 자신에게 유리하게 만들고, 적을 거꾸러뜨리는지의 관점에서 인간을 관찰하는 즉시, 인간에 대한 존경은 아무리 많아도 충분하지 않다. 이에 반해 **소망할** 때의 인간을 바라보면, 인간은 가장 터무니없는 짐승이다. 그것은 말하자면 마치 인간이 자신의 강하고 남성적인 덕을 위한 기분 전환으로 비겁, 나태, 약함, 감미로움, 비굴의 놀이터를 필요로 하는 것과 같다. 인간이 **바람직한 것**과 그의 "이상들"을 보라. 소망하는 인간은 자신에게 있는 영원히 가치 있는 것에서 벗어나 회복하고, 그의 행동에서 벗어나 아무것도 아닌 것, 불합리한 것, 가치가 없는 것, 어린애같이 유치한 것에서 기분 전환을 한다. 그토록 창의적이고 정보가 많은 이 동물에게 이러한 정신적 빈곤과 창의성의 부재가 있다는 것은 정말 놀라운 일이다. "이상"은 말하자면 현실적이고 긴급한 온갖 과제를 위해 지출해야 하는 엄청난 비용 대신 인간이 치르는 벌금 같은 것이다. 실재의 현실이 멈출 때, 꿈과 피로와 약함이 나타난다. "이상"은 바로 꿈과 피로와 약함의 한 형식이다. 이런 상태가 가장 강한 본성과 가장 무기력한 본성의 소유자들에게 엄습하면, 그들은 서로 같아진다. 그들은 노동, 투쟁, 열정, 긴장, 대립, 요컨대 **"실재의 현실"**의 **중단**을 **신격화한다**. 인식을 위한 싸움과 인식의 노고의 중단을 신격화한다.

"무죄": 그들은 백치화의 이상적 상태를 이렇게 부른다. "지복": 그들은 나태의 이상적 상태를 이렇게 부른다. "사랑": 그들은 더는 적을 가지고 싶지 않은 무리 동물의 이상적 상태를 이렇게 부른다. 이렇게 함으로써 사람들은 인간을 낮추고 아래로 끌어내리는 모든 것을 **이상**으로 높이 올렸다.

336

욕망은 사람이 가지고자 하는 것을 더 크게 만든다. 욕망은 심지어 충족되지 않음으로써 증대한다. **최고 이념들**은 가장 격렬하고 가장 오래된 욕망이 만들어낸 것들이다. 어떤 사물에 대한 우리의 욕망이 증대하면 할수록, 우리는 그것에 **더욱더 많은 가치**를 부여한다. "도덕 가치들"이 **최고의 가치**가 되었다는 것은 **도덕적** 이상이 **가장 충족되지 않은** 이상이었음을 드러낸다. 그런 한에서 도덕 이상은 **모든 고통의 피안**으로서, 지복의 수단으로서 간주되었다. 인류는 점점 더 증대하는 열정을 가지고 **뜬구름**을 포옹한 것이다. 인류는 결국 자신의 절망과 무능력을 "신"이라고 불렀다.

337

인간의 "왜"는 알고 있지 않으면서, 궁극적으로 "바람직한 것들"과 관련한 단순함.

338

무엇이 **도덕에서 위조인가**?—도덕은 무언가를 알고 있다고, 즉 "선과 악"이 무엇인지를 **알고** 있다고 가장한다. 그것은 인간이 무엇을 위해 거기 존재하고 있으며, 인간의 목표와 운명이 무엇인지를 알려고 함을 의미한다. 그것은 인간이 목표와 운명을 **가지고** 있다는 사실을 알려고 함을 의미한다.

339

1.

인류가 하나의 총체적 과제를 풀어야 한다는 것, 인류가 전체로서 어떤 하나의 목표를 향해 나아간다는 것, 아주 불명료하고 자의적인 이 생각들은 여전히 매우 젊다. 그것들이 "고정관념"이 되기 전에 우리는 아마 그것들을 다시 잃어버릴 것이다. 인류는 전체가 아니다. 인류, 그것은 상승하고 하강하는 삶의 과정들이 풀 수 없게 묶여있는 다수이다. 인류는 젊음에 이어 성숙기를 가지고 마침내 노년기에 이르는 그런 것이 아니다. 다시 말해 층들은 서로 뒤섞이고 포개져있다. 수천 년 후에 우리가 오늘날 보여줄 수 있는 인간 유형보다 한층 더 젊은 유형의 인간이 있을 수 있다. 다른 한편으로 데카당스는 인류의 모든 시기에 속해있다. 도처에 배설물과 부패물이 있다. 쇠퇴와 부패의 생성물을 배설해내는 것은 삶의 과정 그 자체이다.

2.

기독교적 편견이 힘이 있을 때는 **이런 질문은 전혀 제기되지 않았다**. 개개의 영혼을 구제하는 것에 의미가 있었고, 인류가 오랫동안 지속하는가 아니면 짧게 지속하는가는 고려되지 않았다. 최선의 기독교인들은 가능한 한 빨리 종말이 오기를 소망했다. 개인에게 필요한 것이 무엇인지에 관해서는 **아무런 의심도 없었다**. 지금 모든 개인에게 부여되는 과제는 그 어떤 미래에 미래의 개인에게 부여될 과제와 똑같다. 가치와 의미와 가치의 범위는 확고했고, 무조건적이었으며, 영원했고, 신과 하나였다. 이런 영원한 유형에서 벗어난 것은 죄이고 악마적이고 단죄받은 것이었다.

모든 영혼에게 가치의 중심은 영혼 자체에 있었다. 구원 아니면 형벌! 영원한 영혼의 구원! 가장 극단적인 형식의 **자기화**. 모든 영혼에게는 오직 하나의 완전화가 있었다. 오직 하나의 이상, 오직 하나의 구원의 길이 있었다. 광기에 이르기까지 자신의 중요성을 시각적으로 확대하는 것과 연결된 가장 극단적 형식의 **권리의 평등화**. 섬뜩한 불안과 함께 자신의 주위를 맴도는 온통 미친 듯이 중요한 영혼들.

3.

이제 어느 인간도 이런 어처구니없는 잘난 체를 더는 믿지 않는다. 그리고 우리는 우리의 지혜를 경멸이라는 체로 걸렀다. 그렇지만 인간의 가치를 **이상적 인간**에게 접근하는 데서 찾는 **시각적 습관**은 전혀 흔들리지 않고 있다. 사람들은 근본적으로 자기화의 관점뿐만 아니라 **이상 앞에서의 평등한 권리**를 견지한다. 요약하면 사람들은 이상적 인간과 관련하여 **궁극적으로** 바람직한 것이 무엇인지를 알고 있다고 믿는다.

그러나 이 믿음은 기독교적 이상에 의해 얻어진 끔찍한 **습관**의 결과일 뿐이다. 사람들이 "이상적 유형"을 신중하게 검토할 때마다 곧바로 다시 끄집어내는 그런 기독교적 이상에 의한 것이다. 사람들은 첫째, 하나의 유형에 근접하는 것이 바람직하다는 것을 안다고 믿고, 둘째, 이런 유형이 어떤 종류인지를 안다고 믿고, 셋째, 이런 유형으로부터의 모든 이탈은 퇴보, 저지, 인간의 힘과 권력의 손실이라는 것을 안다고 믿는다. 이런 **완전한 인간**이 엄청난 다수를 자기편으로 가지고 있는 상태를 꿈꾼다. 우리의 사회주의자들과 심지어는 공리주의자들조차 이보다 더 높은 상태를 가져오지 못했다. 이렇게 인류의 발전에 하나의 목표가 들어온 것처럼 보인다. 아무튼 **이상으로의 진보**에 대한 믿음은 오늘날 인류의 역사에서 일종의 **목표**라고 생각되는 유일한 형식이다. 요약하면 사람들이 "신의 왕국"의 도래를 미래로, 지상으로, 인간적인 것 안으로 옮겨놓았지만, 근본적으로는 **옛** 이상에 대한 믿음을 견지했다.

340

기독교적 도덕 이상에 대한 숭배의 더 은폐된 형식들.—자연의 열광자들이 만들어낸 "자연"이라는 **나약하고 비겁한 개념**(심지어 "가장 아름다운 측면"에조차 있는 무서운 것, 무자비한 것에 대한 모든 본능에서 떨어져있는). 이러한 도덕적-기독교적 "인간성"을 자연에서 읽어내려는 시도—마치 "자연"은 자유이고 선의이고 무죄이고 정의이고 **목가적 풍경**이라는 듯한 루소적 자연 개념. 근본적으로는 항상 **기독교적 도덕에 대한 숭배**.

—시인이 정말 경외한 것을 모아보라. 예를 들면 높은 산 등 괴테가 시인에게서 원했던 것, 왜 괴테는 스피노자를 경외했었는지, 이런 **숭배**의 전제에 대한 완전한 **무지**.

—콩트와 존 스튜어트 밀 식의 **나약하고 비겁한 "인간" 개념**은 심지어 숭배의 대상이 되기도 한다. 기독교적 도덕에 대한 숭배가 여전히 새로운 이름으로 이루어진다. 자유사상가들, 예를 들면 귀요(Guyau).

—모든 고통받는 자와 소외된 자에 대한 공감으로서의 **나약하고 비겁한 "예술" 개념**(예컨대 티에리J. N. A. Thierry의 **역사**조차), 그것은 여전히 기독교적 도덕 이상에 대한 숭배이다.

—그리고 **사회주의적 이상** 전체마저도 이런 기독교적 도덕 이상에 대한 조야한 오해일 뿐이다.

341

이상의 기원. 이상이 자라나는 토양에 대한 탐구.

A. 세계를 더 충만하고 더 둥글고 **더 완전하게 보는** "미적" 상태에서 출발한다. 이교적 이상: 그 안에는 자기 긍정이 우세하다(사람들은 내어준다). 최고 유형: **고전적** 이상—**모든** 주요 본능이 제대로 되었다는 점의 표현. 그 안에 다시 최고 양식: **위대한 양식**. "권력에의 의지" 자체의 표현. 가장 많이 두려워하는 본능이 **자신의 인정을 감행한다**.

B. 세계를 더 공허하고 더 창백하고 더 희박하게 보는 상태에서 출발한다. 이 상태에서는 "정신화"와 비감각성이 완전한 것의 지위를 차지하고, 잔인한 것, 짐승처럼 직접적인 것, 가장 가까운 것이 가장 많이 기피된다(**사람들은 빼고, 선택한다**). "현자", "천사"(성직자적이다=순결하다=무지하다), 그런 "이상주의자들"의 생리적 특성.

빈혈증적 이상: 상황에 따라서 그것은 첫 번째 이교적 이상을 표현하는 본성을 가진 사람들의 이상이 될 수도 있다. (그래서 괴테는 스피노자에게서 자신의 "성자"를 보았다.)

C. 우리가 세계 안에서 여전히 이상을 추정하거나 소망하는 것보다 세계를 더 터무니없고 더 나쁘고 더 빈곤하고 더 기만적이라고 느끼는 상태에서 출발한다(사람들이 부정하고, 파괴한다). 이상을 반자연적이고 반사실적이고 반논리적인 것 속으로 투사한다. 이것은 다음과 같이 판단하는 자의 상태이다(세계의 "빈곤화"는 고통의 결과이다. 사람들은 **받기만 하고 더는 주지 않는다**). 반자연적 이상.

(**기독교적 이상**은 두 번째와 세 번째 사이에 있는 **중간 형태**이며, 때로는 후자의 형태가, 때로는 전자의 형태가 우세하다.)

세 가지 이상: A. 삶의 **강화**이거나(**이교적**), 아니면 B. 삶의 **희박화**(**빈혈증적**), 또는 C. 삶의 **부정**(반자연적). "신격화"는 최고의 충만에서, 가장 연약한 선택에서, 삶의 파괴와 경멸에서 느껴진다.

342

일관성 있는 유형. 사람들이 악도 증오해서는 안 된다는 것, 악에 저항해서는 안 된다는 것, 자기 자신에 대항하여 싸워서도 안 된다는 것, 이런 실천이 수반하는 고통을 받아들일 뿐만 아니라 전적으로 긍정적인 감정 속에서 산다는 것, 말과 행동으로 상대방의 편을 드는 것, 평화롭고 선량하고 유화적이고 남을 돕기 좋아하고 사랑이 충만한 상태를 과잉 생산함으로써 다른 상태의 토양의 질을 떨어뜨린다는 것. 사람들은 지속적인 **실천**을 필요로 한다는 것이 여기서 이해된다. 여기서 무엇이 달성되었는가? 불교적 유형 또는 **완전한 암소**.

이 관점은 도덕 광신주의가 지배하지 않을 때만 가능하다. 즉, 악을 악이라는 이유로 증오하는 것이 아니라 그것이 우리에게 해를 끼치는 상태(불안, 노동, 근심, 혼란, 의존)에 이르는 길을 열어준다는 이유에서 증오할 때만 가능하다.

이것은 **불교적** 관점이다. 여기서 죄는 증오되지 않는다. 여기에는 "죄"라는 개념이 없다.

*

일관성 없는 유형: 사람들은 악과의 전쟁을 벌인다. **선을 위한** 전쟁은, 전쟁이 통상 수반하는 (그리고 사람들이 그 때문에 전쟁을 **악으로** 혐오하는) 도덕적 일관성과 성격의 일관성을 가지지 않는다고 사람들은 믿는다. 실제로 그런 악과의 전쟁은 개인과 개인의 그 어떤 적대 관계보다 훨씬 더 근본적인 해를 끼친다. 그리고 보통 "인격"이 적으로서 적어도 상상으로라도 다시 끼어든다(악마, 악령 등). 우리 안에 있는 나쁜 것과 나쁜 기원을 가졌을 수도 있는 모든 것에 대한 적대적 태도나 관찰 및 염탐은 가장 고통스럽고 불안정한 심신 상태로 귀착된다. 그래서 이제 "기적", 응보, 황홀경, 피안의 해결책이 **바람직한** 것이 된다.—기독교적 유형 또는 **완전한 위선자**.

*

스토아적 유형. 굳건함, 자기 지배, 동요하지 않음, 오랜 의지의 불굴로서의 평화—깊은 평온, 방어 상태, 산, 호전적 불신—원칙의 굳건함, **의지**와 **지식**의 통일, 자신에 대한 존경. 은둔자 유형. 완전한 "뿔난 황소".

343

자신을 관철하거나 여전히 주장하려는 이상은 a) 위조된 기원을 통해, b) 기존의 강력한 이상과의 거짓 유사성을 통해, c) 마치 여기서 논쟁의 여지가 없는 권력이 말한다는 듯한 비밀의 전율로써, d) 반대하는 이상을 비방함으로써, e) 예를 들면 행복, 영혼의 평안, 평화나 강력한 신의 지원 등과 같은 그것이 가져오는 이점에 대한 거짓된 학설을 통해 자신을 지지하고자 한다.—이상주의자의 심리학에 관하여: 칼라일, 실러, 미슐레.

이상이 자신을 보존할 수 있는 방어 조치와 보호조치 전체를 밝혀냈다고, 그 이상은 **반박된** 것인가? 그것은 모든 생명체가 살고 성장할 수 있는 바로 그 수단들을 이용했다. 그것들은 모두 "비도덕적"이다.

나의 통찰: 그 덕분에 생명과 성장이 있을 수 있는 모든 힘과 충동은 도덕의 **금지 명령 아래** 있다. 삶을 부정하는 본능으로서의 도덕. 삶을 해방하려면 도덕을 파괴해야 한다.

344

자기 자신을 인식하지 않음. 이상주의자의 영리함. 이상주의자. 자신에 대해 모호한 상태로 남아있을 이유가 있고, 이 이유에 대해서도 모호한 상태로 남아있을 만큼 영리한 존재.

345

도덕 발전의 경향.—그 자신이 잘 지낼 수 있는 교의와 사물의 평가 이외에는 다른 어떤 교의와 사물의 평가도 효력을 발휘하지 않기를 누구나 바란다. **따라서 모든 시대의 약자와 평범한 자의 근본 경향은 좀 더 강한 자를 더 약하게 만들고 끌어내리는 것이다**. 도덕적 판단의 주요 수단. 좀 더 약한 자에 대한 좀 더 강한 자의 태도에는 오명의 낙인이 찍혔다. 좀 더 강한 자의 좀 더 고귀한 상태는 나쁜 이름을 얻는다.

소수에 대한 다수의 투쟁, 희귀한 자에 대한 통상적인 자의 투쟁, 강자에 대한 약자의 투쟁—정선되고 세련되고 수준이 높은 자들이 자신을 약자로 내보이면서 거친 권력의 수단들을 거절하는 것은 이러한 투쟁의 가장 세련된 중단 중 하나이다.

346

1. 모든 철학자의 소위 순수한 인식 충동은 그들의 도덕 "진리들"의 명령을 받는다. 그것은 오직 겉으로만 독립적으로 보인다.

2. "도덕 진리들", "그렇게 행동해야 한다."라는 "우리에게서는 이러저러하게 행동할 것이다."라고 말하는 단지 지쳐가는 본능의 의식의 형식일 뿐이다. "이상"은 본능을 재건하고 강화해야 한다. 인간이 한갓 자동기계일 때, 인간은 복종하면서 으쓱해진다.

347

유혹 수단으로서의 도덕.—“자연은 선하다. 왜냐하면 현명하고 선한 신이 그것의 원인이기 때문이다. 그렇다면 누가 ‘인간의 타락’에 대해 책임이 있는가? 인간의 압제자와 유혹자와 인간을 지배하는 신분들이. 그들은 파멸되어야 한다.”—**루소**의 논리(원죄라고 결론을 내린 파스칼의 논리와 비교할 것).

이와 유사한 **루터**의 논리를 비교해보라. 두 경우 모두 만족할 줄 모르는 복수 욕구를 **도덕적-종교적 의무**로 도입하려는 구실을 찾는다. 지배하는 신분들에 대한 증오가 자신을 **신성화하고자** 한다(“이스라엘의 죄”: 사제의 권력의 토대).

이와 유사한 **바울**의 논리를 비교해보라. 이러한 반응들이 나타나는 것은 항상 신의 대의 아래서이다. 권리, 인간성 등의 대의. 그리스도의 경우 민중의 환호가 그의 처형의 원인으로 나타난다. 처음부터 반성직자적 운동. 심지어 반유대주의자의 경우에도 항상 동일한 재주가 있다. 적을 도덕적으로 비난하는 판결로 벌하고, 처벌하는 정의의 역할은 자신의 몫으로 남겨두는 것.

348

투쟁의 결과: 싸우는 자는 자신의 적을 자신의 대립으로 변형하려고 한다. 물론 상상 속에서. 그는 “선한 일”을 할 용기를 가질 수 있을 정도까지 자신을 믿으려 한다(마치 그가 선한 대의이기라도 하듯). 마치 그의 적이 이성과 취향과 덕을 공격이라도 하듯. 그가 가장 강력한 방어 수단과 공격 수단으로 필요한 믿음은 **자신에 대한 믿음**이

지만, 이 믿음은 자신이 신에 대한 믿음이라고 오해할 줄 안다. 결코 승리의 이익이나 유용성을 생각하지 않고, 항상 승리를 위한 승리만을, "신의 승리로서" 생각한다. 투쟁하고 있는 모든 작은 공동체는 (심지어 개인마저도) 자신을 다음과 같이 설득하려 한다. "**우리는 좋은 취향, 좋은 판단과 덕을 우리 편으로 가지고 있다**." 투쟁은 이러한 자기 존중의 과장을 강요한다.

349

사람들이 어떤 종류의 기이한 이상을 (예를 들면 "기독교인", "자유정신" 또는 "비도덕주의자" 또는 독일제국인으로서) 따르더라도, 그것이 바로 **이상 자체**라고 요구해서는 안 된다. 그렇게 함으로써 이상에 특권과 우선권의 성격을 부여하는 것이기 때문이다. 이상을 가져야 하는 것은 자신을 두드러지게 구별하기 위해서이지, 자신을 평준화하기 위한 것은 **아니다**.

이상주의자 대부분이 마치 모든 사람이 그 이상을 인정하지 않으면 그 이상에 대한 권리를 가질 수 없다는 것처럼 곧바로 자신의 이상을 선전하는 것은 무엇 때문인가? 예를 들면 라틴어나 수학을 배우도록 허가받은 저 대담한 여자들이 이렇게 행동한다. 무엇이 그들을 그렇게 하도록 강요하는가? 나는 그것이 무리 본능과 무리에 대한 무서움이 아닐까 두렵다. 그들이 "여성 해방"을 위해 싸우는 까닭은 그들이 **대범한 활동**이라는 형식과 "타인을 위하여"라는 깃발 아래에서 그들 자신의 작은 사적 분리주의를 가장 영리하게 관철하기 때문이다.

어떤 이상의 단지 전도자와 대표자일 뿐이라는 이상주의자들의 **영리함**, 이렇게 함으로써 그들은 사욕이 없음과 영웅주의를 믿는 사람들의 눈에 자신을 "미화한다". 반면 진정한 영웅주의는 희생과 헌신과 사욕 없음의 깃발 아래에서 싸우는 데 있는 것이 아니라, **전혀 싸우지 않는** 데 있다. "그게 **나**이고, 그러길 **나**는 원한다. **너희**는 꺼져버려라!"

350

모든 이상은 **사랑**과 **증오**, **외경**과 **경멸**을 전제한다. 최초의 동인은 긍정적 감정이거나 아니면 부정적 감정이다. 예를 들면 원한 감정을 가진 모든 이상의 경우에는 **증오**와 **경멸**이 최초의 동인이다.

B. "선한 인간", 성자 등에 대한 비판

351

선한 인간. 또는 덕의 반신불수.—강하고 자연적인 종의 모든 인간에게 사랑과 증오, 감사와 복수, 선의와 분노, 긍정의 행위와 부정의 행위는 서로에게 속해있다. 사람이 선한 것은 악해질 줄도 안다는 대가를 치르고서이다. 사람이 악한 것은, 그렇지 않으면 선해지는 법을 이해하지 못하기 때문이다. 그렇다면 이러한 이중성을 거부하는—오직 한쪽 면에서만 유능한 것이 더 고귀한 것이라고 가르치는, 저 병들고 이데올로기적인 부자연스러움은 어디서 오는 것일까? 인간이 적이 될 수 있게 하고, 해로울 수 있게 하고, 분개할 수 있게 하고, 복수를 요구할 수 있게 하는 저 본능들을 거세하라는 것이 요구이다. 그러면 단지 선한 존재와 단지 악한 존재(신, 정신, 인간)라는 저 이원론적 구상이 이런 부자연스러움에 상응한다. 전자의 경우에는 모든 긍정적 힘과 의도와 상태가, 후자의 경우에는 모든 부정적인 힘과 의도와 상태가 요약된다. 그런 평가 방식은 이로써 스스로를 "이상주의적"이라고 믿는다. 이 평가 방식은 "선한 인간"에 대한 구상 속에 최고의 바람직한 것을 설정했다는 점을 의심하지 않는다. 이 평가 방식이 절정에 이르면, 모든 악은 파기되고 실제로 오직 선한 존재만 남아있는 상태를 생각해낸다. 그러므로 그것은 선과 악의 대립이 서로에게 조건이 된다는 것을 결정된 사실로 간주하지도 않는다. 이와는 반대로 후자는 사라져야 하고, 전자는 남아야 하며, 전자는 존재할 권리가 있지만, 후자는 **결코 존재해서는 안 된다**는 것이다. 여기서 소망하는 것은 도대체 무엇인가?

모든 시대에, 특히 기독교 시대에는 인간을 **반쪽짜리 유능함**으로, "선한 인간"으로 환원하기 위해 많은 노력이 이루어졌다. 오늘날에도 여전히 교회에서 그릇되게 망쳐지고 **약해진 사람들**이 없지 않다. 이들에게는 이러한 의도가 일반적으로 "인간화"나 "신의 의지" 또는 "영혼의 구원"과 일치한다. 여기서 제기되는 본질적 요구는 인간은 어떤 악도 행해서는 안 되고, 어떤 경우에도 해를 끼치거나 해를 끼치길 **바라서는** 안 된다는 것이다. 이것에 이르는 방법은 이렇다. 적대 관계의 모든 가능성을 거세하는 것, 모든 르상티망의 본능을 떼어냄, 만성적 악으로서의 "영혼의 평화".

특정한 인간 유형을 사육하는 이런 사유 방식은 터무니없는 전제로부터 출발한다. 그것은 선과 악을 상호 모순적인 실재성으로 간주한다(상호 보완적인 가치 개념으로서가 아니라, 이렇게 보는 것이 진리일 텐데). 그것은 선한 인간의 편을 들기를 권하고, 선인이 악인을 마지막 뿌리까지 단념하고 저항하기를 요구한다. 그렇게 함으로써 이 **사유 방식은** 자신의 모든 본능 속에 긍정과 부정을 모두 가지고 있는 **삶을 실제로 부정한다**. 이 사유 방식은 이 점을 파악하지 못했다. 그 반대로 이 사유 방식은 삶의 전체성과 통일성으로 그리고 강력함으로 되돌아가는 꿈을 꾼다. 마침내 자기 내부의 무정부 상태, 두 개의 대립적인 가치 충동 사이의 불안이 종식되면 그것을 구원의 상태라고 생각한다. 이러한 선에 대한 의지보다 더 위험한 이데올로기와 심리학적으로 더 커다란 허튼소리는 아마 이제껏 없었을 것이다. 가장 거슬리는 유형, **자유롭지 못한** 인간, 위선자를 키웠다. 즉, 위선자만이 신성에 이르는 올바른 길을 갈 수 있고, 위선자의 발걸음만이 신적인 발걸음이라고 가르쳤다.

그런데 심지어 여기서도 삶은 여전히 옳다, 긍정을 부정으로부터 분리할 줄 모르는 삶이. 전력을 다해 전쟁은 악이라고 간주하는 것, 해를 입히지 않고, 부정하는 것을 원치 않는 것이 무슨 소용인가! 그런데도 전쟁은 여전히 행해진다! 결코 달리할 수 없다! 악을 단념하고, 자신에게 바람직하게 보이는 듯이 덕의 반신불수에 얽매여 있는 선한 인간은 전쟁을 하고, 적을 만들고, 부정의 말과 행위를 하는 것을 결코 그만두지 못한다. 예를 들면 기독교인은 "죄인"을 증오한다. 그리고 그에게는 모든 것이 "죄"이지 않은가! 선과 악이라는 도덕 대립에 대한 믿음으로 인해, 세계는 그가 증오해야만 하고 영원히 싸워야 하는 것들로 가득 차게 되었다. "선한 인간"은 자신이 악으로 둘러싸여 있고, 악인의 지속적인 습격을 받고 있다고 본다. 그는 자기 눈을 예리하게 만들어, 그의 모든 생각과 행동에서 여전히 악을 발견한다. 그리고 그는 논리에 맞게 자연은 악이고, 인간은 부패했으며, 선은 은총이라고 (즉 인간에게는 불가능한 것으로서) 이해하는 것으로 끝을 맺는다. 요약하면 **선한 인간은 삶을 부정한다**. 그는 선이 최고의 가치로서 어떻게 삶에 대해 유죄 판결을 내리는지를 파악한다. 이로써 선과 악에 대한 그의 이데올로기는 반박되었다고 여겨져야 했다. 그러나 질병을 반박할 수는 없다. 그래서 그는 **다른** 삶을 구상한다.

352

신의 것이든 사람의 것이든 권력 개념 속에는 항상 **도움이 되는** 능력과 **해를 끼치는** 능력이 동시에 포함되어있다. 아랍인들에게서 그러하며, 히브리인들에게서도 그러하다. 모든 강한 종족에게서 그러하다.

어느 하나를 향하는 힘을 다른 하나를 향하는 힘으로부터 **이원론적으로 분리하는** 일은 숙명적인 발걸음이다. 이로써 도덕은 삶에 독을 섞는 자가 된다.

353

선한 인간의 비판에 대하여.—정직, 존엄, 의무감, 정의, 인간성, 솔직, 곧음, 좋은 양심—이 좋은 말들로 특정한 성질들이 정말 그 자체를 위해 긍정되고 승인되는가? 아니면, 여기서 그 자체로는 가치와 무관한 성질과 상태들이 오직 특정한 관점 밑으로 옮겨져 가치를 얻게 된 것인가? 이런 성질들의 가치는 그 자체에 내재하는가, 아니면 그 성질들이 가져오는 (가져오는 것처럼 보이는, 가져올 것이라고 기대되는) 유용성이나 이익에 있는가?

여기서 내가 말하고자 하는 것은 물론 판단에 있어서 자아와 타자의 대립이 아니다. 문제는 이런 성질들이 그것이 가져오는 결과 때문에 그 결과가 이런 성질을 가진 사람을 위한 것이든, 아니면 환경이나 사회 또는 "인류"를 위한 것이든 간에 가치를 가지는 것인지, 아니면 그 자체로 가치를 가지는지 하는 점이다.

달리 질문하면 반대되는 성질들을(신뢰할 수 없음, 허위, 기괴함, 자기 불확실성, 비인간성) 단죄하고 극복하고 부정하도록 명령하는 것이 **유용성**인가? 그러한 성질의 본질이 비난받는 것인가, 아니면 단지 그러한 성질의 결과가 비난받는 것인가? 달리 말하면 이러한 두 번째 성질을 가진 사람들이 존재하지 않는 게 **바람직한** 것인가? 어쨌든 이렇게 믿어진다. 그러나 여기에는 오류와 단견, 그리고 **귀퉁이 이기주의**의 편협함이 들어있다.

달리 표현하면 전체 이익이 정직한 자의 편에 있어서 반대되는 본성과 본능들이 기력을 잃고 서서히 사라지게 되는 상태를 만드는 것이 바람직한 일인가?

이것은 근본적으로 취향과 **미학**의 문제이다. "가장 존경할만한", 즉 가장 지루한 인간종만이 살아남는 것이 바람직한 일인가? 행실이 방정한 자, 덕 있는 자, 우직한 자, 용맹한 자, 곧은 자, "뿔 달린 황소들"만이?

엄청나게 많은 "다른 사람들"이 없다고 생각한다면, 그렇다고 정직한 자조차 생존의 권리를 더 많이 가지는 것은 아니다. 그는 더는 필요하지 않다. 여기서 사람들은 그렇게 **참을 수 없는 덕**을 명예롭게 만든 것은 단지 조야한 유용성뿐이라는 사실을 깨닫는다.

바람직한 것은 아마도 바로 반대편에 놓여있을 것이다. "정직한 인간"이 "유용한 도구"라는 대단하지 않은 지위로 낮춰지는 상태를 만드는 데 있을 것이다. "이상적인 무리 동물"로서, 기껏해야 무리를 모는 목자로. 간단히 말해 정직한 자가 더는 **다른 성질들**을 요구하는, 상위 계급에 오르는 일이 발생하지 않는 상태를 만드는 데 있을 것이다.

354

폭군으로서의 "선한 인간". —인류는 항상 삶의 수단을 삶의 **척도**로 만드는 같은 오류를 반복했다. 다름 아닌 삶을 최고로 증대시키는 데서, 성장과 소진의 문제 안에서 척도를 찾는 대신에, 다른 모든 삶의 형식들을 배제하기 위해, 간단히 말해 삶에 대한 비판과 삶의 도태를 위해서 아주 특정한 삶을 위한 수단을 이용했던 것이다. 인간은 결국 수단 자체를 위해 수단을 사랑하고, 그것이 수단이라는 사실을 **망각한**다. 그래서 수단은 이제 목표로서, 목적들의 척도로서 인간의 의식에 들어온다. 즉, **특정 종의 인간**은 자신의 생존 조건을 법에 의해 부과된 조건으로, "진리", "선", "완전"으로 취급한다. 그는 **폭정을 하는** 것이다. 어떤 종류의 인간이 자신의 종이 자신의 종이 제약되어있다는 사실, 즉 다른 종과 비교되는 자신의 상대성을 인식하지 못하는 것은 **신앙의 한 형식**이고 본능의 한 형식이다. 이런 종류의 인간(민족, 종족)이 관용적이 되고, 평등한 권리를 용인하고, 주인이 되려는 생각을 더는 하지 않을 때, 그들은 적어도 끝난 것처럼 보인다.

355

"선한 사람들은 모두 약하다. 그들은 악할 정도로 충분히 강하지 않기 때문에 선하다." 코모로 군도의 라투카 추장이 베이커에게 이렇게 말했다.

*

"마음이 약한 사람에게는 불행이 존재하지 않는다." 러시아 속담은 이렇게 말한다.

356

검소, 근면, 호의, 절제: 너희는 이런 인간을 원하는가? **선한 인간**을? 그러나 내게는 그것이 오직 이상적인 노예, 미래의 노예일 뿐이라고 생각된다.

357

노예제도의 변신, 종교적 외투 아래 노예제도의 변장, 도덕에 의한 노예제도의 미화.

358

이상적 노예("선한 인간").—자신을 "목적"으로 설정할 수 없고, 자신으로부터 어떤 목적도 설정할 수 없는 사람은 본능적으로 이타적 **몰아**의 도덕을 존중한다. 모든 것이 이런 도덕을 가지라고 그를 설득한다. 그의 영리함, 그의 경험, 그의 허영심이. 그리고 신앙도 또한 하나의 몰아이다.

*

격세유전: 한 번은 무조건 복종할 수 있다는 멋진 느낌.

*

근면, 검소, 호의, 절제는 마찬가지로 **주권적 성향을 방해**하고, 위대한 **창의성**과 영웅적 목표 설정과 고귀한 자기 존재를 방해하는 많은 것들이다.

*

앞서가는 것이 문제가 아니라(그렇게 함으로써 사람은 기껏해야 목자, 즉 무리가 요구하는 최고의 비상용품이 될 뿐이다), **자신을 위해 걸어갈 수 있는 것**과 **다르게 존재할 수 있는 것**이 문제이다.

359

최고의 도덕적 이상주의의 결과로서 축적된 모든 것이 무엇인지 계산해봐야 한다. **그 밖의** 거의 모든 **가치가** 어떻게 그 이상을 중심으로 결정화되었는지 계산해봐야 한다. 이것은 그 이상이 **가장 오랫동안 가장 강력하게 갈망했지만** 도달되지 않았다는 것을 입증한다. 그렇지 않으면 그 이상은 **실망시켰을** 것이다(즉, 좀 더 적절한 평가를 초래했을 것이다).

가장 강한 종류의 인간으로서의 **성자**—이런 이념이 도덕적 완전성의 가치를 그렇게 높이 고양했다. 도덕적 인간이 가장 강하고 가장 신적이라는 점을 증명하기 위해 인식 전체가 노력하고 있다고 생각해야만 한다.—감각과 욕망의 압도—모든 것이 **공포**를 불러일으킨다. 반자연적인 것이 **초자연적인 것**, 피안적인 것으로 나타났다.

360

프란츠 폰 아시시(Franz von Assisi): 사랑받고 대중적인 시인, 최하층민을 위해 영혼의 서열에 대항하여 싸운다. 영혼의 위계질서—"신 앞에서 모든 사람은 평등하다."

대중적인 이상들: 선한 인간, 사욕 없는 인간, 성자, 현자, 정의로운 자, 오 마르쿠스 아우렐리우스!

361

나는 빈혈증을 앓고 있는 기독교인 이상에 (그것과 매우 유사한 것을 포함하여) 전쟁을 선포했다. 그 의도는 기독교인의 이상을 파괴하는 것이 아니라, 오직 그것의 폭정을 종식시키고, 새로운 이상인 더 튼튼한 이상을 위한 자리를 치우는 것이다. 기독교적 이상의 지속은 존재하는 것 중 가장 바람직한 것에 속한다. 그 이상의 곁에서나 또는 그 위에서 세력을 얻으려는 이상들 때문에 이미 그렇다. 그 이상들은 **강해지기** 위하여 적수를, 강한 적수를 가져야 한다. 따라서 우리 비도덕주의자들은 도덕의 권력이 필요하다. 우리의 자기 보존 충동은 우리의 적들이 계속 힘이 있기를 원한다. 그것은 오직 **적을 지배하는 주인**이 되기를 바랄 뿐이다.

C. 소위 악한 성질들의 비방에 관하여

362

이기주의와 그것의 문제! 이기주의를 곳곳에서 끄집어내고, 그렇게 함으로써 사물과 덕의 가치를 **낮추었다고** 믿었던 라로슈푸코에게 있는 기독교적 음울함! 그에 반대하여 나는 우선 이기주의 이외에는 다른 어떤 것도 있을 **수** 없다는 점을 증명하고자 했다. 자아가 약하고 얇은 사람들에게는 사랑의 힘도 약하다는 점—사랑은 이기주의의 표현이라는 점을 증명하고자 했다. 그릇된 가치 평가가 실제로 겨냥하는 이해관계는 다음과 같다. 1. 이익이 되고 도움이 되는 사람들, 즉 무리의 이해관계, 2. 그것은 삶의 토대에 대한 비관주의적 의심을 함축하고 있으며, 3. 그것은 가장 화려하고 가장 성공한 사람들을 부정하고자 한다. 공포, 4. 그것은 피지배자들이 승리자들에 대항하여 그들의 권리를 얻을 수 있도록 돕고자 하며, 5. 그것은 보편적인 부정직을 초래하는데, 다름 아닌 가장 가치 있는 사람들에게서 그렇다.

363

인간은 평범한 이기주의자이다. 가장 영리한 자도 자기의 이익보다 자신의 습관을 중시한다.

364

이기주의! 하지만 아무도 아직 묻지 않았다. **어떤** 자아인가? 그러나 모든 사람은 무의식적으로 자아를 다른 모든 자아와 동일시한다. 이것은 보통선거권에 대한 노예 이론과 "평등"의 결과이다.

365

보다 높은 사람의 행위는 그 동기에 있어서 이루 말할 수 없을 정도로 **여러 가지다**. "동정"과 같은 그 어떤 말도 아무것도 말해주지 않는다. 가장 본질적인 것은 "나는 누구인가? 나와의 관계에서 다른 사람은 누구인가?"라는 느낌이다. 가치판단이 지속적으로 작동하고 있다.

366

전체 도덕 현상의 역사가 쇼펜하우어가 생각했던 방식으로 단순화될 수 있다는 점—다시 말해 **동정**이 이제까지의 모든 도덕적 충동의 뿌리로 발견될 수 있다는 점—모든 역사적 감각을 빼앗기고, 헤르더에서 헤겔까지의 독일인들이 경험한 역사에 대한 강한 훈련마저 매우 놀라운 방식으로 빠져나온 사상가만이 그 정도의 부조리와 순진함에 도달할 수 있었다.

367

나의 "동정". — 이것은 어떤 이름을 붙여도 내게 충분하지 않은 감정이다. 예를 들면 루터를 바라볼 때처럼, 귀중한 능력들이 소모되고 있는 것을 볼 때 나는 이 감정을 느낀다. 도대체 어떤 힘이고, 세상과 동떨어진 시골뜨기의 문제란 말인가! (프랑스에서 몽테뉴라는 사람의 용감하고 쾌활한 회의가 이미 가능했던 시대에!) 혹은 나는 어떤 사람이, 우연이라는 부조리의 영향으로, 그가 되었을 수도 있는 것의 뒤에 머물러 있는 것을 본다. 혹은 내가 모든 상황에서 **모든** 인간의 미래라는 직물을 짜는 오늘날 유럽 정치를, 불안해하고 경멸하면서, 바라볼 때처럼, 인류의 운명을 생각할 때. 물론, 만약 ~이라면, 인간이 무엇이 될 수 있겠는가! 이것이 내 방식의 "동정"이다. 내가 함께 고통스러워할 고통받는 자가 이미 없지만 말이다.

368

동정 감정의 낭비, 도덕적 건강에 해로운 기생충. "세상에 악을 증대시키는 것이 의무일 수는 없다." 단지 동정심에서 선행을 한다면, 다른 사람이 아니라 자신에게 선행을 하는 것이다. 동정은 원칙에 근거하는 것이 아니라 정서에 근거한다. 그것은 병리적이다. 남의 고통이 우리를 전염시킨다. 동정은 전염이다.

369

자신에게 머물러 있어서 다른 것을 침범하지 않는 이기주의란 존재하지 않는다. 따라서 너희가 말하는 "허용된", "도덕적으로 무관심한" 이기주의는 결코 존재할 수 없다.

"사람들은 항상 다른 사람을 희생시켜 자신의 자아를 발전시킨다." "생명은 항상 다른 생명을 희생하면서 살아간다." 이것을 깨닫지 못하는 사람은 아직 정직에 이르는 첫걸음을 떼지 않은 것이다.

370

"주체"는 단지 하나의 허구일 뿐이다. 사람들이 이기주의를 비난하면서 말하는 자아란 결코 존재할 수 없다.

371

"자아"—우리의 존재를 관리하는 통일적인 행정기구와 일치하지 않는—는 물론 하나의 개념적 종합에 불과하다. 따라서 "이기주의"에 의한 행위는 존재하지 않는다.

372

모든 충동은 지성적이지 않기 때문에, "유용성"은 결코 그 충동의 관점이 아니다. 모든 충동은 활동하는 만큼 힘과 다른 충동을 희생시킨다. 그것은 결국 저지당한다. 그렇지 않으면 그것은 소모됨으로써 모든 것을 파멸시킬 것이다. 따라서 "비이기적인 것", 헌신적인 것, 영리하지 않은 것은 특별한 것이 아니다. 그것은 모든 충동에 공통적이다. 그것들은 전체 자아의 이익에 대해서는 생각하지 않는다. (왜냐하면 그것들은 생각하지 않기 때문이다!) 그것들은 우리의 이익에 반하여, 자아에 대항하여 그리고 종종 자아를 위하여 행동한다. 그것은 두 경우 모두 무죄이다!

373

도덕 가치의 기원.—이기주의는 그것을 소유한 자의 생리적 가치만큼 가치가 있다.

모든 개인은 발전의 전체 과정이다. (그리고 개인은 도덕이 파악하는 것처럼 탄생과 더불어 시작하는 어떤 것만은 아니다). 그가 인간의 상승 선을 나타내면, 그의 가치는 실제로 비범하다. 그의 성장을 보존하고 촉진하기 위한 관심과 배려가 극단적이어도 괜찮다. (성공한 개인에게 이기주의에 관한 그러한 특별한 권리를 부여하는 것은 그에게 약속된 미래에 대한 관심이다.) 그가 하강 선, 즉 쇠퇴와 만성질환을 보이면, 그는 거의 가치가 없다. 그리고 그가 성공적으로 발전한 자들에게서 자리와 힘과 햇빛을 가능한 한 적게 빼앗는 것이 첫 번째 지당한 일이다. 이 경우 (때로는 불합리하고 병적이고 선동적인 것으로 나타나는) **이기주의를 억제하는 것**이 사회의 과제이다. 이제 문제가 되는 것은 개인이냐 아니면 쇠퇴하고 위축된 전체 계층의 민족이냐이다. "사랑", 자기 긍정의 **억제**, 인내, 참을성, 도움, 말과 행동의 상호성에 대한 교의와 종교는 그런 계층 내부에서는 최고의 가치일 수 있다. 심지어 지배자의 관점으로 보아도 그렇다. 왜냐하면 그것이 실패한 자들의 너무나도 자연스러운 감정인 경쟁심과 원한과 질투의 감정을 억제하기 때문이다. 그것은 심지어 겸손과 복종이라는 이상 아래 노예로 존재하는 것, 지배당하는 것, 빈곤한 것, 병들어 있는 것, 열등하게 있는 것을 신성화한다. 이것은 지배계급(또는 종족) 그리고 지배하는 개인이 왜 언제나 사욕 없음의 숭배, 비천한 자의 복음, "십자가에 못 박힌 신"을 견지해왔는지를 분명하게 보여준다.

이타주의적 가치 평가 방식의 우세는 실패에 대한 본능의 결과이다. 여기서 가장 밑바탕에 있는 가치 평가는 이렇게 말한다. "나는 별로 가치 있는 존재가 아니다." 이것은 단지 생리적 가치판단이며, 좀 더 분명하게 말하자면, 무기력의 감정, (근육과 신경과 운동 중추에 있어서) 위대한 긍정적 권력 감정의 결여이다. 이 가치판단은 이 계층의 문화에 따라서 각각 도덕적 판단이나 종교적 판단으로 번역된다(종교적 판단과 도덕적 판단의 우세는 항상 저급한 문화의 징표이다). 그것은 "가치" 개념이 그 계층에게 일반적으로 알려지게 된 영역으로부터 자신의 근거를 세우려고 한다. 기독교적 죄인이 자기 자신을 이해한다고 믿는 데 도움을 주는 해석은 권력과 자기 확신의 결여를 정당화하는 시도이다. 그는 아무 이유 없이 기분이 나쁘다고 느끼기보다는 차라리 자신이 죄가 있다고 여기려 한다. 이런 종류의 해석이 필요한 것 자체가 쇠퇴의 징후이다.

다른 경우에는 실패한 자들이 기분이 나쁜 이유를 (기독교인처럼) 자신의 "죄"에서 찾지 않고, 사회에서 찾는다. 사회주의자, 무정부주의자, 허무주의자—그들은 자신들의 실존에 누군가가 **책임져야** 한다고 생각하고, 그럼으로써 그들은 여전히 기독교인과 가장 유사한 존재들이다. 기독교인들 또한 자신들의 불행과 실패에 대한 **책임을 물을** 수 있는 누군가를 발견했을 때 그 불행과 실패를 더 잘 견딜 수 있다고 믿는다. **복수**와 **르상티망**의 본능은 두 경우 모두에서 그것을 견딜 수 있는 수단으로서, 즉 자기 보존의 본능으로서 나타난다. (기독교인의 경우에서처럼) 자기 자신의 이기주의에 반대하는 것이든, 아니면 (사회주의자의 경우에서처럼) 타인의 이기주의에 반대하는 것이든 간에, 이기주의에 대한 증오는 복수의 지배적 영향을 받은 가치판단인 것으로 분명하게 드러난다. 다른 한편으로는 고통받는 자들이 상호 의존 감정과 유대감을 증대시킴으로써 자기 보존을 하는 영리한 행위로 드러난다. 최종적으로, 이미 암시한 것처럼 (자신의 것이든 타인의 것이든) 이기주의를 심판하고, 비난하고, 벌하는 일에서 원한 감정을 방출하는 것도 여전히 실패한 자들의 자기 보존 본능인 것이다. 요약하자면, 이타주의의 숭배는 특정한 생리적 전제하에서 규칙적으로 등장하는 이기주의의 특수한 형식이다.

상당히 분개하는 사회주의자가 "정의", "권리", "평등"을 요구한다면, 그는 자신이 왜 고통받고 있는지 이해하지 못하는 불충분한 문화의 압박을 받고 있는 것이다. 다른 한편으로 그는 그렇게 하는 것을 즐기고 있다. 좀 더 나은 상태가 되면, 그는 그런 식으로 절규하는 일을 삼갈 것이다. 그렇게 되면 그는 자신의 즐거움을 다른 곳에서 찾을 것이다. 동일한 것이 기독교인에게도 해당된다. "세상"은 그에 의해 단죄되고, 비방을 받고, 저주받았다. 그는 자기 자신도 예외로 하지 않는다. 하지만 이것은 그의 절규를 진지하게 받아들일 이유는 아니다. 두 경우에 우리는 여전히 병자들 사이에 있는 것이다. 이 병자들에게는 절규하는 것이 도움이 되고, 비방하면 안심이 된다.

374

모든 사회는 자신의 적을 **희화화할** 정도로—적어도 **상상** 속에서—깎아내리는, 말하자면 굶겨 죽이는 경향이 있다. 예를 들면 이러한 캐리커처의 한 예가 우리의 "범죄자"이다. 로마의 귀족적 질서의 한가운데에서는 유대인이 희화화되었다. 예술가들 사이에서는 "소시민과 부르주아"가 희화화되고, 신앙심이 깊은 사람들 사이에서는 신을 믿지 않는 사람이 희화화되고, 귀족 사이에서는 민중이 희화화된다. 비도덕주의자들 사이에서는 도덕주의자가 희화화된다. 예를 들면 플라톤은 내게서 희화화된다.

375

도덕이 칭찬하는 모든 본능과 권력이 내게는 도덕이 비방하고 거부하는 것과 동일한 것으로 보인다. 예를 들면 권력에의 의지로서의 정의, 권력에의 의지의 수단으로서의 진리에의 의지.

376

인간의 **내면화**. 내면화는 평화와 사회의 수립으로 인해 외부로 발산되는 것이 좌절된 강력한 본능이 상상력과 결합하여 내면으로 방향을 돌려 그것을 보충하고자 할 때 생겨난다. 적대 관계, 잔인함, 복수, 폭력성에 대한 욕구는 뒤로 향하고, "뒤로 물러선다". 인식하려는 의욕 속에는 탐욕과 정복이 들어있다. 억압된, 위장하고 거짓말하는 힘이 예술가에게서 등장한다. 본능은 맞서 싸워야 하는 악마로 변형된다.

377

허위.—모든 주권적 본능은 다른 본능들을 자신의 도구, 가신, 아첨꾼으로 삼고 있다. 그것은 결코 **추한** 이름으로 불리도록 두지 않는다. 그것은 자신이 **간접적으로라도** 함께 칭송되지 않는다면 결코 **다른 칭송들을** 허용하지 않는다. 모든 칭찬과 비난은 주권적 본능을 중심으로 하나의 확고한 질서와 예절로 결정화된다. 이것이 허위의 **한 가지** 원인이다.

지배를 추구하지만 얽매여 있는 모든 본능은 자신을 위해, 자신의 자존감을 지지하기 위해, 강화를 위해 온갖 아름다운 이름과 **인정받은** 가치가 필요하다. 그래서 이 본능은 대개 자신이 맞서 투쟁했으며 벗어나고자 했던 "주인들"의 이름으로 과감히 나아간다. (예를 들면, 기독교적 가치의 지배하에서의 육욕 또는 권력욕). 이것이 허위의 **다른** 원인이다.

두 경우 모두 **완벽한 순진함**이 지배한다. 허위는 의식 안에 들어오지 않는다. 인간이 자신을 움직이게 하는 동력과 그 "표현"("가면")을 **분리해서** 본다면, 그것은 **깨진** 본능의 징표이다. 자기모순의 징표이고, 승리와는 거리가 멀다. 몸짓, 말, 정서의 절대적인 **순진무구**, 허위 속에서의 "좋은 양심", 가장 위대한 가장 화려한 말과 자세를 취할 때의 확실성. 이 모든 것이 승리를 위해 필요하다.

다른 경우: 모든 것을 **꿰뚫어 보는 극단적인 능력**이 있을 때, 승리하기 위해서는 **배우**의 **천재성**과 자기통제의 엄청난 훈련이 필요하다. 그러므로 사제는 더없이 능란한 의식적인 위선자이며, 그다음은 제후들인데, 그들의 지위와 혈통이 일종의 거짓 연기를 가르친다.

세 번째는 사교계 인간, 외교관들, 네 번째는 여자들.

근본 사상: 허위는 너무 깊고, 너무 다방면에 걸쳐 있다. 의지는 너무 분명하게 직접적인 자기 인식을 반대하고 사물을 올바른 이름으로 부르는 것을 반대하기 때문에 다음의 **추측이 맞을 개연성이 아주 높다**. **진리**, **진리에의 의지**는 본래 전혀 다른 것이며, 그것도 단지 위장일 뿐이다. (**믿음에 대한 욕구**는 **진실성을 방해하는 최대의 제동기**다.)

378

"거짓말을 하지 마라." 사람들은 진실성을 요구한다. 하지만 사실적인 것의 인정(기만당하지 않는 것)이 바로 거짓말쟁이에게서 최대의 문제였다. 그들은 이러한 통속적인 "진실성"이 사실이 **아니라는** 점을 인식했다. 항상 말이 너무 많거나 너무 적었다. 말할 때마다 **자신을 완전히 드러내라**는 요구는 순진하다.

오직 어떤 전제 조건에서만, 사람은 생각하는 대로 말하고 "진실하다". 즉, **이해된다**는 (동등한 사람들 사이에서) 전제 조건에서만, 그것도 호의적으로 이해된다는 (다시 한번 동등한 사람들 사이에서) 전제하에서만 그렇다. **낯선 것**을 대했을 때 사람은 자신을 감춘다. 무언가를 얻으려는 사람은 자신에 관해 생각하고 싶었던 것을 말하지, 자신이 생각하는 것을 말하지 **않는다**. ("권력자는 항상 거짓말을 한다.")

379

도덕적 가치의 교묘한 오용을 통한 엄청난 허무주의적 위조:

a) 탈인격화로서의 사랑, 마찬가지로 동정으로서의 사랑.

b) **탈인격화된 지성**("철학자")만이 진리를, "사물의 참된 존재와 본질"을 인식한다.

c) 천재와 위대한 인간들은 위대하다. 그들이 자기 자신과 자신의 목적을 찾지 않기 때문이다. 인간의 가치는 그가 자기 자신을 부정하는 것에 비례해서 성장한다.

d) **"의지로부터 자유로운 순수한 주체"**의 작품으로서의 예술, "객관성"의 오해.

e) 삶의 목적으로서의 **행복**, 목적에 이르는 수단으로서의 **덕**.

쇼펜하우어에 의한 삶에 대한 비관주의적 비난은 무리의 척도를 형이상학적인 것으로 **도덕적인** 전용을 한 것이다.

"개인"은 무의미하다. 따라서 개인에게 "그 자체" 안에서의 근원을 부여한다(그리고 길 잃음으로서의 그의 실존의 의미를 부여한다). 부모는 단지 "우연적 원인"일 뿐이다. 학문이 개인을 파악하지 못했다는 사실에 대해 우리는 대가를 치른다. 개인은 **일직선을 이루는 이제까지의 삶 전체**이지, 그것의 **결과**가 아니다.

380

1. 도덕적 가치의 증거를 제공할 수 있도록 **역사의** 원칙적 **위조**:

   a) 한 민족의 쇠퇴와 부패.

   b) 한 민족의 융성과 덕.

   c) 도덕적 높이의 결과로서 한 민족의 정점("민족의 문화").

2. **위대한 인간**, **위대한 창조자**, **위대한 시대들**의 원칙적 위조:

사람들은 믿음이 위대한 인간을 구별하는 특징이기를 원한다. 하지만 주저 없음, 회의, 부도덕성, 믿음을 버릴 수 있는 허가의 권리가 위대함에 속한다(카이사르, 그리고 호메로스, 아리스토파네스, 레오나르도 다빈치, 괴테). 사람들은 항상 요점을 숨긴다. 그들의 "의지의 자유"를.

381

역사 속의 위대한 **거짓말**: 마치 **교회의 타락**이 종교개혁의 **원인**이었다는 듯. 이것은 종교개혁의 운동가들 쪽에서의 구실이며 자기기만일 뿐이다. 종교개혁에는 그 잔인함이 정신적 위장을 매우 필요로 했던 강한 욕구들이 있었다.

382

쇼펜하우어는 높은 지적 능력을 의지에서 **벗어나는 것**으로 해석했다. 그는 도덕적 편견으로부터 자유로워지는 것이 위대한 정신의 해방에 있다는 점, 천재의 전형적인 **비도덕성**을 **보려고 하지** 않았다. 그는 자신이 유일하게 존중했던 것, 즉 "몰아"의 도덕적 가치를 가장 정신적인 활동인 "객관적" 관점의 조건으로 인위적으로 설정했다. "진리"는 예술에서도 의지가 물러난 뒤에야 나타난다.

나는 **근본적으로 다른 가치 평가**가 모든 도덕적 특이 성질을 관통하고 있다고 생각한다. 천재를 도덕 및 비도덕의 의지 세계와 이처럼 터무니없이 분리하는 것에 관해 **나는 알지 못한다**. 도덕적 인간은 비도덕적 인간보다 더 낮은 종이고 더 약한 종이다. 정말 그렇다. 그는 도덕에 관해서는 하나의 유형이지만, 자기의 고유한 유형은 아니다. 하나의 복제품인데, 아무튼 잘된 복제품이다. 그의 가치 척도는 그의 **외부에** 있다. 나는 인간을 **권력 양과 그의 의지의 충만**으로 평가하지, 그의 약함과 소멸로 평가하지 않는다. 나는 의지의 부정을 **가르치는** 철학을 중상과 비방을 가르치는 것으로 간주한다. 나는 어떤 의지의 힘을, 의지가 얼마나 많은 저항과 고통과 괴로움을 견뎌내고 자신에게 유리하게 변화시킬 수 있는지에 따라 평가한다. 나는 사악하고 고통스러운 실존의 성격을 비난해야 한다고 생각하지 않는다. 나는 오히려 실존이 지금까지보다 더 사악하고 고통스러워지기를 희망한다.

쇼펜하우어가 상상했던 정신의 **절정**은 모든 것이 아무런 의미가 없다는 인식에 도달하는 것이었다. 요컨대, 선한 인간이 이미 행하고 있는 것을 **인식하는** 것이었다. 그는 더 높은 지성이 있을 수 있다는 것을 부정한다. 그는 자신의 통찰이 그 이상이 있을 수 없는 최고의 것으로 간주했다. 여기서 정신성의 자리는 선보다 훨씬 아래에 위치한다. 정신성의 최고 가치(예를 들면 **예술**로서)는 아마도 도덕적 전향을 권고하고 준비하는 데 있었을 것이다. **도덕 가치**의 절대적 지배.

쇼펜하우어 외에 나는 칸트의 특징을 묘사하고자 한다. 결코 그리스적이지 않고, 전적으로 반역사적이며(프랑스혁명에 대해 언급한 부분), 그리고 도덕 광신자(근본 악에 대해 언급한 부분). 그에게도 **신성함**이 배후에 있다.

나는 성자에 대한 비판이 필요하다.

헤겔의 가치. "열정".

스펜서 씨의 소상인 철학: 중간적 인간의 이상 외에는 어떤 이상도 완전히 부재한다.

본능-원리: 인간, 예술, 역사, 학문, 종교, 기술에서 가치가 있는 모든 것은 목적과 수단 그리고 결과에서 **도덕적으로 가치 있는 것**, **도덕적 제약을 받는 것**으로 증명되어야 한다. 모든 것을 최고 가치의 관점에서 이해한다. 예를 들면 문명과 관련한 루소의 질문 "문명에 의해 인간은 개선되는가?" 웃기는 질문이다. 그 반대의 경우가 명백하며, 바로 그것이 문명에 **유리한** 말이기 때문이다.

383

종교적 도덕.—정서, 큰 욕망, 권력과 사랑과 복수와 소유의 열정들—: 도덕주의자들은 그것들을 없애고 근절하고, 영혼을 그것들로부터 "정화하기를" 원한다.

그 논리는 이렇다. 욕망은 종종 큰 불행을 불러일으킨다. 따라서 그것들은 악하고, 비난받아 마땅하다. 인간은 이것에서 벗어나야 한다. 그렇지 않으면 그는 **선한** 인간이 될 수 없다.

그것은 다음과 같은 논리와 같다. "몸의 한 부분이 너를 화나게 하면, 그것을 빼버려라."[4] 기독교의 창시자인 저 위험한 "순진한 시골 사람"이 자기 제자들에게 실천하기를 권유했던 것과 같은 특수한 경우, 성적인 민감성의 경우에 그 결과는 불행하게도 몸의 한 부분

4) 〈마태복음〉 5장 29절을 참조할 것. "네 오른 눈이 너로 하여금 죄를 짓게 하거든, 빼서 내버려라. 신체의 한 부분을 잃는 것이, 온몸이 지옥에 던져지는 것보다 더 낫다."

을 잃은 것이 아니라 그 인간의 성격이 **거세된** 것이다. 그리고 이것은 열정을 제어하는 대신에 열정을 근절하기를 요구하는 도덕주의자의 광기에도 똑같이 적용된다. 그 추론은 항상 이렇다. 거세된 인간만이 비로소 선한 인간이다.

위대한 힘의 원천, 종종 그토록 위험하고 격렬하게 흐르는 영혼의 급류. 이 급류의 힘을 봉사하게 만들고 **경제적으로 관리하는** 대신에, 가장 근시안적이고 가장 부패한 이 사유 방식인 도덕적 사유 방식은 그 힘을 **고갈시킨다**.

384

격정의 극복?—그것이 정서의 쇠약과 파괴를 의미해야 한다면, 아니다. **하지만 그것이 봉사하게 만드는 것**: 격정들을 오랫동안 폭정으로 다스리는 것을 포함할 수도 있다(개인으로서뿐만 아니라 공동체, 종족 등으로서). 마침내 사람들은 격정들에 깊이 신뢰할 수 있는 자유를 다시 부여한다. 격정들은 좋은 하인처럼 우리를 사랑하고, 우리의 최선의 이익이 있는 곳으로 자발적으로 따라온다.

385

도덕의 편협함은 인간이 **약하다**는 표현이다. 그는 자신의 "비도덕성"을 두려워하며, 자신의 가장 강력한 충동을 **부정해야** 한다. 그는 이 충동을 이용할 줄 모르기 때문이다. 그래서 지상에서 가장 풍요로운 지역이 경작되지 않은 채로 남아있다. 여기서 주인이 될 수 있는 힘이 결여되어있다.

386

지속적인 **좋은 날씨**가 바람직하다고 믿는 정말 순진한 민족과 사람들이 있다. 그들은 오늘날에도 여전히 도덕적 사안에서는 "선한 인간"만이, 다름 아닌 "선한 인간"이 바람직하다고 믿는다. 그리고 오직 선한 인간만이 남도록 인간의 발전이 진행된다고 (그리고 사람들은 모든 의도를 이 방향으로 맞춰야 한다고) 믿는다. 이것은 최고로 비경제적인 사고이며, 이미 말한 것처럼 순진함의 극치이고, "선한 인간"이 만들어내는 **안락함**의 표현일 뿐이다(그는 아무런 공포도 불러일으키지 않고, 휴식을 허락하고, 사람들이 취할 수 있는 것을 준다).

우월한 관점에서 사람들은 그 반대로 가장 큰 자연의 힘과 격정들을 봉사시킬 수 있기 위해서 **악의 지배**가 점점 더 커지기를, 편협하고 소심한 도덕의 속박으로부터 인간이 점점 더 자유로워지기를 바란다.

387

열정들의 지위에 관한 전체 견해: 이성에 의해 인도되는 것이 옳은 것이고 정상적인 것이라는 듯—반면에 열정들은 비정상적이고 위험하며 반쯤은 동물적이고, 게다가 그들의 목표와 관련해서는 **쾌감-욕망** 외에 다른 것이 아니다.

열정의 가치가 떨어졌다, 1. 마치 열정이 오직 품위에 맞지 않는 방식으로 일어나며, 필연적이지도 않으면서 항상 원동력이라는 듯, 2. 열정이 대단하지 않은 가치, 즉 오락을 의도하는 한에서.

열정과 이성에 대한 오인. 마치 후자는 그 자체를 위한 존재이지 다양한 열정과 욕망과 관계하는 상태가 아니라는 듯. 그리고 마치 모든 열정은 일정량의 이성을 내면에 가지고 있지 않다는 듯.

388

금욕적 **몰아-도덕**의 압박을 받고 어떻게 사랑과 선의와 동정, 심지어 정의와 관용과 영웅주의의 정서들이 오해될 수밖에 없었는가.

위대한 희생과 위대한 사랑을 만들어내는 것은 **인격의 풍부**, 내면의 충만, 흘러넘침과 내어줌, 본능적 건강과 자신에 대한 긍정이다. 이런 정서들이 자라나게 한 것은 강하고 신적인 자아이다. 주인이 되고자 하는 욕망, 침범, 모든 것에 대한 권리가 있다는 내적 확실성도 또한 이것에서 자라난다. 통상적인 견해에 따르면 **반대되는** 성향들은 오히려 **하나의** 성향이다. 자기 내면에서 확고하고 용감하게 자리를 잡고 있지 않다면, 사람은 아무것도 내어줄 수 없고, 보호하고 지지하기 위하여 손을 내뻗을 수 없다.

어떻게 사람들은 자기 자신에게 대립하는 것을 가치 있다고 여기도록 이런 본능들을 **재해석할** 수 있었는가? 인간이 자신의 자아를 다른 자아에 맡길 때 그렇다!

오, 지금까지 교회에서 그리고 교회에 의해 병든 철학에서 말을 주도했던 심리적 비참과 거짓!

인간이 철저하게 죄지은 존재라면, 그는 오직 자신만을 증오해야 한다. 근본적으로 그는 자기 자신을 다룰 때와 똑같은 감정을 가지고 다른 동료 인간을 다루어야 한다. 인간 사랑은 정당화될 필요가 있다. 정당화는 신이 그것을 명했다는 데 있다. 이로부터 나오는 결과는 인간의 모든 자연적 본능(사랑의 본능 등)이 그 자체로는 인간에게 허락되지 않은 것처럼 보이고, 그것들이 **부인되고** 난 뒤에야 비로소 신에 대한 복종을 근거로 해서 다시 권리를 회복한다는 것이다. 기독교의 존경할만한 논리학자인 파스칼은 너무 멀리 나아갔다! 그의 누이와의 관계를 생각해보라. "자신을 사랑하지 **않도록** 하는 것"이 그에게는 기독교적인 것으로 여겨졌다.

389

그런 도덕적 계율("이상")이 얼마나 비싼 대가를 치르게 하는지 생각해보자. (그의 적들은, 그래 이기주의자들이다.)

유럽에서 자기-왜소화에 대한 우울한 통찰력(파스칼, 라로슈푸코)—무리를 짓지 않는 동물의 내적 약함, 의기소침, 자학.

평범함의 특성을(겸손, 대오를 맞추는 것, 도구-본성) 가장 가치가 있다고 끊임없이 강조하기.

독단적이고 독창적인 모든 것에 간섭하는 양심의 가책.

그러므로 불쾌감, 그러므로 더 성공하여 강해진 자들의 세계는 **음울해진다**!

무리의식이 철학과 종교로 전이된다. 그리고 이 의식의 두려움도.

순전히 사림 없는 행위는 심리학적으로 불가능하다는 점은 제쳐두자!

390

나의 결론 명제: **현실적** 인간은 이제까지의 그 어떤 이상이 제시

한 "바람직한" 인간보다 훨씬 더 높은 가치를 보여준다. 인간과 연관된 모든 "바람직한 것"은 불합리하고 위험한 극단적 일탈이었으며, 이러한 일탈을 통해 어떤 한 종류의 인간이 **자신의** 보존과 성장의 조건을 인류를 위한 법칙으로 매달려고 했다. 지배적인 위치에 이르게 된 이런 종류의 모든 "바람직함"은 지금까지 인간의 가치, 그리고 그의 힘과 미래의 확실성을 **억눌렀다**. 인간의 가련함과 지성의 편협함은 오늘날에도 여전히 인간이 소망할 때 가장 많이 드러나 웃음거리가 된 것이다. 가치를 설정하는 인간의 능력은 단순히 인간의 "바람직한" 가치가 아니라 실질적 가치에 옳게 부응하기에는 지금까지 너무 저급하게 발전했다. 이상은 지금까지 실제로는 세계와 인간을 비방하는 힘이었으며, 실재에 대한 독기, 허무로 인도하는 커다란 유혹이었다.

D. 개선, 완전화, 고양이라는 낱말에 대한 비판

391

도덕적 가치 평가의 가치를 규정하는 데 **기준이 되는** 척도.

간과된 근본 사실: "더 도덕적으로 되는 것"과 인간 유형의 향상 및 강화 사이의 모순.

인간 자연(homo natura).[5] "권력에의 의지".

392

도덕 가치는 **생리적** 가치와 비교하면 **가상적 가치**다.

393

가장 일반적인 것에 대한 숙고는 항상 늦다. 예를 들면 인간에 대한 궁극적으로 "바람직한 것들"은 철학자들에 의해 정말 한 번도 문제로 파악된 적이 없다. 철학자들은 모두 인간의 "개선"을 너무 순진하게 설정하여, 마치 그 어떤 직관이 우리가 '**왜** "개선해야" 하는가?'라는 의문부호를 해결한 듯하다. 인간이 **더 덕스럽게** 되는 것이 어느 정도 바람직한가? 또는 **더 영리해지는** 것 혹은 **더 행복해지는** 것이 어느 정도 바람직한가? 인간의 "왜?"를 전혀 알지 못한다고 가정하면, 이런 의도는 어떤 것도 아무런 의미를 지니지 못한다. 그리고 만약 이 중 하나를 원할 경우, 다른 것들을 원할 수 없을지 누가 알겠는가? 덕성의 증대가 동시에 영리함과 통찰의 증대와 양립할 수 있을까? 의심스럽다. 나는 그 반대를 입증할 기회를 너무 많이 가지게 될 것이다. 엄밀한 의미에서 목표로서의 덕성은 행복하게 되는 것과 이제까지 사실상 모순관계에 있지 않았던가? 다른 한편으로 덕성은 불행과 결핍과 자학을 필요한 수단으로 요구하지 않았던가? 만약 **최고의 통찰**이 목표라고 해도, 바로 그 때문에 행복의

---

5) 니체는 인간이 자연의 산물이라는 생각을 이 수수께끼 같은 신조어로 표현한다. "인간(homo)"과 "자연(natura)"으로 합성된 이 용어는 "자연적 인간" 또는 "자연인"으로 옮길 수도 있지만, 원래의 의도에 맞게 "인간 자연"으로 옮겼다. 니체는《선악의 저편》잠언 230에서 이 용어를 사용하면서 이렇게 말한다. "그렇게 아첨하는 색깔과 덧칠 아래에서도 '인간 자연'이라는 무서운 근본 텍스트는 다시 인식되어야만 한다. 즉, 인간을 자연으로 되돌려 번역하는 것 …… 이것은 생소하고 미친 과제일 수 있지만, 그러나 이는 하나의 과제이다." 간단히 말해서, 이 용어는 "인간은 자연이다."를 압축적으로 표현한다. '호모 나투라'는 곧 인간이라는 자연을 의미한다.

증대를 거부해서는 안 되지 않을까? 그리고 위험, 모험, 불신, 유혹이 통찰에 이르는 길로 선택해야 하지 않을까? 그리고 행복을 원한다면, 아마도 "정신이 가난한 사람들"과 한패가 되어야만 한다.

394

소위 도덕적 개선의 영역에 있는 일반적인 기만과 속임수.—우리는 어떤 인간도 그가 이미 다른 사람이 아니라면, 다른 사람이 될 수 있다는 것을 믿지 않는다. 즉, 충분히 종종 그러하듯이 인간이 인격의 다수성이 아니라면, 적어도 인격이 될 싹의 다수성이 아니라면, 다른 사람이 될 수 있다는 것을 믿지 않는다. 이런 경우 사람은 다른 역할을 전면에 내세우고, "옛 인간"은 뒤로 물러난다. 변한 것은 모습이지, 본질이 아니다. 누군가가 특정한 행위를 하는 것을 멈춘다는 것은 그지없이 다양한 해석을 허용하는 단지 잔인한 운명일 뿐이다. 심지어 특정한 행위의 습관을 그만두고 또 그에 대한 궁극적 이유를 제거하는 것조차 항상 이루어지는 것은 아니다. 운명과 능력에 의해 범죄자인 자는 아무것도 잊어버리지 않는다. 그는 항상 점점 더 많이 배운다. 그리고 오랫동안의 결핍은 심지어 일종의 강장제로서 그의 재능에 작용한다. 물론 사회의 유일한 관심사는 누군가가 특정한 행위를 더는 하지 않는 것이다. 사회는 이런 목적을 위해 그가 특정한 행위를 할 **수 있는** 조건들로부터 그를 떼어놓는다. 아무튼 그것은 불가능한 것, 즉 이러저러한 숙명성을 깨려는 시도보다는 현명한 일이다.

교회는—그리고 교회는 이 점에서 고대 철학을 교체하고 또 상속한 것 외에는 아무것도 하지 않았다—다른 가치척도에서 출발하여 "영혼"과 "영혼의 영원한 행복"을 구제하고자 했으며, 한때 벌의 속죄하는 힘을 믿었고, 그러고 나서는 용서의 말소하는 힘을 믿는다. 양자는 모두 종교적 편견의 기만이다. 벌은 속죄하지 않으며, 용서는 말소하지 않는다. 행해진 일이 행하지 않은 것이 되지 않는다. 누군가가 무엇인가를 망각한다는 것이 그것이 더는 **존재하지** 않는다는 사실을 증명하는 것은 확실히 아니다. 하나의 행위는 인간에게서나 인간의 밖에서나 책임져야 하는 결과를 산출한다. 그 행위가 처벌되었거나 "속죄되었거나" "용서되었거나" 그리고 "말소되었다고" 여겨지든 말든 상관없이. 교회가 자신의 행위자를 심지어 성자로 올려세우든 말든 상관없이. 교회는 존재하지 않는 것들을, "영혼"을 믿는다. 교회는 존재하지 않는 작용을, 신적인 작용을 믿는다. 교회는 존재하지 않는 상태를, 죄를, 구원을, 영혼의 영원한 행복을 믿는다. 교회는 어디에서나 피상적인 것에, 기호에, 몸짓에, 말에, 상징에 머무른다. 교회는 이것들에 임의적인 해석을 부여한다. 교회는 그 끝까지 철저하게 생각한 심리적 위조라는 방법론을 가지고 있다.

395

"질병은 인간을 개선한다." 모든 세기에 걸쳐 만나게 되는, 그것도 현자의 입을 통해서뿐만 아니라 민중의 입을 통해서도 만나게 되는 이 유명한 주장은 생각할 거리를 제공한다. 그 타당성과 관련해 한번쯤 이렇게 질문해도 될 것이다. 도덕과 질병 사이에는 혹시 인과적 결속이 있는 것인가? "인간의 개선"을 크게 보면, 예컨대 지난 세기에 이루어진 유럽인의 부인할 수 없는 온화함, 인간화, 순화—그것은 혹 오랫동안의 은밀하고 무시무시한 고통, 실패, 결핍, 쇠약의 결과인가? "질병"이 유럽인들을 "개선했는가"? 또는 달리 물으면 우리의 도덕성은—중국인의 도덕성과 비교될 수도 있는 유럽에서의 우리의 민감한 현대적 도덕성은—생리적 **퇴보**의 표현인가? "인간"이 특별히 화려하고 강렬한 유형의 모습으로 나타났던 역사의 모든 시기는 금방 갑작스럽고 위험하고 폭발적인 성격을 취한다는 점을 쉽게 부정할 수 없다. 이러한 성격 때문에 인간성은 나빠진다. **다르게 보이고자 하는** 그런 경우에는 아마도 심리학을 깊이 파고들고 또 거기서 일반적인 명제를 발견하려는 용기나 섬세함이 결여되어 있을 것이다. "어떤 인간이 더욱더 건강하고, 더욱더 강하고, 더욱더 부유하고, 더욱더 생산적이고, 더욱더 모험적일수록, 그는 '더욱더 부도덕'해진다." 곤혹스러운 생각! 결코 그런 생각에 빠져서는 안 된다! 하지만 그런 생각과 함께 아주 짧은 순간이라고 앞으로 나아간다고 가정하면, 얼마나 놀라워하며 미래를 바라보게 될 것인가! 우리가 온 힘을 다해 요구하는 그것보다—인간화, 인간의 "개선"과 증대하는 인간의 "문명화"보다 우리로 하여금 더 비싼 대가를 치르게 하는 것이 무엇이겠는가? 덕보다 값비싼 것은 없을 것이다. 왜냐하면 사람들은 덕으로 인해 결국 지구를 병원으로 변화시킬 것이기 때문이다. 그리고 "모든 사람은 모든 사람의 간병인이다."라는 말은 궁극적 지혜일 것이다. 물론, 사람들은 무척 열망했던 "지상에서의 평화"를 가질 수도 있다! 그렇지만 "서로의 만족"은 적어질 것이다! 아름다움, 용기, 자만, 모험, 위험은 얼마나 적은가! 사람들에게 지상에서 살아가는 목적이 되어줄 만한 그런 "작품들"은 얼마나 적은가! 아! 더 이상의 "행위"는 전혀 없다! 남아있고 시간의 파도에 씻겨 나가지 않은 모든 위대한 작품과 행위들—그것들은 가장 심오한 의미에서 위대한 부도덕성이지 않은가?

396

사제들—그리고 그들과 함께 준-사제인 철학자들—은 모든 시대에 걸쳐 그 **교육적 효과**가 유익하거나 유익한 것처럼 보이는 "개선시킨" 가르침들을 진리라고 불렀다. 이 점에서 그들은 독을 치료제로 사용했기 때문에 그것이 독이라는 사실을 부정해버리는 돌팔이 의사나 마술사와 비슷하다. "그 열매로 너희는 그것을 알아보아야 한다." 말하자면 우리의 "진리"를. 이것이 오늘날까지 여전히 사제의 논법이었다. 그들은 숙명적으로 자신의 통찰력을 스스로 낭비하여, "효과에 의한 증명"(또는 "열매에 의한 증명")에 우위를 부여하고, 다시 말해 모든 증명 형식에 대한 결정권을 부여하고 말았다. "좋게 만드는 것은 좋은 것이어야만 한다. 좋은 것은 거짓말을 할 수 없다." 그들은 가차 없이 이렇게 결론을 내린다. "좋은 열매를 맺는 것은 따라서 참이어야만 한다. 진리에 대한 다른 기준은 없다."

그러나 "더 낫게 만드는 개선"이 논거로 여겨진다면, "더 나쁘게 만드는 개악"은 논박으로 여겨져야만 한다. 사람들은 오류를 대변하는 자의 삶을 검토함으로써 어떤 오류가 오류라는 사실을 증명한다. 과실이나 악덕은 반박된다. 개들이 하는 방식처럼 뒤에서 공격하거나 아래에서 공격하는 이런 가장 상스러운 대적 방식은 마찬가지로 결코 소멸되지 않았다. 사제들은 그들이 심리학자인 한에서, 그들의 적이 가진 은밀한 것들을 염탐하는 일보다 더 흥미로운 것을 결코 발견하지 못했다. 그들은 "세상"에서 오물을 찾아내는 것으로써 그들의 기독교를 증명한다. 무엇보다 먼저 세상의 일인자에게서, "천재들"에게서. 독일에서 괴테가 어떻게 공격받았는가를 상기해보라(클롭슈토크Klopstock와 헤르더Herder는 이 점에서 앞장서서 "좋은 사례"를 보여준다. 그 아버지에 그 아들).

397

행위를 통해 도덕을 만들기 위해서는 매우 부도덕해야 한다. 도덕주의자들의 수단은 이제까지 구사된 가장 끔찍한 수단이다. 행위의 부도덕성에 대한 용기를 가지지 못한 자는 그 밖의 모든 것에도 쓸모가 없다. 그는 도덕주의자들에게도 도움이 되지 않는다.

도덕은 동물원이다. 그것의 전제는 쇠막대가 심지어 갇혀 있는 자에게도 자유보다 더 유용할 수 있다는 것이다. 그것의 다른 전제는 끔찍한 수단을 두려워하지 않는—작열하는 쇠를 다룰 줄 아는 사육사가 있다는 것이다. 야생동물과 맞서 싸우는 이런 무서운 종은 자신을 "사제"라고 부른다.

*

오류의 철창 안에 갇혀 있는 인간은 인간에 대한 캐리커처가 되었고, 병들고, 비참하고, 자기 자신에게 악의를 품고, 삶에의 충동에 대한 증오로 가득 차 있고, 삶에서 아름답고 행복한 모든 것에 대한 불신으로 가득 차 있고, 걸어 다니는 불행이다. 사제가 그들의 토양에서 양육한 이런 인위적이고 자의적이고 **뒤늦은** 기형아, "죄인", 이런 현상을 그 모든 것에도 불구하고 어떻게 **정당화할** 수 있을 것인가?

*

도덕에 대해 공평하게 생각하기 위해서는 우리는 그 자리를 두 동물학적 개념으로 대체해야 한다. 짐승의 **길들이기**와 특정 종류의 **사육**.

사제는 언제나 자신이 바라는 것은 "개선하는 것"이라고 꾸며댔다. 하지만 동물 조련사가 자신이 "개선한" 동물들에 대해 말하려 한다면, 우리 다른 사람들은 웃지 않을 수 없다. 짐승의 길들이기는 대부분의 경우 짐승에게 피해를 줌으로써 이루어진다. 도덕화된 인간 역시 결코 개선된 인간은 아니다. 그는 오직 약해진 인간일 뿐이다. 하지만 그는 덜 해롭다.

398

내가 온 힘을 다해 분명히 하고 싶은 것:

a) **길들이기**와 **약하게 만들기**를 혼동하는 것보다 더 나쁜 혼동은 없다는 사실: 사람들이 저지른 것.

길들이기는 내가 이해하는 바로는 인류의 엄청난 힘을 저장하는 수단이며, 그래서 세대들은 그들의 선조들의 일을 계속해서 쌓아 올릴 수 있다. 외적으로뿐만 아니라 내적으로도, 그들로부터 **더욱**

강한 것으로 유기적으로 성장하면서.

b) 개인들이 생기를 잃고 평등해지고 평균적이 되면 인류가 전체로서 계속 성장하고 더 강하게 된다고 믿는 것은 대단히 위험하다는 사실. 인류는 추상 개념이다. 길들이기의 목표는 가장 개별적인 경우에도 항상 더 강한 인간일 수 있다(길들지 않은 인간은 약하고, 낭비적이며, 불안정하다).

6. 도덕 비판에 대한 최종 고찰

399

그 요구들이 너희 귀에 잘 들리지 않을 수도 있지만, 내가 너희에게 요구하는 것은 다음과 같다. 너희가 도덕적 가치 평가 자체를 비판해야 한다는 것. 너희가 여기서 비판이 **아닌** 복종을 요구하는 도덕적 감정의 충동을 "왜 복종인가?"라는 질문으로 저지해야 한다는 것. 너희가 "왜?"와 도덕 비판에 대한 요구를 너희의 **현재의** 도덕성의 형식 자체로 간주해야 하고, 너희와 너희 시대에 명예를 부여하는 가장 고상한 종류의 정직으로 간주해야 한다는 것. 우리의 정직, 즉 우리를 기만하지 않으려는 의지는 자기 자신을 입증해야 한다는 것. "왜 **안 되는가**?"—어떤 법정 앞에서?

400

세 가지 주장:

고귀하지 않은 것이 더 높은 것이다("비천한 사람"의 저항),

반자연적인 것이 더 높은 것이다(실패한 자들의 저항),

평균적인 것이 더 높은 것이다(무리, 즉 "평범한 사람들"의 저항).

따라서 **도덕의 역사** 속에는 **권력에의 의지**가 표현된다. 이 의지를 통해 때로는 노예와 억압받는 자들이, 때로는 실패한 자와 자신으로 인해 고통받는 자들이, 그리고 때로는 평범한 자들이 자신들에게 가장 유리한 가치 평가를 관철하려고 시도한다.

이런 점에서 도덕 현상은 생물학의 관점에서 보면 지극히 의심스러운 것이다. 도덕은 이제까지 다음의 **희생**을 바탕으로 발전해왔다. 지배자와 그들의 특별한 본능, 성공한 자들과 **아름다운** 본성을 가진 자들, 독립적인 자들과 어떤 의미에서든 특권을 가진 자들.

따라서 도덕은 더 높은 유형을 달성하려는 자연의 **노력을 거역하는 반대운동**이다. 그 효과는 (삶의 경향을 "비도덕적"이라고 느끼는 한) 삶 일반에 대한 불신이고 (최상의 가치를 최고의 본능과 대립한다고 느끼는 한, 무의미함) 감각에 반하는 불합리이다. "더 높은 본성의" 퇴화와 자기 파괴, 바로 그들 속에서 갈등이 의식되기 때문이다.

401

어떤 가치들이 이제까지 최고 위치에 있었는가

1. 철학의 모든 단계에서 최고 가치로서의 도덕(회의주의자에게서 마저). 결과: 이 세계는 쓸모없다. "참된 세계가 있어야만 한다."

2. 여기서 실제로 최고 가치를 결정하는 것은 **무엇**인가? 도덕은 진정 무엇인가? 데카당스 본능. 이런 방식으로 **복수하고 주인** 노릇을 하는 것은 소진하고 상속권을 상실한 자들이다.

역사적 증거: 철학자들은 항상 타락한 자들이고, 늘 허무주의적

종교에 봉사한다.

3. 권력에의 의지로서 등장하는 데카당스 본능. 그 수단 체계의 제시: 수단의 절대적 부도덕성.

총체적 통찰: 이제까지의 최고 가치들은 권력에의 의지의 특수 경우이다. 도덕 자체는 **부도덕성**의 특수 경우이다.

*

왜 적대적인 가치들은 항상 굴복했는가

1. 그런 일이 도대체 어떻게 **가능했는가**? 질문: 삶과 생리적 성공은 왜 어디에서나 굴복했는가? 왜 **긍정**의 철학, **긍정**의 종교는 없었는가?

그런 운동의 역사적 징조: 이교적 종교. 디오니소스 대 "십자가에 못 박힌 자".

르네상스. **예술**.

2. 강자와 약자: 건강한 자와 병든 자. 예외와 규칙. 누가 더 강력한지는 의심의 여지가 없다.

역사의 총체적 측면: 그러므로 인간은 생명의 역사에서 **예외**인가? **다윈주의**에 대한 이의 제기. 상위를 유지하려는 약자의 수단이 본능이 되었고, "인간성"이 되었으며, "제도"가 되었다.

3. 우리의 정치적 본능, 우리의 사회적 가치판단, 우리의 예술, 우리의 **학문**에서 이러한 지배의 증명.

*

내려가는 **몰락의 본능**이 올라가는 **성장의 본능**을 지배하게 되었다. **무(無)에의 의지**가 **삶에의 의지**를 지배하게 되었다!

이것이 사실인가? 약자와 평균적인 자의 이런 승리 속에는 혹시 생명과 종의 더 커다란 보증이 있는 것은 아닐까? 그것은 혹시 생명의 총체적 운동 속에서 단지 수단일 뿐이지 아닐까? 속도의 완화는 아닐까? 더 나쁜 어떤 것에 대한 정당방위는 아닐까?

강자가 모든 것에서, 그리고 가치 평가에서도 지배자가 되었다고 가정해보자. 그들이 질병과 고통과 희생에 대해 어떻게 생각할 것인지 추론해보자! **약자의 자기 경멸**이 그 결과일 것이다. 그들은 사라지거나 절멸하려고 할 것이다. 그런데 이것이 혹시 **바람직한** 일인가? 그리고 우리는 약자의 영향, 약자의 섬세함과 배려와 영성과 **유순함**이 없는 세계를 정말 좋아하는가?

*

우리는 두 개의 "권력에의 의지"가 싸우고 있는 것을 보았다(이런 특수한 경우: 우리는 이제까지 굴복했던 자가 옳다고 생각하고, 이제까지 승리했던 자를 부당하다고 생각하는 원칙 하나를 가지고 있다). 우리는 "참된 세계"를 "**허위 세계**"로, 도덕을 **반도덕성의 한 형식**으로 인식했다. 우리는 "더 강한 자가 옳지 않다."라고는 말하지 않는다.

우리는 무엇이 이제까지 최고 가치를 결정했는지, 그리고 왜 그것이 반대의 가치 평가를 지배하게 되었는지를 파악했다. 수적으로 **더 강했기** 때문이다.

이제 **반대의 가치 평가**를 우리에게 알려진 그것의 감염성과 어중간함과 **퇴화**로부터 정화해보자.

자연의 재건: 위선으로부터 자유로운.

402

도덕은 유용한 오류이다. 좀 더 명확하게는, 도덕을 옹호하는 사람들 가운데 가장 위대하고 또 편견으로부터 가장 자유로운 사람들과 관련해서는 필수적이라고 여겨진 거짓말이다.

403

[도덕] 오류의 규율학교를 더는 필요로 하지 않을 정도로 사람들이 충분히 향상된 만큼 사람들은 자신에게 진리를 인정해도 된다. 사람들이 실존을 도덕적으로 판단하는 경우 **혐오감을 불러일으킨다**.

사람들은 잘못된 인격을 생각해내서는 안 되며, 예를 들어 "자연은 잔인하다."라고 말해서는 안 된다. 그와 같이 **책임을 질 핵심 존재는 결코 존재할 수 없다**는 통찰은 우리의 마음을 **가볍게 한다**.

인류의 발달. A. 자연에 대한 권력과 게다가 자기 자신에 대한 어느 정도의 권력을 얻는 것. 자연과 "야수"와의 싸움에서 인간을 관철시키기 위해서는 도덕이 필요했다.

B. 자연에 대한 권력을 획득하면, 사람들은 **자기 자신을** 자유롭게 계속 발전시키기 위해서 이 권력을 이용할 수 있다. 자기 향상과 강화로서의 권력에의 의지.

404

미래를 위해 희생하도록 개인을 부추기기 위한 **종의 환상**으로서의 도덕: 외관상으로는 개인에게 무한한 가치가 인정되어서, 개인은 이러한 자기의식을 가지고 자신의 다른 측면들을 강압적으로 다루고 억압하며, 좀처럼 자기 자신에게 만족하지 않는다.

도덕이 이제까지 성취한 것에 대한 깊은 감사: 그러나 지금은 치명적일 수 있는 부담일 뿐이다! 정직으로서의 **도덕 자체가** 도덕을 부인하도록 **강요한다**.

405

도덕의 이러한 자기 파괴는 여전히 어느 정도는 도덕의 힘의 한 부분이다. 우리 유럽인의 내부에는 도덕을 위해 죽은 사람들의 피가 흐른다. 우리는 도덕을 두려운 것으로 여기고, 진지하게 받아들였다. 그리고 우리가 그것을 위해 어떤 방식으로든 제물로 바치지 않은 것은 아무것도 없다. 다른 한편으로 우리의 정신적 섬세함은 양심의 해부를 통해 성취되었다. 우리가 그런 방식으로 우리의 옛 땅으로부터 떨어져 나온 이후에, 우리가 향하고 있는 '어디로?'를 아직 알지 못한다. 하지만 이 땅 자체가 우리를 지금 먼 곳으로, 모험 속으로 몰아넣는 힘을 우리에게 길러주었다. 이 힘을 통해 우리는 끝없는 곳, 시험받지 않은 곳, 발견되지 않은 곳으로 몰려 나갔다. 우리에게는 어떤 선택도 남아있지 않다. 우리가 고향같이 편안하게 느끼고 또 우리가 "보존하고" 싶어 하는 땅을 더는 가지고 있지 않을 때, 우리는 정복자일 수밖에 없다. 숨겨진 **긍정**은 우리의 모든 부정보다 훨씬 더 강한 것으로 우리를 몰고 간다. 우리의 **힘** 자체는 예전의 부패한 토양에 있는 우리를 견디지 못한다. 우리는 두려워하지 않고 멀리 나아가고, 우리는 위험을 무릅쓴다. 세계는 여전히 풍요롭고, 알려지지 않았다. 그리고 심지어 몰락하는 것도 중간치가 되고 중독되는 것보다 낫다. 우리의 힘 자체가 우리를 바다로, 모든 태양이 지금까지 내려간 그곳으로 우리를 이끈다. 우리는 새로운 세계를 **알고** 있다.

3장

철학 비판

1. 일반적 고찰

406

철학과 관련하여 이제까지 관습이었던 몇몇 미신을 벗어버리자!

407

철학자들은 1. 가상, 2. 변화, 3. 고통, 4. 죽음, 5. 신체적인 것과 감각, 6. 운명과 부자유, 7. 목적 없는 것에 반대하는 편견에 사로잡혀 있다.

그들은 다음의 것들을 믿는다. 절대적 인식, 인식을 위한 인식, 덕과 행복의 결합, 인간 행위의 인식 가능성. 그들은 본능적인 가치 규정에 인도된다. 이 가치 규정에는 **이전의** (더욱 위험한) 문화 상태가 반영된다.

408

철학자들에게 무엇이 없는가? a) 역사적 감각, b) 생리학에 대한 지식, c) 미래를 향한 목표. 모든 아이러니와 도덕적 심판 없이 비판하는 일.

409

철학자들은 옛날부터 1. 형용모순의 놀라운 능력을 지녔다. 2. 그들은 감각을 불신한 것처럼 개념을 무조건 신뢰했다. 그들은 개념과 단어가 두뇌에서의 사고가 그다지 명쾌하지도 않고 많은 것을 요구하지도 않았던 시대로부터 우리가 물려받은 유산이라는 점을 생각하지 못했다.

철학자들에게 최후로 떠오른 것. 철학자들은 개념을 더는 선물로 받아들여서는 안 되고, 그것을 단지 순화하고 해명만 해서는 안 되며, 개념을 우선 **만들고 창조하고** 제시하고 설득해야 한다. 지금까지 사람들은 개념이 마치 어떤 기적의 세계에서 나온 놀라운 **지참금**이라도 되는 것처럼 일반적으로 자신의 개념을 믿었다. 그러나 개념은 결국 가장 멀리 떨어져있으며, 더없이 어리석고 또한 더없이 영리한 우리 조상의 유산이었다. **우리 안에서 발견되는** 것에 대한 이러한 경건함은 아마 **인식**에서의 **도덕적 요소**에 속할 것이다. 무엇보다 필요한 것은 전승된 모든 개념에 대한 절대적 회의이다. (이러한 회의는 아마도 일찍이 한 명의 철학자가 가졌다. 플라톤인데, 그는 물론 그 반대의 것을 가르쳤다.)

410

인식론적 도그마를 매우 불신했던 나는 이 창문으로 바라보다가 금방 저 창문으로 바라보는 것을 좋아했고, 그런 도그마에 정주하지 않도록 조심했으며, 그것을 해로운 것으로 간주했다. 그리고 끝으로, 어떤 도구가 자신의 유용성을 비판할 수 있다는 것이 가능하기나 한 일인가? 내가 유의했던 것은 오히려 어떤 인식론적 회의나 독단론도 결코 저의 없이는 생겨나지 않는다는 사실이다. 근본적으로 이러한 입장을 강요한 것이 무엇인지를 곰곰이 생각해보면, 그것은 2급의 가치밖에 가지지 못한다는 점이다.

근본 통찰: 칸트뿐만 아니라 헤겔, 쇼펜하우어도—회의적-시대 구분적 태도뿐만 아니라 역사화하는 태도와 염세적 태도도—**도덕적** 근원을 가지고 있다. 나는 **도덕적 가치 감정의 비판**을 감행한 사람을 아무도 보지 못했다. 그리고 이 감정의 발생의 역사를 기술하려는 (영국과 독일의 다윈주의자들에게서 볼 수 있는 것처럼) 빈약한 시도들에 해서도 나는 곧 등을 돌렸다.

스피노자의 입장, 도덕적 가치판단에 대한 그의 부정과 거부는 어떻게 설명될 수 있는가? (그것은 변신론의 필연적 귀결이었다!)

411

최고의 가치 부정으로서의 도덕.—우리의 세계는 신의 작품이거나 신의 표현(양태)이다. 이 경우에 세계는 최고로 완전해야만 한다(라이프니츠의 결론). 그리고 사람들은 완전성에 무엇이 속하는지 알고 있다고 믿어 의심치 않았다. 그렇다면 악이란 한갓 가상일 수밖에 없거나(스피노자에게 선과 악의 개념은 더 급진적이다), 또는 신의 최고 목적에서 도출되어야 한다. (예컨대 선과 악 사이의 선택을 허용하는 신의 특별한 은총의 결과로서, 즉 자동기계가 아니라는 특권으로서, 실수하거나 잘못 선택할 위험을 무릅쓰는 자유로서. 예를 들어 에픽테토스 Epictetus에 관한 주석서에서 심플리치오Simplicius의 경우처럼.)

그렇지 않다면 우리의 세계는 불완전하고, 악과 죄는 실제로 있는 것이고 결정되어있으며 세계의 본질에 내재한다. 그렇다면 그 세계는 **참된** 세계일 수 없다. 그렇다면 인식이란 세계를 부정하는 방법일 뿐이다. 세계는 오류로 인식될 수 있는 하나의 오류이기 때문이다. 이것이 칸트의 전제에 기초한 쇼펜하우어의 견해이다. 파스칼은 좀 더 절망적이다. 그는 이런 경우 인식도 부패하고 위조되지 않을 수 없으며, 세계를 부정할만한 것으로 파악하기 위해서도 계시가 필요하다고 이해했기 때문이다.

412

절대적 권위에 대한 순응에서 다시금 절대적 권위에 대한 깊은 욕구가 생겨난다. 이 욕구는 너무나 강해서, 칸트가 살았던 비판적 시대에서조차 비판에 대한 욕구보다 자신이 더 우월함을 입증했고, 어떤 의미에서 비판적 오성의 전체 작업을 복종시키고 이용할 줄 알았다. 이 욕구는 다음 세대에서도, 즉 역사적 본능 때문에 필연적으로 모든 권위를 상대적인 것으로 생각하는 방향으로 기울어진 세대에서도 그 우월성을 입증했다. 이 권위에 대한 욕구는 철학으로 이름을 바꾼 역사학이라고 할 수 있는 헤겔의 발전 철학을 동원하여 역사를 도덕적 이념이 스스로를 드러내는 자기 계시와 자기 극복의 진보 과정으로 제시했다. 플라톤 이래 철학은 도덕의 지배 아래 있다. 플라톤 이전의 철학자들에게서도 도덕적 해석은 결정적이다(아낙시만드로스에게서 모든 사물의 파멸은 사물이 순수한 존재로부터 이탈한 데 대한 벌이며, 헤라클레이토스에게서 현상의 규칙성은 전체 생성의 성격이 윤리적으로 올바르다는 증거이다).

413

철학의 발걸음은 지금까지 도덕의 숨은 의도에 의해 가장 크게 방해받았다.

414

어느 시대나 "아름다운 감정"은 논거로, "치켜올린 가슴"은 신성의 풀무로, 확신은 "진리의 기준"으로, 반대자의 필요는 지혜에 대한 의문부호로 여겨졌다. 이러한 허위와 위조가 전체 철학사를 관통하고 있다. 존경스럽지만 지극히 드문 회의주의자를 제외하고는 어디에서도 지적 정직성의 본능은 보이지 않는다. 결국 칸트도 매우 순진하게 이런 사상가의 부패를 "실천 이성"이라는 개념을 가지고 학문화하려고 시도했다. 그는 사람들이 이성을 염려할 필요가 없는 경우들을 위해, 말하자면 마음의 욕구가, 도덕이, 의무가 소리를 낼 경우를 위해 하나의 이성을 발명했다.

415

헤겔. 그의 대중적 측면은 전쟁과 위인에 대한 가르침이다. 정당성은 승리자들에게 있다. 그들은 인류의 진보를 나타내기 때문이다. 도덕의 지배를 역사로부터 증명하려는 시도.

칸트. 우리에게서 벗어나있고, 보이지 않으며, 현실적인 도덕적 가치의 왕국.

헤겔. 증명될 수 있는 발전. 도덕적 왕국의 가시화.

우리는 칸트적 방법에도, 헤겔적 방법에도 속지 말아야 한다. 우리는 그들과 달리 도덕을 더는 믿지 않으며, 따라서 도덕이 정당성을 획득하도록 어떤 철학도 건설할 필요가 없다. 그 점에서 비판주의뿐만 아니라 역사주의도 우리에겐 매력이 없다. 그렇다면 그것은 도대체 어떤 매력을 가지고 있는가?

416

독일철학(헤겔)의 의미는 악, 오류, 그리고 고통이 신성을 반박할 논거로 느껴지지 않을 그러한 **범신론**을 고안한 점이다. 이 장대한 발의는, 마치 지금 막 지배하고 있는 사람들의 합리성이 그것으로 인가된 것처럼, 기존 권력(국가 등등)에 의해 악용되었다.

이와는 반대로 **쇼펜하우어**는 완고한 도덕적 인간으로 나타난다. 그는 자신의 도덕적 가치 평가를 정당화하려고 마침내 세계를 부정하는 자가 된다. 최종적으로 "신비주의자"가 된다.

나 자신은 미학적 정당화를 시도했다. 세계의 추함은 얼마나 가능한가? 나는 아름다움에의 의지, 동일한 형식에서 오래 머무르고자 하는 의지를 일시적인 보존 수단과 치료제로 생각했다. 그렇지만 영원히 창조하는 자가 내게는 **영원히 파괴해야만 하는 자**로서 고통과 연결된 것처럼 보였다. 추함이란 무의미해진 것 속으로 하나의 의미, 하나의 새로운 의미를 넣고자 하는 의지 아래서의 사물의 고찰 형식이다. 종래의 것을 유지할 수 없고, 잘못되고, 부정할만하고, 추한 것으로 느끼도록 창조자를 강요하는 축적된 힘?

417

나의 첫 번째 해결책 디오니소스적 지혜. 가장 고귀한 자의 절멸과 그가 점진적으로 몰락하는 광경을 바라보면서 느끼는 쾌감. 그것은 **현존하는 매우 뛰어난 것**에 대해서도 승리하는 **다가오는 것**, **미래의 것**에서 느끼는 쾌감이다. 디오니소스적이란 삶의 원리와 일시적으로 동일화되는 것을 말한다(순교자의 환희도 포함된다).

나의 혁신.—염세주의를 더욱 발전시킨다. 지성의 염세주의, 도덕적 비판, 최후 위안의 해소. 퇴락의 여러 징후에 대한 인식. 모든 강한 행위는 광기를 통해 은폐되어있다. 문화가 고립되는 것은 부당하지만 그것을 통해 강해진다.

1. 퇴락과 인격의 점진적 약화를 막으려는 나의 **노력**. 나는 새로운 **중심**을 찾으려 했다.

2. 이러한 노력이 불가능하다는 것을 인식했다.

3. **그로 인하여 나는 계속해서 해체의 길을 걸었는데, 이 길에서 나는 개개인에 대한 새로운 힘의 원천을 발견했다. 우리는 파괴자여야만 한다!** 나는 개개의 존재가 일찍이 가능하지 않았던 정도로 자신을 완성할 수 있는 해체의 상태는 일반적 실존의 한 이미지이고 한 예라는 사실을 알게 되었다. 일반적인 해체와 미완성이라는 마비시키는 감각에 대항하여, 나는 영원회귀를 내세웠다.

418

사람들은 가장 자유로운 기분을 느끼게 하는 철학에서 세계의 상을 찾는다. 말하자면 이런 철학에서 우리의 가장 강한 충동이 자유롭게 활동할 수 있다고 느낀다. 내 경우에도 그럴 것이다!

419

전체로서의 독일철학은—위대한 사람들을 꼽으면 라이프니츠, 칸트, 헤겔, 쇼펜하우어—지금까지 있었던 가장 철저한 **종류**의 **낭만주의**이며 향수이다. 즉, 일찍이 있었던 최선의 것에 대한 갈망이다. 어디에서도 고향을 가지지 못하므로, 사람들은 결국 여하튼 고향 같을 수 있는 곳으로 되돌아가기를 갈망한다. 왜냐하면 사람들은 그곳만이 고향이기를 바라기 때문인데, 그곳은 바로 그리스 세계인 것이다! 그러나 바로 그리로 통하는 다리는 모두 끊어졌다. 개념의 무지개를 **제외하고는**! 그리고 이 개념의 무지개는 도처에로, 그리스인의 영혼을 위해 존재하고 있었던 고향이나 "조국" 모두로 통한다! 물론 이 다리를 건너가려면 사람은 매우 섬세하고, 매우 가볍고, 매우 가냘프지 않으면 안 된다. 그러나 거의 유령과 같이 되고자 하는 정신성에의 이 의지 속에는 얼마나 큰 행복이 있는 것인가! 이로 인해 사람은 "압력과 충돌"로부터, 자연과학의 기계론적 우둔함으로부터, "근대 이념"이라는 1년에 한 번 열리는 장터의 소음으로부터 얼마나 멀리 떨어져있는 것인가! 사람들은 교부를 거쳐 그리스인들에게로, 북쪽에서 남쪽으로, 정식에서 형상으로 되돌아가고자 한다. 사람들은 고대로부터의 탈출구인 기독교를 마치 고대로 접근하는 통로인 것처럼, 고대 세계 자체의 일부인 것처럼, 고대적 개념이나 고대적 가치판단의 반짝이는 모자이크인 것처럼 여전히 즐기고 있다. 스콜라주의적 추상의 아라베스크 문양, 소용돌이무늬, 로코코 양식은 북유럽의 농민적 천민적 현실보다 여전히 훨씬 낫다. 즉, 훨씬 더 섬세하고 치밀하다. 이는 북유럽에서의 정신적 취향을 지배하여, 루터라는 위대한 "비정신적 인간"을 우두머리로 하는 농민전쟁이나 천민 봉기에 대한 보다 높은 정신성의 저항이다. 이런 관점에서 보면, 독일철학은 한편의 반종교개혁이다. 심지어 르네상스이기조차 하며, 적어도 르네상스에의 의지며, 고대의 발견을 **계속하고** 또 고대 철학, 특히 모든 그리스 신전 중에서 흙 속에 가장 잘 묻혀있던 신전이라 할 수 있는 소크라테스 이전 철학의 발굴을 **계속하려는** 의지다! 아마도, 몇 세기 후에는 사람들은 모든 독일적 철학적 사유의 품위는 고대의 지반을 한 걸음 한 걸음 회복해가는 데 있다고 판단하게 될 것이며, 또 찢어진 것처럼 보였던 유대를, 즉 지금까지 최고 유형의 "인간"인 그리스인과의 유대를 새롭게 맺었다는 독일인의 저 드높은 요구에 비하면 "독창성"에 대한 모든 요구는 사소하고 우습게 들린다고 판단하게 될 것이다. 우리는 오늘날 그리스 정신이, 아낙시만드로스, 헤라클레이토스, 파르메니데스, 엠페도클레스, 데모크리토스, 아낙사고라스에게서 발견했던 세계 해석의 저 모든 원칙적 형식에게로 다시 접근해가고 있다. 우리는 날마다 **더욱 그리스적이** 되어간다. 당연한 일이지만, 처음에는 그리스화의 유령처럼 개념과 가치 평가에서만 그리스적이 되지만, 언젠가는 우리의 몸도 그리스적이 되길 바란다! 여기에 독일적 본질에 대한 내 희망이 있다(그리고 이전부터 있었다)!

420

나는 누구에게도 철학을 하라고 설득하고 싶지 않다. 철학자가 **희귀한** 식물이라는 것은 필연적이며, 아마 또한 바람직하기도 하다. 세네카에게서, 심지어 키케로에게서 볼 수 있는 철학에 대한 교훈적인 예찬보다 더 내게 역겨운 것은 없다. 철학은 도덕과 별 관계가 없다. 감히 말하건대, 학문적 인간 역시 철학자와는 근본적으로 다른 존재이다. 내가 바라는 것은 철학자에 대한 진정한 개념이 독일에서 완전히 망가지지 않았으면 하는 것이다. 자신들의 실패를 기꺼이 아주 고상한 이름 뒤에 감추고 싶어 하는 온갖 유형의 어중간한 존재가 독일에는 너무 많다.

421

나는 철학자의 가장 어려운 이상을 세워야 한다. 학습만으로는 충분하지 않다! 학자란 인식의 왕국에서 무리 동물일 뿐이다. 그가 연구하는 것은 그렇게 하도록 명령받고 또 어떻게 하는지 시범이 제시되었기 때문이다.

422

철학자들에 관한 미신. 학문적 인간과 혼동하는 것. 마치 가치는 사물들 속에 숨어있어서, 사람들은 그것을 단지 포착하기만 하면 되는 것처럼! 어느 정도까지 그들은 **주어진** 가치들(가상, 몸 등에 대한 그들의 증오) 내에서 연구하는가의 문제. 도덕과 관련해서는 쇼펜하우어(공리주의에 대한 조소). 끝으로, 이러한 혼동은 사람들이 다윈주의를 철학으로 고찰할 지경까지 진행된다. 이제 지배권은 학문하는 사람들에게 있다. 텐(Taine) 같은 프랑스인들 역시 가치척도를 이미 가지지 않고서도 연구하거나 연구할 수 있다고 생각한다. "사실" 앞에 굴복하는 것은 일종의 숭배 의식이다. 실제로 그들은 현존의 가치 평가를 **파괴한다**.

이러한 오해에 대한 **설명**. 명령하는 자는 드물게 나타나며, 그는 스스로 자기 자신을 오해한다. 사람들은 자신으로부터의 권위는 철저히 거부하며, **상황**에 권위를 부여하고자 한다. 독일에서 비판가의 평가는 깨어있는 **남성성**의 역사에 속한다. 레싱 등(괴테에 대한 나폴레옹). 사실 이러한 운동은 독일 낭만주의를 통해 다시 역행했다. 마치 그렇게 하면 회의의 위험이 제거되고 또 **믿음이 증명될** 수 있다는 듯이, 독일철학의 **명성**은 독일 낭만주의와 관계한다. 헤겔에게서는 두 가지 경향이 정점에 이른다. 근본적으로 그는 독일 비판이라는 사태와 독일 낭만주의라는 사태를 일반화한다. 이것은 일종의 변증법적 숙명론이지만, 정신의 명예를 위한 것으로서 실제로는 철학자를 현실 아래 예속시킨다. **비판가는 준비한다**. 그 이상은 하지 않는다!

쇼펜하우어와 함께 중요한 것은 가치의 규정이라는 철학자의 과제가 어렴풋이 분명해지기 시작했지만, 여전히 행복주의의 지배 아래 있다. 염세주의의 이상.

423

이론과 실천.—숙명적인 구별이다. 마치 이로움과 해로움의 문제를 전혀 고려하지 않고 맹목적으로 진리를 향해 달려가는 어떤 특별한 **인식 충동**이 있기라도 하며, 그리고 그것과 분리된 실천적 관심의 전체 세계가 있기라도 한 것 같다.

이에 반해 나는 이 모든 순수 이론가들의 배후에 어떤 본능이 활동하고 있었는지를 보여주고자 한다. 어떻게 그들이 모조리 숙명적으로 그 본능에 속박되어 **그들에게** "진리"인 것, 즉 그들에게 **오로지** 그들에게만 진리인 것을 향해 달려갔는지를 보여주려고 한다. 체계들 사이의 투쟁은, 인식론적 회의 간의 투쟁도 포함하여, 완전히 특정한 본능들(생명력, 쇠퇴, 계급, 종족 등의 형태들) 사이의 투쟁이다.

소위 인식 충동은 자기 것으로 만드는 **동화** 및 **정복 충동**으로 환원될 수 있다. 이 충동들을 따라 감각, 기억, 본능 등등이 발전했다. 현상들의 가능한 한 빠른 환원, 인식으로 획득한 재화(바꿔 말하자면 자기 것으로 전유되어 다루기 쉬어진 세계)의 경제적 관리와 축적.

그러므로 도덕은 참으로 진기한 학문이다. 왜냐하면 도덕은 최고로 실천적이기 때문이다. 그래서 순수한 인식의 입장, 즉 학문적 정직성은 도덕이 답변을 요구하는 즉시 포기되어버린다. 도덕은 말한다. 나는 많은 대답이 **필요하다**. 근거와 논거가 필요하다. 양심의 가책 같은 것이 나중에 올 수도 있고, 어쩌면 아예 안 올 수도 있다.

"어떻게 행동해야 하는가?" 여기서 문제가 되는 것은 주권적 존재로 발전한 어떤 유형이고, 이 유형에 의해 수천 년 동안 행위가 이루어졌고, 따라서 모든 것이 본능, 합목적성, 자동성, 숙명이 되어버렸다는 것을 곰곰이 생각한다면, 이러한 도덕 문제의 긴박성은 심지어 우스꽝스럽게 보일 것이다.

"어떻게 행동해야 하는가?" 도덕은 언제나 하나의 오해였다. 실제로 이러저러하게 행동해야 한다는 숙명을 몸에 지닌 종(種)은 자신의 규범을 보편적 규범으로 **지정하고자 함으로써** 자신을 정당화한다.

"어떻게 행동해야 하는가?"는 원인이 아니라 **결과**이다. 도덕은 뒤따르고, 이상은 최후에 나타난다.

다른 한편 도덕적 회의 출현은, 달리 표현하면 사람이 그것에 따라 행동하는 **가치의 의식화**는 특정한 **병증**을 나타낸다. 강한 시대와 민족은 자신의 권리에 관하여, 행동하는 원칙에 관하여, 본능이나 이성에 관하여 반성하지 않는다. 의식화는 본래의 도덕성이, 즉 행위의 본능적 확실성이 사라져버린다는 징후이다. **새로운 의식 세계**가 창조될 때마다, 도덕주의자들은 언제나 해로움과 빈곤과 해체의 징후이다. **깊이 본능적인 자들**은 의무가 논리화되는 것을 두려워한다. 그들 가운데에는 변증법과 인식 가능성 일반에 대한 피론(Pyrrhon)적인 반대자가 있다. 덕은 "~을 위하여"로 논박당한다.

명제: 도덕주의자의 출현은 도덕이 허사가 되는 시기에 속한다.

명제: 도덕주의자는 그 자신이 도덕의 재건하는 사람이라고 아무리 믿고 있더라도 도덕적 본능을 해체하는 자이다.

명제: 도덕주의자를 실제로 몰아세우는 것은 도덕적 본능이 아니라, 도덕 공식으로 옮겨진 **데카당스 본능**이다. 그는 본능이 불안정해지는 것을 **부패**라고 느낀다.

명제: 강한 종족이나 시대의 도덕 본능을 도덕주의자를 통해 지배

하고자 하는 **데카당스 본능**은,

1. 약자나 얼뜨기의 본능이다.

2. 예외자, 은둔자, 탈락자, 다양한 결함을 지닌 유산아의 본능이다.

3. 자신의 상태를 고상하게 해석할 필요가 있고, 그래서 가능한 한 생리학자가 되어서는 안 되는 습관적으로 고통받는 자의 본능이다.

424

과학성의 위선.—아직 과학적이어야 할 시기가 아닐 때, 과학적인 척 허세를 부려서는 안 된다. 그러나 참된 연구자도 근본적으로는 아직 때가 무르익지 않은 일종의 방법에 대해 허세를 부리는 허영심을 버리지 않으면 안 된다. 이와 마찬가지로 다른 방법으로 도달한 사태나 사상을 연역이나 변증법을 잘못 배열하여 "속이는" 일이 있어서는 안 된다. 칸트는 자신의 "도덕"에서 자신의 내적인 심리적 성향을 이렇게 속이고 있다. 최근의 예는 허버트 스펜서의 윤리학이다. 우리는 우리의 사상이 어떻게 우리에게 떠오르게 되었는가 하는 **사실**을 은폐하거나 망쳐서는 안 된다. 가장 깊이 있어서 다 길어낼 수 없는 책들은 언제나 파스칼의 《팡세(Pensées)》의 잠언적이고 돌연적인 성격을 어느 정도 지니게 될 것이다. 몰아치는 강력한 힘과 가치 평가는 오랫동안 표면 아래 있으며, 밖으로 드러나는 것은 효과이다.

나는 과학성의 온갖 위선에 대해 저항한다.

1. 설명이 사상의 **발생**에 대응하지 않을 때, 그 **설명**에 관하여,

2. 과학의 어떤 특정한 시기에는 아마도 아직은 전혀 불가능한 **방**

법을 요구하는 것에 대해,

3. 모든 가치 평가에서 볼 수 있듯이, 우리가 두 마디의 말로 우리 자신과 우리의 내적 체험에 관해 이야기할 때, **객관성**이나 차가운 비인격성을 요구하는 것에 대해. 예컨대 생트뵈브(Sainte-Beuve)의 경우처럼 가소로운 방식의 허영심이 있다. 그는 때때로 "찬성"이나 "반대"를 할 때 실제로 따뜻한 마음과 열정을 가졌던 것에 대해 평생 화를 냈고, 그런 것을 자신의 인생에서 지워버렸으면 하고 바랐다.

425

철학자들에게 있어 "객관성": 자신에 대한 도덕적 무관심, 좋은 결과나 나쁜 결과에 대한 맹목성이며, 위험한 수단의 사용에서의 무분별이며, 성격의 도착이나 다양성을 이점으로 여기고 남김없이 이용한다.

자신에 대한 나의 깊은 무관심: 나는 나의 인식에서 아무런 이익도 바라지 않으며, 또한 나의 인식에 수반되는 손해를 피하지도 않는다. 여기에는 성격의 **부패**라고 명명할 수 있는 것도 포함되기는 하지만, 이러한 관점은 요점을 벗어나있다. 즉, 나는 나의 성격을 사용하기는 하나, 그것을 이해하거나 변경시킬 생각은 없다. 덕의 개인적 타산 따위는 내게 한순간도 떠오른 적이 없다. 내 생각에는 자기 자신의 개인적 경우에 관심을 기울이는 순간—심지어 자기 영혼의 "구원"에 관심을 기울이는 순간—사람은 스스로 인식의 문을 닫아버리는 것처럼 보인다. 사람은 자신의 도덕성을 너무 중시해서는 안 되고, 그 반대의 것을 요구하는 겸손한 권리를 빼앗겨서도 안 된다.

여기서는 일종의 **풍부한 도덕성의 유산**이 전제되고 있는 것 같다. 그중 많은 것을 낭비하고 창밖으로 내던져버려도 그로 인해 특별히 가난해지는 일이 없음을 눈치채고 있다. "아름다운 영혼"을 경탄하고 싶은 유혹을 느낀 적은 한 번도 없다. 자신이 이들보다 항상 우월하다는 것을 알고 있다. 덕이란 괴물을 마음속으로 조소하며 만난다. 덕을 알아차리는 일—은밀한 즐거움.

자기 자신을 중심으로 도는 것. "더 선하게" 되거나 어떤 식으로든 "다르게" 되려는 소망은 없다. 온갖 도덕성의 촉수나 그물을 사물에 던지지 않기 위해 자신에게 너무 많은 관심을 가진다.

426

심리학자의 심리학에 대하여. 19세기부터 비로소 가능해진 심리학자는 더는 모퉁이에 서서 자기 앞의 세 걸음이나 네 걸음밖에 내다보지 못하고 자기 내면을 파고드는 일로 거의 만족해하는 그런 자들은 아니다. 우리는 미래의 심리학자인데—우리는 자기관찰의 의지가 별로 없다. 어떤 도구가 "자기 자신을 인식하기"를 추구하면, 우리는 그것을 거의 변질의 신호로 여긴다. 우리는 인식의 도구이며, 도구의 순진함과 정밀함을 가지고 싶어 한다. 따라서 우리는 자기 자신을 분석해서는 안 되며, "알아서는" 안 된다. 위대한 심리학자의 자기 보존 본능의 첫째 특징: 그는 결코 자기 자신을 탐구하지 않는다. 그는 자기에 대해서는 어떤 눈도, 어떤 관심도, 어떤 호기심도 가지지 않는다. 우리의 지배적 의지의 위대한 이기주의는 우리에게 이렇게 요구한다. 우리 자신을 보지 않도록 눈을 꼭 감을 것을, 우리는 "비개인적"이고 "무관심"하고, "객관적"으로 나타나야만 할 것을. 오, 우리는 얼마나 그 반대인가! 오로지 우리는 별난 심리학자들이기 때문이다.

우리는 파스칼이 아니다. 우리는 "영혼의 구원"과 자신의 행복과 고유한 덕에 특별한 관심을 가지지 않는다. 우리는 이처럼 자기 자신의 둘레를 돌 시간도 없고 호기심도 없다. 좀 더 깊이 관찰해보면, 사태는 심지어 다르다. 우리는 모든 배꼽 관찰자를 근본적으로 불신한다. 자기관찰이 우리에게 심리학자의 천재성이 퇴화한 형식으로, 즉 심리학자의 본능에 대한 의문부호로 간주되기 때문이다. 보기 위해서 보려는 의지를 배후에 지닌 화가의 눈이 확실히 퇴화한 것과 같다.

2. 그리스 철학의 비판

427

소크라테스 이후의 그리스 철학자들의 출현은 데카당스의 징후이다. 반헬레니즘적 본능이 세력을 얻는다.

소피스트는 여전히 헬레니즘적이다. 아낙사고라스와 데모크리토스를 포함한 위대한 이오니아 사람들—그러나 과도기적 형식으로서. 폴리스는 그 문화의 유일무이함에 대한 믿음을, 다른 모든 폴리스에 대한 지배권에 대한 믿음을 상실한다.

사람들이 문화, 즉 "신들"을 교체한다. 이 과정에서 토착 신의 독점적 특권에 대한 신앙을 상실한다. 다양한 기원을 가진 선과 악이 섞이고, 선과 악의 경계가 지워진다. 이것이 "소피스트"이다.

이에 대해 "철학자"는 **반작용**이다. 그는 옛 덕을 원한다. 그는 제도의 쇠퇴 속에서 쇠퇴의 근거를 본다. 그는 옛 제도를 원한다. 그는 권위의 쇠퇴 속에서 쇠퇴를 본다. 그는 새로운 권위를 찾아 구한다(외국, 외국 문학, 외래 종교로의 여행). "폴리스"라는 개념이 시대에 맞지 않게 된 이후 그는 **이상적인 폴리스**를 원한다(대략 유대인이 노예 상태로 전락한 이후 자신을 "민족"으로 지켜냈듯이). 그들은 모든 전제 군주에 대해 관심을 가지며, 불가항력으로 덕을 재건하려 한다.

점차 모든 진정한 헬레니즘적인 것에 **쇠퇴**의 책임이 돌려진다. (그리고 예언자들이 다윗이나 사울에 대해 배은망덕한 것처럼, 플라톤은 호메로스, 비극, 웅변술, 페리클레스에 대해 감사할 줄 모른다.) **그리스의 몰락은 헬레니즘 문화의 기초에 대한 반대로 이해된다. 철학자들의 근본 오류.** 결론: 그리스 세계는 몰락한다. 원인: 호메로스, 신화, 고대의 도덕성 등.

철학자들의 가치판단의 반헬레니즘적 전개: —이집트적인 것(심판으로서의 "사후의 삶"), 셈적인 것("현자의 존엄", "족장"), —피타고라스학파, 지하적인 것의 숭배, 침묵, 피안이라는 공포 수단, **수학**, 종교적 평가, 우주와의 일종의 교제, —성직자적이고 금욕적이며 초월적인 것,—변증법—내가 생각하기에 이것은 플라톤에게서도 이미 역겹고 현학적인 개념 천착이 아닌가? 좋은 정신적 취향의 쇠퇴: 사람들이 모든 노골적인 변증법이 지닌 추악함과 요란함을 더는 지각하지 못한다.

두 개의 데카당스 운동과 극단이 나란히 나아간다. a) 풍만하고 사랑스러운 악의를 가진, 사치와 예술을 애호하는 데카당스와 b) 종교적-도덕적 파토스의 암울, 감각에 대한 플라톤적 비방, 기독교에 대한 토대의 준비.

428

심리학자의 퇴폐는 도덕적 특이체질에 의해 어디까지 진행되는지—고대 철학자 중 누구도 "자유롭지 않은 의지" 이론(즉 도덕을 부정하는 이론)에 대한 용기가 없었다. 아무도 쾌감의, 모든 종류의 쾌감("행복")의 전형적인 요소를 권력의 감정으로 정의할 용기를 가지고 있지 않았다. 왜냐하면 권력에 대한 쾌감은 반도덕적이라고 여겨졌기 때문이다. 누구도 덕을 인간종(인종 혹은 폴리스)을 위해 봉사하는 (권력의지의) **반도덕성의 결과**로 파악할 용기가 없었다. 왜냐하면 권력의지는 반도덕성으로 간주되었기 때문이다.

도덕의 전체 발전에서 진리는 나타나지 않는다. 작업을 위해 사용된 모든 개념 요소는 허구이다. 인간이 버팀목으로 의지하는 모든 심리학은 위조이다. 이 거짓의 왕국으로 끌려 들어가게 만드는 모든 논리 형식은 궤변이다. 도덕철학자들 자신을 특징짓고 있는 것, 그것은 지성의 모든 청결함과 자제의 결여이다. 그들은 "아름다운 감정"을 논거로 간주한다. 그들의 "부풀려진 가슴"이 그들에게는 신성의 풀무로 여겨진다. 도덕철학은 정신의 역사에서 외설스러운 부분이다.

최초의 대단한 예: 도덕이라는 이름으로 도덕의 보호자로서 전대미문의 비행이 자행되었다. 그것은 실제로는 모든 면에서 **데카당스**였다.

위대한 그리스 철학자들이 **모든 그리스적 탁월성의 데카당스**를 대표하여 그것을 **전염성 있는** 것으로 만들었다는 사실은 아무리 강조해도 지나치지 않다. 이처럼 완전히 추상화된 "덕"은 자기를 스스로 추상화하고자 하는, 즉 자기를 **분리하려는** 최대의 유혹이었다.

이 순간은 매우 주목할 만하다. 소피스트들은 최초의 **도덕 비판**,

즉 도덕에 대한 최초의 통찰에 가깝다. 그들은 병존하는 도덕적 가치 평가의 다수성(지역적 제약성)을 제시한다. 그들은 모든 도덕이 변증법적으로 정당화된다는 점을 이해시킨다. 다시 말하면 그들은 도덕에 근거를 부여하려는 모든 시도가 필연적으로 **소피스트적**일 수밖에 없음을 알아차린 것이다. 이것은 나중에 플라톤 이래 (칸트에 이르기까지) 고대 철학자들이 대규모로 입증한 명제이다. 그들은 "도덕 그 자체", "선 그 자체"는 존재하지 않으며, 이 영역에서 "진리"에 관해 말하는 것은 사기라는 최초의 진리를 제시한다.

그 당시 **지적 정직성**은 대체 있었는가?

소피스트들의 그리스 문화는 모든 그리스적 본능으로부터 생겨났다. 이 문화가 페리클레스 시대의 문화에 속하는 것은 플라톤이 페리클레스 시대의 문화에 속하지 **않는** 것만큼이나 필연적이다. 소피스트, 그리스 문화의 선구자들은 헤라클레이토스, 데모크리토스, 고대 철학의 학문적 유형들에 있다. 이 문화는 예를 들면 투키디데스의 고급문화 속에서 표현된다. 그리고 마침내 그것은 옳다는 것을 보여주었다. 인식론적인 또한 도덕주의적인 인식이 진보할 때마다 소피스트들은 **복권되었다**. 우리의 오늘날의 사고방식은 고도로 헤라클레이토스적이고, 데모크리토스적이고, 프로타고라스적이다. 그것은 프로타고라스적이다라는 말로도 충분할 것이다. 프로타고라스는 헤라클레이토스와 데모크리토스 양자를 자신 속에 융합했기 때문이다.

(플라톤은 **거대한 칼리오스트로**이다. 에피쿠로스가 그를 어떻게 평가했는지, 피론의 친구인 티몬이 그를 어떻게 평가했는지를 생각해보라. 플라

톤의 정직성은 의문의 여지가 없는 것일까? 그러나 우리는 플라톤이 조건부라도 진리라고 여기지 않았던 것, 즉 "영혼"의 특별한 존재와 특별한 불멸을 절대적 진리로서 가르치고자 했다는 사실을 적어도 알고 있다.)

429

소피스트들은 현실주의자에 불과하다. 그들은 모든 관행적인 가치나 실천을 정식화하여 가치의 순위를 정한다. 그들은 모든 강력한 정신들이 가지고 있는 용기, 즉 자신의 비도덕성을 알 용기를 가지고 있다.

분노와 질투로 기꺼이 서로를 잡아먹을 것 같은 이들 작은 그리스 자유도시가 인도적이고 정직한 원리에 의해 인도되었다는 것을 도대체 믿을 수 있는가? 아테네 사자들이 멜로스 사람들과 멸망이냐 항복이냐에 관해 협상할 때, 그 사자들의 입을 빌려 한 연설을 두고 투키디데스를 도대체 비난할 수 있는가?

이런 끔찍한 긴장의 한복판에서 덕에 관해 말하는 것은 오로지 완벽한 위선자에게나 가능한 일이었다. 아니면 **떨어져 나온 이탈자**, 은둔자, 도망자, 현실로부터의 이주자에게나 가능했다. 이들은 모두 스스로 살아갈 수 있도록 부정했던 사람들이다.

소피스트들은 그리스인이었다. 소크라테스와 플라톤이 덕과 정의의 편을 들었을 때, 그들은 **유대인**이거나 내가 알지 못하는 종류의 사람들이었다. 그로트(G. Grote)가 소피스트들을 변호하는 논법은 잘못되었다. 그는 소피스트들을 명예로운 사람이나 도덕의 표준으로 치켜세우고자 한다. 하지만 그들의 명예는 거창한 말과 덕으로 어떤 사기도 치지 않는 것이었다.

430

모든 도덕 교육 속에 있는 위대한 합리성은 항상 사람들이 여기서 **본능의 확실성**을 달성하고자 했다는 것이다. 그래서 좋은 의도도 좋은 수단도 그 자체로는 먼저 의식 속으로 떠오르지 않았다. 병사가 훈련받는 것처럼, 인간은 행위하는 법을 배워야 했다. 사실 이러한 무의식은 모든 종류의 완전성에 속해있다. 수학자조차 자신의 계산을 무의식적으로 한다.

그런데 변증법을 덕에 이르는 길로 간곡히 권하고, 도덕이 논리적으로 정당화될 수 없음을 알았을 때는 그것을 웃음거리로 삼았던 소크라테스의 반작용은 무엇을 의미하는가? 그러나 도덕이 논리적으로 정당화될 수 없다는 것이야말로 도덕의 **뛰어난 점**이다. 무의식이 없이 도덕은 **아무런 소용이 없다**!

덕에서의 개인적 탁월함의 전제로서 **증명 가능성**을 선두에 놓는 것은 정확히 **그리스 본능의 해체**를 의미했다. 이 모든 위대한 "덕 있는 자들"과 요설가들은 그 자체로 해체의 전형들이다.

실제로 이것이 의미하는 것은, 도덕 판단이 그것으로부터 생장하고 그 안에서만 자신의 의미를 지니는 그런 조건으로부터, 즉 자신의 그리스적이고 그리스적-정치적인 토대로부터 떨어져나와 **승화된** 것처럼 외관을 꾸며 **자연성을 박탈당했다**는 것이다. "선하다", "정의롭다"라는 위대한 개념들은 그것들이 속한 전제들로부터 해방되었고, **자유로워진** "이념(이데아)들"로서 변증법의 대상이 되었다. 사람들은 이 이념들의 배후에서 하나의 진리를 찾는다. 사람들은 이 이념들을 독립적인 실체 내지는 실체의 징후로 간주한다. 사람들은 이념들이 거주하고 유래하는 하나의 세계를 지어낸 것이다.

요약하면, 이런 허튼짓은 플라톤에게서 절정에 도달했다. 그리고 이제는 **추상적이고 완전한** 인간도 거기에 덧붙여 꾸며낼 필요가 있었다. 선하고, 정의롭고, 지혜로운 변증론자를. 요컨대 고대 철학자들의 허수아비를. 모든 토양으로부터 떨어져 나온 식물, 통제하는 특정한 본능이 없는 인간성, 근거를 가지고 자신을 "증명하는" 덕. 완전히 **부조리한** 개인 그 자체! 최고 등급의 **부자연**.

요컨대, 도덕 가치의 탈자연화의 결과로 타락한 **인간 유형**이 창조된 것이다. "선한 자", "행복한 자", "지혜로운 자"가 창조된 것이다. 소크라테스는 인간 역사에서 가장 심각한 도착의 순간을 나타낸다.

431

소크라테스. ―변증법을 위하여 취향을 일변시킨 것은 하나의 커다란 의문부호이다. 본래 무슨 일이 일어난 것인가? 이 급격한 변화를 관철한 평민 소크라테스는 고귀한 취향, 즉 **고귀한 자**의 취향에 대해 승리하게 되었다. 천민이 변증법으로 승리를 거둔 것이다. 소크라테스 이전에는 변증법적 방식은 좋은 사회에서 거부되었다. 변증법이 사람들을 웃음거리로 만든다고 여겨졌다. 청년은 그것에 대해 경고를 받았다. 무엇을 위해 근거를 진열해야 하는가? 도대체 무엇을 위한 증명인가? 사람들은 다른 사람에 대해 권위를 가진다. 명령했다. 이렇게 말하는 것만으로도 충분했다. 그들 사이에는, 즉 동류 사이에는 관습이 있고, 따라서 권위도 있다. 게다가 결국에는 사람들은 "서로를 이해했다!" 변증법이 들어설 자리는 없었다. 사람들은 자신의 논거를 공공연하게 제시하는 것도 불신했다. 모든 정직한 것은 그 근거를 그런 식으로 손안에 쥐고 있지 않다. 다섯 손가락을 죄다 펴 보이는 것에는 뭔가 상스러운 데가 있다. "증명될" 수 있는 것은 가치가 별로 없다. 변증법이 의심을 불러일으킨다는 것, 설득력이 적다는 것, 이것을 모든 당파의 연설가들의 본능은 알고 있다. 변증가의 효과만큼 소실되기 쉬운 것도 없다. 변증법은 오로지 **긴급 방어** 수단에 지나지 않는다. 긴급 상황이어야 하며, 자신의 권리를 **강탈하지** 않을 수 없는 때여야 한다. 그렇지 않으면 사람은 그것을 사용하지 않는다. 그러므로 유대인들은 변증론자였고, 라이네케 여우도 그랬고, 소크라테스도 그랬다. 그들은 무자비한 도구를 손에 쥐고 있다. 그들은 그것으로 압제할 수 있다. 그들은 승리함으로써 사람들을 폭로하여 웃음거리로 만든다. 그들은 백치가 아니라는 증명을 희생자에게 맡긴다. 상대편을 격분시켜 어쩔 줄 모르게 만들면서, 그들 자신은 냉정하고 의기양양한 이성을 잃지 않는다. 그들은 반대편의 지성을 무력하게 만든다. 변증가의 아이러니는 천민 복수의 한 가지 형식이다. 압박당한 자는 삼단논법의 차가운 칼날에서 자신의 포악함을 발견한다.

지나치게 흥분하는 과민한 감성과 열정을 가진 사람인 플라톤에게서 개념의 마법은 너무나 커서, 그는 자기도 모르게 개념을 이상적 형식으로 숭배하고 신격화했다. 변증론-도취: 그것으로 자기 자신을 지배할 수 있는 의식에 불과하다. 권력의지의 도구이다.

432

소크라테스의 문제.—두 가지 대립, 즉 **비극적** 성향과 **소크라테스적** 성향—양자 모두 삶의 법칙으로 측정된 것이다.

어느 정도로 소크라테스적 성향이 데카당스의 현상인지 하는 문제. 강한 건강과 힘이 어느 정도로 과학적 인간의 전체 습성과 변증법과 유능함과 강직함 속에도 나타나는지의 문제. (**평민**의 건강과 그의 악의, 프롱드 당 정신과 그것의 명석함과 **악당 근성**이 **영리함**에 의해 제어되고 있다. "추악하다".)

추악화, 즉 자기 조소, 변증법적 가뭄, **폭군**(본능)에 대항하는 폭군으로서의 영리함. 소크라테스에게서는 모든 것이 과장되어있고, 기괴하며, 캐리커처이다. 그는 볼테르의 본능을 몸속에 지닌 익살 광대이다. 그는 새로운 종류의 경기(Agon)을 발견한다. 그는 아테네 상류사회에서 제일가는 검투사이다. 그는 오직 **최고의 영리함**만을 대표한다. 그는 그것을 "덕"이라고 부른다. (그는 그것을 **구원**이라고 파악했지만, **영리해지는** 것은 그의 자유가 아니었다. 그것은 가혹한 것이었다.) 정념과 싸우기 위해서가 아니라 이성적 근거와 싸우기 위해 자기를 통제한다. (스피노자의 **책략**, 정념의 오류들을 분석한다.) 정념으로 영향을 미치는 사람을 어떻게 잡아내는지를 발견한다. 정념의 영향은 비논리적으로 진행된다는 사실을 발견한다. **원한 감정**의 뿌리에 상처를 내기 위한 자기 조소의 훈련.

나는 어떤 편파적이고 특이한 상태로부터 소크라테스의 문제가, 즉 이성=덕=행복이라는 등식이 도출되었는지를 파악하려 한다. 이처럼 부조리한 동일성 이론으로 소크라테스는 **매혹했다**. 고대 철학은 이 매혹으로부터 다시는 벗어날 수 없었다.

객관적 관심의 절대적 결여, 학문에 대한 증오, 자기 자신을 문제로 여기는 특이체질. 소크라테스의 환청은 병적 요소이다. 정신이 풍요롭고 독립적인 곳에서는 도덕과 관계하는 것이 가장 큰 저항을 받는다. 소크라테스가 **도덕 편집광**이라는 것은 어찌 된 일일까? 모든 실천 철학은 위급 상황에서는 즉각 전면에 등장한다. 도덕과 종교가 주요 관심사가 되는 것은 위급 상황의 신호이다.

433

충동의 야성에 대항할 무기로서의 영리함, 명쾌, 냉혹과 논리성. 충동은 위험하고 몰락을 위협하는 것임이 틀림없다. 그렇지 않으면 영리함을 발전시켜 이러한 폭군이 되도록 하는 것은 아무런 의미가 없다. 영리함을 **폭군으로 만드는 것**, 하지만 **그러기 위해서는** 충동이 폭군이어야 한다. 이것이 문제이다. 그것이 당시에는 매우 시의적절한 문제였다. 이성 = 덕 = 행복이 되었다.

해결책: 그리스 철학자들이 토대로 삼았던 내적 경험의 근본 사실은 소크라테스와 동일한 것이었다. 과도한 탐닉, 무질서와 무절제로부터 다섯 걸음밖에 떨어져있지 않았다. 모두가 데카당스 인간이었다. 그들은 소크라테스를 의사로 여겼다. 논리를 권력에의 의지로, 자기 지배와 "행복"에의 의지로 여겼다. 소크라테스에게서 본능의 야성과 무질서는 **데카당스의 징후**이다. 논리와 이성적 명쾌함의 과잉 성숙도 마찬가지다. 둘 다 비정상적인 것이며, 양자는 서로에 속한다.

비판. 데카당스는 "행복"에 대한 이러한 집착에서 자신을 드러낸다(여기서 행복은 "영혼의 구원", 다시 말해 자신의 상태를 위험으로 느끼는 것이다). 그들의 행복에 대한 관심의 광신주의는 토대가 병들어 있음을 보여준다. 그것은 삶의 주요 관심사였다. **이성적인가 아니면** 몰락하는가는 그들 모두의 앞에 놓인 **양자택일**의 문제였다. 그리스 철학자들의 도덕주의는 그들 자신이 위험에 처해있다고 느끼고 있었다는 것을 보여준다.

434

왜 모든 것이 연극 연기로 끝났는가. 초보 심리학은 인간의 의식된 계기만을 원인으로 고려했고, "의식성"을 영혼의 속성으로 간주했으며, 모든 행위의 배후에서 하나의 의지를 (즉 하나의 의도를) 찾았다. 이 심리학은 대답만 하면 되었다. 첫째, '**인간은 무엇을 원하는가?**'라는 물음에 대한 대답: 행복("권력"이라고 대답해서는 안 되었다. 이것은 비도덕적일 수도 있기 때문이다). 따라서 인간의 모든 행위 속에는 그 행위로써 행복을 달성해야 하는 의도가 들어있는 것이다. 둘째, 인간이 실제로 행복에 도달하지 못한다면, 그것은 무엇 때문인가? 수단과 관련하여 잘못이 있기 때문이다. **어떤 것이 행복에 이르는 틀림없는 수단인가?** 대답: **덕**. 왜 덕인가? 덕은 최고의 합리성이고, 합리성은 수단을 잘못 잡는 오류를 불가능하게 만들기 때문이다. 즉, 이성으로서 덕은 행복에 이르는 길이다. 변증법은 덕의 끊임없는 작업이다. 왜냐하면 그것은 지성의 온갖 혼탁과 온갖 정념을 배제하기 때문이다.

실제로 인간은 "행복"을 원하지 않는다. 쾌감은 권력 감정이다. 정념을 배제하면, 최고로 권력 감정을, 즉 쾌감을 주는 상태를 배제하는 것이다. 최고의 합리성은 온갖 종류의 도취를 수반하는 행복감을 주는 것으로부터는 거리가 먼 냉정하고 명료한 상태이다.

고대의 철학자들은 도취시키는 것, 즉 의식의 절대적인 냉정함이나 중립성을 해치는 것 모두를 공격한다. 그들은 의식이 높은 상태, 최고의 상태이며, 완전성의 전제라는 그릇된 전제를 토대로 일관성이 있었다. 실은 그 반대가 참인데도.

의지로 원하는 만큼, 의식하는 만큼, 어떤 종류의 행위에도 완전성은 없다. 고대 철학자들은 **최대의 서투른 실천가**였다. 왜냐하면 그들은 이론적으로 자신들이 서투르다고 선고했기 때문이다. 실천에서는 모든 것이 거짓 연기가 되어버리고 말았다. 따라서 피론(Pyrrhon)[1]처럼 이를 간파한 자는 누구나 판단하듯이 판단했다. 즉, 선의나 정직이라는 면에서 "소인들"이 철학자들보다 훨씬 낫다고.

---

1) 엘리스의 피론(Pyrrhon ho Eleios)은 그리스 최초의 회의론자이자 피로니즘(Pyrrhonism)의 창시자로 여겨지는 고대 그리스 철학자이다. 그는 그리스 엘리스에서 태어나 기원전 365/360년경부터 기원전 275/270년까지 살았던 것으로 추정된다. 피론은 그가 대제사장으로 봉사했던 올림피아에 있는 제우스 신전의 신탁을 해석한 엘리스의 선견자 일족인 '클리티디아이(Klytidiai)'의 일원이었을 것이다. 피론의 철학은 주로 아타락시아(ataraxia) 상태, 즉 정신적 동요로부터의 자유를 달성하는 데 관심이 있었고, 그는 아타락시아가 생각과 인식에 대한 신념(도그마)을 피함으로써 발생할 수 있음을 관찰했다. 피론은 글을 쓰지 않았다. 오늘날 우리가 피론주의로 알고 있는 것의 대부분은 피론이 죽은 지 400년이 넘어서 섹스투스 엠피리쿠스(Sextus Empiricus)가 쓴 책에 기반한다.

고대의 더욱 깊은 본성의 소유자 전부는 **덕의 철학자들**에게 구토를 느꼈다. 그들 속에서 싸우기를 좋아하는 자와 배우를 보았기 때문이다. (**플라톤**에 대한 **에피쿠로스** 측과 **피론** 측의 평가.)

결과: 삶의 실천에서는, 인내와 선의와 상호부조에서는 소인들이 덕의 철학자들보다 낫다. 이것은 도스토옙스키나 톨스토이가 자기 나라의 농부들을 위해 주장하는 것과 거의 같은 판단이다. 즉, 소인들은 실천에 있어서 더 철학적이며, 삶의 긴급한 문제를 처리하는 방식도 더 과감하다.

435

철학자 비판에 대하여.— 데카당스에 **맞서** 싸움으로써 데카당스로부터 빠져나온다는 것은 철학자와 도덕주의자의 자기기만이다. 그것은 그들의 의지대로 할 수 있는 일이 아니다. 그리고 그들이 아무리 인정하지 않는다고 해도 그들이 데카당스의 가장 강력한 촉진자라는 사실은 이윽고 폭로된다.

그리스의 철학자들, 예컨대 플라톤. 그는 폴리스로부터, 경기로부터, 군사적 유능함으로부터, 예술과 아름다움으로부터, 비밀 종교의식으로부터, 전통과 선조에 대한 신앙으로부터 본능을 잘라냈다. 그는 귀족의 유혹자였다. 그 자신은 평민 소크라테스에게 유혹당했다. 그는 "고귀한 그리스인"의 모든 전제를 성실하게 부정했고, 변증법을 일상적 실천으로 도입했으며, 전제군주와 공모했고, 미래의 정치를 획책했으며, **옛것으로부터 본능을** 가장 완전하게 **분리한** 본보기를 제시했다. 그는 모든 **반**그리스적인 것에서 깊고 격정적이다.

이들 위대한 철학자들은 차례대로 전형적인 데카당스 형식을 나타내고 있다. 도덕적-종교적 특이체질, 아나키즘, 허무주의(adiaphora, 무관심), 냉소주의, 경직, 쾌락주의, 반동주의.

"행복", "덕", "영혼의 구원"에 대한 질문은 쇠퇴하는 본성에 있어서 **생리학적 모순**의 표현이다. 그들의 본능 속에는 **무게중심**이, 즉 '**어디로?**'가 없다.

436

변증법과 이성에 대한 믿음은 어느 정도까지 여전히 **도덕적** 편견에 기반을 두고 있는가. 플라톤에게서 우리는 일찍이 선의 지성 세계에 살았던 주민으로서 지금도 여전히 그 시기의 유산을 소유하고 있다. 신적인 변증법은, 선에서 유래하는 것으로서, 모든 선으로 인도한다(그러므로 흡사 "뒤로" 인도하는 것과 같다). **선한** 신을 만물의 창조자로 믿는 기독교적, 도덕적 근본 사고방식에서 신의 진실성이야말로 우리에게 감각 판단을 **보증한다**는 개념을 데카르트도 가지고 있었다. 우리의 감각과 합리성에 대한 종교적 인가와 보증을 떠나서—우리는 어디에서 실존을 신뢰할 권리를 얻을 수 있는가! 사유가 심지어 현실적인 것의 척도라는 사실—사유할 수 없는 것은 존재하지 않는다는 사실은 (사물의 근거에 있는 본질적 진리의 원리에 대한) 도덕주의적 맹신의 야만적 극치이며, 그 자체로 우리의 경험과 매 순간 모순되는 미친 주장이다. 어느 정도까지 존재하는가는 우리로서는 전혀 사유할 수 없는 일이다.

437

그리스의 진정한 철학자들은 소크라테스 이전의 철학자들이다(소크라테스와 더불어 무언가가 변한다). 그들은 모두 고귀한 인물이고, 민중과 습관에서 떨어져있으며, 여행하고, 음울하리만큼 진지하며, 느긋한 눈으로 국사와 외교에도 소원하지 않다. 그들은 현자보다 먼저 사물에 대한 온갖 위대한 개념을 가진다. 그들은 이 개념들을 스스로 표현하고 체계화한다. 철학자 유형의 이 갑작스러운 풍요로움보다, 철학적 이상의 위대한 가능성이 이처럼 의도하지 않고서도 완전하게 수립된 것보다 그리스 정신에 대해 더 높은 개념을 제공하는 것은 없다. 나는 그 후에 등장할 자 중에서는 오직 한 명의 독창적인 인물만을 안다. 늦지만 필연적으로 최후에 나타나지 않을 수 없는 자—허무주의자 **피론**이다. 그는 그동안 상위에 있던 모든 것에 맞서는, 즉 소크라테스학파와 플라톤에 **맞서는** 본능을 지니고 있다.

헤라클레이토스의 예술가 낙관주의. (피론은 프로타고라스를 거쳐서 데모크리토스로 되돌아간다.)

현명한 피로: 피론. 비천한 사람들 사이에서 비천하게 산다. 아무런 긍지도 없다. 평범한 방식으로 산다. 모든 이들이 믿는 것을 공경하고 믿는다. 학문과 정신을 경계하고, **부풀려지는** 모든 것을 경계한다. 단순하다, 즉 형언할 수 없을 정도로 인내하고, 근심이 없으며, 온화하다. 무격정(아파테이아, ἀπάθεια) 또는 그보다는 온화함(프라우테스, πραΰτης). 그리스를 위한 불교도. 학파들의 소요 사이에서 성장했다. 뒤늦게 나타났고 지쳐있었다. 변증론자들의 흥분에 대한 피

로한 자의 저항. 모든 사물의 중요성에 대한 피로한 자의 저항. 그는 **알렉산드로스**를 보았고, **인도의 고해자**를 보았다. 그처럼 뒤늦게 나타난 세련된 자들에게는, 모든 비천한 것, 모든 빈곤한 것, 모든 백치 같은 것조차 유혹적으로 작용했다. 이것들은 마비시킨다. 이완시키는 것이다(파스칼). 다른 한편으로 이들은 우글거리는 군중 속에서 다른 모든 사람과 혼동되면서 다소간 따스함을 느낀다. 이들 피로한 자들은 따스함을 필요로 한다.

모순을 극복한다, 경쟁하지 않는다, 두드러지겠다는 의지도 없다. 그것은 **그리스적** 본능을 부정하는 것이다. (피론은 산파였던 누이와 함께 살았다.)

지혜를 위장하여 지혜가 더는 두드러지지 않도록 한다. 지혜에 빈곤의 누더기 망토를 씌운다. 가장 비천한 일을 한다. 시장에 나가 새끼 돼지를 팔기도 한다. 달콤함, 밝음, 무관심, 몸짓을 요구하는 어떤 덕도 없다. 덕에 있어서도 서로 대등하게 대한다. 최후의 자기 극복, 최후의 무관심.

피론과 에피쿠로스는 그리스적 데카당스의 두 형태이다. 변증법과 **배우처럼 연기하는** 모든 덕을 증오한다는 점에서 서로 닮았다.—이 둘을 합친 것이 당시에는 철학으로 불렸다.—그들은 자신들이 사랑하는 것을 고의로 깔보고, 저속하고 심지어 경멸스럽기까지 한 이름을 골라 그것에 붙이며, 병든 것도 아니고 건강한 것도 아니고, 산 것도 아니고 죽은 것도 아닌 상태를 표현한다. 에피쿠로스는 좀 더 단순하고 목가적이며 감사할 줄 안다. 피론은 좀 더 여행을 좋아하고 방탕하며 허무주의적이다. 그의 삶은 위대한 **동일성 이론**(행복

=덕=인식)에 대한 하나의 항의였다. 학문을 통해 올바른 삶을 찾을 수는 없다. 지혜는 "현명하게" 만들지 않는다. 올바른 삶은 행복을 원하지 않는다, 행복을 도외시한다.

438

에피쿠로스가 감행한 것과 같은 "낡은 신앙"에 대한 투쟁은 엄밀한 의미에서는 **미리부터 있던** 기독교에 대한 투쟁이었다.—이미 암울해지고 도덕화하고 죄책 감정으로 시어빠지고 늙고 병들어버린 낡은 세계에 대한 투쟁이었다.

고대 세계의 "도덕의 퇴폐"가 아니라 바로 고대 세계의 도덕화가 기독교가 고대 세계를 지배할 수 있게 되었던 유일한 전제 조건이었다. 도덕 광신주의(요컨대 플라톤)가 이교적 가치를 전도시키고 그 무구함에 독을 섞음으로써 이교를 파괴해버렸다.

이때 파괴된 것이 지배자가 된 것에 비해 더 높은 것이었다는 점을 우리는 마침내 깨우쳐야만 한다! 기독교는 심리적인 퇴폐에서 성장하며, 오직 퇴폐한 토양에서만 뿌리를 내렸던 것이다.

439

과학성: 길들이기 또는 본능으로서.—그리스 철학자들에게서 나는 **본능의 쇠퇴**를 본다. 그렇지 않다면 그들은 **의식된** 상태를 더 가치 있는 것으로 상정하는 실수를 하지는 않았을 것이다. 의식의 **강도**는 뇌 신경 전달의 용이성과 신속성과는 반비례한다. 그들에게서는 본능에 관해 정반대의 견해가 지배하고 있었다. 그것은 항상 본

능이 **약해졌다**는 신호이다.

사실, 우리는 삶이 가장 적게 의식되는 곳에서 (즉, 삶의 논리, 삶의 근거, 삶의 수단과 의도, 삶의 유용성이 가장 적게 보이는 곳에서) **완전한 삶**을 찾아야 한다. 양식의, 양식 있는 사람의, 온갖 종류의 "소인들"의 사태로의 회귀. 한 번도 자기의 원칙들을 의식하지 않았고, 심지어 원칙들 앞에서 약간의 전율까지 느꼈던 몇 세대에 걸쳐 **보관된 정직과 현명함**.

이성적으로 따지는 덕에 대한 요구는 이성적이지 않다. 철학자가 그런 요구를 하면 웃음거리가 된다.

440

이어지는 세대 전체를 걸친 연습을 통해 도덕이—말하자면 섬세, 신중, 용감, 공평이—저장되면 이 축적된 덕의 총력은 정직성이 가장 희박한 영역 속으로까지, 즉 **정신적** 영역 속으로까지 그 빛을 비춘다. 모든 의식화 속에는 유기체의 불쾌감이 표현된다. 무언가 새로운 것이 시도되어야 한다. 그러기 위한 적절히 있어야 할 것이 충분히 있지 않다. 노고와 긴장과 과민이 있다. 이들 모두가 바로 의식화인 것이다.

천재는 본능 속에 자리 잡고 있다. 선의도 마찬가지다. 본능적으로 행동하는 한에서만 사람은 완전하게 행동한다. 도덕적으로 고찰해보아도 의식적으로 진행되는 모든 사유는 단순히 잠정적이며, 대개는 도덕과 대립하는 것이다. 사상가가 이성적으로 따지기 시작하면, 과학적 정직성은 언제나 빠지게 된다. 시험해보라, 가장 현명한 자들에게 도덕을 말하게 함으로써 그들을 황금의 저울에 달아보라.

의식적으로 진행하는 모든 사유는 동일인의 사유가 **본능**에 의해 인도될 때보다 훨씬 저급한 도덕성을 표현한다는 사실은 입증될 수 있다.

441

소크라테스, 플라톤, 소크라테스학파 전체에 대한 투쟁은 깊은 본능에서 출발하는데, 그것은 덕이 증명될 수 있고 근거를 요구하는 것으로서 인간에게 제시될 때는 인간을 **개선하지** 못한다는 본능이다.

결국, 이 모든 타고난 변증론자들이 자신의 **개인적 능력**이 **최고의 특성**이라고 찬미하고 또 그 외의 모든 선은 그 특성에 의해 제약된 것으로 서술하도록 투쟁 본능이 강요했다는 것은 정말 보잘것없는 사실이다. 이러한 "철학" 전체의 **반과학적** 정신: 철학은 자신이 **옳다고 주장하려 한다**.

442

이것은 이상한 일이다. 우리는 그리스 철학이 처음부터 인식론 혹은 회의라는 수단을 가지고 과학에 대한 투쟁을 벌이는 것을 발견한다. 무엇 때문에? 언제나 **도덕**을 위해서.

(물리학자와 의사에 대한 증오.) 소크라테스, 아리스티포스, 메가라학파, 견유학파, 에피쿠로스, 피론. **도덕**을 위해 행해진 인식에 대한 총공격. (또한 변증법에 대한 증오.) 한 가지 문제가 남는다. 그들은 과학에서 벗어나기 위해 소피스트 궤변론에 접근한다. 반면, 물리학

자는 모두 진리의 도식과 참된 존재의 도식을 그들의 토대로 받아들일 정도로 완전하게 그것에 예속되어있었다. 예컨대 원자, 4원소(다양성과 변화를 설명하기 위한 존재자의 병존). 관심의 객관성에 대한 경멸이 가르쳐진다. 실천적 관심으로의, 인식의 개인적 유용성으로의 회귀.

과학에 대한 투쟁은 1. 과학의 파토스(객관성), 2. 과학의 수단(말하자면 과학의 유용성), 3. 과학의 성과(유치한 것으로서)를 향한다.

이것은 나중에 **교회** 측이 경건성의 이름으로 행했던 것과 같은 투쟁이다. 인식론은 그때 칸트나 인도인에게서 했던 것과 같은 역할을 한다. 아무도 그것에 마음을 쓰려고 하지 않는다. 누구나 자신의 "길"을 위해 재량권을 가지려 한다.

그들은 본래 무엇으로부터 자신을 방어하는 것인가? 구속, 법칙성, 손에 손을 맞잡고 가라는 강요로부터. 사람들은 이것을 **자유**라고 부른다고 나는 믿고 있다.

여기에는 데카당스가 표현된다. 연대가 **압제**로 느껴질 정도로 연대의 본능이 변질되었다. 그들은 어떤 권위도, 어떤 연대도 원하지 않고, 대오를 정렬하여 천천히 움직이는 질서 속으로 편입되는 것을 원하지 않는다. 그들은 과학의 정해진 걸음걸이와 속도를 증오한다. 그들은 과학적 인간의 관계하지 않으려는 의지, 긴 호흡과 개인적 무관심을 증오한다.

443

근본적으로 도덕은 과학에 대해 **적대적인** 성향을 지니고 있다. 이미 소크라테스가 그러했다. 과학은 "선"과 "악"과는 아무런 관련이 없는, 따라서 "선"과 "악"의 감정을 **중시하지 않는** 사물을 중요하게 여기기 때문이다. 즉, 도덕은 전체 인간과 그의 총력이 도덕에 종사하는 것을 바란다. 인간이 식물이나 별을 진지하게 염려한다면, 도덕은 이것을 낭비해도 좋을 만큼 **풍부하지 못한** 자의 낭비라고 여긴다. 따라서 소크라테스가 도덕화의 병을 과학에 끌어들였을 때, 과학 정신은 급격히 쇠퇴했다. 데모크리토스, 히포크라테스와 투키디데스와 같은 사람들의 성향 속에 있는 높이는 두 번 다시 도달되지 않았다.

444

철학자와 **과학적 인간**의 문제.—나이의 영향, 우울한 습관(칸트류의 칩거, 과로, 두뇌의 영양 부족, 독서). 더욱 본질적으로는, 데카당스의 징후가 이미 이런 일반성으로의 경향에 있었던 것이 아닐까. **의지의 분산으로서의 객관성**(그렇게 멀리 떨어져있을 수 있다). 이것은 강한 충동에 대한 비상한 무관심을 전제한다. 즉, 일종의 고립, 예외적 입장, 정상적 충동에 맞서는 저항을 전제한다.

유형: **고향**에서 벗어나 더욱더 먼 지역으로의 방랑, 이국적인 것의 증가, 옛 명령의 침묵. 이처럼 "어디로?"("행복")라는 지속적인 질문은 유기적 형태로부터의 **이탈**의 신호이자 내부로부터의 파탄이다.

문제: **과학적 인간**이 철학자보다 오히려 더 데카당스의 징후이지 않을까? 과학적 인간은 전체로서가 아니라 단지 그의 **일부**만이 전적으로 인식에 바쳐지고 있고, 하나의 편협한 구석과 관점만을 위

해 길들여 있다. 여기서 그는 강한 종족이나 건강의 모든 덕이 필요하다. 위대한 엄격함, 남성성, 현명함. 그는 문화의 피로의 징후라기보다는 문화의 고도의 다양성에 대한 징후이다. 데카당스 학자는 불량한 학자이다. 반면 데카당스 철학자는 이제까지 적어도 전형적인 철학자로 여겨졌다.

445

철학자들 사이에서 **지적 정직성**보다 더 희귀한 것은 없다. 아마 그들은 그 반대를 말하고, 아마 그렇게 믿고 있을지도 모른다. 그러나 그들이 하는 모든 일에 수반되는 것은 그들이 단지 특정한 진리만을 허용한다는 점이다. 그들은 자신들이 무엇을 증명해야 하는지를 알고 있고, 이 "진리"에 관해 일치를 보고 있다는 점에서 자신들을 철학자로 인식한다. 예를 들면 도덕적 진리들이 있다. 그러나 도덕에 대한 믿음이 도덕성의 증거는 아니다. 그러한 믿음이 단순히 **비도덕성**인 경우들이 있는데, 철학자들의 경우가 여기에 속한다.

446

도대체 무엇이 철학자에게서 퇴보한 것인가?—철학자가 자신의 성질을 "최고선"에 도달하기 위한 필연적이고 유일한 성질로 가르친다는 것(예컨대 플라톤의 변증법). 모든 종류의 인간을 차츰차츰 최고 유형으로서의 자기 유형으로 상승시키는 것. 일반적으로 존중받는 것을 경시하는 것. 지고의 **성직자** 가치와 **세속적** 가치 사이의 틈새를 벌려놓는 것. 무엇이 참이고, 신이 무엇이고, 목표가 무엇이고,

길이 무엇인가를 **아는** 것. 전형적인 철학자는 여기서 절대적 독단론자이다. 만약 그가 회의가 필요하다면, 그것은 **자신의 주요 사항**을 독단적으로 말하기 위해서이다.

447

철학자가 경쟁자, 예컨대 과학과 맞서 싸운다. 그때 철학자는 회의론자가 된다. 그때 그는 과학적 인간에게서는 인정하지 않는 **인식의 형식**을 자신이 가지고 있다고 주장한다. 그때 그는 무신론이나 유물론의 혐의가 발생하지 않도록 사제와 제휴한다. 그는 자신에 대한 공격을 도덕, 덕, 종교, 질서에 대한 공격으로 간주한다. 그는 반대자를 "유혹자"라든가 "전복자"라는 악평을 듣게 만드는 법을 알고 있다. 이때 그는 권력과 손잡는다.

철학자가 다른 철학자들과 싸울 때, 그는 상대가 무정부주의자, 불신자, 권위의 적대자로 보이도록 몰아붙이고자 한다. 요약하면, 그가 싸우는 한, 그는 순전히 사제처럼, 사제 계급처럼 싸운다.

3. 철학자의 진리와 오류

448

칸트가 정의한 철학은 "**이성의 한계에 관한 학문**"이다!!

449

아리스토텔레스에 따르면, 철학은 진리를 발견하는 기술이다. 이와는 반대로 에피쿠로스학파는 아리스토텔레스의 감각주의적 인식론을 이용했고, 진리 탐구를 전적으로 빈정대며 거부했다. "**삶**의 기술로서의 철학".

450

세 가지 위대한 순진함:

인식은 행복에 이르는 수단이다(마치 ~인 것처럼).

덕에 이르는 수단이다(마치 ~인 것처럼).

삶을 부정하는 수단이다. 인식이 실망에 이르는 수단인 한에서(마치 ~인 것처럼).

451

우리가 어떻게든 접근할 수 있는 "진리"가 있는 것인가!

452

오류와 무지는 숙명적이다. **진리가 발견되고**, 무지와 오류는 끝났다는 주장은 있을 수 있는 최대 유혹의 하나이다.

이 주장이 믿어진다면, 이로써 시험과 탐구와 신중과 실험에의 의지는 마비되고 만다. 이 의지는 그 자체 모독적인 것으로, 말하자면 진리에 대한 **의심**으로 간주될 수 있다.

따라서 "진리"는 오류와 무지보다 **더** 숙명적이다. 왜냐하면 진리가 해명과 인식을 위해 작업하는 힘을 묶어버리기 때문이다.

게으름의 격정이 이제 "진리"의 편을 든다. ("사유는 고난이고 불행이다!") 질서, 규칙, 소유의 행복, 지혜의 긍지도 마찬가지다. 요약하자면 **허영심**도 마찬가지다. **시험하는** 것보다 **복종하는** 것이 더 편안하다. "나는 진리를 가지고 있다."라고 생각하는 편이 자신의 주변에서 오직 암흑만을 보는 것보다 더 기분 좋은 일이다. 무엇보다도 그것은 마음을 진정시키고, 신뢰를 주고, 삶을 가볍게 해준다. 그것은 **불신을 줄여주는** 한에서 **성격**을 "개선한다". "영혼의 평화", "양심의 평온", 이들 모두는 **진리가 거기에 있다**는 전제 아래서만 가능한 허구들이다. "그 열매로 그들을 알지니." "진리"는 진리다. 왜냐하면 그것이 인간을 개선하기 때문이다. 이 과정은 계속된다. 모든 선과 모든 성공은 진리의 책임이다.

이것은 힘의 증명이다. 공동체와 개인의 행복, 만족, 복지는 이제

도덕에 대한 믿음의 결과라고 이해된다. 뒤집어 말하면, 나쁜 결과는 믿음의 결여에서 비롯된다.

453

오류의 원인은 인간의 악한 의지와 마찬가지로 **선한 의지** 속에도 있다. 인간은 자신의 선한 의지 속에 고통을 받지 않기 위해 많은 경우에 사실을 숨기고, 그것을 위조한다. 예컨대 인간 운명의 조종자로서의 신, 또는 모든 것이 영혼의 구원을 위해 고안되고 보내진 것처럼 자신의 하찮은 운명을 해석하는 것. 비교적 섬세한 지성이라면 불결과 위조로 여기지 않을 수 없는 이 문헌학의 결핍은 평균적으로는 선한 의지의 영감을 받아 행해진다. **선한 의지**, "고귀한 감정", "고양된 상태"는 그 수단에 있어서는 도덕적으로 거부되고 이기적이라 불리는 격정인 사랑, 증오, 복수와 같은 위조범이자 거짓 말쟁이다.

오류는 인류가 가장 비싼 대가를 치르는 것들이다. 크게 보자면, 인류를 가장 깊이 상처 입혀온 것은 "선한 의지"의 오류이다. 행복하게 만드는 망상은 직접적으로 나쁜 결과를 가져오는 망상보다 더 퇴폐적이다. 후자는 이성을 날카롭게 하고, 불신하게 만들고, 정화한다. 전자는 이성을 잠들게 한다.

아름다운 감정, "숭고한 격동들"은 생리학적으로 말하자면 마취제에 속한다. 그것의 남용은 다른 아편을 남용했을 때와 똑같은 결과를 가져온다. **신경쇠약**을.

454

오류는 인간이 자신에게 허락할 수 있는 가장 값비싼 사치다. 그리고 오류가 더욱이 생리학적인 오류이면, 그것은 치명적인 위험이 된다. 그렇다면 인류는 지금까지 가장 많은 값을 치르고도 가장 나쁜 보상을 받고 있는가? 그들의 "진리들"을 위해서이다. 왜냐하면 이 진리들이란 모두 생리학상의 오류들이었기 때문이다.

455

심리학적인 **혼동: 믿음에 대한 요구**는 "진리에의 의지"와 혼동된다(예컨대 칼라일에게서). 그런데 **불신에 대한 요구**도 마찬가지로 "진리에의 의지"와 혼동되었다(여러 가지 이유로 어떤 믿음에서 빠져나오고 싶다는 욕구, 어떤 "믿는 자들"에 비해 자신이 옳다는 주장). **회의론자에게 영감을 주는 것은 무엇인가?** 독단론자에 대한 **증오**—혹은 피론의 경우처럼 평온에 대한 욕구, 피로.

사람들이 진리로부터 기대했던 **이익**은 진리에 대한 믿음의 이익이었다. 즉, 그 자체로는 진리는 도리어 철저하게 고통스럽고 해로우며 숙명적일 수 있다. 사람들은 "진리"에 다시 이의를 제기하고 싸울 때는 승리가 이익을 약속했을 때만이다. 예를 들면 지배 세력으로부터의 해방을.

진리의 방법은 진리의 동기에서 발견된 것이 **아니라 권력의 동기와 우월해지려는 의지의 동기로부터** 발견된 것이다.

진리는 **무엇으로 증명되는가?** 고양된 권력의 감정으로, 유용성으로, 불가결성으로. **요약하면 이익들로.** (즉, 우리에게 승인받기 위해서는 진리는 어떤 종류의 성질을 가져야 하는가 하는 전제들로.) 그러나 이것은 하나의 **편견**이다. 문제는 **진리**가 전혀 아니라는 징후이다.

예컨대 공쿠르 형제에게서 "진리에의 의지"는 무엇을 의미하는가? **자연주의자들**에게서는? "객관성"에 대한 비판.

왜 인식하는가, 왜 차라리 속지 않는가? 사람이 원했던 것은 항상 믿음이었다. 진리가 아니었다. 믿음은 연구 방법론과는 **반대의** 수단을 통해 만들어졌다. **믿음은 연구 방법론 자체를 배제한다**.

456

어느 정도의 믿음은 오늘날 우리에게는 믿어지는 것에 대한 **이의 제기**이기에 충분하며, 나아가 믿는 사람의 정신 건강에 대한 의문부호로도 충분하다.

457

순교자.—외경에 토대를 두고 있는 모든 것을 공격하기 위해서는 공격자 측에서는 다소 대담하고 가차 없으며 심지어 파렴치하기까지 한 성향이 필요하다. 인류는 수천 년 동안 단지 오류만을 진리로서 신성시해왔다는 것, 인류 자신이 진리에 대한 어떤 비판에도 나쁜 성향의 징후라는 낙인을 찍었다는 것을 고려해보면, 유감스럽게도 인정하지 않을 수 없는 것은 공격의 주도권, 말하자면 **이성**이라는 주도권을 쥐기 위해서는 상당한 **비도덕성**이 필요했다는 점이다. 이러한 비도덕주의자들이 언제나 "진리의 순교자"인 체했다는 것은 용서해야 한다. 그런데 사실 그들이 부정하도록 만들었던 충동은 진리에의 충동이 아니라 그 해소와 모독적인 회의와 모험의 쾌감이었다. 다른 경우에는 그들을 문제의 영역으로 몰아세우는 것은 개인적 원한이었다. 그들은 특정한 사람들에게 자신이 옳다는 것을 보여주기 위해 문제와 싸운다. 그러나 과학적으로 유용했던 것은 무엇보다도 복수이다. 억압받은 자들, **지배하는** 진리에 의해 밀려나고 스스로 억압당한 자들의 복수이다.

진리는, 말하자면 과학적 방법론은 그 안에서 투쟁의 도구를, **파괴**의 무기를 간파한 자들에 의해 장악되고 촉진되었다. 그들은 자신의 반대자에게 경의를 표하기 위해 그들이 공격하는 자들의 방식을 따르는 장치마저 필요했다. 그들은 반대자들과 똑같이 "진리"라는 개념을 무조건 자랑거리로 내보였다. 그들은 적어도 태도에 있어서는 광신자가 되었다. 다른 어떤 태도도 진지하게 받아들이지 않았기 때문이다. 그런 후에는 박해와 박해받은 자의 열정과 불안이 그 나머지 일을 해줬다. 증오가 커져서, 결과적으로 과학의 토대 위에 머무르기 위한 전제들이 줄어들었다. 그들 모두가 결국에는 그 반대자와 마찬가지로 그토록 불합리한 방식으로 자신의 올바름을 주장하려 했다. "**확신**", "**믿음**", 순교의 긍지라는 단어. 이것들은 모두 인식을 위해서는 불리한 상태이다. 진리의 반대자가 결국 진리를 결정하기 위해 주관적인 수법 전체를, 즉 태도와 희생과 영웅적 결의를 다시 받아들인 것이다.

다시 말하면, 반과학적 방법의 **지배**를 연장한 것이다.

458

"이론적"과 "실천적" 사이의 위험한 구별. 예컨대 칸트에게서, 하지만 옛 철학자들에게서도. 그들은 마치 순수한 정신성이 그들에게 인식과 형이상학의 문제를 제시하기라도 하는 듯이 군다. 그들은 이론의 대답이 어떠하든 실천은 마치 실천 자체의 고유한 척도에 의해 판단될 수 있다는 듯이 군다.

첫째 것에 대해 나는 **철학자의 심리학**을 제시한다. 그들의 가장 소외된 계산과 "정신성"은 언제나 어떤 생리학적 사실의 가장 퇴색한 최후의 복제에 불과하다. 거기에는 자발성이 완전히 결여되어있다. 모든 것이 본능이고, 모든 것이 처음부터 특정한 궤도로 유도된다.

둘째 것에 대해서는 나는 묻는다. '과연 우리는 선한 행위를 위해 선하게 사유하는 것 이외의 다른 방법을 알고 있는지'라고. 선하게 사유하는 것은 하나의 행위**이다**. 그리고 선한 행위는 사유를 전제한다. 우리는 귀납이나 비교를 통해 이론의 가치를 판단하는 것과는 다른 방식으로 특정한 삶의 방식의 가치를 판단할 능력이 있는가?

순진한 사람들은 바로 이 점에서 우리가 더 나으며, 이 점에 우리는 무엇이 "선"인지를 안다고 믿는다. 철학자들은 그 말을 따라 한다. 우리는 여기에는 하나의 **믿음**이 있을 뿐이며 그 이상은 아니라고 결론짓는다.

"행위해야 한다, **따라서** 한 가지 기준이 필요하다." 고대 회의론자들마저 이렇게 말했다. 결정해야 하는 **급박함**이 여기서 무언가를 **참으로** 간주하는 논거가 된다!

"행위해서는 **안** 된다." 그들의 좀 더 일관성 있는 형제인 불교도들은 이렇게 말했고, 어떻게 행위로부터 해방될 수 있는가의 기준을 생각해냈다.

"**보통 사람**"처럼 적응하고 사는 것, 보통 사람이 옳다고 여기는 것을 옳다고 하고 선하다고 여기는 것. 이것은 **무리 본능**에의 **굴복**이다. 사람은 이러한 굴복을 **수치**로 느낄 정도로 자신의 용기와 엄격함을 몰아세워야 한다. 두 가지 척도를 가지고 살아서는 안 된다! 이론과 실천을 분리하지 마라!

459

이전에 참으로 여겨졌던 것 중에서 참인 것은 하나도 없다. 이전부터 우리에게 신성하지 않고, 금지되고, 경멸스럽고, 불운이라고 허용되지 않았던 것, 이 모든 꽃이 오늘날에는 진리의 사랑스러운 오솔길에서 피어나고 있다.

이 모든 낡은 도덕은 더는 우리와는 상관이 없다. 거기에는 여전히 존경할만한 아무런 개념도 없다. 우리는 그 도덕보다 오래 살아남았다. 우리는 그런 방식으로 기만당해야 할 정도로 조야하지도 유치하지도 않다. 좀 더 정중하게 말하자면, 우리는 그러기에는 너무 덕이 있다.

낡은 의미에서의 진리가 "진리"인 것은 오직 낡은 도덕이 그것을 긍정하고 또 긍정해도 되었기 때문이라면, 우리는 더는 이전의 어떤 진리도 필요로 하지 않는다는 결론이 나온다. 진리에 대한 우리의 **기준**은 결코 도덕성이 아니다. 이로써 우리는 어떤 주장을 논박한다. 즉, 어떤 주장이 도덕에 의존하고 있다는 것을, 고귀한 감정에 의해 영감을 받았다는 것을 증명함으로써 논박하는 것이다.

460

이 모든 가치는 경험적이며 제약되어있다. 그러나 이 가치를 믿는 자, 그것을 숭배하는 자는 바로 이 성격을 인정하려 **하지** 않는다. 철학자들은 모두 이 가치를 믿으며, 그들이 그것을 숭배하는 형식은 그것으로부터 **선험적 진리**를 만들려는 노력이었다. **숭배**의 위조하는 성격.

숭배는 지적 **정직성**에 대한 고도의 시험이다. 그러나 철학의 전체 역사에는 어떤 지적 정직성도 없다. "선에 대한 사랑"만 있을 뿐이다.

이들 가치의 정도를 시험하는 방법의 절대적 결여. 둘째로는, 이들 가치를 시험하고, 대체로 그것을 제약된 것으로 받아들이는 것을 꺼림. 도덕 가치들에서는, 여기서 과학을 배제하기 위해 온갖 반과학적 본능들이 모두 고려되었다.

4. 철학 비판에 대한 결론적 고찰

461

왜 철학자들은 비방자인가? 철학자들의 감각에 대한 음험한 맹목적 적의. 얼마나 많은 **천민과 속물**이 이 모든 증오 가운데 있는가!

민중은 오용에 의한 나쁜 결과를 감지하면, 언제나 오용을 오용된 것에 대한 이의로 여긴다. 원리에 대한 모든 반란 운동은, 정치의 영역에서든 경제 영역에서든, 오용이 원칙에 필연적이며 내재하는 것으로 제시하려는 저의를 가지고서 언제나 주장을 펼친다.

이것은 **고통스러운** 이야기다. 인간은 인간을 경멸할 수 있게 하는 원리를 찾는다. 그는 이 세상을 비방하고 더럽힐 수 있으려고 하나의 세계를 고안한다. 실제로 인간은 언제나 무(無)로 손을 뻗어, 무를 "신"으로, "진리"로 조작하며, 그때마다 이 존재의 판관과 단죄자로 만들어낸다.

인간 본래의 야만적 욕구가 그가 길들여지고 문명화될 때조차 얼마나 깊이 그리고 철저하게 만족을 추구하는지에 대한 증거를 원한다면, 철학의 전체 발전을 주도한 "중심 주제"를 주목해보라. 현실에 대한 일종의 복수를, 인간이 그에 따라 살아가는 가치 평가의 악의적 파괴를, 길들이기의 상태를 고문으로 느끼고 이 상태와 연결된 모든 유대를 풀어버리는 데서 쾌감을 느끼는 불만족한 영혼을.

철학의 역사는 삶의 전제에 대한, 삶의 가치 감정에 대한, 삶을 위해 편드는 것에 대한 **은밀한 분노**이다. 철학자들은 어떤 세계를 긍정하는 데 주저하지 않았는데, 그 세계가 이 세상과 모순되며, 이 세상에 대해 나쁘게 말할 근거를 제공한다는 전제하에서 그랬다. 그것은 지금까지 위대한 **비방의 학교**였다. 그리고 그것은 너무나 감탄을 자아내서, 삶의 대변자로 자칭하는 우리의 과학은 오늘날에도 여전히 비방이라는 근본적 입장을 **받아들이고**, 이 세상을 가상적인 것으로, 이 세상의 인과 사슬을 한갓 현상적인 것으로 다루고 있다. 거기서 증오하고 있는 것은 도대체 무엇인가?

나는 어느 시대에나 비방자가 되지 않을 수 없도록 철학자들에게 고약한 장난을 치는 것이 언제나 **철학자들의 마녀**인 도덕이라는 두려운 생각이 든다. 그들은 도덕적 "진리"를 믿었다. 그들은 거기서 최고의 가치를 발견했다. 실존을 더 많이 파악하면 할수록, 삶에 대한 부정을 더 많이 말하는 것 이외에 그들에게 무엇이 남아있겠는가. 왜냐하면 이 실존은 **비도덕적이기** 때문이다. 그리고 이 삶은 비도덕적 전제에 기반을 두고 있다. 그리고 모든 도덕은 삶을 **부정한다**.

참된 세계를 없애버리자. 이렇게 할 수 있으려면 우리는 기존의 최고 가치를, 즉 도덕을 폐지해야 한다. 도덕도 역시 비도덕적이라는 사실, 비도덕적인 것이 이제까지 비난받아왔다는 의미에서 비도덕적이라는 사실을 증명한다면, 그것으로 충분하다. 이런 방식으로 기존 가치의 압제가 타파된다면, 우리가 "참된 세계"를 폐지한다면, **가치의 새로운 질서**가 저절로 뒤따르지 않을 수 없다.

가상 세계와 허위 세계—이것이야말로 대립적인 것이다. 후자가 지금까지 "참된 세계", "진리", "신"으로 불렸다. 이것들을 우리는 폐지하지 않으면 안 된다.

나의 구상의 논리:

1. **최고 가치로서의 도덕**(철학의 모든 국면의 지배자, 회의론자마저). **결과**: 이 세상은 쓸모가 없다. 이 세상은 "참된 세계"가 아니다.

2. 여기서 최고 가치를 결정하는 것이 무엇인가? 도덕이란 본래 무엇인가? 데카당스의 본능. 이런 방식으로 **복수하는** 자는 소진한 자나 상속권이 박탈된 자이다. **역사적** 증거: 철학자들은 언제나 데카당이다. 그들은 **허무주의적** 종교에 종사한다.

3. 권력에의 의지로서 등장하는 데카당스 본능. 증거: 도덕의 전체 역사에서 **수단의** 절대적 **비도덕성**.

총체적 통찰: 지금까지의 최고 가치는 권력에의 의지의 한 가지 특수한 경우이다. 도덕 자체는 비도덕성의 특수 경우이다.

462

원리적 혁신들: "도덕적 가치" 대신에 순전히 **자연주의적 가치**. 도덕의 자연화.

"사회학" 대신에 **지배 형태론**.

"사회" 대신에 **문화 복합체**. 이것이 나의 우선적 관심이다(말하자면 전체로서든, 그 부분에 관해서든).

"인식론" 대신에 **정동들의 관점론**(이것에는 격정들의 위계질서가 속한다. **변형된** 정동들: 이것들의 차원 높은 질서, 이것들의 "정신성").

"형이상학"과 종교 대신에 **영원회귀론**(사육과 선택의 수단으로서).

463

나의 준비자, 쇼펜하우어.

어느 정도까지 나는 비관주의를 심화시켰으며, 그 최고의 대립을 고안함으로써 비로소 그것을 완전히 느끼게 되었는가.

다음에는, 이상적 예술가들, 나폴레옹 운동에서 나온 저 후계자들.

다음에는, 더 높은 유럽인들, **위대한 정치**의 선구자.

다음에는, 그리스인들과 그들의 기원.

464

나는 무의식적으로 나를 위해 작업하고 준비했던 사람들을 언급했다. 그러나 내가 어느 정도 희망을 가지고 나와 같은 종류의 철학자들 자체나 최소한 **새로운 철학자에 대한 나의 요구**를 어디서 찾아야 할까? 고귀한 사고방식이 지배하는 곳, 노예제와 다양한 정도의 예속을 모든 보다 높은 문화의 전제로 믿고 있는 곳에서만 찾을 수 있다. 거기에서는 창조적 사고방식이 지배하고 있으며, 이 사고방식은 휴식의 행복을, "모든 안식일 중의 안식일"을 세계의 목표로 세우지 않으며, 심지어 평화 속에서도 새로운 전쟁의 수단을 존중한다. 그것은 미래를 위해 자기 자신과 모든 현재의 것을 냉혹하고 압제적으로 다루는, 미래의 법칙을 제정하는 사고방식이다. 이것은 과감하고 "비도덕적인" 사고방식인데, 그것은 인간의 선한 특성과 악한 특성을 똑같이 위대한 것으로 육성하고자 한다. 왜냐하면 이 양자를 올바른 위치에—이 양자가 서로를 필요로 하는 위치에 세우는 힘을 가지고 있다고 믿기 때문이다. 그러나 오늘날 철학자를 찾는 자는 그가 찾는 것을 발견하게 될 전망을 얼마나 가지고 있단 말인가? 아마도 그는 최상의 디오게네스의 등불을 들고 다니며 찾아도, 밤낮을 가리지 않고 방황하는 것은 아닐까? 시대는 **반대의** 본능을 가지고 있다. 시대는 무엇보다 먼저 편안함을 원한다. 시대는 두 번째로 공공성을, 저 커다란 배우들의 소란을, 자신의 연중 장터의 취향에 어울리는 저 커다란 야단법석을 원한다. 시대는 세 번째로 모든 사람이 온갖 거짓말 가운데 최고의 거짓말—이 거짓말은 "인간의 평등"이라고 불린다—앞에서 엎드려 굽신거리며, 오직 **평등하게 만들고 평등하게 세우는** 덕만을 오로지 존경할 것을 원한다. 그러나 이로써 내가 이해하고 있는 철학자의 발생은, 시대가 아무리 순진하게 철학자에게 유리하다고 믿더라도, 근저부터 방해받고 있다. 사실, 모든 세계가 오늘날에는, **예전에는** 철학자들이 화형과 양심의 가책과 오만한 교부의 지혜에 끼어서 얼마나 나쁜 시절을 보냈는가를 탄식하고 있다. 그러나 바로 이 안에 오늘날의 삶의 조건에서보다 강력하고 포괄적이고 교활하고 대담무쌍한 정신성을 교육하는 한층 **더 유리한** 조건들이 주어져있었다는 것이 진실이다. 오늘날에는 다른 종류의 정신, 즉 선동가 정신, 배우의 정신, 아마도 학자의 비버와 개미의 정신이 발생에 유리한 조건을 가지고 있다. 그러나

보다 높은 예술가의 사정은 이미 더 나빠지고 있다. 그들 모두는 거의 내적인 방종으로 몰락해가는 것이 아닐까? 그들은 더는 외부로부터, 그리고 교회나 궁정의 절대적 가치 목록에 의해 압제당하지 않는다. 그렇다고 그들은 자신의 "내적인 압제자"를, 그들의 **의지**를 길러내는 것을 배우지 않는다. 예술가에게 적용되는 것은 훨씬 높고 숙명적인 의미에서 철학자들에게도 적용된다. 도대체 오늘날 자유정신은 어디에 있는가? 오늘날 내게 자유정신을 보여다오!

465

나는 "**정신의 자유**"를 무언가 매우 특정한 것으로 이해한다. 그것은 철학자나 다른 "진리"의 사도보다, 자기 자신에 대한 엄격함을 통해, 순수함과 용기를 통해, '아니오'가 위험할 때 '아니오'라고 말할 무조건적 의지를 통해 백배나 우월하다. 나는 이제까지의 철학자를 "진리"라는 여자의 두건을 두른 경멸스러운 방탕아로 취급한다.

Friedrich Nietzsche

Versuch einer Umwertung aller Werte

3권

새로운 가치 정립의 원리

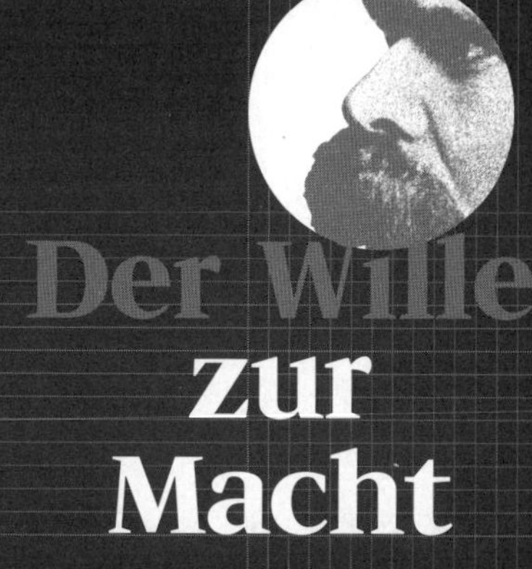

1장

인식으로서의 권력에의 의지

1. 연구 방법

466

우리의 19세기를 특징짓는 것은 과학의 승리가 아니라 오히려 과학에 대한 과학적 방법의 승리다.

467

과학적 방법론의 역사는 오귀스트 콩트에 의해 거의 철학 자체로 이해되었다.

468

위대한 방법론자들: 아리스토텔레스, 베이컨, 데카르트, 오귀스트 콩트.

469

가장 가치 있는 통찰은 가장 늦게 발견된다. 그러나 가장 가치 있는 통찰은 **방법들**이다.

우리의 현재 과학의 모든 방법과 모든 전제는 수천 년 동안 가장 심한 경멸을 받아왔다. 그 때문에 사람은 **존경할만한** 사람과의 교제로부터 배제되었다. 사람은 "신의 적", 최고 이상의 경멸자, "귀신 들린 자"로 여겨졌다.

우리는 인류의 모든 파토스를 우리에게 대적시켰다. "진리"는 무엇이어야 하고, 진리에 종사하는 것이 무엇이어야 하는지에 관한 우리의 개념, 우리의 객관성, 우리의 방법, 우리의 조용하고 신중하며 의심 많은 방식은 완전히 **경멸스러운** 것이었다. 인류를 가장 오랫동안 방해했던 것이 근본적으로는 미적 취향이었다. 인류는 진리의 그림처럼 아름다운 효과를 믿었고, 상상력에 강력한 영향을 미칠 것을 인식자에게 요구했다.

이것은 마치 하나의 **반대**가 달성되고, 하나의 **도약**이 행해진 것처럼 보인다. 그러나 실제로는 도덕의 과장법을 통한 저 교육은 서서히 **보다 온화한 종류의 파토스**를 준비했던 것이다. 이 파토스는 과학적 성격으로 구현되었다.

하찮은 것에서의 양심성과 종교적 인간의 자제가 과학적 성격을 위한 예비 학교였다. 특히 어떤 사람에게 개인적으로 어떤 결과를 가져오는가와는 상관없이 **문제를 진지하게 받아들이는** 성향이 그랬다.

2. 인식론적 출발점

470

그 어떤 세계의 총체적 고찰 가운데서 영원히 안주한다는 것에 대한 깊은 혐오. 이와 반대된 사고방식의 마법. 수수께끼 같은 성격의 자극을 빼앗기지 않는 일.

471

사물들의 근거는 너무나 도덕적이어서 인간 이성이 정당하다는 전제는—사람을 잘 믿는 사람의 태도이며 우직한 사람의 전제이다. 신적인 진실성에 대한 믿음의 여파이다. 신은 사물의 창조자로 생각된다. 이 개념들은 피안에서 살았던 예전의 실존으로부터의 유산이다.

472

이른바 "의식의 사실"에 대한 항변. 관찰은 천배나 더 어렵고, 오류는 아마 관찰 일반의 조건일 것이다.

473

지성은 자신을 스스로 비판할 수는 없다. 왜냐하면 지성은 자신을 다른 종류의 지성들과 비교할 수 없기 때문이며, 인식할 수 있는 지성의 능력은 "진정한 현실"과 직면할 때야 비로소 나타날 것이기 때문이다. 다시 말해 지성을 비판하기 위해서는 우리는 "절대적 인식"을 가진 보다 높은 존재이지 않으면 안 되기 때문이다. 이것은 이미 관점이나 감각적-정신적 습득의 온갖 종류의 관점주의적 방식들로부터 멀리 떨어져서 **무언가가 존재한다는**, 즉 "자체"가 존재한다는 것을 전제한다. 그러나 **사물**에 대한 믿음을 심리학적으로 추론하면, "물자체"에 관해 말하는 것은 우리에게 금지된다.

474

주체와 객체 사이에 일종의 적합한 관계가 발생한다는 것, 객체란 내부에서 보면 주체일 수도 있다는 것은 내 생각에는 그 자신의 시기를 가졌던 좋은 의도의 발명품이다. 일반적으로 우리에게 의식되는 것의 척도는 의식화의 조잡한 유용성에 전적으로 의존한다. 의식의 이러한 편협한 구석-관점이 우리에게 "주체"와 "객체"에 대해 이야기하는 것을, 마치 그것들에 의해 실재가 건드려지기라도 한다는 듯이 말하는 것을 우리는 어떻게 허용했었단 말인가!

475

근대 철학에 대한 비판: 마치 "의식의 사실"이 존재한다는 듯한, 그리고 자기관찰에 있어서 여하한 현상론도 없는 것처럼 믿는 잘못된 출발점.

476

"의식"—표상된 표상, 표상된 의지, (**우리에게만 알려진**) 표상된 감정은 어느 정도까지 순전히 표면적인가! 우리의 **내적** 세계도 또한 "현상"이다.

477

나는 **내부** 세계의 현상성도 주장한다. 즉, 우리에게 의식되는 모든 것은 철두철미하게 먼저 조정되고 단순화되고 도식화되고 해석된다. 내적 "지각"의 **실제** 진행 과정, 즉 여러 사상과 감정과 욕망 사이의 인과적 결합은 주체와 객체 사이의 **인과적 결합**과 마찬가지로 우리에게는 완전히 은폐되어있고, 그리고 아마도 순전한 상상일 것이다. 이러한 "가상적 **내부** 세계"는 "외부" 세계를 다룰 때와 전적으로 동일한 형식과 절차를 통해 다루어진다. 우리는 결코 사실과 만나지 않는다. 쾌감과 불쾌감은 뒤이어 파생된 지적 현상이다.

"인과성"은 우리에게서 빠져나간다. 논리학이 행하는 것처럼 여러 사상 사이에 하나의 직접적이고 인과적인 끈을 상정한다. 이것은 가장 거칠고도 서투른 관찰의 결과이다. 두 사상 사이에는 **여전히 온갖 정동이** 유희를 펼친다. 하지만 그 움직임이 너무 빠르므로 우리는 그것들을 **인식하지 못하고** 부정하는 것이다.

인식론자들이 설정하는 "생각함"은 전혀 나타나지 않는다. 그것은 완전히 자의적인 허구이며, 과정 중에서 한 가지 요소만을 두드러지게 하고 그 나머지 요소들을 제거함으로써 달성된 것이며, 이해를 목적으로 하는 하나의 인위적인 조작이다.

생각하는 어떤 것인 "정신", 가능하다면 심지어 "절대적이고 순수하며 순전한 정신"—이러한 개념 구상은 "생각함"을 믿는 잘못된 자기관찰에서 파생된 두 번째 결과이다. 여기에는 첫째로, "생각함"이라는 전혀 나타나지 않는 어떤 작용이 상상되고, **둘째로는** 주체라는 기층(基層)이 상상된다. 이 주체-기층은 그 밖의 어떤 것도 아닌 바로 생각함의 모든 작용의 기원이다. 즉, **행위뿐 아니라 행위자도 날조된 것이다**.

478

현상론을 잘못된 곳에서 찾아서는 안 된다. 우리가 저 유명한 "내적 감각"을 가지고 관찰하는 내부 세계보다 더 현상적인 것은 없으며, (혹은 좀 더 명료하게 말하면) 그만큼 **착각**인 것은 없다.

우리는 우리의 개인 경험에 따라서 사건 속으로 하나의 원인을 집어넣을 정도로(바꿔 말하면 의도를 사건의 원인으로 도입할 정도로), 의지를 원인이라고 믿었다.

우리는 우리 안에서 잇달아 일어나는 사상과 사상이 어떤 인과적 연쇄를 이루고 있다고 믿었다. 특히, 현실 속에서는 발생하지 않는 사례만을 사실상 말하고 있는 논리학자는 사상이 사상의 **원인이라는** 선입견에 젖어있다.

우리는—심지어 우리의 철학자들도 여전히—쾌감과 고통이 반작용의 원인이며, 쾌감과 고통의 의미가 반작용의 계기를 제공한다고 믿는다. 몇천 년 동안 쾌감 및 불쾌감의 회피는 모든 행위의 **동기**로 확립되었다. 조금만 곰곰이 생각해보면, "쾌감과 고통"이라는 상태가 결여하더라도 동일한 원인과 결과의 연쇄에 의해 모든 것이 진행될 것이라는 점을 인정할 수 있다. 쾌감과 고통의 상태가 무언가를 인과적으로 유발한다고 주장하는 것은 간단하게 착각하는 것이다. 그것은 반응을 일으키는 것과는 상당히 다른 목적을 가진 **수반 현상**이다. 그것은 이미 개시된 반응 과정 안에 이미 들어있는 결과이다.

요약하면, 의식되는 모든 것은 하나의 종말 현상이자 하나의 결론이다. 그리고 무언가를 유발하는 원인이 아니다. 의식 속에서 잇달아 일어나는 모든 것은 완전히 원자적이다. 우리는 세계를 **거꾸로** 파악하면서 이해하려고 노력했다. 마치 생각하고 느끼고 의욕하는 것 외에는 어느 것도 작용하지 않으며 실재적이지 않다는 듯이.

479

"내적 세계"의 현상론. 원인이 나중에 결과로서 의식되게 되는 **연대기적 역전**. 우리는 고통이 몸의 한 부분에 투영되지만 사실 그곳이 고통의 자리가 아니라는 점을 배웠다.

우리는 외부 세계에 의해 초래된 것이라고 순진하게 가정한 감각지각이 오히려 내적 세계에 의해 제약받고 있다는 점을 배웠다. 우리는 외부 세계의 실질적 활동은 늘 의식되지 않은 채로 진행된다는 것을 배웠다. 우리에게 의식되는 외부 세계의 단편은 외부로부터 우리에게 작용이 행사된 후에 산출되고, 나중에는 그 작용의 "원인"으로 투사된다.

"내적 세계"의 현상론에서 우리는 원인과 결과의 연대기를 역전시킨다. "내적 경험"의 근본 사실은 결과가 발생하고 난 후에야 원인이 상상된다는 것이다.

이는 사상의 연속에도 동일하게 적용된다. 우리는 어떤 생각이 우리에게 의식되기 전에 그 생각의 원인을 찾는다. 그렇게 하면 원인이 먼저 의식에 들어오고, 다음으로 그 결과가 의식된다. 우리의 꿈 전부는 총체적 감정을 가능한 원인에 기초하여 해석하는 것이며, 그것도 어떤 상태에 대해 날조된 인과적 연쇄가 의식될 때 비로소 그 상태가 의식된다는 식으로 해석하는 것이다.

"내적 경험" 전체는 신경중추의 흥분에 대해 하나의 원인이 찾아지고 표상된다는 점, 그리고 날조된 원인이 먼저 **의식된다는** 점에 근거한다.—이 원인은 실제의 원인과 전혀 일치하지 않는다. 그것은 이전의 내적 경험을 토대로, 즉 기억을 토대로 더듬으며 나아가는 일에 불과하다. 하지만 기억은 낡은 해석의, 다시 말하면 잘못된 인과관계의 습관들을 보존하고 있다. 그래서 "내적 경험"은 예전의 온갖 잘못된 인과관계라는 허구의 결과를 여전히 자기 안에 떠맡지 않을 수 없다. 우리가 매 순간 투영하는 우리의 "외부 세계"는 원인에 관한 낡은 오류에 풀기 어렵게 묶여있다. 우리는 외부 세계를 "사물"의 도식을 가지고 해석한다.

"내적 경험"은 그것에 대해서 개인이 이해할 수 있는 언어를 발견한 후에야 비로소 우리의 의식에 들어온다. 즉, 어떤 상태가 그 개인 안에서 **더 알려져있는** 상태들로 번역되는 것이다.

"이해한다"는 것은 단지 단순히 새로운 어떤 것을 예전의 것, 알려진 어떤 것에 관한 언어로 표현할 수 있음을 의미할 뿐이다. 예를 들면 "나는 기분이 나쁘다"고 할 경우, 그러한 판단은 **관찰자의 크고 늦은 중립성**을 전제한다. 순진한 사람은 늘 이렇게 말한다. 이러저러한 것이 나를 기분 나쁘게 만들었다고. 자신이 기분 나쁜 이유를 알 때야 비로소 그는 자신이 기분 나쁜 것에 대해 명료해진다.

이것을 나는 **문헌학의 결여**라고 부른다. 그 사이에 해석을 섞지 않고도 텍스트를 텍스트로서 읽어낼 수 있다는 것은 "내적 경험"의 가장 나중에 나타나는 형식이다. 아마도 거의 불가능한 형식일지도 모른다.

480

"정신"도, 이성도, 사유도, 영혼도, 의지도, 진리도 없다. 모두가 쓸모없는 허구들이다. 문제가 되는 것은 "주체와 객체"가 아니라 특정한 종류의 동물이다. 이 동물종은 특정한 상대적 **올바름**, 특히 그들의 지각의 **규칙성**하에서만(그 때문에 그들이 경험을 자본으로 만들 수 있다) 번영한다.

인식은 권력의 **도구**로 작용한다. 따라서 인식이 권력의 증대와 더불어 성장한다는 것은 명백하다.

"인식"의 의미: 여기서 이 개념은, "선"이나 "미"에서처럼, 엄밀하고도 좁게 인간 중심적으로, 또한 생물학적으로 받아들여질 수 있다. 어떤 특정한 종이 자신을 보존하기 위해, 그리고 자신의 힘을 증대시키기 위해 그 종은 실재를 구상하는 데 있어서 계산 가능한 것과 변함없는 것을 충분히 파악하여, 그것을 기반으로 자신의 행동 도식을 세울 수 있어야 한다. 기만당하지 않겠다는 어떤 추상적-이론적 욕구가 아니라, **보존의 유용성**이 동기로서 인식 기관 발달의 배후에 있다. 인식 기관은 그것을 관찰하는 것만으로도 자기 보존에 충분한 방식으로 발달한다. 달리 말하자면, 인식 의지의 **정도**는 그 종의 **권력에의 의지**의 성장 정도에 의존한다. 종은 **실재를 지배하기 위해, 그리고 그 실재를 자신에게 봉사시키기 위한** 만큼만 실재를 파악한다.

3. "자아"에 대한 믿음. 주체

481

"오직 사실만 존재한다."라는 현상에 머무르는 실증주의에 반대하여 나는 이렇게 말할 것이다. 아니다, 사실이 있는 것이 아니라 오직 해석이 있을 뿐이다. 우리는 어떤 사실 "자체도" 확인할 수 없다. 아마도 그렇게 하려는 것 자체가 터무니없을지 모른다.

"모든 것이 주관적이다."라고 그대들은 말한다. 그러나 그것이 이미 **해석**이다. "주체"는 주어진 것이 아니라 무언가 날조되어 덧붙여진 것, 배후에 삽입된 것이다. 해석의 배후에 여전히 해석자를 세우는 일이 결국은 필요한가? 그것이 벌써 허구이고 가설이다.

대체로 "인식"이라는 말이 의미가 있는 만큼, 세계는 인식될 수 있다. 그러나 세계는 다르게 **해석될** 수 있다. 세계는 배후에 어떤 의미도 지니고 있지 않으며, 도리어 무수한 의미를 지니고 있다.—"관점주의".

세계를 해석하는 것은 우리의 욕구이다. 우리의 충동과 그들의 찬성과 반대. 모든 충동은 일종의 지배욕이며, 모든 충동은 자신의 관점을 가지고 있다. 충동은 그 밖의 모든 충동이 이 관점을 규범으로 받아들이도록 강요하려 한다.

482

우리의 무지가 시작되는 곳, 우리가 더는 앞을 내다보지 못하는 곳에 낱말 하나를 세운다. 예를 들면 "나"라는 낱말, "행한다"라는 낱말, "고통을 당한다"라는 낱말을. 그것은 아마도 우리의 인식의 지평일 수는 있지만, 결코 "진리"는 아니다.

483

사유를 통해 자아가 정립된다. 그러나 지금까지 사람들은 민중처럼 "나는 생각한다" 속에는 무언가 직접적이고 확실한 것이 있으며, 그리고 이러한 "자아"가 사고의 주어진 사유의 **원인**이며, 이 원인을 유추하여 그 밖의 모든 인과관계를 이해한다고 믿었다. 현재 저 허구가 아주 익숙해졌고 불가결한 것이라고는 하지만, 이것만으로는 아직도 그것이 허구적으로 날조된 것이라는 점에 대한 반증이 되지 못한다. 어떤 믿음은 삶의 조건일 수 있지만, **그럼에도 불구하고 거짓**일 수 있다.

484

"사유한다, 따라서 사유하는 것이 있다." 데카르트의 논증은 이렇게 귀결된다. 하지만 이것은 실체 개념에 대한 우리의 믿음을 이미 "선험적으로 참"이라고 설정한 것이다. 그렇지만 사유한다면 무언가 "사유하는 것"이 있어야만 한다는 것은 어떤 행위에 행위자를 덧붙이는 우리의 문법적 습관을 공식화한 것에 불과하다. 요컨대 여기서는 이미 논리적-형이상학적 요청이 행해진다. 그리고 그것이 단순히 **확인되고 있는 것만은 아니다**. 데카르트의 방식으로는 절대적으로 확실한 것에 이르지 않고, 아주 강한 어떤 믿음의 사실에만 이를 뿐이다.

앞의 명제를 "사유한다, 따라서 사유된 사상이 있다."라는 명제로 환원하더라도, 이것은 단순한 동어반복일 뿐이다. 그리고 바로 문제가 되는 그것, 즉 "사유된 사상의 **실재**"는 건드려지지 않는다. 말하자면 이런 형식으로는 사유된 사상의 "가상성"은 배척할 수가 없다. 그런데 데카르트가 원했던 것은 생각된 사상이 단지 **가상적 실재**뿐만 아니라 실재 **자체**를 가진다는 점이었다.

485

실체 개념은 **주체** 개념의 결과이다. 그 반대가 아니다! 우리가 영현(英顯)과 "주체"를 포기하면, "실체" 일반에 대한 전제는 사라진다. **존재자의 등급**은 얻지만, 존재자 **바로 그것**은 잃어버린다.

"**현실**"에 대한 비판: 현실성의 **많음과 적음**, 즉 우리가 믿는 존재의 등급은 어디로 인도하는가?

우리의 **생명 감정**과 **권력 감정**의 정도(체험된 것의 논리와 연관)가 "존재", "실재", 비가상(非假象)에 대한 척도를 우리에게 부여한다.

주체: 이것은 최고의 실제 감정을 주는 다양한 계기 중에서 통일성에 대한 우리의 믿음을 나타내는 용어이다. 우리는 이 믿음을 하

나의 유일한 원인의 결과로 이해한다. 이 믿음을 위해 "진리" "현실", "실체성" 일반을 상상할 정도로 우리는 이 믿음을 신봉한다. "주체"란 우리에게 있는 많은 **동일한** 상태들이 마치 하나의 유일한 기층의 결과라는 듯이 말하는 허구이다. 하지만 우리가 이러한 상태들의 유사성을 먼저 만들어냈다. 이런 상태들을 동등하게 설정하고 조정한 것이 **사실**이지, 유사성이 사실인 것은 **아니다**(이러한 유사성은 오히려 부정되어야 한다).

486

과연 이러저러한 것이 (예를 들면 "의식의 사실"이) 실재적인지를 **결정하기** 위해서는 존재가 무엇인지를 **알아야** 한다. 마찬가지로 **확실성**이 무엇인지, **인식**이 무엇인지 등등을 알고 있지 않으면 안 된다. 그렇지만 우리는 그것을 알고 있지 못하기 때문에 인식 능력의 비판은 어처구니없는 짓이다. 만약 도구가 비판을 위해 오직 자신만을 사용할 수 있다면, 어떻게 그러한 도구가 자기 자신을 비판할 수 있단 말인가? 도구는 자기 자신을 정의하는 일조차 할 수 없다!

487

모든 철학은 이성 운동의 토대가 되는 전제들을 궁극적으로 밝혀야 하지 않는가? 하나의 실체로서, 그리고 우리가 사물에 실재성을 부여할 때 그 기준이 되는 유일한 실재로서의 자아에 대한 우리의 믿음을 밝혀야 하지 않는가? 최고의 "실재론"이 마침내 밝혀진다. 동시에, 인류의 전체 종교 역사는 영혼 미신의 역사로 재인식된다.

여기에 한계가 있다. 우리의 사유 자체는 이미 이 믿음을 (실체와 속성, 행위와 행위자 등의 구별과 더불어) 포함하고 있다. 그 믿음을 포기한다는 것은 더는 생각할 수 없다는 것에 다름 아니다.

그러나 믿음이 실체의 보존에 아무리 필수적이라 하더라도 진리와는 아무런 상관이 없다는 것은, 예를 들어 우리가 시간, 공간, 운동을 믿어야 **하지만** 그렇다고 이들에게 절대적인 실재성을 부여하도록 강요받고 있다고 느끼지 않는다는 사실에서 알 수 있는 일이다.

488

이성에 대한 우리 믿음의 심리학적 도출.—"실재", "존재"라는 개념은 "주체"에 대한 우리의 감정에서 얻어진 것이다.

"주체": 우리의 내부로부터 해석되어, 나는 주체로, 모든 행위의 원인으로, **행위자**로 여겨진다.

논리적-형이상학적 요청, 즉 실체, 우연성, 속성 등에 대한 믿음은 우리의 모든 행위를 우리의 의지의 결과로 간주하는 습관에서 설득력을 얻는다. 그래서 실체로서의 자아는 다양한 변화 가운데서 사라지지 않는다. **그러나 의지란 존재하지 않는다**.

우리는 "세계 자체"를 현상으로서의 세계에서 분리할 수 있는 어떤 범주도 가지고 있지 않다. 우리의 모든 **이성 범주**는 감각적 기원에서 비롯된다. 즉, 경험적 세계에서 추론된 것이다. "영혼", "자아"—이 개념들의 역사는 여기서도 가장 오래된 구별("호흡", "생명")이 있음을 보여준다.

물질적인 것이 없다면 비물질적인 것도 전혀 없다. 개념에는 더는 아무것도 **포함되지** 않는다.

주체란 "원자"는 없다. 주체의 영역은 끊임없이 **증가하거나 감소한다**. 체계의 중심은 끊임없이 **이동한다**. 주체가 자신의 것으로 만든 질량을 유기적으로 조직할 수 없는 경우, 주체는 두 개로 분열된다. 반면에 주체는 더 약한 주체를 파괴하지 않고 자신의 기능원으로 개조할 수 있으며, 어느 정도까지는 그것과 합체하여 하나의 새로운 통일체를 형성할 수 있다. 주체는 "실체"가 아니라 오히려 그 자체 강화를 추구하는 어떤 것이다. 그리고 그것은 간접적으로만 자기를 "보존하려고" 한다(그것은 자신을 **능가하고** 싶어 한다).

489

"통일성"으로서 의식되기에 이르는 모든 것은 이미 엄청나게 복잡한 것이다. 우리는 항상 **겉모습으로만 통일성**을 가질 뿐이다.

몸의 현상은 더욱 풍부하고, 더욱 명료하며, 더욱 파악하기 쉬운 현상이다. 따라서 몸의 궁극적인 의미에 관해 어떤 결정도 내리지 않고 몸을 방법론적으로 앞에 놓아야 한다.

490

하나의 단일 주체를 가정하는 것은 아마도 필요하지 않을 것이다. 주체들의 협력과 투쟁이 우리 사유나 의식 일반의 기초가 되는 그런 다수의 주체를 가정하는 것이 마찬가지로 허용될 것인가? 그들 사이에 지배권이 있는 세포들의 **귀족정치**인가? 확실히 서로 통치하는 것에 익숙해있고, 명령하는 것을 터득한 평등한 자들의 귀족정치인가?

나의 가설: 다수로서의 주체.

고통은 지적이며, "유해하다"는 판단에 의존한다. 투영된 것이다.

결과는 언제나 "무의식적"이다. 추론되고 표상된 "원인"이 투영되는 것이며, 시간적으로 **뒤에 오는** 것이다.

쾌감은 고통의 일종이다.

존재하는 유일한 힘은 의지의 힘과 같은 종류의 것이다. 이는 다른 주체들에게 명령하는 것이며, 이들 주체는 이에 기초하여 변화한다.

주체의 끊임없는 무상함과 덧없음, "죽어야 할 영혼".

관점주의적 형식으로서의 **수**(數).

491

몸에 대한 믿음은 영혼에 대한 믿음보다 훨씬 근본적이다. 후자는 몸의 단말마적 고통을 비과학적으로 고찰하는 데서 생겨났다(몸을 떠나는 무엇. **꿈의 진리**에 대한 믿음).

492

몸과 생리학으로부터의 출발: 왜인가? 우리는 우리의 주체-통일성의 올바른 방식에 관해 올바른 생각을 얻기 때문이다. 즉, 주체 통일성이라는 것이 "영혼"이나 "생명력"으로서가 아니라 어떤 공동체의 정점에 있는 통치자라는 점, 그리고 이와 마찬가지로 이 통치자가 피통치자에게 의존하고 또 개체적인 것과 동시에 전체를 가능하게 하는 위계질서와 노동 분업의 조건에 의존한다는 것을 올바로 표상할 수 있기 때문이다. 살아있는 통일체는 부단히 생성 소멸한다는 것, 주체는 영원하지 않다는 점에 관해서도 마찬가지다. 또한 투쟁은 복종과 명령 가운데서도 표현되며, 권력의 한계를 규정하는 일이 유동적이라는 것이 삶에 속해있다는 점에 관해서도 마찬가지다. 공동체 내의 개개의 작업이나 심지어 장애에 대해서조차 통치자가 빠져있는 어떤 **무지**는 통치가 실행될 수 있는 조건 가운데 하나이다. 간단히 말해, 우리는 또한 무지, 사물을 대략적으로 보는 것, 단순화하고 속이는 것, 관점주의적인 것을 높이 평가하게 된다. 하지만 가장 중요한 것은 우리가 지배자와 피지배자를 **같은 종**으로, 즉 모두가 느끼고, 의욕하고, 사고하는 존재로 이해한다는 점이다. 우리가 몸속에서 일어나는 운동을 보거나 추측하는 모든 곳에서 그 운동에 속하는 주체적이고 보이지 않는 생명을 덧붙여 추론하는 법을 배우게 된다는 점이다. 운동은 눈을 위한 상징이다. 그것은 무엇인가가 느껴졌고, 원해졌고, 생각되었다는 것을 암시한다.

주체가 주체에 관하여 직접 물음을 던지는 것, 그리고 정신의 모든 자기반성이 가진 위험은 자신을 잘못 해석하는 것이 자신의 활동에 유용하고 중요할 수도 있다는 데 있다. 그러므로 우리는 몸에 관해 묻는 것이며, 예리해진 감각의 증거를 거부한다. 말하자면, 우리는 예속자들이 스스로 우리와 교류할 수 없는지를 주의 깊게 바라보고 있다.

4. 인식 충동의 생물학. 관점주의

493

진리란 그것 없이는 특정한 종류의 생명체가 살 수 없을지도 모르는 **일종의 오류이다**. 결국 삶에 대한 가치가 결정적이다.

494

우리의 "인식"이 생명 보존에 꼭 필요한 것보다 더 확장되어야 한다는 것은 있을 수 없는 일이다. 형태학이 우리에게 보여주는 바는 두뇌뿐만 아니라 감각이나 신경이 영양 섭취의 어려움과 비례하여 발달한다는 점이다.

495

"거짓말하지 말라"는 도덕이 거부된다면, "진리에 대한 감각"은 다른 법정에서 스스로를 정당화해야 한다.—인간 보존의 수단으로서, **권력-의지**로서.

마찬가지로 아름다움에 대한 우리의 사랑도 또한 **형상화의 의지**

다. 두 감각은 나란히 서 있다. 현실적인 것에 대한 감각은 우리 자신이 원하는 대로 사물을 형상화하기 위해 권력을 손에 넣고자 하는 수단이다. 형상화하는 일과 변형하는 일에서 느끼는 쾌감, 그것은 근원적 쾌감이다! 우리는 우리 자신이 **만들어낸** 세계만을 **파악할** 수 있다.

496

인식의 **다양성**에 관하여. 다른 많은 것들에 대한 자신의 관계를 (혹은 종의 관계를) 추적하는 일, 어째서 그것이 다른 자의 "인식"이어야 하는가! 지식이나 인식의 방식은 그 자체가 이미 생존의 여러 조건 아래 있다. 우리는 보존하는 것 외에 (우리 자신에게) 다른 종류의 지성이 있을 수 없다는 결론은 성급하다. 이 **사실적** 생존 조건은 아마 **우연적**일 뿐 결코 필연적인 것은 아닐지도 모르기 때문이다.

우리의 인식 장치가 "인식"을 위해 **설계된** 것은 아니다.

497

가장 강력하게 믿어져 온 선험적 "진리"는 내게는 **잠정적 가정**이다. 예를 들어 인과성의 법칙은 아주 잘 습득된 믿음의 습관이며, **그것을** 믿지 **않는다면** 종족이 몰락하게 될 정도로 우리의 일부로 체화된 것이다. 그러나 바로 그 때문에 이것이 진리란 말인가? 이 무슨 희한한 결론인가! 마치 인간이 존속하고 있다는 것으로 진리가 증명되기라도 하는 것처럼!

498

어디까지 우리의 **지성**도 생존 조건의 한 결과인가. 만약 우리가 그것을 가질 필요가 없다면, 우리는 그것을 가지고 있지 않을 것이고, 또한 만약 우리가 지성을 **그런 식으로** 필요로 하지 않는다면, 만약 우리가 다르게 살아갈 수 있다면, 우리는 그런 식으로 지성을 가지지 않을 것이다.

499

원시 상태에서의 (유기체 이전의) "사고"는 수정에서처럼 **형태의 결정화**이다. 우리의 사고에서 본질적인 것은 새로운 재료를 낡은 도식들(=프로크루스테스의 침대)로 정돈하는 작업이며, 새로운 것을 동등하게 **만드는** 것이다.

500

감각의 지각은 "밖으로" 투영된다. "안"과 "밖"—여기서는 **몸**이 명령하는가?

유전질 속에서 지배하고 있는 것과 똑같은 동등하게 만들고 질서 짓는 힘이 외부 세계의 동화에도 작용한다. 우리의 감각 지각들은 이미, 우리 안에 있는 모든 과거에 대한 이러한 유사화와 동등화의 결과이다. 그것들은 "인상"에 곧장 잇달아 일어나는 것이 아니다.

501

비교로서의 모든 사유, 판단, 지각은 "동등하게 설정함"을, 그리고 그보다 훨씬 이전에 "동등하게 **만듦**"을 전제 조건으로 가진다. 동등하게 만듦은, 아메바가 자기 것으로 만든 물질을 동화하는 것과 동일한 활동이다.

나중에 일어나는 기억에서는 동등하게 만드는 충동이 이미 **억제된** 것처럼 보인다. 즉, 차이는 보존되어있다. 분류하여 상자에 넣는 활동으로서의 기억, 누가 능동적인가?

502

기억에 관해서 우리는 생각을 바꿔야 한다. 여기에는 시간에 상관없이 재생산하거나 재인식하는 등의 "영혼"을 가정하려는 강한 유혹이 숨겨져있다. 그러나 체험된 것은 "기억 속에서" 계속 살아간다. 그것이 "돌아오는" 것에 대해 나는 아무것도 할 수 없다. 어떤 사상이 떠오를 때와 마찬가지로 의지는 아무 일도 하지 않는다. 어떤 것이 발생하면, 나는 그것을 의식하게 된다. 지금 그와 유사한 것이 다가온다.—그것을 부르는 것은 누구인가? 그것을 깨우는 것은?

503

인식의 모든 장치는 추상화와 단순화의 장치이며, 인식을 지향하는 것이 아니라 사물의 **강제적 점유**를 지향한다. "목적"과 "수단"은 "개념"과 마찬가지로 본질에서 아주 멀리 떨어져있다. "목적"과 "수단"을 가지고 사람들은 과정을 장악한다(사람들은 포착할 수 있는 과정을 **고안해낸다**). 그러나 "개념"을 가지고 장악한 것은 과정을 만들어내는 "사물"인 것이다.

504

의식이란 "인상"을 조화롭게 조직하고 의식화하는 것으로서 완전히 외면적으로 시작한다. 처음에는 개인의 생물학적 중심으로부터 가장 멀리 떨어져있는 것이지만, 자신을 심화하고 내면화하여 저 중심에 끊임없이 접근하는 과정이다.

505

우리가 이해하고 있는 것과 같은 우리의 지각이란, 그것을 **의식하는 일**이 우리에게, 또한 우리보다 앞선 전체 유기적 과정에 대해서도 유익하고 본질적이었던 **바로 그런** 지각의 총계이다. 따라서 모든 지각 일반은 아니다(예컨대 전기를 일으키는 지각 따위는 아니다). 말하자면, 우리는 선택된 지각에 대해서만 감각을 가진다. 우리를 보존하는 데 매우 중요할 수밖에 없는 지각에 대해서만, **의식이 유익한 한에서만 의식은 존립한다**. 모든 감각적 지각에는 (유익하고 해롭다. 따라서 유쾌하거나 불쾌하다는) **가치판단**이 전적으로 스며들어있다는 점은 의심의 여지가 없다. 개개의 개별적 색깔도 동시에 우리에 대한 어떤 가치를 표현한다. (비록 우리는 그것을 드물게 또는, 예를 들면 감옥 안의 죄수 또는 정신병자처럼, 같은 색깔이 오랫동안 한결같이 영향을 끼치고 난 다음에야 비로소 인정하지만.) 그 때문에 곤충들은 다른 색깔에 다르게 반응한다. 즉, 어떤 곤충은 이 색깔을 좋아하고, 다른 것은 저 색깔을 좋아한다. 이를테면 개미들.

506

먼저 이미지—어떻게 이미지들이 정신 가운데서 발생하는가를 설명한다. 그다음에는 이미지에 적용된 낱말들. 마지막으로 낱말이 있어야 비로소 가능한 개념들을 설명한다. 그것은 볼 수는 없지만 들을 수 있는 것(낱말) 아래로 많은 표상을 통합하는 것이다. "낱말"을 들을 때, 다시 말해 하나의 낱말이 존재하는 유사한 이미지들을 직관할 때 발생하는 한 조각의 감정—이 약한 감정이 개념의 공통 요소이며 개념의 토대이다. 약한 감각이 같은 것으로 여겨지고, **동일한 것으로서** 지각된다는 것이 근본 사실이다. 그러므로 두 가지 매우 인접한 지각을 확인할 때 이 둘을 혼동한다. 그런데 확인하는 것은 누구인가? **믿는 것**이야말로 모든 감각 인상 속에 이미 들어있는 원초적인 것이다. 즉, 일종의 긍정이 **최초의** 지적 활동이다! 처음에 "참으로 간주하기"가 있었다! 그러므로 어떻게 "참으로 간주하기"가 발생했는지를 설명해야 한다! "참"의 **배후에는** 어떤 감각이 도사리고 있는가?

507

"이러저러한 것이 그렇다고 나는 믿는다."라는 **가치 평가**가 진리의 **본질**이다. **가치 평가** 속에는 **보존 및 성장의 조건들**이 표현된다. 우리의 모든 **인식 기관과 인식 감각**은 단지 보존과 성장의 조건에 대해서만 발달한다. 이성과 그 범주, 변증법에 대한 **신뢰**, 그러니까 논리학에 대한 평가는 경험을 통해 증명된 그것들의 삶을 위한 **유용성**만을 증명할 뿐이지, 그것들이 "진리"임을 증명하는 것은 **아니다**.

큰 **믿음**이 거기 있어야만 한다는 것, **판단을 내려도** 된다는 것, 모든 본질적 가치에 대한 의심이 **없다는** 것—이것이 살아있는 모든 것과 그 삶의 전제이다. 따라서 무언가가 진리로 여겨져야**만** 한다는 것이 필연적이지, 어떤 것이 **진리라는** 점이 필연적인 것은 **아니다**.

"**참된** 세계와 **가상** 세계"—이 대립을 나는 **가치 관계**로 환원한다. 우리는 우리의 보존 조건을 **존재** 일반의 **술어**로 투사했다. 번영하기 위해서는 우리가 우리의 믿음 안에서 안정되어야 한다는 것, 이것으로부터 우리는 "참된" 세계는 변화하지 않고 생성하는 세계가 아니라 **존재하는** 세계라는 것을 만들어냈다.

5. 이성과 논리학의 기원

508

근원적으로는 여러 표상의 혼돈이 있었다. 서로 일치하고 조화하는 표상들은 살아남았고, 대다수는 소멸했다. 그리고 지금도 소멸하고 있다.

509

논리가 성장해 나온 욕망의 지상 왕국, 그 배후에는 무리 본능이 있다. 동등한 경우를 가정하는 것은 "동등한 영혼"을 가정한다. 상호 이해와 지배를 목적으로.

510

논리학의 기원에 대해. 동등하게 상정하고 동등하다고 보는 근본적인 성향은 유용성과 유해성에 의해, 그리고 **성공**을 통해 변형되고 제어된다. 다시 말해 적응이 이루어지는데, 이 성향이 동시에 삶을 부정하거나 위험에 빠뜨리는 일 없이 스스로 만족할 수 있는 알맞은 수준의 적응이다. 이 과정은, **원형질**이 자신의 것으로 만든 것을 끊임없이 자신과 동등하게 만들고 자신의 형식과 계열 속에 끼워 맞추는, 저 외적인 기계적인 과정(이것은 저 과정의 상징이다)과 완전히 일치한다.

511

동등성과 유사성.

1. 조야한 기관은 많은 외관상의 동등성을 본다.

2. 정신은 동일성을 바란다. 즉, 감각 인상을 기존의 계열 아래로 포섭하는 것을 **바란다**. 이것은 신체가 비유기적인 것을 자신에게 동화하는 것과 똑같다.

논리학의 이해에 대하여.

동등성에의 의지는 권력에의 의지다. 어떤 것이 이러저러하다는 믿음은(**판단**의 본질은), 가능한 한 많은 것이 동등해야 **한다는** 의지의 결과이다.

512

논리학은 **동일한 경우가 있다고** 전제하는 조건과 결부되어있다. 사실, 논리적으로 사고하고 추론하기 위해서는 이러한 조건이 먼저 충족되어있다고 허구적으로 꾸미지 않으면 안 된다. 말하자면, **논리적 진리**에의 의지는 일어나는 모든 사건의 근본적 **위조**가 먼저 이루어진 후에야 비로소 성취될 수 있다. 이로부터 나오는 결론은 처음에는 위조, 그다음으로는 어떤 관점의 관철이라는 두 가지 수단을 구사할 수 있는 어떤 충동이 지배하고 있다는 사실이다. 즉, 논리학은 진리에의 의지에서 유래하는 것이 **아니다**.

513

범주를 꾸며낸 발명의 힘은 욕구, 즉 안전에 대한 욕구, 기호와 소리를 토대로 빨리 이해하려는 욕구, 생략의 수단에 대한 욕구에 종사한다. 즉, "실체", "주체", "객체", "존재", "생성"에 있어서 문제가 되는 것은 형이상학적 진리가 아니다. 사물의 이름을 법칙으로 만드는 자는 힘 있는 자들이다. 그리고 범주를 창조한 사람은 힘 있는 자 중에서도 가장 위대한 추상화의 예술가들이다.

514

어떤 도덕은, 즉 오랜 기간의 경험과 시험을 통해 삶의 방식으로 시도되고 **증명된** 삶의 방식은 마침내 법칙으로서, **지배하는 것**으로서 의식된다. 그리고 그와 동시에 관련된 가치와 상태의 모든 무리가 그 속으로 끼어든다. 그것들은 경외할만한 것, 공격할 수 없는 것, 신성한 것, 진실한 것이 된다. 그 기원이 **망각된다는** 것이 도덕의 발전에 속한다. 도덕이 지배적이 되었다는 사실이 하나의 징후이다.

전적으로 같은 일이 **이성의 범주**에 대해서도 일어날 수 있다. 이들 범주는 여러 탐색과 모색을 거쳐 그 상대적 유용성에 의해 자신을 입증한 것인지도 모른다. 그들 여러 범주를 총괄하여 전체로서 의식화하는 시점이, 그리고 그것을 **명령한**, 다시 말하면 그 범주들이 **명령하는 것**으로서 작용한 시점이 있었다. 이때부터 그 범주들은 선험적인 것으로, 경험 저편에 있는 것으로서, 거부할 수 없는 것으로서 통용되었다. 그렇다 하더라도 그것들은 인종과 종의 특정한 합목적성 이외의 아무것도 표현하지 않는다. 단지 그들의 유용성만이 그들의 "진리"인 것이다.

515

"인식하는" 것이 아니라 도식화하는 것이며, 우리의 실천적 욕구를 충족시킬 만큼의 규칙성과 형식을 혼돈에 부과하는 것이다.

이성, 논리, 범주의 형성에서는 욕구가 결정적이었다. "인식하는" 것이 아니라, 상호 이해와 계산을 목적으로 하는 포괄하고 도식화하는 욕구가. 유사한 것, 동등한 것으로 만들어 정리하는 일―(모든 감각 인상이 겪는 이 동일한 과정이 이성의 발달이다!) 여기서 작동하고 있는 것은 이전부터 존재한 어떤 "이념"이 아니다. 오히려 유용성이다. 우리가 사물을 조잡하게 그리고 동등하게 만들어서 바라볼 때만, 사물은 우리에게 계산 가능하고 취급하기 쉬워진다는 유용성이다. 이성 안에 있는 **목적성**은 원인이 아니라 결과이다. 다른 종류의 이성이 나타날 수 있는 단초는 계속해서 있지만, 그러한 이성의 경우 삶은 성공하지 못한다. 삶은 전망하기 어렵게 되고, 너무나 동등하지 않게 된다.

범주는, 그것이 우리에게 삶의 조건이 된다는 의미에서만, "진리"다. 마치 유클리드적 공간이 이런 조건적인 "진리"인 것처럼 말이다.[1)] (그 자체로 말하자면, 바로 인간이 존재한다는 점의 필연성을 고집하는 사람은 아무도 없을 것이므로, 유클리드의 공간처럼 이성은 한갓 특정한 동물류의 단순한 특이 성질에 지나지 않으며, 다른 여러 가지 것 중 하나에 불과하다.)

여기에 반박할 수 없다는 주관적 강박은 생물학적인 강박이다. 즉, 우리가 추론하듯이 추론하라는 유용성의 본능이 우리의 몸속에 숨어있는 것이며, 우리는 거의 이런 본능 자체이다. 그러므로 이것으로부터 우리가 "진리 자체"를 소유하고 있다는 증거를 끌어낸다는 것은 얼마나 유치한 일인가!

반박할 수 없다는 것은 무능력을 증명하지 "진리"를 증명하는 것이 아니다.

516

우리는 동일한 것을 긍정하면서 부정할 수는 없다. 이것은 하나의 주관적 경험 명제이며, 거기에는 "필연성"이 **아니라 단지** 하나의 무능력만이 표현되고 있다.

아리스토텔레스에 따라서 모순율이 모든 근본 명제 중 가장 확실한 것이라면, 모순율이 모든 논증의 기초가 되는 궁극적이고 가장 기본적이라면, 모순율 안에 다른 모든 공리가 포함되어있다면, 이러한 주장들의 기저에는 이미 어떤 **전제**가 깔려있는지를 더욱 엄밀하게 검토해야 한다. 모순율은 현실적인 것, 존재하는 것에 관하여 마

---

1) "Bedingende Wahrheit(conditional truth)". 독일어 낱말 bedingen은 '초래하다', '야기하다', '영향을 미치다'의 뜻을 지니고 있다. 진리는 인간의 삶에 영향을 미치는 한에서만 타당성을 가진다는 의미가 함축되어있다.

치 다른 곳으로부터 그것을 이미 알고 있는 것처럼 주장한다. 즉, 같은 현실적 존재자에게 반대의 술어들이 귀속될 **수 없다고** 주장한다. 혹은, 그것에게 반대의 술어들이 귀속되어서는 **안 된다고** 주장하는 것인가. 그렇다면 논리학은 참된 것을 인식하라는 명법이 **아니라, 우리가 참이라고 불러야만 하는** 어떤 세계를 설정하고 조정하라는 명법이다.

요컨대, 질문은 여전히 열려있다. 논리적 공리는 현실적인 것에 적합한 것인가, 아니면 논리적 공리는 우리 자신을 위해 현실적인 것과 "현실성"의 개념을 먼저 **만들기** 위한 척도이며 수단인가?—전자를 긍정하기 위해서는 앞서 말했듯이 존재자를 이미 알고 있어야만 하지만—이것은 결코 있을 수 없는 일이다. 그러므로 모순율은 진리의 기준이 아니라, **참으로 간주되어야만 할 것**에 관한 **명법**을 내포한다.

논리학의 (또한 수학의) 모든 명제가 전제하고 있는 자기 동일적 A란 전혀 존재하지 않는다고, 즉 A가 이미 가상성이라고 가정하면, 논리학은 단지 하나의 **가상** 세계를 전제하고 있는 것이 된다. 사실 우리는 논리학의 명제를 계속해서 **입증하는** 것처럼 보이는 끊임없는 경험의 영향으로 그 명제를 믿는 것이다. "사물"—이것은 A에 대한 본래의 기층이다. **사물에 대한 우리의 믿음**은 논리학에 대한 믿음의 전제이다. 논리학의 저 A는 원자와 마찬가지로 "사물"을 재구성한 것이다. 우리가 이 점을 파악하지 못하고 논리학으로부터 **참된 존재**의 기준을 만듦으로써 우리는 이미 실체, 속성, 객체, 주체, 행위 등의 저 모든 실체화된 것을 실제로 정립하는 길에 들어선 것이다.

달리 말하면, 하나의 형이상학적 세계, 즉 하나의 "참된 세계"를 고안해내기 시작한 것이다(**그러나 이 세계는 또다시 하나의 가상 세계이다**).

가장 근원적인 사고 작용인 긍정과 부정, 참으로 간주함과 참으로 간주하지 않음은, 참으로 간주하거나 참으로 간주하지 않을 습관일 뿐만 아니라 그렇게 할 권리를 전제하는 한에서, **우리에게 인식이라는 것이 존재하고, 판단은 정말 진리를 맞힐 수 있다**는 믿음에 의해 이미 지배받고 있다. 요컨대, 논리학은 그 자체로 참인 것에 대해 무언가를 말할 수 있다는 것을 의심하지 않는다(즉, 그 자체로 참인 것에는 반대의 술어가 귀속될 **수 없다**는 것을 의심하지 않는다).

여기에는 감각주의적인 조야한 편견, 즉 감각이 우리에게 사물에 대한 진리를 가르친다는 편견이 지배하고 있다. 내가 동일한 사물에 대해—그것은 **단단하다**, 그것은 **부드럽다**고 동시에 말할 수 없다는 편견이 지배한다. ("나는 두 가지의 반대되는 감각을 동시에 가질 수 없다."라는 본능적 증거는 **완전히 조야하며 거짓이다**.)

개념적 모순을 금지하는 것은 우리가 개념을 만들 **수 있으며**, 개념은 사물의 진리를 표시할 뿐만 아니라 포착한다는 믿음에서 출발한다. 실제로, 사실 논리학은 (기하학이나 산술처럼) **우리가 창조한 허구적 진리**에 관해서만 타당하다. 논리학은 **우리가 정립한 존재 도식에 따라서 현실 세계를 파악하려는, 더 정확히 말하자면 현실 세계를 우리가 공식화하고 계산할 수 있도록 만들려는** 시도이다.

517

존재자를 가정하는 것은 사유하고 추론하려면 필요하다. 논리학은 동등하게 유지되는 것에 대한 공식만을 취급한다.

따라서 이러한 존재자의 가정이 실재에 대한 증명력을 여전히 가지지는 못할 것이다. "존재자"는 우리의 관점에 속한다. 존재자로서의 "나"(—생성과 발전에 영향을 받지 않는다).

주체, 실체, "이성" 등의 날조된 **허구의** 세계가 **필요하다**. 질서를 세우고, 단순화하고, 위조하고, 인위적으로 분리하는 힘이 우리 안에 있다. "진리"란 다양한 감각을 지배하고자 하는 의지다.

—현상들을 특정한 범주로 분류한다.

—그때 우리는 사물 "그 자체"에 대한 믿음에서 출발한다(우리는 현상들이 **실재한다고** 간주한다).

공식화할 수 없고, "거짓"이며 "자기모순적"이라는 생성 세계의 성격. **인식**과 **생성**은 서로 배제한다. **따라서** 인식은 무언가 다른 것이어야 한다. 인식할 수 있는 것으로 만드는 의지가 선행해야만 한다. 일종의 생성 자체가 존재자라는 **허위**를 만들어야만 한다.

518

우리의 "자아"가 우리에게, 우리가 모든 것을 존재하게 만들거나 이해하는 데 준거가 되는 유일한 존재라면, 그것도 매우 좋다! 그렇다면 여기에 혹시 관점주의적 **환상**이 있는 것은 아닌지 의심할 여지가 매우 많다. 즉, 그 안에서 모든 것이 서로 연결되는 지평선과 같은 가상적 통일성이 있는 것이 아닐까 하는 의문이 당연히 생긴다. 몸을 길잡이라고 삼으면 엄청난 **다양성**이 나타난다. 훨씬 연구하기 쉬운 보다 풍부한 현상을 더 빈약한 현상을 이해하는 길잡이로 사용하는 것은 방법론적으로 허용된다. 결국, 모든 것이 생성이라고 한다면, **인식은 단지 존재에 대한 믿음의 근거 위에서만 가능하다**.

519

"오직 자아라는 단 하나의 존재"만이 존재한다면, 그리고 그의 형상에 따라 다른 모든 "존재자"가 만들어진다면—결국 "자아"에 대한 믿음이 논리학, 즉 이성 범주의 형이상학적 진리에 대한 믿음에 예속되어있다면, 반면에 자아가 무언가 **생성되는 것**으로 밝혀진다면, 그렇다면.

520

지속적인 이행은 "개체" 등에 관해 이야기하는 것을 허용하지 않는다. 존재의 "수"는 그 자체로 유동적이다. 조잡하게도 우리가 운동하는 것과 나란히 "정지해있는 것"을 볼 수 있다고 믿지 않는다면, 우리는 시간에 관해서 말하지 못할 것이며, 운동에 대해서 알지 못할 것이다. 원인과 결과에 대해서도 마찬가지로 알지 못할 것이다. "빈 공간"이라는 잘못된 개념이 없다면, 우리는 공간이라는 개념에 결코 도달하지 못했을 것이다. 동일률은 동등한 사물이 존재한다는 "겉모습"을 배경으로 가지고 있다. 생성의 세계는 엄밀한 의미에서 "파악"되거나 "인식"될 수 없을 것이다. "파악"하고 "인식"하는 지성이 이미 만들어진 조야한 세계, 순전한 가상으로 만들었지만 견고해진 세계를 발견하는 한에서만, 그리고 이러한 종류의 가상이 삶을 보존한 한에서만—그런 한에서만 "인식"과 같은 어떤 것이 존재한다. 즉, 이전의 오류와 그 이후의 오류의 상호 측정이 존재한다.

521

"**논리적 가상성**"에 대하여.—"개체"와 "종"이라는 개념은 같은 정도로 거짓이며, 단지 겉모습에 불과하다. "**종**"이 표현하는 것은, 단지 한 무리의 유사한 존재가 동시에 나타나, 계속 성장하고 변화하는 속도가 오랜 기간에 걸쳐 느려졌다는 사실이다. 그래서 실제로 일어난 미미한 지속과 성장은 별로 고려되지 않는다(발달이 눈에 보이지 않는 발달 단계, 그 때문에 평형상태에 도달한 것처럼 보이고, **여기서 하나의 목표가 달성되었다**는 잘못된 생각이 가능하게 된다. 그리고 발달에 목표가 있었다는 잘못된 생각이 가능하게 된다).

형식은 무언가 지속적인 것, 그래서 더욱 가치 있는 것으로 간주된다. 그러나 형식은 단지 우리가 고안해낸 것일 뿐이다. 그리고 그처럼 자주 "동일한 형식이 달성된다"고 하더라도, 그것이 **동일한** 형식이 존재한다는 것을 의미하는 것이 아니라 **항상 새로운 무언가가 나타난다**는 것을 의미한다. 우리는 비교하는데, 바로 그 우리만이 새로운 것이 오래된 것과 매우 비슷한 한에서 새로운 것을 "형식"이라는 통일성으로 합산한다. 마치 어떤 유형이 달성되어야만 하며, 그 유형이 형성 과정에 의해 의도되고 그 과정에 내재하고 있기라도 한 것처럼.

형식, **종**, **법칙**, **이념**, **목적**—이 모든 경우에 동일한 오류가 어디에서나 범해진다. 즉, 마치 사건은 어떤 식으로든 무언가에 복종하는 것처럼 어떤 허구에 잘못된 실재성을 부여하는 오류가 발생한다.

여기서는 사건 안에서 행위하는 **것**과 그 행위가 **지향하는 것** 사이의 인위적 구별이 이루어진다(그러나 행위하는 **것**과 그 행위가 **지향하는 것**이란 우리의 형이상학적 논리학적 독단에 복종해서 우리가 확립한 것일 뿐 "사실"이 아니다).

개념, 종, 형식, 목적, 법칙("**동일한 경우들로 이루어진 어떤 세계**")을 형성하려는 **강박**은 마치 우리가 그것으로 **참된** 세계를 확립할 수 있는다는 것처럼 이해되어서는 안 된다. 우리의 생존을 가능하게 만드는 어떤 세계를 마련하려는 강박으로 이해되어야 한다. 우리는 이로써 산정할 수 있고 단순화된, 우리가 이해할 수 있는 세계를 창조하는 것이다.

이러한 동일한 강박은 오성이 받치는 **감각 활동**에도 있다. 그것은 단순화하는 것, 조야하게 만드는 것, 강조하는 것, 날조하는 것이며, 모든 "재인식"과 자신을 이해할 수 있게 만드는 모든 능력은 이것에 기초한다. "동등한 현상세계"는 항상 다시 나타나고 또 이를 통해 **실재성**의 외관을 얻을 수 있도록, 우리의 **욕구**는 우리의 감각을 정밀하게 만들었다.

논리학을 믿게 만드는 우리의 주관적 강박이 표현하는 것은, 논리학 자체가 우리에게 의식되기 훨씬 이전부터 **논리학적 요청을 사건 속에 집어넣는 것** 외에는 아무것도 하지 않았다는 점이다. 지금 우리는 그 요청을 사건 속에서 발견한다. 우리는 더는 달리 행할 수 없다. 그래서 우리는 이제 이 강박이 "진리"에 관해 무언가를 보증한다고 잘못 생각한다. 우리가 아주 오랫동안 동등하게 **만들고**, 조야하고 단순하게 **만드는** 일을 해온 후, "사물", "동등한 사물", 주체, 술어, 행위, 객체, 실체, 형식을 만들어낸 자는 바로 우리다. 세계는 우리에게 논리적으로 **보인다**. 왜냐하면 우리가 세계를 먼저 논리적으로 **만들었기** 때문이다.

522

근본 해법. —우리는 이성을 믿는다. 그러나 이것은 회색 **개념들**의 철학이다. 언어는 온갖 유치한 편견 위에 건립되었다.

하지만 우리는 불화와 문제를 사물 속에 집어넣고 읽어낸다. 왜냐하면 우리는 **오직** 언어의 형식으로만 **사유하기** 때문이다. 이리하여 "이성"의 "영원한 진리"를 믿는다(예컨대 주어, 술어 등을).

만약 우리가 언어에 구속받지 않고 사유하려 한다면, 우리는 생각하기를 중단할 것이다. 우리는 여기서 한계를 한계로 인정하는 의심에 가까스로 도달한다.

이성적 사유란 우리가 던져버릴 수 없는 도식에 따라 해석하는 일이다.

6. 의식

523

심리적 현상과 물리적 현상으로부터 동일한 실체의 두 가지 얼굴을, 두 가지 현시를 만드는 것보다 더 잘못된 것은 없다. 이것으로는 아무것도 설명되지 않는다. “실체”라는 개념은, 사람이 설명하고자 할 때는, 전혀 쓸모가 없다.

의식이란 보조적 역할만 하고, 거의 무관심하고, 불필요하고, 아마도 완전한 자동 작용에 자리를 내주고 사라지도록 정해져있다.

우리가 오직 내적 현상만을 관찰한다면, 우리는 그들이 들을 수 없는 말을 입술의 움직임으로 추측해내는 농아에 비교될 수 있다. 만약 신경의 흐름이라고 불리는 우리의 관찰 수단이 충분하다면, 우리는 내적 감각의 현상들로부터 우리가 지각할 수 있을 정도의 불가시적인 다른 현상들을 추론해낸다.

우리는 이 내적인 세계를 위한 어떤 섬세한 기관도 가지고 있지 않아서, 우리는 **천배나 더 복잡한 것**을 여전히 통일성으로 지각하며, 운동과 변화의 근거가 우리에게 보이지 않는 곳에서 우리는 인과성을 거기에 날조해 넣는다. 여러 사상과 여러 감정의 연이은 발생은 그것들이 의식 속에서 가시화되는 것에 불과하다. 그 연속적 사건이 인과 사슬과 관계있다는 것은 전혀 믿을만한 것이 못 된다. 의식은 결코 원인과 결과의 사례를 우리에게 제공하지 않는다.

524

"의식"의 역할. — "의식"의 역할에 대해 잘못 짚지 않는 것이 중요하다. 의식이란 **의식을 발전시킨 "외부 세계"**와 우리와의 **관계**이다. 이에 반해 몸의 여러 기능의 협동과 관련한 **지도**, 혹은 감독이나 배려는 우리의 의식으로 들어오지 않는다. 정신의 **저장 작용**이 그러한 것과 마찬가지다. 이러한 일들에 대해 하나의 최고 법정이 있다는 사실이 의심되어서는 안 된다. 다양한 **주요 욕망**이 자신들의 발언권과 권력을 관철하는 곳에는 일종의 지도 위원회가 있다. "쾌감"과 "불쾌감"은 이러한 영역으로부터의 신호이다. **의지 행위**도 마찬가지고, **이념들**도 마찬가지다.

요약하면, 의식되는 것은 우리에게는 전혀 드러나지 않는 인과관계 아래 있다. 사상, 감정, 이념이 의식 속에서 연속적으로 일어나는 일은 이러한 연속이 인과적 연속이라는 점을 표현하지 않는다. 그러나 그것은 그렇게 보인다, 그것도 최고로. **이러한 가상성의 기반 위에 우리는 정신, 이성, 논리 등에 관한 우리의 전체 표상을 건립했다** (이러한 것들은 모두 존재하지 않는다. 그것들은 허구적으로 날조된 종합이고 통일체들이다). 그리고 이러한 것들을 사물 안으로, 사물의 배후로 투사했다!

일반적으로 **의식** 자체를 총체적 감각기관이자 최고 법정으로 간주한다. 하지만 의식은 단지 **소통 수단**일 뿐이다. 의식은 교류 속에서 발달하고, 교류라는 관점을 고려하여 발달한다. 여기서 "교류"란 외부 세계의 영향과 그에 대해 필요한 우리 쪽의 반응으로 이해되며, 마찬가지로 외부 세계를 향한 우리의 영향으로 이해될 수 있다. 의식은 지도 활동이 아니라 **지도의 기관**이다.

525

나의 명제를 고대, 기독교, 스콜라주의의 냄새가 나고 또 그 밖의 사향 냄새가 나는 하나의 정식으로 축약하면 이러하다. "정신으로서의 신"이라는 개념 속에서는 완전성으로서의 신은 부정된다.

526

분류된 사물의 무리에서 어떤 통일성이 있을 때, 그런 정돈의 원인으로 항상 **정신**을 상정했다. 그렇게 할 근거는 전혀 없다. 왜 복합적인 사실의 이념이 이러한 사실의 여러 조건 중 하나여야만 하는 것일까? 혹은 왜 복합적 사실보다 그것에 대한 표상이 우선해야만 하는 것일까?

우리는 **합목적성**을 정신의 관점에서 설명하는 것을 경계할 것이다. 정신에 조직하고 체계화하는 고유한 특성을 부여할 근거는 전혀 없다. 신경계는 훨씬 확장된 영역을 가진다. 의식 세계는 그것에 첨가된 것이다. 적응과 체계화의 총체적 과정에서 의식은 아무런 역할도 하지 않는다.

527

철학자와 마찬가지로 생리학자도 **의식**의 밝기가 **증대하는** 만큼 그 가치도 증대한다고 믿는다. 가장 밝은 의식, 가장 논리적이고 가장 냉철한 사유가 **일등급**이라는 것이다. 그렇다면 이러한 가치는 어떤 기준에 따라 규정되는가? **의지의 작동**과 관련해서는 가장 피상적이고 **가장 단순한** 사유가 가장 유용한 사유이다. 그 사유가 그럴 수 있는 것은(그것이 별로 다른 동기들을 남겨두지 않기 때문이다).

행위의 엄밀성은 멀리 내다보기는 하나 종종 불확실하게 판단하는 **사전 준비**와 적대 관계에 있다. 후자는 **더 깊은** 본능에 의해 인도된다.

528

심리학자들의 주요 오류: 그들은 분명하지 않은 표상을 분명한 표상에 비해 열등한 종류의 표상으로 간주한다. 그러나 우리의 의식에 멀어지고, 그 때문에 **어두워지는** 것은, 그 자체로 완전하게 명료할 수 있다. **어두워지는 것은 의식 관점의 문제이다**.

529

엄청난 실책.

1. **의식**에 대한 터무니없는 **과대평가**. 의식으로부터 통일성이 만들어지고, "정신", "영혼", 생각하고 원하는 어떤 것이 만들어진다.

2. **원인**으로서의 정신, 말하자면 합목적성, 체계, 조정이 나타나는 곳이라면 어디서나.

3. 도달할 수 있는 최고의 형식, 최고 종류의 존재, "신"으로서의

의식.

4. 결과가 있는 곳이라면 어디든 의지가 기입된다.

5. 정신적 세계로서의, 의식의 사실을 통해 접근할 수 있는 것으로서의 "참된 세계".

6. 대체로 인식이 있는 곳에서는 **인식**은 절대적으로 의식의 능력이다.

이로부터 얻을 수 있는 결론들.

모든 진보는 의식화의 진보 속에 있다. 모든 퇴보는 비의식화 속에 있다.

변증법으로 실재, "참된 존재"에 접근한다. 본능, 감각, 메커니즘을 통해 그것으로부터 멀어진다. (비의식화는 **욕망**과 **감각**으로 인해 쇠퇴한 것으로 간주되었다. 즉, **동물화**로 간주되었다.)

인간을 정신으로 해체한다는 것은 인간을 신으로 만든다는 것을 의미한다. 정신, 의지, 선의는 하나이다.

모든 선은 정신성으로부터 유래해야 한다. 그것은 의식의 사실이지 않으면 안 된다.

더 나은 것으로의 진보는 단지 의식화에서의 진보일 뿐이다.

7. 판단. 참과 거짓

530

칸트의 신학적 편견, 그의 무의식적인 교조주의, 그의 도덕주의적 관점은 지배적이고 조종하고 명령한다.

최초의 오류(prōton pseudos): 인식의 사실은 어떻게 가능한가? 인식이란 도대체 하나의 사실인가? 인식이란 무엇인가? 인식이 무엇인지 **알지** 못한다면, 인식이라는 것이 **과연** 있는가 하는 질문에 우리는 답할 수 없다. 좋은 일이다! 그러나 과연 인식이 있는지, 존재할 수 있는지를 우리가 이미 "알지" 못한다면, "인식이 무엇인가?" 하는 질문은 이성적으로 제기할 수조차 없다. 칸트는 인식이라는 사실을 믿는다. 그가 원하는 것, 즉 **인식을 인식한다는 것**은 순진한 생각이다!

"인식은 판단이다!" 그러나 판단은 어떤 것이 이러이러하다는 **믿음**이다! 인식이 **아니다**! 모든 인식은 종합적 판단으로 구성되는데, 종합적 판단은 보편성의 성격을 지니고(사태는 모든 경우에 반드시 그러하다), **필연성**의 성격을 가진다(반대의 주장은 결코 생길 수 없다).

인식에 대한 믿음에서 **적법성**은 항상 전제된다. 양심 판단의 감정에서 적법성이 항상 전제되는 것과 똑같다. 여기에서는 **도덕적 존재론**이 **지배적인** 편견이다.

그러므로 결론은 이렇다.

1. 우리가 보편적이고 필연적이라고 간주하는 주장이 있다.

2. 필연성과 보편성의 성격은 경험에서 유래할 수 없다.

3. 따라서 그것은 경험에 기초하지 않고, 경험 이외의 **다른 곳에서 스스로를 정당화해야** 하고, 다른 인식 원천을 가져야 한다!

(칸트는 이렇게 추론한다. 1. 어떤 조건 아래에서만 타당한 주장이 있다. 2. 이 조건은 그 주장이 경험이 아니라 순수 이성에서 유래한다는 것이다.)

그러므로 문제는 이렇다. **우리는** 그런 주장의 진리를 믿을 이유를 **어디에서** 얻는가? 아니다, 우리의 믿음은 어디에서 그런 판단을 도출하는가! 그러나 **믿음의 발생**, 강한 확신의 발생은 하나의 심리학적 문제이다. 그리고 **매우** 제한되고 편협한 경험이 종종 그런 믿음을 낳는다!

그러한 믿음은 "후험적(a posteriori) 자료"만 있는 것이 아니라 선험적(a priori), 즉 경험 이전의 자료도 있다고 **이미 전제한다**. 필연성과 보편성은 결코 경험을 통해 얻어지는 것이 아니다. 이로써 그것이 경험 없이 존재한다는 사실이 분명해지는가?

어떤 개별적 판단도 없다!

개별적 판단은 결코 "참"이 아니며, 결코 인식이 아니다. 수많은 판단의 **맥락** 속에서, **관계** 속에서 비로소 보증이 생기는 것이다.

무엇이 참된 믿음과 거짓 믿음을 구별하는가? 인식이란 무엇인가? 그는 그것을 "알고" 있다. 그것은 멋진 일이다!

필연성과 보편성은 결코 경험을 통해서 얻어지지 않는다. 따라서 경험에 의존하지 않으며, 모든 경험에 **앞선다**! 선험적으로 일어나는 통찰, 다시 말해서 모든 경험과는 무관하게 오로지 **순전한 이성으로부터** 일어나는 통찰이 "**순수한** 인식"이다.

"논리학의 근본원리, 즉 동일과 모순의 원리는 순수한 인식인데, 그것들이 모든 경험에 선행하기 때문이다." 그러나 그것은 전혀 인식이 아니다! **규제적인 신앙 조항**이다!

수학적 판단의 선험성(순수한 합리성)을 논증하려면 공간을 **순수 이성의 형식으로 이해해야** 한다.

흄은 이렇게 설명했다. "선험적인 종합적 판단은 없다." 칸트는 말한다. 있다! 수학적 판단이야말로 그렇다! 만약 그런 판단이 있다면, 순수 이성에 의한 사물의 인식인 형이상학도 역시 있을 것이다!

수학은 형이상학이 **결코** 가능할 수 없는 조건에서 가능하다. 모든 인간적 인식은 경험이거나 아니면 수학이다.

판단이 종합적이다. 즉, 그것은 표상을 연결한다.

그것이 선험적이다. 즉, 저 연결은 보편적이고 필연적인 연결인데, 이 연결은 감각적 지각에 의해서가 아니라 오직 순수 이성에 의해서만 주어질 수 있다.

선험적인 종합적 판단이 있어야 한다면, 이성은 연결할 수 있어야 한다. 연결 활동이 하나의 형식이다. 이성은 **형식을 부여하는 능력을 지니고** 있어야 한다.

531

판단은 우리의 가장 오래된 믿음이고, 참으로 간주하거나 거짓으로 간주하는 우리의 가장 습관적인 활동이다. 주장하거나 부정하는 활동이다. 어떤 것이 다르지 않고 바로 그러하다는 확실성, 여기서 실제로 "인식"했다는 믿음이다. 모든 판단에서 참이라고 믿어지고 있는 것은 무엇인가?

술어란 무엇인가? 우리는 우리에게서 일어나는 변화를 그러한 것으로 받아들이지 않고, 우리에게 낯설어서 우리가 오직 "지각할" 뿐인 "그 자체"로 간주했다. 그리고 우리는 그것을 사건이 **아니라** 하나의 존재로, "고유한 속성"으로 상정했다. 그리고 우리는 그 속성이 붙어있는 실체를 추가로 발명했다. 즉, 우리는 **작용**을 **작용하는 것**으로서, 그리고 **작용하는 것**을 **존재자**로 여겼다. 그렇지만 이러한 공식화의 표현에서도 여전히 "작용"이라는 개념은 자의적이다. 왜냐하면 우리에게서 일어나고 또 우리 자신이 그것의 원인이 **아니라고** 굳게 믿는 변화들과 관련해, 우리는 그 변화들이 결과일 수밖에 없다고 추론할 뿐이다. 결론에 따르면, "모든 변화에는 창시자가 있다." 그러나 이러한 결론은 이미 신화이다. 그것은 작용하는 것과 작용을 **분리한다**. 만약 내가 "번개가 번쩍인다."라고 말한다면, 나는 번쩍임을 한 번은 행위로서 그리고 다른 한 번은 주체로서 설정한 것이다. 그러므로 사건과 일치하지 않는, 즉 오히려 **지속하고** 존재하고 "생성하는" 일이 없는 존재를 사건에 덧붙여 상정한 것이다. **사건을 작용으로 상정하는 것**, 그리고 **작용을 존재로서** 상정하는 것, 이것은 **이중** 오류이거나 우리가 그 책임져야 할 **해석**이다.

532

판단—이것은 "이것과 저것은 이러저러하다."라는 믿음이다. 그러므로 판단 속에는 "동일한 경우"를 만났다는 기억이 숨어있다. 즉, 판단은 기억의 도움에 의한 비교를 전제한다. 판단은 동일한 경우가 거기 존재하는 것처럼 보이게 만들지 않는다. 오히려 판단은 그러한 경우를 지각한다고 믿으며, 대체로 동일한 경우가 있다는 전제 아래에서 작용한다. 그 자체로는 동등하지 않은 경우를 동등하게 만들고 유사하게 만드는, 그리고 훨씬 **오래전부터**, 더 이전부터 작용한 저 기능은 이제 무엇이라 불릴 것인가? 이러한 첫 번째 기능에 기초한 저 두 번째 기능은 무엇이라 불릴 것인가? "동등한 감각을 불러일으키는 것은 동등하다." 그러나 감각을 동등하게 만들고 동등하다고 "간주하는" 것은 무엇이라고 불릴 것인가? 먼저 감각의 내부에서 일종의 동등화가 행해지지 않는다면 어떤 판단도 결코 있을 수 없을 것이다. 기억은 이미 습관이 된 것이나 체험된 것을 부단히 강조함으로써만 가능하다. 판단이 이루어지기 전에 **동화 과정이 이미 이루어져야만 한다**. 그러므로 여기에서도 상처의 결과로 고통이 발생하는 것처럼 의식에 들어가지 않는 어떤 지적 활동이 있다. 아마도 모든 유기체적인 기능에는 어떤 내적 사건이, 즉 동화하고 배설하고 생장하는 활동 등이 대응하게 될 것이다.

본질적인 것은 몸에서 출발하여, 몸을 실마리로 이용하는 일이다. 몸은 더 명료한 관찰을 가능하게 해주는 훨씬 풍요로운 현상이다. 몸에 대한 믿음은 정신에 대한 믿음보다 더 잘 확립되어있다.

"어떤 사태가 여전히 강하게 믿어질 수 있다. 그렇더라도 그 가운데 진리의 기준은 없다." 그러나 진리란 무엇인가? 아마도 삶의 조건이 되어버린 일종의 믿음이 아닌가? 그렇다면 물론 **강함**이 하나의 기준이 될 것이다. 예를 들면 인과성에 대해.

533

진리의 기준으로서의 논리적 확실성과 투명성("참인 모든 것은 명석하고 판명하게 지각된 것이다omne illud verum est, quod clare et distincte percipitur.") 이렇게 세계에 대한 기계론적 가설이 바람직한 것이 되고, 믿음직한 것이 된다.

그러나 이것은 하나의 조야한 혼동이다. 단순함은 진리의 표시라는 말처럼. 사물의 참된 속성이 우리의 지성과 **이러한** 관계에 있다는 것을 어떻게 안단 말인가? 다른 관계일 수는 없는가? 우리의 지성에 가장 많은 권력 감정과 안전 감정을 부여하는 가설이 지성에 의해 가장 **우대받고 존중되고 결과적으로는 진리라고** 불리는 것은 아닐까? 지성은 자신의 가장 자유롭고 가장 강한 **역량**과 **능력**을 가장 가치 있는 것의 기준으로, 결과적으로 참된 것의 기준으로 설정한다.

"참"이란, 감정의 측면에서 보면 감정을 가장 강하게 자극하는 것("자아")이다.

사유의 측면에서 보면 사유에 가장 큰 힘의 느낌을 주는 것이다.

만지고, 보고, 듣는 것의 측면에서 보면 가장 큰 저항을 요구하는 것이다.

그러므로 **최고도의 활동**이 객체에 대하여 그 객체의 "진리", 즉 "**현**

실성"에 대한 믿음을 불러일으킨다. 힘의 감정, 투쟁의 감정, 저항의 감정이 거기서 저항받는 무엇인가가 있다고 설득한다.

534

진리의 기준은 권력 감정의 증대에 있다.

535

"진리", 이것은 나의 사고방식 안에서 반드시 오류의 반대를 나타내는 것이 아니라, 가장 근본적인 경우에는 단지 다양한 오류 상호간의 관계에서 위치를 나타낸다. 즉, 어떤 오류는 다른 오류보다 한층 더 오래되고 깊으며, 우리 같은 종의 유기체가 그것 없이는 살 수 없는 한, 아마도 심지어는 근절할 수 없는 것임을 나타내는 것이다. 반면 다른 오류들은 이 오류처럼 삶의 조건으로서 우리를 압제하지는 않으며, 그러한 "압제자"와 비교했을 때 오히려 제거되고 "반박될" 수 있을 것이다.

반박될 수 없는 하나의 가정.—왜 이 가정이 그 때문에 이미 "**참**"이어야만 하는가? 이러한 명제는 아마도 **자신의** 한계를 사물의 한계로 설정하는 논리학자를 격분시킬 것이다. 그러나 나는 이미 오랫동안 이러한 논리학의 낙관주의에 선전포고를 해왔다.

536

단순한 것은 단지 상상일 뿐이며, "참"은 아니다. 하지만 현실적인 것, 참인 것은 하나가 아니며 하나로 환원될 수도 없다.

537

진리란 무엇인가?—타성이다, 만족을 일으키고 정신적 힘 등을 가장 적게 사용하게 만드는 가설이다.

538

제1 명제. **더 쉬운** 사고방식은 더 어려운 사고방식을 이긴다. **도그마**로서는, 단순함은 진리의 표시다. 나는 단언한다. **명료함**이 진리에 관해 무언가를 증명한다는 것은 정말 유치하다.

제2 명제. 존재에 대한 가르침, 사물에 대한 가르침, 전적으로 고정된 통일체에 대한 가르침은 생성과 발전에 대한 가르침보다 **백배나 더 쉽다**.

제3 명제. 논리학은 편리화 수단으로서 의도되었다. 즉, 진리로서가 아니라 표현 수단으로서. 그것이 나중에는 **진리로 작용했다**.

539

파르메니데스는 말했다. "존재하지 않는 것은 생각할 수 없다." 우리는 다른 극단에 있으며, 이렇게 말한다. "사유할 수 있는 것은 확실히 허구일 수밖에 없다."

540

수많은 눈이 있다. 스핑크스도 역시 눈들을 가지고 있다. 따라서 수많은 "진리들"이 있고, 따라서 그 어떤 진리도 없다.

541

현대 정신병원에 걸린 명문

"사유의 필연성은 도덕의 필연성이다."

—허버트 스펜서

"어떤 명제의 진리성에 대한 최후의 시금석은 그 명제의 부정을 생각할 수 없다는 것이다."

—허버트 스펜서

542

실존의 성격이 거짓이어야 한다면—이는 가능할 수도 있기 때문에—진리는, 모든 우리의 진리는 무엇이겠는가? 더 높은 거짓의 능력?

543

본질적으로 거짓인 세계에서 진실성이란 **반자연적 경향**일 것이다. 그것은 특별한 **더 높은 허위 능력**을 위한 수단으로서만 의미를 지닐 수 있을 것이다. 참된 것, 존재자의 세계가 허구적으로 발명되려면, 먼저 진실한 사람이 창조되어야만 한다(그러한 자가 스스로 "진실하다"고 믿는 것을 포함하여).

단순하고, 투명하며, 자기모순적이지 않고, 지속적이며, 한결같고, 주름이나 술수 덮개나 형식도 없다. 이런 종류의 인간이 자신의 형상에 따라 존재의 세계를 "신"으로서 구상한다.

진실성이 가능하기 위해서 인간의 전체 영역은 매우 정결하고, 작고, 존경스러운 것이어야 한다. 모든 의미에서의 이익이 진실한 자의 편에 있어야 한다. 거짓, 간계, 위장은 경악을 불러일으키지 않으면 안 된다.

544

존재의 위계가 상승함에 따른 위장의 증대. 무기물 세계에서는 위장은 없는 것 같다. 유기물 세계에서 책략은 시작된다. 식물은 책략에서 이미 거장이다. 카이사르나 나폴레옹(그에 대한 스탕달의 말)[2]과 같은 최고의 인간, 마찬가지로 더 높은 종족(이탈리아인), 그리스인(오디세우스)도 그러했다. 교활함은 인간 향상의 본질에 속한다.—배우의 문제. 나의 디오니소스적 이상.—모든 유기적 기능의, 가장 강력한 삶의 본능 전체의 관점. 모든 삶 속에 들어있는 오류를 **원하는** 힘. 심지어 사유의 전제 조건으로서의 오류. "사유되기" 전에 이미 "창작되어"있어야 한다.[3] 동등한 것이라는 **가상성**을 위해 동일

---

2) 스탕달의 말에 대한 언급은《나폴레옹전》서문의 한 구절을 가리킨다. 니체가 다른 노트에 써놓은 이 구절은 다음과 같다. "나에게 있는 거의 본능적인 믿음은, 강력한 인간은 모두 말을 할 때는 물론 글을 쓸 때는 더더욱 거짓말을 한다는 것이다."

3) "Bevor 'gedacht' wird, muß schon 'gedichtet' worden sein."(Before there is 'thought' there must have been 'invention'.) gedacht는 '생각하다', '사유하다'라는 뜻의 동사 denken의 과거분사이다. gedichtet는 dichten의 과거분사로서, 동사 원형은 일반적으로 '시를 짓다', '창작하다'의 뜻을 가진다. 괴테의 자서전인《시와 진실Dichtung und Wahrheit》를 연상시키는 이 문장은 denken(생각하다)과 dichten(창작하다)을 대비시킴으로써, 니체는 사물 자체의 진리를 인식하는 사고 작용에 앞서 허구적인 상상력이 먼저 작동한다는 점을 강조한다.

한 경우를 구성하는 것은 동등한 것을 인식하는 일보다 더 근원적 이다.

8. 인과론의 반대

545

나는 힘의 기층으로서 절대 공간을 믿는다. 이 기층은 제약하고 형태를 만든다. 시간은 영원하다. 그러나 그 자체로는 공간도, 시간도 존재하지 않는다. "변화"란 단지 현상(혹은 우리에게는 감각의 진행 과정)일 뿐이다. 만약 우리가 이들 변화 사이에서 여전히 그토록 규칙적인 회귀를 설정한다면, 그것으로써 항상 그렇게 발생했다는 이 사실 외에는 아무것도 **논증된** 것이 없다. 이것 이후(post hoc)가 이것 때문에(propter hoc)라는 느낌은 쉽사리 오해라고 추론할 수 있다. 그것은 이해할 수 있다. 그러나 현상이 "원인"일 수는 없다!

546

어떤 사건을 행함이나 **아니면** 당함으로(따라서 모든 행위는 당함이다) 해석하는 일이 말하는 바는 이렇다. 모든 변화, 다른 것이 되는 모든 현상은 하나의 창시자, 즉 변화의 **기층이** 되는 것을 전제한다.

547

"주체"라는 개념의 심리학적 역사. 몸, 사물, 눈에 의해 구성된 "전체"는 행위와 행위자의 구별을 일깨운다. 행위자, 행위의 원인을 점점 더 세련되게 파악하면, 그것은 결국 "주체"를 남겨놓는다.

548

기억의 기호, 축약하는 공식을 본질로서, 그리고 결국은 원인으로서 간주하는 우리의 나쁜 습관. 예를 들면 번갯불에 관해 "번개가 번쩍인다."라고 말한다. 또는 "나"라는 작은 낱말조차 그렇다. 보는 데 있어서의 일종의 관점을 다시금 보는 행위의 원인 자체로서 설정하는 것. 그것이 "주체", "나"를 발명할 때의 요술이었다!

549

"주체", "객체", "술어"—이러한 구분이 만들어졌고, 현재 도식처럼 모든 외관상의 사실 위에 덮어씌워져있다. 무언가를 행하고, 무언가에 고통을 당하고, 무언가를 "소유하고", 어떤 특성을 "가지고" 있는 자가 **나**라고 내가 믿는 것은 근본적으로 잘못된 관찰이다.

550

모든 판단 속에는 주어와 술어, 또는 원인과 결과에 대한 완전하고 깊은 믿음이 들어있다(즉, 모든 작용은 행위이고, 모든 활동은 행위자를 전제한다는 주장으로서). 이 후자의 믿음은 전자의 개별적 경우이기 때문에, 주체가 있고 발생하는 모든 것은 어떤 주체에 대해 술어적 관계에 있다는 믿음이 근본적인 믿음으로 남게 된다.

나는 무엇인가를 알아차리고, 그 **근거**를 찾는다. 이것이 본래 의미하는 바는 다음과 같다. 나는 그 안에서 어떤 **의도**를, 특히 의도를 가진 그 무엇, 즉 하나의 주체와 행위자를 찾는다. 즉, **모든** 사건은 하나의 행위이다.—이전에 사람들은 모든 사건 안에서 의도를 보았다. 이것이 우리의 가장 오래된 습관이다. 동물도 또한 이 습관을 지니고 있는가? 동물도 생명체로서 자신에 근거한 해석에 의지하고 있지 않은가? "왜"라는 질문은 언제나 목적인(causa finalis), 즉 "무엇을 위하여?"에 대한 질문이다. 우리는 "동력인(causa efficiens)에 대한 감각"을 전혀 가지고 있지 않다. 이 점에서 흄이 옳다. 습관(그러나 개인의 습관뿐만이 아니다!)은 우리가 이따금 관찰된 어떤 사건이 다른 사건에 뒤따를 것이라고 기대하게 만든다. 그 이상의 아무것도 아니다! 인과성에 대한 우리의 믿음에 특별한 확고함을 주는 것은 한 사건에 다른 사건이 잇따르는 것을 보는 커다란 습관이 아니라, 사건을 의도에 의한 사건으로 해석하는 것 외에는 다르게 **해석할** 수 없는 우리의 **무능력**이다. 그것은 살아있고 사고하는 자가 유일하게 작용하는 힘이라고 믿는 것—의지와 의도에 대한 믿음—이며, 모든 사건은 하나의 행위이며, 모든 행위는 행위자를 전제한다는 믿음이다. 그것은 "주체"에 대한 믿음이다. 주체 개념과 술어 개념에 대한 이러한 **믿음**은 커다란 어리석음이지 않은가?

질문. 의도는 사건의 원인인가? 아니면 그것도 역시 환상인가?

의도는 사건 자체이지 않은가?

551

"원인"이라는 개념의 비판.—우리는 원인에 관해서는 단연코 어떤 경험도 가지고 있지 않다. 심리학적으로 따져보자면, **우리가** 원인이라는 주관적 확신, 즉 팔이 움직인다는 주관적 확신에서 우리는 이 전체 개념을 얻는다. **그러나 이것은 오류이다**. 우리는 행위자인 우리 자신을 행위로부터 분리하고, 이 도식을 어디에서나 사용한다. 우리는 모든 사건에 대해 행위자를 찾는다. 우리가 무슨 일을 한 것인가? 우리는 힘, 긴장, 저항의 감정, 그리고 이미 행위의 시작인 근육의 느낌을 원인으로 **오해한** 것이다. 혹은 이러저러한 행위를 하는 의지를, 이 의지에 활동이 뒤따르기 때문에 원인으로 이해한 것이다.

"원인"이란 것은 없다. 원인이 우리에게 주어지는 것처럼 보였고, 또 우리가 **사건을 이해하기** 위하여 그로부터 원인을 사건에 투사했던 몇몇 경우들에 대해서는 자기기만이 입증되고 있다. 우리의 "사건에 대한 이해"는 어떤 일이 일어났고, 또 그것이 어떻게 일어났는가에 대해 책임을 져야 할 주체를 우리가 발명했다는 데 근거한다. 우리는 우리의 의지의 감정, 자유의 감정, 우리의 책임의 감정과 행위에 대한 우리의 의도를 "원인"이라는 개념으로 통합했다. 동력인과 목적인은 근본적인 생각에서 하나이다.

우리는 어떤 결과가 이미 내재해있는 상태가 제시되면 그 결과가 설명된 것이라고 믿었다. 실제로 우리는 모든 원인을 결과라는 도식에 따라 날조한다. 후자는 우리에게 알려진 것이다. 반대로, 우리는 어떤 것에 대해서 그것이 어떤 "결과를 낳는지"에 대해 미리 말할 수 있는 위치에 있지 않다. 사물, 주체, 의지, 의도—이 모든 것이

"원인"이라는 구상에 내재해있다. 우리는 무언가가 무엇 때문에 변화했는지를 설명하기 위해서 사물을 찾는다. 심지어 원자조차 그렇게 덧붙여서 고안된 "사물"이자 "근원적 주체"이다.

마침내 우리는, **사물은 전혀 존재하지 않기 때문에**, 사물과—따라서 원자 또한—아무런 작용을 하지 않는다는 사실을, 인과성이라는 개념은 전혀 쓸모가 없다는 사실을 파악한다. 여러 상태의 필연적 연속이 그 상태들의 인과관계를 의미하지 않는다(즉, 1에서 2로, 3으로, 4로, 5로 도약하게 만드는 그 상태들의 **결과를 낳는 능력**을 의미하지 않는다). **원인도 없으며 결과도 없다**. 언어적으로 우리는 원인과 결과에서 벗어날 수 없다. 그러나 이것은 중요하지 않다. **근육**을 근육의 "작용들"로부터 분리하여 생각한다면, 나는 근육을 부정한 것이다.

요약하면, **사건은 결과로서 야기된 것도 아니고 결과를 야기하지도** 않는다. 원인은 **결과를 가져오는 능력**이지만, 사건에 덧붙여 날조된 것이다.

인과성 해석은 **하나의 착각**이다. "사물"은 개념이나 이미지를 통해 종합적으로 결합된 그 여러 결과의 총계이다. 사실 과학은 인과성이라는 개념에서 그 내용을 비워버렸고, 그 개념을 등식의 공식으로 잔존시켰다. 이 공식에서는 어느 쪽이 원인 혹은 결과인가는 근본적으로 중요하지 않다. 두 가지 복합 상태(힘의 위치 관계)에 있어서 힘의 양은 일정하게 유지된다고 주장되고 있다.

사건의 계산 가능성은 그것이 어떤 규칙을 따르고 있다거나, 혹은 필연성을 따른다거나, 혹은 우리가 인과성의 법칙을 모든 사건에 투사한다는 것에 있지 않다. 사건의 계산 가능성은 **동일한 경우의 회**

귀에 있다.

칸트가 생각하는 것과 같은 **인과성의 감각**은 없다. 사람들이 놀라고, 불안해하며, 기댈 수 있는 무언가 이미 알고 있는 것을 원하는 것이다. 새로운 것 안에서 무엇인가 오래된 것이 제시되는 즉시 우리는 안심한다. 소위 인과성의 본능은 **익숙하지 않은 것에 대한 공포**일 뿐이며, 그 익숙하지 않은 것 속에서 **무언가 알고 있는 것**을 발견하려는 시도이다. 원인에 대한 탐구가 아니라 알려진 것에 대한 탐구이다.

552

결정론과의 싸움에 대하여.—어떤 것이 규칙적으로 일어나고 계산할 수 있게 일어난다는 사실에서 그것이 **필연적**으로 일어난다는 결론이 나오지 않는다. 어떤 양의 힘이 특정한 개개의 경우에 단 한 가지 방식으로 결정하고 행동한다는 점이 이 경우를 "부자유한 의지"로 만들지 않는다. "기계적 필연성"은 사실이 아니다. **우리가** 먼저 이 필연성을 사건 안으로 넣어 해석한 것이다. 우리는 사건의 **공식화 가능성**이 사건을 지배하는 필연성의 결과라고 해석했다. 그러나 내가 특정한 어떤 것을 행한다는 것으로부터는 내가 그 일을 하도록 강요받았다는 결론이 나오지 않는다. 사물에서의 **강요**는 결코 증명될 수 없다. 규칙은 단지 어떤 동일한 사건이 다른 사건이기도 한 것은 아니라는 점만을 증명할 뿐이다. 우리가 "**행위자**"인 주체를 사물 속에 넣어서 해석했기 때문에 비로소 모든 사건이 주체에 가해진 특정한 강제의 결과인 것처럼 보인다. 강제는 누구에 의해 행사된 것인가? 다시금 특정한 "행위자"에 의해서이다. 원인과 결과—**원인이 되는** 어떤 것과 **결과가 되는** 어떤 것을 생각하는 한, 이것은 위험 개념이다.

A) 필연성은 사실이 아니라 해석이다.

*

B) "주체"는 **결과를 초래하는** 것이 아니고 하나의 허구에 지나지 않는다는 사실을 파악하면 많은 것이 뒤따른다.

우리는 주체를 모형 삼아 **사물성**을 날조하고, 이것을 감각의 혼란 속으로 넣어서 해석했다. 우리가 **결과를 초래하는** 주체를 더는 믿지 않는다면, 결과를 초래하는 사물에 대한 믿음, 그리고 우리가 사물이라고 부르는 현상들 사이의 상호작용 및 원인과 결과에 대한 믿음도 마찬가지로 사라진다.

이로써 물론 **결과를 초래하는 원자**의 세계 역시 사라진다. 이러한 원자의 가정은 항상 주체가 필요하다는 전제 아래 있기 때문이다.

결국에는 "사물 자체"도 사라진다. 사물 자체란 근본적으로 "주체 그 자체"의 구상이기 때문이다. 그러나 우리는 주체가 허구적으로 날조된 것이라는 점을 파악했다. "물자체"와 "현상"의 대립은 유지될 수 없다. 이렇게 해서 "**현상**"이라는 개념도 사라지게 된다.

*

C) 결과를 초래하는 **주체**를 포기하면, 우리는 결과가 만들어지는 객체도 포기하게 된다. 지속, 자기동일성, 존재는 주체라고 불리는 것이나 객체라고 불리는 어느 것에도 내재하지 않는다. 그것들은 다

른 복합체와 비교하여 지속적인 것처럼 보이는 사건의 복합체이다. 예를 들면 사건의 속도의 차이에 의해서(정지-운동, 고정-이완, 이 모든 대립은 실제로는 존재하지 않으며, 이것으로는 사실상 **정도의 차이들**만 표현될 뿐인데, 이 정도의 차이가 특정한 척도를 지닌 광학에 의해서만 대립으로 보인다. 대립은 없다. 우리는 단지 논리학의 대립으로부터 대립이라는 개념을 얻었으며, 그것으로부터 사물 속으로 잘못 옮겨놓았다).

*

D) 우리가 "주체"와 "객체"라는 개념을 포기하면, "**실체**"라는 개념도 포기하게 된다. 그리고 그 결과로서 실체의 다양한 변형, 예컨대 "물질", "정신" 및 "질료의 영원과 불변성" 등의 가설적 본질도 포기하게 된다. 우리는 **질료성**을 던져버린다.

*

도덕적으로 표현하면, 세계는 거짓이다. 그러나 도덕 자체가 이 세계의 한 부분인 한, 도덕이 거짓이다.

진리에의 의지란 저 **거짓된** 성격을 고정적인 것으로 **만드는** 것, 참되고 지속적인 것으로 **만드는** 것, 보이지 않게 만드는 것이며, 이것을 **존재자**로 재해석하는 것이다.

그러므로 진리란 어딘가에 있고, 찾아지거나 발견될 수 있는 어떤 것이 아니다. 오히려 **창조되어야 할** 어떤 것이며 특정한 **과정**에 대해 이름을 부여하고, 그뿐만 아니라 그 자체로는 끝나는 일이 없는 정복의 의지에 대해 이름을 부여하는 어떤 것이다. 진리를 넣어두는 일은 무한 과정이고, **능동적으로 결정하는** 일이지, "그 자체로서" 고정되어있고 결정되어있는 어떤 것을 의식화하는 것이 아니다. 그것은 "권력에의 의지"를 위한 낱말이다.

삶은 지속적인 것과 규칙적으로 다시 회귀하는 것을 믿는다는 전제에 기초해있다. 삶이 강력해질수록 그만큼 추측 가능한, 말하자면 **존재하는 것으로 만들어진** 세계는 더욱 넓어져야만 한다. 삶의 방책으로서의 논리화, 합리화, 체계화.

인간은 자신의 진리 충동과 자신의 "목표"를 어떤 의미에서는 자신의 바깥으로 **존재하는** 세계로서, 형이상학적 세계로서, "물자체"로서, 이미 존립하고 있는 세계로서 투사한다.

창조자로서의 인간의 욕구는 그가 일하는 세계를 이미 창작하여 꾸며내고 선취한다. 이 선취가, 즉 진리에 대한 "이 믿음"이 그의 버팀목이다.

*

모든 사건, 모든 운동, 모든 생성을 정도와 힘의 관계의 확정으로서, **투쟁**으로서.

*

우리의 이러저러함에 대해 책임을 지는 누군가(신, 자연)를 상상하고, 따라서 그에게 우리의 실존이나 우리의 행복과 불행을 그의 의도로 전가하는 즉시 우리는 **생성의 무구**를 망치게 된다. 우리는 그렇게 해서 우리를 통해서 그리고 우리와 함께 무언가를 달성하려는 누군가를 가지게 된다.

*

"개인의 복지"는 "종의 복지"와 마찬가지로 상상된 것이다. 전자가 후자를 위해 희생한 것이 아니다. 멀리서 관찰하면, 종은 개인처럼 유동적이다. "종의 **보존**"이란 종의 성장, 다시 말해 더욱 강한 종을 향한 노정에서 **종의 극복**의 한 결과일 뿐이다.

*

외견상의 "**합목적성**"(**모든 인간적 기술을 무한히 능가하는 합목적성**)은 모든 사건 속에서 활동하는 저 **권력에의 의지**의 결과일 뿐이다. **더 강하게 되는 것**이 합목적성 기획과 유사해 보이는 질서를 수반한다는 것.

외견상의 **목적들**은 의도된 것이 아니지만, 열세한 권력들에 대한 지배가 달성되고 열세한 권력이 우세한 권력의 기능으로 활동하는 즉시 **위계**와 조직의 질서가 수단과 목적의 질서라는 외관을 불러일으키지 않을 수 없다는 것.

외견상의 "**필연성**"에 반대하여,

—필연성이란 단지 힘이 다른 어떤 것이 아니라는 사실을 **표현**할 뿐이다.

외견상의 "**합목적성**"에 반대하여,

—합목적성이란 단지 권력의 영역들과 그것들의 상호작용을 **표현**할 뿐이다.

9. 물자체와 현상

553

칸트 비판주의의 수상스러운 오점이 점차 눈이 좋지 않은 사람들에게도 보였다. 칸트는 "현상"과 "물자체"를 구별할 권리를 더는 가지고 있지 않다. 현상으로부터 현상의 원인을 추론하는 것을 허용할 수 없는 것으로 여겨 거부하는 한, 그는 이 오래된 익숙한 방식으로 앞으로도 여전히 구별할 권리를 스스로 박탈했다. 이러한 일은 인과성의 개념과 이 개념의 **순수하게 현상 내**에서의 타당성에 관한 그의 견해에 따라서 일어났다. 반면 이 견해는 마치 "물자체"가 추론되었을 뿐만 아니라 주어진 것처럼 저 구별을 이미 선취하고 있다.

554

인과론.—물자체들도 서로 원인과 결과의 관계를 맺을 수 없고, 현상도 다른 현상과 그럴 수 없다는 것은 명백하다. 이런 사실로부터 나오는 결론은 "원인과 결과"라는 개념이 물자체와 현상을 믿는 철학 안에서는 **적용될 수 없다**는 점이다. 칸트의 오류는—사실 원인과 결과라는 개념은, 심리학적으로 따져보면 항상 그리고 어디에서나 의지가 의지에 대해 작용한다고 믿는 사고방식에서 유래한다. 이것은 살아있는 것만을 믿고 또 근본적으로 영혼만을 믿는 (사물을 믿지 않는) 사고방식이다. 기계론적 세계관(이것은 논리학이고, 그것을 공간과 시간에 적용하는 것이다) 내에서는 모든 개념이 수학적 공식으로 환원된다. 우리가 거듭해서 강조해야 하는 것처럼, 이 공식으로는 결코 어느 것도 파악되지 않고, 단지 무언가가 표현되고 **잘못 표시된다**.

555

최대의 우화는 인식에 관한 우화이다. 사람은 **물자체**가 어떤 성질의 것인가를 알고 싶어 한다. 그러나 보아라, 물자체라는 것은 없다! 설령 하나의 그 자체, 하나의 무조건적인 것이 있다고 전제할지라도, 바로 이 때문에 인식될 수 있는 것은 아니다! 무조건적인 것은 인식될 수 없다. 그렇지 않다면 그것은 무조건적인 것이 아닐 것이다! 그렇지만 인식한다는 것은 항상 "자신을 어떤 것과 조건부 관계에 두는 것"이다. 그러한 인식자는 자신이 인식하고자 하는 것이 자신과 아무런 상관이 없기를 바란다. 그리고 그것이 다른 어떤 사람과도 상관이 없기를 바란다. 여기서 모순이 생기는데, 첫째로는 인식하고자 하는 **의욕**과 인식 대상이 자신과는 아무런 상관이 없기를 바라는 요구 사이의 모순이고, 둘째로는 아무와도 상관이 없는 어떤 것은 전혀 **존재하지** 않기 때문에 전혀 인식될 수 없다는 모순이다. 그러므로 인식한다는 것은 "자신을 어떤 것에 대한 조건부 관계에 두는 것"을 의미한다. 즉, 스스로가 어떤 것에 의해 그리고 우리 사이에 조건적으로 제한되어있다고 느끼는 것이다. 그러므로 모든 상황에서 조건을 확정하고 표시하고 의식화하는 일이다(본질, 사물, "그 자체"를 규명하는 일이 아니다).

556

"물자체"는 "감각 자체", "의미 자체"와 마찬가지로 거꾸로 된 것이다. "사실 자체"는 존재하지 않는다. **어떤 사실이 있을 수 있으려면 항상 감각이 먼저 투입되어야 한다**.

"그것은 무엇인가?"란 다른 무엇에 의해 파악된 **의미 정립**이다. "본질", "본성"은 관점주의적인 것이며, 이미 다수를 전제한다. 그 밑바탕에는 항상 "그것은 **내게** 무엇인가?"(우리에게, 살아있는 모든 것에게)가 놓여있다.

모든 존재가 어떤 사물에 대해 "그것은 무엇인가?"라고 먼저 묻고 대답했다면, 그 사물은 표시된 것이다. 모든 사물에 대한 자신의 관계와 관점을 가진 존재가 단 하나만 빠진다고 가정해도, 사물은 아직 "정의되지" 못한 것이다.

요컨대, 어떤 사물의 본질은 또한 그 "사물"에 관한 하나의 의견일 뿐이다. 혹은 오히려 "**그것은 간주된다**."가 본래의 "**그것은 존재한다**."이며, 유일한 "그것은 존재한다."이다.

"누가 도대체 해석하는가?"라고 물어서는 안 된다. 오히려 해석 자체가 권력에의 의지의 한 형식이며, 하나의 정동으로서 실존한다

(그러나 "존재"로서가 아니라 하나의 **과정**, 하나의 **생성**으로서 실존한다).

"사물"의 기원은 전적으로 표상하고, 사유하고, 의욕하고, 발명하는 것의 작품이다. "사물"이라는 개념 자체가 모든 특성과 마찬가지로 그렇다. "주체"조차 그렇게 만들어진 것이며, 다른 모든 것과 마찬가지로 하나의 "사물"이다. 정립하고 발명하고 사유하는 힘을 모든 개별적인 정립·발명·사유 자체와 구별하여, 그러한 힘으로 표시하기 위한 하나의 단순화이다. 그러므로 모든 개개의 것으로부터 구별되어 표시된 **능력**이다. 근본적으로, 여전히 기대되는 모든 행위(즉, 행위와 유사한 행위의 개연성)와 관련하여 총괄된 행위이다.

557

어떤 사물의 속성은 다른 "사물"에 영향을 미치는 효과들이다.

다른 "사물"을 빼고 생각하면, 사물은 아무런 속성도 가지지 않는다.

즉, **다른 사물이 없으면 어떤 사물도 존재하지 않는다**.

즉, "물자체"는 없다.

558

"물자체"는 말이 되지 않는다. 내가 어떤 사물의 모든 관계, 모든 "특성", 모든 "활동"을 빼놓고 생각하면, 그 사물은 남아있지 않다. 사물성이란 논리적 필요에서, 그러므로 표시나 이해를 목적으로 (저 다양한 관계·특성·활동을 종합하기 위하여) 우리에 의해 사물에 **덧붙여 허구적으로 날조된** 것이기 때문이다.

559

"성질 자체를 가지고 있는 사물"—절대적으로 깨뜨려야 하는 독단적 생각.

560

사물이 **성질 자체**를 가지고 있다는 것은, 그것이 해석과 주관성이라는 점을 완전히 도외시하더라도, **전혀 쓸모없는 가설**이다. 그것은 **해석과 주관성**이 본질적이지 않다는 것, 어떤 사물이 모든 관계로부터 분리되더라도 여전히 사물이라는 것을 전제할 것이다.

반대로, 사물의 외견상의 **객관적** 성격, 그것은 단지 주관적인 것들 내부의 **정도 차이**로 귀결될 수 있는 것은 아닐까? 어쩌면 서서히 변화하는 것이 우리에게 "객관적으로" 지속하고 존재하는 것, "그 자체"로 드러난 것은 아닌가.

객관적인 것은 단지 잘못된 종개념일 뿐이며, 주관적인 것의 **내부에** 있는 대립물은 아닌가?

561

모든 동일성은 오직 조직과 협동으로서만 동일성이다.—인간 공동체가 동일성과 다를 바 없다.—그러므로 그것은 원자론적 **무정부**의 반대이다. 따라서 그것은 하나인 것을 **의미**하지만 하나인 것은 아닌 **지배 구조**이다.

만약 모든 동일성이 단지 조직으로서만 동일성이라면? 그러나 우리가 믿는 "사물"은 다양한 술어를 만들어내는 효소로서 **덧붙여 날**

조되었다. 사물이 "결과를 초래하는" 작용을 한다면", 그것은 다음을 의미한다. 그 사물 속에 여전히 존재하고는 있으나 지금은 잠재적인 그 밖의 모든 속성을 우리가 원인으로 이해해서, 지금 하나의 개별적인 속성이 나타나는 것이다. 다시 말하면, **우리는 그 속성의 총계**—x—를 속성 x의 **원인**으로 간주하는 것이다. 이 얼마나 바보스럽고 미친 짓인가!

562

사고의 발달 과정에서 **사물의 특성**이라고 불리는 것이 지각하는 주체의 느낌이라는 것을 의식하게 되는 지점에 도달할 수밖에 없다. 이로써 특성은 사물에 속하지 않게 된다. 남은 것은 "물자체"였다. 물자체와 우리에게 나타나는 사물 사이의 구별은 사물이 에너지를 가지고 있다고 믿었던 옛날부터 순진한 지각에 기초한 것이었다. 그러나 분석 결과는 힘도 허구적으로 투입된 것이며, 마찬가지로 실체도 그렇다는 사실을 밝혀주었다. "사물이 주체에 영향을 주어 촉발한다?" 실체라는 생각이 뿌리를 내리고 있는 곳은 언어이지, 우리의 외부에 있는 존재자가 아니다! 물자체는 전혀 문제가 아니다!

존재자는 더는 감각이 없는 것에 기초하지 않는 감각으로 생각되어야 한다.

운동에는 감각의 어떤 새로운 **내용**도 주어져있지 않다. 존재자는 내용적으로 운동일 수 없다. 그러므로 운동은 존재의 **형식**이다.

주의. 사건의 설명은 시도될 수 있다. 첫째로는 그것에 선행하는 사건의 이미지(목적)를 떠올림으로써이고, 둘째로는 그것에 뒤따르는 이미지를 떠올림으로써이다(수학적-물리학적 설명).

양자를 뒤죽박죽 혼동해서는 안 된다. 그러므로 감각과 사고에 의한 세계의 형상화라는 물리적 설명은 그 자체로 다시금 감각과 사고를 도출하고 생성시킬 수 없다. 오히려 물리학은 지각하는 세계를 **감각과 목적을 가지지 않은 것으로서 일관되게**—위로는 최고의 인간에 이르기까지—구성해야만 한다. 그리고 목적론적 설명은 **목적의 역사**일 뿐 결코 물리적인 것은 아니다!

563

우리의 "인식"은 양을 확인하는 것으로 국한된다. 그렇지만 우리가 이러한 양의 차이를 질로 느끼는 것을 방해하는 것은 아무것도 없다. **질**은 우리에게 **관점주의적** 진리다. 결코 "그 자체"가 아니다.

우리의 감각들은 그 범위 안에서 기능하는 중간으로서의 특정한 양을 가지고 있다. 즉, 우리는 우리의 실존 조건과의 관계에서 크고 작음을 느낀다. 만약 우리의 감각을 열 배 강화하거나 무디게 한다면, 우리는 파멸할 것이다. 다시 말하면, 우리는 **크기의 관계**도 우리의 실존을 가능하게 만든다는 것과 관련하여 **질**로 지각한다.

564

모든 **양**은 **질**의 표시가 아닐까? 좀 더 큰 권력은 다른 의식, 감정, 욕망, 다른 관점주의적 시각에 부합한다. 성장 자체는 **더 많이 존재하려는** 욕망이다. 하나의 **질**로부터 더 많은 양에 대한 요구가 생겨난다. 순수하게 양적인 세계에서는 모든 게 죽어있고, 경직되어있고, 부동적일 것이다. 모든 질을 양으로 환원하는 것은 어처구니없는 짓이다. 그 결과로 밝혀진 것은 양자가 양립한다는 사실이다. 하나의 유추가 밝혀진 것이다.

565

질은 우리에게 넘을 수 없는 장벽이다. 우리가 단순한 양의 차이를 양과는 근본적으로 다른 것, 즉 상호 환원할 수 없는 질로 느끼는 것을 아무도 막을 수 없다. 그러나 "인식"이라는 낱말이 의미가 있는 모든 것은 계산되고 계량되고 측정될 수 있는 영역, 즉 양과 연관되어있다. 반면, 우리의 모든 가치 감각은 (다시 말하면 우리의 감각 자체는) 바로 질에 집착되어있다. 다시 말해 우리에게만 속해있어 절대로 "인식될" 수 없는 우리의 관점주의적 "진리"에 집착되어 있다. 우리와 다른 존재는 다른 질을 느낄 것이고, 따라서 우리가 사는 세계와는 다른 세계에서 살고 있다는 것은 분명하다. 질은 우리 본래의 인간적 특이체질이다. 이러한 우리의 인간적 해석과 가치가 일반적이고 아마도 구성적 가치여야 한다고 요구하는 것은 인간적 자만심의 유전적 광기에 속한다.

566

"참된 세계"를 지금까지 어떻게 구상해왔다 하더라도, 그것은 항상 **또 하나의** 가상 세계였다.

567

가상 세계는 가치에 따라 바라본 세계이다. 가치에 따라서, 즉 이 경우에는 어떤 특정 종의 동물의 보존과 권력 상승에 관한 유용성의 관점에 따라서 정돈되고 선택된 세계이다.

그러므로 **관점적인 것**이 "가상성"이라는 성격을 부여하는 것이다! 관점을 제거해도 세계가 여전히 잔존하는 듯이 보인다니! 관점의 제거와 함께 **상대성**도 제거되어버릴 것이다!

모든 힘 중심은 나머지 전체에 대한 자신의 **관점**, 즉 자신의 순전히 특정한 **가치 평가**, 자신의 행동 방식, 자신의 저항 방식을 가지고 있다. 그러므로 "가상 세계"는 하나의 중심에서 나오는 세계에 대한 특수한 방식의 행동으로 환원된다.

이제 다른 행동 방식은 없다. 그리고 "세계"는 이 행동들의 총체적 유희를 나타내는 낱말일 뿐이다. **실재**는 정확히 전체에 대한 개별적 부분의 행동과 반응으로 구성된다.

여기서 **가상**에 관하여 말할 권리는 그 그림자조차 남아있지 않다.

반응하는 특수한 방식은 반응의 유일한 방식이다. 우리는 그 방식이 얼마나 많으며, 그 종류가 모두 어떤 것인지를 알지 못한다.

그러나 "다른", "참된", 본질적 존재라는 것은 전혀 없다. 그러한 존재는 행동과 반응이 없는 세계일 것이다.

가상 세계와 참된 세계의 대립은 "세계"와 "무"의 대립으로 환원된다.

568

"**참된 세계와 가상 세계**"라는 개념에 대한 비판.—이들 중 전자는 순전히 날조된 사물로 형성된 허구에 지나지 않는다.

"가상성"은 그 자체로 실재에 속한다. 그것은 실재의 한 가지 존재 형식이다. 즉, 존재가 없는 세계에서는 가상을 통해, **동일한** 경우들의 계산 가능한 어떤 세계가 먼저 만들어지지 않으면 안 된다. 관찰과 비교를 가능하게 만드는 어떤 템포 같은 것이.

"가상성"은 우리의 **실천적** 본능이 작업한 조정되고 단순화된 세계이다. 이 세계는 **우리에게** 완전히 참이다. 즉, 우리는 이 세계 안에서 **살고** 있고, 살아갈 수 있다. 그것이 우리에 대한 이 세계의 진리 **증명**이다.

우리가 그 안에서 살아간다는 우리의 조건을 제외한 세계, 우리의 존재와 우리의 논리와 심리적 편견으로 환원되지 않은 세계, 그러한 세계는 세계 "자체"로서 존재하지 **않는다**. 세계는 본질적으로 관계-세계이다. 그것은, 경우에 따라서는, 각각의 관점에 따라 **다양한 모습**을 가진다. 세계의 존재는 본질적으로 각각의 지점에서 다르다. 세계는 모든 지점을 압박하고, 모든 지점은 세계에 저항한다. 그리고 이것들의 총계는 모든 경우에 전혀 서로 일치하지 않는다.

권력의 척도는 어떤 존재가 다른 권력의 척도를 가지는가를 결정한다. 어떤 형식과 폭력과 강요 하에서 그것이 작용하고 저항하는가를 결정한다.

우리의 개별적 경우는 충분히 흥미롭다. 우리는 어떤 세계 안에서 살려고, 우리가 견뎌낼 수 있을 만큼만 지각하려고 한 가지 구상을 했던 것이다.

569

우리의 심리학적 관점은 다음에 의해서 규정되어있다.

1. **전달**이 필요하며, 그리고 전달을 위해서는 무엇인가가 확고하고 단순화되며 정확해야만 한다는 것(무엇보다도 **동일한** 경우에 있어서). 그러나 전달되려면 그것은 "재인식될 수 있는" 것으로 **조정되어** 있다고 지각되어야 한다. 감각의 재료는 오성에 의해 조정되어 대략적인 윤곽으로 환원되고, 비슷하게 만들어지며, 친화 관계에 있는 것으로 포섭된다. 그러므로 감각 인상의 불명료함과 혼돈이 말하자면 **논리화된다**.

2. "현상"의 세계는 조정된 세계이며, 우리는 그것을 **실재라고 느낀다**. "실재"는 동일한, 이미 알려진, 서로 관련된 사물들의 지속적인 반복에, 그것들의 **논리화된 성격**에, 우리가 여기서 계산하고 산정할 수 있다는 믿음에 근거한다.

3. 이 현상세계의 반대는 "참된 세계"가 아니라 혼돈 상태에 있는 감각의 형식 없고 공식화할 수 없는 세계이다. 그러므로 **다른 종류**의 현상세계, 우리에게는 "인식될 수 없는" 현상세계가 현상세계의 반대인 것이다.

4. 우리의 감각의 수용성과 자발성을 완전히 제외하더라도, "물자체"가 어떠한 것인가에 관한 질문은 다음의 질문으로 반박되어야 한다. **사물이 있다는 것**을 우리는 어떻게 알 수 있는가? "사물성"은 우리에 의해서 비로소 만들어진 것이다. 문제는 이러한 **가상** 세계를

만들어낼 수 있는 다른 방식들이 여전히 많이 있지 않을까 하는 것이다. 그리고 이러한 창조, 논리화, 조정 행위가 가장 잘 보증된 **실재** 자체는 아닐까 하는 것이다. 요컨대, "사물을 정립하는" 것만이 유일하게 실재적이지 않을까, 그리고 "우리에게 가해지는 외부 세계의 작용" 또한 그렇게 원하는 주체들의 결과일 뿐은 아닐까 하는 것이다. 다른 "존재들"이 우리에게 작용한다. 우리의 조정된 가상 세계는 이 작용을 조정하고 **제압**하는 것이다. 즉, 일종의 방어책이다.

주체만이 유일하게 증명될 수 있다. 주체만이 존재한다는 가설—"객체"는 단지 주체가 주체에 가하는 일종의 작용일 뿐이며—**주체의 한 양태**라는 가설.

10. 형이상학적 욕구

570

철학자가 항상 그랬던 것처럼 철학자라면, 그는 과거에 있었던 것과 미래에 있게 될 것을 바라볼 눈이 없다. 그는 단지 존재하는 것만을 본다. 그렇지만 존재하는 것은 없으므로, 철학자에게 자신의 "세계"로 남겨진 것은 오직 공상물뿐이었다.

571

우리가 전혀 아무것도 모르는 사물들의 전체로서 **현존**을 주장하는 것은 그 사물들에 대해 아무것도 알 수 없다는 데 어떤 이점이 있기 때문인데, 이것은 칸트의 순진함이었으며 욕구, 즉 도덕적-형이상학적 욕구에서 비롯한 귀결이었다.

572

어떤 예술가는 현실을 견디지 못하고, 그것에서 눈을 떼고 눈을 돌린다. 그는 사물에서 가치 있는 것은 색채·형태·소리·사상에서 얻어지는 그림자 같은 잔여물이라고 진지하게 생각한다. 그는 어떤 사물이나 인간이 더 섬세해지고 더 희석되고 더 증발하면 할수록 **그 가치는 더욱더 증대한다고** 믿는다. **덜 현실적일수록, 가치는 더욱더 커진다**. 이것이 플라톤주의이다. 그러나 플라톤주의는 반전시키는 대담함을 더 가지고 있다. 그는 실재성의 정도를 가치의 정도에 따라 측정했고, 이렇게 말했다. "이념(이데아)"이 많을수록 존재는 더 많아진다. 그는 "현실" 개념을 돌려서, 이렇게 말했다. "그대들이 현실이라 생각하는 것은 오류이며, 우리가 '이념(이데아)'에 가까이 다가가면 갈수록 더욱더 '진리'에 접근한다." 이 말을 이해하는가? 그것은 최대의 개명(改名)이었다. 그리고 이를 그리스도교가 받아들였기 때문에 우리는 그 놀라운 사실을 보지 못한다. 플라톤은 근본적으로, 그 자신이 그러했던 예술가로서, 존재보다 **가상**을 **선호했다**! 그러므로 진리보다 거짓과 창작을, 현존하는 것보다 비현실적인 것을 선호했다! 그러나 그는 가상의 가치를 너무 확신했기 때문에 "존재", "인과성", "선", 진리라는 속성을, 요컨대 우리가 가치를 부여하는 그 밖의 모든 속성을 첨부했다.

가치 개념 자체는 원인으로 생각되었다: 첫째 통찰.

이상에 영예로운 온갖 속성을 부여한 것: 둘째 통찰.

573

절대적으로 비감성적이고 정신적이고 선한 "참된 세계" 혹은 "신"에 대한 이념은, **반대** 본능이 여전히 막강할 때는, 그와 관련된 하나의 **궁여지책**이다.

절제와 달성된 인간성은 정확히 신들의 인간화에서 나타난다. 자기 자신을 두려워하지 않고 행복을 느낀 가장 강력했던 시대의 그리스인은 자신의 신들을 온갖 욕정으로 가깝게 만들었다.

이 때문에 신이라는 이념의 정신화는 진보를 의미하는 것과는 거리가 멀다. 이것은 괴테를 접하면 마음으로부터 느낄 수 있다. 괴테에게서는 신을 덕이나 정신으로 증발시키는 것이 **조야한** 단계로 느껴진다.

574

제약된 것을 무제약적인 것으로부터 추론하는 모든 형이상학은 터무니없는 일이다.

제약적인 것에다가 무제약적인 것을 덧붙여서 생각하고 덧붙여서 고안해낸다는 것이 사유의 본성이다. 이를테면 사유는 "자아"를 사유의 다양한 과정에 **덧붙여 생각하고** 덧붙여 고안해낸다. 사유는 세계를 순전히 자신에 의해 정립된 크기로 측정한다. "무제약적인 것", "목적과 수단", "사물", "실체"라는 자신의 근본 허구에 따라, 논리적 법칙에 따라, 수와 형태에 따라 측정한다.

먼저 사유가 이처럼 세계를 "사물", 자기 동일적인 것으로 **개조해 놓지** 않으면, 인식이라고 불릴 수 있는 것은 없었을 것이다. 사유에 **의하여** 비로소 **비(非)진리**가 있는 것이다.

사유는 **파생될 수 없으며**, **감각들**도 마찬가지다.

그러나 그 때문에 사유가 원초적이거나 "그 자체 존재하는 것으로서" 증명된 것은 **아니다**! 오히려 우리는 사고와 감각 외에는 어떤 것도 **지니고** 있지 않기 때문에 그것을 넘어서 **배후를** 볼 수 없다는 것만이 분명해졌다.

575

"인식"은 거꾸로 적용하는 하나의 재조회이다. 그 본질에 따르면 무한 소급(regressus in infinitum)이다. (이른바 제1 원인에서, 무제약자 등에서) 정지시키는 것은 게으름이고 피로이다.

576

형이상학의 심리학에 대하여: **공포심**의 영향.

가장 큰 공포의 대상이었던 것, 가장 강력한 고통의 원인(지배욕, 욕정 등등)은 인간에 의해 가장 적대적인 것으로 취급되어왔으며, "참된" 세계에서 제거되었다. 그렇게 인간은 **정동**을 단계적으로 없애버렸다. 신이 악의 반대로 설정되고, 즉 실재가 **욕망과 정동의 부정**을 통해 설정되었다(즉, 다름 아닌 무가 되어버렸다).

마찬가지로 **비이성**, 자의적인 것, 우연적인 것을 인간은 증오했다(무수한 신체적 고통의 원인으로서). **따라서** 인간은 그 자체로 존재하는 것에 있는 이런 요소를 부정했고, 그 자체로 존재하는 것을 절대적인 "합리성"이나 "합목적성"으로 파악했다.

마찬가지로 **변화**와 **무상성**도 공포의 대상이었다. 이것 속에는 불신으로 가득 차고 나쁜 경험을 한 어떤 압박당한 영혼이 표현되고 있다(스피노자의 경우: 정반대되는 종류의 인간은 이러한 변화를 **자극**에 포함할 것이다).

힘을 많이 가지고 있으며 유희하는 종류의 존재는 바로 정동, 비이성, 변화를 행복주의적 의미에서 시인할 것이다. 그 귀결인 위험, 대비와 몰락도 더불어 시인할 것이다.

577

영원히 동일하게 유지하는 것의 가치에(스피노자의 순진함과 마찬가지로 데카르트의 순진함을 보라) 반하여 가장 단명하고 무상한 것의 가치, 삶이라는 뱀의 배에서 번뜩이는 유혹적인 황금의 섬광.

578

인식론 자체 있는 도덕적 가치들.

이성에 대한 신뢰—왜 불신은 아닌가?

"참된 세계"는 선한 세계여야 한다.—왜?

가상성, 변화, 모순, 투쟁은 비도덕적이라고 경멸한다. 이 모든 것이 **없는** 특정 세계가 요망된다.

"도덕적 자유"를 위한 여지를 남기기 위하여 초월적 세계가 고안된다(칸트에게서).

덕에 이르는 길로서의 변증법(플라톤과 소크라테스에게서. 궤변론이 비도덕성에 이르는 길로 간주되었기 때문에 이는 명백하다).

시간과 공간은 관념적이다. 따라서 사물의 본질 속에는 "통일성"이 있으며, 따라서 어떠한 "죄"도, 어떠한 악도, 어떠한 불완전성도 없다.—신의 정당화.

에피쿠로스는 인식의 가능성을 **부정한다**. 도덕적인 (또는 쾌락주의적인) 가치를 최고의 가치로서 간직하기 위함이다. 동일한 일을 아우구스티누스가, 나중에는 파스칼("타락한 이성")이 그리스도교적 가치를 위해 했다.

변화하는 모든 것에 대한 데카르트의 경멸. 스피노자도 마찬가지다.

579

형이상학의 심리학에 관하여.—이 세계는 가상적이다, **따라서** 참된 세계가 있다. 이 세계는 제약되어있다, **따라서** 무제약적 세계가 있다. 이 세계는 모순으로 가득 차있다, **따라서** 모순이 없는 세계가 있다. 이 세계는 생성의 세계다, 따라서 존재하는 세계가 있다.—온통 잘못된 결론이다(이성에 대한 맹목적 신뢰: A가 **있으면**, 그 반대개념 B도 **있어야** 한다). 이러한 결론을 내리도록 **영감을 주는** 것은 **고통**이다. 근본적으로 그것은 그런 세계가 있었으면 하는 소망이다. 마찬가지로 고통을 주는 세상에 대한 증오가 다른 세상, **더 가치 있는** 세상을 사상하는 것으로 표현된다. 현실적인 것에 대한 형이상학자들의 **르상티망**은 여기서 창조적이다.

두 번째 질문 계열: 무엇을 위한 고통인가? 여기서 참된 세계와 가상적이고 변하고 고통받고 모순으로 가득 찬 우리의 세계와의 관계에 관한 결론이 도출된다. 1. 오류의 결과로서의 고통: 오류는 어떻게 가능한가? 2. 죄의 결과로서의 고통: 죄는 어떻게 가능한가? (순전히 자연 영역이나 사회에서 얻은 경험을 일반화하고, "그 자체"로 투사한다.) 그러나 제약된 세계가 인과적으로 무제약적인 세계의 제한을 받는다면, **오류와 죄를 지을 수 있는 자유**도 역시 그 세계의 제한

을 받아야 한다. 그리고 우리는 다시금 '**무엇을 위하여**'라고 묻는다. 그러므로 가상의 세계, 생성과 모순과 고통의 세계는 **의욕된** 것이다. **무엇을 위하여**?

이러한 결론의 오류: 두 가지 대립하는 개념이 만들어졌다. 그중 하나와 실재가 일치하므로 다른 개념에도 실재가 대응해야 하기 때문이다. "그렇지 않으면 우리는 **어디에서** 그것의 반대개념을 취해야 하는가?" 이리하여 **이성**은 그 자체로 존재하는 것을 계시하게 만드는 원천이 된다.

그러나 이 대립의 **유래**를 **반드시** 이성의 초자연적 원천으로까지 소급할 **필요는 없다**. 이에 맞서 이 개념의 **진정한 발생**을 내세우는 것만으로 충분하기 때문이다. 이는 실천의 영역, 유용성의 영역으로부터 유래하며, 바로 그 때문에 **강한 믿음**을 불러일으킨다(우리는 이 이성에 따라 추론하지 않으면 **그로 인해 몰락한다**. 그러나 그렇다고 해서 이 이성이 주장하는 것이 "입증된" 것은 아니다).

형이상학자들의 **고통에 대한 집착**은 완전히 순진하다. "영원한 행복" 따위는 심리학적으로 터무니없는 말이다. 용감하고 창조적인 사람들은 쾌감과 고통을 궁극적인 가치의 문제라고 여기지 않는다. 그것들은 부수 현상이다. 사람들이 무언가를 **달성하고자** 한다면, 이들 양자를 **원하지** 않을 수 없는 것이다. 형이상학자들과 종교적인 사람들이 조금 지치고 건강하지 않다는 것은 그들이 쾌감과 고통의 문제를 매우 중요하게 생각한다는 데서 드러난다. 도덕이 또한 그들에게 그렇게 **중요한** 것은 오로지 도덕이 고통의 제거에 관한 본질적 조건으로 간주되기 때문이다.

가상과 오류에 대한 집착도 마찬가지다. 가상과 오류는 고통의 원인이 되고, 행복은 진리와 결부되어있다는 미신이 생겨난다(행복은 "확실성" 가운데, "믿음" 가운데 있다는 혼동).

580

개개의 **인식론적인 근본 입장들**(유물론, 감각론, 관념론)이 어디까지 가치 평가의 귀결인가. 최고 쾌감(가치 감정)의 원천이 **실재성**의 문제에 관해서도 마찬가지로 결정적이다.

실증적 지식의 정도는 전적으로 상관이 없거나 부차적이다. 인도의 발전을 보라.

실재성 일반에 대한 불교의 **부정**(가상성=고통)은 완전한 논리적 귀결이다. "세계 자체"는 증명될 수 없고, 접근할 수 없으며, 그것에 대한 범주가 없을 뿐만 아니라, 이것의 전체 개념을 얻게 만드는 **과정이 잘못되었다는 통찰**이다. "절대적 실재", "존재 자체"는 모순이다. 생성의 세계에서 "실재성"이란 언제나 실제적인 목적을 위한 **단순화**이거나, 조야한 기관에 기반한 **속임수**이거나, 생성의 **속도**에서의 차이일 뿐이다.

논리적인 세계 부정과 허무화는 우리가 존재와 비존재를 대립시켜야만 하고, "생성"이라는 개념이 부정된다는(**어떤 것**이 생성된다) 사실에서 비롯된다.

581

존재와 생성.—"**이성**"은 감각론적 기초 위에서, **감각의 편견**에 기초하여, 즉 감각 판단의 진리에 대한 믿음에 기초하여 발전한다.

"삶"(호흡하다), "영혼이 깃들어있다", "의욕하고 작용한다", "생성한다"라는 개념의 일반화로서의 "존재".

그 반대는 "영혼이 깃들어있지 않다", "생성하지 **않는다**", "의욕하지 **않는다**"이다. 그러므로 "존재자"에 대립하고 있는 것은 "비-존재자", "가상적인 것"이 **아니고**, 죽은 것도 아니다(왜냐하면 살 수 있는 것만이 죽을 수 있기 때문이다).

"영혼", "자아"가 근원적 사실로 설정되어있다. 그리고 생성이 있는 곳은 어디든지 투입된다.

582

"존재"—우리는 이에 관해 "산다는 것" 외에는 다른 어떤 표상도 가지고 있지 않다. 그러므로 무엇인가 죽은 것이 어떻게 "존재할" 수 있는가?

583

1.

과학이 오늘날에는 가상 세계에 의존하는 것을 단념했다는 사실을 놀란 눈으로 바라본다. 하나의 참된 세계—그것이 어떤 것이든, 우리는 이 세계를 인식할 수 있는 어떤 기관도 가지고 있지 않다는 것은 확실하다.

여기서 우리는 이제 물어볼 수 있다. 도대체 어떤 인식 기관을 통해 우리는 이러한 대립을 설정하는 것인가?

우리 기관에 도달할 수 있는 세계는 또한 이 기관에 의존하고 있다는 것, 우리가 세계를 주관적으로 제약된 것으로 이해한다는 것으로 표현되는 것은 하나의 객관적 세계가 대체로 **가능하다는** 것이 **아니다**. 주관성이 실재적이고 본질적이라고 생각하지 못하도록 막는 자는 누구인가?

"그 자체"란 심지어 불합리한 개념이다. "성질 그 자체"란 무의미하다. 우리는 "존재", "사물"이라는 개념을 항상 단지 관계 개념으로서만 가질 뿐이다.

나쁜 일은 "가상적이다"와 "참되다"라는 낡은 대립을 통하여 "가치가 적다"와 절대적으로 "가치가 크다"는 상관적 가치판단이 전파되었다는 점이다.

가상 세계는 우리에게 "가치가 큰" 세계로 여겨지지 않는다. 가상은 최고의 가치에 반대하는 심급이다. 그 자체로 가치가 큰 것일 수 있는 것은 오직 "참된 세계"일 뿐이다.

편견 중의 편견이다! 첫째, 사물의 참된 성질은 삶의 전제에 대하여 너무나 유해하고 대립적이어서 생존하려면 가상이 필요하다는 것이 그 자체로 가능할 수도 있을 것이다. 이것은 정말 많은 상황에서 그렇다. 예컨대 결혼에 있어서.

우리의 경험 세계는 그 인식의 한계에 관련해서도 자기 보존 본능에 의해 제약되어있을 수 있다. 우리는 우리 종의 보존에 도움이 되는 것을 참으로, 선으로, 큰 가치로 간주했다.

a) 우리는 참된 세계와 가상 세계를 구별할 수 있는 범주를 가지고 있지 않다. (오로지 가상 세계만이 있을 수도 있다. 그런데 **우리의** 가

상 세계만 있는 것은 아니다.)

b) **참된** 세계가 상정되어도 우리에게는 **덜 가치가 있는** 세계일 수도 있다. 바로 일정량의 환상이 우리의 보존을 위한 가치에 있어서 더 높은 순위에 있을 수 있다. (**가상** 자체가 비방하는 판단의 근거가 되지 않았다면?)

c) **가치의 정도**와 **실재성의 정도** 사이에 하나의 상관관계가 있으며 (그래서 최고의 가치는 최고의 실재성을 가질 수 있다는 것은) 하나의 형이상학적 요청이며, 우리가 가치의 서열을 **알고** 있다는 전제에서 출발한다. 즉, 이 서열이 **도덕적** 서열이라는 전제에서 출발한다. 오직 이러한 전제 안에서만 모든 최고 가치를 가지는 것을 정의하는 데 진리가 필요하다.

2.

참된 세계를 제거하는 것이 결정적으로 중요하다. 참된 세계는 바로 **우리 자신이 존재하는** 세계에 대한 엄청난 의심자이며 가치를 떨어뜨리는 것이다. 그것은 이제까지 삶을 **암살**하려는 우리의 가장 위험한 시도였다.

참된 세계를 허구적으로 날조하게 만든 모든 전제에 대한 **투쟁**. 이 전제들에는 **도덕 가치가 최고 가치**라는 것도 속한다.

최고 가치로서의 도덕적 가치 평가는 그것이 **비도덕적** 가치 평가의 결과라는 점이 입증되면, 즉 진정한 비도덕성의 특수한 경우라는 점이 입증되면 반박당할 것이다. 이렇게 되면 도덕적 가치 평가는 하나의 겉모습으로 축소될 것이고, 그리고 겉모습으로서 그것은 가상을 단죄할 어떠한 권리도 가지지 않게 될 것이다.

3.

이어서 "진리에의 의지"가 심리학적으로 탐구될 수 있을 것이다. 이 의지는 도덕적 위력이 아니라 권력에의 의지의 한 형식이다. 이 점은 그것이 형이상학자들을 선두로 모든 **비도덕적인** 수단을 이용하고 있다는 것으로 증명되어야 할 것이다.

주의. 우리는 오늘날 도덕적 가치가 최고 가치라는 주장을 검토하는 상황에 놓여있다. **연구 방법론**은 모든 **도덕적 편견**이 극복되었을 때 비로소 얻어진다. 그것은 도덕에 대한 승리를 표현한다.

584

철학의 과실은, 논리학과 이성 범주에서 유용성 목적을 위해(그러므로 "원칙적으로는" 유용한 **위조**를 위해), 세계를 조정하는 수단을 찾는 대신에 그 안에는 진리와 **실재**의 기준이 있다고 믿었던 데에 기초한다. "진리의 기준"은 사실 **그러한 원칙적 위조 체계의 생물학적 유용성**에 불과했다. 그리고 동물종은 자기 보존보다 더 중대한 일을 전혀 알지 못하기 때문에 사실 여기서 "진리"에 관해 말해도 좋을 것이다. 단지 인간 중심적 특이체질을 **사물의 척도**로, "실재"와 "비실재"에 대한 표준으로 받아들이는 것은 순진한 것이다. 요컨대 그것은 제약된 것을 절대화하는 일이다. 하지만 보라, 이제 세계는 단번에 참된 세계와 "가상" 세계로 갈라졌다. 그리고 인간이 그 안에서 살고 정착하기 위해 자신의 이성을 고안했던 세계, 바로 이 세계가 인간에게서 신용을 잃어버린 것이다. 세계를 관리 가능하고 계산 가능하게 만들기 위한 도구로 형식들을 사용하는 대신, 철학자들의 광기 어린 예지는 우리가 살아가는 세계와는 대응하지 않는 다른 세계의 개념이 이 범주들 안에 주어져있다고 간파했다. 수단이 가치척도로 오해되었고, 심지어 그 의도를 단죄하는 것으로 오해되었다.

의도는 유용한 방식으로 자신을 속이는 것이었다. 그것을 위한 수단은 형식과 기호를 고안하는 것이었으며, 이것들의 도움으로 혼란스러운 다양성을 합목적이고 관리 가능한 도식으로 환원하는 것이었다.

아, 그런데! 이제 사람들이 도덕 범주를 끌어들였다. 어떤 존재도 자기 자신을 속이려 하지 않는다. 어떤 존재도 속여서는 안 된다. 그러므로 단지 진리에의 의지만이 있을 뿐이다. "진리"란 무엇인가?

모순율이 도식을 제공했다. 사람들이 거기에 이르는 길을 찾는 참된 세계는 자기 자신과 모순일 수 없으며, 변화할 수 없고, 생성할 수 없고, 어떤 기원도 목표도 가지고 있지 않다.

이것은 범해진 최대의 오류이고, 지상에서의 오류의 고유한 숙명이다. 사람들은 이성의 형식 안에서 실재의 기준을 가지고 있다고 믿었지만, 그들이 가진 이성 형식은 실재에 대해 주인이 되기 위해, 영리한 방식으로 실재를 **오해하기** 위한 것이었다.

그런데 보라, 이제 세계는 거짓이 되었다. 그것도 **실재를 구성하는** 여러 속성, 즉 변화·생성·다양성·대립·모순·전쟁 때문에 그렇게 되었다. 그리고 숙명 전체가 거기에 있었다.

1. 어떻게 허위의 세계, 단순한 가상의 세계로부터 탈출하는가? (그것은 실재의 세계였고, 유일한 세계였다.)

2. 어떻게 사람은 스스로 가상 세계의 성격과 반대의 것이 될 수 있는가? (자기의 실제 존재와는 대립하는 것으로서, 좀 더 명확하게 말하면 **삶과 모순되는 것**으로서의 완전한 존재라는 개념.)

3. 가치의 전체 방향은 **삶의 비방**을 향했다.

4. 사람들은 이상의 독단론을 인식 일반과 혼동했다. 그래서 이들의 **반대파**는 이제 늘 **과학**을 기피했다.

과학에 이르는 길은 이처럼 **이중으로** 차단되었다. 한 번은 참된 세계에 대한 믿음을 통해, 그러고는 그 믿음의 반대자들에 의해.

자연과학, 심리학은 1. 그 대상 때문에 단죄되고, 2. 그 무구함이 박탈되었다.

모든 것이 전적으로 연결되고 제약받고 있는 현실 세계 안에서 무엇인가를 단죄하여 없는 것으로 생각한다는 것은 모든 것을 없는 것으로 생각하고 단죄하는 것을 의미한다.

"그것은 존재해서는 안 되었다", "그것이 존재하지 않았어야 했는데"라는 말은 일종의 광대극이다. 그 결과들을 철저하게 생각해보자. 어떤 의미로든 **해롭거나 파괴적인** 것을 없애고자 한다면 삶의 원천을 파괴해버릴 것이다. 생리학이 이것을 **더 잘** 논증해준다!

우리는 보고 있다. 도덕이 어떻게 a) 세계에 대한 개념 전체를 오염시키는지, b) 인식에의 길, 과학에의 길을 차단하는지, c) 모든 현실적 본능을 해체하고 파괴하는지(도덕이 이 본능의 뿌리를 비도덕적이라고 느끼도록 가르치면서).

우리는 가장 성스러운 이름과 몸짓으로 스스로를 유지하는 데카당스의 가공할만한 도구가 우리 앞에서 작업하는 것을 본다.

585

엄청난 자기 성찰: 개인으로서가 아니라 인류로서의 자각. **반성하고 회상해보자, 작은 길과 큰길을 가보자**!

A. 인간은 진리를 구한다. 모순되지 않고 기만하지 않으며 변화하지 않는 세계인 **참된** 세계를. 그 안에서 사람들이 고통당하지 않는 세계를. 모순, 기만, 변화가 고통의 원인이라니! 인간은 존재해야만 하는 세계가 있다는 것을 의심하지 않는다. 그는 이 세계로 향한 길을 찾고 싶어한다. (인도적 비판: "나"조차 가상적이고 **비**실재적이다.)

여기서 인간은 어디에서 **실재성**의 개념을 얻는가? 왜 인간은 변화와 기만과 모순에서 **고통**을 추론하는가? 왜 오히려 자신의 행복을 추론하지 않는 것인가?

소멸하고 변화하고 바뀌는 모든 것에 대한 경멸과 증오—지속하는 것이 가치 있다는 평가는 어디에서 오는가? 진리에의 의지가 여기서는 **지속하는 것의 세계**에 대한 요구일 뿐이라는 것이 명백하다.

감각은 속이며, 이성은 오류를 정정한다. **따라서** 사람들은 이성이야말로 지속하는 것에 이르는 길이라고 추론했다. **가장 비감각적인** 이념들이 "참된 세계"에 가장 가까이 있음이 틀림이 없다. 감각으로부터 대부분의 불행이 나온다. 감각은 기만자, 현혹자, 파괴자이다.

행복은 오직 존재하는 것 안에서만 보증받을 수 있다. 변화와 행복은 서로 배척한다. 따라서 최고의 소망은 존재자와 하나가 되는 것을 목표로 한다. 이것이 최고의 행복에 이르는 **진기한** 길이다.

요약하면, 존재해야**만** 하는 세계는 현존하고 있고, 우리가 살아가는 이 세계는 오류일 뿐이다. 우리의 이러한 세계는 현존해서는 **안 된다**.

존재자에 대한 믿음은 단지 하나의 결과인 것으로 증명된다. 본래의 최초 동인은 생성하는 것에 대한 불신, 생성하는 것에 대한 의심, 모든 생성에 대한 경시이다.

어떤 종류의 인간이 저렇게 반성하는가? 비생산적이며 **고통을 당하는** 종류의 인간, 삶에 지친 종류의 인간이다. 이와 반대되는 종류의 인간을 생각해본다면, 그러한 인간은 존재하는 것에 대한 믿음이 필요하지 않을 것이다. 더 나아가, 이 인간은 존재자를 죽었거나 지루하거나 상관없는 것으로서 경멸할 것이다.

존재해야만 하는 세계가 있고 실제로 현존한다는 믿음은 존재해야 할 **세계의 창조를 원하지 않는** 비생산적인 자들의 믿음이다. 그들은 그 세계를 이미 존립하는 것으로 정해버리고, 그 세계에 도달하기 위한 수단과 방법을 찾는다. "진리에의 의지"—**창조에의 의지가 무력해진 것**이다.

<table><tr><td>어떤 것이 이러저러하는 인식,
어떤 것이 이러저러하게 되기 위한 행위</td><td>{</td><td>여러 본성의
힘 정도에 있어서의
적대 관계</td></tr></table>

우리의 소망에 대응하는 **세계의 허구**, 우리가 존경하고 유쾌하다고 느끼는 모든 것을 이 참된 세계와 결부시키려는 심리학적 속임수와 해석.

이 단계에서 "진리에의 의지"는 본질적으로 **해석의 기술**이다. 그것에는 여전히 해석의 힘이 속해있다.

이와 같은 종류의 인간이 한 단계 더 빈약해져서 **해석하는 힘**, 즉 허구를 창조하는 힘을 **더는 가지지 않게 되면 허무주의자**를 만들어낸다. 허무주의자란 있는 그대로의 세계에 대해서는 그런 세계란 있어서는 **안** 된다고 판단하고, 있어야만 하는 세계에 대해서는 그런 세계는 현존하지 않는다고 판단한다. 그런 이유에서 실존한다는 (행위하고, 고통당하고, 의욕하고, 느끼는) 것은 아무런 의미도 가지지 않는다. "헛되이"의 파토스는 허무주의자의 파토스이다. 파토스인 점에서 여전히 허무주의자의 **비일관성**이다.

자신의 의지를 사물 속으로 넣을 수 없는 자, 즉 의지와 힘이 없는 자도 적어도 한 가지 **의미**를 그것에 넣는다. 다시 말하면 이미 어떤 의지가 그 안에 있다는 믿음을 넣는다.

사람들이 어디까지 사물들에서 의미 없이 지낼 수 있는지, 사람들이 어디까지 의미 없는 세계에서 버티며 살아갈 수 있는지가 **의지의 힘**을 측정하는 척도이다. **사람은 이 세계의 작은 부분을 스스로 조직하기 때문이다**.

그래서 **철학적인 객관적 견해**는 의지와 힘의 빈곤에 대한 징후일 수 있다. 힘은 가까운 것과 가장 가까운 것만을 조직할 수 있기 때문이다. 존재하는 것을 단지 확인하기만을 원하는 "인식자들"은 **어**

떻게 존재해야 하는지를 확립할 수 없는 자들이다.

예술가는 중간 종이다. 그들은 적어도 존재해야만 하는 것의 이미지라도 설정한다. 그들은 실제로 **변화시키고** 변형시키는 한에서 생산적이다. 모든 것을 있는 그대로 놔두는 인식자와는 다르다.

철학자와 염세적 종교의 연관성: 동일한 종류의 인간이다(그들은 최고도의 실재성을 최고의 가치를 가졌다고 평가된 사물에 부여한다).

철학자와 도덕적 인간 및 그의 가치척도의 **연관성**(종교적 의미가 쇠퇴한 이후에, 도덕적 세계 해석을 의미로서).

존재자의 세계를 파괴함으로써 철학자를 극복한다. 허무주의의 중간 시기. 가치를 전환하는 힘, 생성하는 것과 가상의 세계를 유일한 세계로 신격화하고 시인하는 힘이 있기 이전의 시기다.

B. 정상적 현상으로서의 허무주의는 계속 증대하는 **강함**의 징후일 수도 있으며 계속 증대하는 **약함**의 징후일 수도 있다.

부분적으로는 **창조하고 의욕하는** 힘이 증대하여 총체적인 해석과 의미를 넣는 일이 더는 필요하지 않게 된다("좀 더 가까운 과제들", 국가 등).

부분적으로는 의미를 창조하는 창조적 힘조차 약해지고, 실망이 지배적 상태가 된다. "의미"를 **믿지** 못하는 무능력, "불신".

이들 두 가지 가능성과 관련하여 과학은 무엇을 의미하는가?

1. 강함과 자기 지배의 징후로서, 치료하고 위로하는 환상의 세계 없이도 지낼 수 있는 능력으로서.

2. 전복하고 해체하고 실망시키고 약화시킴으로서.

C. **진리에 대한 믿음**. 진리로 믿어진 것에 지지하려는 욕구. 지금까지의 모든 가치 감정에서 벗어난 심리학적 환원. 공포, 게으름.

불신도 마찬가지다. 환원. 참된 세계가 전혀 존재하지 않는다면(이 것을 통해서 지금까지 존재하는 세계에 허비되었던 가치 감정이 다시 자유롭게 된다), 어느 정도로 이 불신이 **더 새로운** 가치를 받아들이는가.

586

참된 세계와 가상 세계

A

이 개념에서 비롯되는 **유혹**은 세 가지 종류이다.

미지의 세계: 우리는 모험가이고 호기심이 많다. **이미 알고 있는** 것은 우리를 피로하게 만드는 것처럼 보인다(이 개념의 위험은 우리에게 "이" 세계를 이미 알고 있는 것이라고 암시하는 데 있다).

다른 세계, 거기에서는 사태가 다르다: 우리 안의 무엇인가가 계산하고, 그러면서 우리의 조용한 복종과 우리의 침묵은 가치를 상실한다. 아마도 모든 것이 좋아지고, 우리가 헛되이 소망한 것은 아닐 것이다. 사태가 다른 세계, 거기에서는 우리 자신이—누가 알겠는가?—다르다.

참된 세계: 이것은 우리에게 가해진 가장 기묘한 타격이자 공격이다. "참"이라는 낱말에는 너무 많은 껍질이 달라붙어있으며, 모르는 사이에 우리는 이 말을 "참된 세계"에도 선물로 준다. 세계는 우리를 속이지 않고 바보로 만들지 않는 **진실한** 세계이지 않으면 안

된다. 그 세계를 믿는다는 것은 거의 그 세계를 믿을 수밖에 없다는 것이다(신뢰할만한 자들 사이의 예의에서).

*

"미지의 세계"라는 개념은 우리에게 **이** 세계가 "이미 알고 있는"(따분한) 것이라고 암시한다.

"다른 세계"라는 개념은 세계가 **다를 수 있었을** 것이라고 암시한다. 이 개념은 필연성과 운명을 폐기한다(**복종**하고 **적응**하는 일의 무익함).

"참된 세계"라는 개념은 이 세계가 진실하지 않고 기만적이며 정직하지 않고 진짜도 아니고 비본질적이라고 암시한다. **따라서** 우리의 이익과도 상관이 없는 세계라고 암시한다(이 세계에 적응하라고 권고하지 않는다. 이 세계에 저항하는 것이 더 좋은 일이다).

*

그러므로 우리는 세 가지 방식으로 이 세계에서 벗어난다.

우리의 호기심으로써—더 흥미로운 부분이 어딘가 다른 곳에 있다는 듯이.

우리의 복종으로써—복종할 필요가 없다는 듯이, 이 세계가 아무런 궁극적 필연성을 가지지 않는다는 듯이.

우리의 공감과 존경으로써—이 세계는 공감과 존경을 얻을 만하지 않고 불순하며 우리에게 정직하지 않다는 듯이.

요약하면, 우리는 삼중의 방식으로 **반란을 일으키고** 있다. 우리는

"이미 알고 있는 세계"를 비판하기 위하여 어떤 x를 조작한 것이다.

B

사리 분별의 첫걸음: 우리가 어디까지 **유혹당하고** 있는가를 파악하는 것. 즉, 사태는 그 자체로 정확히 **정반대**일 수 있다.

a) **미지의** 세계는 우리가 "이" 세계를 좋아하도록 만드는 그런 성질을 가지고 있을 수 있다. 아마도 우둔하고 저급한 생존 형식으로서.

b) **다른** 세계는, 이 세계에서는 성취되지 않는 우리의 소망을 고려하는 것은 고사하고, **이** 세계를 우리에게 가능하게 하는 많은 것 중 하나일지도 모른다. 다른 세계를 알아가는 것은 우리를 만족시키는 하나의 수단일지도 모른다.

c) **참된** 세계: 하지만 가상의 세계가 참된 세계보다 가치가 덜한 것이 틀림없다고 우리에게 말하는 사람은 도대체 누구인가? 우리의 본능은 이러한 판단과 모순되지 않는가? 인간이 실재보다 더 나은 세계를 가지고 싶어 하기에 허구의 세계를 영원히 창조하는 것은 아닌가? **무엇보다도**, 우리는 어떻게 우리의 세계가 참된 세계가 아니라는 생각에 도달한 것인가? 우선 다른 세계도 "가상"일지도 모른다(실제로 그리스들은 이를테면 **그림자 왕국**, **가상의 실존**을 **참된** 실존과 비교하여 생각했다). 따라서 마지막으로, **실재성의 정도**를 설정할 권리를 우리에게 부여한 것은 무엇인가? 그것은 미지의 세계와는 다른 어떤 것이다. 그것은 **미지의 세계에 대해 무언가를 알고자 하는 의욕**인 것이다. 주의. "다른", "미지의" 세계—좋다! 하지만 "**참**

된 세계"라고 말하는 것은 "그 세계에 대해 무언가를 알고 있다"는 것을 의미한다. 이것은 어떤 x의 세계를 가정하는 것과는 반대되는 일이다.

요약하면, x라는 세계는 모든 의미에서 이 세계보다 따분하고 비인간적이며 품위 없는 것일 수 있다.

x 세계들이 있을 수 있다고, 즉 이 세계 이외에도 여전히 가능한 온갖 세계가 있다고 주장한다면, 그것은 다른 문제가 될 것이다. 그러나 이것은 결코 **주장된 적이 없다**.

C

문제: 왜 **다른 세계에 대한 표상**은 언제나 이 세계에 불리한 결과가 되고, 혹은 이 세계에 대한 비판으로 귀결되는가? 이것은 무엇을 보여주는가?

이런 것이다. 자신에 대해 자부심이 있고 삶이 상승하는 민족은 **다른** 존재를 언제나 더 낮은 존재로, 가치가 덜한 존재로 생각한다. 그 민족은 낯선 세계, 미지의 세계를 자신들의 적이자 반대로 간주한다. 그 민족은 낯선 것을 완전히 거부하며 전혀 호기심을 느끼지 않는다. 어떤 민족도 다른 민족이 "참된 민족"일 수 있다는 것을 인정하지 않을 것이다.

그러한 구별이 가능하다는 것—이 세계를 "가상"으로 그리고 저 세계를 "참된" 세계라고 간주하는 것은 이미 어떤 징후를 보여준다.

"다른 세계"라는 표상의 **발생지**는,

철학자이다. 그는 **이성**과 **논리적 기능**이 대응하는 이성 세계를 고안한다.

종교적 인간이다. 그는 "신적 세계"를 고안한다. 여기서 "탈자연화되고 반자연적인" 세계가 유래한다.

도덕적 인간이다. 그는 "자유로운 세계"를 고안한다. 여기서 "선하고 완전하고 정의롭고 신성한" 세계가 유래한다.

이들 셋의 발생지에 공통된 것: 심리학적 실수, 생리적 혼동.

실제로 역사 속에 나타나는 "다른 세계"는 어떤 술어로, 즉 철학적·종교적·도덕적 편견의 징후로 특징지워진다.

이러한 사실로부터 분명해지는 것처럼, 다른 세계는 **존재하지 않음**, 살아있지 않음, 살고자 하지 않음의 **동의어**이다.

총체적 통찰: 다른 세계를 만들어낸 것은 삶의 본능이 아니라 삶의 피로의 본능이다.

결론: 철학, 종교, 도덕은 **데카당스의 징후**이다.

11. 인식의 생물학적 가치

587

마치 내가 확실성에 대한 물음을 회피한 것처럼 보일 수도 있다. 그 정반대가 참이다. 그러나 나는 확실성의 기준에 관해 물음으로써 이제까지 어떤 주안점에 따라 그 무게를 쟀는지를 검토했다. 그리고 확실성에 대한 물음 자체가 이미 **종속적** 물음이고 **이차적** 물음이라는 점을 검토했다.

588

가치의 문제는 확실성의 문제보다 **더 근본적**이다. 후자는 가치문제에 이미 해답이 있다는 전제에서만 비로소 심각해진다.

존재와 가상은, 심리학적으로 고려하면, 어떤 "존재 자체"도, "실재성"의 기준도 산출하지 않고, 단지 우리가 가상에 부여하는 **관심**의 강도에 따라 측정되는 가상성 정도의 기준을 산출할 뿐이다.

관념과 지각 사이에 벌어지는 것은 실존을 위한 투쟁이 아니라 지배를 위한 투쟁이다. 극복된 관념은 **파괴되는** 것이 **아니라** 단지 **억**

제되거나 종속된다. 정신적인 것에서 파괴라는 것은 없다.

589

"목적과 수단"	이들은 해석이다(사실이 아니다).
"원인과 효과"	그리고 어디까지 아마도
"주체와 객체"	필연적 해석인가?
"행함과 당함"	("보존"을 위한 해석으로서) —
"물자체와 가상"	모두 권력에의 의지라는 의미에서.

590

우리의 가치는 사물 안으로 **투입되어 해석되었다.**

그 자체에는 도대체 **의미**가 있는 것인가?

의미란 필연적으로 **관계적** 의미이며 관점이 아닌가?

모든 의미는 권력에의 의지다(모든 관계적 의미는 권력에의 의지로 해체된다).

591

"확고한 사실"에 대한 열망—인식론, 거기에는 얼마나 많은 염세주의가 들어있는가!

592

염세주의가 폭로한 "참된 세계"와 삶이 가능한 세계 사이의 적대 관계—이를 위해서는 **진리**의 권리를 검토해야 한다. 저 적대 관계가 정말 무엇인가를 파악하기 위해서는, 이들 모두의 "이상적 충동"의 의미를 **삶**에 견주어 평가할 필요가 있다. 병적이고 절망적이며 피안에 매달리는 삶이 좀 더 건강하고, 좀 더 어리석으며, 좀 더 기만적이고, 좀 더 풍부하며, 좀 덜 분열된 삶과 벌이는 투쟁이다. 그러므로 삶과 투쟁하고 있는 것은 "진리"가 아니라, 어떤 종의 삶이 다른 종의 삶과 투쟁하는 것이다. 그러나 삶은 **좀 더 높은** 종류의 삶이고자 한다! 여기서 하나의 서열이 필요하다는 것, 첫째 문제는 **다양한 종류의 삶의 서열 문제**라는 것을 입증해야 한다.

593

"이러저러하다"는 믿음이 "이러저러하게 되어야 한다"는 의지로 바뀌어야 한다.

12. 과학

594

과학—이것은 지금까지 사물의 완전한 혼란 상태를, 모든 것을 "설명하는" 가설에 의해서, 그러므로 혼돈에 대하여 품는 지성의 반감에서 제거하는 일이었다. 이와 똑같은 반감이 **나 자신을** 고찰할 때 나를 사로잡는다. 나는 내적 세계를 하나의 도식에 의해 구상적으로 표상하여 지성의 혼란 상태로부터 빠져나오려고 한다. 도덕은 그런 단순화였다. 도덕은 인간을 **인식된**, **이미 알고 있는** 존재로 가르쳤다. 이제 우리는 도덕을 파괴했다. 우리 자신이 우리에게 다시 완전히 불투명해지고 만 것이다! 나는 **나에 대해서** 아무것도 모른다는 것을 알고 있다. **물리학**은 심정에 **유익한 것**으로 밝혀진다. 과학은 (**인식**에 이르는 길로서) 도덕이 제거되고 난 후에 새로운 매력을 획득한다. 그런데 **우리는 여기에서만** 필연적 귀결을 보기 **때문에**, 우리는 이 필연적 귀결을 보존하도록 우리의 삶을 정비해야 한다. 이것은 인식자로서의 **우리의 생존 조건에 관한** 일종의 **실천적 성찰**을 낳는다.

595

우리의 전제: 아무런 신도 없다. 아무런 목적도 없다. 유한한 힘이 있을 뿐이다. 우리는 저급한 사람들에게 필요한 사고방식을 생각해 내 그들에게 이것을 지시하는 일이 없도록 **조심**하고자 한다!

596

인류의 "도덕적 교육"이 필요한 것이 아니라 오류의 강제 학교가 필요하다. 왜냐하면 "진리"는 혐오감을 불러일으키고 삶을 싫어하게 만들기 때문이다. 인간이 이미 돌이킬 수 없는 자신의 **길**로 들어서서, 자신의 정직한 **통찰**을 비극적 자긍심을 가지고 수용한다면 말이다.

597

과학적 작업의 전제: 개인이 자신의 **작업이 헛되지 않을 것**이라고 믿으면서 아주 작은 자리라도 어느 곳에서나 일할 수 있도록 과학적 작업의 연합과 지속에 대해 믿는 것이다.

하나의 커다란 마비가 있다. **헛되이** 작업하고, **헛되이** 투쟁한다.

언젠가 미래가 사용하게 될 힘과 권력 수단이 발견되는 시대들의 **축적**. 좀 더 중간적이고 좀 더 다양하고 좀 더 복잡한 존재들이 가장 자연스러운 해방감이나 만족을 가지게 되는 곳인 **중간 단계로서의 과학**.—**행동하지 말라고 만류당한 모든 사람**.

598

철학자는 다른 방식으로 그리고 다른 수단으로 원기를 회복한다. 이를테면 허무주의 안에서. 어떠한 진리도 전혀 없다는 믿음, 허무주의자의 믿음은 인식의 전사로서 오직 추할 뿐인 진리와 끊임없이 투쟁하고 있는 자에게는 커다란 휴식이다. 왜냐하면 진리는 추하기 때문이다.

599

"사건의 무의미성". 이것을 믿는 것은 지금까지의 여러 해석의 허위를 통찰한 결과이며, 무기력이나 약함의 보편화이다. 결코 **필연적인** 믿음은 아니다.

인간의 불손: 의미를 보지 못하는 곳에서 의미를 **부정한다**!

600

세계의 무한한 해석 가능성: 모든 해석은 성장이나 몰락의 징후이다.

통일성(일원론)은 타성의 욕구이며, 해석의 다양성이야말로 힘의 표시다. 세계의 불안하고 불가사의한 성격을 **부인하지 않으려** 한다!

601

화해의 의욕과 평화로움의 **반대**. 일원론의 시도도 여기에 속한다.

602

이 관점주의적 세계, 시각과 촉각 그리고 청각을 위한 이 세계는 그보다 훨씬 예민한 감각기관이 감지하는 세계와 비교하기만 해도 극히 거짓이다. 그러나 우리가 감각을 **연마하면**, 이 세계의 이해 가능성, 조망 가능성, 실행 가능성 및 아름다움은 **멈추기** 시작한다. 마찬가지로 역사의 경과에 대한 사유에서도 아름다움은 멈춘다. **목적**의 질서라는 것은 이미 하나의 환상이다. 더 피상적으로 더 조야하게 요약하면 할수록 세계는 한층 **더 가치 있고**, 더 확정적이며, 더 아름답고, 더 의미 깊은 것으로 **보인다**. 그것으로 충분하다. 좀 더 깊이 들여다보면 볼수록, 우리의 가치 평가는 더욱더 사라진다—**무의미성이 다가온다**! 우리가 가치 있는 세계를 창조한 것이다! 이점을 인식하면서, 우리는 진리에 대한 숭배가 이미 환상의 결과라는 것도, 그리고 진리보다 더 구성하고 단순화하고 형태를 만들고 고안하는 힘을 더 높게 평가해야 한다는 것을 인식한다.

"모든 것은 거짓이다! 모든 것은 허락된다!"

시선이 어느 정도 둔하고 단순화의 의지가 있을 때 비로소 "아름다움"과 "가치 있는 것"이 나타난다. 그 자체로 **나는 그것이 무엇인지 모른다**는 것이다.

603

우리는 알고 있다. 어떤 환상이 파괴되더라도 여전히 어떤 진리가 생기지 않으며, 한 **조각**의 **무지**를 더하는 데 불과하며, 우리의 "빈 공간"의 확장이며, 우리 황무지의 증대일 뿐이다.

604

어떤 것이 오직 **인식**일 수 있는가? "해석", "의미 투입"이며 "설명"은 **아니다**(이것은 대개의 경우 지금은 그 자체가 기호에 불과하게 되어 이해할 수 없게 된 낡은 해석에 관한 하나의 새로운 해석이다). 사실이라는 것은 없으며, 모든 것은 유동적이고 불가해하며 멀리 물러선다. 가장 오래 지속되는 것은 역시 우리의 견해이다.

605

"**참**"과 "**거짓**"의 **확인**, 대체로 사실의 확인은 **철학**의 본질에 속하는 창조적인 **정립**, 형성, 형태화, 정복 및 **의욕**과는 근본적으로 다르다. **하나의 의미를 집어넣는 것**—이 과제는, **어떠한 의미도 그 안에 놓여있지 않다면**, 여전히 무조건으로 **남아**있다. 그것은 음향에 관해서도 그러하고, 민족의 운명에 관해서도 그러하다. 민족의 운명은 **다양한 목표**를 위하여 더없이 다양하게 해석하고 방향을 설정할 **능력**이 있다.

여전히 더 높은 단계는 목표를 정립하고, 이것에 기초하여 사실에 형식을 부여하는 것으로, **행위의 해석**이지 단순한 개념적 **개작**이 아니다.

606

인간은 사물 속에 자신이 집어넣은 것 외에는 결국 아무것도 다시 발견하지 못한다. 이 재발견이 과학이라고 불리며, 이 집어넣는 행위가 예술·종교·사랑·긍지다. 그것 자체가 설령 어린아이 놀이라고 하더라도, 사람은 이 양자를 계속 수행해야 하고, 이 양자에 대한 상당한 용기를 가져야 한다. 어떤 자는 재발견에서, 다른 자는—우리 다른 자는!—집어넣는 일에서!

607

과학, 이것의 두 가지 측면:

개인에 관해서

문화 복합체("수준")에 관해서

—양자 각각의 측면에 따른 정반대의 가치 평가.

608

과학의 발달은 "알려진 것"을 점점 더 알려지지 않은 것으로 해체한다. 그렇지만 과학은 바로 **정반대**의 것을 **원하고**, 미지의 것을 알려진 것으로 환원하려는 본능에서 출발한다.

요약하면, 과학은 **주권적인 무지**를 준비한다. "인식"이 전혀 일어나지 않는다는 감정, 그것을 꿈꾸는 것이 일종의 오만이었다는 감정, "인식"을 하나의 가능성으로 통용시킬 수 있는 조그만 개념조차 가지고 있지 않다는 감정—"인식" 자체가 모순적인 생각이라는 감정을 준비한다. 우리는 태고의 신화와 인간의 허영심을 견고한 사실로 번역한다. "물자체"가 그렇지 않듯이 "인식 자체"는 아직 개념으로서 허용되지 않은 것이다. 수와 논리를 통한 유혹, "법칙"을 통한 유혹.

관점주의적 평가(즉, "권력에의 의지")를 **넘어**서려는 시도로서의 "**지혜**"는 삶에 적대적인 해체하는 원리이고, 인도 사람 등에게서 보이는 징후이며, 자기 것으로 만드는 힘의 **약화**이다.

609

인간과 동물이 어떤 무지 상태에서 살고 있는지 네가 통찰하는 것만으로는 충분하지 않다. 너는 무지에의 의지도 지녀야 하며, 그것을 덧붙여 배워야 한다. 이런 종류의 무지가 없다면 삶 자체가 불가능할 수도 있다는 것을, 이 무지는 생명체가 자신을 보존하고 번성할 수 있는 조건이라는 것을 파악할 필요가 있다. 무지라는 거대하고 견고한 종이 너를 둘러싸고 있어야 한다.

610

과학—자연을 지배하기 위한 목적으로 자연을 개념으로 변환하는 것—그것은 "**수단**"이라는 표제어에 속한다.

그러나 인간의 목적과 의지, 전체를 염두에 둔 의도 또한 마찬가지로 **성장해야** 한다.

611

우리는 삶의 모든 단계에서, 모든 지각이나 얼핏 보기에 수동적인 행동으로 보이는 것에서도, 가장 강력하고 가장 지속적으로 행해진 능력이 **사고 작용**이라는 것을 알게 된다! 이것에 의하여 사고 작용은 **가장 강력하며 가장 까다로운** 것이 될 것이 분명하며, 지속적으로 다른 모든 힘을 압제한다. 그것은 마침내 "열정 그 자체"가 된다.

612

위대한 **정동**에 대한 권리를—인식자를 위해 다시 획득한다! 탈자기화와 "객관적인" 것에 대한 숭배가 이 영역에서도 잘못된 서열을 만들어낸 후. 쇼펜하우어가 다음처럼 가르쳤을 때, 오류는 절정에 달했다. **바로 정동**과 의지로부터 **해방**되는 데에 "진리"와 "인식"에 이르는 유일한 통로가 있다. 의지로부터 자유로운 지성은 사물의 참된, 본래의 본질을 볼 **수밖에 없을** 것이다.

예술에도 똑같은 오류가 있다. 의지 없이 바라보는 즉시 모든 것이 **아름답게** 되는 듯이.

613

정동들의 경쟁, 지성에 대한 한 정동의 지배.

614

세계를 "인간화하는 것", 즉 세계 안에서 우리 자신을 더욱더 주인으로 느끼는 것.

615

더 높은 종의 존재에게서는 인식은 아직은 필요하지 않은 새로운 형식 역시 가지게 될 것이다.

616

세계의 가치는 우리의 해석에 있다는 점(어쩌면 어디선가는 단순히 인간적인 해석과는 다른 해석들이 가능하다는 점), 지금까지의 해석은 우리가 권력을 증대하기 위해 삶 속에서, 즉 권력에의 의지 속에서 자기 보존을 가능하게 해주는 관점주의적 평가들이라는 점, **모든 인간의 향상**은 편협한 해석의 극복을 수반한다는 점, 모든 도달한 강화와 권력 확장은 새로운 관점을 열어놓고 또 새로운 지평을 믿는 것을 의미한다는 점—이것이 나의 여러 저작을 관통한다. 우리와 **무언가 관련이 있는** 세계는 거짓이다. 즉, 그것은 사실이 아니라 빈약한 양의 관찰을 통해 지어낸 생각이고 다듬어놓은 것이다. 세계는, 무언가 생성하는 것으로서, 끊임없이 위치를 바꾸면서도 결코 진리에 다가가지 못하는 거짓으로서, "흐름 속에" 있다. 왜냐하면, "진리"는 없기 때문이다.

617

[결론적인 요약]

생성에 존재의 성격을 **각인하는** 일—그것은 최고의 **권력에의 의지**다.

이중의 위조, 존재하는 것, 머무르는 것, 등가의 것 등등의 세계를 보존하기 위하여 감각과 정신에 의해 이루어진다.

모든 것이 회귀한다는 것은 **생성의 세계가 존재의 세계에** 극단적으로 **근접하는 것**이다.—**고찰의 정점**.

존재자에게 부여된 가치로부터 생성하는 것을 단죄하고 그것에 만족하지 못하는 일이 유래한다. 그런 존재의 세계가 먼저 고안되고 난 후에.

존재자의 여러 변형(물체, 신, 이념, 자연법칙, 정식 등).

가상으로서의 "존재자", 가치의 전도. 가상은 **가치 수여자**였다.

인식 자체는 생성에 있어서는 불가능하다. 인식이 어떻게 가능하겠는가? 자기 자신에 대한 오류로서, 권력에의 의지로서, 기만에의 의지로서.

고안하고, 의욕하고, 자기를 부정하고, 자기를 극복하는 것으로서의 생성. 어떠한 주체도 없이 행동하고, 정립하는 것이 창조적이다. 아무런 "원인과 결과"도 없다.

생성을 극복하려는 의지로서의 예술, "영원화"로서의 예술, 그러나 관점에 따라 근시안적이다. 말하자면 전체의 경향을 작은 것으로 축소하여 반복한다.

모든 삶이 보여주는 것을 전체 경향에 대한 작은 공식으로 간주한다. 따라서 "삶"이라는 개념을 "권력에의 의지"로서 새롭게 고정한다.

"원인과 결과" 대신에 생성하는 것의 상호 투쟁, 종종 적을 빨아들이면서. 생성하는 것의 수는 일정하지 않다.

우리가 오래된 이상의 동물적 기원과 유용성을 인식하고 나면, 전체 사건을 해석하는 데 있어서 오래된 이상은 쓸모가 없다. 게다가 그 모든 것은 삶에 모순된다.

기계론적 이론의 쓸모없음—그것은 **무의미**하다는 인상을 준다.

지금까지의 인류의 전체 **이상주의**는 막 **허무주의**로 변하려 하고 있다. 절대적 무가치성, 다시 말해 무의미성에 대한 믿음으로.

이상의 파괴, 새로운 황무지, 그것을 견디기 위한 새로운 예술, 우리 **양서류**.

전제: 용기, 인내, 뒤돌아가지 않고, 전진에 대한 열기도 없다. (주의. 차라투스트라는 그의 풍요로움의 결과로 이전의 모든 가치에 대해 끊임없이 패러디적인 태도를 취한다.)

2장
자연에 있어서의 권력에의 의지

1. 기계론적 세계 해석

618

지금까지 시도된 세계 해석 가운데 오늘날 기계론적 세계 해석이 승리를 거두고 전면에 서 있는 것처럼 보인다. 명백히 이 해석은 자기 입장에 대해 선한 양심을 가지고 있다. 그리고 어떠한 과학도 기계론적 절차의 도움 없이 진보나 성공을 이룰 수 있다고 믿지 않는다. 누구나 이 절차를 알고 있다. "이성"이나 "목적"을 가능한 한 끌어들이지 않는다. 적당한 시간이 지나면 모든 것이 모든 것으로부터 생성될 수 있음을 보여준다. 만약 식물이나 달걀노른자의 "운명 속에 있는 외견상의 의도"가 다시 한번 압력과 충돌로 환원되었다면, 악의적인 웃음을 감추지 않는다. 요컨대, 그렇게 진지한 일에서도 농담의 표현이 허용된다면, 더할 나위 없이 우매한 원리에도 마음을 다해 경의를 표한다. 그사이에 이런 운동 속에 있는 바로 선발된 정신의 소유자들에게서는, 마치 이론이 조만간 마지막 구멍이 될 수 있는 그러한 구멍을 가지고 있는 것처럼, 예감이나 불안이 인지된다. 내가 생각하는 것은 사람들이 최대의 곤경에 빠졌을 때 피리를 부는 저 마지막 구멍이다. 사람은 압력과 충돌 자체를 "설명할" 수 없다. 사람은 원격작용에서 벗어날 수 없다. 사람은 설명할 수 있다는 것 자체에 대한 믿음을 상실해버리고, 가능한 것은 설명이 아니라 기술이며, 역동적 세계 해석이 "빈 공간"이나 원자 덩어리를 부정하면서 곧 물리학자를 지배하게 될 것이라고 언짢아하는 표정을 지으며 마지못해 인정한다. 그때 물론 역동적 힘(dynamis)에 내적 특성이 있다는 것은 말할 나위 없지만.

619

우리의 물리학자들이 신이나 세계를 창조할 때 사용했던 "힘"이라는 승리에 찬 개념은 여전히 보완될 필요가 있다. 즉, 그 힘에는 어떤 내적 세계가 귀속되어야 하는데, 나는 그것을 "권력에의 의지", 다시 말해 권력을 나타내려는 혹은 권력을 행사하고 실행하려는 지칠 줄 모르는 욕망, 창조적 충동 등으로 부른다. 물리학자들은 그들의 원리에서 "원격작용"이라는 개념을 지우지 못한다. 반발력(혹은 견인력)도 마찬가지다. 그것은 아무런 도움도 되지 않는다. 우리는 모든 운동, 모든 "현상", 모든 "법칙"을 단지 어떤 내적 사건의 징후로 파악해야 하고, 인간의 비유를 끝까지 사용해야 한다. 동물에 있어서는 그의 모든 충동을 권력에의 의지로부터 끌어내는 일이 가능하다. 유기체적 생명의 모든 기능을 이러한 하나의 원천으로부터 끌어내는 일도 마찬가지로 가능하다.

620

일찍이 이미 힘이 확인된 적이 있는가? 아니다. 완전히 낯선 언어로 번역된 효과들만이 확인되었다. 연속 과정에 나타나는 규칙성에 잘못 길들여, 우리는 **그 과정에 있는 기이한 것을 기이하게 여기지 않는다**.

621

우리가 표상할 수 없는 힘은 공허한 말이어서, 우리는 과학에서 어떤 시민권도 가질 수 없다. 이른바 순수하게 기계적인 견인력과 반발력은 우리에게 **세계를 표상할 수 있는 것으로 만들어주고자 할** 뿐이다!

622

압력과 충돌은 무어라 형언할 수 없을 만큼 나중의 것, 파생된 것, 비근원적인 것이다. 그것은 이미 응집하고 누르고 충돌할 수 있는 무언가를 전제한다! 그러나 그것은 어디에서 응집하는가!

623

화학에는 불변하는 것은 하나도 없다. 불변하는 것은 한갓 가상이며, 단순히 학교에서 길들인 편견에 불과하다. 친애하는 물리학자 여러분, 우리는 불변하는 것을 아직도 형이상학으로부터 **끌어들이고** 있다. 다이아몬드와 흑연과 석탄이 동일하다고 주장하는 것은 완전히 유치한 피상적 견해이다. 왜? 저울로 달아보아도 실체의 손실을 확인할 수 없다는 이유에서이다! 좋다. 그것들은 여전히 무언가 공통의 것을 가지고 있다. 그러나 우리가 볼 수도 없고 저울에 달아 볼 수도 없는 변화에 있어서 단순한 분자운동은 하나의 물질을 전혀 다른 물질로 만든다. 특별히 다른 특성을 가진 물질로.

624

물리학적 원자에 **반대하여**.—세계를 파악하려면 우리는 세계를 계산할 수 있어야 한다. 세계를 계산하기 위해서는 불변의 원인이 있어야 한다. 우리는 현실에서 그런 불변의 원인을 발견하지 못하기 때문에, 우리는 그러한 것을—원자를—**날조한다**. 이것이 원자론의 기원이다.

세계의 계산 가능성, 모든 사건을 공식으로 표현할 가능성—그것이 정말로 "이해한다"는 것인가? 음악에서 계산할 수 있고 공식으로 간략하게 표현할 수 있는 것을 모두 계산했다 하더라도, 도대체 무엇이 그 음악에서 이해되었단 말인가? 그러므로 다음에는 "불변의 원인", 사물, 실체, "무제약적인 것"이 **날조된다**. 무엇이 달성되었는가?

625

기계론적 **운동** 개념은 이미 원래의 과정을 **시각과 촉각의 기호언어**로 번역한 것이다.

"원자"라는 개념, "추동하는 힘의 자리와 그 힘 자체" 사이의 구별은 우리의 **논리적·심리적 세계에서 파생된 기호언어**이다.

우리의 표현 수단을 바꾸는 것은 우리 마음대로 되지 않는다. 그것이 어느 정도로 단지 기호론에 불과한지를 파악하는 것은 가능하다. **적합한 표현 방식**에 대한 요구는 **무의미하다**. 단순한 관계만을 표현한다는 것이 언어의, 표현 수단의 본질 속에 있다.

"진리"라는 개념은 무의미하다. "참"과 "거짓"이라는 전체 영역은 존재들 사이의 관계에만 연관되는 것이지, "그 자체"와 연관되는 것은 아니다. 그 자체는 **무의미**하다. "인식 자체"가 있을 수 없는 것과 같이 "본질 자체"라는 것은 없다. (**관계들**이 비로소 질을 구성한다.)

626

"힘의 감각 역시 운동에서 생길 수 없다. 감각 일반이 운동에서 생길 수 없기 때문이다.

감각 일반이 운동에서 생긴다는 것을 지지하는 것도, 어떤 실체(두뇌) 안에 전달된 운동(자극)을 통해 감각이 산출된다는 겉보기만의 경험에 불과하다. 하지만 산출되는 것일까? 도대체 감각은 거기에 전혀 존재하지 않았다는 것이 증명된 것인가? 그래서 감각이 나타난 것은 일어난 운동의 **창조 작용**으로 파악되어야만 하는 것인가? 이 실체의 감각 없는 상태는 단지 하나의 가설에 불과한가! 어떠한 경험도 아닌가! 그러므로 감각은 실체의 **속성**이다. 감각하는 실체가 존재하는 것이다."

"우리는 어떠한 실체에 대해서, 그것이 감각을 지니고 있지 **않다는** 것을 경험하는가? 아니다. 우리는 단지 그것이 어떠한 감각을 지니고 있는지 경험하지 못할 뿐이다. 감각하지 못하는 실체에서 감각을 끌어내는 것은 불가능하다." 아, 얼마나 성급한 일인가!

627

순수하게 기계론적 의미에서의 "견인"과 "반발"은 완전한 허구이다. 하나의 낱말일 뿐이다. 우리는 의도 없이는 견인이라는 것을 생각할 수 없다. 어떤 사태를 장악하거나 그 권력에 저항하고 또 그것을 물리치려는 의지, **그것을** "우리는 이해한다." 그것은 우리가 사용할 수 있는 하나의 해석일 것이다.

요컨대, 인과성을 믿지 않을 수 없게 하는 심리학적 강요는 **의도가 없는 사건을 상상할 수 없다는 데** 있다. 물론 이것으로써는 진리 또는 비진리에 관해서 아무것도 말해지고 있지 않다. 원인에 대한 믿음은 목적에 대한 믿음과 함께 무너진다(스피노자와 그의 인과론에 대한 반대).

628

우리가 사건에 대한 수학적 공식을 가지고 있을 때 무언가가 **인식되었다**는 환상: 단지 표시되고 서술되었을 뿐, 더는 아무것도 아니다.

629

규칙적인 사건을 하나의 **공식**으로 표현한다면, 나는 전체 현상의 기술을 용이하게 하고 단축한 것이다. 그러나 나는 어떤 "법칙"도 확인한 것이 아니며, 오히려 여기에서 어떤 것이 반복되는 것은 어디에서 유래하는가 하는 질문을 제기한 것이다. 처음에는 알려지지 않은 힘이나 힘의 방출의 복합체가 공식에 대응한다는 것은 추측이다. 여기에서는 힘이 하나의 법칙을 따르고 그 복종의 결과로서 우리가 매번 동일한 현상을 가진다고 생각하는 것은 신화이다.

630

나는 화학적 "**법칙**"에 대해 말하지 않도록 조심한다. 이것은 도덕적 뒷맛을 가지고 있다. 오히려 권력관계의 절대적 확립이 문제이다. 약한 것이 자신의 독립성의 정도를 관철할 수 없는 한, 더 강한 것이 더 약한 것을 지배하게 된다. 여기에는 자비도, 보호도 없으며, 하물며 "법칙"에 대한 존경은 더욱 없다!

631

특정 현상들이 변경 불가능하게 연속적으로 일어나는 것은 "법칙"을 증명하는 것이 아니라, 둘 혹은 그 이상의 여러 힘 사이의 권력관계를 증명한다. "그러나 바로 이 관계는 일정하게 유지된다." 라고 말하는 것은 "하나의 같은 힘은 또한 어떤 다른 힘이 될 수 없다!"라는 것을 의미할 뿐이다. 중요한 것은 **연속**의 문제가 아니라, **상호 침투**, 즉 이어지는 개별적 계기들이 원인과 결과로서 서로 제약하는 것이 **아닌** 과정의 문제이다.

"행위자"로부터 "행위"의 분리, 사건이 일어나게 **만드는** 어떤 것으로부터 사건의 분리, 과정이 아니라 계속 지속되고 있는 어떤 것, 실체, 사물, 물체, 영혼 따위로부터 과정의 분리—사건을 "존재하는 것"의, 존속하는 것의 일종의 변위나 전이로서 파악하려는 시도이다. 이 오래된 신화는 언어적·문법적 기능들 속에서 하나의 견고한 형식을 발견한 이후에 "원인과 결과"에 대한 믿음을 확립했다.

632

연속의 "규칙성"이란 단지 여기서 어떤 규칙이 지켜지고 있기라도 **한 것 같다**는 비유적 표현에 지나지 않으며, 어떤 사실도 아니다. "합법칙성"도 마찬가지다. 우리는 항상 되풀이되는 종류의 결과를 표현하기 위해 공식을 발견한다. 그것으로 우리가 "**법칙**"을 **발견한** 것은 결코 **아니며**, 연속되는 결과의 반복의 원인인 힘을 발견한 것은 더더욱 아니다. 무엇인가가 항상 그렇게 일어난다는 사실이 여기에서는 마치 어떤 존재자가 어떤 법칙 또는 입법자에 관한 순종의 결과로 항상 그렇게 행동한다는 것처럼 해석된다. 그런데 그 존재자는 "법칙"을 제외한다면 다르게 행동할 수 있는 자유를 가지고 있을지도 모른다. 그러나 바로 이와 같은 "다름 아닌 바로 그렇게"는 법칙을 고려해서 그런 태도를 취한 것이 아니라, 바로 그런 성질을 가지고 있는 존재 자체에서 기인한 것일 수도 있다. 그것은 다음을 의미할 뿐이다. 무엇인가는 다른 무엇이 될 수 없으며, 지금 이것을 하다가 지금 다른 것을 할 수 없으며, 자유로운 것도 아니고 자유롭지 않은 것도 아니라, 바로 이러저러하게 존재한다. **오류는 주체를 꾸며내어 투입하는 데 있다**.

633

한편이 원인, 다른 한편이 결과라는 연쇄적인 두 상태는 거짓이다. 첫째 상태는 결과를 불러일으킬 아무것도 가지고 있지 않으며, 아무것도 둘째 상태를 불러일으키지 않았다.

문제는 권력을 동등하게 가지지 않은 두 요소의 투쟁이다. 각각의 요소의 권력 척도에 따라 힘들의 재조정이 이루어진다. 둘째 상태는 첫째 상태와는 근본적으로 다른 어떤 것이다(첫 상태의 "결과"가 **아니다**). 본질적인 것은 계속 투쟁하고 있는 요소들이 다른 권력량을 가지고서 등장한다는 점이다.

634

기계론의 비판.—우리는 여기서 "필연성"과 "법칙"이라는 두 가지 통속적 개념을 제거한다. 전자는 잘못된 강제를, 후자는 잘못된 자유를 세계에 도입한다. "사물"은 규칙에 맞게 행동하지 않고, **규칙**에 따라 행동하지 않는다. 사물은 존재하지 않는다(그것은 우리의 허구이다). 마찬가지로 사물은 필연성의 강제 하에서 행동하지 않는다. 여기에 복종은 없다. **어떤 것이 있는 그대로 존재한다는 것**, 있는 그대로 강하거나 약하게 존재한다는 것, 이것은 복종이나 규칙이나 강제의 결과가 아니기 때문이다.

저항의 정도와 우월한 권력의 정도—모든 사건에 문제가 되는 것은 바로 이것이다. **우리가** 계산을 일상적으로 사용하기 위해 사건을 "법칙"의 공식으로 표현하는 방법을 알고 있다면, 그만큼 우리에게는 좋은 일이다! 하지만 세계는 복종하는 것이라고 허구적으로 날조한다고 해서, 어떠한 "도덕성"을 세계에 도입하는 것은 아니다.

법칙이란 없다. 모든 권력은 매 순간 궁극적 결과를 끌어낸다. 중간이라는 것은 없다는 것, 바로 여기에 계산 가능성이 근거한다.

권력량은 그것이 행사하고 저항하는 작용에 의해 표시된다. 그 자체로 생각해볼 수는 있겠지만 무반응은 없다. 권력량은 본질적으로 폭력 행사의 의지이고 폭력으로부터 자신을 보호하려는 의지다. 자기 보존은 아니다. 모든 원자는 존재 전체로 영향을 미친다. 만약 권력에의 의지의 방사가 없는 것으로 생각된다면, 원자도 없는 것으로 생각되고 만다. 이 때문에 나는 그것을 "**권력에의 의지**" 양자(量子)라고 부르는 것이다. 이것으로써 기계적 질서 자체를 없는 것으로 생각하지 않고서는 기계적 질서로부터 없는 것으로 생각될 수 없는 성격이 표현되고 있다.

이러한 작용의 세계를 **가시적인** 세계로—눈을 위한 세계로—옮긴 것이 "운동"이라는 개념이다. 여기에는 **무언가가** 움직이게 한다는 생각이 언제나 깔려있다. 그것이 작은 덩어리 원자라는 허구이건, 그것을 추상한 역동적 원자라는 허구이건, 언제나 작용하고 있는 어떤 사물이 여전히 생각되고 있다. 즉, 우리는 감각과 언어에 의해 미혹된 습관에서 빠져나오지 못한 것이다. 주체, 객체, 행위에 대한 행위자, 행위와 그것이 행하는 어떤 것이 구별되어있다. 그것은 한갓 기호론이며 어떤 실재적인 것도 표시하지 않는다는 것을 잊어서는 안 된다. **운동**에 대한 이론으로서의 기계론은 이미 인간의 감각 언어로 번역된 것이다.

635

우리는 계산할 수 있기 위해서 단일성이 필요하다. 그렇다고 그러한 단일성이 **존재한다고** 가정할 수는 없다. 우리는 단일성 개념을 우리의 "자아" 개념에서, 우리의 가장 오래된 신앙 조항에서 빌려왔다. 우리 자신을 단일성이라고 간주하지 않았다면, 우리는 결코 "사물"이라는 개념도 형성하지 못했을 것이다. 지금, 아주 늦게서야, 우리는 자아 개념에 관한 우리의 생각이 실재의 단일성을 보증하지 못한다는 점을 충분히 확신한다. 그러므로 우리는 세계에 대한 기계론을 이론적으로 견지하기 위해서, 우리가 어느 정도로 두 가지 허구를 사용하고 있는가 하는 유보 조건을 달아두어야 한다. 즉, 운동 개념(우리의 감각 언어에서 얻은)과 원자 개념(단일성, 우리의 심리적 "경험"에서 유래한)이라는 두 가지 허구를. 기계론적 세계는 **감각의 편견**과 **심리학적 편견**을 전제하는 것이다.

기계론적 세계는 시각과 촉각이 세계만이 표상한 그대로(운동된 것으로) 공상되었다. 그래서 기계론적 세계는 계산될 수 있고, 원인이 되는 단일성이 고안되고, 그 작용이 지속적인 "사물"(원자)이 고안되었다(잘못된 주체 개념의 원자 개념으로의 전용).

그러므로 **현상적으로는**, 수 개념, 주체 개념, 운동 개념이 섞여 있다. 우리는 여전히 그 안에 우리의 **시각**과 **심리학**을 넣어두고 있다.

이러한 부가물을 제거하면, 어떤 사물도 남지 않게 된다. 오히려 다른 역동적 양과 긴장 관계에 있는 역동적 양만이 남게 된다. 이 양의 본질은 다른 양과의 관계에 있으며, 다른 양에 대한 "작용" 속에 있다. 권력에의 의지는 존재도 아니고 생성도 아니고 **파토스**이다. 그것은 생성과 작용이 거기에서 비로소 생기는 가장 기본적인 사실이다.

636

물리학자들은 그들 나름의 방식으로 "참된 세계"를 믿는다. 그것은 필연적인 운동을 계속하고 있는 모든 존재에 대해 동등한 고정된 원자 체계화이다. 그래서 그들에게는 "가상 세계"는 보편적이고 보편적으로 필연적인 존재의 어떤 존재에게나 자신의 방식으로 도달 가능한 부분으로(도달 가능하고 더군다나 조정된, "주관적으로" 만들어진 부분으로) 환원된다. 그러나 그들은 그렇게 하면서 오류를 범하고 있다. 그들이 설정하는 원자는 저 의식의 관점주의의 논리에 따라 추론된 것이며, 그래서 하나의 주관적 허구에 불과하다. 그들이 그리는 세계상은 주관적 세계상과 본질적으로 다르지 않다. 그것은 단지 확대된 감각으로 구성되었을 뿐이지만, 전적으로 **우리의** 감각으로 구성된 것이다. 그리고 그들은 결국 이런 구성 상태에서 자신도 모르는 사이에 무엇인가를 놓쳐버렸다. 그것은 바로 필연적인 **관점주의**인데, 이 덕분에 모든 힘의 중심이—인간뿐만 아니라—**자신으로부터** 나머지 전체 세계를 구성한다. 즉, 자신의 힘으로 측정하고 타진해보고 형태화한다. 그들은 이런 관점을 **정립하는** 힘을 "참된 존재"에 포함하는 것을 잊어버린 것이다. 전문용어로 말하자면, 주체로 존재한다는 점을. 그들은 이것이 "발달해온" 것이며 첨가된 것이라고 생각한다. 그러나 화학자 역시 이것이 필요하다. 그것은 정말 **특수한 존재**이며, 상황에 따라서 특정한 이러저러한 작용 및 이러저러한 반작용이다.

관점주의는 단지 특수성의 복합 형식일 뿐이다. 나는 각각의 특수한 물체가 공간 전체의 지배를 추구하고, 자신의 힘을 확장하며(자신의 권력에의 의지의), 그 확장에 저항하는 모든 것을 물리치려고 노력한다고 생각한다. 하지만 모든 각각의 물체는 다른 물체의 동등한 노력과 계속해서 충돌하며, 결국에는 자신과 충분히 유사한 것들과 화해하기에("합체하기에") 이른다. **이리하여 이들 물체는 공모하여 함께 권력을 추구한다**. 그리고 이 과정은 계속된다.

637

무기물의 영역에서도 힘의 원자는 단지 근접해있는 것만을 고려한다. 멀리 떨어져있는 힘들은 서로 균형을 이룬다. 여기에 관점주의적인 것의 핵심과 왜 생물은 철저히 "이기주의적"인가에 대한 이유가 숨어있다.

638

세계가 일정한 힘의 양을 처리하고 있다고 가정하면, 어느 특정한 장소에서 일어나는 권력 전위는 전체 체계를 제약한다는 것이 명백하다. 그러므로 **순차적** 인과성과 함께 **병존적**이고 동시적인 의존성이 있을지도 모른다.

639

"신" 개념에 대한 감각을 견지할 유일한 가능성: 신을 추진하는 힘으로서가 아니라 **극대 상태**나 하나의 **시기**로 파악하는 것이다. 즉, 권력에의 의지의 발전에서 하나의 점으로 파악하는 것이다. 이 한 점으로부터 그것 이전의 발전, 거기까지의 발전, 그것 이후의 발전 역시 설명된다.

기계론적으로 고찰하면, 생성 전체의 에너지는 불변한다. 경제학적으로 고찰하면, 그 에너지는 정점까지 상승하여 다시 거기로부터 하강하여 영원한 순환 운동을 한다. 이 "권력에의 의지"는 **해석**에서, **힘을 소비하는 방식**으로 표현된다. 에너지를 삶으로, 최고의 역량을 가진 삶으로의 전환이 목표로서 나타난다. 같은 양의 에너지도 다른 발전 단계에서는 다른 것이 된다.

삶에서 성장을 결정하는 것은 더 많이 절약하고 더 멀리 내다보는 경제이고, 더욱 적은 힘으로 더욱 많은 것을 성취하는 경제이다. 이상은 최소 지출의 원리다.

세계는 어떤 지속 상태를 지향하지 않는다는 것이 **유일하게 증명된** 것이다. 따라서 세계의 최고 상태가 평형상태는 아니라는 방식으로 세계의 최고 상태를 생각**해야 한다**.

세계 운행에 있어서 동등한 사건의 절대적 필연성은 그 밖의 모든 운행에서와 마찬가지로 영원히 사건에 대한 결정론은 아니며, 단지 불가능한 일은 가능하지 않다는 것을 표현할 뿐이다. 그리고 특정한 힘은 바로 이 특정한 힘 이외의 다른 것일 수 없다는 점을 표현할 뿐이다. 그 힘은 저항하는 어떤 양의 힘에 자신의 강함에 합당하지 않은 방식으로는 힘을 방출하지 않는다는 점의 표현일 뿐이다. 사건과 필연적 사건은 **동어반복**이다.

2. 삶으로서의 권력에의 의지

A. 유기적 과정

640

인간은 유기물이 발생했을 때 **그곳에 있었던** 것처럼 생각한다. 이러한 과정에서 시각과 촉각으로 무엇이 지각될 수 있는 것인가? 무엇이 수량화될 수 있는가? 어떤 규칙이 운동 속에서 나타나는가? 그러므로 인간은 모든 사건을 **시각과 촉각을 위한 사건**으로, 즉 운동으로 정리하려고 한다. 인간은 거대한 양의 이들 경험을 **단순화**할 **공식**을 발견하려고 한다. **모든 사건**이 감각을 가진 인간이나 수학자에게로 **환원된다**. 문제는 인간이 겪어온 여러 경험의 재산 목록이다. 인간이, 또는 오히려 **인간의 시각과 개념을 형성하는 능력**이 모든 사물의 영원한 증인이라는 가정하에서 그렇다.

641

공동의 영양 섭취 과정에 의해 결합한 다수의 힘을 우리는 "생명"

이라고 부른다. 이러한 영양 섭취 과정에는 그것을 가능하게 하는 수단으로서 이른바 느끼고 표상하고 사고하는 행동 모든 것이 속해있다. 즉, 1. 다른 모든 힘에 대한 저항, 2. 이들 힘을 형태와 리듬에 따라서 조정하는 것, 3. 동화나 배제하는 일에 관한 평가가 속해 있다.

642

무기물과 유기물의 결합은 모든 힘의 원자가 수행하고 있는 반발력 속에 있음이 틀림없다. "생명"이란 다양한 투쟁자가 서로 동등하지 않게 성장하는 **힘의 확립 과정**의 지속적 형식이라고 정의될 수 있을 것이다. 복종할 때도 어느 정도는 저항이 있다. 자주적 권력은 결코 포기하게 되는 것이 아니다. 마찬가지로 명령 속에는 상대방의 절대적인 힘이 정복되지도 않고, 동화되거나 해소되지 않는다는 사실의 인정이 들어있다. "복종"과 "명령"은 투쟁 놀이의 형식이다.

643

권력에의 의지는 해석한다(기관의 형성에서 문제는 해석이다). 권력에의 의지는 정도와 권력의 차이를 한정하고 규정한다. 단순한 권력 차이는 아직 권력 차이로 느껴지지 않을 수 있다. 거기에는 성장하고자 하는 무언가가 있어야 하는데, 그것은 마찬가지로 성장하고자 원하는 다른 무엇인가를 자신의 가치로 해석한다. 이 점에서는 동등하다. 사실상 **해석은 그 무엇인가를 지배하여 주인이 되기 위한 수단 자체**이다. (**유기적 과정은 지속적인 해석을 전제한다**.)

644

중간 고리의 소멸을 동반하는 더 큰 복잡성, 예리한 분리, 완성된 기관과 기능의 병존—이것이 **완전성**이라면, 유기적 과정에서 권력에의 의지가 생겨나고, 그 덕택으로 **지배적이고 형태화하고 명령하는** 힘들이 그 권력의 영역을 더 넓혀가며, 이 영역 안에서는 항상 다시 단순화한다. 즉, 명령이 **성장한다**.

정신은 더 높은 삶, 삶의 향상에 봉사하는 수단이며 도구일 뿐이다. 플라톤이 (그리고 그를 따라 그리스도교가) 이해한 것처럼 선에 관해서는, 그것이 내게는 심지어 삶을 위협하고 비방하고 부정하는 원칙처럼 보인다.

645

"유전"은 무언가 완전하게 설명될 수 없는 것으로서 설명을 위해 이용될 수 없으며, 단지 어떤 문제를 표시하거나 고정하기 위한 것일 뿐이다. 바로 이것은 "순응 능력"에도 적용된다. 사실 형태학적 서술에 의해서는, 가령 그것이 완전한 것이라 하더라도, **설명되지** 않지만, 엄청난 사실이 **기술되는** 것이다. 기관이 어떤 목적을 위해 어떻게 이용될 수 있는가 하는 점, **이것은** 설명되지 않았다. 이러한 사물 속에 목적인을 상정하더라도 동력인을 상정하는 것과 마찬가지로 아무것도 설명되지 않을 것이다. "원인"이라는 개념은 단지 표현 수단에 불과하고, 그 **이상**의 것은 아니며 표시를 위한 수단이다.

646

몇몇 유추가 있다. 예컨대 우리의 기억에 대해서는 유전과 발달 속에서 그 형태를 알아볼 수 있는 다른 기억이 있다. 우리의 발명과 실험에 대해서는 새로운 목적을 위해 도구를 사용할 때의 발명 등의 유추가 있다.

우리가 우리의 "의식"이라고 부르는 것은 우리를 보존하거나 우리를 성장시키는 모든 본질적 과정에서 아무런 책임이 없다. 어떤 두뇌도 기계보다 더 많은 것을 구성할 수 있을 정도로 정교하지 않다. 모든 유기적 과정은 그것을 훨씬 넘어선다.

647

다윈주의에 반대하며.—어떤 기관의 유용성이 그 기원을 설명해주지 않는다. 정반대이다! 한 특성이 형성되는 기나긴 시간 동안 그 특성이 개체를 보존하지 않고, 개체에 유익하지도 않으며, 외부 환경과 적과의 투쟁에 있어서는 특히 그렇다.

결국 "유용하다"는 것은 무엇인가? "**무엇과** 관련하여 유용한가?"라고 묻지 않으면 안 된다. 이를테면 개체의 **지속**에 유용한 것은 그 개체의 강함이나 화려함에 대해서는 불리할 수도 있다. 개체를 보존하는 것은 동시에 그 개체의 발달을 고정하고 정지시키는 것일지도 모른다. 다른 한편 어떤 결함, 어떤 변질은 그것이 다른 기관의 자극제로 작용하는 한 그지없이 유용할 수 있다. 마찬가지로 어떤 곤경은, 그것이 어떤 개체를 그 개체가 결속력을 유지하고 자신을 낭비하지 않을 정도까지 낮추는 한, 생존 조건일 수 있다. 개체 자체는 부분들의 (영양, 공간 따위를 둘러싼) 투쟁이다. "개체의 발달"은 개개 부분의 **승리** 및 **우세**, 다른 부분의 **위축** 및 기관화와 결합되어 있다.

"외적 상황"의 영향은 다윈에게서는 우스꽝스러울 정도로 **과대평가되었다**. 삶의 과정에 있어서 본질적인 것은 내부로부터 형식을 만들어내는 엄청난 형태화의 힘이며, 이것이 "외적 상황"을 **이용하고 착취한다**.

내부에서 형성된 **새로운** 형식들은 하나의 목적을 위해 만들어지지 **않았다**. 그러나 여러 부분의 투쟁에 있어서는 새로운 형식은 부분적 유용성과 상관이 **없는** 상태로 오랫동안 존립하지 못하며, **사용**에 따라 점점 더 완전한 형태로 발전한다.

648

발전 속도의 가속화와 관련하여 유용하다는 것은 발전된 것을 가능한 한 확립시키고 지속시키는 것에 관한 그것과는 다른 "유용하다"이다.

649

다윈주의적 생물학의 의미에서의 "유용하다"란 다른 자와의 투쟁에서 유리한 것으로 입증되는 것을 의미한다. 그러나 내가 보기에는 **증대의 감정**, **더욱 강해진다는 감정**이 이미 투쟁에서의 유용성과는 완전히 별개로 본래의 **진보**인 것 같다. 이 감정에서 비로소 투쟁에의 의지가 나온다.

650

생리학자는 보존 충동을 유기체의 기본적 충동으로 설정하는 것을 곰곰이 다시 생각해봐야 한다. 살아있는 생명체는 무엇보다 자신의 힘을 방출하고자 한다. 보존은 단지 그 결과 중 하나일 뿐이다. **불필요한** 목적론적 원리를 경계하라! 그런데 이 원리 속에는 "보존 충동"이라는 전체 개념이 포함된다.

651

원형질의 가장 기본적이고 원초적인 활동이 자기 보존의 의지로부터 도출될 수는 없다. 왜냐하면 원형질은 보존에 필요한 것보다 터무니없이 많이 체내로 섭취하기 때문이다. 그리고 무엇보다도 원형질은 이것으로 "자신을 보존"하지 **않고**, 오히려 **분열한다**. 여기서 지배하고 있는 충동은 바로 이 자기 보존을 원치 **않는다**는 점을 설명하지 않으면 안 된다. "굶주림"은 이미 비할 데 없이 더 복잡한 유기체들에 근거한 하나의 해석이다(굶주림은 충동이 특수화되고 나중에 나오는 형식이며, 분업의 한 표현이고, 그것을 지배하고 있는 더 높은 충동에 봉사한다).

652

굶주림을 최초의 운동자로 간주하는 것은 가능하지 않다. 자기 보존으로 간주하는 것도 마찬가지로 가능하지 않다. 굶주림을 영양 불량의 결과로 파악한다는 것은, 굶주림을 **더는 지배자가 되지 못하는** 권력에의 의지의 결과로 파악하는 것을 의미한다. 문제는 결코 손실의 회복이 아니다. 권력에의 의지가 자기를 만족시키는 완전히 다른 방식을 배운 후에 비로소 분업의 결과로서, 유기체의 동화 욕구가 굶주림으로, 손실 회복의 욕구로 **환원된다**.

653

생물학자들의 잘못된 "이타주의"에 대한 조소: 아메바에게서 번식은 필요 없는 짐을 던져버리는 것으로써 순전한 이익으로 나타난다. 쓸모없는 것의 배설.

654

권력이 자기 것으로 만든 소유를 더는 제어할 수 없을 만큼 강하지 않을 때 둘로 분열한다. 생식은 무력함의 결과이다.

수컷이 굶주림에서 암컷을 찾고 그들과 결합하여 사라지는 곳에서, 생식은 굶주림의 결과이다.

655

더 약한 자는 식량 부족 때문에 더 강한 자에게 몰려든다. 약자는 몰래 들어가 더 강한 자와 **일체**가 되고자 한다. 강자는 거꾸로 자신을 지켜내고, 이런 방식으로 몰락하려 하지 않는다. 강자는 오히려 성장하면서 둘 혹은 그 이상으로 분열한다. 통일에 대한 열망이 커질수록, 약점이 있다는 것을 더욱더 추론할 수 있을 것이다. 다양성, 차이, 내적 붕괴의 열망이 증대할수록, 거기에는 더 많은 힘이 있다.

접근하려는 충동과 어떤 것을 받아치려는 충동은 유기체의 세계에서와 마찬가지로 무기체의 세계에서도 연결 고리다. 완전한 분리란 하나의 선입견이다.

모든 힘의 조합에서 권력에의 의지는 **강자에 대해서는 자신을 지키고, 약자를 향해서는 돌진하는 것**이 더 옳다. 주의. "본질"로서의 과정.

656

권력에의 의지는 오직 **저항**에 대해서만 나타날 수 있다. 이 의지는 자신에게 저항하는 것을 찾는다. 이것이 원형질이 위족을 뻗쳐서 자신의 주위를 더듬거릴 때의 원시적인 경향이다. 자기 것으로 만드는 전유와 동화는 무엇보다도 제압된 것이 공격자의 권력으로 완전히 넘어가서 그의 권력을 증대시킬 때까지 제압하기를 원하는 것이며 형태화하거나 재형태화하는 것이다. 이런 동화가 성공하지 못하면, 형성물은 아마도 붕괴할 것이다. 그리고 둘로 분열하는 이중성은 권력에의 의지의 결과로 나타날 것이다. 즉, 정복된 것을 놓지 않기 위해 권력에의 의지가 두 개의 의지로 분열한다(사정에 따라서는 상호의 결합을 완전히 포기하지 않고서도).

"굶주림"이란 권력을 구하는 근본 충동이 더욱 정신적인 형태를 획득한 후에, 더 협소해진 순응일 뿐이다.

657

"수동적"이란 무엇인가?—앞으로 나아가려는 운동에서 **저지당하는** 것. 그러므로 저항과 반작용의 행위.

"능동적"이란 무엇인가?—권력을 잡기 위해 손을 뻗는 것.

"영양"—단지 파생된 것이다. 근원적인 것은 모든 것을 자기 안에 통합하려는 의욕이다.

"생식"—단지 파생된 것이다. 자기 것으로 만든 전체를 조직하기에 하나의 의지만으로 충분하지 않을 때, 원래의 의지와 투쟁 후에 새로운 조직의 중심을 만드는 분리를 꾀하는 **반대 의지**가 발효된다.

"쾌감"—권력 감정이다(불쾌감을 전제한다).

658

1. 유기적 기능은 권력에의 의지라는 근본 의지로 다시 번역된다. 그리고 이 의지로부터 파생된다.

2. 권력에의 의지는 영양에의 의지로 특수화하여 소유물을 구하고, **도구**를 구하며, 봉사자를 구한다. 복종하고 지배하는 활동: 예를 들어 몸. 더 강한 의지가 더 약한 의지를 지도한다. 의지에의 의지의 인과성 이외에 다른 인과성이란 전혀 없다. 기계론적으로는 설명되지 않는다.

3. 모든 생명체에서 사고하고 느끼고 의지하는 활동. 쾌감이란 방해(더 강하게는 율동적 저지와 저항에 의한)를 통한 권력 감정 이외의 아무것도 아니다. 따라서 권력 감정은 이것에 의해 증대된다. 쾌감이 극히 커져야 한다면, 고통은 매우 오랫동안 지속되어야만 하며, 활의 당기는 힘은 엄청나게 커져야 한다.

4. 정신적 기능. 형태를 만들고 유사하게 만들려는 의지 등.

B. 인간

659

몸을 실마리로 삼아. — "영혼"이란 철학자들이 마지못해 잘 포기했던 매력적이고 비밀스러운 사상이었다고 가정하면, 이제부터 그것을 대신할만한 것이라고 배우는 그것은 아마도 훨씬 매력적이고 훨씬 비밀스러운 것일 것이다. 인간의 몸이란, 그것에서 모든 유기적 생성의 가장 멀고 가장 가까운 과거가 다시 생생해지고 몸을 얻게 되며, 그것을 통해서 그리고 그것을 완전히 넘어서 들어본 적 없는 흐름이 흘러가는 것처럼 보이게 된다.

몸은 낡은 "영혼"보다 훨씬 놀라운 사상이다. 어느 시대에나 정신(혹은 "영혼" 혹은 현재의 전문용어로서 영혼 대신에 말하는 주체)을 믿는 것보다 우리의 가장 원초적인 소유물, 우리의 가장 확실한 존재, 요컨대 자아로서의 몸을 믿는 것이 훨씬 더 나았다. 자신의 위(胃)를 누군가 낯선 자의, 예컨대 신의 위라고 이해하려고 생각한 자는 아무도 없었다. 그러나 자신의 사상을 "계시받은" 것으로서, 자신의 가치 평가를 "신이 불어넣은 것"으로서, 자신의 본능을 몽롱한 상태에서의 활동으로서 파악하는 것 — 인간의 이러한 성벽이나 취향을 나타내는 증거는 인류의 모든 시대에 있다. 현재에도 여전히, 말하자면 예술가들 사이에서는 최상의 주사위를 맞추는 것은 무엇에 의한 것인지, 창조적 사상은 어떤 세계로부터 온 것인지라는 질문이 그들에게 제기되면, 일종의 경이를 느끼며 정중하게 결정을 보류하는 일은 충분히 발견된다. 그들은 이와 같은 질문을 제기하면, 무언가 천진난만함이나 어린아이 같은 부끄러움을 느껴, "그것을 생각한 것은 나였다. 주사위를 던진 것은 내 손이었다."라고 감히 말할 수 없게 된다. 반대로 자신의 육체적인 것을 기만이라고, 게다가 극복되고 처리된 기만이라고 여기지 않을 수 없는 근거를 자신의 논리와 경건함 속에 가지고 있던 저 철학자나 종교인조차 몸은 사라지지 않았다는 어리석은 사실을 인정하지 않을 수 없었다. 이 점에 관한 가장 기묘한 증거는 일부는 바울에게서, 또 일부는 베단타 철학에서 찾을 수 있다. 그러나 **믿음이 강하다는 것**은 결국 무엇을 의미하는가? 그 때문에 여전히 언제나 매우 어리석은 믿음이 있을 수 있을 것이다! 여기서 숙고해보아야 한다.

그런데 결국 몸을 믿는다는 것이 단지 어떤 추론의 결과일 뿐이라면, 이상주의자들이 주장하는 것처럼 그것이 잘못된 추론이라고 가정하면, 정신이 이처럼 잘못된 추론의 원인이라는 것은 정신 자체의 신뢰성에 대한 의문부호가 아닐까? 다양성, 공간과 시간, 운동(그리고 육체성에 대한 믿음의 전제가 될 수 있는 모든 것)이 오류라고 한다면, 우리가 그러한 전제에 이르도록 촉발한 정신에 대해 어떤 불신을 불러일으키는 것인가? 좋다. 몸에 대한 믿음은 당분간은 언제나 정신에 대한 믿음보다 더 강한 믿음이다. 몸에 대한 믿음을 뒤엎어 파괴하려는 자는 동시에 정신의 권위에 대한 믿음 역시 가장 철저하게 뒤엎어 파괴한다!

660

지배 구조로서의 몸.

몸 안의 귀족정치, 지배자의 다수성(조직의 투쟁).

노예제와 분업: 더 높은 유형은 더 낮은 유형을 **억압하여** 하나의 기능으로 만들 때만 가능하다.

쾌감과 고통은 대립이 아니니다. 권력의 감정.

"영양"은 만족할 줄 모르는 동화의, 권력에의 의지의 결과일 뿐이다.

"생식"은 지배적인 세포가 자기 것으로 만든 것을 조직화할 힘이 없을 때 일어나는 붕괴이다.

형태화하는 힘은 항상 새로운 "재료"(더 많은 "힘")를 저장하고자 하는 것이다. 알로부터 하나의 유기체를 구성하는 걸작.

"기계론적 해석": 양(量) 이외에는 아무것도 원하지 않는다. 그러나 힘은 질 속에 숨어있다. 그러므로 기계론은 오직 과정을 서술할 뿐이며 설명할 수는 없다.

"목적". 식물의 "총명함"에서 출발해야 한다.

"완전화"의 개념: 복잡성의 증대뿐만 **아니라 권력**의 증대(단지 양의 증대뿐일 필요는 없다).

인류 발전에 대한 추론: 완전화는 최고로 강력한 개인들의 생산에 달려있다. 그들은 많은 사람을 도구로 사용할 것이다(가장 지능적이고 가장 기민한 도구로서).

661

왜 모든 **활동**은, 감각의 활동도 역시 쾌감과 결합되어있는가? 그 이전에 저지와 압박이 선행하고 있었기 때문인가? 혹은 오히려 모든 활동은 극복하는 것이고, 주인이 되는 것이고, **권력 감정의 증대**를 제공하기 때문인가?—사고 활동에서의 쾌감.—결국 그것은 권력의 감정일 뿐만 아니라 창조에서 느끼는, 창조된 것에서 느끼는 쾌감이다. 왜냐하면 모든 활동은 어떤 "작품"의 의식으로서 우리에게 의식되기 때문이다.

662

창조—**선택하고** 선택된 것을 **마무리하는** 것이다. (모든 의지 활동에서 **이것**이 **본질적인** 것이다.)

663

의도에서 기인하는 모든 사건은 **권력의 증대라는 의도**로 환원될 수 있다.

664

우리가 무엇인가를 행할 때는 힘의 감정이 생긴다. 이것은 종종 행하기 이전에 이미 행해야 할 바를 떠올릴 때 (우리가 **감당할 능력이 있다고** 믿는 적이나 장애를 볼 때처럼) 생긴다. 그 감정은 항상 행위를 수반한다. 우리는 이 힘의 감정이야말로 행위의 원인이며 그 자체가 "힘"이라고 본능적으로 믿는다. 인과성에 대한 우리의 믿음은 힘과 그 작용에 대한 믿음이다. 그것은 우리의 체험을 전이한 것이며, 이때 우리는 힘과 힘의 감정을 동일시한다. 그러나 힘은 어디에서도 사물을 움직이지 않는다. 느껴진 힘이 "근육을 움직이지는 않는다". "우리는 그러한 과정에 대해서 어떠한 표상도, 경험도 가지고 있지 않다." "우리는 힘을 움직이는 동인으로 경험하지 못하는 것처럼 운동의 **필연성**도 경험하지 못한다." 힘은 강제하는 것이어야 한다! "우리는 하나가 다른 것에 뒤따라 일어난다는 것만을 경험할 뿐이다. 우리는 하나가 다른 것에 뒤따라 일어난다는 강제도 자의도 경험하지 못한다." 인과성은 이 연쇄 과정 속에 강제를 집어넣어 생각함으로써 비로소 창조된다. 어떤 "개념 파악"이 그것을 통해 생긴다. 즉, 우리는 그 과정을 인간화하고, "더 친숙한 것"으로 만들었다. 친숙한 것은 **힘의 감정과 결합된 인간의 강제**라는 습관상 이미 아는 것이다.

665

나는 팔을 뻗으려는 의도를 지니고 있다. 내가 평범한 사람으로서 인간의 신체 생리학과 운동의 기계적 법칙에 관해 잘 알지 못한다고 가정한다면, 그것에 뒤따라 일어나는 일과 비교하여 이 의도보다 더 막연하고 더 창백하고 더 불확실한 것이 있을까? 내가 가장 명철한 기계학자이고 특히 여기서 사용되는 공식을 잘 알고 있다고 가정한다 해도, 나는 조금이라도 나의 팔을 더 능숙하게 혹은 더 서투르게 뻗지는 않을 것이다. 이 경우에 우리의 "지식"과 "행동"은 냉정하게 분리되어있다. 두 개의 다른 영역으로. 다른 한편, 나폴레옹은 출정 계획을 수행한다. 이것은 무슨 뜻인가? 여기에서는 이 계획의 수행에 필요한 모든 것이 알려져있다. 왜냐하면 모든 것이 명령되어야 하기 때문이다. 그러나 여기서도 일반 계획을 해석하고 그것을 순간의 필요나 힘의 측정 등에 적용할 부하가 있다는 점이 전제되고 있다.

666

우리는 예로부터 어떤 행위나 성격, 실존의 가치가 의도에, 그 때문에 행하고 행위하고 살아가는 목적에 속하는 것으로 생각했다. 이러한 취향의 오래된 특이체질이 마침내 위험한 방향으로 전환된다. 사건의 무의도성과 무목적성이 더욱더 의식의 전면에 등장한다고 가정하면 그러하다. 그와 동시에 "모든 것은 아무런 의미가 없다."라는 일반적인 가치 박탈이 준비되고 있는 것처럼 보인다. 이 음울한 문장의 의미는 다음과 같다. "모든 의미는 의도에 있다. 그리고 의도가 전혀 없다면, 의미도 또한 전혀 없다." 이 평가에 따르면 삶의 가치를 "사후의 삶"에 둘 수밖에 없었다. 또는 이념이든가 인류나 민족의 점진적 발전 또는 인간을 넘어서는 점진적 발전에 두어야 했다. 그러나 그것으로 사람은 목적의 무한한 진보에 빠졌다. 마침내 사람은 "세계 과정" 속에 자신의 자리를 마련하는 것이 필요했다(그것이 무無를 향한 과정이라는 사악한 관점을 가지고).

그에 비해 "목적"은 더 엄격한 비판을 요구한다. **행위는 결코 목적으로 인해 야기되지 않는다**는 것을 통찰해야 한다. 목적과 수단은 해석이며, 이때 사건의 다른 대부분의 측면을 희생하여 사건의 특정한 점이 강조되어 선택된다는 것. 어떤 것이 목적을 가지고 행해질 때마다 근본적으로 다른 일이 일어난다는 것. 모든 목적 행위와 관련해서는 태양이 발산하는 열의 이른바 합목적성과 사정이 같다는 것, 즉 엄청난 양이 낭비되고, 고려할 가치가 거의 없는 부분이 "목적"을 가지며, "의미"를 가지고 있다는 것. "수단"을 가진 "목적"은 형언할 수 없을 정도로 불명확한 표현이며, 이것은 규정이나 **"의지"**로서 명령할 수 있지만, 분명히 규정되지 않은 것 대신에 고정된 크기를 설정하는, 복종하고 훈련된 도구 체계를 전제한다는 것(다시 말해 우리는 유일하게 알려진 우리의 "목적"에 "행위의 원인"이라는 역할을 부여할 수 있도록 목적과 수단을 정립하는 **더욱 영리한**, 그러나 더욱 좁은 지성의 시스템을 상상한다. 그런데 우리는 원래 그럴 권리가 없다. 말하자면, 문제를 해결하기 위하여 그 문제의 해답이 우리가 관찰할 수 없는 세계 속에 있다고 생각하는 것과 다름없다). 이러한 것을 통찰해야 한다.

마지막으로, 왜 "목적"은 합목적적 행위를 불러일으키는 활동적 힘의 일련의 변화가 이루어지는 가운데 나타나는 **부수 현상**일 수 없는가? 사건의 원인이 **아니라** 사건의 징후 자체로서 일어나는 사건과 관련하여 우리에게 방향을 제시하는 역할을 하는 바 의식 속으로 미리 표출된 창백한 이미지이지 않은가? 그러나 그것으로 우리는 의지 자체를 비판한 것이다. 의식 속에서 의지 활동으로 나타나는 것을 원인으로 간주하는 것은 환상이지 않은가? 모든 의식 현상은 단지 최종 현상, 즉 연쇄 고리의 최종점에 불과한데, 한 의식의 표면 안에서 뒤이어 연쇄적으로 나타나면서 서로 제한하는 것처럼 보이는 것은 아닌가? 이것은 환상일 수도 있다.

667

과학은 우리가 의욕을 하도록 몰아붙이는 것이 무엇인지를 묻지 않는다. 과학은 **오히려 의지가 행사된다는 사실을 부인하고**, 이와는 전적으로 다른 일이 일어난다고 생각한다. 요컨대 의지나 목적에 대한 믿음은 하나의 환상이라고 생각한다. 과학은 마치 행위의 동기가 행위에 앞서 우리의 의식 속에 있었던 것인 양 행위의 **동기**를 묻지 않는다. 과학은 먼저 행위를 일단의 기계적 현상들로 분해하여 이 기계적 운동의 선행 과정을 탐구한다. 하지만 그 선행 과정을 느끼고 감각하고 사고하는 데서 찾지 않는다. 그 때문에 과학은 결코 설명을 얻지 못한다. 감각이야말로 **설명되어야만 하는** 과학의 재료이다. 과학의 문제는 감각을 원인으로 간주하지 않고 세계를 설명한다는 바로 그 점이다. 왜냐하면 그것은 감각을 감각의 원인으로 간주하는 것이나 다름없기 때문이다. 과학의 과제는 전혀 해결되지 않았다.

그러므로 아무런 의지가 없거나—이것은 과학의 가설이다—자유의지가 있거나 둘 중 하나이다. 후자의 가정은 저 가설이 **증명되었다** 하더라도 우리가 벗어날 수 없는 지배적인 감정이다.

원인과 결과에 대한 통속적 믿음은 자유의지가 **모든 결과의 원인**이라는 전제 위에 세워져 있다. 오직 이것으로부터 비로소 우리는 인과성의 감정을 가지게 된다. 따라서 이 전제 속에는, 의지가 원인이라면 모든 원인은 결과가 아니라 항상 단지 원인이라는 감정도 포함되어있다.—"우리의 의지 활동은 필연적이지 않다."—이것은 **"의지"**라는 개념 속에 **포함되어**있다. 필연적인 것은 원인에 따른 결과이다. 그렇게 우리는 느낀다. 우리의 의욕도 어떤 경우에나 필연적이라는 것은 하나의 **가설**이다.

668

"의욕한다"는 "욕망하다", 추구하다, 요구하다가 아니다. 의욕은 **명령의 정동**에 의해 이것들과 구분된다.

"의욕"이라는 것은 존재하지 않으며, 단지 **무엇을 의욕한다**만 있을 뿐이다. 인식론자가 그렇게 하는 것처럼, **목표**를 상태로부터 분리해서는 안 된다. "의욕한다"는 "생각한다"만큼이나 나타나는 일이 없다. 그것은 순전한 허구이다.

무엇인가가 명령된다는 것은 의욕에 속한다(이것이 물론 의지가 "실행된다"는 것을 말하는 것은 아니다).

힘이 스스로 방출하려고 하는 저 일반적인 **긴장 상태**는 "의욕한다"는 것의 예가 아니다.

669

불쾌감과 쾌감은 생각할 수 있는 가장 어리석은 **표현 수단**이다. 이것은 물론 여기서 이런 방식으로 표명되는 판단들이 어리석을 수밖에 없다는 것을 말하는 것은 아니다. 모든 근거 제시와 논리성의 포기, 열정적인 소유욕이나 거절로 환원된 긍정이나 부정, 그 유용성이 오인될 여지가 없는 명령법적 단축. 이것이 쾌감과 불쾌감이다. 그 기원은 지성의 중추부에 있고, 그 전제는 무한히 가속화된 지각, 질서, 포섭, 산정, 추론 행위이다. 쾌감과 불쾌감은 항상 최종 현상이지 "원인"이 아니다.

불쾌감과 쾌감을 야기하는 것이 무엇인가에 관한 결정은 권력의 정도에 의존한다. 적은 양의 권력에 대해서는 위험과 신속한 방어의 필요성으로 나타나는 바로 동일한 그것이, 권력이 충만하다는 의식이 큰 경우에는 욕정을 자아내는 자극이자 결과로서 쾌감을 가질 수 있다.

모든 쾌감과 불쾌감은 이미 **총체적 유용성과 총체적 유해성에 의한 측정**을 전제한다. 그러므로 하나의 목표(상태)를 의욕하고 그것을 위한 선별이 발생하는 영역을 전제하는 것이다. 쾌감과 불쾌감은 결코 "근원적 사실"이 아니다.

쾌감과 불쾌감은 **의지의 반작용**(**정동**)이다. 이 반작용 안에서 지성의 중심은 일어난 어떤 변화의 가치를 총체적 가치로 확정하고, 동시에 역작용의 시작으로 확정한다.

670

"정동"에 대한 믿음.—정동은 지성의 구성물이며, 있지도 않은 **원인의 창작**이다. 우리가 이해할 수 없는 신체적인 **일반 감정들**은 지적으로 해석된다. 즉, 이러저러하게 느끼게 되는 근거가 인격이나 체험 따위에서 구해진다. 그러므로 무언가 유해하고 위험하며 기이한 것이 마치 우리의 불쾌감의 원인인 것처럼 **정립되는** 것이다. 사실 그것은 우리의 상태를 **사고할 수 있는 것**으로 만들기 위하여 불쾌감에 추가로 찾아진 것이다. 질식할 듯한 감정을 동반하고 피가 빈번하게 뇌로 유입되면 그것이 분노로 **해석된다**. 우리를 자극하여 분노하게 만드는 인물이나 사물이 그러한 생리적 상태를 발생시킨다. 나중에 오랫동안의 습관에서 일정한 사건과 일반 감정이 규칙적으로 서로 결합하여, 일정한 사건들을 보면 저 일반 감정의 상태가 발생하며, 특히 무언가 저 충혈, 사정 따위가 필연적으로 그것에 수반된다. 그러므로 그것은 이러한 인접 관계를 통해 생기는 것이다. 그때 우리는 "정동이 일어난다."라고 말한다.

"쾌감"과 "불쾌감"에는 이미 판단이 숨어있다. 자극들은 권력 감정을 촉진하느냐 아니냐에 따라서 구별된다.

의욕에 대한 믿음. 어떤 믿음을 기계적 운동의 원인으로 설정하는 것은 기적을 믿는 것과 같다. 과학의 귀결은 우리가 세계를 심상을 통해 **사유할 수 있게** 만든 후에 정동·욕망·의지 등 역시 **사유할 수 있게** 만들 것을, 즉 그것들을 부인하여 **지성의 오류로 취급할 것**을 바란다.

671

의지의 부자유인가, 아니면 의지의 자유인가?—"**의지**"라는 것은 **없다**. 이것은 "물질"과 마찬가지로 단지 단순화하기 위한 오성의 구상일 뿐이다.

모든 행위는 그것이 의욕되기 전에 가능한 한 먼저 기계적으로 준비되어있어야만 한다. 혹은 "목적"은 대개 그것을 실행하기 위해 모든 것이 준비되어있을 때야 비로소 머릿속에 떠오른다. 목적은 하나의 "내적인" "자극"이며 그 **이상의** 것은 아니다.

672

어떤 행위의 가장 가까운 과거사는 이 행위와 관련된다. 그러나 훨씬 더 많은 것을 가리키는 과거사는 더 먼 과거에 있다. 개별적인 행위는 동시에 훨씬 더 포괄적인 **이후의** 사실의 한 부분이다. **더 짧은** 단기간의 과정과 **더 긴** 장기간의 과정은 분리되지 않는다.

673

우연의 이론. 영혼은 선택하고 자신을 기르는 존재로서 극히 영리하고 창조적으로 **영속한다**(이러한 **창조력**은 보통 간과되고 있다! 그것은 단지 "수동적"으로만 파악된다).

나는 우연적인 것의 한가운데서 능동적인 힘을, 창조하고 있는 것을 인식했다. 우연 자체는 **창조적 충동의 충돌**에 불과하다.

674

한 유기체 내에 있는 엄청나게 다양한 사건에서 우리에게 의식되는 부분은 단지 한 구석일 따름이다. 그리고 한 조각의 "덕"이라든가 "사심이 없음"이라든가 이와 유사한 허구는 나머지 전체 사건에 의해 아주 극단적인 방식으로 거짓으로 단죄된다. 우리의 유기체를 그 완전한 비도덕성의 관점에서 연구하는 것이 마땅하다.

동물적 기능들이야말로 모든 아름다운 상태나 의식의 높은 곳보다 원칙상 백만 배나 중요하다. 후자는 그것이 저 동물적 기능들을 위한 도구일 필요가 없는 한 잉여일 뿐이다. **의식된** 삶의 전체, 즉 영혼과 마음, 선의와 덕과 함께하는 정신. 이것은 도대체 무엇에 봉사하는가? 동물적 근본 기능의 수단(영양 섭취와 상승의 수단)을 가능한 한 완전하게 하는 데 봉사한다. 무엇보다 **삶을 상승시키는** 수단을.

"몸"과 "살"이라고 불리는 것에는 이루 말할 수 없는 중요성이 있다. 그 밖의 나머지는 작은 부속물에 불과하다. 삶의 전체 사슬을 계속 짜고, 그것도 그 사슬을 엮는 **실이 점점 더 강력해지도록** 짜는 과제—이것이야말로 과제이다.

그런데 보라. 마음, 영혼, 덕, 정신이 **자신들이** 마치 목표이기라도 한 듯이 이러한 과제를 **전도시키려고** 맹세하고 있지 않은가. 삶의 퇴화는 오류를 범하는 의식의 비범한 능력에 의해 제약받고 있다. 의식은 본능에 의해서는 거의 구속받고 있지 않으며, 이 때문에 가장 오랫동안 가장 근본적으로 **잘못을 저지르고** 있다.

이 의식이 느끼는 **즐거운 감정** 또는 **즐겁지 못한 감정**에 따라서 실존이 과연 가치를 가지는지가 측정된다. 이보다 더 광기를 띤 무절제한 허영을 생각할 수 있을까? 의식은 정말 하나의 수단일 뿐이다. 그리고 즐거운 감정 또는 즐겁지 못한 감정 역시 정말 수단일 뿐이다! 무엇으로 가치는 객관적으로 특정되는가? 오로지 **상승하고 조직된 권력**의 양으로만 측정된다.

675

모든 평가절하하는 일의 가치.—내가 요구하는 것은 행위자를 개념적으로 행위에서 뽑아내어 그 행위를 공허하게 만들어버린 다음 행위자를 다시 행위 속으로 넣는 것이다. 무엇인가를 행함이라든가

"목표"나 "의도"나 "목적"을 행위에서 인위적으로 뽑아내어 그 행위를 공허하게 만들어버린 다음, 이것들을 다시 행위 속으로 되돌려 놓는 것이다.

모든 "목적"·"목표"·"의미"가 하나의 의지, 즉 모든 사건에 내재하는 권력에의 의지의 표현 방식이며 변형일 뿐이라는 것을 나는 요구한다. 목적과 목표와 의도를 가진다는 것, 대개 **의욕한다는 것**은 더욱 강해지고자 원하고, 성장하고자 원하며, 그리고 **이를 위한 수단**을 원하는 것과 같다.

모든 행위와 의욕에 있는 가장 일반적이고도 가장 심층적인 본능은 가장 알려지지 않고 가장 깊숙이 감추어진 본능인데, 그 이유는 바로 우리가 실제로 항상 그 명령에 따르고 있고 또 우리가 이 명령으로 **존재하기** 때문이다. 모든 가치 평가는 **이 오직 하나의 의지에 봉사하는** 더 좁은 관점들의 결과일 뿐이다. 가치 평가 자체는 이러한 권력에의 의지에 불과하다. 이들 가치 중 하나로부터 존재를 비판하는 것은 불합리한 것이고 오해이다. 그 안에 쇠퇴의 과정이 시작되고 있다 하더라도 이 과정 역시 **이 의지에 봉사하고 있다**.

존재 자체를 평가한다. 그렇지만 평가하는 것 자체도 여전히 이러한 존재이다. 우리가 아니라고 말하면서도, 우리는 여전히 우리 자신인 바를 하는 것이다. 실존을 심판하는 이러한 태도의 **부조리**를 통찰해야 한다. 그리고 다음에는 이로써 어떤 일이 일어나는지를 알아차리려 노력해야 한다. 그것은 어떤 징후를 나타낸다.

676

우리의 가치 평가의 기원에 관하여

우리의 몸을 공간적으로 분해할 수 있다면, 우리는 천체의 체계에 대한 표상과 동일한 표상을 가지게 되어 유기체와 무기물의 차이는 더는 눈에 띄지 않을 것이다. 이전에는 천체 운동이 목적의식을 가진 존재의 작용이라고 설명되었지만, 이러한 설명은 더는 필요치 않게 되었다.

육체의 운동이나 변화에 관해서도 목적을 정립하는 의식으로 더는 설명할 수 없다고 믿은 지 오래이다. 대다수의 운동은 의식과는 전혀 상관이 없고, **감각과도 상관이 없다**. 감각과 사상은 매 순간 일어나는 무수한 사건에 비하면 **극히 하찮고 드문** 것이다. 거꾸로 우리의 최상의 지식조차 인식할 수 없는 어떤 합목적성, 즉 세심함, 선택, 합성, 보상 등의 합목적성이 가장 사소한 사건 속에서도 지배하고 있음을 인식한다. 요컨대 우리는 우리에게 의식되고 있는 것보다 **훨씬 더 고차원적이고** 조망할 수 있는 **지성**에 귀속되어야만 하는 어떤 활동을 발견한다. 우리는 의식된 모든 것을 **보잘것없는 것으로 생각하는** 법을 배우고 있다. 즉, **우리가** 의식하고 목적을 정립하는 존재로서는 우리 자신의 최소 부분에 지나지 않기 때문에 우리 자신에 대해 책임져야 한다는 것을 망각하는 것이다. 매 순간 우리에게 영향을 미치는 수많은 작용, 예컨대 공기나 전기에 관해서는 우리는 거의 아무것도 느끼지 못한다. 따라서 우리가 결코 느낄 수 없다 하더라도, 우리에게 끊임없이 영향을 주는 여러 힘이 충분히 있을 수 있다. 쾌감과 고통은 세포나 기관이 다른 세포와 기관에 미치는 무수한 자극에 비하면 매우 드물고 보잘것없는 현상들이다.

우리는 **의식이 겸허해져야** 하는 단계이다. 결국 우리는 의식적 자아 그 자체를 더 고차원적이고 조망할 수 있는 저 지성에 봉사하는 도구로 이해한다. 따라서 우리는 이렇게 물을 수 있다. 모든 의식적 **의욕**, 모든 **의식적 목적**, 모든 **가치 평가**는 아마도 그것이 의식 안에서 나타나는 것과는 무언가 본질적으로 **다른 것을 달성하기** 위해서 사용되는 **수단**에 불과한 것은 아닌가. 우리는 우리의 **쾌감**과 **불쾌감**이 문제 된다고 **생각하지만**—쾌감과 불쾌감은 우리의 의식 밖에 있는 무언가를 **수행하기 위한** 수단일지도 모른다.—모든 의식된 것은 얼마나 표면에 머물러 있는지, 행위와 행위의 심상은 얼마나 다른지, 행위에 **선행하는** 것에 대해서 얼마나 아는 것이 적은지, "의지의 자유", "원인과 결과"에 대한 우리의 감정이 얼마나 공상적인지, 사상은 단지 심상일 뿐이며 언어는 단지 사상의 기호에 불과하다는 것, 모든 행위의 바닥은 헤아릴 수 없다는 것, 모든 칭찬과 비난의 피상성이, 우리가 그 속에서 의식적으로 살아가는 **허구**나 **상상**이 얼마나 **본질적**인지, 우리가 우리의 언어로 말하는 모든 것은 얼마나 날조인지(정념도 또한 그러하다), **인류의 결합**은 이러한 날조를 건네주고 계속 지어내는 것에 얼마나 기초해있는지, 반면에 (생식을 통한) 실제의 결합은 근본적으로 자신이 알지 못하는 길을 나아간다는 점이 나타나야 한다. 이들 공통의 허구적 날조에 대한 이러한 믿음이 정말로 인간을 변화시키는가? 이념이나 가치 평가의 전체 영역은 알려지지 않은 변화의 표현 자체에 불과한 것인가? 도대체 의지나 목적, 사상, 가치는 실제로 존재하는가? 의식적 전체 삶은 하나의 **영상**에 불과한 것인가? 그리고 가치 평가가 어떤 인간을 규정한다고 생각될 때도, 근본적으로는 전혀 다른 것이 일어나고 있는가? 요컨대, 자연의 작용에서 보이는 합목적성을, 목적을 정립하는 자아를 상정하지 않고서도 설명하는 데 성공한다면, 결국은 아마도 **우리의** 목적 정립, 우리의 의욕 따위도 역시 이와는 본질적으로 다른 것, 즉 의욕하지 않는 무의식적인 것에 대한 **기호언어**에 불과할 수도 있지 않은가? 그것은 유기물의 저 자연적인 합목적성의 가장 정교한 외관에 불과하며, 이것과는 전혀 다른 것은 아니지 않을까?

요약해서 말하면, 정신이 발달하는 전체 과정에서 문제가 되는 것은 아마 **몸**이다. 즉, 그것은 **하나의 더 차원 높은 몸이 형성되고 있다**는 것을 **느끼게** 되는 **역사**이다. 유기적인 것은 한층 더 높은 단계로 상승해간다. 자연을 인식하고자 하는 우리의 열망은 몸이 스스로를 완성하고자 하는 수단이다. 또는 오히려 몸의 영양 섭취, 거주 방식, 생활 방식을 변화시키는 수천 가지 실험들이 행해진다. 의식 그리고 의식 속에서의 가치 평가, 모든 종류의 쾌감과 불쾌감은 이러한 변화와 실험을 나타내는 징후일 뿐이다. 결국 문제는 인간이 전혀 아니다. 인간은 극복되어야만 한다.

677

세계 해석은 어디까지 지배적 충동의 징후인가

예술적 세계 고찰. 즉, 자신을 삶의 앞에 놓아둔다. 그러나 여기에는 미적 직관의 분석이 없고, 이 직관이 잔혹성, 안정감, 심판자이자 국외자라는 감정 따위로 환원되고 있지 않다. 예술가 자신을, 그리고 그의 심리를 채택해야 한다(힘의 방출로서의, 변화에서 느끼는 쾌감, 자기 자신의 영혼을 다른 것에 각인하는 일에서 느끼는 쾌감으로서의 유희 충동에 대한 비판, 예술가의 절대적 이기주의 등). 예술가는 어떤 충동을 승화시키는가.

과학적 세계 고찰. 과학을 추구하는 심리학적 욕구의 비판. 이해할 수 있는 것으로 만들려는 의욕, 실용적이고 유익하고 착취 가능한 것으로 만들려는 의욕, 어디까지 반-미적인가 하는 문제. 계산하고 산정할 수 있는 것은 오직 가치뿐이다. 이 경우 평균적인 유형의 인간이 어디까지 우세해질 수 있는가의 문제. 역사마저 이런 방식으로 좌우된다고 하면 끔찍한 일이다. 역사는 우월한 자, 심판하는 자의 왕국이다. 과학자는 어떤 충동을 승화시키는가!

종교적 세계 고찰. 종교적 인간에 대한 비판. 그는 반드시 도덕적 인간은 아니며 강한 흥분과 깊은 우울의 인간이다. 그는 이러한 흥분 상태를 감사하는 마음이나 의심을 품고 해석하며 그 기원을 자신에게서 찾지 않는다(우울 상태도 마찬가지다). 본질적으로는 자신이 "자유롭지 않다"고 느끼는 인간이며, 자신의 상태를, 복종의 본능을 승화시킨다.

도덕적 세계 고찰. 사회적인 위계의 감정이 우주 속으로 옮겨진다. 부동성, 법칙, 배열과 조화는 최고로 평가되기 때문에 이것들을 최고의 장소에서 찾는다.—우주의 위에서 또는 우주의 배후에서.

이들 세계 고찰에 **공통적인** 것은, 지배적 충동들이 **가치의 최고 법정 일반**이기도 하고, 정말로 **창조적인 통치 권력으로 간주되기를** 원한다는 점이다. 이들 충동이 상호 적대하거나 복종하거나 (종합적으로 서로 묶거나) 지배권을 교체한다는 것은 자명하다. 그런데 그들의 적대 관계는 너무 커서 그들 모두가 만족을 원한다면 지나치게 **평범한** 인간을 생각해내야 한다.

678

우리의 외견상의 "인식"의 기원을 너무나 확고하게 우리와 일체가 되어 우리의 근본 구성 요소가 된 **오래된 가치 평가**에서 찾아야 하는 것은 아닌가? 따라서 본래는 비교적 새로운 욕구만이 **가장 오래된 욕구의 결과**와 격투하게 되는 것은 아닌가?

세계가 이러저러하게 보이고 느껴지고 해석됨으로써, 유기체적 생명은 이 해석의 관점에 의하여 자기를 보존한다. 인간은 개체일 뿐만 아니라 하나의 특정한 노선으로 삶을 이어가는 총체적 유기체이다. 인간이 존속한다는 사실로 증명된 것은 어떤 종류의 해석이 (항상 새로운 해석이 덧붙여 구성될지라도) 존속해왔다는 점, 해석의 체계가 바뀌지 않았다는 점이다. "적응".

우리의 "불만", 우리의 "이상" 따위는 아마 이 일체가 된 해석, 우리의 관점주의적 관점의 **결과**일 것이다. 아마도 결국 유기체적 생명은 그 때문에 몰락할 것이다. 마치 유기체의 분업은 동시에 부분들의 위축이나 약화, 그리고 전체의 죽음을 동반하는 것과 마찬가지로 그 최고의 형태에 있는 유기체적 생명의 몰락은 개체의 몰락과 마찬가지로 이미 정해져있다.

679

개체화는 진화론의 관점에서 판단하면 하나가 끊임없이 둘로 분열하는 것을 보여주며, 발전을 계속하는 **소수** 개체의 **이익을 위해** 여러 개체가 마찬가지로 부단히 사라지는 것을 보여준다. 즉, 단연 거대한 무리는 그때마다 사멸한다("육체").

근본 현상은 **무수한 개체가 소수를 위해**, 그들을 가능하게 만들기 위해 **희생된다는** 점이다.—속아서는 안 된다. 민족이나 종족에 관해서도 상황은 전적으로 같다. 그들은 위대한 과정을 계속하는 개개의 **가치 있는 여러 개인**의 산출을 위한 "육체"를 형성한다.

680

개개의 개체는 자기 이익을 희생하더라도 **종**과 그 후손의 이익을 염두에 둔다는 이론에 대한 반대. 이는 겉으로만 그렇게 보이는 가상일 뿐이다.

개체가 **성적 본능**에 부여하는 엄청난 중요성은 종에 대하여 이 본능이 가지는 중요성의 결과가 아니다. 생식은 개체의 고유한 업적이고, 따라서 개체의 최고 관심사이며, **개체의 최고의 권력 표현**이다(물론 이것은 의식으로부터 판단한 것이 아니라 전체 개체화의 중심에서 판단한 것이다).

681

지금까지의 생물학자들의 **근본 오류**. 문제는 종이 아니라 **더욱 강한 영향을 미쳐야 할** 개체이다(다수는 단지 수단이다).

삶은 내적 조건이 외적 조건에 적응하는 것이 **아니라**, 안으로부터 점점 더 많은 "밖의 것"을 굴종시키고 자기로 일체화하는 권력에의 의지다.

이들 생물학자는 도덕적 가치 평가를 **계승한다**("그 자체로 높은 가치를 지닌 이타주의", 지배욕에 대한, 전쟁에 대한, 무용성에 대한, 위계질서와 신분 질서에 대한 적대감).

682

자연과학에서 자아를 도덕적으로 경시하는 것은 종의 과대평가와 손을 맞잡고 있다. 그러나 종은 자아와 마찬가지로 환상이다. 자아와 종을 구별해온 것은 잘못이다. 자아는 사지가 연결된 사슬에서 단순한 한 단위 이상이다. 자아는 전적으로 그 **사슬** 자체이다. 그리고 종이란 이런 사슬들의 다양성과 그 부분적 유사성으로부터 단순히 추상해낸 것에 지나지 않는다. 종종 주장되고 있듯이 개체가 종에 **희생된다는** 것은 결코 사실이 아니다. 오히려 그것은 잘못된 해석의 본보기일 뿐이다.

683

두뇌의 행동에 관한 저명한 생리학자의 "진보"라는 미신의 공식.

"동물은 종으로서는 결코 진보할 수 없다. 인간만이 종으로서 진보한다."

684

안티 다윈. 인간의 길들임, 이것은 어떤 결정적 가치를 가질 수 있는가? 혹은 길들임이라는 것이 과연 결정적 가치를 가지는 것인가? 후자를 부인한 근거가 있다.

다윈학파는 우리에게 그 반대를 설득하기 위해 굉장한 노력을 기울이고 있다. 이 학파가 원하는 것은 **길들임의 효과**가 깊고 근본적일 수 있다는 점이다. 당분간 우리는 옛 견해를 고수한다. 지금까지 증명되어온 것은 길들임에 의한 효과는 완전히 피상적이며, 오히려 퇴화 이외의 아무것도 아니었다는 것이다. 그리고 인간의 손이나 사육을 벗어난 것은 모두 거의 곧바로 자신의 자연 상태로 되돌아간다. 유형은 항구적으로 지속된다. "자연 본성을 탈자연화할" 수는 없다.

사람들은 생존 경쟁과 약자의 죽음, 그리고 가장 힘이 세고 천부적인 혜택을 가장 많이 받은 것의 생존을 기대한다. 따라서 사람들은 **존재하는 것의 완전성이 끊임없이 성장**한다고 상상한다. 이와는 정반대로 우리가 확신하는 것은 생존 투쟁에서 우연은 강자와 마찬가지로 약자에게도 좋게 작용한다는 것, 책략이 종종 힘을 유리하게 보강한다는 것, 종의 **풍요로움**은 **파괴의 기회**와 주목할만한 관계에 있다는 것이다.

사람들은 동시에 **자연도태**에 천천히 이루어지는 무한한 변형의 힘을 부여한다. 모든 장점은 유전되고 다음 세대에서 더욱 강력하게 표현된다고 믿고 싶어 하는 것이다(하지만 유전성은 매우 변덕스럽다). 특정한 존재가 아주 특별한 생존 조건에 성공적으로 적응한 것을 보면, 그것이 **환경의 영향**에 의해 달성한 것이라고 설명한다.

하지만 **무의식적 선택**의 예들은 어디서도 찾지 않는다(전혀). 완전히 이종의 개체들도 서로 화합하고, 극단적으로 다른 개체들도 서로 혼합하여 무리가 된다. 모든 것이 자신의 유형을 보존하고자 경쟁한다. 특정한 위험으로부터 자기를 보호할 외피를 가진 존재들은 위험 없이 살 수 있는 상황에서도 그 외피를 상실하지 않는다. 외피가 더는 그들을 숨기지 못하는 장소에서 살게 되어도, 그들은 결코 환경에 적응하지 않는다.

가장 아름다운 것의 선택이 우리 종의 미적 충동을 훨씬 넘어서는 방식으로 과장되어온 것이다! 실제로 가장 아름다운 것과 유전권을 아주 상실해버린 생명체가 짝을 이루고, 가장 위대한 것과 가장 하찮은 것과 짝을 이룬다. 남자와 여자가 모든 우연적 마주침에서 이익을 취하고 선택에서 전혀 까다롭게 굴지 않는다는 것을 거의 언제나 목격한다.—기후와 영양에 의한 변형.—그러나 실은 전적으로 상관없는 일이다.

과도기적 형태란 존재하지 않는다.

사람들은 생물이 계속 성장하면서 발달한다고 주장한다. 이 주장에는 토대가 없다. 모든 유형은 자기의 **한계**를 가진다. 이 한계를 넘어서면 발달이란 없다. 절대적 규칙성은 여기까지다.

*

나의 총체적 견해—첫째 명제. 종으로서의 인간은 진보하지 **않는다**. 좀 더 높은 유형이 달성될 수도 있지만, 그 유형은 지속되지 않는다. 종의 수준은 높아지지 않는다.

둘째 명제. 종으로서의 인간은 여타의 다른 동물과 비교하더라도 어떤 진보도 보여주지 않는다. 전체 동식물계가 저급한 것으로부터 고급한 것으로 발달하지 않는다. 오히려 모든 것이 동시에 있고, 겹쳐 있고, 뒤섞여 있고, 서로 대립하고 있다. 가장 풍부하고 가장 복잡한 형태들은—"좀 더 높은 유형"이라는 말은 이것 이상을 의미하지 않는다—오히려 더 쉽게 몰락한다. 가장 저급한 형태만이 겉으로는 불멸성을 고수하는 것처럼 보인다. 전자의 형태는 드물게 달성되고, 힘들게 우위를 유지한다. 후자의 형태는 의심을 초래하는 풍요로움을 자신에게 유리하게 가진다. 인류에게서도 유리와 불리의 변화 속에서 발달의 운 좋은 경우인 좀 더 높은 유형이 가장 쉽게 몰락한다. 그들은 모든 종류의 데카당스에 노출되어있다. 그들은 극단적이고, 그래서 스스로 이미 거의 데카당이다. 미인, 천재, 황제의 단명은 독특하다. 이러한 것은 유전되지 않는다. 하지만 **유형**은 유전된다. 하나의 유형은 극단적인 것이 아니며 "좋은 경우"도 아니다. 이것은 특별한 숙명이나 자연의 "악의" 때문에 존재하는 것이 아니라 "좀 더 높은 유형"이라는 개념 때문이다. 좀 더 높은 유형은 비할 데 없는 복잡성을 보여준다. 즉, 협조하는 요소들의 더 큰 총체를 보여준다. 따라서 분열도 또한 비교할 수 없을 정도로 개연적이다. 천재는 있을 수 있는 가장 고상한 기계이다. 따라서 가장 부서지기 쉬운 기계이다.

셋째 명제. 인간의 길들이기("문화")는 깊은 곳에 도달하지 못한다. 깊은 곳에 도달하면, 그것은 곧바로 퇴화한다(유형: 그리스도교인). "야만의" 인간(혹은 도덕적으로 표현하면 **악한** 인간)은 자연으로의 회귀이다. 그리고 특정한 의미에서는 인간의 회복이자 "문화"로부터의 인간의 치유이다.

685

안티 다윈.—인간의 위대한 운명을 개관하면서 내가 가장 경악하는 것은 오늘날 다윈이 자신의 학파와 함께 보거나 보고자 **원하는** 것과는 반대되는 것이 눈에 들어온다는 점이다. 좀 더 강한 것과 좀 더 성장을 잘한 것에 유리한 선택과 종의 진보와는 정반대의 것이 눈에 들어온다. 바로 정반대의 것이 명백하다. 즉, 행운의 삭제, 좀 더 잘 이루어진 유형의 무용성, 평균적인 유형이나 심지어 **평균 이하** 유형의 지배가 명백하다. 왜 인간이 창조물들 가운데서 예외인지에 대한 근거가 우리에게 제시되지 않는다면, 다윈학파가 어디에서나 잘못 생각하고 있다는 선입견으로 기울어지게 된다. 내가 모든 변화의 궁극적 근거이자 성격을 그 속에서 재인식한 저 권력에의 의지는 우리에게 왜 예외나 행운에 유리한 바로 그 선택이 발생하지 않았는지를 밝혀주는 수단을 제공한다. 가장 강력하고 행운이 가장 좋은 자라도 그들이 조직화한 무리 본능과 약자의 공포심과 대다수를 자신의 적으로 삼을 때는 약하다. 가치의 세계에 대한 나의 총체적 견해는 오늘날 인류 위에 드리워져있는 최고의 가치들 안에서 우위를 차지하고 있는 것은 행운도 아니고 선택된 유형도 아니라는 점을 보여준다. 오히려 데카당스 유형이 우위를 차지한다는 점을 보여준다. 아마도 세상에서 이런 **원치 않은** 광경보다 더 흥미로운 일은 없을 것이다.

진기하게 들릴 수도 있지만, 약자에게 맞서 강자를, 불행한 자에게 맞서 행복한 자를, 영락하고 유전적 질환이 있는 자에게 맞서 건강한 자를 항상 무장시켜야 한다. 이런 실상을 도덕으로 공식화하고자 한다면, 이 도덕은 다음과 같이 될 것이다. 평균적인 자는 예외자보다 더 가치 있다. 데카당스 형태는 평균적인 자보다 더 가치 있다. 무에의 의지는 삶에의 의지보다 우세하다. 그리고 전체의 목표를 그리스도교적, 불교적, 쇼펜하우어적으로 표현해보면 이렇다. "존재하기보다는 존재하지 않는 것이 낫다."

실상을 이렇게 도덕으로 공식화하는 것에 대해 나는 **분개한다**. 내가 그리스도교를 죽도록 증오하고 꺼리는 것도 그리스도교가 전율스러운 현실에 정의와 덕과 신성함의 외투를 주기 위해서 숭고한 말과 몸짓을 만들어냈기 때문이다.

나는 모든 철학자가 그리고 과학이 다윈학파가 가르친 것과는 **반대되는** 생존 경쟁의 실상 앞에 무릎을 꿇고 있는 것을 본다. 즉, 나는 삶과 삶의 가치를 더럽히는 자들이 정상을 차지하며 잔존하고 있는 것을 어디에서나 목격한다.—다윈학파의 오류가 내게 문제가 되었다. 바로 **여기서** 잘못 볼 수 있으려면 어느 정도로 눈이 멀어야 한단 말인가? 종이 진보를 나타내고 있다는 것은 세상에 대한 가장 비이성적인 주장이다. 종이 일단 어떤 **수준**을 표현해주기는 한다. 고급한 유기체가 저급한 유기체로부터 발달했다는 것은 지금까지 어떤 경우로도 입증되지 않았다. 나는 저급한 유기체가 그들의 다수와 영리함과 책략에 의해 우세를 유지하고 있다는 점을 안다. 그러나 나는 우연적 변화가 어떻게 이점이 되었는지, 적어도 그렇게 길지 않은 시간에 이점이 되었는지는 보지 못한다. 이것은 다시 왜 우연적 변화가 그렇게 강력하게 되었는지를 설명해야 하는 새로운 동기가 될 것이다.

사람들이 그렇게 많이 이야기하는 "자연의 잔혹함"을 나는 다른 장소에서 찾는다. 자연은 자신이 만든 행운아에 대해 잔혹하며, 자연은 비천한 것을 아끼고, 보호하고, 사랑한다.

요약하면, 어떤 종의 **권력** 성장은 자신의 행운아나 강자의 우세에 의해서보다는 평균적이고 저급한 유형의 우세에 의해 보증된다. 후자 가운데에 커다란 풍요와 지속성이 있다. 전자와 더불어서는 위험, 급격한 황폐, 급속한 수의 감소가 생긴다.

686

지금까지의 인간은—말하자면 미래 인간의 태아이다—이 미래의 인간을 목표로 하는 **모든** 형성력이 그 안에 들어있다. 그런데 형태를 부여하는 이 힘은 엄청난 것이어서, 지금의 개인에게는 **그가 미래를 결정하면 할수록 고통**이 발생한다. 이것이 고통에 대한 더없이 심오한 파악이다. 형태를 부여하는 힘들은 서로 충돌하기 때문이다. 개인의 개별화라는 것에 기만당해서는 안 된다. 사실 개인 사이에는 무언가가 계속 흐르고 있다. 개인이 스스로 고립되어있다고 느끼고 있다는 사실은 가장 먼 목표를 향해 가는 과정 자체에서 **더없이 강력한** 자극이다. 자기 행복에 대한 개인의 추구는 형태를 부여하는 힘들이 스스로 파괴하는 일이 없도록 다른 한편으로 이 힘들을 결합하고 제어하는 수단이다.

687

자기 자신에게 새로운 목표를 정립하는 정신성의 **넘쳐나는** 힘. 이 힘은 **단순히 저급한 세계라든가 또는 유기체**와 "개체"의 **보존을 위해 명령하고 지도하는 것만은 아니다**.

우리는 기층 이상의 존재이다. 우리는 또한 전체 사슬이며, 이 **사슬**의 모든 미래의 과제를 가지고 있다.

3. 권력에의 의지 및 가치의 이론

688

심리학의 통일성 개념.—우리는 엄청나게 풍부한 형식들의 형성이 통일성으로부터의 기원과 양립할 수 있다는 데 익숙해있다.

나의 이론은 대략 다음과 같다. **권력에의 의지**는 원시적인 정동 형식이며 다른 모든 정동은 단지 권력에의 의지의 형태들에 불과하다.

모든 생명체가 추구한다고 하는 개체적 행복 대신 **권력**을 설정하는 것에 대한 의미 있는 해명이 있다. "모든 생명체는 권력을 추구하고, 권력의 증대를 추구한다." 쾌감이란 달성된 권력의 감정의 징후이며, 차이의 의식에 불과하다.

(생명체는 쾌감을 추구하지 않는다. 오히려 생명체가 추구하는 것이 달성될 때 쾌감이 생긴다. 쾌감은 수반하는 것이지 동인은 아니다.)

모든 추동하는 힘은 권력에의 의지이며, 그 외에는 어떤 물리적, 역학적 힘 혹은 심리적 힘도 존재하지 않는다.

원인과 결과의 개념이 등가의 관계로 환원되는 우리의 과학에는, 양쪽 어디에서나 동일한 양의 힘이 존재한다는 것을 증명하려는 야심을 품고 있어서, **추동하는 힘**이 **결여되어**있다. 우리는 단지 결과만을 고찰하며, 이 결과를 힘의 내용과 관련하여 **동일한** 것으로 설정한다.

변화가 **결코 멈출 수 없다**는 것은 단순한 경험상의 문제이다. 우리는 그 자체로는 한 가지 변화에 다른 변화가 뒤따라야만 한다는 근거를 조금이라도 가지고 있지 않다. 그 반대이다. 즉 일단 **달성된 상태**는, 자기를 보존하지 않으려는 능력이 없다면, 자기 자신을 보존하지 않을 수 없는 것처럼 보인다. "자기 보존"에 관한 스피노자의 명제는 원래는 변화를 정지시켰어야 했다. 그러나 그 명제는 틀렸고, 그 **반대**가 참이다. 생명이 있는 모든 것에서 가장 명백하게 보이는 것은 스스로 보존하기 위해서가 **아니라** 자기 **증대**를 위해 모든 것을 한다는 것이다.

689

권력에의 의지와 인과론.—심리학적으로 따져보면, "원인" 개념은 이른바 의욕에 관한 우리의 권력 감정이다. "결과"라는 우리의 개념은 권력 감정이 움직이는 권력 자체라고 믿는 우리의 미신이다.

어떤 사건을 수반하고 이미 그 사건의 결과인 어떤 상태가 이 사건의 "충족 이유"로 투사된다. 우리의 권력 감정의 긴장 관계(권력 감정으로서의 쾌감), 즉 극복된 저항의 감정으로서의 쾌감, 이것들은 환상일까?

"원인"이라는 개념을 우리에게 유일하게 알려진 영역, 우리가 그 개념을 가져온 영역으로 다시 되돌려놓는다면, 권력에의 의지가 존재하지 않는 **변화**를 생각할 수 없다. 다른 권력에 대한 권력의 침해가 일어나지 않는다면, 우리는 변화를 추론할 수 없다.

역학은 우리에게 단지 결과만을 보여줄 뿐이며, 그것도 비유로써 보여준다(운동은 비유적 표현이다). 중력 자체는 어떤 기계적 원인도 가지지 않는다. 중력은 기계적 결과의 근거이기 때문이다.

힘의 축적에의 의지는 삶의 현상에 특유한 것이다. 영양·생식·유전에, 그리고 사회·국가·권위에 특유한 것이다. 우리는 이러한 의지를 화학에서도 동력인으로 상정해서는 안 되는 것일까? 그리고 우주 질서 속에서도?

단지 에너지의 지속뿐만 아니라 사용의 최대 경제이다. 그래서 **모든 힘의 중심에서 나오는 더 강해지려는 의욕**이 유일한 실재이다. 자기 보존이 아니라 자기 것으로 만들고 지배하고 증대하고 더 강해지기를 원하는 의욕이다.

과학이 가능하다는 사실, 그것이 우리에게 인과율의 원리를 **증명하는** 것일까? "동일 원인으로부터 동일 결과"—"사물의 항구적 법칙"—"불변의 질서"? 어떤 것이 계산될 수 있다고 해서 그것이 이미 필연적일까?

어떤 것이 그렇게 발생하고 다른 식으로는 발생하지 않는다고 해도, 거기에는 어떤 "원리"이나 "법칙"이나 "질서"가 있는 것은 아니다. 다른 모든 힘의 양에 권력을 행사하는 것을 본질로 하는 힘의 양이 작용할 뿐이다.

우리는 쾌감과 불쾌감에 대한 감각 없이도, 즉 권력의 상승과 감소에 대한 감정 없이도 **권력에 대한 추구**를 가정할 수 있는가? 기계론은 투쟁하고 극복하는 의지의 양들의 **내면적** 사실 세계를 표현하는 기호언어일 뿐이지 않은가? 물질, 원자, 중력, 압력과 충돌이라는 기계론의 온갖 전제는 "사실 자체"가 아니라 **심리적** 허구의 도움으로 이루어진 해석들이다.

우리에게 가장 잘 알려진 존재의 형식인 **삶**은 특별히 힘의 축적에의 의지다. 삶의 모든 과정은 여기에 활용된다. 자기 보존을 원하는 것은 없으며, 모든 것은 집적되고 축적되어야 한다.

특수한 경우로서의 삶(이것에 기반한 가설은 실존의 총체적 성격에 적용된다)은 **최대의 권력 감정**을 추구한다. 그것은 본질적으로 권력의 증대를 추구하는 것이다. 추구란 다름 아닌 권력의 추구이다. 가장 깊고도 가장 내적인 것은 어디까지나 이 의지다. (역학은 결과에 대한 기호학일 뿐이다.)

690

발전이 존재한다는 **사실**의 원인은 다시금 발전을 연구하는 과정에서 발견할 수는 없다. 우리는 그 사실을 "생성되고 있다"고 이해하려 해서는 안 되며, 더욱이 생성된 것으로 이해해서는 안 된다. "권력에의 의지"는 생성을 완료할 수 없다.

691

전체의 유기적 과정은 그 밖의 자연에 **대항하여** 어떤 태도를 취해왔는가? 여기서 그 **근본 의지**가 드러난다.

692

"권력에의 의지"는 일종의 "의지"인가, 아니면 "의지"라는 개념과 동일한 것인가? 그것은 욕망한다는 것과 같은 것인가? 아니면 명령한다는 것인가? 그것은 쇼펜하우어가 "사물 그 자체"라고 말하는 바로 그 의지인가?

나의 명제는 이렇다. 지금까지의 심리학의 **의지**는 정당화되지 않은 일반화이며, 이런 의지는 **전혀 존재하지 않으며**, **특정한 하나의** 의지가 다양한 형식으로 형성된다고 파악하는 대신에 의지에서 내용과 '어디로?'를 **빼버림**으로써 의지의 성격을 **없애버렸다**는 것이다. **쇼펜하우어**가 최고로 그런 경우이다. 그가 "의지"라고 부른 것은 순전히 공허한 말이다. "삶에의 의지"는 더욱더 문제가 되지 않는다. 삶은 권력에의 의지의 **개별 경우**에 불과하기 때문이다. 모든 것이 권력에의 의지의 이런 형식으로 이행하고자 한다는 것은 완전히 제멋대로의 주장이다.

693

존재의 가장 내면적인 본질이 권력에의 의지라면, 쾌감이 모든 권력 성장이고 불쾌감은 저항하지 못하고 지배할 수 없는 모든 감정이라고 하면, 쾌감과 불쾌감을 근본 사실로 설정해도 되지 않을까? 긍정과 부정의 이런 두 진동 없이도 의지는 여전히 가능한가? 그런데 누가 쾌감을 느끼는가? **누가** 권력을 원하는가? 불합리한 질문이다. 존재 자체가 권력의지이고 따라서 쾌감과 불쾌감을 느끼는 행위라면 말이다. 그럼에도 불구하고 그것은 대립이, 저항이 필요하다. 그러므로 상대적으로는 **침해하는 통일체**가 필요하다.

694

지배하기 위하여 힘이 찾아내는 저항에 따라 이 일로 유발되는 실패나 숙명의 정도는 증대하는 것임이 틀림없다. 모든 힘은 그것에 저항하는 것에만 방출될 수 있는 한, 이런 모든 작용 속에는 **불쾌감의 요소**가 필연적으로 내포되어있다. 오직 이러한 불쾌감이 삶의 자극으로 작용하며, **권력에의 의지**를 강화한다!

695

쾌감과 **불쾌감**이 권력 감정과 관계가 있다면, 삶은 권력의 성장을 표현해야 할 것이며, 그래서 이러한 "더 많음"의 차이가 의식될 것이다. 권력의 한 수준이 유지된다면, 쾌감은 이 수준의 저하에서만 측정되지 않으면 안 될 것이다. 즉, 쾌감의 상태에서가 **아니라** 불쾌감의 상태로만 특정되지 않으면 안 될 것이다. 더 많은 것을 원하는 증대에의 의지는 쾌감의 본질 속에 있다. 즉, 권력이 성장하고, 차이가 의식된다는 점에 있다.

특정 시점부터, 즉 데카당스에 있어서는 **정반대의 차이**가, 즉 감소가 의식에 등장한다. 이전의 강력했던 순간들에 대한 기억이 현재의 쾌감을 감퇴시키는 것이다. 비교는 현재의 쾌감을 **약화시킨다**.

696

의지의 만족이 쾌감의 원인은 아니다. 특히 이런 피상적인 이론에 맞서서 나는 싸우고자 한다. 가장 가까이 있는 사항에 대한 터무니없는 심리적 위조.

오히려 의지는 앞으로 나아가고자 하고, 그를 방해하는 것에 대한 지배자가 되고자 한다. 쾌감은 바로 의지의 불만족 속에 있다. 즉, 한계나 저항들이 없으면 의지가 절대 만족하지 않는다는 사실에 있는 것이다.

"행복한 자"는 무리의 이상이다.

697

우리의 충동, 예컨대 굶주림, 성 충동, 운동 충동의 정상적인 **불만족** 안에는 낙담시키는 것이 전혀 포함되어있지 않다. 염세주의자들이 아무리 우리를 속이려 할지라도 작은 고통스러운 자극들의 리듬이 생명 감정을 강화하는 것처럼, 그러한 불만족은 오히려 생명 감정을 자극한다. 이런 불만족은 삶을 싫어하게 만드는 대신 삶의 중요한 **자극제**이다.

아마도 쾌감은 일반적으로 작은 불쾌한 자극들의 리듬으로 묘사할 수도 있을 것이다.

698

칸트는 이렇게 말한다. "나는 베리(Verri) 백작의 이 명제(《쾌락과 고통의 본질에 대하여》, 1781)에 대해 완전히 확신하며 시인한다. 인간을 움직이는 유일한 원리는 고통이다. 고통은 모든 쾌락에 선행한다. 쾌락은 적극적인 것이 아니다."

699

고통은 쾌감과는 무언가 다른 것이다. 내가 말하고자 하는 것은 고통은 쾌감의 **반대**가 아니라는 점이다. 쾌감의 본질은 권력의 **증대 감정**으로서 (그래서 비교를 전제하는 차이 감정으로서) 정확하게 서술되었다 하더라도, 이로써 불쾌감의 본질은 여전히 규정되지 않았다. 대중이 믿고 **그래서** 언어가 믿는 그릇된 대립들은 언제나 진리의 발걸음에는 위험한 족쇄였다. 심지어 작은 불쾌한 자극의 일정한 **율동적인 연속**이 어떤 종류의 쾌감의 조건이 되는 경우들도 있다. 그렇게 해서 권력 감정과 쾌감의 신속한 증대가 달성된다. 예컨대 간지러움의 경우나 성교 행위에서의 성적인 간지럼의 경우가 그렇다. 우리는 이처럼 불쾌감이 쾌감의 요소로 작동하는 것을 본다. 작은 방해가 극복되면 곧바로 잇달아 작은 방해가 다시 뒤따르고, 이것도 다시 극복된다. 저항과 승리의 이런 유희가 쾌감의 본질을 형성하는 권력 감정, 즉 흘러넘치고 남아도는 권력의 저 총체적 감정을 가장 강력하게 자극한다. 이와는 반대로 약간의 쾌감의 자극을 도입함으로써 고통 감각의 증대는 일어나지 않는다. 쾌감과 고통은 반대의 것이 아니다.

고통은 하나의 판단이 분명하게 알려지는 지적인 과정이다. 그것은 오랜 경험이 쌓아온 "해롭다"는 판단이다. 그 자체로 고통이란 것은 없다. 아프게 하는 것은 상처가 **아니다**. 그것은 어떤 상처를 입는 것이 유기체 전체에 무엇인가 심각한 결과를 야기할 수 있다는 경험이며, 이 경험이 불쾌감이라고 불리는 깊숙한 마음의 격동이라는 모습으로 말하는 것이다(옛날 사람에게는 알려지지 않았던, 예컨대 새롭게 합성된 유독한 약품이 끼치는 해로운 영향의 경우에는 고통을 말해주는 증거는 없으며, 우리는 의식을 잃는다).

고통 본래의 특수한 점은 언제나 격동이 길다는 것이며, 신경 계통의 두뇌 중추부에서의 무시무시한 쇼크의 전율이 나중까지 남는다는 것이다. 사람들은 고통의 원인 때문에 (예를 들면 어떤 손상 때문에) 고통당하는 것이 **아니라**, 그러한 쇼크의 결과로 등장하는 오랜 평형 장애 때문에 고통당한다. 고통은 뇌 신경중추의 한 질병이지만, 쾌감은 결코 질병이 아니다.

고통이 반대운동을 일으키는 원인이라는 것은 그렇게 보이기도 하며, 심지어 철학자들의 독자적인 편견이기도 하다. 그러나 갑작스러운 경우에는 정확히 관찰해보면, 고통이 느껴지기 전에 반대운동이 일어나는 것이 명백하다. 내가 발을 헛디뎠을 때, 이 사실이 의식에 경종을 울리고 어떻게 해야 한다는 신호가 다시 타전되어 오기까지 기다려야 한다면 나는 낭패를 볼 것이다. 오히려 가능한 한 명료하게 구별하면, 넘어지는 것을 막기 위해 먼저 발의 운동이 일어나고, 이어서 측정할 수 있는 시간이 지난 후에 일종의 고통의 물결이 돌연 이마에 느껴지게 된다. 그러므로 사람은 고통에 반응하지 **않는다**. 고통은 상처받은 부위에 나중에 투사되는 것이다. 그러나 이러한 국부적 고통의 본질은 그럼에도 불구하고 국부적인 상처 종류의 표현이 아니다. 그것은 상처가 일어난 장소를 알려주는 단순한 기호일 뿐이며, 이 기호의 강도와 음조는 신경중추가 감지한 상처에 부합한다. 저 쇼크의 결과로 유기체의 근육의 힘이 측정할 수 있을 정도로 떨어진다는 사실이 고통의 **본질**을 권력 감정의 감소

속에서 구하는 일의 실마리를 제공하는 것은 결코 아니다. 다시 한 번 말하지만, 사람들은 고통에 반응하는 것이 **아니다**. 불쾌감은 행위의 원인이 아니다. 고통 자체가 반응이며, 반대운동은 고통과는 다른 그것 이전에 일어나는 반응이다. 둘 다 각각의 출발점은 서로 다른 곳에 있다.

700

고통의 지적 본성. 고통은 그 자체 그 순간에 무엇이 손상되었는지를 나타내는 것이 아니라, 그 손상이 개체 전반과 관련하여 어떤 **가치**를 지니고 있는지를 나타낸다.

개체가 아니라 "종"이 당하는 고통이 있는가?

701

"불쾌감의 총계는 쾌감의 총계를 능가한다. 따라서 세계가 존재하는 것보다 존재하지 않는 것이 더 나을 것이다." "세계는 합리적으로는 존재하지 않아야 할 무언가이다. 왜냐하면 세계는 감각의 주체에게는 쾌감보다 불쾌감을 더 많이 느끼게 하기 때문이다." 이러한 수다가 오늘날 염세주의라고 불리고 있다!

쾌감과 불쾌감은 부수적인 사항이지 원인이 아니다. 그것은 어떤 지배적 가치에서 비로소 파생되는 두 번째 순위의 가치판단들이다. 감정의 형식으로 말하는 "유용하다", "해롭다"라는 것이며, 따라서 절대로 일시적이고 의존적이다. 왜냐하면 "유용하다", "해롭다"라고 말하는 모든 경우에 수백 개의 다양한 "무엇을 위하여?"라는 질문을 해야 하기 때문이다.

나는 이런 **감수성의 염세주의**를 경멸한다. 이것은 그 자체로 깊이 빈곤한 삶의 징표이다.

702

인간은 쾌감을 추구하지도 **않고** 고통을 피하지도 **않는다**. 사람들은 내가 이로써 어떤 유명한 편견에 맞서고 있는지 알 것이다. 쾌감과 불쾌감은 한갓 결과일 뿐이고, 한갓 수반 현상일 뿐이다. 인간이 원하는 것, 살아있는 유기체의 모든 최소 부분이 원하는 것, 그것은 권력의 증대이다. 이 권력 증대의 추구에 쾌감이나 불쾌감이 따른다. 저 권력 증대의 의지로부터 인간은 저항을 찾으며, 대항할 무엇인가를 필요로 한다. 그러므로 자신의 권력에의 의지를 저지하는 방해물로서의 불쾌감은 정상적인 사실이며, 모든 유기적 사건의 정상적 요소이다. 인간은 그것을 피하지 않고, 오히려 그것을 부단히 필요로 한다. 모든 승리, 모든 쾌감, 모든 사건은 극복된 저항을 전제로 한다.

가장 단순한 경우인 원시적인 영양을 예로 들어보자. 원형질은 자기에게 저항하는 무엇인가를 찾기 위해 자신의 위족을 뻗는다. 굶주림에서가 아니라 권력에의 의지에서. 이어서 원형질은 저항하는 것을 극복하고, 자기 것으로 만들고, 동화시키려고 한다. "영양 작용"이라고 불리는 것은 **더 강해지려는** 저 근원적 의지에서 나오는 파생 현상일 뿐이며, 이 의지의 활용일 뿐이다.

그러므로 불쾌감은 우리의 **권력 감정의 감소**를 필연적으로 초래하지 않는다. 평균적인 경우 그것은 바로 이러한 권력 감정을 느끼게 자극한다. 방해물은 이 권력에의 의지의 **자극제**이다.

703

불쾌감은 불쾌감의 일종인 소진으로 혼동되어왔다. 소진은 실제로 권력에의 의지의 심각한 감소나 저하를, 측정될 수 있을 정도의 힘의 손실을 나타낸다. 이것으로 말하고자 하는 것은, 권력을 강화하는 자극제로서의 불쾌감이 있고, 권력이 탕진된 후의 불쾌감이 있다는 것이다. 전자의 경우에는 하나의 자극제이지만, 후자의 경우에는 과도한 자극의 결과이다. 저항하지 못하는 무능력은 후자의 불쾌감에 고유한 특징이고, 저항하는 것에 대한 도전은 전자에 속한다. 오로지 소진 상태에서만 느끼는 쾌감은 잠들 때의 마비이며, 다른 경우에서의 쾌감은 승리다.

심리학자들의 커다란 혼동은 그들이 이 두 **종류의 쾌감**을, 즉 **잠드는 마비**의 쾌감과 **승리**의 쾌감을 구별하지 않았다는 데 있었다. 소진한 자는 안식과 휴식과 평화와 정적을 원한다. 그것은 허무주의적 종교와 철학의 행복이다. 부유하고 생명력 있는 자는 승리를, 극복된 적수를, 권력 감정이 지금까지보다 더욱 광대한 영역으로 넘쳐흐르기를 원한다. 그리고 유기체의 모든 건강한 기능에는 이런 욕구가 있다. 그리고 유기체 전체는 권력 감정의 성장을 위해 분투하는 체계들의 복합체이다.

704

심리학의 근본 신조가 모조리 가장 심한 왜곡이며 위조인 것은 어째서인가? 예컨대 "인간은 행복을 추구한다." 여기서 무엇이 참인가! 삶이란 무엇이고, 삶이란 어떤 종류의 추구이며 긴장인가를 이해하기 위해서는 저 공식은 동물과 마찬가지로 나무나 풀에도 타당하지 않으면 안 된다. "식물은 무엇을 추구하는가?" 그러나 여기서 우리는 있지도 않은 하나의 거짓 통일성을 고안해내고 있다. 만약 우리가 "식물"이라는 조잡한 통일성을 상정한다면, 자신의 고유한 주도권을 가지거나 반쯤은 자신의 주도권을 가진 백만 배나 다층적인 성장이라는 사실이 은폐되고 부정된다. 가장 작은 궁극적 개체들은 형이상학적 개체나 원자의 의미로는 이해될 수 **없다**는 것, 그것들의 권력 영역이 끊임없이 위치를 바꾼다는 것, 이것이 무엇보다 제일 명백하다. 그렇지만 이처럼 변화할 때 그들 각각의 개체는 "**행복**"을 추구하는 것일까?

그러나 자기를 확장하고 동화하고 성장하는 모든 일은 저항하는 것에 맞서는 노력이다. 운동은 본질적으로 무언가 불쾌한 상태와 결합되어있는 것이다. 여기서 움직이게 하는 것은 이런 식으로 불쾌감을 원하고 부단히 찾는 한, 어쨌든 행복과는 다른 어떤 것을 원하고 있음이 틀림없다. 원시림의 나무들은 무엇을 위해 서로 싸우는가? "행복"을 위해서인가? 권력을 위해서이다!

자연의 힘을 지배하게 되었고, 자기 자신의 고유한 야생성과 무절제를 지배하게 된 인간(욕망은 복종하는 법을, 유용하게 되는 법을 배웠다). 이 인간은 선행 인류와 비교해보면 거대한 양의 **권력**을 나타낸다. "행복"의 증대를 나타내는 것이 아니다. 인간이 행복을 **추구했다고** 어떻게 주장할 수 있겠는가?

705

내가 이렇게 말하고 있는 동안에 나는 지금까지 인류의 최고 영감으로 여겨졌던 **오류의 거대한 쥐꼬리**가 숱한 별에 섞여 나의 머리 위에서 반짝이고 있는 것을 본다. "모든 행복은 덕에서 나오고, 모든 덕은 자유의지에서 나온다!"

우리는 가치를 전도시킨다. 모든 유능함은 성공한 유기적 조직의 결과이며, 모든 자유는 유능함의 결과이다(여기서 자유는 자기 지시의 경쾌함으로 이해된다. 모든 예술가는 나를 이해할 것이다).

706

"삶의 가치".—그렇지만 삶은 개별적인 경우이다. 사람은 단지 삶뿐만 **아니라 모든** 실존을 정당화해야 한다. 정당화의 원리는 그것으로 삶이 **설명되는** 그러한 원리다.

삶 자체는 무엇을 위한 수단이 아니다. 삶은 권력의 성장 형식에 대한 **표현**이다.

707

"의식된 세계"는 가치의 출발점이 될 수 없다. "객관적" 가치 정립의 필연성.

모든 유기체의 총체적 삶이 나타내고 있는 것처럼 상호 협력과 상호 대립의 방대함과 다양성과 관련하여 이 유기체의 감정, 의도, 가치 평가의 **의식된** 세계는 자그마한 한 단편에 불과하다. 이런 한 조각의 의식을 삶의 총체적 현상에 대한 목적으로, '무엇 때문에'로 간주할 권리가 우리에게는 전혀 없다. 의식한다는 것이란 삶의 전개나 권력 확대에서 한 가지 수단에 불과하다는 것은 명백하다. 이 때문에 쾌감이라든가 정신적이라든가 도덕성이라든가 의식 영역의 어떤 개별 영역을 최고 가치로 설정하고—"세계"조차 이것으로 정당화하는 것은 유치한 일이다.

이것이 우주와 신에 관한 온갖 철학적 · 도덕적 변론에 대한, 말하자면 기존의 철학과 종교철학에서 모든 '**무엇 때문에**'와 **최고 가치**에 대한 나의 **근본적인 이의 제기**다. **한 종류의 수단이 목적으로 오해되었다**. 즉, **삶과 그 권력 상승이 거꾸로 수단으로** 격하되었다.

우리가 삶의 목적을 충분히 넓게 설정하고자 했다면, 이 목적은 의식된 삶의 어떤 범주와도 일치해서는 안 된다. 오히려 그것은 의식된 삶의 범주를 **자신을 위한 수단이라고 설명하지** 않으면 안 된다.

"삶의 부정"이 삶의 목표이고 발전의 목표라니, 실존이 거대한 어리석음이라니. 이러한 **허황한 해석**은 삶을 **의식**의 요소(쾌감과 불쾌감, 선과 악)로 측정하는 일에서 산출된 것에 불과하다. 여기서 수단은 목적에 비해 유력해진다. "신성하지 못한", 불합리한, 무엇보다 불쾌한 수단이 세력을 얻는다. 저러한 수단을 사용하는 목적이 무슨 소용이란 말인가! 그러나 오류는 그러한 수단의 필연성을 설명하는 목적을 **찾는** 대신, 이러한 수단을 바로 **배제하는** 목적을 처음부터 전제하는 데 있다. 말하자면 우리가 특정한 (유쾌하고 합리적이고 덕스러운) 수단과 관계된 소망 사항을 규범으로 받아들여, 이 규범에 따라서 비로소 어떤 **총체적 목적**이 **소망할만한** 것인지를 설정하는 데 오류가 있는 것이다.

근본 오류는 우리가 의식성을 총체적 삶에 있어서 도구이며 개별성이라고 설정하는 대신에 척도로 그리고 삶의 최고 가치로 설정하는 데 있다. 간단히 말하면, 부분으로부터 전체로 나가는 그릇된 관점이 근본 오류이다. 이것이 바로 모든 철학자가 의식의 총체, 즉 발생하는 모든 것의 삶과 의지 작용에서 공통 의식이나 어떤 "정신"과 "신"을 상상하는 이유이다. 그러나 이 철학자들에게 말하지 않으면 안 된다. 바로 이 일로써 **실존**이 **괴물**이 된다고, 그리고 "신"과 총체적 감각중추는 삶이 그 때문에 **비난받게** 만드는 어떤 것일지도 모른다고 말하지 않으면 안 된다. 우리가 목적과 수단을 정립하는 총체적 의식을 제거해버렸다는 것, 바로 이 일로 인해 우리는 **크게 안도한다**. 실존에 대한 **우리의** 가장 커다란 **비난**은 **신의 존재**였다.

708

"생성"의 가치에 관하여.—만약 세계의 운동이 목표가 되는 최종 상태를 가졌더라면 그 상태에 도달했을 것이다. 그렇지만 세계 운동이 어떤 목표 상태를 가지지 **않는다**는 것이 유일한 근본 사실이다. 따라서 그러한 최종 상태가 필연적이라고 하는 모든 철학이나 과학적 가설(예컨대 기계론)은 저 유일한 사실에 의해 **반박된다**. 나는 **이** 사실에 적합한 세계 구상을 추구한다. 생성은 이러한 종국적 의도들로 도피하지 않고서도 설명되어야 한다. 생성은 모든 순간에 정당화된 것으로(또는 결국은 같은 것이지만, **가치가 절하될 수 없는 것**으로) 나타나야만 한다. 현재가 미래를 위하여 또는 과거가 현재를 위하여 정당화되는 일이 있어서는 절대 안 된다. "필연성"이라는 것은 포괄적이고 지배적인 총체적 위력이라든가 최초의 동인이라는 형태를 취하지도 않고, 더욱이 무언가 가치 있는 것의 조건이 되기 위해 필연적인 것도 아니다. 이러한 목적을 위해, 즉 사건을 함께 느끼고 함께 인식하면서도 아무것도 **원하지** 않는 존재의 관점으로 파악하지 않기 위해서는 생성의 총체적 의식을, 하나의 "신"을 부정하는 일이 필요하다. 신은 아무것도 원하지 않으면 쓸모가 없다. 다른 한편으로 이런 신은 "생성"의 총체적 가치를 낮추는 **불쾌감과 불합리의 총계**가 된다. 다행히도 그러한 총계를 하는 권력은 **존재하지 않는다**(고뇌하고 개관하는 신, 총체적 감각중추, 만유 정신은 존재에 대한 가장 큰 항변일 것이다).

더 엄밀히 말하면, **존재하는 것은 어느 것도 허용되어서는 안 된다**. 왜냐하면 그렇게 되면, 생성은 자신의 가치를 상실하게 되고, 무의미하고 쓸데없는 것으로 여겨지기 때문이다.

따라서 질문해야 할 것은, 존재자라는 환상이 어떻게 생겨날 수 있었는가(생겨나야만 했었는가)이다.

마찬가지로, 존재자가 있다는 가설에 기초한 모든 가치판단이 어떻게 가치를 박탈당하는가이다.

그러나 이로써 우리가 인식하는 것은 **존재자에 대한 가설**이 모든 **세계 비방**의 원천이라는 점이다. ("더 나은 세계", "참된 세계", "저편의 세계", "사물 자체".)

1. 생성은 아무런 목표 상태를 가지지 않으며, "존재"로 흘러 들어가지 않는다.

2. 생성은 **아무런 가상 상태**가 아니다. **존재하는** 세계가 아마도 가

상일 것이다.

3. 생성은 모든 순간에 동등한 가치를 가진다. 그 가치의 총계는 동일하게 유지된다. 달리 표현하면, 생성은 아무런 가치를 가지지 않는다. 왜냐하면 생성은 그것을 측정할 수 있고, "가치"라는 낱말이 그것과 관련하여 의미를 지닐 수 있는 그런 것은 없기 때문이다. **세계의 총체적 가치는 결코 평가절하될 수 없다**. 따라서 철학적 염세주의는 우스꽝스러운 것에 속한다.

709

우리는 "바람직한 것들"을 더는 **존재**에 관한 심판자가 되게 하지 않는다!

우리는 (이를테면 정신 같은) 발전의 최종 형식이 다시금 "그 자체"로서 발전의 **배후에** 자리 잡게 하지 않는다!

710

우리의 인식은 수와 양을 사용할 수 있을 정도로 과학적이 되었다. 가치의 과학적 질서는 단순히 **힘의 수와 양의 등급**에 기초해서 구성될 수 있는지 시도가 이루어져야 한다.—이것 이외의 다른 모든 "가치"는 편견이고 유치함이며 오해이다.—이들은 모두 힘의 수와 양의 등급으로 **환원될** 수 있다. 그 등급 안에서의 상승은 **가치의 성장**을 의미한다. 그 등급 안에서의 하강은 **가치의 감소**를 의미한다.

여기서는 가상과 편견이 적대시된다. (도덕 가치는 **생리학적** 가치와 비교하면 단지 **가상의 가치**에 불과하다.)

711

가치라는 관점이 허용되지 않는 경우.

총체적 과정(체계로서 생각된)이란 전혀 존재하지 않기 때문에 "**전체의 과정**"에서 **인류의 노동은 고려되지 않는다**.

"전체"라는 것이 없다. **인간적 생존**과 인간적 목표에 대한 **모든 평가절하**가 전혀 현존하고 있지 않은 어떤 것과 관계되어 행해질 수 없다.

"필연성", "인과성", "합목적성"이 유용한 가상성이다.

목표가 의식의 증대가 **아니라** 권력의 상승이다. 이 상승에는 의식의 유용성도 포함되며, 이것은 마찬가지로 쾌감과 불쾌감에도 적용된다.

수단을 최고의 가치척도로 삼지 않는다(그러므로 의식의 자체가 수단이 된다면, 쾌감과 고통 같은 의식의 상태는 최고의 가치가 아니다).

세계는 결코 유기체가 아니라 혼돈의 상태이다. "정신성"의 발전은 조직을 상대적으로 지속시키기 위한 수단에 불과하다.

존재의 총체적 성격과 관련하여 모든 "바람직한 것"은 아무런 의미도 가지지 않는다.

712

정점의 계기로서의 "신". 영원한 신격화와 탈신격화 과정으로서의 실존. 그러나 **그 안에는 어떤 가치의 정점도 없다**. 권력의 정점만 있다.

기계론과 물질의 절대적 **배제**. 양자는 단지 낮은 단계의 표현 형식, 정신이 완전히 박탈된 정동의("권력에의 의지"의) 형식에 불과하다.

(가장 노예적인 근거에 기초한 권력의 최고 정신화의) **생성 과정에서 정점으로부터의 하강**은 조직할 것이 더는 남아있지 않아서 자신에게로 방향을 바꿔 **해체하는 데** 자신의 힘을 사용하는 이 최고 힘의 결과이다.

a) 좀 더 소수이지만 더욱 강한 자들이 여러 사회를 **정복**하고 예속시키는 일이 점점 더 증대한다.

b) 특권을 가진 더욱 강한 자들에 대한 승리가 점점 더 증대한다. 그 결과로 민주주의가 도래하고 궁극적으로는 여러 요소의 **무정부 상태**가 도래한다.

713

가치는 인간이 체화할 수 있는 최고 양의 권력이다. 그렇게 할 수 있는 것은 인간이지 인류가 **아니다**! 인류는 목표라기보다 오히려 수단이다. 문제는 유형이다. 인류는 한갓 실험 재료에 불과하며, 실패의 엄청난 과잉이며, 폐허의 들판이다.

714

가치의 말들은 새로운 축복이, 새로운 감정이 고안된 곳에 내걸린 깃발들이다.

715

“가치”라는 관점은 생성의 흐름 안에서 생명이 상대적으로 지속되는 복잡한 구성물의 **보존 및 상승의 조건들**에 관한 관점이다.

지속화는 궁극적 단일체도, 원자도, 단자도 없다. 여기에서도 "존재자"는 우리에 의해 비로소 먼저 **투입된** 것이다(실제적이고 유용한 관점주의적 이유에서).

지배 조직, 지배하는 것의 영역은 끊임없이 성장하거나, 상황(영양)의 유불리에 의하여 주기적으로 감소하고 증가한다.

"가치"는 본질적으로 이 지배적 중심들의 증가나 감소에 대한 관점이다(이 중심은 어쨌든 "다수"이며, 생성의 본질에 "단일성"이란 존재하지 않는다).

언어의 표현 수단은 생성을 표현하는 데는 쓸모가 없다. 불변하는 것과 "사물" 등의 조잡한 세계를 부단히 설정하는 일은 우리의 **떼어버릴 수 없는 보존 욕구**에 속한다. 상대적으로 우리는 원자나 단자에 관하여 이야기해도 좋다. 가장 작게 지속하는 세계가 가장 지속적이라는 것은 확실하다. 의지라는 것은 없다. 계속해서 자신의 권력을 키우거나 잃어버리는 의지의 점 찍기만이 있을 뿐이다.[1)]

---

1) 독일어 원문에 있는 Willens-Punktationen의 의미는 명확하지 않다. Punktaion은 사전적으로는 "점 찍기" 또는 "가계약"의 의미를 지니고 있다. 니체는 의지라는 단일적 실체가 존재하지 않는다는 점을 강조하기 위해 "점"을 비유적으로 사용하고 있다. 《권력에의 의지》 489에서 분명하게 밝히고 있는 것처럼, 니체는 의지가 하나의 실체가 아니라 끊임없이 변화하는 충동의 연합이라고 파악한다. "'통일성'으로서 의식되기에 이르는 모든 것은 이미 엄청나게 복잡한 것이다. 우리는 항상 **겉모습으로만 통일성**을 가질 뿐이다."

3장

사회와 개인으로서의 권력에의 의지

1. 사회와 국가

716

원칙. 오직 개인만이 **책임**을 느낀다. 개인으로는 용기를 내지 못하는 일들을 하기 위해 다수가 고안되었다. 바로 이 때문에 모든 공동체와 사회는, 자신의 욕망에 대한 용기를 가지기에는 너무 약한 개인보다는 인간의 본질에 대해 백배나 **더 솔직하고 더 많이 가르친다**.

"이타주의" 전체는 **사적 개인의 영리함**으로 발생한다. 사회들은 서로 이타적이지 않다. 이웃을 사랑하라는 계명은 이제까지 한 번도 실제의 이웃에 대한 사랑으로 확대되지 않았다. 오히려 마누법전에 있는 말이 여전히 통용된다. "우리에게 인접한 모든 나라와 그들의 동맹국까지도 우리는 적으로 생각하지 않으면 안 된다. 같은 이유로 우리는 **그들의** 모든 이웃을 우리에게 우호적이라고 여기지 않으면 안 된다."

사회로서의 인간이 개별 "단위"로서의 인간보다 훨씬 더 단순한 까닭에 사회의 연구는 굉장히 중요하다. "사회"는 덕을 강함, 권력, 질서의 수단 이외의 것으로 한 번도 간주하지 않았다.

마누법전은 얼마나 간결하고 위엄 있게 이 점을 말하고 있는가. "덕은 그 자체의 힘으로는 거의 스스로 주장할 수 없다. 근본적으로 인간을 자제하게 하고 각자가 자신의 것을 평온하게 소유할 수 있게 만드는 것은 형벌에 대한 공포뿐이다."

717

국가 또는 조직된 **비도덕성**.—**내부로는** 경찰, 형법, 신분, 상업, 가족이며, **외부로는** 권력에의 의지, 전쟁과 정복과 복수에의 의지다.

개개인은 결코 이해하지 못할 일을 **대군중**이 행하는 것은 어떻게 이루어지는가? 책임의 분담, 명령과 실행의 분담을 통해서이다. 복종, 의무, 조국애와 군주에 대한 사랑이라는 덕의 **개입**을 통해서이다. 긍지, 엄정, 강함, 증오, 복수—요컨대 무리의 유형과 **대립하는** 모든 전형적 특징의 견지에 의해서이다.

718

너희 모두는 사람을 죽이거나 단지 채찍질만이라도 할만한, 혹은—그러나 국가 안에서는 무시무시한 광기가 개개인을 제압하고, 그 때문에 개개인은 자신이 행한 일에 대해 책임지기를 **거부한다**(복종, 맹세 등).

—인간이 국가에 봉사하며 **행하는** 모든 것은 인간의 본성에 어긋난다.

—마찬가지로 인간이 국가에 있어서 미래의 봉사와 관련하여 **배우는** 모든 것은 그의 본성에 어긋난다.

이 일은 분업을 통해 달성된다. 그래서 누구도 더는 모든 책임을 지지 않는다.

입법자와 법률을 시행하는 자. 규율을 가르치는 훈육 교사와 훈련을 받아 강해지고 엄해진 자들.

719

사회 내의 정동들의 분업. 이렇게 해서 개인들과 계급들은 **불완전해지지만** 바로 그래서 **더욱 유용한** 종류의 영혼을 육성한다. 사회 내의 개개의 유형에서 어느 만큼 몇몇 정동이 거의 퇴화했는지(다른 정동을 더 강력하게 양성하기 위해서).

도덕의 정당화를 위하여.

경제적 정당화(모든 예외적 방식의 낭비에 대항하여 개인의 힘을 가능한 한 남김없이 이용하려는 의도).

미적 정당화(자신의 유형에서 느끼는 쾌감과 함께 확고한 유형의 형성).

정치적 정당화(다양한 정도의 권력들의 격렬한 긴장 관계를 견뎌내는 기술로서).

생리적 정당화(처지가 좋지 않은 자나 평범한 자에게 유리한, 즉 약자의 보존을 위한 가상의 높은 평가).

720

인간의 가장 무시무시하고 가장 근본적인 욕망, 즉 권력에 대한 충동은—사람들은 이 충동을 "자유"라고 부른다—가장 오랫동안 통제되어야 한다. 이 때문에 윤리는 이제까지 무의식적인 교육 및 사육의 본능을 가지고 권력욕을 통제하는 것을 목적으로 했다. 윤리는 폭군 같은 개인을 비방하고, 지역사회 복지와 모국애를 찬양함으로써 무리의 권력 본능을 강조한다.

721

권력에의 무능력. 이 무능력의 위선과 영리함. 복종으로서(예속, 의무의 긍지, 도덕성). 순종, 헌신, 사랑으로서(명령하는 자를 손실에 대한 배상과 간접적인 자기 미화로서 이상화하고 신격화하는 것). 숙명론과 체념으로서, "객관성"으로서, 자신을 압제하는 것으로서(스토아주의, 금욕주의, "자아 해체", "신성화"), (특정한 권력을 여전히 행사하고자 하는, 또는 자신에게 일시적이나마 권력의 외관을 부여하려는 욕구가 어디에서나 표현된다—도취로서). 비판, 염세주의, 격분, 괴롭힘으로서, "아름다운 영혼", "덕", "자기 신격화", "은둔", "세계로부터 물들지 않은 순수함" 등등으로서(권력에의 무능력에 대한 통찰이 경멸로서 변장하고 있다).

권력이 보증하는 행복의 **이익**을 위하여 권력을 원하는 인간들, 즉 정치적 당파들.

행복과 복지에는 **불리**하고 그것을 **희생**해야 하는 것이 분명히 보이더라도 권력을 원하는 다른 사람들, 즉 야심가.

그렇지 않으면 그들이 의존하고 싶지 않은 사람의 손에 권력이 넘어갈 것이기 때문에 권력을 원하는 다른 사람들.

722

"정의"와 "법 앞에서의 평등"에 대한 비판. 그것으로 정말 **제거되어야** 하는 것은 무엇인가? 긴장, 적의, 증오이다. 그러나 그렇게 해서 "행복"이 증대된다는 것은 오류이다. 코르시카인들은 대륙 사람들보다 더 많은 행복을 누린다.

723

상호주의, 보상받으려는 저의는 인간의 가치를 저하하는 가장 위험한 형식 중 하나이다. 그것은 거리의 차이를 **비도덕적**이라고 평가절하하는 "평등"을 가져온다.

724

유용하다는 의미는 전적으로 **의도**와 '무엇을 위하여?'에 달려있다. 의도는 다시 전적으로 **권력**의 정도에 달려있다. 이 때문에 공리주의는 결코 토대가 되지 못하고 단지 결과에 대한 이론에 불과하며, 절대로 모든 사람에게 적용되는 **구속력**을 가질 수 **없다**.

725

한때 사람들은 국가가 계산적 유용성을 가진다는 **이론**을 가지고 있었다. **지금 사람들은 그것을 실천하고 있다**! 왕들의 시대는 지나갔다. 왜냐하면 민중들은 더는 왕을 가질만한 가치가 없기 때문이다. 그들은 왕에게서 자신들의 이상의 원형을 보려 **하지** 않고, 자신들의 이익의 수단을 보려고 한다. 이것이 전체 진리다!

726

사회적 판단과 가치 평가의 절대적 합리성을 파악하려는 내 쪽의 시도. 물론 여기서 도덕적 결과를 끄집어내려는 의지로부터는 자유롭다.

보존과 권력 상승을 위한 본질적인 정동을 **신성화하기** 위한 (이들 정동에 대하여 양심의 가책을 느끼지 않기 위한) **심리학적 허위**와 불투명성의 정도.

공동의 규제와 가치 평가의 가능성을 유지하는 **우매함**의 정도(이를 위해서는 교육, 교양 요소들에 대한 감독, 훈련).

예외자를 범죄자로 다루고 억압하기 위한 **심문**, **불신**, **비관용**의 정도—자신들의 예외성으로 인해 내적으로 병들도록 그들 자신에게 양심의 가책을 느끼도록 만들기 위해.

727

본질적으로 **저항**이며 방어 수단인 도덕. 이러한 점에서 발달하지 못한 인간의 징후이다(갑옷을 두르고 있다, 스토아적이다).

발달한 인간은 무엇보다 **무기**를 가진다. 그는 **공격적**이다.

전쟁 도구가 평화의 도구로 변모한다(미늘 갑옷, 깃털과 머리카락이).

728

성장하지 않을 수 없다는 것—자신의 권력을 확장하고 그 결과 낯선 힘을 자기 안에 받아들여 통합해야 한다는 것은 생명 있는 것이라는 개념에 속한다. 사람들은 도덕이라는 마취제에 혼미해져서 개인의 자기방어 권리에 대해 말한다. 같은 의미에서 개인의 공격 권리에 대해 말해도 좋을 것이다. 왜냐하면 **양자** 모두가—후자가 전자보다 훨씬 더—생명 있는 모든 것에 필수적이기 때문이다. 공격적 이기주의와 방어적 이기주의는 선택의 문제나 "자유의지"의 문제가 아니라 삶 자체의 **숙명**인 것이다.

개인을 고려하는지, 생명체를 고려하는지, 아니면 상승을 추구하는 "사회"를 고려하는지는 여기서 중요하지 않다. 처벌할 권리(혹은 사회적 자기방어)는 근본적으로는 "권리"라는 말의 오용에 의해서만 성립한다. 권리는 계약에 의해서만 획득된다. 그렇지만 자기방어와 자기변호는 계약에 기초한 것이 아니다. 적어도 민족은 전적으로 같은 의미에서, 그것이 무기를 가지고 이행되든 무역, 교통, 식민지화에 의한 것이든, 자신의 정복욕과 권력욕을 권리라고 불러도 무방할 것이다. 예컨대 성장의 권리로. 최종적으로 그리고 자신의 **본능**에 따라 전쟁과 정복을 거부하는 사회는 쇠퇴한다. 그 사회는 민주주의와 소상인의 지배에 이르게 될 것이다. 대개의 경우 평화의 보증은 한갓 마취제에 불과하다.

729

군국주의 국가의 유지는, **최고 유형**의 인간과 강한 유형과 관련하여 **위대한 전통**을 받아들이는 것이든 아니면 견지하는 것이든, 최후의 수단이다. 그리고 여러 국가의 적대와 서열을 영속시키는 모든 **개념**은 (예를 들면 민족주의, 보호관세) 이러한 관점에서 인가를 받는다고 여겨도 좋다.

730

개개인보다 더 오래 지속되는 어떤 것이 존립하기 위해서는, 따라서 개인이 창조한 것일 수도 있는 한 작품이 존립하기 위해서는 개개인에게는 모든 가능한 종류의 제한이라든가 일면성이라든가 하는 따위가 부과되어야 한다. 어떤 수단을 가지고? 작품을 창조한 사람에 대한 사랑, 숭배, 감사는 이 일을 가볍게 해준다. 혹은 우리의 선조가 그것을 쟁취했다거나, 내가 그 **작품**을 (예컨대 폴리스를) 보증할 때만 나의 후손도 보증된다는 것도 그러하다. 도덕은 본질적으로 개인을 넘어서 또는 개인의 **노예화**를 통해서 무엇인가를 지속시키는 수단이다. 아래에서 위로의 관점은 위로부터 아래로의 관점과는 전혀 다른 표현을 제공하게 된다는 것은 자명하다.

권력 복합체. 어떻게 그것은 **보존**되는가? 많은 세대가 그것을 위해 희생함으로써이다.

731

연속체: "결혼, 소유물, 언어, 전통, 혈통, 가족, 민족, 국가"는 하위 및 상위의 연속체이다. 이 연속체의 경제학은 중단 없는 노동의 이익의 **과잉**과 그 이익이 **손해**보다 몇 배나 많다는 데에 근거한다. 부분을 교환하거나 부분을 지속시키는 데 더 큰 비용이 든다. (유효한 부분이지만 활동하지 않는 부분이 몇 배로 늘어나면 조달비는 더 늘어나고, 유지비는 무시할 수 없을 정도가 된다.) 이익은 중단하는 일을 피하고 중단에서 생기는 손실이 줄어드는 데 있다. **새로운 시작보다 비용이 많이 드는 것은 없다**.

“생존의 이점이 커지면 커질수록 유지비와 조달비(영양과 번식)도 커지며, 도달한 삶의 높이 앞에서 몰락할 위험과 개연성도 그만큼 더 커진다.”

732

그 낱말이 지닌 시민적 의미에서의 결혼에서, “결혼”이라는 단어의 가장 존경할만한 의미에서 잘 이해한다면, 문제가 되는 것은 돈이 아닌 것처럼 결코 사랑도 아니다. 사랑으로는 어떤 제도도 만들 수 없다. 물론 자명한 일이지만 여러 조건에서, **사회의 이익을** 고려한 조건하에서 두 사람이 성적 만족을 위해 서로에게 부여하는 사회적 인가가 문제인 것이다. 당사자들의 어느 정도의 만족과 상당한 선 의지가—인내, 화합, 서로에 대한 배려에의 의지가—그러한 계약의 전제에 속할 것이라는 점은 명백하다. 그러나 사랑이라는 낱말이 그것을 위해 오용되어서는 안 된다! 이 낱말이 지닌 전체적이고 강한 의미에서 서로 사랑하는 두 사람에게 성적 만족은 본질적인 것이 아니고 본래 하나의 상징에 불과하다. 이미 말했듯이 한쪽에게는 무조건적 예속의 상징이고, 다른 한쪽에게는 예속에 대한 동의의 상징이고 소유의 표시다. 귀족적 의미와 고대 귀족의 의미에서의 결혼에서 중요한 것은 어떤 종족의 **사육**이었다(오늘날에도 여전히 귀족이 존재하는가? 사람들은 묻는다). 그러므로 확고하고 특정한 유형의 지배적 인간을 보존하는 것이 문제이다. 남자와 여자는 이러한 관점을 위해 희생되었다. 그때 사랑이 첫째가는 필수 조건이 **아니었음은** 자명한 일이다. 그 반대였다! 더욱이 좋은 시민적 결혼의 조건인 상호 선의의 척도도 필수 조건이 아니었다. 가문의 이익이 결정적이었고, 그다음에는 신분이었다. 고대 아테네와 18세기의 유럽에서도 모든 건강한 귀족정치에서 지배적이었던 그러한 고귀한 결혼 개념의 냉정함, 엄격함, 계산적 명료함 앞에서 우리는 오싹해진다. 민감한 심장을 가진 우리 온혈동물은, 우리 "현대인들"은! 바로 이 때문에 열정으로서의 사랑은—이 낱말의 위대한 의미에서—귀족을 위해 **발명되었다**. 그리고 그 안에서는 구속과 결핍이 가장 심했다.

733

결혼의 미래에 대하여.—특정 연령 이상의 총각에 대한 유산 상속 시 세금의 가중 및 병역의 가중, 그리고 (공동체 안에서) 누진적.

아들을 많이 낳은 아버지들의 온갖 종류의 **이점**. 상황에 따라서는 투표권의 증가.

모든 결혼에 앞서 지방 당국이 서명한 **의학적 증서**. 이 증서에는 약혼자와 의사가 제기한 몇 가지 질문들에 대한 대답이 기재되어야 한다("가족사").

매춘에 대한 대책으로서(혹은 그것을 고상하게 만드는 것으로서). (몇 년이나 몇 개월, 며칠을 기한으로 하는) 법제화된 아이에 대한 보증이 있는 시한부 결혼.

모든 결혼은 공동체의 신뢰할 수 있는 일정 수의 사람들에 의해 공동체의 일로서 보장되고 승인된다.

734

인간애의 또 하나의 계명.—아이를 낳는 것이 범죄일 수 있는 경우들이 있다. 만성질환자나 3기 신경쇠약증 환자의 경우. 이 경우에는 어떻게 해야 하는가? 예컨대 파르지팔 음악의 도움을 빌려 순결을 지키도록 고무하는 것이 적어도 시도될 수 있을 것이다. 전형적인 백치인 파르지팔 자신이 아이를 낳지 말아야 할 이유를 지나칠 만큼 많이 가지고 있었다. 자신을 "제어할" 수 없는 (자극에 반응하지 않는, 아주 작은 성적 자극에도 반응하지 **않는**) 어떤 무능력이 총체적 소진의 가장 일반적인 결과 중 하나이다. 예컨대 레오파르디와 같은 사람이 순결하다고 생각한다면, 그것은 잘못 생각하는 것이다. 사제와 도덕주의자는 이때 지는 게임을 하고 있는 것이다. 그들을 약국으로 보내는 것이 더 낫다. 결국 사회는 여기서 **의무**를 완수해야 한다. 사회에 대해 그처럼 절실하고 근본적인 요구는 거의 없다. 삶의 위대한 수탁자로서 사회는 삶 자체 **앞에서** 삶의 모든 실패를 책임져야 하며 보상도 해주어야 한다. 따라서 사회는 삶의 실패를 방지**해야 한다**. 사회는 수많은 경우 생식을 예방해야 한다. 이를 위해 사회는 혈통, 지위, 정신력을 고려하지 않고 가장 냉혹한 강제조치, 자유 박탈, 상황에 따라서는 거세까지 준비해둬도 된다. "살인하지 말라!"는 성서의 금지명령은 "생식하지 말라!"는 데카당에 대한 삶의 금지명령의 엄숙함에 비하면 유치한 것이다. 삶 자체는 유기체의 건강한 부분과 변질된 부분 사이에 어떤 연대도, 어떤 "평등한 권리"도 인정하지 않는다. 후자는 **잘라내지** 않으면 안 된다. 그렇지 않으면 전체가 파멸한다. 데카당에 대한 **동정**, 실패자에 대한 **평**

등한 권리—이것은 가장 깊은 비도덕성일 것이며, 도덕으로서는 **반자연** 그 자체일 것이다!

735

이상주의자라고 불리는 연약하고 병적인 본성을 지닌 자들이 있는데, 이들은 노골적이고 설익은 범죄 이상의 일을 저지를 수 없다. 적어도 **한순간** 강력함을 나타내는 것은 그들의 보잘것없이 작고 빛바랜 생존에 대한 중요한 정당화이자 오랜 기간의 비겁함이나 거짓에 대한 변제이다. 나중에 그들은 그 일로 인해 몰락한다.

736

우리는 우리의 문명화된 세계에서 거의 위축된 범죄자만을 알게 된다. 그들은 사회의 저주와 경멸로 짓눌려 자신을 신뢰하지 못하며, 자주 자신의 행위를 비하하고 비방하는 **범죄자의 실패한 유형**이다. 그리고 우리는 **모든 위대한 인간이** (비열한 스타일이 아니라 오직 위대한 스타일에서) **범죄자였다는** 생각, 범죄는 위대함에 속한다는 (면밀히 검사하는 자와 위대한 영혼으로 가장 깊이 **들어간** 자들의 의식으로부터 이렇게 말해지고 있다) 생각에 저항한다. 전통과 양심, 의무로부터 "새처럼 자유로움"—모든 위대한 인간은 이러한 자신의 위험을 알고 있다. 그러나 그는 이러한 위험을 **원한다**. 즉, 그는 위대한 목표를 **원하므로** 그 수단 또한 원한다.

737

보상과 **처벌**로 인간을 조종하는 시대는 저급하고 원시적인 인간 종류를 염두에 둔다. 그것은 마치 **아이들**이 그런 것과 같다.

우리의 후기 문화에서 숙명과 퇴화는 보상과 처벌을 완전히 **없애버리는** 무언가이다.

이렇게 보상과 처벌을 예견함으로써 행위를 실제로 **규정하는** 일은 젊고 강력하고 힘 있는 종족을 전제한다. 오래된 종족에게는 충동은 **억제할 수 없어서**, 단순한 표상이란 완전히 무기력한 것이다.

자극이 주어지는 곳에서 저항할 수 없고 오히려 그것을 따르지 **않을 수 없다**는 것. 데카당의 이 극단적인 과민성이 그러한 처벌 및 개선 체계를 완전히 무의미하게 만들어버린다.

*

"개선"이라는 개념은 정상적이고도 강한 인간이라는 전제 조건에 토대를 둔다. 이 인간의 개개 행위는, 그를 패자로 만들지 않고 그를 적으로 만드는 일이 없기 위해서는, 어떤 식으로든 다시 균등해져야 한다.

738

금지의 영향.—무언가가 금지되는 자에게 그것을 금지하고 두려움을 불러일으킬 줄 아는 모든 권력은 "양심의 가책"을 낳는다(다시 말해 자신을 만족시키는 일의 **위험성**을 의식하고 은밀하게 행동하고 부정한 방법으로 행동하고 조심할 것을 강요받으면서 어떤 것을 추구하게 만드는 욕망을 낳는다). 모든 금지는 그 명령에 자발적으로 복종하지 않고 단지 강요당하는 사람들의 성격을 나쁘게 만든다.

739

"보상과 처벌".—양자는 같이 살고, 같이 죽는다. 오늘날 사람은 보상받기를 원하지 않으며, 처벌하는 누구도 **인정하려** 하지 않는다.

전시체제가 편성되었다. 사람은 무언가를 원하고, 그러면서 적을 가진다. 그 무언가를 가장 합리적으로 달성하는 것은 아마도 **서로 협조할 때**, 계약을 맺을 때이다.

모든 개인이 각자의 "계약"을 맺고 있는 현대사회. 범죄자는 **계약 파기자**이다. 그것은 분명한 개념일 것이다. 하지만 그렇게 되면 무정부주의자와 사회 형태의 **원칙적** 반대자는 그 사회 형태 내에서는 허용되지 않을 수 있다.

740

범죄는 "사회 질서에 대한 반란"이라는 개념에 속한다. 사람은 반역자는 **처벌하지** 않는다. 그를 억압한다. 반역자는 애처롭거나 경멸스러운 인간일 수 있다. 그러나 반란 그 자체에는 경멸스러운 것이 없다. 그리고 우리 사회의 관점에서 볼 때 반역자가 되는 것 자체가 인간의 가치를 떨어뜨리지 않는다. 그런 반역자 자체를 존경하지 않을 수 없는 경우도 있다. 왜냐하면 그가 우리 사회에서 그것에 대항하여 전쟁을 치를 필요가 있는 어떤 것을 느끼기 때문이다. 그 반역자가 우리를 잠에서 깨우는 경우이다.

범죄자가 한 개인에게 개별적인 어떤 것을 행한다는 사실로써 그의 전체 본능이 전체 질서와 교전 상태에 있다는 점이 반박되는 것은 아니다. 행위는 단순한 징후이다.

"처벌"이라는 개념은 반란의 진압, 진압된 자에 대한 안전 조치(완전 감금이나 반 감금)라는 개념으로 환원되어야 한다. 그러나 벌을 통해서 **경멸**이 표현되어서는 안 된다. 범죄자는 어쨌든 자신의 생명과 명예와 자유를 걸고 위험을 무릅쓰는 사람—용기 있는 사람이다. 마찬가지로 벌을 속죄로 간주해서도 안 된다. 또는 죄와 벌 사이에는 어떤 교환 관계가 있는 듯 변제로 간주해서도 안 된다. 벌은 정화하지 않는다. **왜냐하면** 범죄가 더럽히는 것이 아니기 때문이다.

범죄자에게서 사회와 평화롭게 지낼 가능성을 박탈해서는 안 된다. 그가 **범죄자 종족**에 속하지 않는다면 말이다. 범죄자 종족에 속할 경우에는, 그가 적대적인 어떤 것을 행하기 전에 그와 전쟁해야 한다(그를 제어하자마자 행해지는 첫 번째 조치는 그를 거세하는 일이다).

범죄자의 나쁜 행동 양식이나 낮은 수준의 지능이 그에게 불이익이 되어서는 안 된다. 범죄자가 자신을 오해하는 일보다 더 일반적인 것은 없다(특히 범죄자의 반역적 본능, 낙오자의 원한은 종종 의식되고 있지 않다, 읽기의 부족). 그가 공포와 실패를 느껴 자신의 행위를 비방하고 모욕하는 일보다 더 일반적인 것도 없다. 이런 경우들을 제외하고도 심리학적으로 검사해보면, 그가 불가해한 충동에 굴복하고 자신의 행위에 어떤 부차적인 행위를 통해 (예컨대 그가 원하는 것은 피였지만 약탈을 통해) 거짓 동기를 슬며시 부여하는 경우가 있다.

한 인간의 가치를 개별 행위에 따라 평가하지 않도록 해야 한다.

나폴레옹은 이것에 대해 경고했다. 무엇보다 글자를 도드라지게 새기는 양각처럼 두드러지는 행위는 전혀 중요하지 않다. 우리 같은 자가 양심이 켕기는 어떤 범죄도, 예컨대 어떤 살인도 저지르지 않는다면, 그것은 무엇 때문인가? 그 범죄를 저지를 몇 가지 유리한 상황이 우리에게 없었기 때문이다. 그리고 그 범죄를 저질렀다고 해도, 그것이 우리의 가치에 대해 무엇을 표시한단 말인가? 우리가 상황에 따라서는 사람을 죽일 수도 있는 힘이 있다고 사람들이 믿지 않을 때, 사람들은 본래 우리를 경멸하게 될 것이다. 거의 모든 범죄에는 남성에게 없어서는 안 될 특성들이 동시에 표현된다. 도스토옙스키가 시베리아 교도소의 수감자들에 대해 그들이 러시아 민족의 가장 강력하고 가장 가치 있는 요소들을 형성하고 있다고 말한 것은 부당하지 않다. 우리에게 있어서 범죄자가 영양 불량으로 인한 기형 식물이라면, 이것은 우리의 사회적 관계의 불명예가 된다. 르네상스 시대에는 범죄자가 번성했고, 자신의 고유한 덕을 획득했다. 물론 그것은 르네상스 양식의 덕인 비르투(virtú), 즉 도덕에 구속되지 않는 덕이다.

우리는 경멸하지 않는 그와 같은 인간만을 향상시킬 수 있다. 도덕적 경멸은 어떤 범죄보다도 더 큰 모욕과 피해를 초래한다.

741

모욕적인 것이 처음으로 형벌로 들어온 것은 어떤 속죄가 **경멸스러운** 인간(예를 들면 노예)과 결부되었을 때이다. 가장 자주 벌을 많이 받은 것은 경멸스러운 인간이었으며, **결국** 형벌에는 어떤 모욕적인 것이 있게 되었다.

742

고대의 형법에서는 종교적 개념이 강했다. 벌은 속죄의 힘이 있다는 개념이. 벌은 정화한다. 현대 세계에서는 형벌은 더럽힌다. 벌은 일종의 변제이다. 사람은 그토록 많은 고통을 겪을 **의향이 있었던** 것에서 실제로 벗어난다. 형벌의 이러한 힘을 믿는다면, 그 뒤에는 새로운 건강과 쾌유에 진짜로 가까워지는 마음이 가벼워지는 **안심**과 **안도의 한숨**이 있다. 사람은 사회와 다시 평화롭게 지낼 뿐만 아니라, 자기 자신에 대한 존경도 되찾는다.—"깨끗해진다." 오늘날 형벌은 범행보다 훨씬 더 고립시킨다. 범행 뒤에 있는 **숙명**은 치료할 수 없을 정도로 커졌다. 처벌받고 나오면 사람은 사회의 적이 된다. 그때부터 적이 하나 더 느는 것이다.

보복법(jus talionis)은 보복 정신(즉, 일종의 억제된 복수 본능)에 의해 부과될 **수 있다**. 하지만 **마누**법전에 있어서는 그것은 **속죄하기** 위해, 종교적으로 다시 "자유롭기" 위해 등가물을 가지고자 하는 욕구이다.

743

근대에 입법된 모든 형법에 대해 나의 제법 급진적인 물음표는 이것이다. 형벌은 범죄의 크기에 비례해 고통을 주어야 한다면—너희 모두는 근본적으로 그러기를 원한다!—그런데 그렇다면, 형벌은 모든 범죄자가 고통을 느끼는 감수성에 비례해 그에게 부과되지 않으면 안 될 것이다. 바꿔 말하면, 어떤 범행에 대한 형벌을 **사전에** 규정하는 일은 있을 수 없으며, 형법전은 **결코 있을 수 없다**는 것이다! 그러나 어떤 범죄자에게서 그의 쾌감과 불쾌감의 정도 등급을 확인하는 것이 쉽게 이루어질 수 없다는 점을 고려하면, 우리는 사실상 형벌을 포기해야만 하는 것인가? 이 얼마나 커다란 손실인가! 그렇지 않은가? 따라서——

744

그렇다. 법철학이다! 이것은 모든 도덕학처럼 아직껏 강보에 싸여 있지도 않은 학문이다!

예를 들면 스스로 자유롭다고 생각하는 법률학자 사이에서조차 가장 오래되고 가장 가치 있는 형벌의 **의미**가 언제나 여전히 잘못 이해되고 있다. 전혀 이 의미를 알지 못하는 것이다. 그리고 법학이 새로운 지반 위에, 즉 역사나 민족의 비교 위에 세워지지 않는 한 오늘날 "법철학"으로 생각되고 또 전체적으로 현대인에게서 뽑아낸 근본적으로 잘못된 추상 개념의 쓸데없는 논쟁에 머물게 될 것이다. 그러나 이러한 현대인은 뒤엉킨 조직이며, 그 법률적 가치 평가에 관해서도 그러한 까닭에 그지없이 다양한 **해석**을 허용하는 것이다.

745

어떤 고대의 중국인이 말했다. 나라가 망하려면 그 나라는 많은 법을 가지게 된다는 것을 들은 적이 있다고.

746

쇼펜하우어는 **악한**이 거세되고 **바보**는 수도원에 갇히기를 희망한다. 어떤 관점에서 이것이 바랄만한 일인가? 무뢰한은 평범하지 않다는 점에서 평범한 자들보다 뛰어나며, 바보는 평범함을 보고도 괴로워하지 않는다는 점에서 **우리보다** 뛰어나다.

간격이 더욱 커지는 것이, 즉 못된 짓과 바보스러움이 증대하는 것이 더욱 바람직할지도 모른다. 인간의 본성이 이런 형태로 확대될 것이다. 그러나 결국에는 바로 이 점이 필연적이기도 하다. 이것은 발생하며, 우리가 그것을 바라는지 바라지 않는지를 기다리지 않는다. 바보스러움과 못된 짓은 증가하며, 이것이 "진보"에 **속한다**.

747

오늘날 사회에는 타인의 권리, 심지어는 타인의 요구에 대한 고려와 배려 그리고 선의를 유지하는 것이 널리 퍼져있다. 이것 이상으로 통용되는 것은 모든 종류의 신뢰와 신용에서 표현되는 인간적 가치 일반에 대한 어떤 호의적인 본능이다. 인간에 대한 **존경**은—전적으로 덕 있는 인간에 대해서만 아니라—아마도 우리를 그리스도교적 가치 평가로부터 가장 강하게 분리하는 요소일 것이다. 여전히 도덕이 설교하는 것을 들으면, 그것은 우리에게 아이러니하게 들린다. 도덕을 설교하는 자가 있다면, 그는 우리 눈에는 자신을 낮추는 것으로 보이고 우스꽝스러워 보인다.

도덕적 관용은 우리 시대의 가장 좋은 징후이다. 도덕적 관용이 결정적으로 결여되어있는 경우를 발견하면, 그것은 질병으로 느껴진다(영국에서는 칼라일의 경우, 노르웨이에서는 입센의 경우, 유럽 전체에서는 쇼펜하우어적 염세주의의 경우). 무엇인가가 우리 시대와 화해하고 있다면, 그것은 거대한 양의 **비도덕성**이다. 우리 시대는 이것을 허용하며, 그렇다고 자신을 열등하다고 생각하지 않는다. 그 반대이다! 야만에 대해 문화의 우월성을 구성하는 것은 무엇인가? 예를 들어 중세에 대한 르네상스의 우월을? 언제나 단 하나이다. **용인된** 비도덕성의 거대한 양이다. 이것으로부터 필연적으로 귀결되는 것은 인간 발전의 모든 **높은 곳**은 도덕 광신주의자의 눈에는 부패의 극치로 비칠 것이라는 점이다(피렌체에 대한 사보나롤라의 판단, 페리클레스 시대의 아테네에 대한 플라톤의 판단, 로마에 관한 루터의 판단, 볼테르의 사회에 대한 루소의 판단, 괴테에 반대하는 독일의 판단을 생각해보라).

748

약간의 신선한 공기! 유럽의 이 부조리한 상태가 더는 지속되어서는 안 된다! 뿔 달린 가축처럼 멍청한 민족주의의 배후에는 어떤 사상이 있는 것인가? 모든 것이 좀 더 크고 공통적인 이익을 가리키는 지금, 이처럼 천박한 자기감정을 선동하는 것이 어떤 가치를 가질 수 있겠는가? 그리고 정신적 **비독립성**과 탈민족화가 눈에 띄고, 상호 융합과 공동 번영 속에 현대 문화의 본래 가치와 의미가 있는 상태에서 말이다! 그리고 "새로운 제국"은 가장 낡아빠지고 가장 경멸받은 사상 위에, 즉 권리와 참정권의 평등 위에 건립되었다.

아무런 도움도 되지 않는 상태에서 우위를 다투는 싸움. 대도시의, 신문의, 열병의, "무목적성"의 이 문화!

유럽의 경제적 통일은 필연적으로 도래한다. 그리고 마찬가지로 그 반작용으로 **평화당**이 도래한다.

평화의 당파. 감상을 배제한, 자신과 자손에게 전쟁 수행을 금하는, 심판을 이용하는 것을 금하는, 자신에 대한 싸움과 항의와 박해를 불러일으키는 당파. 적어도 한동안은 억압받는 자의 당파. 곧 큰 당파가 된다. 이것은 **복수심**과 **원한 감정**에 적대적이다.

전쟁 당파는 마찬가지로 자신에 대한 철저함과 엄정함을 가지고 반대 방향으로 나아간다.

749

유럽의 군주들은 그들이 우리의 지지 없이 해나갈 수 있을지 실제로 숙고해야 한다. 우리 비도덕주의자들, 우리는 오늘날 승리를 거두기 위하여 어떤 동맹자도 필요로 하지 않는 유일한 권력이다. 이로써 우리는 전적으로 강자 중에서 최강자이다. 우리는 거짓말조차 필요로 하지 않는다. 우리 말고 어떤 권력이 거짓 없이 지낼 수 있단 말인가? 있을 수 있는 가장 강한 유혹이 우리를 위해 싸우고 있다. 진리의 유혹이. "진리"? 누가 내게 이 단어를 말하게 하는가? 그렇지만 나는 이 말을 다시 제거한다. 나는 이 긍지에 찬 단어를 거부한다. 아니, 우리는 이 단어가 필요하지 않으며, 진리 없이도 권력을 차지하고 승리를 거둘 수 있을 것이다. 우리를 위해 싸우는 마력은 우리의 적을 홀려서 눈멀게 하는 베누스의 눈이다. 이것은 **극단의 마력**이며, 극단적인 모든 것을 행하는 유혹이다. 우리 비도덕주의자들—우리는 **가장 극단적인 자들**이다.

750

부패한 지배계급이 지배자의 이미지를 망가뜨렸다. 사법권을 행사하는 "국가"는 비겁함이다. 측정의 기준이 될 수 있는 위대한 인간이 결여되어있기 때문이다. 결국은 불안정이 너무 커져 인간들은 명령하는 **모든** 의지력 앞에서 무릎을 꿇고 굴종한다.

751

"권력에의 의지"는 민주주의 시대에는 그 시대의 전체 심리가 이 의지의 비하와 비방을 지향하는 것처럼 보일 정도로 증오받고 있다. 위대한 야심가의 전형, 그것은 나폴레옹이라고 한다! 그리고 카이사르! 그리고 알렉산드로스 대왕! 마치 그들은 명예의 최대 **경멸자**가 아니었던 것처럼!

그리고 엘베시우스(C. V. Helvétius)는 권력자의 뜻대로 되는 향락을 즐기기 위하여 사람은 권력을 추구한다는 것을 우리에게 보여준다. 그는 권력에 대한 이러한 추구를 향락에의 의지로, 쾌락주의로 이해한다.

752

민족이 어떻게 느끼는지에 따라, "권리·통찰·지배의 재능 등이 소수의 사람에게 있는지" 아니면 "다수의 사람에게 있는지"에 따라—**과두제**의 통치가 이루어지거나 **민주적** 통치가 행해진다.

군주제는 한 명의 아주 탁월한 자, 한 명의 지도자, 구원자, 반신(半神)에 대한 신앙을 **대변한다**.

귀족정치는 엘리트 인간과 높은 계급에 대한 신앙을 대변한다.

민주정치는 위대한 인간과 엘리트 사회에 대한 **불신**을 대변한다. "모든 사람은 모든 사람에게 평등하다." "근본에 있어 우리는 예외 없이 이기적인 짐승이자 천민이다."

753

내가 혐오하는 것은 1. 사회주의이다. 왜냐하면 그것은 완전히 소박하게 "진, 선, 미"와 평등한 권리를 꿈꾸고 있기 때문이다. 무정부주의 역시 단지 난폭한 방식으로 동일한 이상을 원한다.

2. 의회주의와 저널리즘이다. 왜냐하면 이것은 무리 동물이 주인이 되게 만드는 수단이기 때문이다.

754

민중의 무장은 결국 천민의 무장이다.

755

내게는 사회주의자가 얼마나 우스꽝스럽게 보이는지. 그들은 지금까지의 "질서"를 먼저 폐지하고 모든 "자연적 충동"을 자유롭게 해주기만을 바라며 덤불 뒤에서 기다리는 "선한 인간"에 관한 어리석은 낙관주의를 가지고 있지 않은가.

그리고 그 반대 진영도 마찬가지로 우스꽝스럽다. 그들은 법에서 이루어지는 폭력 행위를 인정하지 않고 모든 종류의 권위 속에 있는 냉혹함과 이기주의를 인정하지 않기 때문이다. "나와 나의 동류"가 지배하고자 하며 생존하기를 바란다. 퇴화하는 자는 추방되고 절멸된다. 이것이 모든 고대 입법의 근본 감정이다.

사람들은 군주보다 더 높은 종류의 인간에 관한 생각을 더 증오한다. 반귀족주의적이다. 그것은 군주에 대한 증오를 단지 가면으로 간주한다.

756

모든 정당이 얼마나 배신적인가! 모든 정당은 자신의 지도자가 대단한 기교로 숨겨놓은 무언가를 밝혀낸다.

757

현대 사회주의는 예수회의 세속적인 다른 형태를 만들어내려 한다. 모두가 절대적인 도구이다. 그러나 목적은 아직 발견되지 않았다. 무엇을 위하여는!

758

현대의 노예제. 하나의 야만! 그들이 노동으로 봉사하는 그 사람들은 어디에 있는가? 서로 보완하는 두 계급의 **동시성**을 언제나 기대할 필요는 없다.

이익과 즐거움은 삶에 대한 **노예들의 이론**이다. "노동의 축복"이란 노예들의 자기 찬미일 뿐이다. 여가를 가질 수 없는 무능력.

759

생존에 대해서도, 노동에 대해서도, 심지어 행복에 대해서도 아무런 권리가 없다. 개개의 인간도 저급한 곤충의 경우와 별반 다르지 않다.

760

대중에 대해서 우리는 자연에 대해서와 마찬가지로 무자비하게 생각해야 한다. 그들은 종을 보존한다.

761

대중의 곤궁을 아이러니한 비애감을 가지고 주시한다. 그들은 **우리가** 할 수 있는 것을 원한다.—아!

762

유럽의 민주주의는 오직 매우 작은 정도만 힘의 해방이다. 그것은 무엇보다도 게으름, 피로, **약함**의 해방이다.

763

노동자의 미래로부터.—노동자는 병사처럼 느끼기를 배워야 한다. 사례나 봉급을 받아야지, 임금을 지불받아서는 안 된다! 지불과 성과 사이에는 아무런 관계가 없다. 오히려 개인은 **각각 자신의 방식에 따라** 자신의 영역에서 최상의 것을 **행할** 수 있도록 배치되어야 한다.

764

노동자는 언젠가 지금의 시민처럼 살 것이다! 그러나 그들 **위에는** 욕구로부터의 자유로 구별되는 **더 높은 계급**, 그러므로 더 빈곤하고 더 단순하면서도 권력을 장악한 계급이 있어야 한다.

저급한 인간들에게는 이와 정반대되는 가치 평가가 유효하다. 그들 속에 "덕"을 심어주는 것이 문제이다. 절대적 명령, 끔찍한 강제의 명인, 그들을 안이한 삶에서 구출하는 일. 나머지 다른 사람들은 복종하는 것이 좋다. 그리고 그들의 허영심은 자신들이 위대한 인간에게 의존하지 않고 "**원칙**"에 의존하고 있는 듯이 보이는 것을 요구한다.

765

"모든 죄로부터의 구원"

사람은 사회적 협정의 "심각한 불의"에 관해 이야기한다. 마치 어떤 자는 유리한 상황에서 태어나고 또 어떤 자는 불리한 상황에서 태어났다는 사실이 처음부터 불의인 것처럼, 심지어 어떤 자는 이런 특성을 가지고 태어나고 또 어떤 자는 다른 특성을 가지고 태어난다는 사실이 이미 불의인 것처럼 이야기한다. 사회의 이러한 적대자들 가운데 가장 정직한 자들 편에서는 이렇게 확고하게 주장된다. "우리 자신은 우리가 인정하는 온갖 나쁘고 병들고 범죄적인 특성을 지니고 있지만, 그것은 약자가 강자에 의해 오랫동안 억압당한 일의 피할 수 없는 **결과**일 뿐이다." 그들은 자신들의 성격에 대한 책임을 지배계급에 전가한다. 그리고 그들은 위협하고, 분노하고,

저주한다. 그들은 분노로 인해 덕을 갖추게 되고 비열한 인간과 악한이 되어버린 것이 헛수고로 끝나지 않기를 바란다.

이러한 태도는 지난 수십 년이 낳은 발명인데, 내가 들은 바로는 염세주의로, 그것도 분개의 염세주의로 불린다. 여기서는 역사를 심판하고, 역사로부터 자신들의 숙명성을 박탈하고, 역사의 배후에서 책임을 발견하고, 역사 속에서 **죄인**을 발견하라는 요구가 행해진다. 왜냐하면 문제는 책임질 자가 필요하기 때문이다. 혜택받지 못한 사람들, 온갖 종류의 데카당들은 자신에 대한 반란을 일으키고, 자신을 파괴함으로써 파괴에 대한 갈증을 해소하지 않으려면 희생자가 필요하다(이것은 그 자체로 합리적일 수 있다). 그러기 위해서 그들은 정의의 외관이 필요하다. 즉, 그들이 이러저러하게 존재한다는 사실을 어떤 속죄양에게 **전가할** 수 있도록 해주는 이론이 필요한 것이다. 이 속죄양은 신일 수도 있고—러시아에서는 원한 감정에서 그렇게 된 무신론자들이 없지 않다—아니면 사회 질서일 수도 있고, 혹은 교육이나 가르침, 혹은 유대인이나 귀족, 혹은 어떤 식으로든 **혜택받은 자들**일 수 있다. "유리한 조건에서 태어나는 것은 범죄이다. 왜냐하면 그렇게 함으로써 다른 사람들의 상속권을 박탈하고, 다른 사람들을 옆으로 밀어내고, 악덕이나 **노동**이라는 형벌을 부과했기 때문이다. 비참한 것에 대해 내가 무슨 책임이 있단 말인가! 하지만 누군가는 그것에 대한 책임을 져야 한다. **그렇지 않으면 견디기 어려울 것이다**!" 요컨대, 분개의 염세주의가 편안한 느낌을 가지기 위해 책임이라는 것을 꾸며낸다—복수를. 복수는 "꿀보다 달다"고 늙은 호메로스가 이미 불렀다.

*

그런 이론이 더는 이해되지 않는다는 것, 즉 경멸받지 않는다는 것은 우리 모두의 핏속에 여전히 들어있는 그리스도교의 한 부분 때문이다. 그래서 우리는 어떤 것이 멀리서도 그리스도교적 냄새가 난다는 이유만으로도 그것에 대해 관대한 것이다. 사회주의자들은 그리스도교 본능에 호소한다. 이것 역시 그들의 가장 교묘한 책략이다. 그리스도교로 인해 우리는 "영혼", "불멸의 영혼", 영혼 단자라는 미신적 개념에 친숙해져있다. 이 개념들은 본래 어딘가 전혀 다른 곳에 거주하고 있고, 단지 우연히 이러저러한 상황 속으로, 말하자면 "지상의 현세"로 전락하여 "육체"가 된 것에 불과하다. 하지만 그것의 본질은 이로써 건드려지지 않았으며, **제약당한** 것은 더더욱 아니다. 사회적, 친족적, 역사적 관계들은 영혼에 대해서는 단지 기회나 곤경에 지나지 않는다. 아무튼 영혼은 그것들에 의해 만들어진 **작품**이 아니다. 이러한 생각으로 개인은 초월적인 것으로 만들어졌다. 개인은 영혼을 믿고 자신에게 터무니없는 중요성을 부여할 수 있었다. 사실, 처음으로 개인이 주제넘게 모든 것과 모든 사람의 판관 역할을 하도록 촉구한 것은 그리스도교였다. 과대망상은 개인에게 거의 의무가 되고 말았다. 개인은 모든 시간적인 것과 제약된 것에 대한 **영원한** 권리를 행사해야 한다! 국가는 무엇인가! 사회는 무엇인가! 역사적 법칙은 무엇인가! 생리학은 무엇인가! 여기서 말하고 있는 것은 생성의 피안이며, 모든 역사에 있어서 불변의 것이다. 여기서 말하고 있는 것은 불멸의 것, 무언가 신적인 것, 즉 **영혼**이다! 그리스도교의 또 다른, 이에 못지않게 미친 **개념**이 현대성의 피와 살 속으로 훨씬 더 깊숙이 침투해 유전되었다. **신 앞에서의 영혼의 평등**이라는 개념이. 이 개념 속에 **평등권**의 온갖 이론의 원형이 주어져있다. 인류가 처음으로 배운 것은 평등에 관한 명제를 종교적으로 더듬거리는 법이었고, 나중에야 그것으로 도덕을 만들었다. 인간이 그것을 진지하게 받아들이고 그것을 **실천적으로** 받아들이는 일로 끝난 것은 결코 놀라운 일이 아니다! 말하자면 그것을 정치적으로, 민주주의적으로, 사회주의적으로, 분개의 염세주의적으로 받아들였다는 것이다.

*

책임을 추구하는 곳 어디서든, 그것을 추구한 것은 **복수의 본능**이었다. 이 복수의 본능은 수천 년 동안 전체 형이상학, 심리학, 역사관, 특히 **도덕**이 이 본능에 의해 특징지어질 정도로 인류를 지배했다. 인간의 사고가 미치는 정도만큼, 인간은 복수의 병균을 사물 속으로 끌어넣었다. 이로써 인간은 신마저 병들게 했으며, 실존 일반으로부터 무구함을 박탈했다. 말하자면 실존의 이러저러함을 의지와 의도와 책임 행위로 환원함으로써 그렇게 했다. 의지에 관한 전체 이론, 지금까지의 심리학에서 있어서 이 가장 숙명적인 **허위**는 본질적으로 복수라는 목적을 위해 고안되었다. 이 개념에 존엄성과 권력과 진리를 보증한 것은 벌의 사회적 **유용성**이었다. 옛 심리학의—의지의 심리학의—창시자는 형벌권을 쥐고 있었던 계급 가운데서, 무엇보다 가장 오래된 공동체의 최고 지위를 차지했던 사제계급의 형벌권에서 찾아야 한다. 그들은 스스로 복수할 권리를 만들고 싶어 했다. 혹은 그들은 **신**을 위해 복수할 권리를 만들고 싶어 했다. 이러한 목적을 위해 인간은 "자유롭다"고 생각되었다. 이 목적을 위해 모든 행위는 의욕된 것이어야 했으며, 모든 행위의 근원은 의식 속에 있다고 생각되어야만 했다. 이런 명제들 속에 옛 심리학이 보존되어있다.

유럽이 정반대의 운동으로 진입한 것처럼 보이는 오늘날, 우리 평온한 자들은 특히 온 힘을 다해 **죄 개념**과 **벌 개념**을 이 세상으로 다시 철거하고 제거하고 소거하려 노력하는 오늘날, 우리의 최고의 진지함이 심리학, 도덕, 역사, 자연, 사회적 제도와 제재, 신 자체를 이 더러움에서 정화하고자 하는 오늘날—누구에게서 우리는 우리의 가장 자연적인 반대자를 보아야 하는가? 바로 저 복수와 르상티망의 사도들 속에서, 전형적인 분개의 염세주의자들 속에서 보아야 한다. 이들은 자신들의 더러움을 "분개"라는 이름으로 신성하게 만드는 것을 사명으로 삼는 자들이다. 생성에 그 무구함을 되돌려주기를 바라는 우리 다른 자들은 더 순수한 사상의 전도사가 되고 싶어 한다. 누구도 인간에게 자신의 고유한 특성을 부여하지 않았다는 사상, 신도 아니고 사회도 아니며, 양친이나 선조도 아니고, 그 자신도 아니라는 사상—누구도 그 사람에게 **책임이** 없다는 사상의 전도사가 되고 싶어 한다. 누군가가 대체로 존재한다는 것, 누군가가 이러저러하게 존재한다는 것, 누군가가 이런 상황과 이런 환경에서 태어난다는 것에 대해 책임을 질 수 있는 자는 아무도 없다. **그런 존재가 없다는 것은 큰 위안이다**. 우리는 영원한 의도나 의지나 소망의 결과가 **아니다**. 우리를 사용하여 "완전성의 이상"이나 "행복의 이상” 혹은 “덕의 이상”을 달성하려는 시도가 행해지는 것은 **아니다**. 우리는 또한 신 자신이 그 때문에 불안해할 수밖에 없는 신의 실수도 **아니다**(주지하다시피 《구약성서》는 이 사상으로 시작한다). 우리가 우리의 존재를, 우리의 이러저러한 존재를 전가할 수 있는 어떤 장소도 어떤 목적도 어떤 의미도 없다. 무엇보다, 누구도 그런 일을 **할 수 없을** 것이다. 전체를 심판하고 측정하고 비교하고, 심지어 부정할 수는 없는 일이다! 왜인가? 조금이라도 지성이 있다면 이해할 수 있는 다섯 가지 이유 때문이다. 예를 들면, **전체 이외에는 아무것도 존재하지 않기 때문이다**.

그리고 다시 말하자면, 이것은 커다란 위안이며, 여기에 모든 실존의 무구함이 있다.

2. 개인

766

근본 오류. 목표를 개개인이 아니라 무리에게 두는 것! 무리는 수단이지, 그 이상은 아니다! 그러나 지금 무리를 개인으로 이해하고 무리에게 개개인보다 더 높은 지위를 부여하려고 한다. 가장 깊은 오해!!! 마찬가지로 무리처럼 만드는 것, 즉 동정심을 우리 본성의 더욱 가치 있는 측면으로 묘사하다니.

767

개인은 무언가 전혀 새로운 것이며 새롭게 창조하는 것이다. 개인은 무언가 절대적인 것이며, 모든 행위는 전적으로 그 자신의 것이다.

궁극적으로 개인은 자신의 행위에 대한 가치를 자신에게서 도출한다. 왜냐하면 그는 전승된 말까지도 **순전히 개인적으로 해석해야**하기 때문이다. 그가 어떤 공식을 **창조하지** 않더라도 그 공식에 대한 그의 **해석**은 적어도 개인적이다. **해석자**로서 그는 언제나 여전히 창조적이다.

768

자아는 정복하고 죽인다. 그것은 유기체의 세포처럼 활동한다. 그것은 약탈하고 폭력적이다. 그것은 자신을 재생하고자 한다—임신. 그것은 자신의 신을 낳고자 하며, 모든 인류가 자신의 발아래 굴복하는 것을 보고 싶어 한다.

769

모든 생명체는 할 수 있는 한 자신의 힘으로 멀리까지 뻗어나가 더 약한 자를 정복한다. 이렇게 생명체는 그 자체로 즐거움을 얻는다. 이러한 경향에서 **증대하는 "인간화"**는 타인을 정말로 자신에게 **동화시키는** 일이 얼마나 어려운가를 점점 더 섬세하게 느끼는 데 있다. 즉, 타인에게 거칠게 해를 가하는 것이 비록 그에 대한 우리의 권력을 보여주기는 하지만, 그것은 동시에 타인의 의지를 우리에게 더 **소외시킨다**. 따라서 타인을 오히려 굴복시키기 어렵게 만든다.

770

정상에 머물기 위해서는 어느 정도의 저항이 계속해서 극복되어야 한다. 이것이 개개인에 대해서든 사회에 대해서이든 **자유**의 척도이다. 다시 말해 자유는 긍정적 권력으로서, 권력에의 의지로서 설정된다. 이에 따르면 개인적 자유의, 주권의 최고 형식은 아마도 그 반대로부터 다섯 걸음도 떨어지지 않은 곳에서, 백 개의 다모클레스의 칼처럼[1] 노예화의 위험이 생존 위에 걸려있는 곳에서 성장할 것이다. 이러한 관점에서 역사를 개괄해보라. "개인"이 저 완전성에까지 성숙하는, 즉 자유로워지는 시대, **주권적 인간**의 고전적 전형이 달성되는 시대—오, 아니다! 그것은 결코 인간의 시대가 아니었다!

정상에 있거나 아니면 벌레처럼 조소당하고 파괴되고 짓밟혀 밑에 있든, 여기에는 선택의 여지가 있을 수 없다. 사람은 폭군이 되기 위해서는, 즉 자유롭기 위해서는 자신에 대한 폭군을 가지지 않으면 안 된다. 백 개의 다모클레스의 칼이 자기 머리 위에 걸려 있는 것은 결코 작은 이익이 아니다. 이로써 사람은 춤추는 법을 배우고, "운동의 자유"를 얻게 된다.

771

인간은 원래 다른 동물보다 **이타적**이다. 따라서 인간은 느리게 발달하고(어린아이), 고도로 교육된다. 따라서 이기주의의 특별한 궁극적 유형이 나타난다. 맹수는 훨씬 더 **개인적**이다.

---

1) 다모클레스(Damocles)는 기원전 4세기 시라쿠사(Syracuse)의 전제군주 디오니시우스 1세(Dionysius I)의 신하이다. 이야기에 따르면, 다모클레스가 디오니시우스는 비할 데 없는 권력과 권위를 가진 위대한 사람으로서 화려하게 사는 정말 운 좋은 사람이라고 아첨하자, 디오니시우스는 다모클레스가 바로 그 행운을 직접 맛볼 수 있도록 하루 동안 자리를 바꾸자고 제안한다. 그러나 그의 통치 기간에 많은 적을 만들었던 디오니시우스는 왕이 되는 것이 어떤 것인지에 대한 감각을 불러일으키기 위해 단 한 가닥의 말꼬리 털로 왕좌 위에 칼을 걸도록 했다. 다모클레스는 큰 권력에는 큰 책임이 따른다는 것을 깨닫고, 운이 좋지만 위험한 왕의 자리를 원하지 않았기 때문에 왕에게 떠나도록 허락해달라고 간청했다고 한다. '다모클레스의 검'은 권력을 가진 사람들이 직면하는 위험과 불확실한 상황에 의해 야기되는 불길한 느낌을 암시한다.

772

“**이기심**”의 비판에 대하여. 무언가 대담하고 예리하고 역설적인 것을 말한다고 믿는 라로슈푸코의 본의 아닌 천진난만함. 당시에는 심리학적인 사안에서의 “진리”는 사람을 놀라게 하는 어떤 것이었다. 예를 들면, “위대한 영혼은 평범한 영혼보다 열정이 적고 더 많은 적을 가진 사람이 아니라, 단지 더 위대한 계획을 지닌 사람이다.” 물론 존 스튜어트 밀(그는 샹포르Sébastien Nicolas de Chamfort를 18세기의 **더 고귀하고도** 철학적인 라로슈푸코라고 부른다)은 라로슈푸코에게서 “습관적인 이기심”으로 돌아가는 인간 가슴속의 모든 것에 대한 가장 예리한 관찰자만을 보았으며, 다음과 같이 덧붙인다. “높은 품성과 귀족적 성격이 어떤 종류의 타락시키는 영향력에 대해 승리를 거둘 수 있다는 것을 보여주기 위한 게 아니라면, **고귀한** 정신은 **범속함**이나 **저급함**을 지속적으로 고찰할 필요성을 자신에게 부과할 수 없을 것이다.”

773

자기감정의 형태학

A: 공감과 공동체 감정은, 인격의 자기감정이나 개개인에게 있어서의 가치 정립의 주도권이 아직도 전혀 가능하지 않은 지금, 어느 정도로 저급하고 준비 단계인가.

B: **집단적 자기감정**의 높이, 씨족 간의 거리에 대한 긍지, 자신이 평등하지 않다는 감정, 중재나 권리의 평등화나 화해에 대한 혐오가 어느 정도로 **개인적 자기감정**을 가르치는 학교인가. 특히 그것이

개인에게 전체의 긍지를 대변하도록 강요하는 한에서. 개인이 자신의 인격으로 공동체를 대표하는 한, 그는 자신에 대한 극도의 존경심을 가지고 말하고 행동해야 한다. 개인이 자신을 **신성의 도구이며 대변자**라고 느낄 때도 마찬가지다.

C: 이러한 탈자아의 형식들이 실제로 어느 정도로 인격체에게 거대한 중요성을 부여하는가. 이는 더 높은 힘들이 이 형식들을 이용하는 한에서의 일이며, 자신에 대한 종교적 외경은 예언자나 시인의 상태이다.

D: 전체에 대한 책임감이, 개인이 자기 자신을 위해서라면 자신에게 용인하지 않을 넓은 시야, 엄격하고 무시무시한 손, 신중과 냉정, 몸가짐과 태도의 위엄을 개인에게 어느 정도로 **가르치고 허락하는가**.

요약하면, 집단적 자기감정은 인격적 주권을 가르칠 커다란 예비학교이다. 고귀한 계급은 이러한 훈련의 유산을 만드는 계급이다.

774

권력에의 의지의 위장된 방법들

1. **자유**, 독립에 대한, 그리고 평형, 평화, **조정**에 대한 열망. 또한 은둔자, "정신의 자유". 가장 저급한 형태로는, 생존하고자 하는 의지, "자기 보존 충동".

2. 더 큰 전체 속에서 이 전체의 권력에의 의지를 만족시키기 위한 **순응**. **복종**, 권력을 가진 자들에게 없어서는 안 될 존재가 되고 유용한 존재가 되게 하는 일. 권력자의 마음속으로 몰래 들어가는

샛길로서의 **사랑**—그를 지배하기 위해.

3. 의무감, 양심, 실질적으로 위력을 가진 자보다 **더 높은 위계**에 속한다는 공상적인 위안. 권력을 더 많이 가진 자에 대해서도 **심판**을 허용하는 위계질서의 인정. 자기 단죄. 새로운 가치 판의 고안(유대인이 고전적 사례이다).

775

권력에의 의지로서의 칭찬과 감사.—수확, 좋은 날씨, 승리, 결혼, 평화에서의 칭찬과 감사.—이 모든 축제는 감정을 발산할 수 있는 주체가 필요하다. 사람은 어떤 사람에게 생기는 모든 좋은 일이 그 사람에게 **행해진** 것이기를 바란다. 즉, 행위자를 원한다. 어떤 예술 작품을 대할 때도 마찬가지다. 사람은 예술 작품에 만족하지 않고, 그 행위자를 칭찬한다.

그러므로 **칭찬한다는 것**은 무엇인가? 받은 좋은 행위에 대한 일종의 **청산**이고, **돌려주는 것**이며, **우리의** 힘을 보여주는 것이다. 왜냐하면 칭찬하는 자는 긍정하고 판단하고 평가하고 **심판하기** 때문이다. 그는 긍정할 **수 있고**, 명예를 부여할 **수 있는** 권리를 자신에게 인정한다. 고양된 행복과 삶의 감정은 또한 고양된 권력 감정이기도 하다. 이 감정으로부터 인간은 칭찬하는 것이다(이것으로부터 그는 행위자, 하나의 주체를 만들어내고 찾는다). **감사**는 **선의의 복수**이다. 감사는 평등과 긍지가 동시에 유지되어야 하는 곳, 복수가 가장 잘 실행되는 곳에서 가장 강하게 요구되고 실행된다.

776

권력의 마키아벨리즘에 대하여

권력에의 의지가 나타난다,

a) 억압받은 자나 모든 유형의 노예에게서는 "**자유**"에의 의지로서. 단순히 **해방되는 것**이 그들에게는 목표처럼 보인다(도덕적-종교적으로는 자기 자신의 양심에 대해서 책임이 있다. "복음적 자유" 등).

b) 권력을 향해 성장하는 비교적 강한 유형의 사람들에게서는 우세 권력에의 의지로서. 이것이 처음에 실패하면 자신을 "정의"에의 의지로 제한한다. 즉, 지배하고 있는 다른 유형이 가지고 있는 것과 **동등한 정도의 권리**를 추구하는 의지로 제한한다.

c) 가장 강한 자, 가장 부유한 자, 가장 독립적인 자, 가장 용기 있는 자들에게서는 "인류에의 사랑"으로서, "민중"과 복음과 진리와 신에 대한 사랑으로서. 동정으로서, "자기희생" 등으로서. 압도함, 마음을 빼앗음, 자신을 위해 봉사하게 함으로써. **방향을 제시할 수 있는 엄청난** 양의 권력과 자신을 본능적으로 동일시함으로써. 즉, 영웅과 예언자, 제왕, 구세주, 목자(성적 사랑도 여기에 속한다. 그것도 점유를 원하지만 헌신으로 나타난다. 그것은 근본적으로는 자신의 "도구"와 "말"에 대한 사랑일 뿐이며, 이러저러한 것은 그것을 사용할 수 있는 자인 그에게 속한다는 확신이다).

"자유", "정의", "사랑"!!!

777

사랑.—꿰뚫어 보아라. 여자들의 이런 사랑, 이런 동정, 이것보다 더 이기적인 것이 있을까? 그리고 그들이 자신을, 자신의 명예와 평판을 희생할 때, 누구에게 희생하는 것인가? 남자에게? 혹은 오히려 방종한 욕구에게 아닌가?

—이것은 똑같이 이기적인 욕망이다. 가령 그것이 타자에게 선행을 베풀어 감사의 마음을 심어주더라도.

—하나의 가치 평가를 이처럼 과도하게 잉태하는 일이 그 밖의 모든 것을 얼마나 **신성하게** 할 수 있는지!!

778

"관능", "열정".—관능과 욕망과 열정에 대한 공포는, 이 공포가 이러한 것들을 **단념시키기에** 이르면 이미 **약함**의 징후이다. 극단적인 수단은 언제나 비정상적 상태를 나타낸다. 여기서 모자라거나 부서지는 것은 충동을 **억제하는** 힘이다. 굴복해야 하거나, 달리 말해 반응해야 **하는** 본능을 가지고 있을 때는 그런 기회("유혹")를 피하는 것이 좋다.

"관능의 자극"은 너무 쉽게 움직이고 영향을 받는 조직을 가진 사람의 경우에만 **유혹**이다. 그 반대의 경우인 조직이 극히 둔중하고 완고한 경우에는 기능을 발동시키기 위해서는 강력한 자극이 필요하다.

방종은 우리에게는 방종할 권리를 가지고 있지 않은 자에 대해서만 비난일 뿐이다. 그리고 거의 모든 열정은 그것을 **자신의 이익이 되게** 이용할 만큼 충분히 강하지 못한 사람들 때문에 악평을 듣는다.

사람들은 **질병**에 대해 반대할 수 있는 것이 열정에 대해서도 반대할 수 있다는 점을 이해하지 않으면 안 된다. 그럼에도 불구하고 우리는 질병 없이 지낼 수 있는 것은 아니며, 열정 없이 지낼 수 있는 것은 더더욱 아니다. 우리는 비정상적인 것을 필요로 한다. 우리는 이런 대단한 질병들을 통해 삶에 엄청난 쇼크를 준다.

개별적으로 다음을 구별해야 한다.

1. **지배적인 열정**. 이것은 심지어 최고 형식의 건강 일반을 동반한다. 여기서는 내부 체계의 조정과 하나의 목적에 봉사하는 작업이 가장 잘 달성되고 있다. 그런데 이것이야말로 거의 건강의 정의이다!

2. 열정들의 **대립**, "한 가슴속의 영혼들"의 이원성, 삼원성, 다원성. 이것은 아주 건강하지 않으며, 내적 황폐이며, 서로 분리되어 내적 분열과 무정부 상태를 폭로하고 촉진한다. 어떤 열정이 마침내 주인이 되지 않는 한에서 말이다. **건강의 복귀**.

3. 대립과 협력이 **없는** 병존. 이것은 종종 주기적이며, 하나의 질서가 발견되는 즉시 역시 건강한 상태이다. 가장 흥미로운 인간들이, 카멜레온 유형이 여기에 속한다. 그들은 자기모순적이지 않다. 그들은 행복하며 안정되어있다. 하지만 그들은 발전하지 않는다. 그들의 여러 상태는, 그것들이 일곱 번 분리되어있더라도, 병존하는 것이다. 그들은 변화하지만, **생성되지는** 않는다.

779

가치 평가의 관점에 영향을 미치는 목표에서의 **양**. **큰** 범죄자와 **작은** 범죄자. 원하는 **목표**의 양은 원하는 사람이 그로 인해 자신을 존중할지, 아니면 소심하고 비참하다고 느낄지를 결정한다.

다음으로 가치 평가의 관점에 영향을 미치는 수단에서의 정신성의 정도. 철학적 혁신가, 실험자, 폭력자는 도적, 야만인, 모험가와 비교하여 얼마나 다르게 보이는가!—"이기심 없는 자"라는 외관.

마지막으로 고귀한 수법, 태도, 용기, 자기 신뢰—이것들이 이러한 방식으로 달성되는 것의 가치 평가를 얼마나 변화시키는가!

*

가치 평가의 관점에 대하여:

목적의 (크고 작은) **양**의 영향.

수단에서의 **정신성**의 영향.

행동에서의 **수법**의 영향.

성공 또는 **실패**의 영향.

대적하는 힘들과 그 가치의 영향.

허용된 것과 **금지된 것**의 영향.

780

행위, 방책, 정동을 가능하게 하기 위한 책략들을 개인적 관점에서 평가해보면, 더는 "허용되지" 않고, 더는 "구미가 당기지도" 않는다.

—**예술**은 "그것들을 우리에게 좋은 맛으로 음미하게 해준다". 예술은 우리를 그렇게 "소외된" 세계로 이끈다.

—**역사가**는 그것들이 어떤 방식으로 권리이고 이성인가를 보여준다. 여행, 이국적 취미, 심리학, 형법, 정신병원, 범죄자, 사회학.

—"**비인격성**"(이로 인해 우리는 집단의 매개체로서 자신에게 이러한

정동과 행위를 허락한다. 판사, 배심원, 시민, 군인, 장관, 군주, 사회적 단체, "비평가"), 이 비인격성은 우리에게 마치 우리가 희생하고 있다는 느낌을 받게 한다.

781

자신과 자신의 "영원한 구원"에 대한 선입견은 풍부하고 자신감 넘치는 본성을 표현하지 **않는다**. 왜냐하면 이 본성은 과연 자신이 축복받게 될지를 상관하지 않기 때문이다. 이 본성은 어떠한 형태의 것이든 행복에는 전혀 관심이 없다. 이 본성은 힘, 실행, 욕망 그 자체이다. 이 본성은 사물들에 **폭행을** 가한다. 그리스도교는 두 발로 확고하게 설 수 없는 사람들의 낭만적 우울증이다.

쾌락주의적 관점이 전면에 나서는 곳 어디서든 고통과 특정한 **실패**를 추론해도 된다.

782

"개인의 증대하는 자율성". 이것에 대해 푸예(A. Fouillée)[2]와 같은 파리의 철학자들은 말하고 있다.

하지만 그들은 자신들이 속해있는 양의 경주만을 주목했어야 했다!

---

2) 푸예(1838~1912)는 19세기 프랑스의 철학자이다. 1867년과 1868년 그는 플라톤과 소크라테스에 관한 연구로 도덕 과학 아카데미의 왕관을 받았다. 그는 니체에 관해서도《니체와 비도덕주의(Nietzsche et "l'immoralisme")》(1903)라는 책을 썼다.

눈을 크게 떠라, 너희 미래의 사회학자들이여! "개인"은 **반대의** 조건에서 강해졌다. 너희가 묘사하는 것은 인간의 극심한 약화와 위축이다. 너희는 그것 자체를 원하고, 그러기 위해 낡은 이상의 거짓 장치 전체를 사용한다! 너희는 실제로 무리 동물의 욕구들을 **이상**으로 느끼는 그런 **종류**이다!

심리학적 정직성의 완전한 결여!

783

현대 유럽인을 나타내는 두 가지 특성은 얼핏 대립하고 있는 것처럼 보인다. **개인주의적인 것**과 **평등한 권리에 대한 요구**. 나는 마침내 이것을 이해한다. 즉, 개인은 극도로 손상되기 쉬운 허영이다. 이 허영은 그것이 얼마나 빨리 고통받는지를 의식해, 모든 다른 사람도 그와 동등하게 대우받기를 요구하고, 그가 단지 동등한 자들 사이에 있을 뿐이라는 것을 요구한다. 이것은 천부적 재능이나 힘이 현저하게 갈라지지 않는 사회적 종족을 특징짓는다. 고독과 소수의 평가자를 원하는 긍지는 전혀 이해되지 않는다. 전적으로 "큰" 성공은 오직 대중에 의해서만 달성된다. 물론 사람들은 대중의 성공이란 언제나 본래 작은 성공이라는 것을 전혀 이해하지 못한다. 왜냐하면 아름다운 것은 소수의 것이기 때문이다.

모든 도덕은 인간의 "위계질서"에 대해 아무것도 모른다. 법을 가르치는 선생은 공동체의 양심에 대해 아무것도 모른다. 개인 원리는 **아주 위대한** 인간을 거부하며, 대략 동등한 자들 사이에서 재능을 알아차리는 가장 섬세한 눈과 가장 신속한 인식을 요구한다. 왜냐하면 누구나 그렇게 문명화된 후대의 문화 속에서 얼마간의 재능을 가지고 있고—따라서 영예의 자기 몫을 돌려받을 수 있기를 기대할 수 있기에—오늘날에는 그 어느 때보다 작은 공적을 뽐낸다. 이로써 현대는 **무한히 공정해** 보이는 외관을 가지게 된다. 그것의 불공평은 예술에서도 나타나는 압제자나 민중에게 아첨하는 자들에 대해서가 아니라, 다수의 운명을 경멸하는 **고귀한** 인간에 대한 끝없는 분노 속에 있다. 동등한 권리에 (예를 들면 만물과 만인을 재판할 권리에) 대한 요구는 **반귀족적**이다.

이 시대에 마찬가지로 낯선 것은 사라진 개인, 위대한 유형 속으로의 잠입, 인격이 되고 싶지 않은 것이다. 하지만 바로 이러한 점이 예전에는 많은 높은 인간들의 탁월함이나 열의를 구성했다(그러한 인간들 가운데는 가장 위대한 시인들도 있었다). 혹은 그리스에서처럼 "시민이 되기", 예수회, 프로이센의 장교단이나 관료 조직, 혹은 위대한 장인의 제자가 되거나 계승자가 되는 일도 그러하다. 그러기 위해서는 비사회적 상태나 **사소한** 허영심의 결여가 필요하다.

784

개인주의는 "권력에의 의지"의 온건하고 여전히 무의식적인 종류이다. 여기서 개인은 사회(국가든 교회든)의 압도적 권력으로부터 **자유로워지는** 것으로 이미 충분해 보인다. 그는 인격으로서 사회에 반대하는 것이 아니라 단지 개인으로서 반대한다. 그는 전체에 대항하여 모든 개개인을 대표한다. 즉, 그는 본능적으로 자신이 **다른 모든 개인과 동등하다고** 설정한다. 그가 쟁취하는 것은 인격으로서가 아니라 전체에 대항하는 개인으로서 쟁취하는 것이다.

사회주의는 단지 **개인주의의 선동 수단**에 불과하다. 사회주의는 사람들이 무엇인가를 달성하기 위해서는 총체적 활동으로, 하나의 "권력"으로 자신을 조직해야만 한다는 점을 파악한다. 그러나 사회주의가 원하는 것은 개인의 목적으로서의 사회 조직이 아니라 **다수의 개인을 가능하게 하는 수단**으로서의 사회 조직이다. 이것이 사회주의자들의 본능이지만, 이에 관해 그들은 자주 자기를 기만한다(그들이 자신을 관철하기 위해 자주 기만해야 한다는 점을 도외시하더라도). 이타주의적 도덕의 설교가 개인 이기주의에 봉사하고 있다는 점, 이것은 19세기의 가장 습관적인 허위 중 하나이다.

무정부주의 역시 단지 **사회주의의 선동 수단**일 뿐이다. 이 수단으로 무정부주의는 공포를 불러일으키며, 이 공포로 매혹하고 위협하기 시작한다. 무엇보다도 무정부주의는 정신적인 문제에서도 용기 있는 자와 감행하는 자를 자기편으로 끌어들인다.

이 모든 것에도 불구하고, **개인주의**는 권력에의 의지의 **가장 온건한** 단계이다.

어느 정도의 독립성을 달성하면, 사람들은 그 이상의 것을 원한다. 힘의 정도에 따른 분리가 나타난다. 개인은 더는 자신이 다른 사람과 동등하다고 생각하지 않고, **자신과 동등한 사람을 찾아** 나선다. 그는 다른 사람을 자신과 구별한다. 개인주의에 이어서 **사지와 기관의 형성**이 뒤따른다. 즉, 유사한 경향들이 모여서 하나의 권력으로 활동하며, 이런 권력 중심들 사이에는 마찰, 전쟁, 쌍방의 힘의 인식, 조정, 접근, 성과의 교환에 대한 확정이 있다. 최후에는 **위계**가 나타난다.

결론적인 요약.

1. 개인이 자신을 자유롭게 한다.

2. 개인은 서로 투쟁하게 되고, "권리의 평등"(목표로서의 "정의")에 대해 합의한다.

3. 이 일이 달성되면, 사실상의 **힘의 불평등**이 **영향을 확대하게** 된다(전체적으로는 평화가 지배하고, 이전에는 거의 제로나 다름없었던 수많은 작은 힘의 양들이 이미 차이를 구성하기 때문이다). 이제 개인은 그룹으로 조직되고, 그룹은 특권과 우세를 추구한다. 투쟁은 좀 더 완화된 형식으로 새롭게 거세진다.

아직 권력을 가지지 않는 한, 사람은 **자유**를 원한다. 권력을 가지면 사람들은 압도적 권력을 원한다. 이것을 획득할 수 없으면(그러기에는 사람들이 아직 너무 약하다면), 사람들은 "**정의**", 즉 **동등한 권력**을 원한다.

785

"**이기주의" 개념의 수정**—"개인"이란 어느 정도까지 하나의 오류이며, 모든 개체가 어느 정도까지 바로 일직선을 이루는 전체 과정(단지 "상속된" 것이 아니라 이 전체 과정 자체이다)인지를 파악하면, 개체는 **엄청나게 중요한 의미**를 지니게 된다. 이 점에서 **본능**은 아주 정확하게 말한다. 이 본능이 **쇠약해지는** 곳에서는—개인이 타인을 위한 봉사에서 비로소 자신의 가치를 찾는 곳에서는 피로와 **퇴화**를 확실히 추론할 수 있다. 이타주의 성향은, 철저하게 그리고 아무런 위선 없이 고찰하면, **타인의** 이기주의에 봉사하면서 적어도 **이차적** 가치를 만들려는 본능이다. 그러나 대개 그것은 표면적일 뿐이다. **자신의 생명 감정**과 **가치 감정**을 유지하기 위한 **우회로**이다.

786

도덕화와 탈도덕화의 역사

첫째 명제. 어떤 도덕적 행위도 없다. 그것은 완전히 상상되었다. 도덕적 행위는 증명될 수 없을 뿐만 아니라(이를테면 칸트가 인정하고, 또한 그리스도교도 인정하는 것) **전연 불가능하다**. 심리학적인 오해로 인해 사람들은 원동력이 되는 힘과 반대되는 것을 고안해내고, 다른 종류의 힘을 표시했다고 믿는다. 사람들은 전혀 존재하지 않는 최초의 동인을 날조했다. 대체로 "도덕적"과 "비도덕적"이라는 대립을 불러일으킨 평가에 따르면 이렇게 말해야만 한다. **비도덕적 의도와 행위만 있을 뿐이다**.

둘째 명제. "도덕적"과 "비도덕적"이라는 이러한 전체 구별은 도덕적 행위뿐만 아니라 비도덕적 행위도 자유로운 자발성의 활동이라는 점에서 출발한다. 요컨대 자유로운 자발성이 있다는 것, 달리 표현하자면 도덕적 판단은 대체로 오직 한 종류의 의도와 행위, 즉 **자유로운** 의도와 행위에만 연관되어있다는 점에서 출발한다.

그러나 이러한 종류의 의도와 행위는 순전히 공상이다. 도덕적인 척도만이 적용될 수 있는 세계는 전혀 존재하지 않는다.

도덕적 행위도 없으며, 비도덕적 행위도 없다.

*

"도덕적"과 "비도덕적"이라는 **대립 개념**을 발생시킨 **심리학적 오류**. "사심 없는", "비이기적인", "자기부정적인"—이 모든 것은 실재적이지 않으며 날조된 것이다.

"자아"에 관한 그릇된 독단론. 자아는 비-자아와의 잘못된 대립 속에서 원자론적 의미로 받아들여진다. 마찬가지로 생성으로부터 분리되어 존재하는 것으로 받아들여진다. **자아의 그릇된 실체화**. 이러한 실체화는 (개인의 불멸에 대한 믿음 안에서) 특히 **종교적-도덕적 훈육**의 압박을 받아 신조가 되고 말았다. 이렇게 자아를 인위적으로 분리하여 자아가 그 자체로 자신을 위해 존재한다고 설명한 이후, 반박할 수 없어 보이는 가치 대립이 생겨났다. 즉, **개별 자아**와 거대한 **비-자아**의 대립이. 개별 자아의 가치가 자신을 거대한 비-자아와 관련시키는 데에만, 즉 비-자아에 종속하고 이 비-자아를 위하여 존재하는 데에만 있을 수 있다는 것이 명백해 보였다. 여기서 결정적인 것은 무리 본능이었다. 개인의 주권보다 이 본능에 반하는 것은 없지만, 자아가 그 자체로 존재하고 자신을 위해 존재하는 것으로 파악되면 자아의 가치는 **자기부정**에 있어야만 한다.

그러므로 1. "개인"을 원자로서 그릇되게 독립시킴.

2. 원자 그대로 남아있기를 원하는 일을 기피하고 적대시하는 무리의 평가.

3. 개인의 목표를 옮김으로써 개인의 극복.

4. 이제 **자기를 부정하는** 행위들이 있는 것처럼 보였다. 이 행위를 둘러싼 대립의 전체 영역이 공상되었다.

5. 이렇게 질문되었다. 어떤 행위들에서 인간은 자기 **자신을** 가장 강하게 **긍정하는가**? 이러한 행위(성욕, 소유욕, 지배욕, 잔인함 등)의 둘레에 추방, 증오, 경멸이 쌓였다. **사람들은** 비이기적인 충동이 있다고 **믿었고**, 이기적인 모든 충동을 **비난했으며**, 이기적이지 않은 충동을 **요구했다**.

6. 이 일의 결과. 무엇이 행해졌는가? 가장 강력하고 자연스러운 충동, 더 나아가 **유일한 실제적 충동**이 추방된 것이다. 이제부터 칭찬할만한 행위를 찾기 위해서는, 그 행위에 이러한 충동이 있다는 것을 **부정해야만** 했다. **심리학적 사항에서의 끔찍한 허위**. 모든 종류의 "자기만족"조차 사람들이 선의 모습 아래서 자신을 오해하고 정돈할 때만 비로소 다시 가능해졌다. 반면, 인간에게서 자기만족을 **빼앗는** 것에서 자신의 이익을 취하는 저 종류의 사람들(무리 본능의 대표자들, 예컨대 승려와 철학자들)은 어떻게 도처에서 이기심이 지배하는지를 제시할 정도로 섬세해지고 심리학적으로 명석해졌다. 그리스도교적 결론. "모든 것이 죄이다. 우리의 덕도 마찬가지다. 인간의 절대적 비난 가능성. 비이기적 행위란 **불가능하다**." 원죄. 요약하면, 인간이 자신의 본능을 순전히 공상적인 선의 세계와 대립시키고 난 후, 인간은 선한 행위를 할 **능력이 없는** 자로서 자기 경멸에 빠지지 않을 수 없었다.

부기. 그리스도교는 이로써 라로슈푸코와 파스칼처럼 심리적 통찰의 예리함에서 진보를 보여준다. 그리스도교는 **인간 행위의 본질적 동등성**과 주요 사항에서의 그 가치의 동등성을 파악했다(모든 행위는 **비도덕적**이라고).

*

이제 사람들은 이기심이 죽어버린 인간을 형성하는 일에 진지하게 착수했다. 성직자와 성자를. "완전해질" 가능성을 의심하더라도, 사람들은 무엇이 완전한가를 알 가능성을 의심하지 **않는다**.

성자와 성직자와 "선한 인간"의 심리학은 물론 순전히 환상적인 것이 되지 않을 수 없었다. 사람들은 행위의 **실제** 동기가 **나쁘다고** 설명했다. 일반적으로 행동할 수 있으려면, 행위를 지시할 수 있으려면 전혀 가능하지 않은 행위가 가능한 것으로 기술되어야 하고, 말하자면 **신성시되어야만** 했다. 비방할 때 사용했던 바로 그 **허위**를 가지고 이제는 외경과 이상화가 행해졌다.

삶의 본능에 대한 분노를 "신성하고" 존경할만한 것으로 간주한다. 절대적 순결, 절대적 복종, 절대적 빈곤. 이것은 **성직자의** 이상이다. 자선, 동정, 희생, 아름다움과 이상과 감성의 부인, 사람이 가지고 있는 강한 성질에 대한 무뚝뚝한 시선. 이것은 **평신도의** 이상이다.

*

더 앞으로 나아간다. **비방받은 본능들**이 자신도 권리를 가지고자 노력한다(이를테면 루터의 종교개혁. "복음의 자유"를 가장한 도덕적 기만의 가장 거친 형식이다). 이러한 본능들이 거룩한 이름으로 바뀌어 불린다.

비방받은 본능들은 **도덕적인** 본능들이 가능하기 위해서는 자기가 **필연적**이라는 것을 증명하려 애쓴다. 사람은 타인을 위해, 살기 위해 살지 않으면 안 된다. 목적에 이르는 수단으로서의 이기주의.

더 나아가서, 사람들은 이기적 충동뿐만 아니라 이타적 충동에도 생존권을 부여하려 애쓴다. 즉, 양자 어느 쪽에 대해서도 권리의 **평등**(유용성이라는 관점에서).

더 나아가서, 사람들은 이타주의적 관점보다 이기주의적 관점을 선호하는 데에서 **더 높은 유용성**을 찾는다. 즉, 최대 다수의 행복이나 인류의 촉진 등에 관하여 더욱 유용하다고 간주한다. 그러므로 이기주의의 권리가 우세하지만, 극단적으로 이타주의적인 관점하에서이다("인류의 총체적 이익").

사람들은 **이타주의적** 행위 방식을 **자연성**과 화해시키려고 노력하며, 이타주의적인 것을 삶의 근거 위에서 찾는다. 사람들은 이기주의적인 것이나 이타주의적인 것 모두 삶과 자연의 본질 속에 동등하게 근거를 지닌 것으로서 찾는다.

사람들은 지속적인 순응을 통해 이기주의적인 것 또한 동시에 이타주의적인 것이 될 미래의 언젠가는 이런 대립이 사라지리라고 꿈꾼다.

마침내, 사람들은 이타주의적 행위가 이기적 행위의 한 **종류**에 불과하다는 것을 파악한다. 사람들이 사랑하고 자신을 낭비하는 정도는 개인의 **권력**과 **인격성**의 정도를 증명한다는 점을 파악한다. 요컨대, 사람은 인간을 좀 더 악하게 만듦으로써 그 인간을 좀 더 개선한다는 점, 그리고 전자가 없이는 후자일 수 없다는 점을 파악한다. 이렇게 해서 **지금까지 인간의 심리학의 끔찍한 위조**를 가리고 있었던 휘장이 올라간다.

*

결론. **단지** 비도덕적 의도와 행위만 있을 뿐이다. 그러므로 소위 말하는 도덕적인 것들은 **비도덕성**으로 증명되어야 한다. 모든 정동은 하나의 권력에의 의지로부터 파생된다. 본질은 같다. 삶의 개념. ("선과 악"이라는) 외관상의 대립 안에서 본능의 권력 정도와 일시적인 위계가 표현된다. 이 위계 아래서 특정한 본능이 견제되거나 사용된다. 도덕의 **정당화**. 경제적 등등.

*

둘째 명제에 반대하여. 결정론이란 도덕적 세계를 미지의 것으로 **옮겨놓음으로써 구제하려는** 시도이다. 결정론은 기계론적으로 생각된 세계 속에서는 우리의 가치 평가들이 어떤 자리도 가지지 못하게 된 후, 이 가치 평가를 마법으로 없어지게 해도 좋다고 보는 하나의 방식에 불과하다. 이 때문에 우리는 결정론을 **공격해야** 하고, 그 기반을 **무너뜨려야** 한다. 마찬가지로 그 자체로 존재하는 세계와 현상세계를 분리하는 우리의 권리도 **논박해야** 한다.

787

목적으로부터 완전히 해방되는 절대적 필연성. 그렇지 않으면 우리는 희생하거나 가만히 내버려두려는 시도도 하지 못할 것이다! 생성의 무구함이 비로소 우리에게 **최대의 용기**와 **최대의 자유**를 준다!

788

악한 인간에게 선한 양심을 회복시켜주는 일—이것이 나의 무의식적인 노력이었던가! 그것도 그가 강한 인간인 한 악한 사람에게? (감옥의 죄수들에 대한 도스토옙스키의 판단을 여기서 그 증거로 제시할 수 있다.)

789

우리의 새로운 자유.—우리의 해방된 정신들이 느끼는 것처럼 우리가 "목적"의 체계 속에 구속되어있지 **않다고** 느끼는 데는 어떤 자유의 감정이 있는 것인가! 마찬가지로 "보상"과 "형벌"은 실존의 본질 속에 자기 자리를 가지지 않은 것이라고! 마찬가지로 선한 행위와 악한 행위는 그 자체로 선과 악으로 불리는 것이 아니라 오직 특정한 종류의 인간 공동체의 보존 경향의 관점에서만 선과 악으로 불린다! 마찬가지로 쾌감과 고통에 관한 우리의 계산이 어떤 우주적 의미를 지니지 않았는데, 하물며 어떻게 형이상학적 의미를 지니겠는가! (쾌감과 불쾌감 자체를 저울 위에 놓는 책임을 자청해서 떠맡은 저 염세주의는, 즉 에두아르트 폰 하르트만의 염세주의는 코페르니쿠스 이전의 감옥과 시야로 자신을 구속함으로써, 만약 그것이 어떤 베를린 사람의 형편없는 농담에 불과한 것이 아니라고 한다면, 무언가 지체되고 퇴보하는 것이 될 것이다.)

790

자신의 삶에 대해 "왜?"가 명확하다면, 자신의 삶에 대한 "어떻게?"는 헐값으로 처분해도 좋다. 쾌감과 불쾌감의 가치가 전면으로 부각되고 쾌락주의적-염세주의적 가르침이 공감을 얻는다면, 그것 자체가 이미 "왜?"를 불신하고 목적과 의미를 불신한다는 징후이며, **의지의 결핍**이다. 그리고 포기, 체념, 덕, "객관성"은 적어도 중요한 것이 결핍되기 시작한다는 것의 징후일 수 있다.

791

지금까지는 아직 독일 문화가 없었다. 독일에 위대한 은둔자들(이를테면 괴테)이 있었다는 것은 이 명제에 대한 반론이 되지 못한다. 왜냐하면 그들은 그들 자신의 문화를 가지고 있었기 때문이다. 그러나 강력하고 도전적이며 고독한 바위처럼 그들은 바로 **그들의 정반대**인 나머지 독일인에 둘러싸여 있었다. 즉, 외국의 모든 영향이 그 위에 "인상"을 남기고 "형식"을 만든 연약하고 축축하고 불확실한 지반처럼 에워싸고 있다. 독일 교양은 성격이 없는 것이었으며, 거의 끝없는 양보였다.

792

숙련되고 박식한 학자들이 풍부한 독일에는, **위대한** 영혼이 무엇인지, **강력한** 정신이 무엇인지를 잊어버린 것처럼 보일 만큼 오랫동안 위대한 영혼, 강력한 정신이 결여되어있다. 오늘날에는 평범하고 게다가 잘 되지도 않은 인간들이 거의 양심의 가책을 느끼지도 않고 어떤 당혹감도 없이 시장에 나타나 자신을 위대한 인물과 개혁가로 칭송한다. 예를 들면 오이겐 뒤링이 그런 것처럼, 숙련되고 박식한 학자이기는 하지만 그의 한마디 한마디에서 드러나는 것은 그가 품고 있는 것은 하찮은 영혼이며, 속 좁은 질투심으로 부서진다는 것이다. 또한 그를 움직이는 게 강력하고 가득 차 넘치며 선행을 아낌없이 베푸는 정신이 아니라 명예심이라는 점이다! 그러나 이 시대에 명예를 탐하는 것은 이전의 그 어떤 시대보다 철학자에게 어울리지 않는 일이다. 오늘날은 천민이 지배하고 있고, 천민이 명예를 부여하고 있다!

793

나의 "미래": 엄격한 공업전문학교 학생 교육.

병역: 평균적으로 상류계급의 모든 남자는 그의 직업이 무엇이든 간에 장교가 될 것이다.

4장

예술로서의 권력에의 의지

794

우리의 종교, 도덕, 철학은 인간의 데카당스 형식이다.

반대운동: 예술.

795

예술가-철학자. 보다 차원 높은 **예술**의 개념. 과연 인간은 자신을 다른 사람들에게서 멀리 떨어뜨려서, **그들을 재료 삼아 조형할** 수 있을까? (예비 연습. 1. 자기 자신을 조형하는 자, 은둔자. 2. **지금까지의** 예술가는 하찮은 완성자로서 하나의 재료로 작업한다.)

796

예술가 없이 나타나는 예술 작품. 예를 들면 신체로서, 조직으로서(프로이센의 장교단, 예수회 교단). 예술가는 어느 정도까지 예비 단계에 지나지 않는가. 자기 자신을 낳는 예술 작품으로서의 세계.

797

"예술가"라는 현상은 여전히 가장 쉽게 알아차릴 수 있다. 여기로부터 권력의 근본 본능, 자연 등의 근본 본능으로 눈길을 돌려야 한다! 또한 종교와 도덕의 근본 본능으로!

힘이 축적된 자의 이상으로서의, "어린이다운 것"으로서의 "놀이", 무용한 것. 신의 "어린이다움", 놀이하는 아이.[1)]

798

아폴론적, 디오니소스적.— 예술 자체가 마치 자연의 힘처럼 인간 안에서 등장하고, 인간이 원하든 아니든 인간을 마음대로 부리는 두 가지 상태가 있다. 하나는 환영으로 이끄는 충동으로서, 다른 하나는 광란으로 이끄는 충동으로서. 두 가지 상태는 정상적인 삶 속에도 있다. 단지 비교적 약할 뿐이다. 꿈과 도취 속에서.

하지만 이것과 동일한 대립이 꿈과 도취 사이에도 있다. 양자는

---

1) pais paizon. 니체의 예술 철학을 대변하는 이 개념은 헤라클레이토스의 단편 B52에서 유래한다. aion pais esti paizon(삶은 놀이하는 아이다). aion은 "삶", "삶의 시간" 또는 "세계 시간"을 의미한다. 니체는 1873년의 유고 《그리스 비극 시대의 철학》에서 이 명제가 헤라클레이토스의 "세계 놀이에 대한 미학적 근본 사상"을 표현하고 있다고 밝힌다. 이 사상에 따르면 "생성과 소멸, 건축과 파괴는 아무런 도덕적 책임도 없이 영원히 동일한 무죄의 상태에 있으며, 이 세계에서는 오직 예술가와 어린아이의 유희만 있을 뿐이다. 어린아이와 예술가가 놀이하듯 영원히 생동하는 불은 순진하게 놀이하면서 세웠다가 부순다." 니체의 《차라투스트라는 이렇게 말했다》 〈세 가지 변신에 대하여〉는 그의 놀이 개념을 가장 압축적으로 표현한다. "아이는 순진무구함이며 망각이고, 새로운 시작, 놀이, 스스로 도는 수레바퀴, 최초의 움직임이며 신성한 긍정이다."

모두 우리의 안에서 예술가적 힘을 해방하지만, 그 힘들은 각각 다르다. 꿈은 주시하고 연결하고 시를 짓는 예술가적 힘을, 도취는 몸짓과 열정, 노래, 춤의 예술가적 힘을 해방한다.

799

디오니소스적 도취 속에는 성욕과 관능적 쾌락이 있다. 이것은 아폴론적인 것 속에도 없는 것은 아니다. 하지만 이 두 상태 속에는 역시 속도의 차이가 있음이 **틀림없다**. **특정한 도취 감각의 극도의 평정**은 (좀 더 엄밀히는, 시간과 공간 감각의 완만화는) 보통 가장 평온한 몸짓과 영혼의 환영 속에 즐겨 반영된다. 고전적 양식은 본질적으로 바로 이 평정과 단순화와 간결화와 집중을 표현한다. **최고의 권력 감정**은 고전적 유형에 집중되어있다. 둔중하게 반응하는 것. 위대한 의식, 투쟁 감정의 전무.

800

도취 감정은, 사실상 **힘의 증대**에 상응한다. 짝짓기 시기에 가장 강하다. 새로운 기관, 새로운 기능, 색채, 형식이. "더 아름다워지는 것"은 **고양된 힘**의 결과이다. **승리하는** 의지의 표현으로서, 증대된 조정의 표현으로서, 모든 강한 욕망의 조화로서, 틀림없이 수직적으로 작용하는 중력의 표현으로서의 미화. 논리적이고 기하학적인 단순화는 힘 강화의 결과이다. 거꾸로 그러한 단순화에 대한 지각이 다시 힘의 느낌을 높인다. 발전의 정점이 위대한 양식이다.

추함은 **어떤 유형의 데카당스**를, 내적 욕망의 모순과 조정의 결여를 의미한다. 심리학적으로 말하면, **조직하는** 힘과 힘의 하락을 의미한다.

도취라고 불리는 쾌락의 상태는 정확히 높은 **권력** 감정이다. 공간과 시간 지각이 변화한다. 엄청나게 먼 곳이 조망되고, 말하자면 비로소 **지각될 수** 있게 된다. 더 큰 양과 넓이로의 시야의 **확대**. 매우 작고 매우 짧은 많은 것들을 지각하기 위한 **기관의 섬세화**. **예감**, 최소한의 도움으로, 모든 암시로 하는 이해력. 즉, "지적인" 감성. 근육을 지배하는 감정으로서의, 운동에서의 유연성과 쾌감으로서의, 춤으로서의, 경쾌함과 프레스토(매우 빠르게 연주하라는 말)로서의 **강함**. 강함을 증명하는 데서 느끼는 쾌감으로서의, 걸작과 모험과 대담함과 무관심한 존재로서의 강함. 이 모든 삶의 높은 계기들은 서로를 자극한다. 한 계기의 심상과 표상의 세계는 암시로서 다른 계기들을 자극하기에 충분하다. 이런 식으로 서로 낯선 것으로 남아 있을 이유를 지니고 있을 상태들은 마침내 서로 뒤엉켜 성장하게 된다. 예를 들면, 종교적 도취 감정과 성적 흥분(이 두 가지 깊은 감정은 거의 불가사의할 정도로 병렬된다. 나이가 들었든 젊든, 모든 경건한 여인의 마음에 드는 것은 무엇인가? 대답: 아름다운 다리를 가진, 게다가 젊고 바보 같은 성자). 비극에서의 잔인함과 동정심(마찬가지로 정상적으로 병렬된다). 봄, 춤, 음악—양성 사이의 모든 경쟁—그리고 또한 저 파우스트적인 "가슴 속의 무한성".

예술가는 무언가에 쓸모 있다면 (육체적으로도) 강하고, 힘이 넘쳐나고, 심이 센 짐승이고, 육감적이다. 성적 체계가 어느 정도 과열되지 않은 라파엘로는 생각될 수 없다. 음악을 만드는 것 또한 일종의 아이를 만드는 일이다. 순결은 단지 예술가의 경제학일 뿐이다. 어쨌든 예술가에 있어서도 창작력은 생식력과 함께 정지된다. 예술가는 어느 것도 있는 그대로 보아서는 안 되며, 오히려 더 풍부하게, 더 간단하게, 더 강하게 보아야 한다. 그러기 위해서 예술가의 삶 속에는 일종의 영원한 젊음과 봄이, 일종의 습관적 도취가 있어야만 한다.

801

우리가 사물들이 우리 고유의 충만과 삶의 기쁨을 반사할 때까지 그 사물들 속에 **변용**과 **충만**을 넣어놓고 그것으로 창작하는 상태들. 성 충동, 도취, 향연, 봄, 적에 대한 승리, 조소, 걸작, 잔인함, 종교적 감정의 희열. 주로 **세 가지** 요소이다. 성 충동, 도취, 잔인함. 이 모두가 인간의 가장 오랜 **축제의 환희**에 속하며, 이들 모두는 마찬가지로 최초의 "예술가"에게 우세하다.

그 반대로, 우리가 이러한 변용과 충만을 나타내는 사물을 만나면 우리의 동물적 생존은 온갖 기쁨의 상태가 자리를 차지하고 있는 **저 영역들의 흥분**으로 응답한다. 그리고 동물적 쾌감과 욕망의 이러한 섬세한 뉘앙스들의 혼합이 **미적 상태**이다. 이것은 발산하며 흘러넘치는 육체적 활력의 충만함이 가능한 존재에서만 나타난다. 그 존재에게는 육체적 활력이 항상 최초의 동인이다. 냉정한 자, 피로한 자, 메마른 자(예를 들면 학자)는 절대로 아무것도 예술로부터 얻을 수 없다. 왜냐하면 그는 예술가의 근원적 힘인 풍요로움의 필요성을 가지지 않기 때문이다. 줄 수 없는 자는 아무것도 받을 수 없다.

"**완전성**". 이 상태(특히 성적 사랑 등)에서는 가장 깊은 본능이 더 높은 것, 더 바람직한 것, 더 가치 있는 것으로서 승인하는 것이 무엇인지가, 즉 그 유형의 상승 운동이 가식 없이 드러난다. 마찬가지로 이 본능이 본래 **어떤 상태를 추구하는가**가 드러난다. 완전성. 이것은 이 본능의 권력 감정의 비범한 확장이며, 풍요이며, 모든 가장자리를 넘는 필연적인 넘쳐흐름이다.

802

예술은 우리에게 동물적 활력의 상태를 상기시킨다. 예술은 한편으로는 왕성한 육체성이 이미지와 소망의 세계로 흘러넘치며 발산되는 것이다. 다른 한편으로는 동물적 기능들이 고양된 삶의 이미지와 소망에 의해 자극받는 것이다. 생명감의 고양이고, 생명 감정의 자극제이다.

추한 것도 또한 어느 정도로 이런 힘을 여전히 가질 수 있는가? 추한 것과 무서운 것을 지배하게 된 예술가의 승리에 넘치는 에너지에 관해 추한 것이 무엇인가를 전달하는 한도 내에서이다. 혹은 추한 것이 우리 안의 잔인함의 쾌감을 살며시 자극하는 한에서(상황에 따라서는 우리에게 고통을 가하는 쾌감, 자학, 그리고 그렇게 해서 권력 감정이 우리를 지배한다).

803

"아름다움"은 예술가에게 모든 위계를 벗어난 것이다. 왜냐하면 아름다움 속에는 대립이 억제되기 때문이다. 즉, 권력의 최고의 표시, 즉 반대에 대한 권력이 있는데, 게다가 아무런 긴장도 없다. 폭력을 더는 필요로 하지 않고, 모든 것이 쉽게 **따르고 복종하며**, 그것도 그지없이 흔쾌히 복종하는 것—그것이 예술가의 권력의지를 즐겁게 한다.

804

아름다움과 **추함**의 발생에 대하여.—우리에게 본능적으로 미적 혐오감을 불러일으키는 것은 길고 긴 경험을 통해 인간에게 해롭고 위험하며 불신받아 마땅한 것으로 입증된 것이다. 갑자기 목소리를 내는 미적 본능은 (이를테면 구토에서) 하나의 **판단**을 내포하고 있다. 그러한 한 아름다운 것은 유용한 것, 유익한 것, 삶을 상승시키는 것이라는 생물학적 가치의 일반적 범주에 포함된다. 이런 방식으로, 아주 멀리 떨어져있어도 유용한 것과 상태를 상기시키고 이들과 관계를 맺는 엄청난 자극은 우리에게 아름다움의 느낌을, 즉 권력 감정이 커진다는 느낌을 준다(그러므로 사물뿐만 아니라 이런 사물에 수반되는 감각이나 사물의 상징들 역시 그러하다).

이것으로 아름다운 것과 추한 것은 **제약된** 것으로, 즉 우리의 가장 밑바탕에 있는 **보존 가치**와 관련하여 상대적인 것으로 인식된다. 이것을 도외시하고 아름다운 것과 추한 것을 정하려는 것은 무의미하다. 선한 것 **자체**, 참된 것 **자체**가 없는 것처럼 아름다운 것 자체는 존재하지 않는다. 개별적인 모든 경우에 문제가 되는 것은 다시금 특정한 인간종의 **보존 조건들**이다. 그래서 **무리 인간**은 **예외적 인간**과 초인이 품는 것과는 다른 사물에서 **아름다움의 가치 감정**을 가지게 된다.

아름다움의 (또한 선한 것과 참된 것의) 가치의 기원이 되는 **가장 가까운** 결과만을 고려하는 것은 **전경의 관점**이다.

모든 본능 판단은 결과의 사슬을 고려해보면 **근시안적**이다. 본능 판단은 **즉시** 행해야 할 바를 권고한다. 오성은 본질적으로 본능 판단에 즉각적으로 반응하는 것을 **저지하는 장치**다. 오성은 정지시키고, 계속 숙고하며, 결과의 사슬을 더 멀리 더 길게 내다본다.

아름다움의 판단과 **추함의 판단**은 **근시안적**이다(그것들을 **반대하는** 것은 항상 오성이다). 하지만 그것들은 **최고의 설득력**을 가지고 있다. 그것들은 우리의 본능에 호소하는데, 본능은 오성이 아직 말을 하기 **전에** 가장 신속하게 결정하여 긍정과 부정을 말한다.

아름다움에 대한 가장 습관적인 긍정들은 **서로를 흥분시키고 자극한다**. 미적 충동이 일단 작업하면, "개별적인 아름다운 것"의 주위에 이것과는 다르고 또 다른 기원을 가진 완전성들의 결정체가 형성된다. 객관적인 채로 머무는 것, 말하자면 해석하고 부가하고 채우고 창작하는 힘을 떼어낸다는 것은 불가능하다(이 힘은 아름다움에 대한 긍정의 연속 자체이다). "아름다운 여자"를 바라보는 일.

그러므로 1. 아름다움의 판단은 **근시안적**이다. 그것은 가장 가까운 결과만을 볼 뿐이다.

2. 아름다움의 판단은 그것을 불러일으키는 대상에게 다양한 아름다움의 판단의 연합에 의해 조건화된 마력을 거듭 부여한다. 그러나 이 마력은 **저 대상의 본질과는 완전히 무관**하다. 어떤 사물이 아름답다고 느끼는 것은, 그것을 필연적으로 그릇되게 느낀다는 것을 의미한다. (덧붙여서 말하자면, 이것이 연애 결혼이 사회적으로 가장 비

이성적인 결혼 양식인 이유이다.)

805

예술의 기원에 대하여.—성적 에너지가 폭발하는 대뇌 시스템에 고유한 특성은 저 **완전하게 만들기와 완전하게 보기**다. (연인과 함께 보내는 저녁, 가장 사소한 우연도 변모되고, 삶은 미묘한 것의 연속, "불행한 사랑을 하는 사람들의 불행은 그 어떤 것보다 가치가 있다.") 다른 한편으로 모든 **완벽하고 아름다운 것**은 저 사랑에 빠진 상태와 그것이 보는 방식을 무의식적으로 상기시켜준다. 모든 완전성, 사물의 전체적 아름다움은 근접성을 통해 사랑의 축복을 다시 일깨운다. (생리학적으로는, 예술가의 창조적 본능과 혈액 속으로의 정액의 분산.) 예술과 아름다움에 대한 욕망은 성욕의 황홀경에 대한 간접적 욕망이며, 성욕은 이 황홀경을 뇌에 전달한다. "사랑"을 통해 **완전해진** 세계.

806

위장한 관능성. 1. 이상주의로서 나타난다(플라톤). 이것은 청년에게 고유한 것이며, 연인을 특별한 모습으로 나타나게 하는 것과 같은 종류의 오목거울 상을 만들어낸다. 껍데기, 확대, 변모, 무한성을 모든 사물의 둘레에 놓는다. 2. 사랑의 종교에서 나타난다. "아름다운 젊은 남자, 아름다운 여자", 어떤 식으로든 신적이다, 영혼의 신랑과 신부. 3. 예술에서 "치장하는" 힘으로 나타난다. 남성이 여성에게 그녀를 돋보이게 만드는 모든 것을 증정함으로써 남자가 여자를 바라보듯이, 예술가의 관능성은 자신이 존경하고 높이 평가하는 모든 것을 하나의 대상 속에 집어넣는다. 이런 식으로 그는 대상을 **완성한다**(즉, 그것을 "이상화한다"). 남자가 여자에 관해 무엇을 느끼는지를 의식하면서 여자는 치장하고 아름답게 걷고 춤추고 상냥한 생각을 표현함으로써 **이상화하려는 남자의 노력에 부응한다**. 마찬가지로 여자는 **부끄러움**, 수줍어함, 거리감을 **연습한다**. 그렇게 하면 남자의 이상화 능력이 **자란다는** 것을 본능적으로 느끼면서. (여자의 본능이 엄청나게 섬세하다는 점을 고려할 때 부끄러움은 결코 의식적인 위선에 머물지 않는다. 남성을 가장 강하게 유혹하고 그녀를 과대평가하도록 강요하는 것은 바로 **순박하고 진실한 부끄러움**이라는 사실을 그녀는 직감적으로 알아차린다. 따라서 여성은 순진하다. 그녀에게 천진난만함의 유용성을 권하는 본능의 섬세함에서. 의도적으로 자기 자신에 대해 눈을 감는 일. 위장하는 일이 무의식적일 때 더 강하게 작용하는 곳 어디에서나 위장은 무의식적이 **된다**.)

807

사랑이라 불리지만 사랑과는 여전히 무언가 다른 것인 도취가 얼마나 많은 일을 할 수 있는지! 그렇지만 이에 대해서는 모든 사람이 나름의 지식을 가지고 있다. 단지 어떤 남자가 근처에 오기만 해도 곧바로 소녀의 근육의 힘은 **증대한다**. 이것을 측정하는 도구들이 있다. 이를테면 춤이나 다른 사회적 모임에 수반되게 마련인 양성이 좀 더 밀접하게 접촉하게 되면, 이 힘은 실제 **곡예**라도 할 수 있을 정도로 증대한다. 사람들은 마침내 자기의 눈을 믿을 수 없게 된다. 또는 자신의 시계도! 물론 여기서는 춤 자체가 벌써 모든 극히 민첩한 운동과 마찬가지로 혈관, 신경 및 근육 체계에 대한 일종의 도취를 수반하는 것임을 고려해야 한다. 이런 경우에는 이중 도취의 복합적 효과를 고려해야 한다. 그리고 약간 정신이 나가 있는 게 얼마나 현명한 일인지! 사람들이 결코 시인해서는 안 되는 사실이 있다. 그 때문에 사람은 여자이며, 그 때문에 사람은 모든 여성적 수치심을 지니고 있다. 저기서 춤을 추는 젊은 피조물들은 분명 모든 현실의 저편에 있다. 그들은 오로지 손에 잡히는 구체적인 이상만을 가지고 춤을 춘다. 더 나아가 그들은 심지어 이상들이 자기를 에워싸고 있는 것을 본다. 어머니들이!—파우스트를 인용할 기회.[2)]—그녀들, 이 사랑스러운 피조물들은 그렇게 약간 정신이 나가 있을 때 더할 나위 없이 좋아 보인다. 오, 그들은 이 점을 얼마나 잘 알고 있는지! 그들이 그것을 알고 있기 **때문에** 심지어 더 사랑스러워진다! 마지막으로 그녀들은 치장에도 영감을 준다. 그녀들의 치장은 **세 번째**의 작은 도취이다. 그녀들은 신을 믿듯이 자신들의 재단사를 믿는다. 누가 그녀들에게 이런 신앙을 버리라고 충고할 수 있단 말인가! 이런 신앙이 축복받게 하는데! 그리고 자기 예찬은 건강한 것이다! 자기 예찬은 감기로부터 보호한다. 잘 차려입었다고 생각하는 예쁜

---

2) 요한 볼프강 폰 괴테, 《파우스트 2》, 6216행, 전영애 옮김, 도서출판 길, 2019, "썩 내키지 않지만 보다 높은 비밀을 공개해보죠. 여신들이 왕좌에 고고하게 앉아있죠, 고독하게. 그들 주위에는 공간도 없고, 시간은 더욱 없어요. 그들에 대해 이야기하는 것만도 당황스러워지네. 그들은 어머니들이오!" 메피스토펠레스가 말하는 "어머니(Mütter)"는 고독하고 힘든 창작 작업 속의 어떤 근원적 모태 같은 것으로 해석된다.

여자가 감기에 걸린 적이 있던가? 결코 없다! 나는 그녀가 아무것도 걸치지 않은 경우도 가정해본다.

808

변모시키는 도취의 힘이 어느 정도인지에 대한 그지없이 놀라운 증거를 원하는가? "사랑"이 그 증거이다. 세계의 모든 언어와 침묵 속에서 사랑이라 불리는 것이 그 증거이다. 여기서 도취는 연인의 의식 속에서 원인이 지워져버리고 그 자리에 무언가 다른 것이 있는 것처럼 보일 정도로 실재성의 문제를 처리한다. 마녀 키르케의 온갖 요술 거울의 떨림과 광채. 여기서 인간과 동물은 아무런 차이가 없다. 정신과 선의와 정직은 더욱 그러하다. 사람이 섬세하면 섬세하게 우롱당하고, 천박하면 천박하게 우롱당한다. 그렇지만 사랑은, 그리고 신에 대한 사랑과 "구원받은 영혼"의 신성한 사랑조차 그 뿌리는 같다. 자신을 변용시켜야 할 이유를 가진 열병, 자신에 대해 거짓말을 잘하는 도취. 아무튼 사람은 사랑할 때, 자신 앞에서 그리고 자신에 대해 거짓말을 잘한다. 사람은 자신이 변모하고, 더 강하고, 더 풍부하고, 더 완전해진 것처럼 보인다. 그는 좀 더 완전해진 **것이다**. 여기서 우리는 유기적 기능으로서 활동하는 **예술**을 발견한다. 우리는 가장 천사 같은 삶의 본능 속에서 활동하는 예술을 발견한다. 우리는 예술이 삶의 가장 위대한 자극제라는 것을 인식한다. 그래서 예술이 거짓말한다는 점에서도 미묘하게 합목적적이라는 점을 인식한다. 그러나 예술의 거짓말하는 힘에 머무른다면 우리는 잘못을 저지르는 것이리라. 예술은 단순히 상상하는 것 이상의 일을 하며, 예술은 심지어 가치를 바꾸기도 한다. 사랑하는 자는 더 가치가 있고, 더 강하다. 동물의 경우에는 이 상태가 새로운 물질·색소·색채·형태를 생성한다. 무엇보다 새로운 운동과 새로운 리듬, 새로운 꾀는 소리와 유혹을 생성한다. 인간에게서도 상황은 다르지 않다. 인간의 총체적 경제는 그 어느 때보다도 더 풍요롭고, 사랑하지 않을 때보다 더 강력하고 더 **온전하다**. 사랑하는 자는 낭비하는 자가 된다. 그는 그럴 수 있을 만큼 풍요롭다. 그는 이제 과감하게 시도하고, 모험가가 되고, 바보처럼 관대해지고 순진해진다. 그는 다시 신을 믿고, 덕을 믿는다. 그가 사랑을 믿기 때문이다. 그리고 다른 한편 이 행복한 바보에게 날개가 자라나고 새로운 능력이 생겨난다. 그리고 예술에 이르는 문까지도 그에게 열린다. 서정시의 음조와 가사에서 저 창자의 열병에 대한 암시를 제거해버리면, 서정시와 음악에서 무엇이 남겠는가? 남는 것은 아마도 예술을 위한 예술, 즉 자기의 늪에서 절망하여 떨고 있는 개구리의 거창한 울음소리이리라. 그 밖의 **나머지**는 사랑이 만들어낸 것이다.

809

모든 예술은 소박한 예술적 인간에게서 근원적으로 활동하고 있는 근육과 감관에 대한 암시의 힘을 발휘한다. 예술은 항상 예술가에게만 말을 건다. 예술은 이런 종류의 육체의 섬세한 민감성에 말을 건다. "문외한"이란 개념은 잘못이다. 귀머거리는 잘 듣는 사람의 특수한 유형이 아니다.

모든 예술은 **강장의** 작용을 하고, 힘을 증대시키며, 쾌감(즉 힘의 감정)에 불을 붙이고, 도취의 더욱 섬세한 회상을 불러일으킨다. 그런 상태들로 내려가는 자기 고유의 기억이 있다. 멀리 있고 일시적인 감각들의 세계가 거기서 되돌아온다.

추함, 즉 예술과의 모순, 예술에 의해 제외된 것, 예술의 **부정**—삶의 쇠퇴와 빈곤화, 무력함과 해체와 부패가 멀리서라도 자극될 때는 언제나 미적 인간은 자신의 **부정**을 가지고 반응한다. 추함의 효과는 **우울하게** 만드는 것이다. 추함은 우울의 표현이다. 추한 것은 힘을 **빼앗고**, 빈곤하게 하며, 압박한다. 추함은 추한 것을 **암시한다**. 좋지 않은 상태가 추한 것을 상상하는 능력을 얼마나 다양하게 상승시키는가를 자신의 건강 상태에서 시험해볼 수 있다. 문제, 관심, 질문의 선택이 달라진다. 추함과 가장 가까운 상태는 논리적인 것 안에도 있다. 둔중함, 둔감함. 기계적으로 말하자면, 거기서는 평형이 상실된다. 추함은 절뚝거리고, 넘어진다. 춤추는 자의 신성한 경쾌함에 대한 반대.

미적 상태는 **전달 수단**을 넘칠 만큼 풍부하게 가지고 있으며, 동시에 자극과 기호에 대한 극도의 **감수성**을 가지고 있다. 이 상태는 살아있는 존재들 사이의 전달 가능성과 전이 가능성이 절정에 이른 상태이다. 그것이 언어의 원천이다. 언어는 여기서 자신의 발생지를 가진다, 몸짓 언어와 눈짓 언어와 마찬가지로 음성언어도. 좀 더 완전한 현상이 항상 시작이다. 문화 인간으로서 우리가 가진 능력은 좀 더 완전한 능력에서 무언가 감해진 것이다. 하지만 오늘날에도 우리는 아직도 근육으로 듣고, 아직도 근육으로 읽기까지 한다.

모든 성숙한 예술에는 그 기반이 되는 수많은 관습이 있다. 그것이 언어인 한에는 그렇다. 관습은 위대한 예술의 조건이지, 그 장애물이 **아니다**. 삶의 모든 고양은 전달력을 높이며, 마찬가지로 인간의 이해력도 높인다. **타인의 영혼 안으로 들어가 그것을 잘 안다는 것**은 본래 도덕적인 것이 아니라 암시에 대한 생리적인 민감함이다. "공감"이나 "이타주의"로 불리는 것은 정신성의 일부로 간주되는 심리운동적 교감의 단순한 형태에 불과하다(샤를 페레Charles Féré는 유도 정신운동induction psycho-motrice이라고 생각한다).[3] 사람은 결코 생각을 전달하지 않는다. 사람이 전달하는 것은 운동이고 몸짓 기호인데, 이것이 우리에 의해서 생각으로 **환원되어 읽히는** 것이다.

810

음악과 비교하면, **말**을 통한 모든 전달은 파렴치한 방식이다. 말은 희석하고 우매하게 만든다. 말은 비인격화한다. 말은 평범하지 않은 것을 평범하게 만든다.

811

예술가의 조건이 되는 예외적 상태들이 있다. 이들 모두는 병적

---

3) '유도 정신운동'은 우리가 다른 사람들이 하는 운동의 자동 재현으로 구성된다. 샤를 페레에 의하면, 생각의 소통은 운동의 소통이다. 우리가 대화 상대의 얼굴에서 생각을 읽을 수 있다면, 그것은 우리가 관찰하는 동안 무의식적으로 그의 표현을 가정하기 때문이다. 생각은 그 결과로 나타난다. Charles Féré, *Sensation et Mouvement*, (188), 116, 16.

현상과 깊이 관련되고 얽혀서 예술가이면서 병들지 않는 것은 불가능해 보인다.

예술가 내부에서 말하자면 "인격"으로 길러지고, 그 자체로 어느 정도 인간에게 일반적으로 부착된 생리적 상태는,

1. **도취**. 고양된 권력 감정. 사물을 자기 자신의 충만함과 완전성의 반영으로 만들고자 하는 내적 필요성.

2. 특정한 감각의 **극단적 예민**. 그래서 이 감각들은 완전히 다른 기호언어를 이해하고 창조한다. 많은 신경질환과 결합하여 나타나는 것과 동일한 예민함. 극도의 전달 능력을 낳는 극도의 운동성. 기호를 제공할 줄 아는 모든 것이 원하는 발언 의욕. 말하자면 기호와 몸짓을 통해 자신에게서 벗어나고자 하는 욕구. 백 가지 언어 수단으로 자신에 관해 말하는 능력. 폭발적 상태. 우리는 이 상태를 먼저 모든 종류의 근육 활동과 움직임을 통해 넘치는 내적 긴장을 제거하려는 강박과 충동으로 생각해야 한다. 그런 다음 내적 과정(심상, 사유, 욕망)에 **이러한 운동을** 비자발적으로 **조정하는 것**으로서—내부로부터 작용하는 강력한 자극의 충동 아래 있는 전체 근육 체계의 일종의 자동화로서 생각해야 한다—반응을 **저지하지** 못하는 무능. 말하자면 저지 장치가 **풀려있는** 것이다. 모든 내부 운동(감정, 사상, 정동)은 혈관 변화를 수반한다. 따라서 안색과 체온과 분비의 변화를 수반한다. 음악의 **암시력**, 음악의 "정신적 암시".

3. 모방의 강박. 어떤 주어진 원형이 전염되는 것처럼 전달되는 극도의 과민성. 어떤 상태가 이미 신호에 따라 추측되고 **표현된다**. 내부에서 떠오르는 어떤 이미지는 이미 사지의 움직임으로 변한다.

의지의 어떤 활동 정지.—(쇼펜하우어!!!) 외부에 대한 일종의 귀머거리 상태, 장님 상태. **허용되는** 자극의 영역은 명확하게 제한되어 있다.

이런 점이 예술가와 문외한(예술 향유가)을 구별한다. 후자는 받아들일 때 자신의 예민성의 정점에 도달하고, 전자는 줄 때 그러하다. 그래서 이런 두 가지 천부적 재능의 대립 관계는 자연적일 뿐만 아니라 바람직하다. 이 상태들은 각각 반대의 관점을 가지고 있다. 예술가에게 청중(비판가)의 관점을 연습하라고 요청하는 것은 그 자신과 그의 창조적 힘을 **빈곤하게** 만들라고 요청하는 것을 의미한다. 여기에는 양성의 차이에서와 같은 차이가 있다. 주는 자인 예술가에게 여성이 되라고 요청하지 말아야 한다. 즉, **"받아들여 임신하라"**고 요청하지 말아야 한다.

예술을 받아들여 향유하는 자들만이 "무엇이 아름다운가?"에 대한 그들의 경험을 공식화했다는 점에서 우리의 미학은 지금까지는 여성의 미학이었다. 오늘날까지의 전체 철학에는 예술가가 없다. 이것은 이미 암시한 것처럼 필연적 과오이다. 왜냐하면 자기 자신을 다시 개념적으로 파악하기 시작하는 예술가는 그렇게 함으로써 자신을 **잘못 파악할** 것이기 때문이다. 그는 뒤를 돌아보지 말아야 하고, 결코 보아서도 안 된다. 그는 주기만 해야 한다. 그가 비판할 능력이 없다는 것, 바로 이것이 예술가의 명예이다. 그렇지 않으면 중간의 얼치기이며, "현대적"이다.

812

나는 여기서 일련의 심리학적 상태를 충만하고 생기발랄한 삶의 징후로 정해놓는다. 오늘날 사람들은 이러한 상태를 **병적이라고** 비난하는 데 익숙하다. 그사이 우리는 건강과 병을 대립적인 것으로 말하는 것을 잊어버렸다. 그것은 정도의 문제이다. 이 경우에 나의 주장은 오늘날 "건강하다"라고 불리는 것은 유리한 상황에서는 건강할 **수도 있는** 것의 좀 더 낮은 수준을 나타내고 있다는 것이며, 우리는 상대적으로 병들어있다는 것이다.

예술가는 훨씬 더 강한 종족에 속한다. 우리에게 이미 해로운 것, 우리에게 병적인 것이 예술가에게는 자연스러운 것이다. 그러나 사람들은 모든 종류의 암시에 대한 엄청난 이해력을 가능하게 만드는 것은 바로 기계의 **빈곤화** 때문이라고 반박한다. 그 증거는 히스테리 여성이라는 것이다.

체액과 힘의 과도한 충만은, 삶의 빈곤화가 그런 것처럼, 부분적 부자유의 징후로서 감각의 환각과 암시의 세련을 필연적으로 가져온다. 자극은 다른 조건에 있더라도, 효과는 동일하게 유지된다. 그러나 **사후** 효과는 동일하지 않다. 신경의 이상한 흥분 뒤에 나타나는 모든 병적 본성의 극도의 무기력은 예술가의 상태와 전혀 공통점이 없다. 예술가는 즐겁게 보낸 자신의 좋은 시간을 **속죄할** 필요가 없다. 그는 그럴 수 있을 정도로 충분하게 풍요롭다. 그는 가난해지는 일이 없이 낭비할 수 있다.

오늘날 "천재"를 노이로제의 한 형태로 판정해도 좋듯이, 예술가적 암시력도 그렇게 판정해도 무방할 것이다. 그리고 우리의 **예술**

가들은 사실 얼마나 히스테리 여성과 닮아있는가!!! 하지만 이것은 "오늘날"에 대한 항변이지, "예술가들"에 대한 항변은 아니다.

비예술적 상태란 **객관성**의 상태, 반영의 상태, 의지의 중단 상태이다. 예술을 삶의 부정에 이르는 중간 다리로 간주한 **쇼펜하우어**의 터무니없는 오해. 비예술적 상태란 빈곤하게 하는 자, 물러나는 자, 포기하는 자인데, 이들의 시선 속에서 삶이 고통을 받는다.—그리스도교인.

813

현대 예술가는 그 생리학적 측면에서 히스테릭 환자와 극히 닮았으며, 성격 또한 이 질환의 특성을 두드러지게 나타낸다. 히스테리 환자는 거짓이다. 그는 거짓말에 대한 쾌감에서 거짓말을 한다. 그의 온갖 위장술은 경탄할 만하다. 그의 병적 허영심이 그에게 장난을 치고 있는 것이 아니라면. 이 허영심은 마취제가 필요한 끊임없는 열병과 같다. 이 열병은 일시적인 완화를 약속한다면 어떤 자기기만이나 어떤 연기 앞에서도 물러서지 않는다. (긍지를 가질 **능력은 없고**, 깊이 둥지를 튼 자기 경멸에 대한 복수를 계속해서 필요로 한다. 이것이 거의 이러한 종류의 허영심에 대한 정의이다.) 모든 체험을 위기로 만들고 "극적인 것"을 보잘것없는 삶의 우연 속으로 집어넣는 그 체계의 어처구니없는 과민성은 그에게서 예측 가능한 모든 것을 빼앗아버린다. 그는 더는 하나의 인격이 아니다. 그는 기껏해야 여러 인격의 집합 장소로서, 그 인격 중에서 때로는 이것이, 때로는 저것이 파렴치한 확실성을 가지고 뛰쳐나온다. 바로 그 때문에 그는 배우로서 위대하다. 의사들이 가까이서 연구하는 이러한 가련한 의지박약자들은 흉내와 변모의 기교, 그리고 **요청된** 역을 연기하는 기교의 완벽성으로 사람을 놀라게 한다.

814

예술가는 우리에게 그리고 그들 자신에게도 그렇게 믿게끔 그럴듯하게 꾸며대지만 **위대한** 열정의 인간은 아니다. 그리고 여기에는 두 가지 이유가 있다. 그들에게는 자기 자신에 대한 수치심이 없다(그들은 **살아가면서** 자신을 바라본다. 그들은 자신을 염탐한다. 그들은 너무 호기심이 강하다). 그리고 그들에게는 위대한 열정에 대한 수치심도 없다(그들은 예술가로서 이 열정을 착취한다).

그러나 둘째로는 그들의 흡혈귀라고 할 수 있는 그들의 재능은 열정이라고 불리는 그러한 힘의 낭비를 대개는 좋아하지 않는다. 재능이 있는 사람은 또한 그 재능의 희생자이기도 하다. 사람은 흡혈귀 같은 자기 재능의 착취를 받으며 살아간다.

사람은 열정을 표현함으로써 열정을 극복하는 것이 아니다. 오히려 사람은 열정을 표현할 **때** 끝이 난다. (괴테는 이와 다르게 가르친다. 그는 여기서 자기를 오해하고 **싶어 했다**. 괴테는 섬세하게 느끼지 않았다.)

815

삶의 이성에 대하여.—상대적인 순결, 생각에서조차 성애의 문제에 대해 원칙적이고 영리하게 조심하는 일은 풍부한 재능을 가진 완전한 본성을 소유한 사람들에게서도 삶의 위대한 이성에 속한다. 이 명제는 특히 **예술가**에게 적용되며, 그것은 예술가의 최고의 삶의 지혜에 속한다. 전혀 의심스럽지 않은 목소리들이 이미 이런 의미에서 점점 큰 소리를 낸다. 나는 스탕달, 고티에, 그리고 플로베르를 거명한다. 예술가는 아마도 본성상 필연적으로 관능적인 인간이며, 대개는 쉽게 흥분하고, 모든 의미에서 자극에 민감하며, 아주 멀리서도 자극의 암시에 반응한다. 그럼에도 불구하고 그는 평균적으로 자신의 과제와 대가가 되려는 자기 의지의 압박을 받고 있으며, 실제로는 절제하고 자주 순결하기까지 한 인간이다. 그의 지배적 본능이 그것을 그에게 **요구한다**. 그 본능은 예술가가 이러저러한 방식으로 자기를 소모하는 것을 허락하지 않는다. 예술적 구상에서 쏟는 힘은 성행위에서 쏟는 힘과 동일하다. 오직 한 종류의 힘만이 존재한다. **여기서** 굴복하고, **여기서** 자신을 낭비하는 것은 예술가에게는 배반이다. 그것은 본능의 결여와 의지 일반의 결여를 드러낸다. 그것은 데카당스의 징후일 수 있다. 어쨌든 그것은 그의 예술을 헤아릴 수 없을 정도로 평가절하한다.

816

예술가와 비교해보면 **과학적** 인간의 출현은 사실 삶이 억제되거나 삶의 수준이 낮아지는 것의 징후이다(그러나 또한 **강화**, **엄정**, **냉혹**, **의지력**의 징후이기도 하다).

거짓, **참**과 **유용함**에 대한 무관심이 예술가에게 있어서는 얼마나 젊음과 "어린이다움"의 징후일 수 있는가. 그들의 습관적 방식, 그들의 비합리성, 자기 자신에 대한 그들의 무지, 영원한 가치에 대한 그들의 무관심, “유희”에서의 진지함—그들의 품위의 결여. 광대와 신이 이웃하고 있다. 성자와 악당이. 본능으로서의 모방이 명령한다. **상승하는 예술가, 하강하는 예술가. 그들이 모든 단계에 속해있는 것은 아닌가**? 그렇다.

817

여자가, **여자의 작품**이 그 가운데 없다면, 예술과 과학의 전체 사슬에서 하나의 고리가 빠진 것일까? 우리는 예외를 인정하지만—예외는 규칙을 증명한다—여자는 작품이 아닌 모든 것에서, 편지와 회상기에서, 그리고 그지없이 정교한 수작업에서조차, 요컨대 전문 직업이 아닌 모든 것에서 완벽을 이룬다. 그 이유는 바로 여자는 이 일을 통해 자기 자신을 완성하기 때문이며, 그렇게 해서 여자는 자신이 소유한 유일한 예술 충동에 순응하기 때문이다. 여자는 **마음에 들기를** 원한다. 그렇지만 한 번의 울림, 한 번의 숨결, 한 번의 도약을 자기 자신보다 더 중시하는 진정한 예술가의 열정적 무관심이 여자와 무슨 상관이 있단 말인가? 다섯 손가락 전부로 자신의 가장 은밀한 것과 가장 내적인 것을 포착하는 예술가와 여자가 무슨 상관이란 말인가? 형태가 될 수 없는 것이라면(자신을 희생하고, 자신을 공개하지 않는다면) 어떤 것에도 가치를 인정하지 않는 진정한 예술가가 여자와 무슨 상관인가. 예술가가 행하는 것과 같은 예술—너희는 그것이 무엇인지 이해하지 못하는가? 그것이 모든 부끄러움을 암살하는 것임을? 금세기와 더불어 비로소 여자는 문학으로의 선회를 감행했다(늙은 미라보의 말을 빌리자면, 아무렇게나 글쓰기 좋아하는 천박한 필통 쪽으로). 여자는 작가인 척하며 글을 쓰고, 예술가 행세를 하지만, 본능을 상실한다. 질문해도 된다면, 도대체 **무엇 때문에**?

818

비예술가가 "형식"이라고 부르는 것을 **내용**이라고, "사태 그 자체"라고 지각하는 대가를 치러야 비로소 예술가이다. 이렇게 해서 그는 물론 **전도된** 세계에 속한다. 왜냐하면 지금부터는 그에게는 내용이 순전히 형식적인 것이 되어버리기 때문이다.—우리의 삶을 포함해서.

819

뉘앙스에 대한 감각과 쾌감(본래의 **현대성**), 즉 일반적이지 않은 것에 대한 감각과 쾌감은 **전형적인 것**을 포착하는 일에서 쾌감과 힘을 가지는 충동에 역행한다. 이 충동은 전성기 시대의 그리스적 취향과 유사하다. 그 안에는 압도적인 생명의 충만함이 있고, 척도가 지배하며, 천천히 움직이고. 너무 활기찬 것에 대해 혐오감을 느끼는 강한 영혼의 평정함이 근저에 있다. 일반적인 사례, 법칙이 **존중되고** 두드러지게 **강조된다**. 반대로, 예외는 제쳐놓고, 뉘앙스는 지워진다. 확고하고 강력하고 견고한 것, 넓고 강력하게 휴식을 취하며 자신의 힘을 숨기고 있는 삶—그것이 "**마음에 드는**" 것이다. 다시 말해 그것은 사람이 자신에 관해 생각하는 것과 일치한다.

820

중요한 문제에서 나는 지금까지의 모든 철학자보다 예술가가 더 옳다고 인정한다. 예술가는 삶이 나아가는 발자취를 놓치지 않았으며, "이 세상"의 사물을 사랑했다. 그들은 자신들의 감각을 사랑했다. 탈감각화를 위해 노력한다는 것. 그것이 내게는 단순한 위선이나 자기기만이 아닌 경우에는 오해나 질병이나 치료로 보인다. 나는 나 자신에게 그리고 청교도적 양심의 불안 없이 살아가고, 살아가는 것이 **허용되는** 모든 사람에게 자신의 감각을 더 정신화하고 다양화하는 것을 바란다. 우리는 그 섬세함, 충만함, 힘에 대해 감각에 감사하고자 하며, 그 대가로 우리가 가지고 있는 정신의 최선의 것을 감각에 제공하고자 한다. 감각에 대한 성직자적이고 형이상학적인 비방이 우리에게 무슨 상관이 있단 말인가! 우리는 이러한 비방을 더는 필요로 하지 않는다. 괴테와 같은 어떤 사람이 한층 더 큰 쾌감과 애정으로 "이 세상의 사물"에 매달린다면, 이것은 자신이 잘 되었다는 표시다. 이런 방식으로 그는 인간이 자신을 변모시키는 법을 배울 때 **실존을 변모시키는 자**가 된다는 위대한 인간관을 견지한다.

821

예술에서의 염세주의?—예술가는 도취 상태를 드러내는 수단을 바로 그 수단 때문에 점점 더 사랑하게 된다. 색채의 극도의 섬세함과 화려함, 선의 명료함, 음조의 뉘앙스, 그렇지 않으면 보통의 경우에는 전혀 구별되지 않는 곳에서의 **분명한 것**. 모든 분명한 것, 모든 뉘앙스는 도취가 낳는 극도의 힘의 상승을 상기시키는 한에서 거꾸로 이 도취의 감정을 깨운다. 예술 작품의 효과는 **예술을 창조하는 상태를**, 도취의 상태를 **유발하는 것**이다.

예술에서 본질적인 것은 실존을 **완성**하는 것, 완전함과 충만함을 생산하는 것이다. 예술은 본질적으로 **긍정**이고 **축복**이며 **실존의 신격화**이다. 염세주의적 예술은 무엇을 의미하는가? 그것은 하나의 모순이 아닌가? 그렇다. 쇼펜하우어가 특정한 예술 작품이 염세주의에 봉사한다고 말하는 것은 **잘못된** 것이다. 비극은 "체념"을 가르치지 않는다. 끔찍하고 의문스러운 것을 표현한다는 것은 그 자체 이미 예술가에게는 권력과 장엄함의 본능이다. 예술가는 그것을 무서워하지 않는다. 염세주의적 예술이란 존재하지 않는다. 예술은 긍정한다. 욥(Hiob)은 긍정한다. 그러나 졸라는? 공쿠르 형제는? 이들이 보여주는 것은 추하다. 그런데 그들이 추한 것을 보여준다는 **사실**은 그들이 **추한 것에 대한 쾌감**에서 비롯된다. 어떻게 할 수가 없다! 당신이 다른 주장을 한다면, 당신은 자기기만을 하고 있는 것이다. 도스토옙스키는 얼마나 많은 구원의 힘을 가지고 있는가!

822

내 독자들이 "선한 사람" 역시 삶의 전체 극에서 "피로"의 한 형태를 표현하고 있다는 점을 소상히 알고 있다면, 그들은 선한 사람을 **추한 사람**이라고 생각하는 그리스도교의 일관성에 경의를 표할 것이다. 그리스도교는 이 점에서 옳았다.

철학자가 말하길, "선과 미는 하나이다."라는 것은 합당한 일이 아니다. "진리 또한"이라고 덧붙인다면 그를 때려야 한다. 진리는 추한 것이다. **우리가 예술을 가지고 있는 것은** 진리로 인해 몰락하지는 않기 위해서이다.

823

예술의 도덕화.—도덕적 편협과 모서리 관점으로부터의 자유, 또는 그것에 대한 조소로서의 예술. **아름다움**과 **공포**가 짝을 이루는 자연으로의 도피. **위대한** 인간의 구상.

—숨 쉬는 것만으로도 이미 침울해지는 부서지기 쉽고 쓸모없는 사치의 영혼, "**아름다운 영혼**".

—**죽은 이상들**을 이들이 지닌 가차 없는 냉혹함과 잔인함으로 깨우는, 즉 그들이 바로 가장 화려한 괴물임을 깨우는 일.

—도덕화된 모든 예술가의 무의식적 뒤틀림과 연기를 심리학적으로 통찰할 때의 떨 듯한 즐거움.

—예술의 **허위**, 예술의 비도덕성을 폭로한다.

—"이상화하는 근본 권력"(감성, 도취, 풍부한 동물성)을 폭로한다.

824

예술에서의 현대적 **위조**. 이것을 필연적이라고, 말하자면 **현대적 영혼의 가장 본래적인 욕구에 따른 것**으로 파악한다.

천부적 재능의 결함, 그뿐만 아니라 **교육**이나 **전통** 그리고 **훈련**의 결함이라는 빈틈을 메꾼다.

첫째, 사람은 자신을 위해 무조건 사랑하는(그리고 그 **사람** 앞에서 곧바로 무릎을 꿇는) **덜 예술적인** 청중을 찾는다. 우리 세기의 미신, 즉 천재에 대한 미신이 여기에 기여한다.

둘째, 민주주의 시대에 만족하지 못하고 야심을 품고 자신을 은폐하는 자의 어두운 본능을 장황하게 이야기한다. 즉, **자세**의 중요성을.

셋째, 어떤 예술의 절차가 다른 예술의 절차로 받아들여지고, 예술의 의도가 인식이나 교회의 의도 또는 종족적 이해관계(민족주의)나 철학의 의도와 뒤섞인다. 사람은 모든 종을 한꺼번에 치고, 자신이 "신"이 아닐까 하는 막연한 의심을 일으킨다.

넷째, 사람은 여자나 고통받는 자, 분개하는 자에게 아첨한다. 사람은 예술에서도 역시 마취나 마비시키는 것이 우세해지게 만든다. 사람은 "교양 있는 자", 시와 고대의 이야기를 읽는 독자를 자극한다.

825

"공회당"과 "개인 회의실"의 구별. 전자에서 사람은 오늘날 사기꾼이 되어야 **하고**, 후자에서는 거장이기를 **원할** 뿐 그 이상은 아니다! 이러한 구별을 능가하는 것이 현 세기의 특별한 "천재들"이며, 그들은 이 양자 어느 쪽에서도 위대하다. 빅토르 위고와 리하르트 바그너의 위대한 사기꾼 기교는 **진정한 거장의 기교**와 다분히 결부되어 있어서, 그들은 예술의 감각에서 가장 세련된 자들도 만족시켰다.

그래서 그들에겐 **위대함이 부족하다**. 즉, 그들은 때로는 가장 조야한 욕구와 관련하여, 때로는 가장 세련된 욕구와 관련하여 계속해서 변하는 관점을 가지고 있다.

826

“잘못된 강화”

낭만주의에서 나타난다. 이러한 지속적인 표현의 풍부함은 강함의 징후가 아니라 결핍의 징후이다.

그림처럼 아름다운 음악, 이른바 연극적 음악은 특히 더 경박하다 (자연주의 소설에서 사실과 특성을 가차 없이 유포하고 배열하는 것과 마찬가지로).

“열정”은 신경과 지쳐버린 영혼에 관한 사항이다. 높은 산, 황야, 사나운 날씨, 난음의 향연, 끔찍한 일에 대한 즐거움과 마찬가지로 (예를 들면 역사가들에게서처럼) 방대하고 거대한 즐거움.

실제로 감정의 방종에 대한 숭배가 존재한다. (어째서 강한 시대는 이와 반대되는 욕구를 예술에서 가지게 되는가? 즉, 열정의 저편에 대한 욕구를?)

자극적 소재의 우대(에로틱한 것이나 사회주의적인 것이나 병리적인 것). 이 모든 것은 오늘날 누구를 위해 일하고 있는지를 보여주는 징후이다. 즉, **과로한 자**와 **정신이 산만한 자** 또는 쇠약한 자들을 위해 일하고 있다는 것에 대한 징후이다.

사람은 영향을 주기 위해서는 압제해야 한다.

827

압제하는 예술로서의 현대 예술. 거칠고 강렬하게 표출된 **선의 논리**. 공식이 될 때까지 단순화된 동기. 공식이 압제한다. 선 안에는 감각을 혼란스럽게 만드는 야생의 다양성과 압도적인 양이 있다.

색채와 소재와 욕망의 잔인함이 있다. 예컨대 졸라, 바그너. 더 정신적인 서열에서는 텐(Taine). 그러므로 **논리**와 **양** 그리고 **잔인함**.

828

화가에 관하여. 이 현대인들은 모두 화가가 되고 싶었던 시인들이다. 어떤 사람은 역사 속에서 극을 탐구했고, 다른 어떤 사람은 예의의 장면을 탐구했다. 후자는 종교를, 전자는 철학을 표현한다. 어떤 사람은 라파엘로를 모방하고, 다른 어떤 사람은 초기의 이탈리아 거장을 모방한다. 풍경 화가는 송가와 비가를 짓기 위하여 나무와 구름을 이용한다. **아무도** 단순히 화가인 것은 아니다. 모두가 고고학자이며 심리학자이며, 어떤 기억이나 이론을 무대에 올리는 사람이다. 그들은 우리의 교양과 철학을 즐긴다. 그들은 우리처럼 보편적인 이념들로 가득 채워져있다. 그들이 형식을 사랑하는 것은 형식 그 자체 때문이 아니라 형식이 **표현하고** 있는 것 때문이다. 그들은 학식이 있고 고뇌하고 반성하는 세대의 아들이다. 책을 읽지 않았고 오직 그들의 눈을 즐겁게 할 생각만 했던 옛 거장들에게서 수천 마일 떨어져있다.

829

근본적으로 바그너의 음악은 프랑스 낭만주의 전체가 그러하듯이, 역시 문학이다. 즉, 길모퉁이에서 빈둥거리는 감상적인 사람에게 행사되는 이국적 매력, 낯선 시대와 습속과 열정이다. 전체 지평을 새로운 색채와 가능성으로 색칠해놓은 서적들이 그 통로를 열어놓은, 아득히 먼 외국의 태고의 땅에 발을 들여놓을 때의 환희이다. 한층 더 먼 곳에 있는 열려있지 않은 세계에 대한 예감. 대로에 대한 경멸. 착각해서는 안 되는 일이지만, 민족주의 역시 이국 취미의 한 형식에 지나지 않는다. 낭만적 음악가는 이국적 서적들이 그들을 어떤 존재로 만들었는지 이야기한다. 사람들은 기꺼이 이국적인 것을 피렌체풍이나 베네치아풍으로 체험하고 싶어 한다. 결국에는 그것을 그림에서 찾는 것으로 **만족한다**. 본질적인 것은 **새로운** 욕망의 종류, 모방 욕구, 다른 사람의 삶을 체험하고 싶은 의욕, 변장, 영혼의 위장이다. 낭만주의 예술은 결함 있는 "현실"에 대한 응급처치일 뿐이다.

나폴레옹, 영혼의 새로운 가능성의 열정. 영혼의 공간 확대.

새로운 것을 **행하는** 시도. 혁명, 나폴레옹.

의지의 권태. 새로운 것을 느끼고, 표상하고 꿈꾸는 욕망에서 더욱 커지는 과도한 무절제.

사람이 체험한 과도한 것들의 결과. 과도한 감정에 대한 병적인 굶주림. 외국 문학은 가장 강한 양념을 제공했다.

830

빙켈만과 괴테의 그리스인, 빅토르 위고의 동양인, 바그너의 에다(Edda)적 인물,[4] 월터 스콧의 13세기 영국인—언젠가는 코미디 전체가 폭로될 것이다! 이들 모두는 대단히 잘못된 일이다. **그렇지만** 현대적이고 진실이다.

831

외래의 것과 차용한 것과 관련하여 **민족적 천재**의 특성에 대하여.

영국의 천재는 자신이 받아들이는 모든 것을 거칠게 만들고 자연화한다.

프랑스의 천재는 희석하고 단순화하고 논리화하고 치장한다.

독일의 천재는 제거하고 매개하고 뒤엉키게 하고 도덕화한다.

이탈리아의 천재는 차용한 것을 단연코 가장 자유롭고 정교하게 사용하고, 그것에서 끄집어낸 것보다 백배는 더 많이 집어넣는다. 즉, 가장 많이 선사해야 하는 가장 풍요로운 천재로서.

832

유대인들은 예술 영역에서 하이네와 오펜바흐 덕택에 천재성에 거의 접근했다. 가장 총명하고 가장 대담한 사티로스인 오펜바흐는 음악가로서 위대한 전통을 고수했다. 단순한 귀 이상을 가진 자들에게 그는 감상적이고 근본적으로는 퇴화한 독일 낭만주의 음악가들로부터의 진정한 구제이다.

---

4) 《고 에다(Elder Edda)》 또는 《운문 에다(Poetic Edda)》란 저자 미상의 여러 고대 노르드어 시 작품들을 오늘날 집합적으로 일컫는다. 에다의 기본 텍스트인 아이슬란드어 필사본 《왕의 서》는 노르드 신화와 게르만 영웅전설의 가장 중요한 문헌으로서, 19세기 초 스칸디나비아 문학에 지대한 영향을 미쳤다. 바그너는 《니벨룽겐의 반지》를 에다와 같은 아이슬란드의 운율로 쓰려는 야망을 지니고 있었다.

833

오펜바흐. 볼테르의 정신을 지닌 프랑스 음악. 자유롭고, 의기양양하고, 약간의 냉소적인 미소를 머금고 있다. 그렇지만 거의 진부할 정도로 밝고 발랄하다(그는 치장하지 않는다). 병적인 감성 혹은 금발의 빈(Wien) 사람의 감성의 교태를 부리지 않는다.

834

예술가의 천재성을 법칙 아래서의 최상의 자유, 그지없이 어려운 것에서의 신적인 경쾌함과 경박함으로 이해한다면, 오펜바흐는 바그너보다 더 "천재"라는 이름을 받을 만하다. 바그너는 무겁고 둔중하다. 바그너에게 그지없이 대담한 완전성의 순간보다 더 낯선 것은 없는데, 광대 오펜바흐가 자신의 모든 익살극에서 대여섯 차례나 이 순간에 도달한다. 그러나 천재를 다른 식으로 이해할 수도 있을 것이다.

835

"**음악**"이라는 장에 대하여.—독일과 프랑스와 이탈리아의 음악. (정치적으로 가장 저급한 우리의 시대가 **가장 생산적인** 시대이다. 슬라브인들?) 문화사적인 발레가 오페라를 극복했다. 배우의 음악과 음악가의 음악. 바그너가 창조한 것이 하나의 형식이라는 것은 오류이다. 그것은 형체가 없다. 극적인 구성의 가능성은 아직 발견되어야 한다. 리듬. 어떠한 희생을 치르더라도 "표현". "카르멘"의 명예를 위하여. 하인리히 쉬츠(Heinrich Schütz)(그리고 "리스트 협회")의 명예를 위하여. 음탕한 악기 편성법. 멘델스존의 명예를 위하여. 그 안에는 괴테의 요소가 들어있고 그 밖에 어디에도 없다! (마찬가지로 다른 괴테의 요소가 라헬에게서 완성되었고, 세 번째의 그것은 하인리히 하이네에게서 완성되었다.)

836

서술적인 음악은 그 효과를 현실에 맡긴다. 모든 이런 종류의 예술은 **더 가볍고, 더 모방하기 쉽다**. 재능 없는 자들이 이것을 얻으려 한다. 본능에의 호소. **암시적** 예술.

837

우리의 **현대음악**에 대하여.—멜로디의 위축은 "이념"과 "변증법", 가장 정신적인 운동의 자유가 위축되는 것과 동일한 것이다. 새로운 대담함과 심지어 원칙에 이르기까지 발전하는 서투름과 둔중함이다. 사람들은 결국 자신의 천부적 재능의, 자기 **재능의 편협함**의 원칙만을 가지게 된다.

"극적인 음악"은 허튼소리다! 그것은 단순히 나쁜 음악이다. 높은 정신성과 그것의 **행복**(이를테면 볼테르)을 성취하는 방법을 더는 알지 못할 때, "감정"과 "열정"이 대용품이 된다. 기술적으로 말하자면, "감정"과 "열정"은 **더 용이하다**. 그것은 훨씬 빈곤한 예술가를 전제한다. 극으로의 방향 전환은 한 예술가가 자신이 진정한 수단보다는 **가상** 수단을 더 잘 다룬다는 점을 드러낸다. 우리는 **극적인 회화**, **극적인 서정시** 등을 가지고 있다.

838

우리는 음악에서 음악가에게 법칙을 부과할 수 있고 양심을 부여할 미학이 없다. 그 결과 우리는 "원칙"을 둘러싼 본래의 투쟁 없이 지낸다. 왜냐하면 쇼펜하우어의 변덕을 비웃듯이 우리는 음악가로서 이 영역에서 헤르바르트적 변덕을 웃음거리로 삼기 때문이다. 사실 이로부터 엄청난 어려움이 생긴다. 우리는 "모범", "걸작", "완전성"이라는 개념을 어떤 **근거로 설명할지** 더는 알지 못한다. 우리는 오래된 사랑과 감탄의 본능을 가지고 가치의 영역을 맹목적으로 더듬는다. 우리는 "**우리** 마음에 드는 것이 좋은 것"이라고 거의 믿는다. 완전히 순진하게 베토벤이 도처에서 "고전"으로 묘사되는 것은 나의 불신을 불러일으킨다. 그렇지만 심지어 바그너의 눈에 띄는 완전한 양식의 해체가, 즉 그의 소위 극적인 양식이 "모범"이요 "걸작"이요 "진보"라고 가르쳐지고 숭배될 때면 나의 조바심은 극에 달한다. 바그너가 이해하고 있는 음악에서의 극적인 양식은, 무언가 다른 것이, 즉 극이 음악보다 백배나 중요하다는 전제 아래에서 양식 일반을 포기하는 것이나 다름없다. 바그너는 회화적으로 묘사할 수 있다. 그는 음악을, 음악을 위해서 사용하지 않는다. 그는 자세를 강화한다. 그는 시인이다. 결국, 그는 모든 극장 예술가와 마찬가지로 "아름다운 감정"과 "부풀어 오른 가슴"에 호소한다. 이 모든 것으로 그는 부녀자와 교양을 필요로 하는 자를 자기편으로 설득한다. 그런데 부녀자와 교양을 필요로 하는 자에게 음악이 무슨 상관이란 말인가! 그들은 모두 예술에 대한 양심이 없다. 그들은 예술의 첫째가는 필수적인 모든 덕이 부차적 목적을 위해 극의 하녀로서 짓밟히고 조롱당해도 고통스러워하는 법이 없다. 거기서 표현하는 바로 그것, 예술 자체가 자기 자신을 위하여 법칙을 상실했다면 표현 수단의 확장이 무슨 소용이 있는가? 음조의 회화적인 화려함과 강력함, 음조와 리듬이 가지는 그리고 화음과 불협화음의 음색이 가지는 상징성, 다른 예술과의 관계에서 음악이 가지는 암시적 의미, 바그너에 의해 지배하게 된 음악의 모든 **관능성**—이 모든 것을 바그너는 음악에서 간파하고 끄집어냈으며 발전시켰다. 빅토르 위고는 이와 유사한 일을 언어를 위해 했다. 하지만 오늘날 프랑스에서는 벌써 사람들은 빅토르 위고의 경우에 언어의 변질이 아니었는지 묻고 있다. 언어에서의 관능성의 증가로 인해 언어 안에 있는 이성과 정신성과 깊은 법칙성이 압박당하고 있는 것은 아닌가? 프랑스에서는 시인이 조형가가 되고, 독일에서는 음악가가 배우가 되고 문화에 페인트칠을 해대는 자가 되어버린 것—이것이 **데카당스**의 징후는 아닌가?

839

오늘날에는 음악가 염세주의가 비음악가 사이에도 있다. 절망적 절규에 이를 때까지 피아노를 두들기고, 그지없이 암울한 회갈색 화음의 진흙을 자기 손으로 굴려내는 한 불행한 젊은이—누가 그를 체험하지 않고, 누가 그를 저주하지 않았는가? 이렇게 함으로써 사람들은 염세주의자로 **인식된다**. 하지만 그런다고 해서 그들이 음악적이라고 인식되는가? 나는 그것을 믿을 수가 없다. 순수한 바그너주의자는 비음악적이다. 그는 대략 여자가 최면술사의 의지에 굴복하듯이 음악의 자연력에 굴복한다. 그리고 이처럼 굴복하기 위해서 그는 어떤 엄정하고 섬세한 양심에 의해서도 음악과 음악가의 문제에 대해 의심하게 되어서는 안 된다. 내가 "대략 ~하듯이"라고 말했지만, 아마도 여기서는 비유 이상의 것이 문제가 될 것이다. 바그너가 효과를 위해서 즐겨 사용하는 수단을 생각해보라(그 대부분은 그가 자신을 위해 비로소 고안해내야만 했던 것이다). 그러한 수단들은 최면술사가 효과를 얻기 위하여 사용하는 수단과 이상하게 닮아 있다(오케스트라의 움직임과 음색의 선택, 논리적이고 단정한 리듬을 역겹게 회피하는 것, 살금살금 다가오고 어루만지고 비밀스러운 것, "무한한 멜로디"의 히스테리). 이를테면 로엔그린 서곡이 청취자와 그보다 여성 청취자를 빠져들게 만드는 상태가 몽유병자의 희열과 본질적으로 다른가? 나는 어떤 이탈리아 부인이 이 서곡을 듣고 나서, 바그너주의 여성이라면 이해하는 저 아름답고 황홀해하는 눈을 하며 이렇게 말하는 것을 들었다. "이 음악으로 어떻게 잠을 자는가!"

840

음악 속의 종교.—바그너의 음악 속에는 시인되지도 않고 심지어 이해조차 되지 않은 온갖 종교적 욕구의 만족이 여전히 얼마나 많이 들어있는 것인가! 얼마나 많은 기도와 덕성과 성유와 "처녀성"과 "구원"이 거기서 함께 말하고 있는가! 음악이 말과 개념을 도외시해도 된다는 것. 오, 이것으로부터 음악이 자기의 이익을 끌어내고 있는지, 이전에 믿었던 모든 것으로 다시 이끌고 **다시 유혹하는** 이 교활한 성자인 음악이! 어떤 옛 본능이 떨리는 입술로 금단의 술잔을 비운다면, 우리의 지적 양심은 부끄러워할 필요가 없다. 그것은 끝끝내 바깥에 머무른다. 이것은 현명하고 건강한 일이며, 또한 그것이 종교적 본능의 만족에 대해 부끄러워하고 있다는 점을 드러내는 한에서 심지어 좋은 징후이기도 하다. 교활한 그리스도교 정신은 "만년의 바그너" 음악의 전형이다.

841

나는 사람 앞에서의 용기, 사태 앞에서의 용기, 그리고 종이 앞에서의 용기를 구별한다. 후자는 예를 들면 다비트 슈트라우스의 용기다. 나는 더 나아가 증인 앞에서의 용기와 증인이 없는 용기를 구별한다. 그리스도인의 용기, 신앙인 일반의 용기는 결코 증인이 없는 용기일 수 없다. 이 사실만으로도 이미 용기의 가치를 떨어뜨린다. 나는 마지막으로 기질로부터의 용기와 공포에 대한 공포에서 나오는 용기를 구별한다. 후자 종류의 특수한 경우는 도덕적 용기다. 여기에는 절망으로부터의 용기도 속한다.

바그너가 이런 용기를 가지고 있었다. 음악과 관련하여 그의 위치는 절망적이었다. 그에게는 **좋은** 음악가의 자격을 얻기 위한 두 가지가 결여되어있었다. 자연과 문화가, 즉 음악을 하지 않을 수 없는 운명과 음악을 하기 위한 훈련과 교육이 결여되어있었다. 그는 용기를 가지고 있었다. 그는 이러한 결핍으로부터 하나의 원리를 만들어낸 것이다. 그는 음악의 종류 하나를 고안해냈다. 그가 고안해낸 것과 같은 "극적인 음악"은 그가 만들 수 있었던 음악이다. 이 음악의 개념이 바그너의 한계이다.

그런데 사람들은 그를 오해했다! 사람들이 그를 오해한 것인가? 현대 예술가의 6분의 5가 그의 덫에 걸려 있다. 바그너는 그들의 구원자이다. 그것은 그렇다고 치고, 6분의 5라는 것은 "최소한"이다. 자연이 무자비하게 자신을 보여주는 경우는 언제나, 다른 한편 문화가 우연이고 잠정적이며 예술 애호로 남아있는 경우는 언제나, 예술가는 본능적으로—내가 무슨 말을 하는 건가?—감격하여 바그너에게 구원을 청한다. 어떤 시인이 말하듯이, "반쯤 끌어올리고, 반쯤 가라앉힌다."[5)]

842

"음악"—그리고 위대한 양식.—예술가의 위대함은 그가 불러일으키는 "아름다운 감정"으로 측정할 수 없다. 여자들이나 그렇게 믿을지도 모른다. 예술가의 위대함은 그가 위대한 양식에 접근하는 정도, 위대한 양식에 그의 능력 정도에 따라 측정된다. 이 양식은 좋은 느낌을 주는 것을 거부한다는 것, 설득하는 것을 망각한다는 것, 명령한다는 것, **원한다**는 것에서 위대한 열정과 공통점을 가진다. 인간이 그것에 다름 아닌 혼돈을 지배한다는 것, 자신의 혼돈이 형식이 되도록 강요한다는 것, 즉 논리적으로 되고, 간단하고 명료하게 되고, 수학이 되고, **법칙**이 되라는 것. 이것이 여기에서는 큰 야심이

---

5) 괴테의 1779년 담시 〈어부(Der Fischer)〉의 끝에서 두 번째 행. "halb zog sie ihn, halb sank er hin." 이 담시를 통해 괴테는 인어가 어부를 아름다운 물속으로 유인하는 것처럼 자연의 아름다움과 동시에 자연의 위험을 보여주고 있다.

다. 이 야심으로 사람들은 접근을 거부한다. 그런 폭력 인간[6]을 사랑하도록 자극하는 것은 아무것도 없다. 황량함이, 침묵이, 큰 신성모독에 대한 공포와도 같은 공포가 그를 둘러싸고 있다. 모든 예술은 위대한 양식의 이런 야심가들을 알고 있다. 왜 음악에는 이런 야심가가 없는 것일까? 피티 궁전[7]을 세운 저 건축가처럼 음악을 건축한 음악가는 한 사람도 없었다. 여기에 문제가 있는 것이다. 온갖 종류의 폭력 인간들의 왕국이 이미 몰락한 저 문화에 음악은 속하는 것일까? 결국 위대한 양식이라는 개념은 이미 음악의 영혼과 우리 음악 속에 있는 "여자"와 모순되는 것인가?

나는 여기서 핵심적 문제를 건드린다. 우리의 전체 음악은 어디에 속하는가? 고전적 취향의 시대는 자신과 비교할만한 것을 알지 못한다. 우리의 음악은 르네상스 세계가 황혼기에 도달했을 때, "자유"

---

6) Gewaltmenschen(Men of force, Men of violence). 직역하면 '폭력자'이지만 일상적 의미와 구별하기 위하여 위력을 가진 사람이라는 뜻으로 '폭력 인간'으로 옮겼다. 여기서 폭력은 무엇인가를 거칠고 사납게 제압하는 힘을 의미한다. '권력에의 의지로서의 예술'을 다루는 이 부분에서 폭력은 혼돈으로부터 위대한 양식을 만들어내는 힘을 의미한다.

7) 피티 궁전(Palazzo Pitti)은 이탈리아 피렌체에 있는 르네상스 궁전으로, 피렌체에서 가장 규모가 크다. 메디치 가문의 경쟁 가문이었던 피티 가문이 1458년에 건축했고, 필리포 브루넬레스키가 초반에 설계를 맡았다. 이 궁전은 1549년 메디치 가문에 의해 매입되었으며, 토스카나 대공국 지배 가문의 주요 거주지가 되었다. 1886년 4월 중순에 니체는 카를 푹스(Carl Fuchs)에게 보낸 편지에서 "위대한 양식"에 대해 설명한다. "내가 이렇게 덧붙이는 것을 용서하십시오. 퇴폐적 취향과 가장 거리가 먼 것은 바로 위대한 양식입니다. 이를테면 위대한 양식에는 피티 궁전이 속하지만, 9번 교향곡은 속하지 않습니다. 위대한 양식은 멜로디 예술의 최고 고양입니다."

가 관습으로부터 그리고 심지어 희망 사항으로부터 떠나버렸을 때 활짝 꽃을 피웠다. 반 르네상스라는 것이 우리 음악의 성격에 속하는 것이 아닐까? 그것이 아무튼 동시대적이라면 우리 음악은 바로크 양식의 자매가 아닐까? 음악은, 현대음악은 이미 데카당스가 아닐까?

나는 이미 오래전에 이 문제를 지적한 적이 있다. 우리 음악은 예술에서 반 르네상스의 한 조각이 아닌가? 우리 음악은 바로크 양식과 가장 가까운 친척이 아닌가? 우리 음악은 모든 고전적 취향과의 모순 속에서 성장했으며, 그래서 고전을 추구하는 모든 야심이 거기서는 저절로 금지된 것이 아닐까?

이러한 제1급의 가치문제에 대한 답변은, 음악이 낭만주의로서 그 최고의 성숙과 충만에 도달했다는 사실—다시 한번 고전성에 대한 반동 운동으로서 도달했다는 사실이 올바로 평가된다면, 의심의 여지가 있어서는 안 된다.

모차르트, 섬세하고 사랑스러운 영혼이지만 전적으로 18세기다. 게다가 그 엄숙함에서조차 그렇다. 바그너가 최후의 위대한 낭만주의자이듯이, 베토벤은 낭만주의의 **프랑스적** 의미로는 최초의 위대한 낭만주의자이다. 두 사람 모두 고전적 취향에 대한 본능적 반대자이다. "위대한" 양식이라는 말을 하지 않으려면, 엄숙한 양식의 본능적인 반대자이다.

843

낭만주의는 모든 현대적인 것과 마찬가지로 애매한 문제이다.

미적 상태는 이중적이다.

풍만하고 선사하는 자들은 탐구하고 욕망하는 자들과 대립한다.

844

낭만주의자는 자신에 대한 커다란 불만이 그를 창조적으로 만드는 예술가이다. 자신과 자신의 세계에서 시선을 돌리고 뒤를 돌아본다.

845

예술은 **현실에 대한 불만**의 결과인가? 아니면, **누리는 행복에 대한 감사**의 표현인가? 첫 번째 경우에는 낭만주의이고, 두 번째 경우에는 후광과 디오니소스 송가(요컨대 **신격화 예술**)가 된다. 라파엘로도 이 후자에 속하지만, 단지 그는 그리스도교적 세계 해석처럼 **보이는 것**을 신격화하는 잘못을 저질렀다. 그는 실존이 특별히 그리스도교적인 모습을 보이지 않는 곳에서 실존에 감사했다.

도덕적 해석은 세계를 견딜 수 없게 만들었다. 그리스도교는 도덕적 해석을 통해 세계를 극복하려는, 즉 부정하려는 시도였다. 실제로 그러한 광기의—세계에 대한 인간의 광적인 자만의—살인적 시도는 인간의 암울화·왜소화·빈곤화라는 결과를 가져왔다. 가장 평범하고 가장 무해한 종류, 가축 무리와 같은 종류의 인간만이 그것으로 이익을 얻고, 바꿔 말하면 **후원**을 받았다.

신격화의 예술가로서의 **호메로스**. 루벤스도 또한 그러하다. 음악은 아직 그러한 예술가를 가지지 못했다.

위대한 범죄자의 이상화(그 **위대함**에 대한 감각)는 그리스적이다.

죄인을 폄하하고 비방하고 경멸하는 것은 유대교적-그리스도교적이다.

846

낭만주의란 무엇인가? 모든 미적인 가치와 관련하여 나는 이제 다음과 같은 근본 구별을 사용한다. 모든 개별적인 경우에 나는 이렇게 묻는다. “여기서 창조적으로 된 것은 굶주림인가 아니면 충만인가?” 처음부터 다른 구별을 권장하는 것이 더 낫다고 생각될 수도 있다.—이것이 훨씬 더 명백하다.—즉, 창조의 원인이 경직화·영원화·“**존재**”에 대한 욕망인가, 아니면 파괴·변화·**생성**에 대한 욕망인가의 구별이다. 그러나 이 두 종류의 욕망은 좀 더 깊숙이 들여다보면 역시 애매하며, 앞서 언급한, 내 생각에는, 정당하게 선호된 도식에 따라서 해석될 수 있다는 점이 증명된다.

파괴·변화·생성에 대한 욕망은 미래를 잉태한 과도한 힘의 표현일 **수** 있다(그것에 대한 나의 용어는 익히 알려진 바와 같이 “디오니소스적”이다). 하지만 그것은 또한 실패하고 결핍하고 형편이 좋지 않은 자들의 **증오**일 수도 있다. 이 증오는 파괴하며, 파괴하지 않을 수 없는데, 그것은 존립하는 것, 실로 모든 존립이, 모든 존재 자체가 그를 분노케 하고 도발하기 때문이다.

반면에 “영원화”는 감사나 사랑에서 나올 수 있다. 이것을 기원으로 삼는 예술은 언제나 신격화의 예술이 되는데, 루벤스를 두고 말하면 디오니소스 송가와 같고, 하피즈(Hafiz)를 두고 말하면 축복이 되며, 괴테를 두고 말하면 밝고 우아하게 되고, 또한 모든 사물 위에 호메로스적 후광을 펼친다. 하지만 그것은 또한 심하게 고통받는 자의 압제적인 의지일 수도 있다. 이런 인간은 자신의 고통이 지닌 가장 개인적인 것, 가장 개별적인 것, 가장 편협한 것, 그 고통의 본래적인 특성을 구속력 있는 법칙과 강제로 만들고자 한다. 그는 또한 모든 사물에 자신의 이미지, 자신의 고초의 이미지를 찍어누르고 강요하고 낙인찍음으로써 그들 모든 사물에 말하자면 복수하는 것이다. 이 후자는 그것이 쇼펜하우어의 의지 철학으로서이든 바그너적 음악으로서이든 가장 표현적인 형태의 낭만주의적 염세주의이다.

847

고전적인 것과 **낭만주의적**인 것이라는 대립의 배후에 **능동적**인 것과 **반응적**인 것이라는 대립이 숨어있지는 않은가?

848

고전주의자이기 위해서는 사람은 모든 강하고 얼핏 모순적으로 보이는 천부적 재능과 욕망을 가져야 한다. 그러나 그것들이 한 멍에로 서로 묶이는 방식으로 그래야 한다. 특정 종류의 문학이나 예술 또는 정치를 절정에 이르게 할 적절한 시기에 나타나야 한다(이미 절정에 도달해버린 **다음**이어서는 안 된다). (민족이든 문화이든) **총체적 상태**를, 이 상태가 여전히 존속하고 있고 아직은 외래의 것에 대한 모방으로 인해 덧칠되어있지 않을 (또는 여전히 모방에 의존하는) 때에, 가장 깊고 가장 내적인 영혼 속에 반영해야 한다. 그것은 반응적인 정신이 아니라 **결론을 내리고** 전진하는 정신이다. 이 정신은 증오가 있더라도 모든 경우에 **예**라고 말한다.

"최고의 개인적 가치가 여기에 속하지 않는가?" 도덕적 편견이 여기서도 작용하고 있지 않은지, 그리고 위대한 **도덕적** 고결함이 그 자체로 **고전적인 것**에 대한 **모순**은 아닌지에 대해서 숙고해보아야 한다. 도덕적 괴물은 말과 행동에 있어서 필연적으로 낭만주의자일 수밖에 없는 것은 아닐까? 다른 특성들에 대한 한 특성의 저러한 우세가 (도덕적 괴물의 경우에서처럼) 평형을 유지하고 있는 고전적 권력에 적대적으로 대립한다. 사람들이 이러한 높이를 가지고서도 고전주의자라면, 그들은 같은 높이의 비도덕성을 가지고 있다고 대담하게 결론을 내려도 좋을 것이다. (만일 그가 실제로 베이컨 경이라면) 이것은 아마도 셰익스피어의 경우일 것이다.

849

미래의 것.—위대한 "열정"의 낭만주의에 반대하며.

모든 "고전적" 취향에는 일정량의 냉정함, 명석함, 엄격함이 속한다는 점을 파악하는 일. 특히 논리, 정신성에서의 행복, "삼일치"[8],

8) "삼일치(Drei Einheiten,Three Unities)"의 법칙은 아리스토텔레스의 《시학》에서 발전해서 16세기 이탈리아에 도입되어 3세기 동안 영향력을 행사한 고전 연극의 규칙이다. 이 규칙은 시간, 장소, 사건의 통일성을 규범적으로 지시한다. '시간의 통일성(Unity of Time)': 연극의 사건은 짧은 시간 동안, 이상적으로는 24시간 이내에 이루어져야 한다. '장소의 통일성(Unity of Place)': 극에서는 장소의 변화가 없어야 하고, 장면이 바뀌어도 너무 멀리 떨어지면 안 된다. '사건의 통일성(Unity of Action)': 사건은 플롯을 이해하기 쉽고 일관성 있게 만들기 위해 서로 논리적으로 연결되어야 한다.

집중, 감정이나 심정, 정신에 대한 증오, 간결하고 날카롭고 귀엽고 온화한 것에 대해서와 마찬가지로 다양하고 불확실하고 방황하고 예감하는 것에 대한 증오.

사람은 예술가적 공식을 가지고 놀아서는 안 된다. 삶이 나중에 스스로 공식화할 **수밖에 없도록** 삶을 개조해야 한다.

헤르더, 빙켈만, 괴테, 헤겔이라는 동시대인들이 **고전적 이상을 재발견했다**—그리고 동시에 셰익스피어를 재발견했다!—고 주장한 것은 우리가 이제야 웃어넘기는 법을 배우고 또 이제야 알게 된 명랑한 코미디다. 그리고 이 세대는 프랑스의 고전파와 비열한 방식으로 절교해버렸다! 마치 본질적인 것을 여기에서뿐만 아니라 저기에서도 배울 수 없는 것처럼! 그러나 사람들은 "자연"과 "자연성"을 원했다. 오, 이 둔감함! 사람들은 고전성을 일종의 자연성이라고 믿었다니!

어떤 토양 위에서 고전적 취향이 자랄 수 있는지를 편견과 관대함 없이 끝까지 생각해보라. 인간을 냉혹하게 만드는 것, 단순하게 만드는 것, 강하게 만드는 것, 악하게 만드는 것. 이 모든 것은 함께 속한다. 논리적-심리적 단순화. 세부적인 것과 복잡한 것, 불확실한 것에 대한 경멸.

독일에서 낭만주의자는 고전주의에 항의하지 **않는다**. 그러나 이성, 계몽, 취향, 18세기에 항의한다.

낭만주의적-바그너적 음악의 감수성은 **고전적 감수성**의 반대이다.

통일성에 대한 의지(왜냐하면 통일성은 압제하기 때문이다. 즉, 청중과 관객을), 그러나 중요 사항과 관련하여, 즉 작품 자체에 관하여(포기하고, 요약하고, 해명하고, 단순화하는 일과 관련하여) 스스로를 압제할 수 없는 무능력이다.

대중에 의한 압도(바그너, 빅토르 위고, 졸라, 텐).

850

예술가의 허무주의.—자연은 그 명랑함을 통하여 잔인하고, 태양을 떠오르게 함으로써 냉소적이다. 우리는 **감동**에 대해서 적의를 품는다. 사람들은 자연이 우리의 감각과 우리의 상상력을 움직이는 곳으로, 우리가 사랑할 것이 아무것도 없는 곳으로, 우리가 이런 북방적 자연의 도덕적 허울과 섬세함을 상기하지 않게 되는 곳으로 도망친다. 그리고 또한 예술로 도망친다. 우리는 우리에게 "선과 악"을 더는 상기시키지 않는 것을 선호한다. 자극과 고통에 대한 우리의 도덕주의적 민감성은 공포스럽고 행복한 자연 속에서, 감각과 힘의 숙명론 안에서 구원받고 있는 듯하다. 선의가 없는 삶.

유익한 것은 선과 악에 대한 자연의 대단한 **무관심**을 응시하는 데에 있다.

역사 속에는 어떤 정의도 없고, 자연 속에는 어떤 선의도 없다. 따라서 염세주의자가 예술가일 경우, 그는 역사 속에서는 정의 부재 자체가 대단한 순진함으로 드러나는 곳, 바로 **완전성**이 표현되는 곳으로 가고 또한 마찬가지로 자연 속에서는 사악하고 무관심한 성격이 은폐되지 않는 곳, 다시 말해 자연이 완전성의 성격을 표현하는 곳으로 간다.[9)]

허무주의적 예술가는 냉소적 역사와 냉소적 자연을 원하고 선호하는

데서 자신을 드러낸다.

851

비극적이란 무엇인가?—나는 아리스토텔레스가 두 가지의 **우울한** 감정인 공포와 동정에서 비극적 감정을 인식할 수 있다고 믿었을 때 그가 커다란 오해를 했다는 점을 여러 번 지적했다. 그가 옳다면, 비극은 삶에 위험한 예술일 것이다. 우리는 공안을 해치고 악명 높은 것에 대해 그런 것처럼 비극에 대해 경고해야 했을 것이다. 다른 경우에는 삶의 위대한 자극제, 삶에서의 도취, 삶에의 의지인 예술이 여기서는 하강 운동에 봉사하면서, 말하자면 염세주의의 시녀로서 **건강에 해로웠을** 것이다(왜냐하면 이러한 격한 감정이 유발됨으로써 이 감정으로부터, 아리스토텔레스가 그렇게 믿은 것처럼 생각되듯이, "정화된다"는 것은 단순히 사실이 아니기 때문이다). 습관적으로 공포와 동정을 야기하는 것은 해체하고 약화하고 의기소침하게 만든다. 그리고 비극에서 체념을 배워야 한다고(즉, 행복과 희망과 삶에의 의지를 부드럽게 포기하는 것을 배워야 한다고) 하는 쇼펜하우어가 옳다면, 이것은 예술이 자기 자신을 부정하는 그런 예술을 구상할 것이다. 그렇게 되면 비극은 해체의 과정을, 즉 삶의 본능이 예술 본능 안에

---

9) 자연의 장엄한 무관심에 대한 니체의 반복적 강조는 카뮈의 《이방인》의 결론과 비교될 수 있다. 카우프만(Walter Kaufmann)은 이 부분이 카뮈에게 영향을 줘 흔적을 남겼을 수 있다고 말한다. 카뮈가 자주 사용하는 '부조리(absurd)'라는 단어가 니체에게서 빈번하게 등장한다.

서 자신을 스스로 파괴하는 과정을 의미하게 될 것이다. 그리스도교, 허무주의, 비극 예술, 생리적 데카당스. 이것들은 서로 손을 잡고 있으며, 동시에 우세해지고, 앞으로 나아가도록 서로 몰아댄다. **아래쪽으로**. 비극은 퇴락의 징후일 것이다.

이러한 이론은 그지없이 냉혹한 방식으로 반박할 수 있다. 즉, 동력계로 비극적 정서의 효과를 측정함으로써. 그리고 그 결과 우리가 얻게 되는 것은 궁극적으로 절대적 체계주의자만이 오인할 수 있는 것, 즉 비극은 하나의 **강장제**라고 오인하는 것이다. 쇼펜하우어가 여기서 제대로 파악하고 **싶지** 않을 때, 그가 총체적 우울을 비극적 상태로 상정했을 때, 그가 (쇼펜하우어에게는 불쾌하겠지만 "체념하지" 않았던) 그리스인들에게 그들이 세계관의 정점에 있지 않았다고 넌지시 암시했을 때, 그것은 편견이고 체계의 논리이며 체계주의자의 위조이다. 쇼펜하우어와 그의 전체 심리학을 한 걸음 한 걸음 망쳐놓은 저 고약한 위조 중 하나이다(그는 천재, 예술 자체, 도덕, 이교의 종교, 아름다움, 인식, 그리고 거의 모든 것을 자의적으로 폭력적으로 오해한 자이다).

852

비극적 예술가.—**과연** 그리고 **어디에** "아름답다"라는 판단이 내려지는가는 (개인이나 민족의) 힘의 문제이다. 충만과 **축적된 힘**의 감정(이 감정은 약자라면 소름이 끼치게 놀랄 많은 것을 용감하고 흔쾌히 맞아들일 수 있게 한다)—무기력의 본능이 단지 **증오할만한** 것으로, "추한" 것으로 평가절하할 수 있는 사물이나 상태에 관해서조차 **권**

력 감정은 "아름답다"라는 판단을 내린다. 위험·문제·유혹으로서 구체적으로 맞닥뜨리면 간신히 대처할 수 있는 것에 대한 후각—이러한 후각은 우리의 미적인 긍정까지도 규정한다. ("이것은 아름답다"라는 하나의 **긍정**이다.)

이로부터 분명해지는 것은, 크게 보자면, **의심스럽고 끔찍한 것에 대한 애호가** 강함의 한 징후라는 점이다. **예쁘고 귀여운 것**에 대한 취향은 약자와 섬세한 자에 속한다. 비극에 대한 쾌감은 **강한** 시대와 성격의 특징이다. 이 쾌감의 극치는 아마도 신성한 희극(divina comedia)일 것이다. 비극적인 잔혹함 가운데서도 자기 자신에 대해 '예'라고 말하는 것은 **영웅적** 정신들이다. 이 정신들은 고통을 **쾌감**으로 느낄 수 있을 정도로 충분히 강하다. 이에 반해 **약자들이** 그들을 위해 고안되지 않은 예술을 즐기려고 한다면, 비극을 자신의 취향에 맞게 만들기 위하여 무엇을 할 것인가? 그들은 **자신의 고유한 가치 감정**을 비극 속으로 투입하여 해석하게 될 것이다. 이를테면 "도덕적 세계질서의 승리" 또는 "실존의 무가치"에 관한 가르침 또는 체념에의 권고(또는 아리스토텔레스식의 반쯤은 의학적이고, 반쯤은 도덕적인 격정의 방출)를 말이다.[10] 결국, **공포스러운 것의 예술**은 그것

---

10) 아리스토텔레스가 《시학》, 1449b 이하에서 발전시킨 '카타르시스(κάθαρσις, catharsis)' 개념은 본래 문자 그대로의 의학적 의미로 사용했다. 카타르시스는 환자로부터 '카타메니아(katamenia)'라는 월경액 또는 기타 생식 물질을 배출하는 것을 의미한다. 《시학》에서는 이 용어가 의학적 은유로 사용되어, 비극적 감정을 통한 심리적 정화 작용을 뜻한다.

이 신경을 자극하는 한에서 약자와 지친 자에게 자극제로서 존중받는다. 이것이 오늘날 이를테면 바그너의 예술이 **평가받는** 근거이다.

어디까지 사람이 사물에서 그 사물이 지닌 공포스럽고 의심스러운 성격을 인정할 수 있는가가 **행복 감정**과 **권력 감정**의 징후이다. 그리고 그가 과연 마지막에 "해결책"이 필요한가가 그 징후이다.

—이러한 종류의 **예술가 염세주의**는 인간의 "부패"와 실존의 수수께끼로 인해 고통당하는 **도덕적-종교적 염세주의의 반대**이다. 후자는 철저하게 해결책을 원하며, 최소한 해결에 대한 희망이라도 원한다. 고통당하고, 절망하고, 자신을 불신하는 자, 한마디로 병든 자는 어느 시대에서나 삶을 견뎌내기 위해서 매혹적인 **환영**이 필요했다("축복"이라는 개념은 이러한 기원을 가진다).

—유사한 사례. 근본적으로 삶에 대해 **허무주의적** 태도를 취하는 데카당스의 예술가들은 **형식의 아름다움**으로 **도망치고**—자연이 거기서는 완전해지고, 자연이 거기서는 무차별적으로 **위대하고 아름다운** 그런 **선택된** 사물로 도망친다. (그래서 "아름다움에 대한 사랑"은 아름다운 어떤 것을 **보고**, 아름다운 것 **자체**를 **창조하는** 능력과 다른 어떤 것일 수 있다. 그것은 바로 이러한 것을 이룰 수 없는 **무능력**의 표현일 수 있다.)

—모든 갈등으로부터 하나의 **협화음**이 울려 나오게 하는 압도적 예술가들은 그들 자신의 강력함과 자기 구제를 사물에 대해서조차 유익하게 만드는 자들이다. 그들은 자신의 가장 내적인 경험을 모든 예술 작품의 상징적 표현 안에서 말한다. 그들의 창조 행위는 자신의 존재에 대한 감사이다.

비극적 예술가의 깊이는 그의 예술적 본능이 먼 결과를 전망한다는 데, 그가 바로 가까운 것에 단기적으로 머무르지 않는다는 데, 그가 **대규모 경제**를 긍정한다는 데 있다. 이 경제는 **공포스러운 것**, **악한 것**, **의심스러운 것**을 정당화한다. 게다가 정당화 이상의 것을 한다.

853

《비극의 탄생》에서의 예술

1.

이 책의 배후에서 마주치는 세계 구상은 괴이할 정도로 암울하고 불편하다. 지금까지 알려진 염세주의의 유형 중에서 어느 것도 이런 정도의 악의에 도달한 것은 없는 것 같다. 여기에는 참된 세계와 가상 세계의 대립이 결여되어있다. 단지 하나의 세계만이 존재하며, 이 세계는 거짓이고 잔인하며 모순적이고 유혹적이며 아무런 의미도 없다. 그런 성질의 세계가 바로 참된 세계이다. 이러한 현실, 이러한 "진리"를 이겨내기 위해서, 즉 살기 위해서 **우리는 거짓이 필요하다**. 살기 위해서는 거짓이 필요하다는 것, 이것은 그 자체 실존의 이러한 무섭고 의문스러운 성격에 함께 속해있는 것이다.

형이상학, 도덕, 종교, 과학—이것들은 이 책에서 단지 거짓의 다양한 형식으로서만 고려된다. 이들의 도움을 받아 우리는 삶을 **믿을** 수 있다. "삶은 신뢰를 불어넣어야 한다." 이렇게 제기된 과제는 끔찍스러운 것이다. 이 과제를 풀기 위해 인간은 이미 본성적으로 거짓말쟁이이지 않으면 안 된다. 그는 그 어떤 것보다도 **예술가**여야만 한다. 그런데 인간은 실제로도 그렇다. 형이상학, 도덕, 종교, 과학—이 모든 것이 단지 인간이 가진 예술에의 의지, 거짓에의 의지,

"진리" 앞에서 도망치려는 의지, "진리"를 **부정**하려는 의지의 산물이다. 인간이 그 덕택에 현실을 거짓말로 억압하는 능력 자체, 즉 이러한 최고의 인간의 예술가 능력. 인간은 이 능력을 존재하는 모든 것과 공유한다. 인간 자신이 정말 한 조각 현실, 진리, 자연인 것이다. 어떻게 그가 또한 한 조각 **거짓말의 천재**이지 않을 수 있겠는가!

실존의 성격이 **오인된다는** 것—덕, 과학, 경건한 마음, 예술가의 기교인 모든 것의 배후에 숨겨져있는 가장 깊고 최고로 비밀스러운 의도이다. 많은 것을 결코 보지 않고, 많은 것을 잘못 보고, 많은 것을 덧붙여 보는 것. 오, 인간은 자신이 영리하다고 간주하는 것과는 가장 멀리 떨어진 상태에서도 여전히 얼마나 영리한지! 사랑, 열광, "신"—순전히 마지막 기만의 정교함이며, 삶으로 이끄는 순전한 유혹, 삶에 대한 순전한 믿음이다! 인간이 속고, 자기 자신을 속이고, 삶을 믿는 순간에 오, 그는 얼마나 부풀어 오르는가! 얼마나 황홀하게 느끼는가! 어떤 권력의 감정인가! 권력의 감정 속에서 얼마나 큰 예술가의 승리인가! 인간은 다시 한번 "**소재**"를 지배하게 되었다! 진리의 주인! 그리고 인간이 기뻐할 때면 언제나 그는 즐거움에 있어서 동일한 자이다. 즉, 그는 예술가로서 기뻐하며, 그는 권력으로서 자신을 즐기고, 그는 자신의 권력으로서 거짓말을 즐긴다.

2.

예술, 그리고 예술 이외에는 아무것도 없다! 예술은 삶을 가능하게 하는 위대한 자요, 삶으로 이끄는 위대한 유혹자요, 삶의 위대한 자극제이다.

예술은 삶을 부정하는 모든 의지에 대해 유일하게 우월한 대항력이고, 반그리스도교적이고 반불교적이고 반허무주의적인 것의 탁월한 유형이다.

인식자의 구원으로서의 예술.—실존의 끔찍하고 의심스러운 성격을 보고 또 보고자 하는 인식자, 즉 비극적 인식자의 구원이다.

행위자의 구원으로서의 예술.—실존의 끔찍하고 의심스러운 성격을 볼 뿐만 아니라 살아내고 또 살아내고자 하는 행위자, 즉 비극적 전사적 인간의, 영웅의 구원이다.

고통받는 자의 구원으로서의 예술.—고통이 의욕의 대상이 되고 미화되고 신성화되는, 고통이 거대한 희열의 한 형식인 상태에 이르는 길이다.

3.

이 책에서는 염세주의가, 좀 더 분명하게 말하자면, 허무주의가 진리로 간주되고 있음을 알 수 있다. 그러나 진리는 최고의 가치척도로, 더욱이 최고의 권력으로 간주되지는 않는다. 가상에의 의지, 환상에의 의지, 착각에의 의지, 생성과 변화(객관적 착각)에의 의지가 여기서는 진리에의 의지, 현실에의 의지, 존재에의 의지보다 더 깊고 근원적이고 형이상학적이라고 여겨진다. 후자는 그 자체 단지 환상에의 의지의 한 형식에 불과하다. 마찬가지로 쾌감은 고통보다 더 근원적이라고 여겨진다. 고통은 제약받는 것으로, 쾌감에의 의지의 (생성과 변화와 형성에의, 즉 **창조에의** 의지의) 결과적 현상으로 여겨진다. 최고의 고통도 거기로부터 배제될 수 없는 실존을 긍정하는 최고 상태가 구상된다. 즉, 비극적-디오니소스적 상태가.

4.

이 책은 이런 방식으로 심지어 반염세주의적이기도 하다. 즉, 이 책이 염세주의보다 더 강력하고, 진리보다 더 "신적"인 어떤 것을 가르친다는 의미에서 말이다. 삶에 대한 극단적 부정에 대해, 즉 삶에 대해 말로써 부정하는 것 이상으로 **행위**로써 실제로 부정하는 것에 대해 이 책의 저자보다 더 진지하게 말하는 사람은 아무도 없는 것처럼 보인다. 그는 알고 있는 것만이 아니다. 그는 이것을 체험했으며, 아마도 그 이외의 다른 것은 체험하지 않았을 것이다! 예술이 진리보다 **더 가치 있다**는 것을.

리하르트 바그너가 대화 상대로 초대받고 있는 서문에서 다음과 같은 신앙 고백이, 다음과 같은 예술가 복음이 나타난다. "삶의 본래적 과제로서의 예술, 삶의 형이상학적 활동으로서의 예술."

Friedrich Nietzsche

Versuch einer Umwertung aller Werte

4권

규율과 훈육[1]

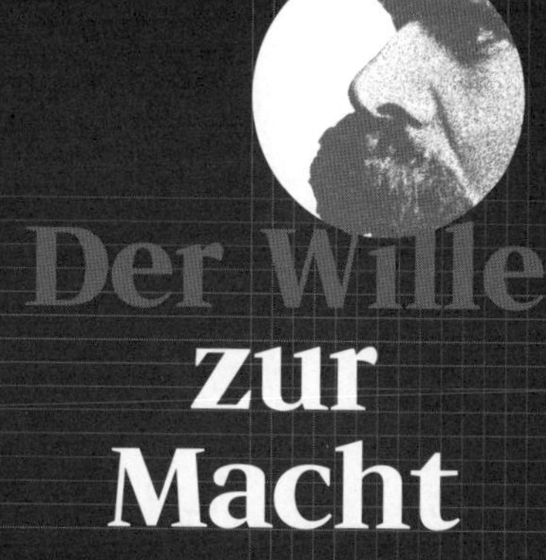

1) 니체는 "규율과 훈육(Zucht und Züchtigung)"을 이중적 의미로 사용한다. 월터 카우프만은《권력에의 의지》영어판에서 "Discipline and Breeding"으로 옮겼다. 독일어 Zucht는 식물과 관련해서는 재배와 배양, 그리고 동물과 관련해서는 사육과 번식을 의미한다. 이 낱말의 동사형인 züchten은 '재배하다', '사육하다', '품종 개량하다'의 뜻을 지니고 있으며, 여기서 파생된 züchtigen은 '징벌하다', '행실을 고치다'를 의미한다. 니체는 인간의 능력을 선택, 촉진 및 강화하는 생물학적 및 문화적 방법을 모두 언급하기 위해 사용하는 까닭에 이 낱말은 문자 그대로는 '생물학적' 의미를 지니고 있고, 비유적으로는 '도덕적' 의미를 지닌다. 예컨대 니체는《도덕의 계보》제2 논문에서 "약속할 수 있는 동물을 기르는(heranzüchten, breeding) 것—이것이야말로 자연이 스스로 인간에게 부여한 바로 그 역설적인 과제 자체가 아닐까?"라고 말할 때, 니체는 단순한 생물학적 번식을 말하는 것이 아니라 특정한 문화적 성격의 생산을 말하는 것이다. 니체가 의도한 문화적·도덕적·심리학적 유형은 생물학적 유전이 아니라 사회적 훈련을 통해 생산되는 것이기에 여기서는 '규율과 훈육'으로 옮겼다. 니체의 유고 노트 중 '규율과 훈육'을 다루는 내용은 거의 없다. 따라서 4권의 제목은 여기서 다루는 내용과 별로 관계가 없다.

1장

위계질서

1. 위계질서의 가르침

854

나는 보통선거의 시대에, 즉 각자가 모든 사람과 모든 사물을 심판해도 되는 시대에 **위계질서**를 다시 수립해야 한다는 압박을 받고 있다.

855

위계를 결정하고 위계를 폐기하는 것은 오직 권력량뿐이다. 그리고 그 외에는 아무것도 없다.

856

권력에의 의지.—이러한 가치전도를 기도하는 사람들은 어떤 성질을 가져야만 하는가. 권력 질서로서의 위계질서. 전쟁과 위험은 어떤 위계가 자신의 조건들을 유지하기 위한 전제이다. 아주 훌륭한 모범은 자연 속의 인간이다. 가장 약하지만 가장 영리한 존재가 자기 자신을 주인으로 만들고, 더 우둔한 힘들을 굴복시킨다.

857

나는 상승하는 삶의 유형과, 퇴락과 붕괴와 약함의 다른 유형을 구별한다. 이들 두 유형 사이의 위계 문제가 아직도 제기될 수 있다고 믿어야 한단 말인가?

858

위계를 결정하는 것은 너 자신인 권력의 양이다. 나머지는 비겁함이다.

859

자기 시대로부터 멀리 떨어져있는 것의 이점. 개인주의적 도덕과 집단주의적 도덕이라는 두 가지 운동으로부터 멀리 떨어져있는 상태. 전자의 개인주의적 도덕은 위계질서를 알지 못하며, 한 사람에게 모두와 평등한 자유를 주려 하기 때문이다. 나의 사상은 어떤 사람이 혹은 다른 사람, 혹은 모든 사람에게 기꺼이 베풀 수 있는 자유의 정도에 관한 것이 아니라, 어떤 사람이 혹은 다른 사람이, 혹은 모든 사람이 행사해야 하는 **권력**의 정도이다. 즉, 자유의 희생과 노예화 자체가 **더 높은 유형**을 산출하기 위하여 어느 정도까지 토대를 제공하는가의 문제이다. 그지없이 큰 형식으로 생각하자면, 인간보다 더 높은 종이 실존하도록 돕기 위해 **어떻게 인류의 발전을 희생시킬 수 있을까**?

860

위계에 관하여. "평등"이 가져온 끔찍한 결과—마침내는 모두가 모든 문제에 대해 권리를 가지고 있다고 믿고 있다. 모든 위계질서가 사라지고 말았다.

861

대중에 대한 **더 높은 인간들**의 선전포고가 필요하다! 스스로 주인이 되기 위하여 도처에서 중간치의 평범한 사람들이 서로 제휴하고 있다! 유약하게 만드는 것, 부드럽게 만드는 것, "민중"이나 "여성적인 것"을 관철하는 모든 것은 보통선거, 즉 **저급한** 인간의 지배에 유리하게 작용한다. 그러나 우리는 보복 조치를 취하고, (유럽에서 그리스도교와 함께 시작된) 이러한 소동 전부를 백일하에 드러내어 심판하고자 한다.

862

훈육의 힘을 발휘하려면 충분히 강한 하나의 가르침이 필요하다. 즉, 강자를 강하게 만들고, 세상사에 지쳐 있는 사람들을 쇠약하게 하고 파괴할 정도로 강한.

퇴락하고 있는 종족의 절멸. 유럽의 퇴락. 노예적 가치 평가의 폐기. 더 높은 유형을 산출하기 위한 수단으로서의 지구의 지배. "도덕"이라고(그 안에는 정직성이란 신경질적 기질의 일종으로서 그리스도교가 있다. 아우구스티누스, 번연Bunyan) 불리는 위선의 제거. 보통선거, 즉 그것의 힘으로 더없이 비천한 자들이 스스로 법이 되어 더 높은 사람들에게 지시하는 그런 체제의 폐지. 중간치의 평범함과 그 효력의 파괴. (일면적이고 개별적인 자들과 민중, 이를테면 영국인들. 대립적인 것들의 짝짓기, 즉 거기에다 종족의 혼합을 통해 자연의 충만함을 추구하는 것). —새로운 용기—선험적 진리가 아니라(신앙에 익숙해있는 자들이 그러한 진리를 추구한다), 예를 들면 공간의 특성으로서의 시대 따위처럼 자신의 시대를 가진 지배적인 사상에 대한 자유로운 종속.

2. 강자와 약자

863

"**강한 인간과 약한 인간**"이라는 개념은 강한 인간의 경우에는 많은 힘이 유전되어있다는 것으로 환원된다. 그는 총계이다. 약한 인간의 경우에는 그 유전이 **아직 부족하다**.

불충분한 유전, 상속된 것의 분산. 약함은 "**아직 부족할**" 때는 **발단** 현상일 수 있다. 혹은 "**더는 없을**" 때는 **말단** 현상일 수 있다.

출발점은 커다란 힘이 있고, 힘이 방출되어야 하는 곳이다. **약자**의 총합인 대중은 서서히 반응한다. 대중은 자신이 너무 약하다고 느끼는 많은 것에 대해 자신을 방어한다. 그것으로부터는 아무런 이익을 얻을 수 없는 것들에 대해. 대중은 창조하지 **않는다**. 앞으로 나가지 **않는다**.

이것은 강한 개인을 부정하면서 "대중이 행한다"라고 생각하는 이론과는 대립한다. 이것은 두 세대 사이처럼 차이가 난다. **실행하는 자**와 대중 사이에는 네다섯 세대 정도의 차이가 있을 수 있다. 연대기적 차이이다.

약자의 가치가 상위에 있다. 강한 인간이 그것으로 지도하기 위해 그 가치를 넘겨받았기 때문이다.

864

어째서 약자가 승리하는가. 요약하면, 병자와 약자는 더 많은 동정심을 지니고 있으며, "더 인간적"이다. 병자와 약자는 더 많은 정신을 지니고 있고, 더 변덕스러우며, 다양하고, 더 재미있으며, 더 악의적이다. 병자들만이 악의를 발명했다. (병적으로 조숙한 자는 종종 구루병 환자, 부기 환자, 폐결핵 환자들에게서 종종 보인다.) 에스프리는 늦되는 종족: 유대인, 프랑스인, 중국인. (반유대주의자는 유대인이 "정신"을, 그리고 돈을 가지고 있다는 것을 용서하지 않는다. 반유대주의는 "형편없는 자들"의 별명이다.)

병자와 약자는 독자적인 매력을 지니고 있다. 그들은 건강한 자보다 **더 흥미롭다**. 바보와 성자—가장 흥미로운 두 종류의 인간이다. 이와 가장 유사한 것이 "천재"이다. 위대한 "모험가와 범죄자", 그리고 가장 건강한 인간을 선두로 하여 모든 인간은 그들의 삶의 어느 시기에는 **병들어**있다. 커다란 감동, 권력의 열정, 사랑, 복수는 깊은 장애를 수반한다. 그리고 **데카당스**에 관해서는 요절하지 않는 한 모든 인간은 온갖 의미에서 데카당스를 표현한다. 그러므로 인간은 데카당스에 속하는 본능도 경험으로 알고 있다. 인간은 **거의 생애의 절반**을 데카당으로 보낸다.

마지막으로, **여자**! **인류의 이 절반**은 약하고, 전형적으로 병들어있으며, 변덕스럽고, 불안정하다. 여자는 그것에 매달리기 위해 강자가 필요하고, **약함**과 사랑과 겸허를 신성한 것으로 숭배하는 약자의 종교가 필요하다. 혹은 이렇게 말하는 게 더 나을 것이다. 여자는 강자를 약하게 만든다. 여자는 강자를 압도하는 데 성공하면 **지배한다**. 여자는 항상 데카당스의 전형과 사제들과 함께 "힘 있는 자", "강자", **남자**에 대해 음모를 꾀했다. 여자는 독실한 믿음과 동정과 사랑의 숭배를 위해서라면 아이들도 제쳐놓는다. **어머니**는 이타주의를 **설득력 있게** 나타낸다.

마지막으로, 문명의 증대는 동시에 병적 요소의 증대, **신경증적-정신병적** 요소의 증대, 범죄적인 요소의 증대를 필연적으로 동반한다. 예술가라는 **중간종**이 발생하는데, 그는 의지의 약함과 사회적 공포심 때문에 범죄 행위로부터 멀리 떨어져있으며, 정신병원에 갈 정도는 아직 아니지만, 호기심에서 자신의 촉각으로 이들 두 영역으로 손을 뻗는다. 문화의 이러한 특수 식물은 현대의 예술가, 화가, 음악가이며, 특히 소설가가 그러하다. 소설가는 자신의 존재 방식을 위해 "자연주의"라는 매우 부적절한 단어를 사용한다. 정신병자, 범죄자, 그리고 "자연주의자"가 증대한다. 이것은 증대하고 앞으로 돌진하는 문화의 징후이다. 바꿔 말하면 폐물, 쓰레기, 배설물이 중요성을 얻는다. 쇠퇴가 **발을 맞춘다**.

마지막으로, **사회적 잡동사니**는 혁명의 결과이고, 평등권 수립의 결과이며, "평등한 인간"에 대한 미신의 결과이다. 이때 오랫동안 하부에 억압되었던 층의 노예 본능, 비겁함과 교활과 악당 본능도 포함해서 쇠퇴의 본능(르상티망, 불만족, 파괴 충동, 무정부주의와 허무주의)의 담지자가 모든 계급의 혈액으로 들어가 뒤섞인다. 두세 세대가 지나면 혈통은 더는 분별할 수 없게 된다. 모든 것은 **천민화된다**. 그 결과로 **선택**과 모든 종류의 **특권**에 반대하는 총체적 본능이 생긴다. 이 본능은 **특권자들**조차 곧바로 굴복할 정도의 권력과 안전, 냉혹함과 실천의 잔혹함을 가지고 있다. 여전히 권력을 유지하고 싶은 사람은 천민에게 아부하고, 천민을 자기편으로 삼아야만 **한다**. 무엇보다 "천재"가 그렇다. 천재는 대중을 감동시키는 감정의 **전령사**가 된다. 고통을 당하며 비열하게 경멸받고 박해받으며 살아온 모든 것에 대한 동정과 외경의 악보가 다른 모든 악보를 압도하며 울린다(이 전형은 빅토르 위고와 리하르트 바그너이다). 천민의 부상은 다시 **낡은 가치**의 부상을 의미한다.

우리의 문명이 보여주고 있는 것처럼, 템포와 수단에 관한 이와 같은 극단적인 운동이 일어날 때 인간의 무게중심이 옮겨진다. 그러한 병적인 운동의 커다란 위험 전체를 보상해야 하는 일을 맡은 매우 중요한 인간들의 무게중심이. 그들은 여러 요소의 이러한 엄청난 변화와 혼합의 한가운데서 탁월한 지체하는 자가 되고, 천천히 받아들이는 자, 놓아주는 것을 어려워하는 자, 상대적으로 오래가는 자가 된다. 무게중심은 이러한 상황에서 필연적으로 **평범한** 자들 쪽으로 기운다. 천민과 기이한 자(양자는 대부분 결합되어있다)의 지배에 대항하여 **평범함**이 미래의 보증자와 담지자로서 공고해진다. 이것으로부터 **예외적 인간**에 대한 새로운 적이, 혹은 새로운 유혹이 생겨난다. 예외적 인간이 천민에게 순응하지 않고 "상속권이 박탈된 자"의 본능의 마음에 드는 노래를 부르지 않는다고 하면 "평범"하고 "견실"한 것을 필요로 할 것이다. 그들은 알고 있다. 평범함이 황금빛이기도 하다는 것을, 그리고 평범함만이 돈과 금을 (**반짝이는** 모든 것을) 지배한다는 것을. 그리고 또 한 번 낡은 덕과 이상의 노쇠한 세계 전체가 천부적인 재능을 지닌 변호인단을 획득한다. 그 결과, 평범함이 정신과 위트와 천재성을 획득한다. 평범함이 즐겁게 하고, 유혹한다.

*

성과.—높은 문화는 넓은 지반 위에서만, 강하고 건강하게 공고해진 평범함 위에서만 서 있을 수 있다. **과학**과 예술조차 이 평범함에 봉사하고, 이 평범함의 봉사를 받으며 작업한다. 과학은 이보다 나은 것을 희망할 수 없다. 그러한 과학은 평범한 종의 인간에 속하며—예외자들 사이에는 자리가 없다—그 본능 속에는 아무런 귀족적인 것도 없다. 더군다나 무정부주의적인 것은 전혀 없다.

중간의 힘은 무역을 통해, 특히 돈거래를 통해 유지된다. 위대한 금융가의 본능은 모든 극단적인 것에 반대한다. 이 때문에 유대인이 우리의 그토록 위협을 받고 불안정한 유럽에서 당분간 가장 보수적인 권력이다. 그들은 혁명도, 사회주의도, 군국주의도 사용할 수 없다. 그들이 혁명적 당파를 지배할 권력을 가지기를 원하거나 사용한다면, 이것은 앞서 말한 것의 결과일 뿐이지 그것과 모순되지 않는다. 그들은 다른 극단적인 방향들에 대하여 때로는 공포를 불러일으킬 필요가 있다, 모든 **것**이 자신들의 손안에 있다는 것을 보여줌으로써. 그러나 그들의 본능 자체는 확고부동하게 보수적이다. 그리고 "평범하다". 그들은 권력이 있는 곳이라면 어디에서나 권력자가 되는 법을 알고 있다. 하지만 그들의 권력 사용은 항상 한 방향으로 이루어진다. **평범함**을 명예롭게 만드는 말은 잘 알려진 것처럼 "**자유주의적**"이라는 낱말이다.

*

반성.—이 모든 **가치의 승리**가 반생물학적이라고 전제하는 것은 터무니없는 일이다. 그것은 **삶**의 관심이라는 점에서 설명해야 한다. 약자와 형편이 좋지 않은 자의 지배라는 이러한 방법을 통해 "인간" 유형 자체의 **보존**이라는 삶의 관심이라는 관점에서. 다른 경우에는 인간은 더는 실존하지 않는가?—문제.

유형의 **상승**은 종의 보존에 대해서는 숙명적인 것인가? 왜?

역사의 경험은 강한 종족들이 전쟁, 권력욕, 모험을 통하여 서로 **감소시킨다**는 것이다. 강한 격정은 낭비다. (힘이 더는 자본화되지 않는다. 과장된 긴장으로 정신적 장애가 발생한다.) 그들의 생존은 비용이 많이 든다. 요컨대, 그들은 서로의 힘을 마모시켜 **서로** 파괴한다. **깊은 이완**과 무기력의 시기가 도래한다. 모든 위대한 시대는 그 대가를 치르게 된다. 강자들아 나중에는 평균적인 약자보다 더 약해지고, 더 의지가 없으며, 더 부조리해진다.

그들은 **낭비하는** 종족들이다. "**지속**" 자체는 진정 아무런 가치가 없다. 사람들은 아마 더 짧기는 하지만 **더 풍부한** 가치를 지닌 종의 실존을 더 선호할 수도 있다. 더 짧은 실존의 경우보다 심지어 더 풍부한 가치의 수익이 달성될 수 있다는 점은 입증되어야 한다. 즉, 힘의 누적으로서의 인간은, 사태가 있는 그대로라면, 사물에 대한 훨씬 더 큰 지배량을 획득한다는 점이다. 우리는 하나의 경제 문제에 직면해있는 것이다.

865

스스로를 "이상주의"라고 부르며 평범함이 평범하기를, 여자가 여자이기를 허용하지 않는 성향. 획일화하지 마라! 우리는 **덕을 얼마나 값비싼 대가를 치르고 얻는지**를 분명하게 해야 한다. 그리고 덕은 평균적으로 바람직한 것이 아니라 **강한** 기분을 가지게 되는 특권을 가진 **고귀한 광기**이며 아름다운 예외라는 것을 분명히 해야 한다.

866

인간과 인류의 소비가 더욱더 경제적으로 되고, 이익과 서비스의 "기계장치"가 더욱 견고하게 서로 얽힘으로써 **하나의 반대운동이 불가피하다**는 점을 증명할 **필요성**. 나는 운동을 **인류의 호사스러운 과잉의 배제**라고 명명한다. 이 운동 안에서 평균적인 인간과는 다른 발생 조건과 보존 조건을 가진 더 강한 종, 더 높은 유형이 출현해야 한다. 이러한 유형에 대한 나의 개념, 나의 비유는 사람들이 알고 있듯이 "초인(위버멘쉬)"이라는 낱말이다.

지금 완전히 내다볼 수 있는 저 첫 번째 길에서 순응, 평탄화, 더 높은 중국 정신, 본능의 겸손, 인간의 왜소화에 대한 만족이 생겨난다. **인간의 수준**에서 일종의 **정지 상태**가 생겨난다. 우리에게 불가피하게 임박한 저 지구의 경제적인 총체적 관리를 가지게 되면, 인류는 이것에 봉사하는 기계장치로서 자신의 최고 의미를 발견할 수 있을 것이다. 점점 더 작아지고 점점 더 정교하게 "맞추어진" 톱니바퀴들로 구성된 톱니바퀴 장치로서, 지배하고 명령하는 모든 요소는 점점 더 쓸모없게 되는 것으로서, 그 개개의 요소들은 **극소의 힘**과 **극소의 가치**를 나타내는 거대한 힘의 전체로서. 특수화된 유용성으로 인간이 이렇게 왜소화되고 순응하는 것과는 반대의 운동—**종합적이고 총계화하며 정당화하는** 인간을 산출하는 운동이 필요하다. 이 인간에게 인류의 기계화는 자신의 **더 높은 존재 형식**을 고안할 수 있는 하부구조로서 그의 실존의 전제 조건이다.

그는 마찬가지 정도로 군중과 "평준화된 자들"이라는 적수가 필요하고, 이들과 비교해서 차이가 있다는 거리감이 필요하다. 그는 그들 위에 서 있고, 그들에 의해 살아간다. 이런 높은 형식의 **귀족주의**는 미래의 것이다. 도덕적으로 말하자면, 저 총체적 기계장치, 모든 톱니바퀴의 연대성은 **인간 착취**의 극대를 나타낸다. 하지만 이것은 이런 착취가 의미가 있는 사람들을 전제한다. 그렇지 않으면 그것은 실제로 인간이라는 **유형**의 총체적 감소, **가치** 감소일 뿐일 것이다. 즉, 웅장한 스타일의 **퇴행 현상**일 것이다.

내가 싸우고 있는 것은 경제적 낙관주의, 마치 모든 사람의 지출이 증가함에 따라 모든 사람의 이익도 필연적으로 증가해야만 한다는 낙관주의임이 분명하다. 내게는 그 반대가 실제의 경우라고 여겨진다. **모든 사람의 지출 비용은 총체적 손실이 된다**. 인간은 더욱 보잘것없는 존재가 된다. 그래서 사람들은 이런 거대한 과정이 **어떤 목적에** 기여했는지 더는 알지 못한다. 하나의 목적? 하나의 새로운

"목적"? 이것이 바로 인류가 필요로 하는 것이다.

867

전체 권력의 증대에 대한 통찰은 각 개인, 계급, 시대, 민족의 쇠퇴도 어느 정도까지 전체 권력의 증대 안에 **포함되는지를** 계산하는 것이다.

문화의 무게중심의 전이. 모든 커다란 성장의 비용, 누가 그것을 감당하는가! **그 비용이 지금 어느 정도까지 막대해야 하는가**.

868

미래 유럽인의 총체적 모습. 매우 근면하고, 근본적으로 매우 검소하고, 지나칠 정도로 호기심이 강하고, 다양하고, 유약하게 키워지고, 의지가 박약한 가장 지성적인 노예 동물로서의 유럽인—세계주의적인 정서와 지성의 혼돈. 어떻게 하면 이 유럽인으로부터 강한 종을 끌어낼 수 있을까? 고전적 취향을 가진 강한 종을? **고전적** 취향, 즉 그것은 단순화와 강력화를 추구하는 의지이고, 행복을 가시화하려는 의지이며, 심리적 벌거벗음의 용기다(단순화는 강력화를 추구하는 의지의 결과이다. 행복과 심리적 벌거벗음을 가시화하는 것은 공포를 향한 의지의 결과이다). 저 혼돈에서 벗어나 이러한 **형태**로 올라가려는 투쟁을 벌이기 위해서는, 그러기 위해서는 하나의 **강박**이 필요하다. 몰락하든가 아니면 **자기를 관철하든가** 둘 중에서 하나를 선택해야만 한다. 지배적 종족은 끔찍하고도 폭력적인 시작을 통해서만 성장할 수 있다. 문제, 20세기의 **야만인**은 어디에 있는가? 그들이 거대한 사회주의적 위기 후에야 비로소 모습을 드러내고, 공고해질 것이라는 점은 명백하다. 그들은 **자기 자신에 대해 가장 냉혹할** 수 있으며, **가장 오래가는** 의지를 보증할 수 있는 요소가 될 것이다.

869

인간이 그것으로 인해 가장 쉽게 몰락할 수 있는 그런 가장 강력하고 가장 위험한 열정은 너무 철저하게 추방되어서, 가장 강력한 인간 자체가 불가능해졌거나 혹은 스스로를 **악한** 존재라고, "해롭고 금지된" 존재라고 느끼지 않을 수 없게 되었다. 이러한 손실이 크기는 하지만, 지금까지는 필연적인 일이었다. 그러나 지금은 다수의 대항 세력이 저 여러 열정을(지배욕, 변화와 기만에 대한 쾌감) 일시적으로 억압함으로써 크게 육성되었으므로 그 열정의 해방이 다시 가능하다. 그것은 더는 예전의 야만성을 가지지 않을 것이다. 우리는 길들여진 야만성을 허용한다. 우리의 예술가와 정치가를 보라.

870

모든 해악의 뿌리. 그것은 겸손, 순결, 헌신, 절대적 복종이라는 노예적 도덕이 **승리를** 거두고 있다는 데 있다. 지배적 본성의 소유자들은 그것을 통해 1. 위선이라는, 2. 양심의 가책이라는 선고를 받았다. 창조적 본성의 소유자들은 스스로 신에 대한 반역자로 느꼈고, 불안정하고 영원한 가치에 의해 억제되고 있다고 느꼈다.

야만인들은 **절제할 수 있는 능력**이 그들과는 거리가 먼 것임을 보여주었다. 그들은 자연의 열정과 충동을 두려워하고 비방했다. 지배하는 제왕이나 계급을 바라보는 것도 마찬가지다.

반면에 모든 **절제**는 약함이 아닐까 혹은 노화와 피로는 아닐까 하는 의심이 생겼다(따라서 라로슈푸코는 악덕을 더는 즐기지 못하는 사람들에게 "덕"이란 하나의 미사여구가 아닐까 하고 의심한다). 절제 자체가 엄격함, 극기, 금욕의 문제로서, 악마와의 싸움 따위로 묘사되었다. 미적 본성의 소유자가 절제에서 느끼는 **만족감**, **절도의 아름다움에서 느끼는 기쁨**은 간과되거나 부인되고 있었다. 왜냐하면 사람들은 반(反)행복주의적 도덕을 원했기 때문이다.

절제의 즐거움에 대한 믿음은 이제까지 없었다. 불처럼 사나운 말을 타는 기사의 이러한 쾌감! 약한 본성의 소유자들의 절제가 강한 본성의 소유자들이 지닌 절제와 혼동되었다!

요컨대, 최상의 것들이 비방되고 있는 것이다. 왜냐하면 약자들이 혹은 무절제한 돼지들이 그것들에 나쁜 빛을 비추었기 때문이다. 그리하여 최상의 인간들은 **숨겨져있고**, 그들은 종종 자신을 스스로 **오인해왔다**.

871

악덕한 자와 **방종한 자**. 욕망의 가치를 저하시키는 그들의 영향. 특히 중세에 그랬던 것처럼 진정한 "덕의 동맹"을 강요하는 것은—이와 나란히 인간의 **가치**를 구성하는 것에 관한 끔찍스러운 과장은 도덕의 끔찍한 야만이다. 투쟁하는 "문명"(길들이기)은 공포와 맹수 본성에 대항하여 자신을 유지하기 위해서는 온갖 종류의 철퇴나 고문이 필요하다.

여기에 어떤 혼동이 있다는 점은, 비록 그것이 가장 나쁜 영향을 끼치지만, 전적으로 자연스러운 일이다. **권력과 의지의 인간이 자기 자신에게** 요청할 수 있는 것은 그들이 자기 자신에게 용인해도 좋은 것에 대해서 척도를 제공한다. 이러한 본성의 소유자들은 악덕하고 방종한 자들의 **반대**이다. 비록 그들도 상황에 따라서는 가치가 낮은 악덕하고 무절제한 인간이 범할 일을 저지르기는 하지만.

여기서 "신 앞에서의 인간의 **가치 평등**"이라는 개념은 대단히 유해하다. 사람들은 그 자체로 강한 자들의 특권에 속하는 행위나 성향을 금지했다. 마치 그것들 자체가 인간에게 합당하지 않은 것처럼 말이다. 가장 약한 자(자기 자신에 대해서도 역시 가장 약한 자)의 보호수단을 가치 규범으로 확립함으로써 강한 인간의 전체 경향을 비방했다.

이 혼동은 너무 심해서 바로 삶의 위대한 **거장들**이(이들의 자주성은 악덕한 자와 "방종한 자"와 가장 첨예하게 대립한다) 가장 치욕적인 이름으로 낙인찍힐 정도였다. 지금도 여전히 체사레 보르자(Cesare Borgia)[2]와 같은 인물은 비난받아야 한다고 믿는다. 이것은 완전히 우스꽝스러운 일이다. 교회는 독일 황제를 그 악덕 때문에 파문했

---

2) 체사레 보르자(1475~1507)는 이탈리아의 추기경이자 콘도티에로(용병 지도자)로서 교황 알렉산데르 6세의 사생아이자 에스파냐-아라곤 보르자 가문의 일원이었다. 권력을 위한 그의 투쟁은 니콜로 마키아벨리의 《군주론》에 주요 영감을 주었다. 르네상스 혼란기에 그는 중부 이탈리아에서 자신을 위한 국가를 개척했지만, 아버지가 죽은 후 오랫동안 권력을 유지할 수 없었다. 마키아벨리에 따르면 이것은 선견지명의 부족 때문이 아니라 새 교황을 만드는 그의 실수 때문이었다.

다. 이것은 마치 프리드리히 2세와 같은 인물이 자신에게 요구할 수 있는 것에 관해 말참견해도 되는 것과 같다. 돈 후안과 같은 인물은 지옥으로 보내졌다. 천국에는 흥미로운 인간이 하나도 없다는 것을 알아차렸는가? 여자들이 구원을 발견할 수 있는 곳이 어디인지에 대한 힌트에 불과하다. 다소 일관성 있게 그리고 "위대한 인간"이란 무엇인지를 깊이 통찰하면서 생각해보면, 교회가 "위대한 인간" 모두를 지옥으로 보낸다는 것은 의문의 여지가 없다. 교회는 모은 "인간의 위대함"에 **대적하여** 싸운다.

872

어떤 사람이 자기 것으로 여기는 권리는 그 사람이 손수 지는 의무와 그 사람이 감당할 수 있다고 **느끼는** 과제와 비례한다. 인간의 대다수는 생존할 권리가 없지만, 좀 더 높은 인간들에게는 하나의 불행이다.

873

이기주의의 오해.—정복욕과 위대한 사랑의 탐욕에 관해서, 그리고 마찬가지로 정복하고 제압하고 간절히 당부하고자 하는 저 분출하는 힘의 감정에 관해서는—이것이야말로 자신의 소재를 추구하는 예술가의 충동이다. 아무것도 모르는 평범한 본성의 소유자 편에서의 오해. 활동 감각은 종종 다만 활동 영역을 찾을 뿐이다. 보통의 이기주의에서 바로 "비아(非我)", 심각한 평균인, 종으로서의 인간은 자신의 보존을 원한다. 좀 더 희귀하고 좀 더 섬세하고 덜 평균적인 사람이 이러한 사실을 지각하게 되면, **그들은** 격분한다. 왜냐하면 이들은 이렇게 판단하기 때문이다. "우리는 **좀 더 고귀한 자들이다**! 저 짐승들의 보존보다 **우리의** 보존이 **더** 중요하다!"

874

지배자와 지배적인 계급의 퇴화가 역사상 가장 큰 폐해를 불러왔다! 로마 황제와 로마 사회가 없었더라면 그리스도교는 지배권을 가지지 못했을 것이다.

비천한 인간들이 과연 보다 우월한 인간들이 존재하는지 의심하기 시작하면, 위험은 커진다! 그리고 사람들은 비천하고 예속되어 있으며 빈약한 정신을 가진 인간들에게도 덕이라는 게 있으며, **신 앞에서** 인간은 평등하다는 것을 발견함으로써 끝을 맺는다. 이것이야말로 이제까지 지상에 존재했던 허튼소리의 극치다! 이를테면, 높은 인간들이 마침내 노예들의 덕의 척도에 따라 자신을 측정하고, 자신들이 "자랑스럽다"고 여기며, 자신들이 지닌 보다 고귀한 특성들은 모두 비난받아 마땅하다고 생각한 것이다!

네로와 카라칼라가 저 위 권좌에 앉아있을 때, "더없이 비천한 자들이 저 위에 있는 자들보다 **더 가치가 있다!**"라는 역설이 생겨났다. 그리고 더없이 강력한 사람의 상으로부터 가능한 한 **멀리 떨어진 신의 형상**으로 나갈 길이 열렸다.—십자가 위의 신!

875

우월한 인간과 무리 인간. 위대한 인간이 **없을** 때, 사람들은 과거의 위대한 인간을 반신이나 혹은 온전한 신으로 만든다. 종교의 갑작스러운 출현은 인간이 더는 인간에게서 즐거움을 얻지 못한다는 것을 증명한다(햄릿의 말을 빌리면, "여자에 대해서도 마찬가지로"). 혹은 많은 사람을 한 더미로 묶어 의회로 만들고, 그들이 똑같이 압제적이기를 바란다.

압제적인 것은 위대한 인간들의 사실이다. 그들은 열등한 자들을 **우매하게 만든다**.

876

천민적인 군중 선동가가 "좀 더 높은 본성"이라는 개념을 이해할 수 있게 설명하지 못하는 무능력이 어느 정도인지 가장 좋은 실례를 보여주는 것은 버클(H. T. Buckle)이다. 그가 그토록 격렬하게 **싸우는** 견해는—즉, "위인", 개개인, 군주, 정치가, 천재, 야전 사령관이 모든 거대한 운동의 지렛대이자 **원인**이라는 견해는—그에 의하여 본능적으로 오해되었다.[3] 마치 그러한 "더 높은 인간"에게서 본질적이고 가치 있는 점은 대중을 움직이는 능력, 요컨대 그들이 불러

3) 니체가 대중을 선도하고 선동하는 위인을 찬양한다는 오해는 널리 퍼져있었다. 여기서 니체가 격정적으로 공격하는 것이 바로 이러한 대중적 오해라는 점은 매우 흥미롭다. 니체가 비난하는 견해가 종종 니체의 견해로 오해된다는 것은 니체의 대중적 수용의 특징이기도 하다.

일으키는 효과에 있다고 주장하고 있는 것처럼 말이다. 그러나 위인의 "더 높은 본성"은 그들의 다름, 즉 이러저러한 효과에 있는 것이 아니라 소통 불가능성과 위계의 차이에 있다. 그가 지구를 흔들어놓을지라도.

877

혁명이 나폴레옹을 가능하게 했다. 이 점이 혁명을 정당화한다. 우리의 전체 문명이 무정부주의적으로 붕괴하기를 바란다면 비슷한 대가를 치러야만 한다. 나폴레옹은 민족주의를 가능하게 했다. 이 점이 민족주의를 제한한다.

인간의 가치는(당연한 일이지만 도덕성과 비도덕성은 제외한다. 이러한 개념들을 가지고서는 인간의 가치는 심지어 건드려지지 않기 때문이다) 그의 유용성에 있지 않다. 왜냐하면 그에게 쓸모 있는 사람이 아무도 없더라도 그는 계속 존재할 것이기 때문이다. 그리고 가장 해로운 효과를 낳는 바로 그 사람이 전체 인간종의 정점이 될 수 없는 것인가. 그에 대한 질투 때문에 모든 것이 몰락해버릴 만큼 그렇게 높고, 그렇게 우월할 수 없는 것인가.

878

한 인간의 가치를 **그가 인간들에게 유익한가** 또는 **가치 있는가** 또는 **유해한가에 따라서 평가하는** 일. 이것은 예술 작품을 그것이 산출하는 **효과**에 따라서 평가하는 것과 같다. 그러나 **이런 식으로 다른 인간과 비교한다고** 해서 인간의 **가치**는 전혀 건드려지지 않는다. "도덕적 가치 평가"는 그것이 사회적인 한에서 인간을 철저하게 그의 효과에 따라 측정한다. 자신의 고유한 취향을 가지고 있고, 자신의 고독에 둘러싸여 숨겨져있는 전달이 불가능하고 속을 터놓고 싶지도 않은 인간—**헤아릴 수 없는** 인간, 그러므로 더 높은, 아무튼 **다른** 종류의 인간. 너희가 그를 알 수도 없고 비교할 수도 없는데, 그를 어떻게 평가절하할 수 있을 것인가?

도덕적 평가절하는 판단의 최대의 우둔함을 초래했다. 한 인간의 가치 자체가 폄하되고, 거의 **간과되고**, 거의 **부정된다**.

유치한 **목적론**의 잔재. 인간의 **가치**를 **오로지 인간**과 **관련**해서만 본다.

879

도덕적 선입견은 정신을 위계질서의 낮은 부분에 위치시킨다. 그렇게 해서 정신에게는 특권의 본능, 따로 있음, 창조적 본성의 자유 감정, "신의 아이들"(혹은 악마의 아이들)이 가지는 자유 감정이 결여된다. 그리고 그러한 정신이 지배적인 도덕을 설교하든지, 지배적 도덕에 대한 비판을 자신의 이상으로 세우든지 상관없다. 정신은 그렇게 해서 무리에 속하게 된다. 무리가 가장 필요로 하는 필수품으로서, "목자"로서일지라도.

880

도덕을 우리의 목표에의 **의지**로, **따라서** 그 목표를 위한 **수단**으로 대체한다.

881

위계질서에 대하여.—전형적인 인간에게서 무엇이 평균적인가? 그가 **사물의 이면**을 필연적인 것으로 이해하지 않는다는 것, 그가 악 없이도 살 수 있는 것처럼 악과 싸운다는 것, 그가 어느 한쪽을 다른 쪽과 함께 받아들이지 않는다는 것—그가 **어떤 사물**, 상태, 시대, 인격이 지닌 특성 중 일부만 시인하고 다른 부분을 **제거함**으로써 그것들의 **전형적 성격**을 지워버리고 소멸시키고 싶어 한다는 것. 평균적인 것의 "바람직함"은 그들과는 다른 우리가 싸우는 것이다. 그들의 **이상**은 해로운 것, 악한 것, 위험한 것, 의심스러운 것, 파괴하는 것이 남아있어서는 안 될 어떤 것으로 파악된다. 우리의 통찰은 이와는 반대이다. 인간의 모든 성장과 더불어 그의 이면도 역시 성장해야만 한다는 것, 그리고 이런 개념이 허용된다면 최고의 인간은 실존의 대립적 성격을, 그 실존의 영광과 유일한 정당화로서, 가장 강하게 나타낸다는 것. 통상적인 인간은 이러한 자연적 성격의 아주 작은 모서리나 귀퉁이만을 드러낼 수 있을 뿐이다. 이들은 여러 요소의 다양성과 여러 대립의 긴장이, 달리 말하면 **인간의 위대함**을 위한 전제 조건이 증가하자마자 몰락해버린다. 인간은 더 나아지고 **또** 더 악해져야 한다는 것. 이것이 이러한 불가피성을 표현하는 나의 정식이다.

대부분의 사람들은 인간을 단편과 개별적인 것으로 표현한다. 그런데 그것들을 한데 모아야 비로소 한 인간이 나타난다. 전체 시대와 전체 민족은 이러한 의미에서 파편적인 어떤 것을 가진다. 인간이 조금씩 발전한다는 것은 아마 인간 발전의 경제에 속할지도 모른다. 그 때문에 관건은 오직 종합적 인간의 출현이라는 사실을 오인해서는 안 된다. 또한 저급한 인간들과 저 엄청난 다수는 단순한 전주나 연습에 불과하며, 이들의 합주로부터 **온전한 인간**이, 즉 지금까지 인류가 얼마나 멀리 나아갔는지를 보여주는 이정표적 인간이 발생한다는 점을 오인해서는 안 된다. 인류는 일직선으로 나아가지 **않는다**. 이미 도달된 유형이 종종 다시 상실된다.

이를테면 우리는 3세기 동안의 온갖 노력을 기울였음에도 아직 **르네상스 인간**에 다시 도달하지 못했다. 그리고 르네상스 인간은 다시 **고대 인간**에 뒤처져있었다.

882

사람들은 그리스의 인간과 르네상스 인간의 **우월성**을 인정한다. 그러나 그것을 가능하게 한 원인이나 조건을 제외한 채 그러한 인간을 가지고 싶어 한다.

883

"**취향의 정화**"는 단지 유형의 **강화**의 결과일 수 있다. 우리 사회는 오늘날 단지 교양만을 **대표한다**. 교양인은 **없다**. 위대한 **종합적 인간**이 없다. 위대한 종합적 인간 안에서는 다양한 힘이 하나의 목표를 위해 단호하게 매어져있다. 우리가 가지고 있는 것은 **다양한** 인간, 아마도 지금까지 있었던 가장 흥미로운 혼돈일 것이다. 그러나 그것은 세계 창조 이전의 혼돈이 아니라 그 이후의 혼돈이다. **괴테**는 이러한 유형의 가장 아름다운 표현이다(**결코 올림포스의 신들이 아니다**!).

884

헨델, 라이프니츠, 괴테, 비스마르크—**독일의 강한** 유형의 특징을 보여준다. 대립적인 것들 사이에서 주저함 없이 안전하게 살아가며, 유연한 강함으로 가득 차 있다. 이 유연한 강함은 한 편을 다른 편에 대하여 이용하고 자기 자신에게는 자유를 남겨놓음으로써 확신과 신조를 경계한다.

885

내가 파악한 것은 이 정도이다. 위대하고 희귀한 인간의 발생이 다수의 동의에 의존했더라면(어떤 특성들이 위대함에 속하는지, 또한 마찬가지로 누구의 비용으로 모든 위대함이 발전하는지를 이들이 알았다고 가정하면), 중요한 인간은 결코 없었을 것이다!

사물의 진행이 최대 다수의 동의와는 **무관하게** 이루어진다는 것. 지상에서 몇 가지 놀라운 일들이 슬며시 일어날 수 있었던 것은 바로 여기에서 기인한다.

886

인간 가치의 위계질서.

a) 인간을 개별적인 작업에 따라서 평가해서는 안 된다. **표피적 행위들**이다. **인격적** 행위보다 더 드문 것은 없다. 계급, 위계, 민족, 환경, 우연—작업이나 행위 속에 표현되는 것은 "인격"이라기보다는 오히려 이 모든 것이다.

b) 많은 인간이 "인격"이라고 일반적으로 전제해서는 안 된다. 그

리고 몇몇은 **더 많은** 인격이지만, 대부분은 아무런 인격도 **아니다**. 어떤 유형의 존속에 중요한 평균적 특성들이 우세한 곳 어디에서나 인격으로 존재하는 것은 하나의 낭비이고 사치일 것이며, "인격"을 요구하는 것은 아무런 의미도 없을 것이다. 인격은 담지자이고 전달 도구이다.

c) "인격"은 상대적으로 **고립된** 사실이다. 지속적인 흐름과 평균성이 훨씬 더 중요하다는 것을 고려하면, 인격은 거의 **반자연적인 것**이다. 인격의 발생에는 때에 맞는 고립화, 방어와 전투적 실존으로의 강요, 그리고 성벽을 두르는 것과 같은 것, 더 커다란 차단의 힘, 그리고 무엇보다 중간의 인간—이 인간의 인간성은 감염된다—보다 **훨씬 더 낮은 민감성**이 필요하다.

위계질서에 관한 **첫 번째 질문**. 누군가가 얼마나 **단독적**인지 또는 얼마나 **무리와 같은지**. (후자의 경우에 그의 가치는 자신의 무리와 유형의 생존을 보장하는 특성들에 있으며, 전자의 경우에는 그를 두드러지게 하고 고립시키고 변호하고 **단독적인 실존을 가능하게 하는** 특성들에 있다.)

결론. 단독적인 유형을 무리의 유형에 따라 평가해서는 안 되며, 무리의 유형을 단독적인 유형에 따라서 평가해서도 안 된다.

높은 곳에서 고찰하면, 양자 모두 필연적이다. 양자의 적대 관계도 마찬가지로 필연적이다. 그리고 이 양자로부터 **제3의 어떤 것**이 발전했으면 하고 바라는 저 "소망"만큼 추방되어야 할 것은 없다(자웅동체로서의 덕). 이것은 양성의 접근이나 화해만큼이나 "바람직하지" 않다. **유형적인 것은 계속 발전하고, 간격은 더욱 깊이 벌어진다**.

이 양자의 경우에 **변질**이라는 개념. 무리가 단독적 존재의 특성들에 가까워지고 또 단독적 존재들이 무리의 특성들에 가까워질 때, 요컨대 그들이 서로 **근접할** 때이다. 이러한 변질 개념은 도덕적 판단과는 아무런 관련이 없다.

887

어디에서 더 강한 본성의 존재들을 찾아야 하는가.―단독적인 종의 몰락과 변질은 훨씬 크고 두려운 것이다. 그들은 자신들에게 적대적인 무리 본능과 가치 전통을 가지고 있다. 방어하기 위한 그들의 도구, 그들의 보호 본능은 처음부터 충분히 강하거나 확실하지 않다. 그들이 번성하기 위해서는 많은 우연의 혜택이 있어야 한다(그들은 가장 저급하고, 사회적으로 가장 포기된 요소들 안에서 가장 자주 번성한다. 인격을 찾는다면 중간 계급에서보다 거기에서 훨씬 더 확실하게 발견한다!).

"권리의 평등"을 목표로 하는 신분 및 계급투쟁. 그 투쟁이 거의 끝나버리면, **단독적인 인격에 대한 투쟁**이 발발한다. (어떤 의미에서는 **이 단독적 인격은 민주적 사회에서 가장 쉽게 보존되며 발전할 수 있다**. 조야한 방어 수단이 더는 필요하지 않고, 질서와 정직과 정의와 신뢰에 어느 정도 익숙해지는 것이 평균 조건에 속하게 되는 때이다.)

가장 강한 자들은 가장 단단히 결박되고 감시되며 사슬에 묶여 감독받아야만 한다. 이렇게 무리 본능이 원한다. 그들에게는 자기 제압이나 금욕적 격리 또는 자신을 완전히 잃어버리는 소모적인 노동의 "의무" 시스템이 필요하다.

888

나는 덕의 **경제적** 정당화를 시도한다. 인간을 가능한 한 유용하게 만들고, 가능한 한 오류가 없는 기계에 어떻게든 가깝게 만드는 것이 과제이다. 이 목적을 위해서 인간은 **기계의 덕**을 갖추고 있어야 한다(인간은 자신이 기계처럼 유용하게 일하는 상태를 가장 가치 있다고 느끼는 법을 배워야 한다. 그러기 위해서는 다른 상태들을 가능한 한 싫어하게 만들고, 가능한 한 위험하고 평판 나쁜 것으로 만들 필요가 있다).

여기서는 모든 기계적 활동이 수반하는 **지루함**과 단조로움이 첫 번째 걸림돌이다. **이것들을** 견뎌내는 법을 배우는 것, 그리고 단지 견뎌낼 뿐만 아니라 지루함이 더 높은 매력에 둘러싸여 있는 것으로 보는 법을 배우는 것. 이것이 지금까지 모든 고등교육의 과제였다. 우리와 아무런 상관없는 것을 배우는 것, 게다가 바로 이러한 "객관적" 활동에서 자신의 "의무"를 느끼는 것, 쾌감과 의무를 서로 분리하여 평가하는 법을 배우는 것—이것이 고등교육의 귀중한 과제이며 업적이다. 이 때문에 문헌학자는 지금까지 교육자 **그 자체**였다. 그의 활동 자체가 훌륭한 것에 이르는 단조로운 활동의 모범을 보여주기 때문이다. 그의 깃발 아래에서 젊은이는 "공붓벌레"가 되는 법을 배운다. 이것은 기계적 의무 이행에 있어서 장래의 유능함(관리, 남편, 사무직원, 신문 독자 그리고 군인으로서)의 첫 번째 조건이 된다. 이러한 실존 방식은 아마도 다른 어떤 것보다 철학적인 정당화와 미화가 필요할 것이다. 즉, **유쾌한** 감정은 오류를 범하지 않는 어떤 법원에 의해 대체로 저급한 위계의 것으로 평가되지 않으면 안 되는 것이다. "의무 그 자체", 아마 심지어는 유쾌하지 않은 모든 것에 관한 외경의 파토스. 그리고 이 요구는 유용성, 희열, 합목적성의 저편에서 명령적으로 말한다. 최고의, 가장 외경할만한 실존 형식으로서의 기계적 실존 형식은 자기 자신을 숭배한다(그 전형은 "너는 해야 한다."라는 형식 개념의 광신자인 칸트이다).

889

지금까지의 이상에 대한 **경제적** 평가.

입법자(혹은 사회의 본능)는 그 활동으로 정규적인 업적이 보증되는 몇몇 상태들과 정동들을 고른다(기계주의는 이러한 정동과 상태들의 규칙적인 욕구의 결과이다).

이러한 상태와 정동들이 곤혹스러운 요소들을 포함한다면, 이러한 곤혹스러운 것을 가치 평가를 통해 극복할 수단이 발견되어야 한다. 즉, 불쾌감을 가치 있는 것으로, 따라서 더 높은 의미에서 즐거운 것으로 느끼게 하는 수단이 발견되어야 한다. 공식으로 표현하자면, "**유쾌하지 않은 어떤 것이 어떻게 유쾌해지는가**?" 이를테면 그것이 힘, 권력, 자기 극복에 대한 증거로서 도움이 될 때. 혹은 유쾌하지 않은 것 안에서 우리의 복종과 법칙에 대한 우리의 순응이 존경받을 때 그렇게 된다. 마찬가지로 공공심, 이웃 사랑, 애국심이 우리의 "인간화", "이타주의", "영웅주의"에 대한 증거일 때.

유쾌하지 않은 일들을 기꺼이 행하는 것—**이상들의 의도**이다.

890

인간의 **왜소화**는 오랫동안 유일한 목표로 여겨져야만 했다. 왜냐하면 **보다 강한** 인간종이 그 위에 존립하려면 먼저 넓은 토대가 만들어져야 하기 때문이다. (지금까지 **모든 강화된** 인간종은 어느 정도로 **낮은 수준의 인간종 위에 서 있었는지.**)

891

평범함을 **평범하게** 지니기를 원하지 **않고**, 예외적 존재에서 승리감을 느끼는 대신에 비겁함, 허위, 비소함과 비참함에 **분개하는** 부조리하고 경멸스러운 이상주의. 사람은 이와는 달리 원해서는 안 된다! 그리고 간격을 **더 크게** 벌려야 한다! 자신의 존재를 위해 바쳐져야만 하는 희생을 통해 자신을 **분리하도록 더 높은 종을 강요해야 한다**.

주요 관점. **거리**를 벌리지만 **어떠한 대립도 만들지 않는다**. **중간층**을 떼어내고 그 영향력을 줄인다. 이것이 거리를 유지하는 주요 수단이다.

892

어떻게 평범한 자들에게 그들의 평범함을 싫어하게 만든단 말인가! 보는 바와 같이 나는 정반대로 행동한다. 평범함에서 멀어지는 한 걸음 한 걸음이—이렇게 나는 가르친다—**비도덕적인 것**으로 인도한다.

893

평범함에 대한 증오는 철학자에게 합당하지 않다. 그것은 거의

"철학"에 대한 그의 권리를 의심케 하는 의문부호이다. 철학자는 예외라는 바로 그 이유 때문에 그는 규칙을 옹호하지 않으면 안 되며, 모든 평범한 사람이 스스로에 대해 좋은 기분을 가지도록 해야 한다.

894

내가 맞서 싸우는 것은, 규칙의 존속이 예외의 가치에 대한 전제라고 파악하는 대신에 예외적인 유형이 규칙에 대해 전쟁을 벌인다는 점이다. 이를테면 부인들이 학식에 대한 그들의 이상한 욕구를 칭찬할만한 일이라고 느끼는 대신에, 여성 일반의 지위를 바꾸고 싶어 하는 경우이다.

895

개인의 일시적인 몰락에도 불구하고 **힘의 증대**:

—**새로운 수준**의 기초를 세운다.

—비경제적인 낭비와는 반대로 작은 업적을 보존하기 위해 힘을 모으는 방법.

—이러한 미래 경제학의 **도구**로서 일시적으로 억압된 파괴적 본성.

—약자의 보존. 엄청난 양의 **작은** 노동이 행해져야 하기 때문이다.

—약자와 고통받는 자의 생존을 여전히 **가능하게** 하는 성향의 보존.

—공포와 비굴의 본능에 맞서는 본능으로서 **연대성**을 심는 일.

—우연과의, 또한 "위대한 인간"의 우연과의 투쟁.

896

위대한 인간에 대한 투쟁은 경제적 근거로 정당화된다. 이 위대한 인간은 위험하고, 우연이며, 예외이고, 사나운 날씨이며, 천천히 세워지고 확립된 것을 의문시할 정도로 충분히 강하다. 폭발물을 무해하게 폭발시킬 뿐만 아니라 가능한 한 폭발을 **방지해야** 한다. 모든 문명화된 사회의 근본 본능.

897

인간 유형이 어떤 방식으로 가장 화려하고 가장 강력해질 수 있는지 깊이 생각하는 사람은 스스로 도덕의 밖에 서야 한다는 것을 가장 먼저 깨달아야 한다. 왜냐하면 도덕은 근본적으로 정반대의 것을 목표로 하기 때문이다. 즉, 저 화려한 발달을, 그것이 어디로 진행하든, 방해하거나 파괴하는 것을 목표로 한다. 왜냐하면 사실 이런 식의 발달은 그 일에 엄청난 양의 인간을 소비하여서 역의 운동이 일어나는 것이 지극히 당연하기 때문이다. 즉, 더 약하고, 더 온유하고, 더 평범한 실존들은 삶과 힘의 저 영광에 대항하여 당파를 만들 필요가 있고, 또한 그것을 위해 그들은 이 가장 풍부한 삶을 단죄하고 가능한 한 파괴할 수 있는 자신에 대한 새로운 평가를 얻어야 한다. 따라서 도덕이 삶의 유형을 제압하고자 하는 한, 삶에 적대적인 경향은 도덕의 고유한 특성이다.

898

미래의 강자.—부분적으로는 필연이, 부분적으로는 우연이 여기저기서 달성한 것은 **더 강한 종**을 산출하기 위한 조건들이다. 이것을 우리는 지금 파악할 수 있으며, 의식적으로 **원할** 수 있다. 우리는 그러한 상승을 가능하게 하는 여러 조건을 만들 수 있다.

지금까지 "교육"은 사회의 이익을 염두에 두었다. 그것은 가능한 한 미래의 이익이 **아니라**, 지금 존립하고 있는 사회의 이익이었다. 사람들은 그것을 위한 "도구"를 원했다. **힘의 부가 더욱 커진다고** 가정하면, 그 목표가 사회의 이익이 **아니라** 미래의 이익에 부응하기 위해 힘이 감소하는 것을 생각해볼 수 있다.

현재의 사회 형식이 언젠가는 **더는 자신을 위해서가 아니라** 더 강한 종족이 손에 쥐고 있는 수단으로만 **존재할 수 있기 위해서** 어느 정도로 강하게 변하는지가 더욱더 파악할수록, 그러한 과제는 세워질 수 있을 것이다.

증대하는 인간의 왜소화는 **더 강한 종족**의 훈육을 생각하게 하는 원동력이다. 왜소해진 종이—약하고 더 약해지게 될 곳에서는 이 강한 종족이 넘쳐흐르게 될 것이다(의지, 책임감, 자신감, 자신에 목표를 설정할 수 있는 능력).

수단은 역사가 가르치는 바로 그것이다. 즉, 오늘날 평범한 사람들과는 반대되는 보존의 관심을 통한 **고립**, 파토스로서의 거리, 오늘날 가장 낮게 평가되고 가장 금지되는 것에 있어서의 자유로운 양심.

유럽인의 **평준화**는 저지할 수 없는 커다란 과정이다. 이 과정은 더욱 가속화되어야 한다.

간격을 벌림, **거리**, **위계질서**에 대한 필연성이 이렇게 해서 주어진다. 위의 과정을 느리게 해야 한다는 필연성이 **아니다**.

이 **평준화된** 종은 평준화가 달성되자마자 즉시 정당화되어야 한다. 평준화된 종은 더 높은 주권적인 종에 봉사한다. 후자는 전자를 지반으로 삼고 있으며, 그것을 지반으로 비로소 자신의 과제를 스스로 고양할 수 있다.

자신의 과제를 단지 통치하는 것으로만 소모하는 군주-종족뿐만 아니라 **고유한 생활 영역**을 가지며, 아름다움과 용기와 문화와 가장 정신적인 것에까지 이르는 태도를 위해 넘치는 힘을 가지고 있는 종족이다. 모든 커다란 사치를 즐겨도 되는 **긍정하는** 종족, 덕의 명령이라는 폭정이 필요하지 않을 정도로 충분히 강하고, 절약과 옹졸함이 필요하지 않을 정도로 충분하게 풍부하며, 선과 악의 저편에 있고, 진기하고 엄선된 식물들을 위한 온실이다.

899

시선이 무의식적으로 오직 데카당스의 징후에만 머무는 우리 심리학자들은 언제나 거듭해서 우리가 정신을 불신하게 만든다. 사람들은 언제나 약화하고 유약하게 만들고 병들게 하는 정신의 작용만을 본다. 그러나 이제 나타나는 것은 새로운 야만인들이다.

새로운 **야만인들** { 냉소주의자 / 유혹하는 자 / 정복자 } 신적 우월감이 건강과 힘의 과잉과 결합함.

900

나는 무엇인가 새로운 것을 가리킨다. 그러한 민주주의적 조직에는 야만인의 위험이 있음은 확실하지만, 사람들은 그 위험을 오직 깊은 곳에서만 찾는다. 그러나 높은 곳에서 나오는 **다른 종의 야만인**도 있다. 그들이 조형할 수 있는 소재를 찾는 일종의 정복하고 지배하는 본성을 가진 야만인의 종류이다. 프로메테우스는 그러한 야만인이었다.

901

주요 관점은, 더 높은 종의 **과제**를 낮은 종을 **이끄는** 것이라고 보지 않고, 오히려 낮은 종을 상위 종이 그 위에서 자신의 **고유한** 과제를 수행하며 살아가는 **기반**, 그 위에서 상위 종이 비로소 **설 수 있는** 기반으로 보는 것이다.

강하고 고귀한 종이 (정신적 훈육의 관점에서) 자신을 보존하는 조건은 "산업 대중", 즉 스펜서류의 소상인 조건과는 반대이다.

단지 **가장 강하고 가장 생산적인** 본성의 소유자들에게만 그들의 실존을 가능하게 하려고 허용되는 것—여가, 모험, 불신, 방탕까지도—이러한 것들이 평범한 본성의 소유자들에게 허용된다면 이들을 필연적으로 몰락시킬 것이고 또한 실제로 그렇게 한다. 이들에게는 근면, 규칙, 절제, 확고한 신념이 자리 잡고 있다. 요컨대 무리의 덕들이 자리 잡고 있다. 이 덕들 아래에서 평범한 종의 인간은 완전해진다.

902

여러 지배자의 유형에 대하여. "목자"가 "주인"과 대립하고 있다(전자는 무리의 보존을 위한 **수단**이고, 후자는 그것을 위하여 무리가 존재하는 **목적**이다).

903

(사회적 가치 감정이 일시적으로 우세하게 되는 것은 이해되는 일이며 유용한 일이다. 문제는 **더 강한** 종을 궁극적으로 가능하게 할 **하부구조**의 설립이기 때문이다.) 강함의 척도는 **반대의** 가치 평가 아래서도 살아갈 수 있으며, 그것을 영원히 다시 원하는 것이다. 하부구조로서의 국가와 사회. 세계 경제적 관점, **훈육**으로서의 교육.

904

"자유정신"에 **없는** 통찰. 강한 본성을 더욱 강화하고 위대한 일을 할 수 있게 하는 바로 그 같은 규율이 **평범한 본성의 소유자들을 파괴하고 위축시킨다**. 의혹, 마음의 크기, 실험, 독립.

905

망치. 반대로 평가하는 사람들은 **어떤** 성질을 가져야만 하는가? 현대적 영혼의 **모든** 특성을 가지고는 있으나 그것을 순전한 건강으로 바꿀 수 있을 만큼 충분히 강한 인간들은? 그들의 과제를 위한 그들의 수단.

906

강한 건강의 본능에 있어서 강력한 강한 인간은 그가 식사를 소화하는 것과 같은 방식으로 자기 행동을 소화한다. 그는 무거운 음식도 스스로 처리한다. 그러나 일반적으로 그는 온전하고 엄격한 본능에 이끌려 자신이 좋아하지 않는 것을 먹지 않는 것처럼, 자신이 싫어하는 것은 어떤 것도 하지 않는다.

907

최고의 가치를 지닌 존재를 발생시키는 더없이 유리한 조건들을 우리는 **예견할 수 있을까**! 그것은 천배나 복잡하며, 실패할 개연성도 **매우 크다**. 그래서 그것을 찾으려 노력하는 것은 고무적이지 않다! ― 회의. 이와는 반대로 우리는 용기·통찰·단호함·독립·무책임의 감정을 상승시킬 수 있고, 저울을 더 정교하게 만들 수 있으며, 유리한 우연이 도움을 주기를 기대할 수 있다.

908

행위를 생각할 수 있으려면 그 이전에 무수히 많은 일이 이미 이루어져있어야 한다. 그러나 일반적으로는 주어진 상황을 **현명하게 이용하는 것**이 우리의 최선의 행동이고 권할만한 행동이다. 우연이 만들어내는 것과 같이 그러한 조건들을 실제로 **만들어내는 것**은 일찍이 살아본 적이 없었던 **강철 같은** 인간을 전제한다. 먼저 개인적인 이상을 관철하고 실현해야 한다!

인간의 본성을 파악하고, **자신이 도달할 최고의 기원을 파악한 사람**

은 인간 앞에서 전율하고 모든 행동을 피한다. 물려받은 평가의 결과이다!!

인간의 본성이 **악하다**는 것이 내게는 위안이다. 그것은 **힘**을 보증한다!

909

전형적인 자기 형성. 혹은 **여덟 가지 주요 문제**.

1. 사람들은 자신이 더 다양해지기를 원하는가, 아니면 더 단순하기를 원하는가?

2. 사람들은 더 행복해지기를 원하는가, 아니면 행복과 불행에 더 무관심해지기를 원하는가?

3. 사람들은 자신에게 더 만족하기를 원하는가, 아니면 더 많은 요구를 하고 엄격하기를 원하는가?

4. 사람들은 더 유연하고 타협적이며 인간적이기를 원하는가, 아니면 "비인간적"이기를 원하는가?

5. 사람들은 더 현명해지기를 원하는가, 아니면 더 무분별해지기를 원하는가?

6. 사람들은 하나의 목표에 도달하기를 원하는가, 아니면 모든 목표를 회피하기를 원하는가(이를테면, 모든 목표에서 한계, 구석, 감옥, 우매함을 냄새 맡는 철학자가 하듯이)?

7. 사람들은 더 존경받기를 원하는가, 아니면 더 두려움의 대상이 되기를 원하는가? 아니면, 더 **경멸받기를** 원하는가?

8. 사람들은 폭군이 되기를 원하는가, 아니면 유혹자나 목자나 무

리 동물이 되기를 원하는가?

910

나와 어느 정도 관계가 있는 사람들에 대해서 나는 그들이 고통받고, 버림받고, 병들고, 학대당하고, 모욕당하기를 바란다. 나는 그들이 깊은 자기 경멸, 자신에 대한 불신의 고통, 극복된 자의 비참함을 알지 못한 채 있지 않기를 바란다. 나는 그들을 동정하지 않는다. 왜냐하면 내가 그들에게 바라는 유일한 것은 어떤 사람이 가치를 가지는지 아닌지를 오늘날 증명할 수 있는 것, 즉 **그가 견뎌낸다는 것**이기 때문이다.

911

거지[4]들의 행복이나 자기만족 또는 "아름다운 영혼"을 지닌 사람들의 축복 또는 경건주의 종교 단체인 헤른후트(Herrnhut)[5] 파에서 나타나는 소모적인 사랑은 인간의 **위계질서**에 관해서는 아무것도 증명하지 못한다. 위대한 교육자라면 사람들은 그러한 "축복받은 사람들"의 종족을 가차 없이 채찍질하여 불행 속으로 몰아넣어야만

---

4) 니체가 여기서 사용하는 이탈리아어 낱말 Lazzarone는 일반적으로 거지에게 적용된다. 특히 고정된 거처 없이 허드렛일과 어업으로 생계를 꾸리지만 주로 구걸하며 살아가는 나폴리의 가장 가난한 계층을 일컫는다.

5) 헤른후트 형제단은 개신교와 후기 경건주의가 특징이었던 보헤미아 종교개혁에서 비롯된 과민 정신적 기독교 신앙 운동이다.

할 것이다. 왜소화와 휴식의 위험은 즉시 나타난다. 스피노자나 에피쿠로스의 행복에 **반대하고**, 명상적 상태에서의 온갖 휴식에 반대한다. 그러나 만약 덕이 그러한 행복에 이르는 수단이라면, 그때 **사람은 덕을 지배하는 주인이 되어야 한다**.

912

적절한 시기에 **좋은 교육**을 놓쳐버린 자가 어떻게 그것을 만회할 수 있을지 나는 도무지 알 수 없다. 그러한 자는 자기 자신을 알지 못한다. 그는 걷는 법을 배우지 못한 채로 삶을 걸어간다. 한 걸음 한 걸음 옮겨놓을 때마다 근육이 이완되었음을 드러낸다. 때때로 삶은 자비롭기도 해서 엄격한 단련을 만회하게 한다. 그것은 어쩌면 극도의 의지력과 자족을 요청하는 여러 해에 걸친 질환일 수도 있다. 혹은 늘어진 힘줄에 다시 에너지를 공급하고 삶에의 의지에 **다시 강인함을 부여하는** 활동을, 동시에 여자나 아이에게까지도, 강요하는 갑작스레 돌발하는 곤경일 수도 있다. 하지만 가장 바람직한 일은 어떤 사정이 있어도 **적절한 시기에**, 즉 자기 자신에 대한 기대가 많다는 것에 긍지를 가지는 나이에, 엄격한 훈련을 받는 것이다. 왜냐하면 이것이 좋은 교육으로서의 엄격한 교육을 다른 교육과 구별하기 때문이다. 즉, 많은 것이 요구되고, 엄격하게 요구되며, 좋음과 뛰어남이 정상적인 표준으로 요구된다는 것, 칭찬은 거의 없다는 것, 면죄는 없다는 것, 질책은 가혹하고 공평하게 재능이나 출생 같은 것은 고려하지 않고 공공연하게 이루어진다는 것. 이러한 교육은 어떤 관점에서 보더라도 필요하다. 그것은 가장 정신적인 일뿐만 아니라 가장 육체적인 일에도 적용된다. 여기서 이 양자를 분리하려는 것은 돌이킬 수 없는 재앙이다! 동일한 훈련이 군인도 학자도 유능하게 만든다. 그리고 좀 더 자세히 보면, 유능한 군인의 본능을 몸 안에 지니고 있지 않은 유능한 학자는 없다. 명령할 수 있고, 다시 당당한 방식으로 복종할 수 있는 것, 대열에 서 있지만 언제든지 또한 이끌 수 있는 것, 안락함보다 위험을 선호하는 것, 허락된 것과 허락되지 않은 것을 일일이 소상인의 저울로 달지 않는 것, 악인보다는 쩨쩨한 자와 교활한 자와 기생하는 자를 더 적대시하는 것.—사람은 엄격한 교육을 통해 무엇을 **배우는가**? **복종**과 **명령**.

913

공적을 **부인하지만**, 모든 칭찬과 모든 이해를 넘어선 것을 행하는 일.

914

도덕의 새로운 형식. 무엇을 하지 않고 무엇을 하고자 하는가에 관한 공통 **서약**, 많은 것들에 대한 단호한 포기. 그럴 수 있을 정도로 **성숙한지**의 시험.

915

나는 **금욕주의**도 다시 자연화하고자 한다. 부정하려는 의도를 **강화하려는** 의도가 대신한다. 의지의 체조. 가장 정신적인 것에서도 온갖 종류의 내핍과 단식 기간. 우리가 우리의 힘에 대하여 가지는 우리의 의견과 관련된 행위의 결의론. 모험과 의도된 위험을 통한 시도. (마니에서의 오찬은 배탈이 난 순전히 정신적인 미식가의 모임이다.)[6] 약속을 지킬 수 있는 강함도 테스트할 **시험**도 고안되어야 했다.

916

교회가 오용하여 **부패한** 것:

1. **금욕**. **의지의 교육**에 있어서 금욕이 가진 자연적 유용성과 불가피성을 보여줄 용기를 사람들은 거의 가지지 못한다. "쓸모 있는 관리"를 규제적인 모델로 염두에 두는 우리의 터무니 없는 교육계는 "수업"과 뇌를 길들이는 일을 통해 잘 할 수 있다고 믿고 있다. 그들은 무언가 다른 것이, 즉 **의지력**의 교육이 먼저 필요하다는 생각조차 하지 못한다. 사람들은 모든 것에 관한 시험을 치르지만, 주요 사항에 관해서는 그러지 않는다. 즉, 과연 **원할** 수 있는지, 과연 **약속해도** 좋은지에 관한 주요 사항 말이다. 젊은이들은 그들의 본성에 대한 이러한 최고의 가치문제에 관한 의문이나 호기심을 품는 일이 없이 교육을 마친다.

2. **단식**. 모든 의미에서의 단식—모든 좋은 것들을 섬세하게 즐길 수 있는 능력을 보존하는 수단으로서의 단식(이를테면 때때로 읽지 않고, 음악도 듣지 않고, 더는 상냥하지도 않는 것. 사람들은 자신의 덕을 위한 단식일도 가져야 한다).

---

6) "마니에서의 오찬"에 관해서는《권력에의 의지》82의 역주를 참조할 것.

3. “**수도원**”. 이를테면 편지도 엄격히 거부하는 일시적인 고립. 일종의 아주 깊은 자기반성과 자기의 재발견인데, 이는 “유혹”을 피하고자 하는 것이 아니라 “의무”를 피하고자 하는 것이다. 즉, 환경의 일상적 원무로부터의 탈출이고, 우리의 힘을 단지 반작용에서만 소모되도록 하고 이 힘이 **자발적 활동**을 할 때까지 **축적되는** 것을 허용하지 않는 자극이나 영향의 압제로부터의 탈출이다.

4. **축제**. 그리스도교인과 그리스도교적 가치들의 존재를 본래의 축제 기분을 망쳐놓는 억압으로 느끼지 않으려면 사람은 극히 거칠어야 한다. 축제에는 다음과 같은 것이 포함되어있다. 긍지, 들뜸, 분방, 바보 같은 장난, 모든 종류의 진지함이나 우직함에 대한 조소, 동물적인 충만과 완전성에서 나오는 자신에 대한 신적인 긍정—이 모두가 그리스도교인이 정말 긍정해서는 안 되는 상태들이다.

축제는 **이교도 관습**의 뛰어난 전형이다.

5. **고유의 본성에 대한 용기의 상실**. 즉, “**도덕적인 것**”**으로 단장하는 일**. 자신에게 있는 정동을 시인하기 위해서는 어떠한 도덕 공식도 필요 없다는 것, 이것이야말로 그 사람이 어디까지 자신에게 있는 본성을 긍정할 수 있는가, 얼마나 많이 또는 얼마나 적게 도덕을 끌어대어 방패막이로 삼아야만 하는가에 관한 척도이다.

6. 죽음. 사람은 어처구니없는 생리학적 사실을 도덕적 필연성으로 전환해야 한다. **제때 죽기를 바랄 수 있게** 그렇게 살아라!

917

자신이 더 강하다고 느끼는 것—혹은 달리 표현하면 기쁨—은 항상 비교를 전제한다(그러나 반드시 다른 사람들과의 비교가 아니라 자기 자신과의 비교이다. 어디까지 비교하는지 우선은 **알지** 못한 채 성장의 상태 한가운데서 비교한다).

—**인위적** 강화. 가령 그것이 흥분시키는 약품에 의해서건, 흥분시키는 오류("망상")에 의해서건.

예컨대 그리스도교인이 가지는 것 같은 **안전**의 감정. 그는 신뢰해도 좋음, 인내하며 침착할 수 있다는 점에서 자신이 강하다고 느낀다. 그의 이러한 인위적 강화는 신에 의해 보호받고 있다는 망상에 기인한다.

예컨대 **우월성**의 감정. 이것은 모로코의 칼리프가 자신의 세 연합 왕국이 지표의 5분의 4를 차지하는 지구본밖에 볼 수 없는 경우와 같다.

예컨대 **유일성**의 감정. 이것은 유럽인이 문화의 행보가 유럽에서 일어난다고 믿고, 자기 자신이 일종의 축약된 세계 과정으로 여겨지는 경우와 같다. 또는 그리스도교인이 모든 실존은 "인간의 구원"을 중심으로 돌아간다고 생각하는 경우와 같다.

—중요한 문제는 압박과 부자유를 어디에서 느끼는가이다. 이것에 따라서 **더 강하다**는 감정도 다르게 생겨난다. 이를테면 철학자는 가장 차갑고 가장 초월적인 추상화 곡예에서 물을 만난 고기와 같은 기분이 되지만, 반면에 색채와 음향은 희미한 욕망에 대해서는, 즉 다른 사람들이 "이상"이라고 부르는 것에 대해서는 전혀 말하지 말라고 압력을 가한다.

918

누군가 유능한 어린 소년에게 "너는 덕 있는 자가 되고 싶은가?"라고 묻는다면, 그는 빈정대듯 바라볼 것이다. 하지만 "너는 네 동료보다 더 강하게 되고 싶은가?"라고 물으면, 그는 두 눈을 크게 뜬다.

어떻게 사람은 강해지는가?

천천히 결정을 내리고, 결정한 것을 집요하게 고집함으로써. 다른 모든 것은 뒤따른다.

갑작스러운 자와 **변하기 쉬운 자**. 이들은 약자의 두 종류이다. 자신을 이들과 혼동하지 말고, 거리를 느껴야 한다—늦지 않게.

선량한 자를 조심하라! 그와의 교제는 무기력하게 만든다.

본능에 있는 방어와 공격의 무기를 연습하게 만드는 모든 교제는 좋다. 의지력을 시험하기 위한 전체 독창성이 거기에 있다. 구별하는 차이점을 지식, 명민, 재치에서가 **아니라 여기에서** 보라.

명령하는 법을 적기에 배워야 한다. 복종하는 것도 마찬가지다.

겸손, 그리고 겸손함의 **요령**을 배워야 한다. 즉, 겸손함으로써 우대하고 존경하는 법을 배워야 한다.

마찬가지로 신뢰함으로써 우대하고 존경하는 법을 배워야 한다.

가장 혹독하게 참회하는 것은 무엇인가? 자신의 겸손, 자신의 가장 고유한 욕구들에 귀 기울이지 않은 것, 자신을 혼동한 것, 자신을 저급하게 평가한 것, 자신의 본능에 대한 섬세한 귀를 잃은 것. **자기 자신에 대한 존경의 결핍**은 온갖 종류의 손실을 통해 자신에게 복수한다. 건강, 우정, 쾌감, 긍지, 명랑, 자유, 견고, 용기의 상실을 통해. 사람들은 이런 진정한 이기주의의 결핍을 후에 결코 용서하지 않는다. 사람들은 그 결핍을 진정한 자아에 대한 이의 제기와 의심으로 간주한다.

919

나는 사람이 자기 자신을 **존경하는** 것으로 시작하기를 바랐다. 다른 모든 것은 이것에 뒤따른다. 물론 **이렇게 함으로써** 사람은 다른 사람들과는 끝난다. 왜냐하면 그것이야말로 다른 사람들이 가장 용서하기 어려운 것이기 때문이다. 뭐라고? 자기 자신을 존경하는 인간이라고?

이것은 자기 자신을 사랑하는 맹목적 충동과는 다른 것이다. "자아"라고 불리는 이원성뿐 아니라 양성의 사랑에서 자신이 사랑하는 것을 경멸하는 것이 가장 흔한 일이다.—사랑 속의 숙명론.

920

"나는 이것과 저것을 원한다." "나는 이것과 저것이 이러저러했으면 좋겠다." 힘의 정도, 즉 **의지**의 인간, **욕망**의 인간, **신앙**의 인간.

921

더 강한 종이 자신을 보존하는 수단.

자신에게 예외적인 행동에 대한 권리를 부여한다, 자기 극복 및 자유에 대한 시도로서.

야만인이 되지 **않는** 것이 허용되지 않는 상태로 향하는 일.

온갖 종류의 금욕을 통해 자신의 굳센 의지력과 관련하여 강대함과 확실함을 마련하는 일.

소통하지 않는 것, 침묵하는 일, 매력에 대한 경계.

자기 유지를 위한 시험을 제공하는 방식으로 복종을 배우는 일. 명예 문제에 대한 결의론을 극히 섬세하게 행한다.

"어떤 사람에게 옳은 것이 다른 사람에게도 정당하다."라고 결론짓지 않고, 오히려 그 반대로 결론짓는 일!

보복, 앙갚음해도 **좋음**을 특권으로 취급하고, 탁월함으로 간주하는 일.

다른 사람들의 덕을 선망하지 않는 일.

922

어떤 수단으로 미개한 민족을 다루어야 하는가, 그리고 수단의 "야만성"은 자의적이지 않고 임의적이지 않다는 것. 이 점은 유럽적인 온갖 유약함을 가지고서도 콩고 또는 다른 곳에서 야만인의 지배자로 있어야만 한다는 필연성에 처하게 되면 실제로 명백해진다.

923

호전적인 자와 평화로운 자.—그대는 전사의 본능을 몸 안에 지닌 인간인가? 이 경우에도 여전히 두 번째 질문이 남아있다. 그대는 본능적으로 공격의 전사인가, 아니면 저항의 전사인가? 나머지 인간, 본능적으로 호전적이지 않은 모든 존재는 평화를 원하고, 융화를 원하고, "자유"를 원하고, "평등권"을 원한다. 이것은 동일한 것에 대한 다른 이름이자 다른 단계일 뿐이다. 방어할 필요가 없는 곳으로

가는 것. 이러한 인간들은 저항할 필요가 생겼을 때 자기 자신에게 **불만**을 느끼게 된다.

그들은 더는 어떤 전쟁도 없는 상태를 만들어내고자 한다. 최악의 경우에는 굴복하고 복종하고 순응한다. 이 편이 여전히 전쟁하는 것보다 한결 낫다. 이를테면 그리스도교인의 본능은 그에게 이렇게 권한다. 타고난 전사에게는 성격 속에, 상태의 선택 속에, 모든 성격 형성 속에 무언가 무장하는 것과 같은 것이 있다. 첫 번째 유형에게서는 "무기"가, 두 번째 유형에게서는 방어가 가장 잘 발달했다.

무장하지 않은 자들, 방어하지 않는 자들. 이들은 견뎌내기 위해서, 승리를 거두기 위해서 어떤 보조 수단과 덕들이 필요한가.

924

자신을 방어하고 남을 공격할 아무런 이유를 더는 가지지 못하는 인간은 어떤 존재가 되는가? 그 안에 자신의 방어와 자신의 무기를 감추고 있는 정동들이 그에게서 상실되어버리면, 그의 정동들에는 무엇이 남는가?

925

영국적 어리석음에 대한 **주석**.—"당신이 남에게 당하고 싶지 않은 일은 남에게도 하지 마라." 이것이 지혜로, 현명함으로, 도덕의 토대로 간주된다. "황금률"로 간주된다. 존 스튜어트 밀은 이것을 믿는다(그리고 영국인 중에 이것을 믿지 않는 자가 있을까?). 그러나 이 격언은 더없이 약한 공격도 버티지 못한다. "너에게 가해져서는 안 될 일은 하지 말라."는 계산은 그 해로운 결과 때문에 행위를 금지한다. 겉으로 드러나지 않은 전제는 행위는 언제나 **보답받는다**는 것이다. 그런데 누군가가 《군주론》을 손에 들고 이렇게 말했다면 어떨까? "다른 사람이 선수 치지 못하도록 하는 행위, 타인이 **우리에게** 가하는 행위를 하지 못하도록 하는 행위, 바로 그러한 행위를 **해야만** 한다." 반면, 그 명예심에 의해 복수를 명령받는 코르시카인을 생각해보라. 그 역시 몸에 총알이 박히는 것을 바라지 않는다. 그러나 그런 전망이 있다고 할지라도, 총알을 맞을 개연성이 있다 하더라도 그 자신의 명예심을 충족시키는 일을 그만두게 하지 **않는다**. 그리고 우리는 모든 **예의 바른** 행위에서는 그 결과로 우리에게 일어날 수 있는 것에 대해 의도적으로 무관심한 것은 아닌가? 우리에게 해로운 결과를 가져올지도 모르는 행위를 피한다는 것, 이것은 일반적으로 예의 바른 행위를 **금지**하는 것이리라.

이에 반해 이 격언이 가치 있는 것은 그것이 특정 **유형의 인간**을 드러내기 때문이다. 이 격언으로 공식화되고 있는 것은 **무리의 본능**이다. 사람은 평등하고, 사람은 자신을 평등하게 간주한다. 내가 너에게 하듯, 너도 내게 한다. 여기에는 모든 현실적 관계에서는 전혀 나타나지 않는 **행위의 등가성**에 대한 믿음이 정말 있는 것이다. 그렇지만 어떤 행위도 되갚을 수 없다. 현실적인 "개인들" 사이에는 **동등한 행위는 존재하지 않는다**, 따라서 "되갚음"도 없다. 내가 어떤 행위를 할 때, 그것과 같은 행위가 대체로 그 어떤 다른 사람에게 가능하리라고는 전혀 생각하지 않는다. 그 행위는 나의 것이다. 사람은 내게 아무것도 되갚을 수 없으며, 사람은 언제나 나에 대해 "**다른**" 행위를 가할 것이다.

926

존 스튜어트 밀에 반대하며.—"한 사람에게 옳은 것은 다른 사람에게도 정당하다. 네가 원하지 않는 일 따위를 누구에게도 가하지 말라."고 말하는 그의 비속함을 나는 혐오한다. 그의 비속함은 인간의 교류 전체를 **행한 일의 상호성**에 근거해 정당화하려 한다. 이 때문에 모든 행위는 우리에게 행해진 무언가에 대한 일종의 지불로 나타난다. 여기서 이루어진 **전제**는 더할 나위 없이 **천한** 것이다. 즉, 여기서는 나와 너 사이의 **여러 행위의 가치의 등가성**이 전제된다. 여기서는 행위의 가장 개인적인 가치가 (무엇에 의해서도 균형을 이룰 수 없고 보상될 수 없는 것) 단순하게 무효화된다. "상호성"은 엄청난 비속함이다. **내가** 행하는 어떤 일은 다른 사람에 의해 행해져서는 **안 되고** 행해질 **수도** 없다는 바로 그 사실("나와 동등한 자"라는 **가장 선택된 영역**, 즉 동료들 사이를 제외하고는), 어떠한 균형도 있을 수 없다는 것, 사람은 **유일한 존재**이며 단지 **유일한 것**만을 행하기 때문에 좀 더 심층적인 의미에서는 결코 되갚지 못한다는 것, 이러한 근본 확신은 **대중으로부터 귀족적 분리**의 원인을 포함한다. 왜냐하면 대중은 "평등"을 믿고, **따라서** 균형화 가능성과 "상호성"을 믿기 때문이다.

927

도덕적 가치 평가나 "유용함"과 "유해함"에 관한 이 평가가 지닌 편협함과 고루함은 나름의 의미가 있다. 그것은 **결과와 관련하여** 오직 비교적 가까운 것이나 가장 가까운 것만을 내다볼 수 있는 사회의 필연적 관점이다. 국가와 정치가는 이미 더 **초도덕적인** 사고방식이 필요하다. 왜냐하면 훨씬 더 커다란 효과의 복합체를 산정해야 하기 때문이다. 마찬가지로 모든 개개의 요구가 현재는 부당하고 자의적으로 보일 수도 있는 먼 관점을 가진 세계 경제도 가능할 것이다.

928

"**자신의 감정에 따른다?**"—대범한 감정에 굴복하면서 자신의 삶을 위험에 빠뜨리고, 게다가 한순간의 충동으로 그렇게 한다는 것. 이것은 가치 없는 일이며, 성격을 규정하지도 않는다. 그렇게 할 능력에 있어서는 모든 사람이 똑같다. 그리고 그렇게 할 결단에 있어서는 범죄자, 도적, **코르시카인**이 우리 예의 바른 사람들을 확실히 능가한다.

이보다 더 높은 단계는 자신에게 있는 이러한 충동도 극복하여 영웅적 행동을 충동에 기초하여 행하는 것이 아니라, 그 솟구치는 쾌감에 휩쓸리지 않고 냉정하고 이성적으로 행하는 것이다.

이것은 동정에도 동일하게 적용된다. 동정은 먼저 **이성을** 통해 습관적으로 **걸러내야만** 한다. 그렇지 않은 경우는 다른 정동과 마찬가지로 위험하다.

정동에 대한 **맹목적 굴복**은 그 정동이 대범하고 동정적이든, 아니면 적의에 차 있든 상관없이 **최대 악**의 원인이다.

성격의 위대함은 이러한 정동을 소유하지 않는 데 있는 것이 아니라, 반대로 정동을 끔찍스러울 정도로 가지고 있지만 그것을 제어하는 데 있다. 그리고 또한 이러한 구속을 즐거워하지 않는 것이 아니라 그 이유는 단지—.

929

어떤 일을 위해 자신의 생명을 바친다. 엄청난 효과이다. 하지만 사람은 많은 것을 위해 자신의 생명을 바친다. 정동들은 예외 없이 모조리 만족을 원한다. 그것이 동정이든 분노든 혹은 복수이든 간에—생명을 거기에 건다는 사실은 가치에 어떤 변화도 주지 않는다. 얼마나 많은 사람이 자신의 삶을 어여쁜 여자들을 위해 희생했던가. 그리고 더 심하게는 그들의 건강을 희생했던가. 기질이 강하다면, 사람은 본능적으로 위험한 것들을 선택한다. 예컨대 철학자라면 사변의 모험을, 혹은 덕 있는 자라면 비도덕성의 모험을. 어떤 종류의 인간은 아무런 위험도 무릅쓰려 하지 않지만, 다른 종류의 인간은 위험을 무릅쓰고자 한다. 우리 다른 자들은 삶의 경멸자인가? 그 반대이다. 우리는 본능적으로 **강화된** 삶, 위험 속의 삶을 추구한다.[7] 다시 한번 말하지만, 이렇게 해서 우리는 다른 사람들보다 더 덕 있는 사람이 되기를 바라는 것은 아니다. 예컨대 파스칼은 아무

---

7) 프리드리히 니체, 《즐거운 학문》, 단편 283을 볼 것. "실존의 가장 커다란 결실과 향락을 수확하기 위한 비결은 다음과 같은 것이다. 위험하게 살지어다! 그대들의 도시를 베수비오 화산 가에 세우라! 그대들의 배를 미지의 바다로 내보내라!"

런 위험도 무릅쓰지 않으려 했고[8], 그리스도교인으로 머물렀다. 이것은 아마도 더 유덕한 일이었을 것이다. 사람은 늘 희생한다.

930

인간이 얼마나 많은 **이점**을 희생하고, 얼마나 "이기적이지" 않은지! 모든 그의 정동과 열정들은 권리를 가지고 싶어 하지만, 정동은 이익의 현명한 사용과는 얼마나 거리가 **먼지**!

사람은 자신의 "행복"을 원하지 **않는다**. 인간이 항상 자신의 이익을 추구한다고 믿을 수 있으려면 영국인이어야만 한다. 우리의 욕망은 오랜 열정으로 사물에 폭행을 가하려 한다. 그것들의 쌓여있는 힘은 저항을 찾는다.

931

정동은 하나같이 **유용하다**. 어떤 것은 직접적으로, 어떤 것은 간접

---

8) 블레즈 파스칼이 《팡세》에서 제시한 신의 존재에 관한 내기 논증을 암시한다. 파스칼의 내기란 간단히 말해서 신이 존재하는지, 존재하지 않는지를 가지고 내기를 한다면, 신이 존재한다는 쪽에 거는 것이 유리하다는 논증이다. 내가 신의 존재를 믿었는데 신이 정말 존재한다면 천국행은 확실하고, 반면 내가 신의 존재를 믿었는데 신이 존재하지 않는다면 일요일마다 교회나 성당에 가는 시간과 돈이라는 약간의 손실만 입는다. 그런데 내가 신을 믿지 않았는데 신이 존재한다면 지옥으로 떨어져서 영원한 고통 속에 살게 되고, 한편 내가 신을 믿지 않았는데 신이 존재하지 않는다면 이득도 없지만 손해를 볼 것도 없게 된다. 파스칼은 이 내기에서 위험의 두려움만 보았지, 위험의 즐거움은 보지 못했다는 점에서 그의 내기 논증은 위험의 가치를 배제한다.

적으로. 유용과 관련하여 그 어떤 가치 순위를 확정하는 것은 절대로 불가능하다. 경제적으로 측정하면, 자연에 있는 모든 힘은 전부 좋고, 달리 말하면 유용한 것이 확실하며, 수많은 끔찍하고 돌이킬 수 없는 숙명도 그러한 힘에서 나온다. 사람들은 기껏해야 가장 강력한 정동이 가장 가치 있다고 말할 수 있다. 그것도 그보다 더 커다란 힘의 원천이 존재하지 않는 한에서 말이다.

932

호의적이고, 남을 돕기를 좋아하고, 선의의 성향들이 존경받는 것은 그것으로부터 발생하는 이익 때문이 절대 **아니다**. 오히려 그 성향이 나눠줄 수 있고 또 삶의 충만감을 느끼는 데 자신의 가치를 두는 **풍부한 영혼**의 상태이기 때문이다. 선행자의 눈을 바라보라! 그 눈은 자기부정이나 자기 증오 또는 "파스칼주의"와는 반대이다.

933

요약: 열정에 대한 지배이지 그것의 약화나 근절이 아니다! 의지의 지배력이 커지면 커질수록, 열정에는 더 많은 자유가 주어질 수 있다.

"위대한 인간"이 위대한 것은 자신의 욕망이 자유로울 수 있는 활동 공간을 통해서이며, 이러한 욕망이라는 괴물을 사용할 수 있는 더 커다란 힘을 통해서이다.

"선한 인간"은 문명의 모든 단계에서 **위험하지 않은 자**이며 동시에 **유용한 자**이다. 일종의 중간이다. **두려워할 필요도 없지만 그럼에도**

불구하고 경멸해서도 안 되는 자에 대한 일반적 의식의 표현이다.

교육, 그것은 본질적으로 규칙을 위해 예외를 **파괴하는** 수단이다.[9] 교양, 그것은 본질적으로 평범한 중간 사람들을 위해 예외에 반대하는 방향으로 취향을 돌리는 수단이다.

문화가 힘의 과잉을 지배하기에 이를 때 비로소 그 문화는 예외, 시도, 위험, 뉘앙스라는 사치 문화를 기르는 온실도 될 수 있다. **모든** 귀족주의적 문화의 경향은 **그 방향으로** 나아간다.

934

순전히 **힘**의 문제들. **사회**의 보존 조건들과 그 편견에 대항하여 어디까지 자신을 관철하는가? 대개의 사람을 몰락하게 만드는 자신의 끔찍한 특성들을 어디까지 해방하는가? 어디까지 **진리**에 반대하고 그 진리의 가장 의심스러운 측면을 명심시키는가? 어디까지 **고통**, 자기 경멸, 동정, 병, 악덕에 반대할 것인가, 과연 이들을 지배하게 될 것인지에 대한 의문을 가지고서? (우리를 죽이지 않는 것은 우리를 **더욱 강하게** 만든다.)[10] 마지막으로, 어디까지 규칙, 평범한 것, 비소한 것, 선한 것, 정직한 것을 이들로 인해 자신이 천해지지 않으

---

9) 비평전집에 따르면 본래 원고에는 "예외" 뒤에는 "전환, 유혹, 병"이 나오는데 여기서는 생략되었다. 일탈, 전환, 유혹, 병약함 등이 일종의 예외로 제시되고 있지만, 생략되어도 전체 문맥에는 상관이 없다. 또한 "이것은 냉혹하다. 그러나 경제적으로 고찰하면 완전히 이성적이다. 적어도 오랜 시간 동안."이라는 문장이 생략되었다.

10) 프리드리히 니체, 《우상의 황혼》 〈잠언과 화살〉, 잠언 8. "나를 죽이지 않는 것은 나를 더욱 강하게 만든다(Was mich nicht umbringt, macht mich stärker)."

면서 옳다고 인정하는가? 성격에 대한 가장 강한 시험은 선의 유혹으로 자신을 망치지 않는 것이다. 사치로서의, 세련됨으로서의, **악덕**으로서의 **선**.

3. 고귀한 인간

935

유형. 풍부함에서 나오는 영혼의 참된 선의와 고귀함과 크기. 그것은 받기 위하여 주는 것이 아니라, 호의적으로 됨으로써 자신을 **높이고자** 하는 것이 아니다. 참된 선의의 유형으로서의 낭비, 전제로서의 **인격**의 풍요로움.

936

귀족주의. 무리 동물의 이상—이제 "사회"의 **최고 가치 평가**로서 절정에 이른다. 이 이상에 우주적, 심지어 형이상학적 가치까지 부여하는 시도. 나는 이것에 반대하여 **귀족주의**를 변호한다.

내부에 자유에 관한 배려와 섬세함을 보존하고 있는 사회는 스스로를 예외라고 느껴야 하며, 그것에 대해 자신을 구별하고 적대적이고 그것을 얕보는 그런 권력과 맞서야 한다.

내가 권리를 양도하여 스스로를 평등하게 하면 할수록, 나는 더욱더 더없이 평균적인 자들의 그리고 마침내는 최대 다수의 지배를 받게 된다. 귀족 사회가 그 구성원 사이에 고도의 자유를 유지하기 위해 내부에 가지고 있는 전제는 모든 구성원에게 있는 **대립적** 충동의 존재로 인해, 즉 지배 의지의 존재로 인해 발생하는 극단적 긴장이다.

너희가 강력한 대립과 위계의 차이를 제거하고자 하면, 너희는 강렬한 사랑, 높은 신조, 자신을 위해 존재한다는 감정도 역시 제거한다.

*

자유와 평등 사회의 **실제의** 심리학에 대하여.—무엇이 **감퇴하는가**?

자기 책임에의 의지, 자율성의 쇠퇴하는 징후, 가장 정신적인 것에 있어서조차 유능한 방어와 공격 능력: 명령하는 힘. **경외**, 복종, 침묵할 수 있음의 감각, **위대한 열정**, 위대한 과제, 비극, 명랑.

937

오귀스탱 티에리(A. Thierry)는 드 몽로지에(de Montlosier)가 그의 저작 《프랑스 군주론》에서 말한 것을 1814년에 읽고서, 격분하여 소리를 지르며 자신의 작업을 시작했다. 저 망명자는 이렇게 말했다. "해방된 종족, 우리의 손에서 벗어나게 된 노예들의 종족, 종속된 민족, 새로운 민족들이여, 당신들에게는 자유로울 수 있는 허가가 주어졌지만, 우리에게는 귀족이 될 허가가 주어지지 않았다. 우리에게는 모든 것이 권리이지만, 당신들에게는 모든 것이 은총이다. 우리는 결코 당신들의 공동체 출신이 아니다. 우리는 우리 자신으로 전체이다."

938

귀족적 세계는 얼마나 더 자신의 피를 거듭 뽑아내 자신을 허약하게 만들고 있는 것인가! 귀족 세계는 그 고귀한 본능 때문에 자신의 특권을 던져버렸으며, 그 세련된 고도의 문화 때문에 민중, 약자, 가난한 자, 소인들의 시 따위에 관심을 가진다.

939

심오한 추론과 통찰을 허용하는 고귀하고 위험한 부주의가 있다. 친구를 얻으려 애쓰는 것이 아니라 오로지 환대만을 알고, 항상 환대를 실천하고 또 실천하는 법을 알고 있는 부유한 영혼의 부주의가 있다. 거지든 불구자이든 왕이든 들어오려는 누구에게나 마음과 집이 열려있다. 이것이 진정한 사교성이다. 이러한 마음을 지닌 자는 수백의 "친구들"을 가지고 있겠지만, 아마도 친구는 결코 가지지 못할 것이다.

940

'너무 과하지 않게(μηδὲν ἄγαν)'[11)]라는 가르침은 평범한 자들에게가 아닌 넘치는 힘을 가진 인간에게 향해있다. '자제(ἐγκράτεια)'[12)]와 '금욕(ἄσκησις)'은 높은 곳에 이르는 하나의 단계일 뿐이다. 더 높은

---

11) '메덴 아간(μηδὲν ἄγαν)'은 델피의 신전에 새겨져있는 것으로 추정되는 문구로서 '너무 지나치지 않게(nothing in excess)'라는 뜻을 지니고 있다. 신전에 새겨진 또 다른 문구는 잘 알려진 '너 자신을 알라(γνῶθι σεαυτόν, gnothi seauton, know thyself)'이다.

것은 "황금의 본성"이다.

"너는 마땅히 해야 한다." 이 무조건적 복종은 스토아주의자들, 그리스도교나 아랍인들의 수도 단체, 칸트 철학에서 나타난다(복종이 상급자에 대해서인가, 아니면 개념에 대해서인가는 상관없다).

"너는 마땅히 해야 한다."라는 것보다 더 높은 것은 "나는 하고자 한다."(영웅들)이다. "나는 하고자 한다."라는 것보다 더 높은 것은 "나는 존재한다."(그리스인의 신들)이다.

야만인의 신들은 **절도**에서 오는 즐거움에 대해 어떤 것도 표현하지 못한다. 그들은 단순하지도 않고, 경박하지도 않으며, 적당하지도 않다.

941

우리의 정원과 궁전의 의미는 (그리고 부에 대한 모든 욕망의 의미도) **무질서와 비천함을 눈에 띄지 않게 하고 영혼의 귀족에게 하나의 고향을 건설해주는 것**이다.

물론 대개의 사람은 그 아름답고 평온한 대상들이 그들에게 영향을 미칠 때 더 높은 본성을 얻는다고 믿는다. 이 때문에 사람들은 이탈리아로 서둘러 떠나고, 여행 따위를 추구하며, 독서를 하거나

---

12) 고대 그리스 철학에서 '엔크라테이아(ἐγκράτεια)'는 ἐν(in)과 κράτος(power)의 합성어로서 무언가에 대한 권력의 상태, 일반적으로 자제력을 의미한다. 자신의 열정과 본능에 대한 지배력을 뜻하는 이 용어는 소크라테스의 세 제자인 이소크라테스, 크세노폰과 플라톤에 의해 처음 사용되었다.

극장을 방문한다. **그들은 스스로 형성되기를 바란다**. 그것이 문화적인 활동의 의미다. 그러나 강자, 권력 있는 자들은 **형성하고자** 하지만, **그들 주위에 더는 낯선 것을 가지지 않으려고 한다**!

그렇게 또한 사람들은 자기를 찾기 위해서가 아니라 그 안에서 자기를 잃고 잊어버리기 위해서 대자연 속으로 간다. 모든 약자와 자신에 대해 불만에 찬 사람들의 바람으로서 "**자기 밖에 있는 것**".

942

오직 태어나면서부터의 귀족, 오직 혈통 귀족이 있을 뿐이다. (내가 여기에서 "폰von"이라는 귀족을 나타내는 작은 단어나 《고타 연감》을 말하고 있는 것이 아니다.[13] 얼간이를 위해 덧붙인 말이다.) "정신의 귀족"에 관해 이야기할 때, 대개 무언가를 감출 이유가 없는 것은 아니다. 그것은 잘 알려져있듯이 명예심이 강한 유대인들 사이에서 사용되는 애용어이다. 즉, 정신으로만 귀족이 되는 것이 아니라, 오히려 **정신을 귀족으로 만드는** 무언가가 먼저 필요한 것이다. 그것을 위해서는 도대체 무엇이 필요한가? 혈통이 필요하다.

---

13) 《고타 연감(The Almanach de Gotha)》은 1763년부터 존립했지만 1871년 이후 프랑스어와 독일어로 출간된 책으로서 유럽의 왕족과 귀족의 목록을 국가별로 분류하여 제시한다. "폰(von)"이라는 단어는 여기서 귀족의 표시다. 이를테면 프리드리히 실러가 귀족이 되면, 그의 이름은 '프리드리히 폰 실러'가 된다.

943

고귀함이란 무엇인가?[14)]

—지극히 외면적인 것을 꼼꼼히 살피는 신중함, 이러한 신중함이 한계를 짓고 멀리하며 혼동을 방어하는 한에서는, 심지어 말과 옷과 태도에서 나타나는 하찮은 겉모습.

—느린 몸짓, 또한 느린 시선. 너무 가치 있는 것은 존재하지 않는다. 그리고 가치 있는 것은 찾아와서, 스스로 가치 있는 것이 되고자 한다. 우리는 쉽게 감탄하지 않는다.

—빈곤과 궁핍, 또한 질병을 견뎌내는 것.

—작은 명예를 피하고, 쉽게 칭찬하는 모든 사람을 불신하는 것. 왜냐하면 칭찬하는 자는 그가 무엇을 칭찬하는지 이해하고 있다고 믿기 때문이다. 하지만 이해한다는 것은—저 전형적인 야심가인 발자크가 드러내듯이—똑같게 만든다는 것이다.[15)]

—마음을 전달할 수 있는가에 대한 우리의 회의는 깊이 내려간다. 고독은 선택된 것이 아니라 주어진 것이다.

—사람이 단지 자신과 동등한 자에 대해서만 의무가 있으며, 다른 사람에 대해서는 마음대로 행동해도 된다는 확신. 단지 동등한 자들 사이에서만(inter pares) 정의를 희망할 수 있다는(유감스럽게도

---

14) 이 제목은《선악의 저편》의 마지막 장인 제9장의 제목과 같다. 이것은 본래《인간적인 너무나 인간적인 II》의 제1장 〈혼합된 의견과 잠언들〉의 서문으로 사용될 예정이었다.

15) Copmprendre, c'est égaler.

오랫동안 기대할 수 없지만) 확신.

—"천부적 재능을 타고난 자"에 대한 아이러니. 윤리적인 것에 있어서도 혈통 귀족에 대한 믿음.

—항상 자신이 명예를 **수여하는** 자라고 느끼는 일. 반면에 그를 존경해야 할 사람이 발견되는 경우는 흔하지 않다.

—항상 변장한다. 더 높은 종이 되면 될수록, 인간은 더욱더 자기 신분을 감출 필요가 있다. 만약 신이 있다면, 그는 이미 예의상 자신을 단지 세상 속의 인간으로 보여줄 것이다.

—여가[16]를 즐길 수 있는 능력. 모든 의미에서 수공업이 부끄러워할 일은 아니지만 확실히 품위를 떨어뜨린다는 절대적 확신. 설령 우리가 그것을 아무리 높이 존중할 줄 알지라도, 혹은 암탉이 그러하듯 지치지 않고 소란스러운 저 예술가들이 얼마나 꼬꼬댁거리며 알을 낳고 다시 꼬꼬댁거리며 소란을 떨더라도, 시민적 의미에서의 "근면"을 말하는 것은 아니다.

—우리는 예술가와 시인, 그리고 어느 영역에서든 장인을 **보호한다**. 단지 무언가를 할 수 있는 인간, 즉 단지 "생산적인 인간"인 이들보다 더 높은 종에 속하는 **존재**로서, 우리는 그들과 혼동하지

---

16) Otium(leisure). 이 라틴어 용어는 먹고, 놀고, 쉬고, 사색하고, 학업을 즐기는 여가를 의미한다. 이 용어는 항상 그런 것은 아니지만 "활동적인 공적 삶"과 대립하는 "사적인 삶"을 뜻하기도 한다. 이 용어는 그리스어 '스콜레(σχολή)'에서 유래한다. 여가는 근본적으로 삶의 필연성과 타인의 강요로부터 자유로운 시간이기 때문에 정치의 활동적 삶과 대립되는 철학의 관조적 삶을 대변한다.

않는다.

—**형식**에서 느끼는 쾌감. 모든 형식적인 것의 보호, 공손함이 가장 큰 미덕 중 하나라는 확신. 모든 종류의 자기 방임에 대한 불신은 모든 언론의 자유와 사상의 자유를 포함한다. 왜냐하면 이러한 방임 아래서 정신은 편해지고 우둔해지며 팔다리를 뻗기 때문이다.

—아마 더 작지만 좀 더 섬세하고 가벼운 종류의 존재로서 **여성**에게서 느끼는 즐거움. 머리에는 항상 춤과 어리석음과 장식만 있는 존재와 만나는 것은 얼마나 기쁜 일인가! 그들은 커다란 책임감으로 짓눌린 삶을 사는 매우 긴장되고 심오한 모든 남성의 영혼을 황홀하게 한다.

—군주와 성직자에게서 느끼는 즐거움. 왜냐하면 그들은 과거의 평가에 있어서조차 인간 가치에는 차이가 있다는 믿음을 적어도 **상징적으로** 그리고 대체로 실제로 보존하기 때문이다.

—침묵할 수 있음. 하지만 이에 관해서는 듣는 자가 있더라도 한마디도 하지 않는 것.

—오랜 적대 관계를 견뎌내는 것. 쉬운 화해의 결여.

—선동적인 것, "계몽", "안락함", 천민적 친숙함에 대한 구토.

—귀중한 물건의 수집, 높고 까다로운 영혼의 욕구. 아무것도 공유하려 하지 않음. **자신의** 책, **자신의** 풍경.

—우리는 나쁘고 좋은 경험에 대해 저항하며, 그렇게 빨리 일반화하지 않는다. 개별적 사례. 만약 개별적 사례가 규칙처럼 행동하는 나쁜 취향을 가진다면, 우리는 그것에 대해 얼마나 아이러니하게 생각하는가!

—우리는 순진한 것과 순진한 자를 사랑하지만, 관중과 더 높은 존재로서 그렇게 한다. 우리는 파우스트가 그의 그레트헨과 마찬가지로 순진하다는 것을 알게 된다.

—우리는 선인을 무리 동물로서 낮게 평가한다. 우리는 가장 나쁘고 가장 악의적이고 가장 가혹한 인간들 가운데도 종종 대단히 귀중한 선의의 황금 방울이 숨겨져있다는 것을 알고 있다. 이 선의의 황금 방울은 모든 단순한 선의와 우유 영혼을 능가한다.

—우리는 우리와 같은 종의 인간인 그의 악덕으로도 그리고 그의 어리석음으로도 반박되지 않는다고 생각한다. 우리는 우리가 인식하기 어렵다는 것을 안다. 그리고 우리는 모두 자신에게 전경을 제공해야 할 이유를 지니고 있다는 것을 알고 있다.

944

고귀함이란 무엇인가?—끊임없이 자신을 표현하지 않으면 안 된다는 것. 끊임없이 제스처를 쓸 필요가 있는 상황을 찾는 것. 행복을 **다수**에게 맡기는 것. 영혼의 평화, 덕, 안일(스펜서류의 영국적이고 천사 같은 소상인 근성)로서의 행복을. 스스로 져야 할 무거운 책임을 본능적으로 찾는 것. 어디에서나 적을 만드는 법을 알고, 최악의 경우 자신으로부터도 적을 만들 줄 아는 것. **다수**에게는 말로써가 아니라 행위로써 끊임없이 반대하는 것.

945

이를테면 진실성으로서의, 우리의 고귀하고 위험한 사치로서의 덕. 우리는 이 사치가 수반하는 손해들을 거부해서는 안 된다.

946

어떤 **칭찬**도 원하지 않는다. 사람들은 자신에게 유용하거나 즐거움을 주거나 자신이 해야만 하는 것을 행한다.

947

남자의 순결이란 무엇인가? 그의 성적 취향이 고귀하게 남아있다는 것. 그가 에로틱한 상황에서 잔인한 것도, 병적인 것도, 신중한 것도 좋아하지 않는다는 것.

948

"**명예** 개념". "좋은 사회", 기사도의 주요 품성, 끊임없이 신분에 맞게 행동해야 한다는 의무에 대한 믿음에 기반한다. 본질적으로는, 자신의 삶을 중히 여기지 않으며, 자신이 접촉하는 모든 사람(적어도 그들이 "**우리**"에 속하지 않는 한) 측에서 행하는 정중한 태도를 무조건 중시한다는 것. 동등한 사람들 이외에는 신뢰하지도 않고, 상냥하지도 않으며, 쾌활하지도 않고, 겸손하지도 않다는 것. **언제나 신분에 맞게 행동한다**는 것.

949

자신의 생명, 자신의 건강, 자신의 명예를 건다는 것. 이것은 오만의 결과이고, 흘러넘치며 낭비적인 의지의 결과이다. 그것은 인간에 대한 사랑으로부터 나오는 것이 아니라, 모든 커다란 위험이 우리의 힘과 우리의 용기의 양에 관한 우리의 호기심을 도발하기 때문이다.

950

"**독수리는 곧바로 달려든다**."—영혼의 고귀함은 그 **공격** 도구인 화려하고 의기양양한 어리석음에서 가장 잘 알아볼 수 없다.—"곧바로."

951

"고귀함"을 나약하게 파악하는 것에 대한 투쟁!—고귀함에서 일정량의 잔인함이 면제될 수는 없다. 마찬가지로 범죄에 가까운 일도 면제될 수 없다. "자기만족"도 그 안에는 없다. 사람은 자기 자신에 대해서도 모험적인 태도를, 유혹적이고 파멸적인 태도를 취하지 않으면 안 된다. "아름다운 영혼"이라는 지루한 말 따위는 전혀 없다. 나는 **더 튼튼한 이상**이 숨 쉴 공간을 만들고 싶다.

952

"낙원은 검의 그늘에 있다." 이것도 또한 고귀하고 호전적인 혈통의 영혼이 자신을 드러내고 추측하는 상징이자 표어이다.

953

인간이 **힘**을 흘러넘칠 정도로 사용할 수 있는 시점이 온다. 과학은 이러한 **자연의 노예 상태**를 산출하는 것을 목표로 한다.

그런 다음 인간은 **여가**를 얻는다. 즉, 자기 자신을 무언가 새로운 것, 더 높은 것으로 **형성하는** 여가를. **새로운 귀족정치**. 그렇게 되면 지금까지 **실존 조건**이었던 다수의 덕이 **시대에 뒤떨어지게** 된다.

고유한 특성들을 더는 필요로 하지 않으며, 따라서 그것들을 상실한다.

우리는 덕을 더는 **필요로** 하지 않으며, **따라서** 우리는 그것을 상실한다. ("하나가 필요하다"[17]에 관한 도덕, 영혼의 구원과 불멸에 관한 도덕은 인간에게 무시무시한 **공포**의 격정을 통해 엄청난 **자기 제어**를 **가능하게 해주는** 수단이었다.)

그것의 훈육을 통해 인간을 형성하는 다양한 종류의 **곤경**. 곤경은 일하고, 생각하고, 스스로를 제어하는 법을 가르친다.

*

생리적 순화와 강화. 새로운 귀족정치는 맞서 싸울 수 있는 대립이 필요하다. 그것은 자기 자신을 보존해야 하는 대단한 절박감을 가져야 한다.

인류의 두 가지 미래. 1. 평범화의 귀결, 2. 의식적 구별, 자기 형성.

간극을 만들어내는 하나의 가르침. 그것은 가장 높은 종과 가장

---

17) 《신약성서》 〈누가복음〉, 10장 41~42절: "그러나 주님께서는 마르다에게 대답하셨다. '마르다야, 마르다야, 너는 많은 일로 염려하며 들떠 있다. 그러나 주님의 일은 많지 않거나 하나뿐이다.'"

낮은 종을 보존한다(그것은 중간 종을 파괴한다).

이제까지의 종교적이고 세속적인 귀족주의자들은 새로운 귀족정치의 필요성에 **반대할** 어떤 것도 증명하지 못했다.

4. 지구의 주인들

954

한 가지 질문이, 어쩌면 유혹적이고 나쁜 질문 하나가 거듭해서 내게 떠오른다. 마치 이 질문은 그러한 의심스러운 질문에 대한 권리를 가지고 있는 사람들, 자기 자신을 가장 잘 통제하는 오늘날의 가장 강한 영혼들의 귀에 이렇게 속삭이는 것 같다. "무리 동물"의 유형이 유럽에서 더욱더 발전되는 지금이야말로 반대 유형과 그의 덕을 원칙적으로, 인위적으로 그리고 의식적으로 **훈육**하는 실험을 해야 할 때가 아닌가? 그리고 그것은 또한 민주주의 운동을 위해서도 그 자체 하나의 목표, 구원, 정당화가 아닌가? 노예제도의 새롭고 숭고한 완성에(이것이야말로 틀림없이 유럽 민주주의가 궁극적으로 도달할 상태이다) 더하여 마침내 저 높은 종류의 지배적이고 제왕 같은 정신들이 나타나서 그 노예제도 위에 서고, 그것에 기대어 자신을 유지하고, 그것을 통해 자신을 높이게 됨으로써 민주주의 운동을 **이용할** 줄 아는 누군가가 나타난다면 말이다. 지금까지는 불가능했던 새로운 것을 위하여, **그들의** 선견지명을 위하여? **그들의** 과제를 위하여?

955

오늘날 유럽인을 바라보며 나는 많은 희망을 품게 된다. 그지없이 지성적인 무리 대중이 널리 퍼져있는 곳에서 대담하게 지배하는 종족이 형성된다. 무리 대중을 묶어두기 위한 운동이 더는 단지 전경에만 머물지 않는 시간이 임박해있다.

956

무리 동물의 발달을 촉진하는 것과 같은 조건들이 지도하는 동물의 발달 역시 촉진한다.

957

운명처럼 불가피하게 주저하고 두려워하면서 커다란 과제와 의문이 다가온다. 지구 전체를 어떻게 관리해야 하는가? 그리고 **무엇을 위하여** "인간"을 전체로서—더는 민족이나 종족이 아니라—교육되고 훈육되어야 하는가?

입법적 도덕이 인간을 창조적이고 깊은 의지의 마음에 드는 존재로 형성할 수 있는 주요 수단이다. 그러한 최고급의 예술가 의지가 위력을 손에 쥐고 입법·종교·관습의 형태로 자신의 창조적 의지를 장기간 관철할 수 있다고 전제되면 말이다. 그러한 위대한 창조의 인간, 내가 이해하는 바의 본래적으로 위대한 인간을 뒤좇는 것은 오늘날에는 아마도 오랫동안 여전히 헛수고일 것이다. 그러한 사람들은 **없다**. 많은 실망을 한 이후에 마침내 사람들은 왜 그들이 없는지를, 그리고 현재 유럽에서, 마치 그 밖에 다른 도덕이란 없으며 있어서는 안 되는 것처럼, 바로 "도덕" **자체**라고 불리는 것보다 더 적대적으로 현재나 오랜 시간 동안 그들의 발생과 발달을 방해하고 있는 것은 없다는 사실을 이해하기 시작할 때까지 말이다. 있는 것은 오직 이전에 지칭한 무리 동물의 도덕이며, 이 도덕은 전력을 다해 지상의 일반적인 푸른 목초지의 행복, 즉 안전, 위험이 없는 상태, 안일, 삶의 가벼움을 추구하며, 마지막에 가서 "모든 일이 잘 풀린다면" 또한 모든 종류의 목자나 선도하는 양으로부터도 벗어나기를 희망한다. 이 도덕이 가장 자주 설교하는 두 가지 가르침은 "권리의 평등"과 "고통받는 모든 자에 대한 동정심"이라고 불린다. 그리고 고통 자체는 절대적으로 **제거되어야** 하는 어떤 것으로 간주된다. 그러한 "이념"이 여전히 현대적일 수 있다는 사실은 이 현대성에 대해 나쁜 생각을 하게 한다. 그러나 인간이라는 식물이 지금까지 어느 곳에서 가장 강인하게 성장했는지를 근본적으로 숙고한 사람이라면, 이러한 일이 **정반대의** 조건에서 일어났다는 사실을 믿지 않을 수 없다. 즉, 그것을 위해서는 인간의 상황의 위험이 엄청나게 증대하고, 그의 발명과 위장의 힘이 오랫동안의 압박이나 강제 아래서 솟아오르려 투쟁하고, 그의 삶의 의지가 절대적인 권력에의 의지와 우세에의 의지가 될 때까지 고양되지 않으면 안 되며, 그리고 위험, 가혹함, 폭행, 거리의 위험뿐만 아니라 마음의 위험, 권리의 불평등, 은폐, 스토아주의, 유혹 기술, 온갖 종류의 악행, 요컨대 무리가 바람직하다고 생각하는 모든 것과는 반대의 것이 인간 유형의 향상을 위해 필연적이라는 점을 믿지 않을 수 없다. 인간을 안락하고 평범한 곳을 위해서가 아니라 높은 곳으로 훈육하고자 하는 그러한 반대 의도를 가진 도덕, 지배계급을—미래의 **지구 주인들**을—훈육할 의도를 가진 도덕은, 가르침을 받으려면 현존하는 도덕률과 결부되어 그 용어나 외관을 가장하여 도입되지 않으면 안 된다. 그러나 그것을 위해서는 많은 과도기적 수단이나 기만의 수단이 고안되어야 하며, 또한 한 인간의 생애는 이토록 오래 지속되는 과제와 의도의 수행과 관련해서 보면 거의 아무것도 아니기 때문에 무엇보다 먼저 **새로운 종**이 육성되지 않으면 안 된다. 이 새로운 종에는 바로 그 의지와 본능이 몇 세대에 걸쳐 지속되는 것이 보증된다. 하나의 새로운 주인 종과 주인계급, 이것은 이 사상의 길고 쉽게 말할 수 없는 많은 것들과 마찬가지로 자명한 일이다. 최고의 정신력과 의지력을 지닌 강한 인간종을 위해 **가치전도**를 준비하는 것, 이러한 목적을 위해 그들에게서 구속당하고 비방당한 한 무리의 본능을 서서히 신중하게 풀어놓는 것. 이에 관해 숙고하는 사람은 자유정신인 우리에게 속해있다. 물론 지금까지의 것보다 더 새로운 종류의 "자유정신"이 된다. 왜냐하면 지금까지의 자유정신은 대략 정반대의 것을 바라고 있었기 때문이다. 내가 보기에는 이것에 속하는 것은 무엇보다 유럽의 염세주의자들, 분개한 이상주의 시인들이나 사상가들이다. 전체 실존에 대한 그들의 불만으로 인해 그들이 현재의 인간에 대한 불만을 지니도록 적어도 **논리적으로는** 강요되는 한에서 말이다. 주저하지 않고 무조건 좀 더 높은 인간의 특권을 옹호하고 "무리 동물"에 맞서 싸우며, 선택된 정신에게 있는 예술이라는 유혹 수단으로 모든 무리 본능과 무리의 신중함을 잠들게 하는 어떤 만족할 줄 모르는 야심 찬 예술가도 이와 마찬가지다. 마지막 세 번째로 다행스럽게 시작된 고대 세계의 발견—이것은 **새로운** 콜럼버스의, 독일 정신의 작업이다—을 용감하게 **계속하는**(왜냐하면 우리는 언제나 이러한 정복의 시작에 서 있기 때문이다) 저 모든 비평가와 역사가도 마찬가지다. 즉, 고대 세계에는 실제로 현재와는 다른 훨씬 더 고상한 도덕이 지배하고 있었다. 그리고 고대인은 자신의 도덕의 교육적 마력 아래서 오늘날의 인간보다 더 강하고 깊이 있는 인간이었다. 그만이 지금까지 "훌륭하게 잘 된 인간"이었다. 그러나 고대로부터 훌륭하게 잘 된, 즉 강하고 진취적인 영혼에 행해진 유혹은 오늘날에도 여전히 모든 반민주주의적이고 반그리스도교적인 유혹 가운데 가장 미묘하고 가장 효과적인 것이다. 이것은 이미 르네상스 시대에도 그랬다.

958

나는 아직 존재하지 않는 인간종을 위해 글을 쓴다. "지구의 주인들"을 위하여.

위안으로서, 휴식으로서의 종교는 **위험하다**. 인간은 이제 **휴식해도** 된다고 믿는다.

플라톤의 《테아게스》[18] 편에는 이렇게 쓰여있다. "우리 모두는 가능하다면 모든 인간의 주인이 되고 싶어 한다. 특히 신이 되었으면

---

18) 《테아게스(Theages)》 대화편은 오늘날 플라톤을 모방한 위장으로 여겨진다. 이에 관해서는 리처드 크라우트(Richard Kraut), *The Cambridge Companion to Plato* (Cambridge: Cambridge University Press, 1992), p.35를 참조할 것.

한다." 이러한 태도는 다시 존재해야 한다.

영국인, 미국인 그리고 러시아인.

959

"인간"이라는 원시림 식물은 권력을 둘러싼 투쟁이 가장 오랫동안 이루어진 곳에서 언제나 나타난다. **위대한** 인간.

원시림의 동물—**로마인들**.

960

이제부터는 지금까지 존재하지 않았던 더 포괄적인 지배 구조를 위한 유리한 전제 조건이 주어질 것이다. 하지만 이것은 아직 가장 중요한 사항은 아니다. 주인 종족을, 미래의 "지구의 주인들"을 육성하는 과제를 맡은 국제적 종족 연합의 발생이 가능해졌다. 그지없이 가혹한 자기 입법 위에 건축된 새롭고 거대한 귀족정치. 이 정치에는 철학적 폭력 인간과 예술가 폭군의 의지가 수천 년에 걸쳐 지속되고 있다. 그들은 의욕, 지식, 부와 영향력의 우월 덕택에, 지구의 운명을 손에 장악하기 위하여, "인간" 자체에 대한 예술가로서 형성의 작업을 하기 위하여, 민주적인 유럽을 자신들이 가진 가장 제어하기 쉽고 가장 유연한 도구로 사용하는 더 높은 종의 인간들이다. 요컨대, 정치에 관하여 다시 배우게 될 시대가 도래한다.

5. 위대한 인간

961

나는 역사의 어떤 시점에서 위대한 인간이 출현하는지 주목하고 있다. 긴 시간에 걸쳐 **전제적인 도덕**의 의미. 만일 그 도덕이 활을 부러뜨리지 않는다면 활을 팽팽히 당긴다.

962

위대한 인간—자연이 장엄한 양식으로 건설하고 발명한 인간이다. 이것은 어떠한 존재인가? 첫째, 그는 자신의 전체 행위 속에 그 길이 때문에 개관하기 어렵고, 따라서 그릇된 길로 이끄는 긴 논리를 가지고 있다. 그는 삶의 커다란 표면 위에 자신의 의지를 펼쳐놓고, 온갖 사소한 일 자체를 경멸하고 거부할 능력을 지니고 있다. 이 사소한 일에는 이 세상의 가장 아름답고, "가장 신적인" 사물들도 포함되어있다. **둘째, 그는 더 차갑고, 가혹하고, 주저하지 않고, "의견"에 대한 두려움이 없다**. 그에게는 "존경"과 존경받는 일과 관계되는 덕, "무리의 덕"에 속하는 모든 게 부족하다. 그는 인도할 수 없으면 혼자서 걸어간다. 그때 그는 도중에 만나는 많은 것에 퉁명스럽게 말하게 된다. 셋째, 그는 "공감하는" 마음을 원하지 않으며, 오히려 봉사하는 자와 도구를 원한다. 그는 사람들과 교류할 때 항상 그들에게서 무언가를 **만들어내는** 것을 목표로 한다. 그는 자신이 소통할 수 없는 존재라는 것을 알고 있다. 자신이 친숙해질 때, 그는 그것이 몰취미하다고 느낀다. 그리고 사람들이 자신을 그렇게 여길 때, 그는 대개 그렇지 않다. 그가 자기 자신과 혼잣말하지 않을 때, 그는 자기 가면을 쓴다. 그는 진리를 말하기보다는 오히려 거짓말을 한다. 이것은 더 많은 정신과 **의지**를 요구한다. 그의 내면에는 도저히 칭찬할 수 없고 비난할 수도 없는 고독이 있다. 자기 위에 그 어떤 법정도 가지고 있지 않은 자신의 고유한 재판권이 있다.

963

위대한 인간은 필연적으로 회의론자이다(이렇게 말한다고 해서 그가 그렇게 보여야 한다는 말은 아니다). 위대함을 만드는 것은 무언가 위대한 것을 원하고 그 수단을 원하는 것이라는 점이 전제된다. 모든 종류의 확신으로부터의 자유는 **그의 의지의 강함**에 속한다. 따라서 이것은 모든 위대한 열정을 실행하는 저 "계몽된 전제정치"에 합당하다. 그러한 위대한 열정은 지성을 사용한다. 그것은 신성하지 않은 수단도 행사할 용기를 가진다. 그것은 주저하지 않게 만든다. 그것은 기꺼이 확신을 허락하고, 확신 자체를 **이용**하지만, 그것에 굴복하지는 않는다. 신앙에 대한 욕구, 긍정이든 부정이든 무언가 절대적인 것에 대한 욕구는 약함의 증명이다. 모든 약함은 의지의 약함이다. 신앙의 인간, 신도는 필연적으로 왜소한 종의 인간이다. 이로부터 밝혀지는 사실은 "정신의 자유", 즉 본능으로서의 무신앙이 위대함의 전제 조건이라는 점이다.

964

위대한 인간은 한 민족 위에 군림하는 자신의 **권력**을 느끼고, 민족이나 천년의 시대와 일시적으로 일치하는 것을 느낀다. 자신을 원인과 의지로서 느끼는 이러한 감정의 확대가 "이타주의"로 **오해된다**.

—그것은 그가 소통 **수단**을 찾도록 만든다. 모든 위대한 인간은 그러한 수단에 있어서 창의적이다. 그들은 커다란 공동체로 들어가 자신을 형성하고자 하며, 다양한 것, 무질서한 것에 하나의 형식을 부여하고자 한다. 혼돈을 보는 것이 그들을 자극한다.

—사랑에 대한 오해. 굴복하고 자신을 내어주는 **노예적인** 사랑이 있다. 그것은 이상화하여 자신을 속인다. 경멸하며 사랑하고, 사랑하는 것을 **개조하고 향상하는 신적인** 사랑이 있다.

저 엄청난 **위대함의 에너지**를 얻는 것은 훈육을 통해, 또 다른 한편 수백만의 실패자들을 제거함으로써 미래의 인간을 형성하기 위해서이며, 사람이 만든 이제까지 없었던 고통으로 **몰락하지 않기** 위해서이다!

965

민족들이 겪는 혁명, 혼란과 곤경은 내 견해로는 위대한 개인들이 그 발전 과정에서 겪는 **곤경에 비하면** 대수롭지 않은 것이다. 속아서는 안 된다. 이 모든 **비소한 자**의 많은 곤경은 단지 강력한 인간의 감정에서만 **합계**를 구성한다.

커다란 위험의 순간에 자신을 생각하는 것, 즉 많은 사람의 불이익으로부터 자신의 이익을 얻는 것. 이것은 일탈의 정도가 매우 높을 때는 자신의 동정심과 정의감을 제어하는 **위대한** 성격의 징표가 될 수 있다.

966

인간은 동물과는 반대로 자기 내면에서 서로 대립하는 욕구와 충동을 길러왔다. 인간은 이러한 종합 덕택에 지구의 주인인 것이다. 도덕이란 이러한 다양한 욕구의 세계에서 국부적으로 제한된 **위계 질서**의 표현이다. 따라서 인간은 욕구의 **모순**으로 몰락하지 않는다. 그러므로 주인으로서의 욕구가 있고, 그의 반대 욕구는 약화되고 순화되어 주요 욕구의 활동을 위한 **자극**을 제공하는 충동이 된다.

최고의 인간은 최대의 욕구 다양성을 가질 것이다. 그리고 여전히 견뎌낼 수 있는 상대적으로 가장 큰 강도에서 그럴 것이다. 사실, 인간이라는 식물이 강하게 나타나는 곳에서 사람들은 **서로** 강하게 충돌하지만(이를테면 셰익스피어), 억제된 본능을 발견하게 된다.

967

과연 사람은 모든 **위대한** 인간을 **악한** 인간으로 간주할 권리를 가지고 있지 않은 것일까? 개개의 경우 그것은 항상 분명하게 제시될 수 없다. 종종 그들은 대가처럼 능숙하게 숨길 수 있어서 위대한 덕의 몸짓이나 외관을 꾸몄다. 종종 그들은 덕을 진지하게 존경했지만, 자신을 열정적으로 가혹하게 대하면서 잔인함에서 그렇게 했다. 이러한 것이 멀리서 볼 때는 사람을 속인다. 많은 사람이 자기 자신을 잘못 이해했다. 위대한 과제가 위대한 자질을, 예를 들면 정의를 요구하는 일도 드물지 않다. 본질적인 것은 가장 위대한 인간이 아마도 위대한 덕을 가지고 있겠지만 바로 그때야말로 그것과 대립하는 것도 가지고 있다는 것이다. 대립이 현존으로부터, 그러한 대립의 감정으로부터 바로 위대한 인간이, 즉 **상당히 팽팽히 당겨진 활**이 발생한다고 나는 믿는다.

968

위대한 인간에게서 삶의 특수한 특성들—부당성, 거짓말, 착취—이 가장 크다. 그러나 그것들이 압도적인 영향을 끼쳐온 한, 그 특성들의 본질은 가장 많이 오해되고, 선으로 해석되었다. 그 전형은 해석자로서 칼라일이다.

969

일반적으로 **모든 것은 그것을 위해 지불한 만큼의 가치가 있다**. 물론 이것은 개인을 고립된 존재로 간주할 때는 적용되지 않는다. 개인의 위대한 능력들은 그 자신이 그것을 위해 행하고 희생하고 고통을 당한 것과 비례하지 않는다. 그러나 그의 선조의 역사를 주목하면, 거기에서 모든 종류의 단념, 노력, 노동, 자기 관철을 통해 얻은 힘의 거대한 저장과 자본 축적의 역사를 발견한다. 위대한 인간이 위대하게 된 것은 그만한 대가를 지불했기 때문이지, 기적처럼 하늘의 선물이나 "우연"으로서 존재하기 때문은 아니다. "유전"이란 잘못된 개념이다. 한 사람이 어떤 자인지에 대해서는 그의 선조가 대가를 지불했다.

970

겸손 속의 위험. — 우리의 힘이나 목표가 입법의 형태로 우리의 의식에 들어오지 않은 시기에 우연이 우리를 던져놓은 환경, 과제, 사회, 일상과 노동의 질서에 너무 일찍 적응하는 것, 그로 인해 양심의 확고함, 상쾌함, 유대감을 너무 빨리 획득한다. 내면과 외면의 불안으로부터의 해방으로서 우리의 감정에 스며드는 이 조숙한 겸손은 그지없이 위험한 방식으로 우리를 잘못 길들이고 억누른다. 마치 우리 자신이 가치를 설정할 수 있는 척도나 권리를 우리 내면에 가지고 있지 않은 듯이, "자신과 동등한 자들"이 하는 방식대로 존중하는 법을 배우는 것, 양심에 다름 아닌 내적인 취향의 음성에 **대항하여** 똑같이 평가하려고 노력하는 것, 이것은 끔찍하고 교묘한 구속이 될 것이다. 사랑과 도덕의 모든 결속을 단숨에 끊어버리는 폭발이 마침내 일어나지 않는다면, 그러한 정신은 위축되고 비소해지고 유약해지고 물건이 된다. 그 반대가 충분히 나쁘기는 하지만 여전히 더 낫다. 자신의 환경에 고통을 당하고, 그 비난뿐만 아니라 칭찬에도 고통을 당하고, 그것에 상처를 받지만 이를 드러내지 않고 속으로 곪는다. 의도적이진 않지만 의심을 품고 주위의 사랑에 대해 자신을 방어하고, 아마도 말 뒤에 자신을 숨김으로써 침묵하는 법을 배우고, 안도의 숨과 눈물과 섬세한 위로의 순간을 위해 구석진 곳과 헤아릴 수 없는 고독을 만들어낸다. 그래서 마침내 "내가 너희와 무슨 관계가 있는가?"라고 말할 수 있을 만큼 강해져서 자기 길을 간다.

971

그 자체 운명인 인간, 자신을 떠맡음으로써 운명을 떠맡는 인간은 **영웅적으로** 짐을 지는 사람의 모든 종족이다. 오, 그들은 얼마나 한 번만이라도 자기 자신에게서 벗어나 휴식하고 싶어 하는가! 그들은 자신을 압박하는 것으로부터 최소한 몇 시간이라도 벗어나기 위하여 강한 심장과 목덜미를 얼마나 목마르게 찾고 있는 것인가! 그들은 기다린다. 그들은 지나치는 모든 것을 바라본다. 하지만 아무도 고통과 열정의 1000분의 1이라도 지니고 그들을 맞으러 오지 않는다. 아무도 그들이 **얼마나** 기다리고 있는지를 짐작하지 못한다. 마침내, 그들은 결국 자신들의 첫 번째 처세의 지혜를 배운다. 더는 기다리지 **않는다**는 지혜를. 그리고 곧바로 그들의 두 번째 처세의 지혜도 배운다. 즉, 상냥한 것, 겸손한 것, 이제부터는 모든 사람을 견뎌내는 것, 모든 것을 견뎌내는 것. 요컨대 그들이 지금까지 견뎌온 것보다 조금 **더 견뎌내는 것**을 배운다.

6. 미래의 입법자로서의 최고의 인간

972

미래의 입법자.—나는 "철학자"라는 낱말을 특정한 개념과 결합하려는 시도를 오랫동안 시도했지만 헛수고였다. 왜냐하면 나는 많은 반대의 특징을 발견했기 때문이다. 그 후 나는 마침내 다른 두 가지 종류의 철학자가 있다는 것을 인식했다.

하나는 (논리적 또는 도덕적) 가치 평가의 무언가 위대한 사실을 확립하려는 철학자.

다른 하나는 그러한 가치 평가의 입법자인 철학자.

전자는 다양하게 발생하는 사건을 기호를 통해 통합하고 요약함으로써 현재나 과거의 세계를 지배하려고 한다. 이 연구자들이 몰두하는 목표는 지금까지의 모든 사건을 개관하고, 숙고하고, 파악하고, 다룰 수 있도록 만드는 것이다. 그들은 모든 과거의 사물을 자신의 미래에 이익이 되도록 사용하는 인간의 과제에 봉사한다.

그러나 두 번째 철학자는 **명령하는 자**이다. 그들은 "이러해야 한다!"라고 말한다. 그들은 먼저 "어디로"와 "무엇을 위하여"를 규정하고, 유용한 것을, 인간에게 유용한 것이 무엇인가를 규정한다. 그들은 과학적 인간의 준비 작업을 마음대로 다룬다. 모든 지식이 그들에게는 단지 창조를 위한 수단에 불과하다. 이 두 번째 종류의 철학자가 잘 되는 것은 드물다. 그리고 사실 그들의 상황과 위험은 엄청나게 크다. 얼마나 자주 그들은 자신을 심연이나 벼랑으로부터 떼어놓는 좁은 공간을 단지 보지 않기 위해 두 눈을 일부러 묶었던가. 예를 들면 플라톤인데, 그는 자신이 원했던 바의 선은 플라톤의 선이 아니라 선 자체이며, 플라톤이라는 이름의 어떤 사람만이 우연히 자신의 길 위에서 발견한 영원한 보물이라고 자기 자신을 설득했다! 훨씬 조야한 형식으로 이와 같은 맹목성에의 의지가 종교 창시자에게서 지배하고 있다. "너는 마땅히 ~해야 한다(du sollst)."라는 그들의 말은 그들의 귀에는 "나는 ~싶어 한다(Ich will)."로 결코 들려서는 안 된다. 신의 명령으로서만 그들은 자신의 과제를 감히 추구하는 것이며, "영감"으로서만 그들의 가치 입법은 그들의 양심을 파괴하지 **않는 감당할 수 있는** 짐인 것이다.

이제 플라톤의 그것과 마호메트의 그것이라는 저 두 위로 수단이 사라져버리고, 그 어떤 사상가도 더는 "신"이나 "영원한 가치"라는 가설로 자신의 양심을 가볍게 할 수 없게 되자 곧 새로운 가치에 대한 입법자의 요구가 일찍이 도달한 적이 없었던 새로운 공포로 높아진다. 이제야 그러한 의무의 예감이 어렴풋이 뚜렷해지기 시작한 저 선택된 자들은 그들의 최대의 위험이라기도 하듯이 이 의무에서 "적절한 시간에" 그 어떤 선회를 통해 벗어날 수 있는지를 시험하게 된다. 이를테면 그들은 그 과제는 이미 해결되었다거나, 해결할 수 없다거나, 혹은 그러한 짐을 감당할 수 없다거나 이미 다른 더 급한 과제로 부담이 크다거나, 이러한 새롭고 원대한 의무조차 하나의 유혹이나 실험, 모든 의무의 태만, 하나의 질병, 일종의 광기라고 스스로 설득한다. 사실 많은 사람에게 이러한 회피가 성공할 수 있다. 전체 역사는 그렇게 회피한 자들과 그들의 양심의 가책의 흔적으로 가득하다. 그러나 대개는 그러한 숙명을 짊어진 인간에게는 그들이 결코 "원치" 않은 것을 해야 했던 저 구원의 시간이, 저 성숙의 가을 시간이 다가왔다. 그들이 이전에는 가장 두려워했던 행위는 비자발적 행위로서 거의 선물처럼 쉽게 원하지 않는데도 그들에게 나무에서 떨어졌다.

973

인간의 지평.—철학자는 인간이 어디까지 **향상될** 수 있는지를 시험하기 위해 가장 극단적인 노력을 기울이는 사람으로 파악될 수 있다. 특히 플라톤은 자신의 힘이 **어디까지** 미치는지 시험하려 했다. 그러나 그들은 이것을 개인으로서 행한다. 인간을 그 발달 과정과 "유리한 상황"에서 어느 정도까지 몰아붙일 수 있는지를 생각하는 황제나 건국자 등의 본능이 아마 훨씬 더 클 것이다. 그러나 그들은 무엇이 유리한 상황인지를 충분히 파악하지 못했다. 어디에서 지금까지 "인간"이란 식물이 가장 화려하게 성장했는지에 대한 커다란 의문. 이것을 위해서는 역사의 비교 연구가 필요하다.

974

하나의 사실, 하나의 작품은 모든 시대와 모든 **새로운** 종류의 인간에게 새로운 말을 들려준다. 역사는 항상 **새로운 진리**를 이야기한다.

975

어떤 사상을 관철하는 데 있어서 **객관적이고**, **가혹하고**, **확고하고**, **엄격한 상태를 유지하는 것**—예술가들은 이것을 여전히 가장 훌륭하게 완수한다. 그렇지만 그것을 위해 (교사, 정치가 등등과 같은) 사람들을 필요로 한다면, 평정과 냉정과 냉혹함은 곧 사라진다. 카이사르나 나폴레옹 같은 본성의 소유자에게서 자신의 대리석에 대한 "관심 없는" 작업이, 그 과정에서 단지 가능한 일이지만 설령 인간이 희생되더라도, 무엇인지를 어렴풋이 인식할 수 있다. 이 길에 최고 인간의 미래가 놓여있다. 그것은 **최대의 책임을 떠맡지만, 그것으로 파멸하지 않는 것**이다. 지금까지는 **자신의 권리와 자신의 손에 대한 믿음**을 잃어버리지 않기 위해서 항상 영감의 착각이 필요했다.

976

무엇 때문에 철학자가 잘 되는 경우는 그렇게 **드문가**? 철학자가 성공하는 조건에는 보통 인간을 몰락하게 만드는 특성들이 포함된다.

1. 특성의 엄청난 다양성. 철학자는 인간의 축약, 그가 지닌 상위 욕망과 하위 욕망의 축약이어야 한다. 즉, 대립의 위험, 그리고 자신에 대한 구토의 위험.

2. 그는 그지없이 다양한 측면에 대해 호기심을 가지지 않으면 안 된다. 분열의 위험.

3. 그는 최고의 의미에서 정의롭고 공정해야 한다. 그러나 사랑과 증오(그리고 불공평)에서도 깊이가 있어야 한다.

4. 그는 관망자로 머물러서는 안 되고, 입법자가 되어야 한다. 재판자와 재판받는 자(그가 세계의 축약인 한에서).

5. 극도로 다양하면서도 견고하고 단단해야 한다. 유연해야 한다.

977

철학자라고 하는 본래의 **제왕적** 직업(앵글로·색슨의 앨퀸Alcuin의 표현에 따르면) 이러하다. 나쁜 것을 고치고, 옳은 것을 강화하며, 성스러운 것을 높이는 일.

978

새로운 철학자는 지배계급과 결합할 때만 최고의 정신화로서 나타날 수 있다. 위대한 정치, 지구 통치가 가까이 있지만, 그것을 위한 **원칙들**이 완전히 **결여되어**있다.

979

근본 사상. 새로운 가치들이 먼저 창조되어야만 한다. 우리는 이러한 일을 **피할** 수 없다! 철학자는 입법자처럼 되어야 한다. 새로운 종들. (지금까지 최고의 종—예를 들면 그리스인들—이 훈육되었듯이, 이러한 종류의 "우연"을 **의식적으로 원하는** 일.)

980

철학자를 위대한 교육자이며 고독한 높이로부터 여러 세대의 긴 연쇄 고리를 자기에게로 끌어올릴 만큼 강력하다고 생각한다면, 그가 위대한 교육자의 섬뜩한 특권 역시 가지고 있다는 것을 인정하지 않으면 안 된다. 교육자는 자기 스스로 생각하는 걸 말하지 않으며, 그가 교육하는 자의 이익을 고려하면서 어떤 사태에 대해 생각하고 있는 것만을 언제나 말할 뿐이다. 이렇게 위장하는 까닭에 그는 발각되어서는 안 된다. 사람들이 그의 정직을 믿는 것은 그의 장인 기술에 속한다. 그는 규율과 훈육의[19] 모든 수단을 이용할 수 있어야만 한다. 그는 많은 본성의 인간을 경멸이라는 채찍을 사용하여 앞으로 나아가게 만들며, 그 외의 나태한 자들, 우유부단한 자들, 비겁한 자들, 허영심이 있는 자들에게는 아마 과도한 칭찬을 사용할 것이다. 그러한 교육자는 선악의 저편에 있다. 그러나 아무도 이 점을 알아서는 안 된다.

981

인간을 "개선하는" 것이 아니며, 마치 "도덕성 그 자체"라든가 혹

---

19) Zucht und Züchtigung. 니체는 훈육 및 사육을 위해 필요한 규율의 중요성을 강조하기 위해 '사육(Zucht, breeding)'이라는 낱말을 사용한다. 여기서는 '사육(Züchtung)'이라는 낱말 대신에 '징계(Züchtigung)'라는 낱말을 썼다. 이는 징계 및 징벌을 포함하는 규율을 의미한다. 이 단어가 사용되는 맥락의 일관성을 위해 "규율과 훈육"으로 옮겼다.

은 이상적인 종류의 인간이 있는 듯이 그 어떤 방식으로든 그들에게 도덕을 설교하는 것이 **아니라**, 오히려 더욱 강한 인간을 필요로 하는 **상태를 만드는** 일. 이 인간은 자기 쪽에서 **강하게 만드는 도덕**을 (더 명확하게 말하면, **육체적-정신적 규율**을) 필요로 하고, 결과적으로 **가지게** 된다!

푸른 눈이나 부풀어 오른 가슴에 유혹받게 하지 않는다. **영혼의 위대함에는 낭만적인 것 자체가 없다**. 그리고 유감스럽게도 **사랑할만한 가치가 있는 것도**!

982

사람은 전쟁에서 배워야 한다. 1. 죽음을 자신이 싸워 얻으려는 이익과 가까이 연관시키는 것—그것이 우리를 존경할만한 사람으로 만든다. 2. 인간을 아끼지 않을 정도로 **많은 사람**을 희생하고 자신의 대의를 중요하게 받아들이는 법을 배워야 한다. 3. 엄격한 규율, 그리고 전쟁에서 폭력과 간계를 승인하는 것.

983

자신의 호의와 동정까지 제어하는 지배자 덕목의 교육. 위대한 훈육자-덕목("자신의 적을 용서하는 것"은 아이들 장난이나 다를 바 없다), **창조자의 정동을 고양시키는 것**—더는 대리석을 다듬지 마라!—지금까지의 군주들과 비교하여 저 존재들의 예외적 상황과 강력한 위치. 그리스도의 영혼을 지닌 로마의 황제.[20]

984

영혼의 위대함을 정신적 위대함으로부터 분리하지 말 것.[21] 왜냐하면 영혼의 위대함은 독립성을 포함하고 있기 때문이다. 그러나 정신의 위대함이 없다면 이 독립성은 허용되어서는 안 된다. 그것은 호의를 베풀고 "정의"를 실천함으로써도 해악을 일으킨다. 빈약한 정신은 **복종하지** 않으면 안 된다. 따라서 **위대함**을 가질 수 없다.

985

좀 더 높은 철학적 인간은 고독으로 둘러싸여 있는데, 이는 그가 홀로 있기를 원하기 때문이 아니라 자신과 동등한 자를 발견하지 못하는 그 어떤 존재이기 때문이다. 위계질서에 대한 믿음을 망각해버려서 결과적으로 이러한 고독을 존경할 줄도 이해할 줄도 모르

---

20) 여기서 우리는 "니체와 그리스도교"의 모순적 관계를 발견한다. 니체와 그리스도교의 관계에 대해서는 Karl Jaspers, *Nietzsche und das Christentum*(1946) (onomato ebook, 2011)을 참조할 것. 야스퍼스는 "그리스도의 영혼을 지닌 로마의 황제" 대목에 관해 이렇게 말한다. "니체에게서 우리는 그가 분리하여 상호 투쟁으로 내몰았던 것을 다시 더 높은 통일성으로 결합하려는 놀라운 시도를 발견한다. 여기서 극단적인 것은 다시금 예수를 긍정하는 방식이다. 니체는, 그 어떤 상상력도 없이 실현 불가능한 방식으로, 지배자 덕목을 통한 궁극적 대립의 통합을 상상한다." 동정심과 가혹함을 겸비한 지배자 덕목은 사랑하면서 동시에 다스리는 '초인'의 이미지를 구성한다.

21) "정신적 위대함"에서 '정신적'으로 옮긴 독일어 낱말은 geistig이다. 독일어 낱말 '가이스트(Geist)'는 정신, 마음, 영혼, 생명, 지성, 지력, 재능, 위트 등의 다양한 뜻이 있다. 니체가 여기서 '정신'을 '영혼'과 대비시키고 있다는 점을 고려하면 '지성'으로 옮기는 것이 더 적절할 수 있다. 니체가 합리주의를 비판한다고 해서 비합리주의자가 아니라는 점을 고려해야 한다.

는 바로 오늘날, 어떤 위험과 새로운 고통이 그에게 남겨져있는가! 이전에 현자는 거의 대중의 양심을 고려해 그렇게 떨어져 나감으로써 자신을 신성하게 했지만, 오늘날에 은둔자는 마치 흐린 회의와 의심의 구름으로 둘러싸여 있는 듯 자신을 본다. 그리고 그것은 결코 질투심이 많은 자나 자애로운 자의 편에만 있는 게 아니다. 그는 자신이 경험하는 모든 호의에서조차 오인, 무시, 천박함을 느낄 수밖에 없다. 그는 편협한 동정의 교활함을 알고 있다. 이 동정은 이를테면 좀 더 편안한 상태나 좀 더 질서 있고 좀 더 신뢰할 수 있는 사회를 통해 그를 자신에게서 "구출하고자" 할 때 자기 자신을 선하고 신성하다고 느낀다. 정말로, 그는 정신이 평범한 자 모두가 그에게 행하고, 그것도 그럴 권리가 있다고 믿어 의심치 않으면서 행하는 무의식적인 파괴욕에 놀라지 않을 수 없게 된다! 이러한 이해하기 어려운 고독 속에 있는 인간은 또한 외면적이고 공간적인 고독의 망토로 능란하고 단호하게 자신을 감쌀 필요가 있다. 이것은 그의 현명함에 속한다. 그러한 인간이 아래로 끌어내리는 위험한 시대의 급류 한가운데서 자기 자신을 보존하고, 자기 자신을 **높이** 보존하기 위해서는 오늘날에는 간계와 변장조차 필요하다. 현대 **속에서**, 현대와 **더불어** 견뎌내려는 모든 시도와 오늘날의 이러한 인간과 목표에 다가서려는 모든 접근은 마치 자신의 본래의 죄이기라도 한 듯이 그는 속죄하지 않으면 안 된다. 그리고 그는 그러한 시도가 있을 때마다 질병과 나쁜 재난에 의해 즉시 그를 다시 자기 자신에게로 불러들이는 자신의 본성의 숨겨진 지혜에 놀랄 수도 있다.

986

"불멸의 영혼을 슬프게 하는 자에게—저주 있으라!"

—만조니, 《카르마뇰라 백작》, 제2막.

987

가장 까다롭고 가장 높은 인간 형태는 성공하는 일도 가장 드물다. 따라서 철학의 역사는 실패자들, 불행한 자들로 차서 넘치고, 극도로 느린 걸음을 보여준다. 그 사이에 수천 년의 시간이 흘렀고, 성취된 것은 그 시간에 의해 억눌려서 상호 연관은 거듭해서 끊긴다. 그것은 소름이 끼치는 역사이다. 최고의 인간의, **현자**의 역사이다. 가장 많이 훼손된 것은 바로 위대한 자들의 기억이다. 왜냐하면 반쯤 성공한 자와 반쯤 실패한 자가 그들을 오인하고, "성과"를 통해 그들을 무찌르기 때문이다. "효과"라는 것이 나타날 때마다 천민 무리가 무대에 등장한다. 정신 능력에서의 비소한 자와 가난한 자의 말참견은, **인류의 운명이 그들의 최고 유형의 성공에 달려있다는 것**을 알고 전율하는 자에게는, 도저히 들을 수 없는 고문이다. 나는 어릴 때부터 현자의 생존 실존 조건에 대해 사색해왔다. 그리고 나는 현자가 지금 유럽에서 다시 **가능해진다**는—아마 짧은 시간 동안이겠지만—즐거운 확신을 감추지 않으려 한다.

988

우리 새로운 철학자들, 우리는 사실상의 위계질서와 인간의 가치 다양성을 서술하는 것만으로 시작하지 않는다. 오히려 우리는 유사화나 평등화와는 정반대되는 것을 원한다. 우리는 모든 의미에서의 소외를 가르치며, 일찍이 없었던 간극을 벌여놓고, 인간이 과거보다 더 악해지는 것을 원한다. 그동안 우리는 여전히 서로에게 낯선 채로 몸을 숨기며 살아간다. 우리에겐 은둔자가 되고 스스로 가면을 써야 할 많은 이유가 있다. 따라서 우리는 우리와 동등한 자들을 찾는 일에 서툴게 될 것이다. 우리는 홀로 살아가게 될 것이며, 아마도 일곱 가지 고독 모두의 고문을 알게 될 것이다. 그러나 우리가 우연히 마주치면, 우리는 서로를 오인하거나 속일 것임이 틀림없다.

989

철학자들 서로 사랑하도록 만들어지지 않았다. 독수리는 무리를 지어 날지 않는다. 그런 일은 자고새나 찌르레기에게 맡겨야 한다. …… 높이 날고, 발톱은 가지는 것, 이것이야말로 위대한 천재의 운명이다.

—갈리아니

990

나는 그러한 철학자들이 쾌활하며 맑게 갠 하늘의 심연 속에 기꺼이 앉아있다고 말하는 것을 잊었다. 그들은 다른 사람들과는 다른 삶을 견뎌내기 위한 다른 수단이 필요하다. 왜냐하면 그들은 다른 방식으로 고통을 당하기 때문이다(즉, 자신들의 사랑으로 고통당하는 것과 마찬가지로 자신들의 인간 경멸의 깊이로도 고통당한다). 지상에서 가장 고통당하는 동물이 발명되었다.—**웃음**.

991

"명랑"의 오해에 대하여. 오랜 긴장으로부터의 일시적 해방. 길고 무서운 결단을 내리기 위해 헌신하고 준비하는 어느 정신의 오만과 제전. **"과학"의 형식을 취하는 "바보"**.

992

정신의 새로운 위계질서. 더는 비극적 본성이 선두에 있지 않다.

993

인간이 사는 저지대의 증기와 오물 위에는 **더 높고**, **더 밝은** 인류가 존재한다. 이들은 수적으로는 매우 작을 것이다(왜냐하면 뛰어난 모든 것은 본질상 희귀하기 때문이다). 그러한 인간들의 일원이 되는 것은 저 아래에 있는 인간보다 더 재능이 있거나 덕이 더 많거나 혹은 더 영웅적이거나 사랑스럽기 때문이 아니다. 오히려 **더 냉정하고 더 명석하고 더 선견지명이 있고 더 고독하기** 때문이며, 고독을 견뎌내고 선호하고, 행복과 특권과 실존의 조건으로서 고독을 요구하기 때문이며, 자신과 동등한 자들 사이에 있는 듯이 구름과 번개 아래서 살아가고, 또한 마찬가지로 햇빛이 비치고 이슬방울이 떨어지고 눈송이가 날리는 곳에서 그리고 필연적으로 높은 곳에서 떨어지고 움직이는 것이라면 오직 **위에서 아래쪽의** 방향으로만 영원히 움직이는 모든 것 아래에서도 살아가기 때문이다. 우리에게 영웅, 순교자, 천재, 열광하는 자들은 충분하게 조용하고, 인내하고, 섬세하고, 냉정하고, 느리지 않다.

994

절대적 확신. 가치 감정들이 위와 아래에서 다르다는 것, 수많은 **경험**이 아래에 있는 사람들에게는 **결여되어**있다는 것, 아래에서 위로의 방향으로는 오해가 필연적이라는 것.

995

인간은 어떻게 위대한 힘과 위대한 과제를 얻게 되는가? 육체와 영혼의 모든 덕과 유능함 많은 근면, 자제, 소수의 것으로의 제한을 통해, 그리고 동일한 노동과 동일한 단념을 끈질기고 충실하게 반복함으로써 힘겹게 조금씩 획득한 것이다. 그러나 이처럼 서서히 획득한 덕과 유능함이라는 다양한 부를 물려받아 그 주인이 된 인간들도 있다. 왜냐하면 행복하고 합리적인 결혼과 행복한 우연에 기초하여 여러 세대에 거쳐 획득되고 축적된 힘이 탕진되거나 낭비되지 않고, 어떤 확고한 고리와 의지를 통해 함께 결합되어있기 때문이다. 즉, 결국에는 괴물처럼 터무니없이 큰 과제를 요구하는 괴물처럼 터무니없는 힘을 소유한 인간이 나타난다. 왜냐하면 우리를 마음대로 하는 것은 바로 우리의 힘이기 때문이다. 그리고 목표와 의도와 동기의 가련한 정신적 유희는 단지 전경일 뿐이다. 시력이 약한 사람은 이것을 문제 자체로 생각할지라도.

996

숭고한 인간은 설령 아주 여리고 깨지기 쉬울지라도 최고의 가치를 가진다. 왜냐하면 아주 중후하고 희귀한 사물들이 풍부하게 여러 세대를 거쳐 육성되고 함께 보존되었기 때문이다.

997

나는 가르친다. 더 높은 인간과 더 낮은 인간이 있다는 것을, 또한 개인은 수천 년에 걸쳐 상황에 따라 자신의 실존을 정당화할 수 있다는 것을. 즉, 개인이란 불완전하고 단편적인 수많은 인간과 연관해서 충만하고 풍부하며 위대하고 온전한 인간이다.

998

최고의 인간은 지배하는 자의 저편에서, 온갖 속박에서 벗어난 채 살아간다. 그리고 그는 지배하는 자들에게서 자신의 도구를 가진다.

999

위계질서. 최고의 본성을 소유한 사람들에게 방향을 지시함으로써 가치를 결정하고 수천 년의 의지에 방향을 지시하는 자가 **최고의 인간**이다.

1000

근본 사상. 우리는 미래를 우리의 가치 평가에 대해 **결정적인** 것으로 간주하지 않으면 안 된다. 그리고 우리의 뒤에서 우리 행위의 법칙을 찾아서는 안 된다!

1001

"인류"가 아니라 **초인**이 목표이다!

1002

어떻게 인간은 영원해지는가.

—단테, 《신곡》〈지옥편〉, 15곡 85행.

2장

디오니소스

1003

잘 된 자에게, 단단하고 부드러우면서 향기로운 나무를 깎아 만들어져 내 마음을 기쁘게 하는 자에게, 그에게서는 코마저 즐거워한다. 이 책을 헌정한다.

그는 자신에게 유익한 것의 맛을 즐긴다.

유익한 것의 한도를 넘어서면 어떤 것에 대한 그의 즐거움도 멈춘다.

그는 국부적인 손상에 대한 치료법을 알아맞히며, 질병을 그의 삶의 큰 자극제로 가진다.

그는 나쁜 우연을 이용하는 방법을 알고 있다.

그는 그를 파멸시키려 위협하는 불운들을 통해 더욱 강해진다.

그는 본능적으로 자신이 보고 듣고 체험하는 모든 것에서 그의 주요 관심사에 유리한 것을 모은다. 그는 **선택**의 원칙을 따른다. 그는 많은 것이 떨어져 나가도록 한다.

그는 느리게 반응하는데, 이 느림은 오랜 신중함과 의도된 **자부심**

이 훈육한 것이다. 그는 자극이 어디에서 와서 어디로 가려고 하는지를 검사하지, 그것에 굴종하지 않는다.

그가 책과 관계를 맺든, 인간이나 풍경과 관계를 맺든, 그는 언제나 **자신의** 사회 속에 있다.

그는 **선택**하면서, **허용**하면서, **신뢰**하면서 경외한다.

1004

모든 일이 **일어나야만 하는 방식**대로 실제로도 일어나는지를, 즉 모든 종류의 "불완전성"과 그로 인한 고통도 어떻게 **가장 바람직한 것**에 속하는지를 파악하는 높이와 조감을 얻는 것.

1005

1876년 **무렵**, 나는 바그너가 지금 어떤 길을 가려고 하는지를 파악하면서 내가 지금까지 원했던 것이 **위험에 처한** 것을 보고 겁이 났다. 나는 깊이 일치된 욕구의 온갖 유대에 의하여, 감사에 의하여, 내 앞에 드러난 대체할 수 없다는 사실과 절대적 결핍에 의하여 바그너와 아주 견고하게 묶여 있었다.

같은 시기에 나는 나의 문헌학과 교수직에 꼼짝없이 **갇혀있다는** 생각이 들었다. 나의 삶의 우연과 응급수단에 불과한 것에 말이다. 나는 어떻게 벗어나야 하는지 더는 알지 못한 채 지치고 소모되고 소진되었다.

같은 시기에 나는 나의 본능이 쇼펜하우어의 그것과는 반대되는 방향으로, 삶의 가장 무섭고도 가장 애매하고 가장 거짓될 경우조차 삶을 정당화하는 방향으로 나아가고자 했다는 것을 파악했다. 그것을 위하여 나는 "디오니소스적"이라는 공식을 손에 가지고 있었다.

사물 자체는 필연적으로 선하고 축복받고 참되고 하나여야만 한다는 것에 반하여, 쇼펜하우어가 그 자체를 의지로 해석한 것은 본질적인 걸음이었다. 그는 단지 이 의지를 **신격화할** 줄 몰랐다. 그는 도덕적으로 그리스도교적인 이상에 여전히 매달리고 있었다. 쇼펜하우어는 여전히 그리스도교적 가치의 지배에 예속되어있었기 때문에 사물 자체가 그에게 더는 "신"이 아니게 된 이후 그것을 나쁘고 어리석고 절대적으로 비난할만한 것으로 간주하지 않을 수 없었다. 그는 다르게 존재할 수 있음의 방식, 심지어 신으로 존재할 수 있음의 방식이 무한히 다양하다는 것을 파악하지 못했다.[1)]

1006

도덕적 가치가 지금까지는 최고의 가치였다. 누가 이것을 의심하려 하겠는가? 우리가 이 가치를 그 지위에서 제거하면, 우리는 모든 가치를 변화시킨다. 그 가치들의 지금까지의 **위계질서**의 원칙이 이와 함께 전도된다.

1) 본래 유고에는 "저 편협한 이원성의 저주: 선과 악"이라는 문장이 나오는데, 여기서는 생략되었다. KSA 12, 9[41], 355쪽을 참조할 것.

1007

가치를 전도하는 것, 그것은 무엇을 의미하는가? 자발적 운동이—새롭고, 미래적이고, 더 강력한—운동이 모두 거기에 있어야 한다. 그러나 그것들은 여전히 잘못된 이름으로 불리고, 그릇된 평가를 받고 있으며, 자신을 아직 **의식하지 못하고** 있다.

성취된 것에 대한 용감한 의식화와 **긍정**.

우리가 성취한 가장 훌륭하고 가장 강력한 것들에서 우리의 품위를 떨어뜨리는 낡은 가치 평가의 구태에서 벗어나는 일.

1008

그것을 위해 모든 축적된 힘과 폭발물에 모든 것이 이미 준비되지 않은 모든 가르침은 불필요하다. 새로운 욕구들의 긴장, 이를 의식하지 못한 채 낡은 가치로 인해 고통받았던 새로운 욕구를 가진 자들의 긴장이 있을 때만 가치의 전도가 달성된다.

1009

나의 가치를 위한 관점. 풍요로움에서인가 아니면 필요의 요구에서인가?[2] 사람은 방관하는가 아니면 손을 내미는가, 혹은 외면하고 비켜 가는가? 축적된 힘으로 "자발적"인가 아니면 **반응적으로** 자극되고 도발된 것인가? 단순하게 소수의 요소로부터인가 아니면 필요할 때 다수의 요소를 봉사하게 만드는 이 요소에 대한 압도적인 지배로부터인가? 사람들이 과연 **문제**인가 아니면 **해결책**인가, 보잘것없는 과제에서 **완전한가** 아니면 비범한 목표에서 **불완전한가**? 사람들은 **진짜인가** 아니면 단지 **배우**에 불과한 것인가, 사람들은 배우로서 진짜인가 아니면 단지 배우의 짝퉁에 불과한가? 사람들은 "대변자"인가 아니면 대변되는 것 그 자체인가? "인격"인가 아니면 단지 인격들의 회합에 불과한가? **병든** 것은 질병 때문인가 아니면 **흘러넘치는** 건강 때문인가, 사람들은 목자로서 선두에 서는가 아니면 "예외자"(제3유형인 탈주자로서)로서 선두에 서는가? 사람은 **품위가** 필요한가 아니면 "광대"가 필요한가? 사람은 저항을 찾는가 아니면 저항을 회피하는가? 사람은 "너무 빨라서" 완전한가 아니면 "너무 늦어서" 불완전한가? 사람은 긍정하는 본성의 소유자인가 아니면 부정하는 본성의 소유자인가, 혹은 현란한 색깔의 공작 꼬리인가? 자신의 허영심마저 부끄러워하지 않을 정도로 긍지를 가지고 있는가? 사람은 아직도 양심의 가책을 느낄 수 있는가(이런 종류의 인간은 희귀해진다. 이전에 양심은 너무나도 많이 물어뜯겨야만 했다. 지금은 물어뜯을 이빨을 잃은 것 같아 보인다)? 사람은 "의무"를 완수할 능력이 있는가? (자신의 "의무"를 **빼앗기면** 그 밖의 삶의 기쁨도 빼앗기는 사람들도 있다. 특히 나약하고, 태어나면서부터 복종하는 자들이.)

---

2) 니체는 여기서 두 관점, 즉 풍요로움(Fülle, abundance)의 관점과 궁핍(Verlangen, want)의 관점을 대비하고 있다. 독일어 낱말 verlangen은 '요구하다', '필요로 하다', '갈망하다'의 뜻을 지녔는데, 무언가에 대한 욕망은 근본적으로 부족과 궁핍에서 나온다. 이에 관해서는 프리드리히 니체, 《즐거운 학문》, 370을 참조할 것. "모든 미적 가치와 관련하여 이제 나는 다음과 같은 중요한 구별을 사용한다. 모든 개별적인 경우에서 나는 이렇게 묻는다. '여기서 창조적인 힘을 발휘하는 것은 굶주림인가 아니면 풍요로움인가?'"

1010

세계에 대한 우리의 일상적 이해가 **오해**라고 가정하면, 그러한 **오해**조차 **승인받을** 수 있는 **완전성**을 생각해낼 수 있는가?

새로운 완전성에 대한 구상. 즉 우리의 논리, 우리의 "아름다움", 우리의 "선", 우리의 "진리"에 부합하지 않는 것이 우리의 이상보다 좀 더 높은 의미에서 완전할 수도 있다.

1011

우리의 위대한 겸손. 미지의 것을 신격화하지 않는다는 것이다. 우리는 막 조금 알기 시작했다. 그릇되고 낭비한 노력.

우리의 "새로운 세계". 우리는 어느 정도까지 우리의 가치 감정의 **창조자**인가를 인식해야 한다. 다시 말해 역사 속에 "의미"를 집어넣을 **수 있는지를** 인식해야 한다.

진리에 대한 이 믿음이 우리의 내면에서 그 마지막 결론에 도달한다. 그 결론이 무엇인지 너희는 알고 있다. 만약 숭배해야 할 것이 있다고 하면, 숭배해야 할 것은 **가상**이며—진리가 **아니라**—거짓말이야말로 신적이라는 것을!

1012

합리성을 밀어붙이는 자는 그로 인해 그와 반대되는 힘에, 즉 온갖 종류의 신비주의와 어리석음에 새로운 힘을 부여한다.

모든 운동에서 다음과 같은 것이 구별되어야 한다. 1. 모든 운동은 **부분적으로** 선행 운동으로 인한 피로라는 것(선행 운동에 대한 싫증,

그 운동에 대한 약함의 악의, 질병), 2. 모든 운동은 부분적으로 새롭게 깨어난, 오랫동안 잠들어있던 축적된 힘이며 즐겁고 활기차고 폭력적이며, 즉 건강이라는 것.

1013

건강과 병약. 조심해야 한다! 기준은 언제까지나 몸의 개화, 정신의 도약하는 힘, 용기, 그리고 즐거움이다. 그러나 물론 **얼마나 많은 병적인 것을 감수하고 극복할 수 있는가**, 얼마나 많이 건강하게 만들 수 있는가도 기준이 된다. 유약한 인간이라면 그것으로 몰락할지 모르는 것도 **커다란** 건강의 자극 수단에 속한다.

1014

세기의 모든 병적인 특성을 가지지만 아주 풍부한 조형적인 회복력을 통해 균형을 유지하는 것, 그것은 단지 힘의 문제일 뿐이다. **강한 인간**.

1015

19세기의 강점에 대하여.—우리는 18세기보다 더 중세적이다. 낯설고 희귀한 것에 대해 단순히 더 호기심을 가지거나 더 민감해진 것뿐만이 아니다. 우리는 **혁명**에 대항하여 반란을 일으켰다. 우리는 18세기의 유령인 **이성에 대한 공포**에서 해방되었다. 우리는 다시 감히 부조리하고, 어린아이 같고, 서정적이고자 한다. 한마디로 말하면, "우리는 음악가이다." 우리는 **부조리함**에 대해서와 마찬가지로

우스꽝스러운 것에 대해서도 공포를 느끼지 않는다. **악마**는 신의 관용이 자신을 위해 일하고 있음을 알게 된다. 더욱이 악마는 이전부터 오인되고 비방 받았던 존재로서 특정한 관심사를 가지고 있다. 우리는 악마의 명예를 구하는 옹호자이다.

우리는 더는 위대한 것과 두려운 것을 구별하지 않는다. 우리는 **선한** 것이 **가장 나쁜 것**과 복잡하게 함께 있다고 간주한다. 우리는 (악의 증대 없이 선의 증대를 원했던) 이전의 터무니없는 "소망 사항"을 **극복했다**. 르네상스의 이상에 대한 **비겁**은 느슨해졌다. 우리는 감히 르네상스의 **관습** 자체를 열망한다. 성직자와 교회에 대한 **불관용**은 동시에 끝나고 말았다. "신을 믿는 것은 비도덕적이다." 그렇지만 바로 이것이 우리에게는 이 신앙을 정당화하는 최상의 형식으로 여겨진다.

우리는 모든 것에 우리의 **권리**를 부여했다. 우리는 "좋은 것들"의 이면도 두렵지 않다(우리는 이 **이면**을 찾으며, 우리는 그럴 수 있을 정도로 충분히 용기 있고 호기심이 강하다). 이를테면 그리스 정신이, 도덕이, 이성이, 좋은 취향의 이면을 찾는다(우리는 이런 귀중한 것들이 가져오는 손실을 검산한다. 그러한 귀중품으로 **사람은 자기 자신을 거의 가난하게 만든다**). 우리는 마찬가지로 **나쁜** 것들의 이면도 거의 숨기지 않는다.

1016

우리에게 명예로운 것.—무언가가 우리에게 명예로운 일이라면, 그것은 바로 이것이다. 우리는 진지함을 어디엔가 다른 곳으로 옮졌다. 우리는 모든 시대에 경멸받고 무시당했던 **저열한** 것들을 중요하게 여긴다. 그 대신 "아름다운 감정"을 헐값에 넘긴다.

신체에 대한 경멸보다 더 위험한 과오가 있을까? 마치 이러한 경멸이 정신성 전체가 병들도록—"이상주의"의 증기로—기화하도록 단죄하지 않는 듯이!

그리스도교인이나 이상주의자들에 의해 고안된 것은 모두 근거가 없다. 우리는 더 철저하다. 우리는 "가장 작은 세계" 모든 곳에서 결정적이라는 사실을 발견했다.

도로포장, 방 안의 좋은 공기, 음식—우리는 그들의 가치를 파악했다. 우리는 실존의 모든 **필수품**을 진지하게 받아들이고, 모든 "아름다운 영혼의 생활 방식"을 일종의 "경박과 외설"로서 경멸했다. 지금까지 가장 **경멸받았던** 것이 맨 앞으로 옮겨졌다.

1017

19세기는 루소의 "자연인" 대신에 "인간"에 대한 더 **진정한 이미지**를 발견했다. 그렇게 할 용기를 가지고 있었다. 전체적으로는 이로써 그리스도교적 "인간" 개념이 복원되었다. 사람들이 그렇게 할 용기를 가지지 못했던 것, 그것은 바로 **이** "인간 자체"를 시인하고 그 인간에게서 인간의 미래가 보증된다는 점을 보는 것이다. 마찬가지로 사람들은 인간의 **두려움의 증대**가 모든 문화 증대를 수반하는 현상이라는 점을 감히 파악하려고 하지 않았다. 이 점에서 사람들은 여전히 그리스도교적 이상에 굴종했으며, 이교적인 것과 마찬가지로 르네상스의 덕(virtù) 개념에 반대하는 그리스도교적 이상의 **편**

을 든다. 그러나 이렇게 해서는 문화의 문을 여는 열쇠를 가지지 못한다. 실제로는 "선한 인간"에게 유리한 역사의 위조가 계속되고 (선한 인간만이 역사의 진보라는 듯), 또한 **사회주의적 이상**(즉, 탈기독교화된 세계에서의 그리스도교와 루소의 **잔재**)이 유지되고 있다.

18세기에 대한 투쟁. **괴테**와 **나폴레옹**이 18세기를 **가장 잘 극복한다**. **쇼펜하우어** 역시 18세기에 대항하여 싸운다. 하지만 그는 본의 아니게 17세기로 되돌아간다. 그는 그리스도교 **없이** 파스칼적 가치판단을 가진 현대의 파스칼이다. 쇼펜하우어는 새로운 **긍정**을 할 정도로 충분히 강하지 못했다.

나폴레옹. 더 높은 인간과 무시무시한 인간은 필연적으로 함께 속한다는 것을 파악했다. "남성"이 회복되었다. 여자에게는 경멸과 공포라는 합당한 부채가 반환된다. 건강과 최고의 활동성으로서의 "총체성", 행위에서의 직선적 올바름과 위대한 양식이 다시 발견된다. 가장 강력한 본능, 삶 자체의 본능, 즉 지배욕이 긍정된다.

1018

(《르뷔 데 되 몽드Revue des Deux Mondes》[3)], 1887년 2월 15일. 텐Taine의 나폴레옹론). "갑자기 여주인의 능력이 펼쳐진다. 정치가 속에 감추어져있던 **예술가**가 그녀의 코르셋에서 나왔다. 예술가는 이상적인 것과 불가능한 것 아래에서 창조한다. 사람들은 그를 본래 존재하는 바의 그로서 다시 인식한다. 단테와 미켈란젤로의 사후 형제이다. 그리고 사실, 그의 비전의 확고한 윤곽, 강렬함, 그의 꿈의 일관성과 내적 논리, 그의 명상의 깊이, 그의 구상의 초인적 위대함에

관해서는 그는 그들과 같고 그들과 동등하다. 그의 천재성은 같은 크기와 같은 구조를 지니고 있다. 그는 이탈리아 르네상스의 세 가지 주권적 정신 중 하나이다."

주의하라—단테, 미켈란젤로, 나폴레옹.

1019

강함의 염세주의에 대하여.—원시인의 내면의 영혼 경제에서는 악에 대한 공포가 우세하다. 악이란 무엇인가? 세 가지다. 우연, 불확실한 것, 갑작스러운 것. 원시인은 어떻게 악에 맞서 싸우는가? 그는 악을 이성, 권력, 인격 자체로 생각한다. 이렇게 함으로써 그는 그것들과 일종의 계약을 맺고, 대체로 그들에게 먼저 영향을 미치고 그들을 예방할 가능성을 가진다.

—다른 방책은 그것들의 악의와 유해성이 단순히 가상일 뿐이라고 주장하는 것이다. 우연, 불확실한 것, 갑작스러운 것의 결과들이 **좋은 의도에서** 이루어진 것, 의미 있는 것으로 해석한다.

—셋째 수단. 사람들은 무엇보다 나쁜 것을 "마땅하다고" 해석한다. 악을 벌로써 정당화한다.

---

3) 《르뷔 데 되 몽드(Revue des Deux Mondes)》는 1829년에 출간되어, 1831년부터 1944년까지 파리에서 출판된 문학과 기타 예술에 대한 비평 및 논평의 격주 저널이다. 이 잡지는 당시 상당한 영향력을 지녔으며, 샤를 오귀스탱 생트뵈브, 오노레 드 발자크, 빅토르 위고, 이폴리트 아돌프 텐, 조제프 에르네스트 르낭과 같은 저명한 문학가들이 기고했다.

—요약하면, **사람은 악에 굴복한다**. 전체의 도덕적-종교적 해석은 악에 굴복하는 하나의 형식에 불과하다. 악 속에 선의가 있다는 믿음은 악과 싸우는 것을 단념하는 것을 의미한다.

그런데 문화의 전체 역사는 **우연**과 불확실한 것과 갑작스러운 것에 대한 공포의 감소를 나타낸다. 문화란 달리 말하면 **산정하는** 법을 배우는 것, 인과적으로 사유하는 법을 배우는 것, 예방하는 법을 배우는 것, 필연성을 믿는 법을 배우는 것이다. 문화의 증대와 더불어 악에 굴복하는 (종교 또는 도덕이라고 불리는) 이러한 원시적인 형식, 저 "악의 정당화"는 없어도 된다. 이제 인간은 "악"에 대한 전쟁을 벌인다. 그는 악을 제거한다. 그렇다. 안전감의 상태, 법칙과 산정 가능성을 믿을 수 있는 상태가 가능해지는 것은 그 상태가 **권태**로서 의식에 들어올 때이다. 즉, **우연과 불확실한 것과 갑작스러운 것에서 느끼는 쾌감**이 기분 좋은 자극으로 발현할 때이다.

최고의 문화의 이 징후에 대해 잠시 생각해보자. 나는 그것을 **강함의 염세주의**라고 부른다.

인간은 이제 **더는** "악의 정당화"를 필요로 하지 **않는다**. 인간은 바로 그 "정당화"를 몹시 싫어한다. 그는 악을 순수하게 날것으로 즐기며, **무의미한 악**을 가장 흥미로운 것으로 여긴다. 그가 한때 신을 필요로 했었다면, 이제 그를 황홀하게 하는 것은 신 없는 세계의 무질서, 우연의 세계이다. 이 세계에는 무시무시한 것, 애매한 것, 유혹적인 것이 본질적으로 속해있다.

이러한 상태에서 "정당화"가 필요한 것은 바로 **선**이다. 즉, 선은 어떤 악하고 위험한 지반을 가지고 있어야 하거나 엄청난 우매함을 자신 안에 내포하고 있어야 한다. **그래도 선은 여전히 마음에 들게 된다**.

동물성이 이제는 더는 소름이 끼치는 공포를 불러일으키지 않는다. 인간의 내면에 있는 동물을 위한 재기 넘치고 행복한 활기는 그러한 시대에는 정신성의 가장 의기양양한 형식이다.

인간은 이제 **신을 믿는 것**을 부끄러워해도 될 정도로 충분히 강하다. 그는 이제 악마의 변호자(advocatus diaboli) 역할을 해도 된다.

그가 실제로 덕의 보존을 옹호한다면, 그가 그렇게 하는 것은 덕 안에서 교묘함, 교활함, 탐욕의 형식, 권력욕의 형식을 인식하게 하는 근거 때문이다.

이러한 강함의 염세주의 역시 **변신론**으로 끝난다. 말하자면 이전에 세계를 부정하게 했던 바로 그 근거들 때문에 세계를 절대적으로 긍정하는 것으로 끝난다. 그리고 이렇게 이 세계가 실제로 **도달한 최고 가능한 이상**이라는 구상에 대한 절대적 긍정으로.

1020

염세주의의 주요 종류:

감수성의 염세주의(불쾌감의 우세를 동반하는 과민성),

"**부자유한 의지**"의 염세주의(달리 말하면, 자극에 대한 저지력의 결여),

회의의 염세주의(모든 확고한 것에 대한, 잡고 건드리는 모든 일에 대한 두려움).

여기에 속하는 심리적 상태들은 비록 어느 정도의 과장이 있다고 하더라도 전부 정신병원에서 관찰할 수 있다. "허무주의"("무無"라는 꿰뚫는 감정)도 마찬가지다.

그런데 파스칼의 도덕-염세주의는 어디에 속하는가? 베단타 철학의 **형이상학적 염세주의**는? 무정부주의자의 (혹은 셸리Shelley의) **사회적 염세주의**는? (톨스토이의, 알프레드 드 비니Alfred de Vigny의 그것과 같은) **동정의 염세주의**는?

이것 모두가 마찬가지로 퇴락과 발병의 현상들이 아닌가? 도덕 가치라든가 "피안"의 허구들이라든가, 혹은 사회적 곤경 상태라든가 **고통** 일반에 대한 과도한 중시. **개개의** 관점을 이렇게 **과장하는 것**은 그 자체로 이미 병듦의 징후이다. 마찬가지로 **긍정**에 대한 **부정**의 우세도 그렇다!

여기서 혼동해서는 안 되는 것은, 부정의 말과 행위에서 느끼는 쾌감은 긍정의 엄청난 힘과 긴장에서 나온다는 점이다. 이것이 모든 풍요롭고 강력한 인간과 시대의 고유한 점이다. 말하자면 하나의 사치이며, 마찬가지로 무서운 것에 맞서는 용감함의 한 형식이며, 전율스럽고 의심스러운 것에 대한 공감이다. 왜냐하면 우리가 무엇보다 전율스럽고 의심스럽기 때문이다. 의지와 정신과 취향 속에 **디오니소스적인 것**이 있기 때문이다.

1021

나의 다섯 가지 "부정"

1. **죄책감**에 대한, **벌**의 개념을 물리적이고 형이상학적 세계 속으로, 마찬가지로 심리학과 역사 해석 속으로 투입하는 것에 대한 나의 투쟁. 지금까지의 모든 철학과 가치 평가의 **도덕화**에 대한 통찰.

2. 나는 **전승된** 이상을, 그리고 그리스도교라는 독단적 형식에 의해 파산한 곳에서도 그리스도교적 이상을 재인식하고 끄집어낸다. **그리스도교적 이상의 위험성**은 개념적 그 가치 감정 속에, 그리고 개념적 표현이 결여될 수 있는 것 속에 숨겨져있다. (이를테면 음악과 사회주의에 있는) **잠재적 그리스도교**에 대항하는 나의 투쟁.

3. 나는 **루소**의 18세기에 대항하여, 그의 "자연"과 "선한 인간"과 감정의 지배에 대한 믿음에 대항하여 싸운다. 인간의 유약화, 약화, 도덕화에 대항하는 나의 투쟁. **귀족주의 문화에 대한 증오**에서 탄생하여 실제로는 방종한 르상티망의 지배를 받는 이상이 투쟁의 깃발로 고안되었다(그리스도교인들의 죄책감의 도덕성, 르상티망의 도덕성은 천민의 태도이다).

4. 그리스도교적 이상과 루소의 이상이 결합하지만 동시에 성직자적, 귀족주의적 문화가 번성했던 **옛 시대**에 대한 향수와 덕성과 "강한 인간"에 대한 향수를 가지는 **낭만주의**에 대항하는 나의 투쟁—낭만주의는 무언가 극도로 잡종적인 것이다. 극단적인 상태를 정말 소중히 여기고 그 안에서 강함의 징후를 보는 더욱 강한 인간성을 모방하는 그릇된 종류이다("열정의 숭배").

표현력이 가장 풍부한 형태의 모방, 충만에서가 아니라 결핍에서 나온 표현이 풍부한 격정(furore espressvo). 상대적으로 충만함에서 탄생한 것은 19세기에 **편안함**이 있다. 명랑한 음악 등등. 시인 중에서 예컨대 슈티프터와 고트프리트 켈러는 더 강함과 내적 건강의 징후이다. 위대한 기술과 발명, 자연과학, 역사는 상대적으로는 19세기의 강함과 자신감의 산물이다.

5. 과학이 무리 본능과 공동의 일을 하는 지금 **무리 본능의 압도적 지배**에 대한 나의 투쟁. 모든 종류의 위계질서와 거리에 대해 가지고 있는 내적인 증오에 대항하는 나의 투쟁.

1022

끊임없이 우리의 내부에서 증대하여도 아직은 방출할 수 없는 충만의 압박으로부터, 힘들의 긴장으로부터 뇌우에 선행하는 것과 비슷한 어떤 상태가 발생한다. 우리의 존재 자체인 자연이 **어두워진다**. 이것 또한 "염세주의"이다. 무언가를 명령함으로써 이러한 상태를 끝내려는 가르침, 축적된 힘들이 나갈 길과 목표를 보여줘서 이 힘들이 번개로 그리고 행위로 폭발하게 하는 가치의 전도—이것이 행복의 가르침일 필요는 전혀 없다. 가치의 전도는 고통스러울 정도로 응집되고 가두어졌던 힘을 방출함으로써 **행복을 가져온다**.

1023

쾌감은 권력 감정이 있는 곳에서 등장한다.

행복은 권력과 승리가 지배적인 의식 속에 있다.

진보는 유형의 강화, 위대한 의욕을 가질 능력이다. 다른 모든 것은 오해이고 위험이다.

1024

격정의 오래된 가장이나 도덕적 치장이 반감을 불러일으키는 시기. **권력의 양**이 **결정적**이라고(**위계를 결정한다고**) 단순하게 인정되고,

위대한 양식이 **위대한 열정**의 결과로서 다시 출현하는 곳이 적나라한 자연.

1025

모든 무시무시한 것을 하나씩 단계적으로 시험적으로 **봉사하게 만드는** 것, 이것이 문화의 과제가 원하는 것이다. 그러나 그럴 수 있을 만큼 **충분히 강해질** 때까지, 문화는 무시무시한 모든 것과 싸우고 누그러뜨리며 은폐하고 저주까지 해야 한다.

문화가 악을 설정하는 곳 어디에서나 문화는 그렇게 함으로써 **공포** 관계를 표현하고, 따라서 **약함**을 표현한다.

명제. 모든 선은 쓸모 있게 만들어진 이전의 악이다. **척도**. 한 시대와 한 민족과 한 개인이 **수단**으로 사용할 수 있기에 자신들에게 허용한 열정들이 더 무시무시해지고 더 커질수록, **문화는 더욱더 높이 서게 된다**.[4] 인간이 평범해지고 약해지고 비굴해지고 비겁해질수록, 그는 더 **악하다**고 설정될 것이다. 그에게서는 악의 영역이 가장 포괄적으로 크고, 가장 저열한 인간은 악의 영역(즉, 그에게 금지되고 적대적인 영역)을 어디에서나 보게 될 것이다.

1026

"행복은 덕을 따른다."가 아니다. 더 강력한 사람이 **자신의 행복한**

4) 유고 원고에는 "악의 영역은 점점 더 축소된다."라는 문장이 뒤따라온다.

상태를 비로소 덕으로 규정하는 것이다.

악한 행위는 강한 자와 덕 있는 자에게 속한다. 나쁘고 저열한 행위는 굴종하는 자에게 속한다.

가장 강력한 인간, 창조자는 그가 자신의 이상을 모든 인간이 지닌 이상들에 **대항해** 관철하고 그들의 이상을 자신의 상으로 개조하는 한, 가장 악한 인간임이 틀림없다. 여기서 악하다는 것은 가혹하고 고통스럽고 강요되었다는 것을 의미한다.

나폴레옹 같은 그런 인간들이 거듭 나타나 개인의 독재에 대한 믿음을 굳히지 않으면 안 된다. 그러나 그러한 인간 자신은 그가 이용할 **수밖에 없었던** 수단에 의해 부패했고, 성격의 **고귀함**을 **잃어버렸다**. 다른 종류의 인간들 사이에서 자신을 관철했다면, 그는 다른 수단을 이용할 수 있었을 것이다. 그리고 황제가 **나빠질 수밖에 없었던** 것도 **필연적**이지 않았을 것이다.

1027

인간은 괴수이며 초동물이다. 더 높은 인간은 비인간이며 초인간이다.[5] 이렇게 이들은 함께 속한다. 인간의 위대함과 높이가 증대할

---

5) "괴수와 초괴수(Untier und Übertier)". '동물(Tier)'이라는 뜻의 낱말에 부정의 접두사 'Un'과 '~의 위에'라는 뜻의 'Über'가 결합한 낱말이라는 점을 고려하여 '비-동물'과 '초-동물'로 옮기기도 한다. 그러나 여기서는 'Untier(beast)'는 본래의 뜻대로 '괴수'로 옮기고, 'Übertier(superbeast)'는 '초인(Übermensch)'과의 연관관계에서 '초동물'로 옮겼다.

때마다 인간의 깊이와 무시무시함도 증대한다. 다른 쪽 없이 어느 한쪽을 원해서는 안 된다. 혹은 오히려 한쪽을 더 철저하게 원할수록, 사람은 바로 다른 쪽을 더 철저하게 달성한다.

1028

위대함에는 무시무시함이 속해있다. 속지 마라.

1029

나는 인식에 그토록 끔찍한 이미지들을 제시해서, 어떤 "에피쿠로스적 즐거움"도 그때는 불가능하다. 디오니소스적 기쁨만으로도 **충분하다. 나는 처음으로 비극적인 것을 발견했다.**[6] 그리스인들에게는 그것이 그들의 도덕주의적 피상성 덕분에 오해되었다. 체념이라고 해서 비극의 가르침은 아니다! 오히려 그것은 비극의 오해이다! 무에 대한 동경은 비극적 지혜를 부정하는 것이며 그 반대이다!

1030

충만하고 강력한 영혼은 고통스럽고 무시무시하기까지 한 손실,

---

6) 비극을 최초로 발견했다는 니체의 주장은 터무니없는 소리로 들릴 수 있다. 니체는 플라톤과 비극에 대한 아리스토텔레스의 접근 방식은 도덕적이어서 비극의 본질을 이해하지 못했다고 주장한다. 니체가 《비극의 탄생》에서 제시한 접근 방식은 실존 철학적이다. 그에 의하면 비극은 존재의 완전한 공포와 부조리에 대한 통찰에서 탄생했다.

결핍, 박탈, 경멸을 이겨내는 것만이 아니다. 그 영혼은 그러한 지옥 같은 지옥으로부터 더욱 큰 충만과 강력함을 지니고 빠져나온다. 그리고 가장 본질적인 것을 말한다면, 사랑의 행복이 새롭게 증대한다는 것이다. 사랑이 증대할 수 있는 최하의 조건에 관해 무언가를 알아낸 사람은 자신의 지옥문 위에 "영원한 사랑이 나 또한 창조했다."라고 썼던 단테를 이해하게 될 것이다.[7)]

1031

현대 영혼의 전 영역을 두루 편력하며, 그 영혼의 모든 구석에 앉아있었다는 것—나의 명예심, 나의 고문 그리고 나의 행복.

염세주의를 진정으로 **극복하는** 것. 그 결과 사랑과 선의로 가득 찬 괴테적 시선.

1032

우리의 첫 번째 물음은 결코 우리가 자신에게 만족하고 있는가가 아니라 우리가 과연 대체로 무언가에 만족하고 있는가 하는 점이다. 우리가 어떤 순간을 긍정한다면, 우리는 그로써 우리 자신뿐만 아니라 모든 실존을 긍정하는 것이다. 왜냐하면 우리 자신이나 사물에 있어서 그 자신을 위해 독립적으로 있는 것은 아무것도 없기

---

7) 이 문장의 요점은 실존의 끔찍한 고통과 최고의 사랑은 궁극적으로 연결되어있다는 것이다.

때문이다. 우리의 영혼이 단 한 번만이라도 행복한 나머지 하나의 현처럼 떨려 울린다면, 이 한 번의 사건을 산출하기 위해 전체 영원이 필요했다. 전 영원은 우리가 긍정하는 이 유일한 순간에 인정되고 구원받고 정당화되고 긍정된다.

1033

긍정하는 정동. 긍지, 환희, 건강, 성적 사랑, 적대와 전쟁, 경외, 아름다운 몸짓 및 태도, 강한 의지, 높은 정신성의 훈련, 권력에의 의지, 지구와 삶에 대한 감사—풍요로워 나누어주고 싶고, 삶을 선사하며, 황금색으로 도금하고, 영원하게 만들며, 신격화하는 모든 것—**변형시키는** 덕의 모든 힘, 승인하고 긍정의 말을 하고 긍정의 행위를 하는 모든 것.

1034

탈도덕화된 세계에서 다시 살기를 감행하는 우리 소수자 또는 자수자. 신앙에 의거하면 이교도들인 우리. 우리는 이교도 신앙이 무엇인지를 파악하는 최초의 사람들일 것이다. 그것은 인간보다 더 높은 존재를 생각하지 않을 수 없지만, 이 존재를 선악의 저편에서 생각하는 것이다. 더 높이 존재하는 것은 모두 비도덕적인 것으로 평가하지 않을 수 없는 것이다. 우리는 올림포스를 믿지, "십자가에 못 박힌 자"를 믿지 않는다.

1035

근대인은 신에 관한 자신의 이상화하는 힘을 대개는 신을 **도덕화하는** 데 행사했다. 이것은 무엇을 의미하는가? 좋은 일은 아니고, 인간의 힘의 감소이다.

그 자체로는 그것과 반대되는 일이 가능할지도 모르며, 그 징후도 있다. 신이 도덕으로부터 자유로워진 존재로 생각된다면, 신은 삶의 대립의 모든 충만함을 자신 안으로 받아들이고, 그것을 신적인 고통 속에서 **구제하고 정당화한다**. 선과 악에 대한 가련한 도덕, 길모퉁이에서 빈둥거리는 것 같은 도덕의 피안과 상부에 있는 신.

1036

인도주의적인 신은 우리에게 알려진 세계로부터는 **증명될** 수 없다. 너희는 오늘날 이 점을 인정하지 않을 수 없다. 그러나 너희는 어떤 결론을 끌어내는가? "신은 **우리에게** 증명될 수 없다." 이것은 인식의 회의이다. 그러나 너희 모두는 이러한 결론을 **두려워한다**. "우리에게 알려진 세계로부터 전혀 다른 신은 **증명될 수** 있을지도 모른다. 적어도 인도주의적이지 않은 신이." 그리고 간단히 말하면, 너희는 너희의 신을 고집하고, 그를 위해 **우리에게 알려지지 않은** 세계를 고안해낸다.

1037

최고의 선을 신의 개념으로부터 제거하자. 그것은 신에게 합당한 것이 아니다. 마찬가지로 최고의 지혜도 제거하자. 신이 지혜의 괴물이라는 이러한 어처구니없는 짓을 범한 것은 철학자들의 허영심이다. 신은 그들에게 가능한 한 동등하게 보여야 했다. 아니다! 신은 **최고의 권력**이다. 이것으로 충분하다! 이것으로부터 모든 것이 나온다. 그것으로부터 "세계"가 나온다!

1038

그리고 얼마나 많은 신들이 여전히 가능한지! 종교적 본능, 말하자면 신을 **형성하는** 본능이 때때로 활성화되는 나 자신에 관해서는, 신적인 것이 매번 얼마나 다르게 얼마나 다양하게 나타나는가! 그토록 많은 기이한 것들이 이미 내 곁을 스쳐 갔다, 자신이 얼마나 나이가 들었고 또 자신이 얼마나 여전히 젊을 수 있는지를 더는 전혀 알지 못하는 시간을 초월한 저 순간에, 마치 달에서 떨어지듯이 삶 속으로 떨어져 들어온 저 순간에 스쳐 간 것이다. 나는 다양한 종류의 신들이 존재한다는 것을 의심하지 않을 것이다. 그것은 평온함과 경솔함을 빼놓고 생각할 수 없는 신들도 없지 않다. 심지어 가벼운 발도 아마 "신" 개념에 속할 것이다. 신은 언제나 모든 이성적인 것과 우직한 것의 저편에서 머물기를 좋아한다는 점을 상세히 설명할 필요가 있는가? 함께 이야기하자면, 선악의 저편에서도? 괴테의 말로 표현하자면, 신의 전망은 자유롭다.[8] 그리고 이 경우

8) 요한 볼프강 괴테, 《파우스트 2》, 11989행, 전영애 옮김, 도서출판길, 2019, 877쪽: "여기는 전망이 트여 있다(Hier ist die Aussicht frei)."

와 관련하여 아무리 평가해도 모자랄 차라투스트라의 권위에 도움을 청한다. 차라투스트라는 이렇게 자신에 대해 고백하기까지 한다. "나는 오로지 **춤출** 줄 아는 신만을 믿을 것이다."

다시 한번 말하자면, 얼마나 많은 신들이 아직도 가능한지! 차라투스트라 자신은 물론 늙은 무신론자에 불과하다. 그를 제대로 이해하라! 차라투스트라는 자신이 **그렇게 할 것**이라고 말하지만, 그는 **실제로 그렇게 하지** 않을 것이다.[9)]

창조적 정신의, "위대한 인간"의 유형에 따른 신의 유형.

1039

그리고 얼마나 많은 새로운 **이상들이** 근본적으로 아직도 가능한지! 내가 5주에 한 번씩 방자한 행복의 하늘빛 순간에 황량하고도 고독한 산책길에서 재빨리 낚아챈 이상 하나가 여기에 있다. 연약하고 부조리한 사물들 사이에서 자신의 삶을 허비하는 것. 현실에 낯설게 있다는 것. 반은 예술가이며 반은 새이자 형이상학자라는 것. 때로는 훌륭한 댄서의 방식으로 발가락 끝으로 현실을 인정하는 것이 아니라면, 현실에 대해 긍정도 부정도 하지 않는 것. 언제나

---

9) 니체는 차라투스트라가 무신론자라는 점을 강조하면서 그는 옛 신도 새로운 신도 믿지 않는다고 말한다. "차라투스트라는 오로지 춤출 줄 아는 신만을 믿을 것이다."라는 문장에서는 würde(would)라는 접속법 2식을 사용하여 비현실적으로 가능한 상황을 표현했다면, 이와 대비된 문장에서는 wird(will)을 사용하여 그 차이점을 분명히 하고 있다.

무언가 행복의 햇볕에 의하여 간질임을 당하고 있다는 것. 심지어 비애에 의해서조차 기분이 명랑해지고 북돋워진다는 것. 왜냐하면 비애는 행복한 자를 **보존하기** 때문이다. 가장 신성한 것에도 해학의 작은 꼬리를 매다는 것. 이것들이, 자명한 바와 같이, 무거운 지극히 무거운 정신의, 즉 **중력의 영**의 이상이다.

1040

영혼의 사관학교로부터. 용감한 자, 낙천적인 자, 절제하는 자에게 헌정한다.

나는 상냥한 덕을 과소평가하고 싶지는 않다. 하지만 영혼의 덕은 그러한 것과는 어울리지 않는다. 예술에서도 위대한 양식은 마음에 드는 것을 배제한다.

*

고통스러운 긴장과 상심의 시기에는 싸움을 선택하라. 싸움은 단련시키고, 근육을 만든다.

*

깊은 상처를 입은 자가 올림포스의 웃음을 짓는다. 사람은 자신이 필요한 것만을 가진다.

*

이미 10년이 흘렀다. 어떤 소리도 더는 내게 **닿지** 않는다. 비가 내리지 않는 땅. **메마름** 속에서 목말라 죽지 않으려면 인간성을 많이 가지고 있지 않으면 안 된다.

1041

"긍정"으로 향하는 나의 새로운 길.—내가 지금까지 이해하고 살아왔던 철학은 실존의 저주받고 흉악한 측면도 자발적으로 찾아내는 것이다. 얼음과 사막을 헤매며 얻은 오랜 경험에서 나는 지금까지 철학적으로 사유한 모든 것을 다르게 보는 법을 배웠다. 철학의 **숨겨진** 역사, 철학의 위대한 이름들의 심리학이 내게 분명해졌다. "정신이 얼마나 많은 진리를 **견뎌내는가**? 얼마나 많은 진리를 **감행하는가**?" 이것이 내게는 본래의 가치척도가 되었다. 오류는 **비겁함**이다. 인식의 모든 성취는 용기에서, 자신에 대한 엄격함과 청결함에서 **나온다**. 내가 삶으로써 실천하는 그러한 실험 철학은 시험적으로 근본적인 허무주의의 가능성마저 선취한다. 그렇다고 이 철학이 부정에, 부정의 말에, 부정에의 의지에 멈춰있다고 말하는 것은 아니다. 이 철학은 오히려 그 정반대에까지 이르기를, 공제하거나 제외하거나 선택하는 일 없이 세계를 있는 그대로 **디오니소스적으로 긍정하는 것**에 이르기를 원한다. 이 철학은 영원한 회귀를 원한다. 동일한 사물, 매듭의 동일한 논리와 비논리를 원한다. 철학자가 도달할 수 있는 최고의 상태는 실존에 디오니소스적으로 마주 서는 것이다. 이것에 대한 나의 정식은 **운명애**(amor fati)이다.

여기에 속하는 것은 지금까지 **부정된** 실존의 측면들을 단지 **필연적**이라고 파악할 뿐만 아니라 바람직한 것으로 파악하는 것이다. 그리고 그것을 이제까지 긍정된 측면과 관련하여 (대략 그것의 보충물이나 선제 조건으로서) 바람직한 것이 아니라, 오히려 그 자체를 위하여 실존의 의지가 그 안에서 더 명료하게 말을 하는 실존의 더 강력하고 더 풍요로우며 **더 진실한** 측면으로서 바람직한 것으로 파악하는 것이다. 마찬가지로 여기에 속하는 것은 이제까지 유일하게 **긍정된** 실존의 측면을 평가절하하는 것이다. 이러한 가치 평가가 어디에서 유래하고, 이것이 삶에 대한 디오니소스적 평가에 대해 얼마나 구속력이 작은지를 파악하는 일도 필요하다. 이로부터 나는 여기서 진정으로 긍정하는 것이 **무엇인지**를 끄집어내어 파악했다(하나는 고통받는 자의 본능이고, 다른 하나는 무리의 본능이며, 세 번째 것은 예외자에 반대하는 **다수의 본능**이다). 이로써 나는 다른 좀 더 강한 종류의 인간은 다른 측면을 향하여 인간의 고양과 상승을 필연적으로 생각해내야 하는지를 간파했다. 선악의 저편에 있는, 고통받는 자와 무리와 다수의 영역에 그 기원이 있음을 부정할 수 없는 가치들의 저편에 있는 **더 높은 존재**—나는 이러한 정반대의 이상을 형성할 단초를 역사 속에서 찾았다("이교도적", "고전적", "고귀한"이라는 개념들이 새로이 발견되고 제시되었다).

1042

그리스적 종교는 유대교-그리스도교적 종교보다 얼마나 더 높은지를 보여주는 것. 그리스적 종교 자체가 변질되었기(**퇴보**했기) 때문에 후자가 승리했다.

1043

연결점을 다시 발견하기 위해서는 몇천 년이 필요하다는 사실은 놀랄 일이 아니다. 몇천 년은 대단한 것이 아니다!

1044

먹고 마시는 것뿐만 아니라 모든 활동을 신성화하는 사람들이 있어야 한다. 그리고 그들에 대한 기억이나 혹은 그들과 하나가 되는 것을 통해서뿐만 아니라, **항상 새롭게 그리고 새로운 방식으로** 이 세계는 변모되어야 한다.

1045

가장 정신적인 인간은 "육욕적인 마음"을 가진 다른 사람들이 전혀 상상할 수 없으며—상상해서도 안 되는—감각적인 사물의 자극과 매력을 느낀다. 그들은 최고의 믿음을 가진 감각주의자들이다. 왜냐하면 그들은 저 섬세한 체, 묽게 하고 솎아내는 장치, 혹은 어떻게 불리든 사람들이 민중의 언어로 "정신"이라고 명명하는 것보다 감각에 더 근본적인 가치를 인정하기 때문이다. 감각의 힘과 권력—이것은 잘 된 완전한 인간에게서 가장 본질적인 것이다. 화려한 "동물"이 먼저 주어지지 않으면 안 된다. 그렇지 않다면 모든 "인간화"에서 무엇이 중요하겠는가!

1046

1. 우리는 우리의 감각과 그것에 대한 믿음을 굳게 잡고 그것을

끝까지 사유하고자 한다! 이제까지의 철학의 반(反)감각성은 인간이 범한 최대의 부조리다.

2. 모든 지상의 생명체가 나타나는 모습(계속해서 그리고 천천히 움직이는 것으로) 그대로 건축해온 현존 세계를 우리는 **계속해서** 건축하고자 한다. 잘못된 것으로 비판하여 제거하지 않으련다!

3. 우리의 가치 평가는 현존 세계를 건축하고, 그것을 강조하고 역설한다. "모든 것은 나쁘고 거짓되고 악하다."라고 모든 종교가 말한다면, 그것이 무슨 의미가 있는가! 전체 과정에 대한 이러한 단죄는 단지 실패한 자들의 판단에 불과할 수 있다!

4. 물론, 실패한 자들은 가장 고통받는 자와 가장 섬세한 자일 수 있는가? 만족한 자들은 가치가 없는 자일 수 있는가?

5. 사람들은 "삶"이라고 불리는 **예술가적** 근본 현상을 이해해야 한다. 가장 불리한 상황에서도, 그지없이 느린 방식으로, 건축을 계속하는 저 **건축하는 정신**을 이해해야 한다. 삶의 모든 결합에 대한 증거는 먼저 새롭게 주어져야 한다. **삶은 보존된다**.

1047

성적 감정, 지배욕, 가상과 기만에서 느끼는 쾌감, 삶과 그 전형적인 상태에 대한 커다란 즐거운 감사. 이들은 이교도적인 숭배에서 본질적이며, 양심을 자기편으로 만들었다. (이미 고대 그리스에서) **비자연**이 도덕과 변증법으로써 이교도적인 것에 대항해 싸운다.

1048

반형이상학적 세계 고찰—그렇다, 하지만 예술적 세계 고찰.

1049

아폴론의 기만: 아름다운 형식의 **영원성**. "**그것은 항상 그러해야 한다!**"라는 귀족주의적 입법.

디오니소스: 관능과 잔인. 덧없음은 생산력과 파괴력을 향유하는 것으로, 즉 지속적인 창조로 해석될 수 있다.

1050

"디오니소스적"이라는 말로 표현된 것은 통일에 대한 충동이며, 개인이나 일상이나 사회나 현실을 넘어서는 것으로서 망각이라는 심연이며, 더 어둡고 더 충만하고 더 유동적인 상태 속으로 열정적으로 고통스럽게 흘러넘치는 것이며, 모든 변화 속에서도 동일한 것, 동등하게 강력한 것, 동일하게 신성한 것인 삶의 총체적 성격에 대한 황홀한 긍정, 생산과 풍요와 영원성에 대한 영원한 의지로부터 나와서 삶의 가장 두렵고 가장 의심스러운 특성들도 시인하고 신성시하는 저 위대한 범신론적 기쁨과 고통의 공유이며, 창조와 파괴의 필연성에 관한 일체감이다. 아폴론적이라는 말로 표현된 것은 완전한 자족에 대한 충동이며, 전형적인 "개인"에 대한 충동이며, 단순화하고 구별하고 강하고 명확하고 모호하지 않고 전형적인 것으로 만드는 모든 것에 대한 충동이다. 즉, 법칙 아래의 자유이다.

이 두 예술적 힘들의 대립에 예술의 발달이 결부되어있는 것은 인류의 발달이 양성의 대립에 결부되어있는 것과 마찬가지로 필연적이다. 권력의 충만과 절제, 차갑고 고귀하며 냉담한 아름다움 속에 있는 자기 긍정의 최고 형식은 그리스적 의지의 아폴론주의이다.

그리스인의 영혼 내부에 있는 디오니소스적인 것과 아폴론적인 것과의 이런 대립성은 내가 그리스적 본질에 직면했을 때 끌린다고 느꼈던 커다란 수수께끼 중 하나이다. 나는 근본적으로 알아내고자 노력했던 것은 왜 그리스적 아폴론주의가 디오니소스적 토대에서 생겨날 수밖에 없었는지였다. 디오니소스적 그리스인은 아폴론적으로 될 필요가 있었다. 말하자면 엄청난 것, 다양한 것, 불확실한 것, 전율스러운 것으로 향하는 자신의 의지를 절도와 단순성으로의 의지와 규칙과 개념에 대한 순응의 의지로 꺾어놓을 필요가 있었다. 절도 없는 것, 황량한 것, 아시아적인 것이 그리스인들의 마음 깊숙이 놓여있다. 그리스인의 용감함은 자신이 가진 아시아주의와의 싸움에 있다. 아름다움은 그리스인에게 선사된 것이 아니다. 논리학이 그렇지 않고, 관습의 자연성이 그렇지 않은 것처럼, 아름다움은 정복된 것이고 의욕된 것이며 쟁취한 것이다. 그것은 그리스인의 승리인 것이다.

1051

실존이 자신의 최고의 변용을 축하하는 가장 고상하고 가장 빛나는 인간의 기쁨에 다가가는 것은, 당연한 일이지만, 오직 가장 희귀하고 가장 잘된 자들뿐이다. 게다가 그들도 또한 그들 자신과 그들의 선조가 결코 이러한 목표를 알지 못한 채 이 목표를 향해 오랫동안 예비적 삶을 살고 난 이후에 이루어진다. 그때 다양한 힘이 넘쳐흐르는 풍부함과 동시에 "자유로운 의지"나 주인다운 지배라는 가장 민첩한 권력이 한 인간 안에서 사이좋게 동거한다. 관능이 정신 속에 평안하게 안착하는 것처럼, 정신도 마찬가지로 관능 속에서 평안하게 안착한다. 그리고 이 정신 속에서 일어나는 모든 것은 저 관능 속에서도 섬세하고 기이한 행복과 놀이를 일으킬 수밖에 없다. 그리고 그 반대도 마찬가지다! 코란을 전부 암기한 이슬람교도 하피즈의 경우에 그 반대 과정에 관해 생각해보라. 괴테조차 이미 극히 막연한 이미지이기는 해도 이러한 과정에 관하여 어떤 예감을 준다. 그러한 완전하고 잘된 인간에게 있어서 그지없이 관능적인 작용들이 궁극적으로 최고의 정신성이라는 비유에 도취해 변용될 가능성이 있다. 그들은 자신에게서 일종의 **몸의 신격화**를 느끼게 되며, "신은 정신이다"라는 명제를 주장하는 금욕주의 철학과는 가장 거리가 멀다. 여기에서 분명하게 드러나는 것은 금욕주의자는 "실패한 인간"이며, 그는 어떤 것 자체만을 바로 단죄하고 심판하는 그 어떤 것을 **좋다고** 여기며, 그리고 그것을 "신"이라고 부른다는 점이다. 인간이 자신을 스스로 그리고 철두철미하게 자연의 신격화된 형식이자 자기 정당화로 느끼는 저 기쁨의 높은 곳으로부터, 건강한 농부와 건강한 반인반수 동물의 기쁨에 이르기까지, 이러한 아주 길고 거대한 행복의 빛과 색깔의 사다리에 이름을 지을 때, 그리스인은 비밀을 알고 있는 자의 감사의 전율을 느끼면서 아주 조심스럽고 경건한 침묵을 지키면서 디오니소스라는 신의 이름으로 불렀던 것이다. 허약하고 다양하고 병들고 희귀한 어머니의 아이들인 모든 현대인은 도대체 그리스적 행복의 **범위**에 관하여 무엇을 알고 있으며, 그것에 관해 무엇을 알 수 있단 말인가! 더욱이 "현대적 이념들"의 노예들이 디오니소스적 축제에 대한 권리를 어디에서 가질 수 있단 말인가!

그리스적 육체와 그리스적 영혼이 "꽃을 피웠을" 때, 게다가 병적인 충만과 우둔함의 상태와 같은 것이 아니었을 때, 지금까지 지상에서 달성된 최고의 세계 긍정과 실존의 변용의 저 신비스러운 상징이 발생했다. 여기에 하나의 **척도**가 설정되었는데, 이것으로 보면 그 이후로 성장한 모든 것은 너무 짧고, 너무 빈약하며, 너무 편협하다고 느껴진다. "디오니소스"라는 낱말을 가장 뛰어난 근대의 이름이나 사물 앞에서, 즉 괴테 앞에서, 혹은 베토벤이나 셰익스피어나 라파엘로 앞에서 말해보라. 그러면 우리는 단번에 우리의 제일 좋은 것이나 순간이 **심판받고** 있다고 느끼게 된다. 디오니소스는 **심판관**이다! 나를 이해했는가? 그리스인들이 "영혼의 운명"에 관한 궁극적 비밀을, 그리고 교육이나 순화에 관해, 특히 인간과 인간 사이에 있는 움직일 수 없는 위계질서와 가치의 불평등에 대해 알고 있었던 모든 것을, 그들의 디오니소스적 경험에서 해석하려고 했다는 것은 의심의 여지가 없다. 여기에 모든 그리스적인 것에 대한 위대한 깊이와 위대한 침묵이 있다. 여기에 숨겨진 지하 통로가 여전히 파묻힌 채로 있는 한, **우리는 그리스인들을 알지 못한다**. 설령 아무리 많은 학식이 저 발굴 작업을 위해 여전히 사용될 수밖에 없다고 하더라도, 집요한 학자의 눈은 이러한 사물들 속에서 아무것도 보지 못할 것이다. 괴테나 빙켈만 같은 고대 애호자들의 고상한 열의조차 바로 여기서는 허용되지 않는, 심지어 불손한 무언가를 가지고 있다. 기다리고 준비하는 것, 새로운 샘의 분출을 기대하는 것, 고독 속에서 낯선 얼굴과 목소리를 대비하는 것, 이 시대의 연중 장터의 먼지나 소음으로부터 자신의 영혼을 더욱 깨끗하게 씻는 것, 모든 그리스도교적인 것을 초(超)그리스도교적인 것으로 **극복하는** 것—왜냐하면 그리스도교적 가르침은 디오니소스적 가르침에 반대되는 가르침이기 때문이다. **남방**을 자기 안에서 다시 발견하고 청명하게 빛나는 신비스러운 남방의 하늘을 자신 위에 펼치는 것, 영혼의 남방적 건강과 감추어진 강력함을 다시 획득하는 것, 한 걸음씩 더욱 포괄적이 되고, 더 초국가적, 유럽적, 초유럽적, 동방적, 마침내는 **그리스적**이 되는 것—왜냐하면 그리스적인 것은 모든 동방적인 것의 최초의 위대한 결합과 종합이며, 바로 이로써 유럽 영혼의 **시작**이자 **우리의 "신세계"**의 발견이었기 때문이다. 그러한 명령 아래에서 사는 사람, 그가 어느 날 무엇을 만날 수 있을지 누가 알겠는가? 아마도 그것이야말로 **새로운 날**일 것이다!

1052

두 가지 유형. **디오니소스**와 **십자가에 못 박힌 자**.—확인할 것은 전형적인 종교적 인간이 데카당스의 한 형태인지이다(위대한 혁신가는 모조리 병에 걸려있으며 간질 병자이다). 그러나 우리는 거기서 종교적 인간의 한 유형, 즉 **이교도적** 유형을 빠뜨린 것은 아닌가? 이교도 숭배는 삶에 대한 감사와 긍정의 형식이 아닌가? 그것의 최고 대표는 삶의 옹호와 신격화이지 않을 수 없는 것 아닌가? 잘되고 황홀하게 넘쳐흐르는 정신의 유형. 실존의 모순과 의심스러운 것을 자기 안에 받아들이고 **구제하는** 유형의[10] 유형!

여기서 나는 그리스인의 **디오니소스**를 내세운다. 부정되거나 양분된 삶이 아니라 전체의 삶에 대한 종교적 긍정(전형적인 것은 성적 행위가 깊이와 비밀과 외경을 불러일으킨다는 것이다).

디오니소스 대 "십자가에 못 박힌 자": 여기서 너희는 대립을 본다. 그것은 순교에 관한 차이가 **아니다**. 단지 순교가 다른 의미를 지닐 뿐이다. 삶 자체가, 삶의 영원한 풍요함과 회귀가 고통과 파괴와 절멸 의지의 조건이 된다. 다른 경우에는 고통이—"죄 없는 자로서 십자가에 못 박힌 자"가—이 삶에 대한 이의 제기로, 단죄의 공식으로 간주된다. 사람들은 알아차린다. 문제는 고통의 의미라는 것을, 그것이 그리스도교적 의미인지 비극적 의미인지의 문제라는 것을. 전자의 경우에 고통은 어떤 신성한 존재에 이르는 길이어야 한다. 후자의 경우에 **존재**가 엄청난 고통을 여전히 정당화할 만큼 **충분하게 신성하다**고 간주된다. 비극적 인간은 가장 가혹한 고통조차 여전히 긍정한다. 그는 그럴 수 있을 정도로 강하고, 충만하며, 신격화되어있다. 그리스도교적 인간은 지상에서의 가장 행복한 운명도 여전히 부정한다. 그는 어떤 형태로든 여전히 삶으로 고통을 당할 만큼 약하고 가난하며 얻은 것이 없다. "십자가에 못 박힌 자"는 삶에 대

10) 본래 원고에는 "유형(Typus)"으로 되어있으나 문맥상으로는 '정신'으로 이해할 수 있다.

한 저주이며, 삶으로부터 구원받으려는 표시다. 조각난 디오니소스는 삶에 대한 **약속**이다. 그것은 영원히 다시 태어나고, 파괴로부터 다시 돌아온다.

3장

영원회귀

1053

나의 철학은 다른 모든 사고방식을 끝내 몰락하게 만드는 승리의 사상을 가져온다. 그것은 **훈육하는** 위대한 사상이다. 그 사상을 견디지 못하는 종족들은 단죄된다. 그것을 최대의 선의로 느끼는 종족들은 지배하도록 선택될 것이다.

1054

최대의 투쟁, 그것을 위해서는 새로운 **무기**가 필요하다.

망치, 즉 두려운 결정을 불러내고, 유럽을 자신의 의지가 과연 몰락을 "원하는가"의 **결론**과 직면하게 만드는 것.

평범화의 예방. 오히려 몰락을!

1055

염세주의적 사고방식과 가르침, 황홀한 허무주의는 상황에 따라서는 바로 철학자에게는 불가결의 것일 수 있다. 즉, 삶의 새로운 질서에 길을 열기 위해서나 혹은 퇴회하거나 소멸하고자 하는 것에 종말에의 욕망을 불어넣기 위해 퇴화하거나 소멸하는 종족을 파괴하고 제거하는 강력한 압박과 망치로서 없어서는 안 된다.

1056

나는 많은 사람에게 자신을 삭제할 권리를 주는 사상을 가르치려 한다. **훈육하는** 위대한 사상을.

1057

영원회귀. 예언의 서.

1. 가르침 및 그 이론적 전제와 결과의 서술.

2. 가르침의 증명.

3. 그것을 **믿게** 될 때 일어날 수 있는 결과(그 가르침은 모든 것을 **부숴 연다**).

   a) 이 가르침을 견뎌내는 수단.

   b) 이 가르침을 제거하는 수단.

4. 이 가르침이 **중심**으로서 역사에서 차지하는 위치.

최고 위험의 시대.

여러 민족과 그들의 이해관계 **위에** 과두정치의 수립. 전 인류적 정치를 위한 교육.

예수회주의의 대립물.

1058

두 가지 위대한 (독일인에 의해 발견된) 철학적 관점:

생성, 즉 **발전**의 관점.

실존의 가치에 따른 관점. (그러나 독일적 염세주의라는 가련한 형식이 먼저 극복되어야 한다!)

이 두 가지는 나에 의해 **결정적인** 방식으로 통합되었다.

모든 것은 생성되고 영원히 회귀한다. **빠져나가는** 것은 **가능하지** 않다! 우리가 가치를 판단할 **수 있다면**, 이것으로부터 어떤 결과가 나오는가? **힘**(그리고 야만!!)에 봉사하는 **선택의** 원리로서의 회귀 사상.

이 사상을 위한 인류의 **성숙**.

1059

1. 영원회귀의 사상: 이 사상이 참이라면 역시 참이지 않으면 안 되는 그 전제 조건. 이 사상에서 결과하는 것.

2. **가장 어려운** 사상으로서: 이 사상이 예방되지 않을 경우, 즉 모든 가치가 재평가되지 않을 경우, 있을 수 있는 이 사상의 영향.

3. 그것을 **견디는** 수단: 모든 가치의 전도. 더는 확실성에 대한 쾌감이 아니라 불확실성에 대한 쾌감. 더는 "원인과 결과"가 아니라 계속해서 창조하는 것. 더는 보존의 의지가 아니라 권력의 의지. 더는 "모든 것은 **단지** 주관적일 뿐이다."라고 겸허하게 말하는 것이 아니라 "그것 또한 우리의 작품이다! 우리는 이 점을 자랑스러워하자!"라고 말하는 것.

1060

회귀의 사상을 **견뎌내기** 위해 필요한 것은 도덕으로부터의 자유이다. **고통**의 사실에 대항하는 새로운 수단(고통을 도구로서, 쾌감의 아버지로서 파악한다. 불쾌감을 **총계하는** 의식 따위란 없다). 저 극단적 숙명론에 대한 균형추로서, 모든 종류의 불확실성과 실험성의 향유. 필연성이라는 개념의 제거. 의지의 제거. "인식 자체"의 제거.

초인을 창조하는 자로서의 **인간의 힘에 대한 의식의 최고 고양**.

1061

두 가지 극단적인 사고방식—기계론적 사고방식과 플라톤적 사고방식—이 영원회귀 속에서 합체된다. 양자가 이상으로서.

1062

세계가 하나의 목표를 가지고 있다면, 그것은 틀림없이 도달했을 것이다. 세계에 의도하지 않은 궁극의 상태가 있다면, 그 상태 또한 마찬가지로 도달했을 것이다. 세계가 대체로 머무르고 고정되고 "존재"할 수 있다면, 생성되는 모든 과정에서 단 한 순간만이라도 이러한 "존재" 능력을 소유했다면, 모든 생성은 다시금 오래전에 끝났을 것이고, 따라서 모든 사유와 모든 "정신"도 끝났을 것이다. "정신"이 **하나의 생성이라는** 사실은 세계가 어떤 목표나 어떤 궁극적 상태도 가지고 있지 않으며 존재할 수 없다는 것을 증명한다.

그러나 모든 사건에서 목표를 생각하고, 세계에서 인도하는 창조적 신을 생각하는 낡은 습관이 너무나 강력해서, 사상가는 스스로 세계의 무목적성을 다시 의도로 생각하지 않으려면 노력이 필요하다. 이러한 착상에—즉 세계가 의도적으로 목표를 회피하고 심지어는 어떤 순환 속으로 빠져들지 못하도록 막는 기교를 알고 있다는 착상에—빠져들지 않을 수 없는 사람들이 있다. 그들은 세계에 **영원한 새로움**에 이를 수 있는 능력이 있다고 판결하고 싶어 한다. 즉, "세계"가 그러하듯이 유한하고 확정적이며 변화하지 않고 일정한 힘에는 그 형식과 상태를 **무한히** 새롭게 형성할 수 있는 기적 같은 능력이 있다는 것이다. 세계는 더는 신이 아니더라도 여전히 신적인 창조력과 무한한 변형의 힘을 가질 수 있다. 세계는 그것의 낡은 형태로 되돌아가는 것을 자의적으로 **막는** 것이 틀림없다. 세계는 자기 자신을 모든 반복으로부터 **지킬** 의도뿐만 아니라 **수단**도 가지고 있음이 틀림없다. 이리하여 세계는 모든 순간에 목표, 궁극 상태, 반복을 회피하기 위해 자신의 모든 운동을 **통제하고** 있음이 틀림없다. 그리고 모든 것이 그러한 용서할 수 없는 미친 사고방식이나 소망 방식의 결과라고 할 수도 있다. 그러나 그것은 여전히 낡은 종교적 사고방식이나 소망 방식이며, **어떤 식으로든** 세계는 사랑받고 무한하고 끝없이 창조적인 옛 신과 같다고 믿는, 즉 어떤 식으로든 "옛 신이 여전히 살아있다."라고 믿는 일종의 동경이다. "신 또는 자연"[1](그는 심지어 "자연 또는 신"이라고 느꼈다)이라는 말속에 표

1) deus sive natura(God or nature). 스피노자 범신론을 대변하는 이 구호는 신과 자연이 상호 교환될 수 있으며, 창조자와 피조물 사이에 구별이 없다는 것을 뜻한다.

현된 저 스피노자의 동경이다. 결정적인 전환을, 즉 신들을 고안하는 종교적 정신에 대해 이제 달성한 과학적 정신의 **우세**를 가장 확정적으로 정식화하는 명제와 믿음은 도대체 어떠한 것인가? 그것은 다음과 같은 것이 아니던가. 힘으로서의 세계는 무제한하다고 생각되어서는 안 된다. 왜냐하면 세계는 그렇게 생각될 수 없기 때문이다. 우리는 **"힘"의 개념과 양립할 수 없는 무한한 힘**이라는 개념을 금한다. 세계에는 영원한 새로움을 위한 능력도 또한 없다.

1063

에너지 보존의 명제는 영원회귀를 요구한다.

1064

평형상태에 도달하지 못했다는 것은 그것이 가능하지 않다는 것을 증명한다. 그러나 한정되지 않은 공간에서 그것은 도달하지 않을 수 없다. 구형의 공간에서도 마찬가지다. 공간의 형태는 영원한 운동의, 결국 모든 "불완전성"의 원인이어야만 한다.

"힘"과 "정지", "동일하게 유지되는 것"이 서로 충돌한다는 사실. (크기로서의) 힘의 척도는 고정되어있지만, 그 본질은 유동적이다.

"무시간적"[2]이라는 것을 거부하는 일. 힘의 특정한 순간에 그의 모든 힘이 새롭게 분배되는 절대적 제약이 주어져있다. 힘은 정지

2) "zeitlos(timelessness)". '시간을 초월한' 또는 '시간과 무관한'이라는 뜻이다.

할 수 없다. "변화"는 본질에 속한다. 따라서 시간성도 또한 그러하다. 그러나 이로써 변화의 필연성이 다시 한번 개념적으로 정립될 뿐이다.

1065

저 황제는 모든 사물을 너무 **중시**하지 않고 그것들 사이에 평정을 유지하기 위해 모든 사물의 덧없음을 염두에 두고 있었다. 내게는 정반대로 모든 것이 덧없기에는 너무나도 가치 있는 것으로 여겨진다. 나는 모든 것을 위해 영원을 찾고 있다. 가장 귀중한 향유와 포도주를 바다에 쏟아버려도 좋은 것인가? 나의 위안은 존재했던 모든 것이 영원하다는 것이다. 바다는 물결로 그것을 다시 되돌려 줄 것이다.

1066

새로운 세계 구상.— 1. 세계는 존립하고 있다. 세계는 생성되는 것이 아니고, 소멸하는 것도 아니다. 혹은 오히려 세계는 생성하고 소멸하지만, 세계는 결코 생성을 시작한 적도 없고, 소멸하기를 그친 적도 없다. 세계는 생성과 소멸의 양자 속에서 **유지된다**. 세계는 자기 스스로 살아간다. 자신의 배설물이 자신의 음식이다.

2. **창조된 세계**라는 가설 따위에 우리는 한순간도 마음 쓸 필요가 없다. "창조한다"는 개념은 오늘날 완전히 정의할 수 없고 완전히 실행 불가능한 것이다. 미신의 시대에 출현해 제대로 발달하지 못한 낱말에 불과하다. 낱말 하나로는 아무것도 설명하지 못한다. **시**

작이 있는 세계를 구상하려는 마지막 시도는 최근에 논리적 절차의 도움으로 여러 번 이루어졌다. 대개는 추측할 수 있듯이 어떤 신학적 저의에서이다.

3. 최근에 **뒤**를 향한 세계의 시간적 무한성이라는 개념에서 모순을 찾으려는 시도가 다양하게 이루어졌다.[3] 물론 사람들은 머리를 꼬리와 혼동하는 대가를 치르고서야 그것을 발견했다. 그 어떤 것도 내가 이 순간으로부터 과거로 소급하여 "나는 결코 끝까지 도달하지 못할 것이다."라고 말하는 것을 막을 수 없다. 그것은 내가 동일한 순간으로부터 미래의 무한으로 나갈 수 있는 것과 같다. 무한역진이라는 이 정확한 개념을 현재에 이르기까지의 무한 **전진**이라는 **전혀 실행할 수 없는** 개념과 동일시하는 오류를 저지르고자 할 때야 비로소—나는 그러지 않도록 조심할 것이다—, 내가 (전진 혹은 역진) **방향**을 논리적으로 무차별적인 것으로 설정할 때야 비로소 나는 머리를—이 순간을—꼬리로 파악하게 될 것이다. 이런 일은 당신에게 맡기겠다, 나의 뒤링씨!

4. 나는 이전의 사상가들에게서 이런 생각을 맞닥뜨린 적이 있다. 그 사상은 매번 다른 저의에 의해(대개는 영혼의 창조자에게 유리한

---

3) "뒤(과거)를 향한 시간적 무한성"은 '무한으로의 역진(regressus in infinitum)' 또는 '무한 소급'을 의미한다. 우리가 변화하는 세계의 원인을 파악하고자 한다면, 우리는 원인의 원인을 거꾸로 찾아야 한다. 그러나 변화하는 세계가 있으면 변화하지 않는 세계가 있어야 하는데, 유한한 인간 지성은 변화하지 않는 영원한 세계에 대해서는 원인을 규명할 수 없다. 따라서 무한으로의 역진은 불가능하다.

신학적 저의에 의해) 규정되어있었다. 세계가 대체로 응고되고 메마르고 소멸되고 **무**(無)가 될 수 있다면, 혹은 세계가 평형상태에 도달할 수 있다면, 혹은 세계가 대체로 지속과 불변성과 영원성을 포함하는 그 어떤 목표를 가지고 있다면(요컨대 형이상학적으로 말하자면 생성이 존재로 혹은 무로 끝날 **수 있다면**), 이 상태는 도달되었음이 틀림없다. 그러나 그 상태는 도달되지 않았다. 그것의 결과는 이러하다. 그것은 그 자체로는 가능한 엄청난 양의 세계 가설들을 정정하는 데 사용하기 위해 우리가 손안에 쥐고 있는 유일한 확실성이다. 이를테면 윌리엄 톰슨(William Thomson)이 기계론에서 끌어낸 어떤 종국 상태라는 귀결을 기계론이 피할 수 없게 되면, 이로써 기계론은 **논박당한** 것이다.

5. 세계를 일정 크기의 힘으로서 그리고 일정 수의 힘 중심들로 **생각해도 된다면**—그리고 다른 모든 표상은 규정되지 않아서 **쓸모없다면**—이것으로부터 나오는 결론은 세계가 그 실존의 거대한 주사위 놀이 속에서 산정 가능한 결합의 수를 모두 통과해야 한다는 점이다. 무한한 시간 속에서 모든 가능한 결합이 언젠가 한 번은 달성되었을 것이다. 그뿐만 아니라, 그 결합은 무한하게 달성되었을 것이다. 그리고 모든 결합과 그것의 다음번 회귀 사이에는 모든 가능한 결합들이 전부 진행되었음이 틀림없고, 이들 각각의 결합은 동일 계열의 결합들의 전체 순서에 영향을 미치기 때문에, 절대적으로 동일한 계열의 순환 운동이 증명될 수 있을 것이다. 이미 무한히 자주 반복되었고 자신의 놀이를 무한히 즐기는 순환 운동으로서의 세계. 이러한 세계 구상은 단순히 기계론적 세계 구상은 아니다.

만일 그렇다면, 그 구상은 동일한 경우들의 무한한 회귀가 아니라 종국 상태를 초래하게 될 것이기 때문이다. 세계가 종국 상태에 도달하지 않았기 **때문에** 기계론은 우리에게 불완전한 단지 잠정적인 가설에 불과한 것으로 간주되지 않으면 안 된다.

1067

그리고 너희는 내게 "세계"가 무엇인지를 알고 있는가? 내가 너희에게 이 세계를 내 거울에 비추어 보여주어야만 하는가? 이 세계는 시작도 없고 끝도 없는 거대한 힘이며, 커지지도 않고 작아지지도 않는, 소모되는 것이 아니라 단지 변화하는 전체로서는 그 크기가 변하지 않는 확고하고 청동같이 단단한 힘의 크기이며, 지출과 손실도 없고 마찬가지로 증가도 수입도 없고 자신의 경계인 "무"로 둘러싸여 있는 가계이며, 흐릿해지거나 허비되거나 무한히 확장되는 것이 아니라 일정한 힘으로서 일정한 공간 속에 자리 잡은 것이다. 그런데 어딘가 "비어"있을지도 모르는 공간 속이 아니라, 오히려 힘으로서 어디에나 있으며, 힘과 힘 파동의 유희로서 하나인 동시에 다수이고, 여기에서는 쌓이지만 동시에 저기에서는 줄어들고, 자기 속으로 광포하게 휘몰아치고 밀려드는 힘들의 바다이며, 영원히 변화하고 영원히 되돌아오며 엄청난 회귀의 세월과 함께, 자신의 형태의 썰물과 밀물로 가장 간단한 것으로부터 가장 다양한 것으로 추구해가면서, 가장 고요하고 가장 단단하고 가장 차가운 것으로부터 가장 작렬하고 가장 거칠고 가장 자기모순적인 것으로 나아가고, 다음에는 다시금 충만으로부터 단순한 것으로, 모순의 놀이로부터 조화의 즐거움으로 되돌아오고, 이러한 전적으로 동일한 자신의 궤도와 세월 속에서도 여전히 자기 자신을 긍정하고, 영원히 회귀할 수밖에 없는 것으로서 자기 자신을 축복하면서, 어떠한 배부름이나 권태나 피로도 모르는 생성이다. 영원한 자기 창조와 영원한 자기 파괴의 이러한 나의 디오니소스적 세계, 이중적 관능의 이러한 비밀 세계, 이러한 나의 "선악의 저편"은 순환의 행복 속에 목표가 있는 것이 아니라면 목표가 없고, 원환 고리가 자신에 대해 선한 의지를 지니지 않는다면 의지가 없다. 너희는 이러한 세계에 대한 **이름**을 원하는가? 그 세계의 모든 수수께끼에 대한 하나의 **해결**을 원하는가? 너희 가장 잘 숨겨져있고, 가장 강하고 가장 겁내지 않는 한밤중의 자들이여, 너희를 위해서도 **빛**을 원하는가? **이 세계는 권력에의 의지이며 그 외에는 아무것도 아니다**! 그리고 너희 자신 역시 이러한 권력에의 의지다. 그리고 그 외에는 아무것도 아니다!

일러두기

- 총 1,067편의 노트로 구성된 이 책은 페터 가스트(Peter Gast)와 니체의 누이인 엘리자베트 푀르스터-니체(Elisabeth Förster-Nietzsche)가 1883년부터 1888년까지의 니체 유고를 '권력에의 의지'라는 제목으로 편찬한 책이다. 엘리자베트 푀르스터-니체와 페터 가스트가 1906년 《니체전집(Nietzsche's Werken)》의 문고본(Taschenausgabe) 9권과 10권으로 편찬한 《권력에의 의지》를 저본으로 삼고, 조르조 콜리(Giorgio Colli)와 마치노 몬티나리(Mazzino Montinari)가 편집한 니체 비평본을 참조했다. 이 판본은 1911년 소위 말하는 "대 8절판 전집(Großoktavausgabe)"에 오토 바이스(Otto Weiß)의 주석과 함께 수용됐고, 1930년 크뢰너 출판사의 문고본(Kröner's Taschenausgabe) 제78권으로 출간되었다.
- 1,067편의 텍스트 순서와 내용은 1906/11년도 판의 《권력에의 의지》를 따랐지만, 콜리와 몬티나리가 편집한 비평본을 대조하여 옮겼다.
- 이 책의 번역에 참조한 텍스트는 다음과 같다.

Friedrich Nietzsche, *Nietzsche's Werke*(= "Großoktavausgabe"), hrsg. vom Nietzsche-Archiv, XIX Bände in drei Abteilungen mit einem Registerband, Leipzig 1894-1913.

Friedrich Nietzsche, *Sämtliche Werke. Kritische Studienausgabe in 15 Bänden*, hrsg. von Giorgio Colli und Mazzino Montinari, München/Berlin/New York, 1980(KSA).

Friedrich Nietzsche, *Werke: Kritische Gesamtausgabe*, hrsg. von Giorgio Colli und Mazzino Montinari, Berlin/New York, 1967ff(KGW).

Friedrich Nietzsche, *Der Wille zur Macht: Versuch einer Umwertung aller Werte*, ausgewählt und geordnet von Peter Gast unter Mitwirkung von Elisabeth Förster Nietzsche, mit einem Nachwort von Walter Gebhard, Stuttgart: Alfred Kröner Verlag, 1996.

Friedrich Nietzsche, *The Will to Power*, translated by Walter Kaufmann and R. J. Hollingdale, edited by Walter Kaufmann, New York: Vintage Books, 1968

페이지 대조표

니체의 사후 노트에서 편집한《권력에의 의지》의 텍스트 자료는 주로 세 가지 버전으로 영향을 미쳤다. 첫 번째 버전은 1901년 "Großoktavausgabe"의 XV 권으로 출간된 483개 노트의 모음이다. 편집자는 주로 아우구스트(August)와 에른스트 호르네퍼(Ernst Horneffer)였다. 서문은 엘리자베트 푀르스터-니체가 썼으며, 페터 가스트를 공동 작업자로 언급한다. 두 번째 버전은 문고본 IX권과 X권으로 1906년 처음 출간된 1,067개 노트의 모음이다. 편집자는 엘리자베트 푀르스터-니체와 페터 가스트였다. 이 판본은 1911년 새롭게 출간된 "Großoktavausgabe"의 XV권과 XVI권에 오토 바이스의 주석과 함께 수록되었다. 세 번째 버전은 니체의 "주요 작품"이라는 전설을 파괴하려는 의도로 카를 슐레히타(Karl Schlechta)가 두 번째 버전에 수집된 노트들을 "80년대의 유고에서"라는 제목으로 새롭게 편집한 것이다. 슐레히타는 체계적 순서를 거의 연대기적 순서로 대체했지만, 노트들은 이전의 편집자가 제공한 형식을 유지했다. 여기에서는 두 번째 버전의《권력에의 의지》의 순서에 따라 조르조 콜리와 마치노 몬티나리가 편집한 비평전집의 출처를 비교할 수 있도록 페이지 대조표를 작성했다. 로마자 숫자는 비평전집의 권수, 괄호 앞의 아라비아 숫자는 원고 묶음의 번호, 괄호 안의 아라비아 숫자는 이 원고 묶음 안의 노트 번호를 의미한다. 그 뒤에는 오늘날 가장 많이 이용하는 비평전집의 문고판(KSA)의 권수와 쪽수를 병기했다.

KSA: Friedrich Nietzsche, *Sämtliche Werke. Kritische Studienausgabe in 15 Bänden*, hrsg.v. Giorgio Colli und Mazzino Montinari (München-Berlin-New York, 1980).

페이지 대조표는 M.-L. Haase und J. Salaquarda, "Konkordanz. Der Wille zur Macht: Nachlaß in chronologischer Ordnung der Kritischen Gesamtausgabe", *Nietzsche-Studien*, Bd. 9 (1980), pp.446-490을 참조했다.

서언 1-4	Ⅷ 11[411]	KSA 13, 189-190	18	Ⅷ 7[3]	KSA 12, 254-5
1	Ⅷ 2[127]	KSA 12, 125-7	19	Ⅷ 7[64]	KSA 12, 318
2	Ⅷ 9[35]	KSA 12, 350	20	Ⅷ 9[43]	KSA 12, 355-6
3	Ⅷ 10[192]	KSA 12, 571	21	Ⅷ 10[43]	KSA 12, 476
4	Ⅷ 5[71]	KSA 12, 211	22	Ⅷ 9[35]	KSA 12, 350-1
5	Ⅷ 5[71]	KSA 12, 211-2	23	Ⅷ 9[35]	KSA 12, 350
6	Ⅷ 10[192]	KSA 12, 571	24	Ⅷ 11[123]	KSA 13, 59-60
7	Ⅷ 11[100]	KSA 13, 49-50	25	Ⅷ 9[123]	KSA 12, 407-8
8	Ⅷ 7[8]	KSA 12, 292-3	26	Ⅷ 9[107]	KSA 12, 398
9	Ⅷ 10[58]	KSA 12, 491	27	Ⅷ 9[44]	KSA 12,357-8
10	Ⅷ 9[126], [128]	KSA 12, 410	28	Ⅷ 10[42]	KSA 12, 476
11	Ⅷ 10[192]	KSA 12, 571	29	Ⅶ 24[26]	KSA 10, 600
12	Ⅷ 11[99]	KSA 13, 46-9	30	Ⅷ 11[148]	KSA 13, 69-70
13	Ⅷ 9[35]	KSA 12, 351	31	Ⅶ 25[16]	KSA 11, 15-6
14	Ⅷ 9[39]	KSA 12, 353	32	Ⅷ 6[25]	KSA 12, 242-3
15	Ⅷ 9[41]	KSA 12, 354	33	Ⅷ 9[162]	KSA 12, 430-1
16	Ⅷ 11[124]	KSA 13, 60	34	Ⅷ 1[194]	KSA 12, 54
17	Ⅷ 10[150]	KSA 12, 539-40	35	Ⅷ 9[107]	KSA 12, 397-8

36	Ⅷ 11[97]	KSA 13, 45-6
37	Ⅷ 9[107]	KSA 12, 396-7
38	Ⅷ 17[8]	KSA 13, 529
39	Ⅷ 11[227]	KSA 13, 89
40	Ⅷ 14[75]	KSA 13, 255-6
41	Ⅷ 15[31]	KSA 13, 426-1
42	Ⅷ 14[74]	KSA 13, 255
43	Ⅷ 14[86]	KSA 13, 264-5
44	Ⅷ 17[6]	KSA 13, 527-8
45	Ⅷ 14[102]	KSA 13, 279-80
46	Ⅷ 14[219]	KSA 13, 394
47	Ⅷ 14[65]	KSA 13, 250-1
48	Ⅷ 14[68]	KSA 13, 252-3
49	Ⅷ 15[80]	KSA 13, 456
50	Ⅷ 16[53]	KSA 13, 503-4
51	Ⅷ 14[6]	KSA 13, 220-1
52	Ⅷ 15[41]	KSA 13, 433
53	Ⅷ 14[40]	KSA 13, 238
54	Ⅷ 15[13]	KSA 13, 412-4
55	Ⅷ 5[71]	KSA 12, 211-17
56	Ⅷ 11[150]	KSA 13, 71
57	Ⅶ 25[9]	KSA 11, 11-3
58	Ⅷ 1[236]	KSA 12, 62
59	Ⅷ 2[122]	KSA 12, 122
60	Ⅶ 34[43]	KSA 11, 433
61	Ⅶ 7[152]	KSA 10, 292
62	Ⅷ 9[130], [131]	KSA 12, 411-2
63	Ⅷ 15[63]	KSA 13, 449-50
64	Ⅷ 9[82]	KSA 12, 377
65	《우상의 황혼》, 〈어느 반시대적 인간의 편력〉, 38, 39 참조.	
66	Ⅷ 10[197]	KSA 12, 511-2
67	Ⅶ 25[210]	KSA 11, 68-9
68	Ⅷ 14[208], [226]	KSA 13, 308, 398, 236-237
69	Ⅷ 2[131]	KSA 12, 130-1
70	Ⅷ 2[175]	KSA 12, 154
71	Ⅷ 10[18]	KSA 12, 464
72	Ⅷ 15[20]	KSA 13, 418
73	Ⅷ 9[141]	KSA 12, 416
74	Ⅷ 9[168]	KSA 12, 435
75	Ⅶ 34[161], [162]	KSA 11, 474-5
76	Ⅷ 9[167]	KSA 12, 434
77	Ⅷ 7[17]	KSA 12, 301
78	Ⅷ 2[121]	KSA 12, 121-2
79	Ⅷ 9[165]	KSA 12, 432-3
80	Ⅷ 11[135]	KSA 13, 62
81	Ⅷ 7[10]	KSA 12, 298
82	Ⅷ 9[126]	KSA 12, 409-10
83	Ⅷ 9[182]	KSA 12, 445
84	Ⅷ 9[169]	KSA 12, 435
85	Ⅷ 15[35]	KSA 13, 429
86	Ⅷ 10[66]	KSA 12, 495
87	Ⅷ 9[129]	KSA 12, 411
88	Ⅷ 10[54]	KSA 12, 484
89	Ⅷ 14[45]	KSA 13, 240
90	Ⅷ 15[8]	KSA 13, 408-9
91	Ⅶ 36[49]	KSA 11, 571
92	Ⅶ 24[6]	KSA 10, 645-6
93	Ⅷ 15[23]	KSA 13, 419-20
94	Ⅶ 25[178]	KSA 11, 61-2
95	Ⅷ 9[178]	KSA 12, 440-3
96	Ⅷ 9[74]	KSA 12, 375
97	Ⅷ 9[183]	KSA 12, 446
98	Ⅷ 9[146]	KSA 12, 421
99	Ⅷ 9[125]	KSA 12, 409
100	Ⅷ 9[184]	KSA 12, 447-9
101	Ⅷ 9[3]	KSA 12, 340-1
102	Ⅷ 10[65]	KSA 12, 94-5
103	Ⅷ 7[26], [7]	KSA 12, 305, 288

104	Ⅷ 15[68], [69]	KSA 13, 451
105	Ⅷ 7[7]	KSA 12, 287-8
106	Ⅷ 11[315]	KSA 13, 133
107	Ⅷ 16[33]	KSA 13, 493-4
108	Ⅶ 36[53]	KSA 11, 572
109	Ⅶ 34[223]	KSA 11, 496-7
110	Ⅷ 10[23]	KSA 12, 468-9
111	Ⅷ 9[186]	KSA 12, 449-50
112	Ⅷ 10[22]	KSA 12, 468
113	Ⅷ 7[8]	KSA 12, 291-2
114	Ⅷ 5[71]	KSA 12, 212
115	Ⅷ 15[60]	KSA 13, 447
116	Ⅷ 15[44]	KSA 13, 438-9
117	Ⅷ 9[121]	KSA 12, 406-7
118	Ⅷ 7[7]	KSA 12, 285
119	Ⅷ 10[119]	KSA 12, 525-6
120	Ⅷ 10[53]	KSA 12, 482-4
121	Ⅷ 16[10]	KSA 13, 485-6
122	Ⅷ 15[67]	KSA 13, 451
123	Ⅷ 9[185]	KSA 12, 449
124	Ⅷ 9[121]	KSA 12, 406-7
125	Ⅶ 37[11]	KSA 11, 586-7
126	Ⅷ 9[165]	KSA 12, 432-3
127	Ⅶ 26[417]	KSA 11, 263
128	Ⅶ 26[449]	KSA 11, 269-70
129	Ⅶ 36[48]	KSA 11, 570
130	Ⅶ 24[25]	KSA 10, 659
131	Ⅶ 26[392]	KSA 11, 253
132	Ⅶ 35[9]	KSA 11, 511-2
133	Ⅶ 34[18], [19]	KSA 11, 427
134	Ⅷ 2[128]	KSA 12, 127-8
135	Ⅷ 14[124]	KSA 13, 305-6
136	Ⅷ 14[125]	KSA 13, 306-7
137	Ⅷ 14[127]	KSA 13, 309-10
138	Ⅷ 7[5]	KSA 12, 272
139	Ⅷ 14[199]	KSA 13, 382-4
140	Ⅷ 14[189]	KSA 13, 376-7
141	Ⅷ 15[42]	KSA 13, 433-6
142	Ⅷ 15[45]	KSA 13, 439-40
143	Ⅷ 14[204]	KSA 13, 386-7
144	Ⅶ 34[176]	KSA 11, 478-80
145	Ⅷ 14[180], [195]	KSA 13, 364-5, 380-1
146	Ⅷ 2[197]	KSA 12, 163-4
147	Ⅷ 10[193]	KSA 12, 571-2
148	Ⅷ 8[3]	KSA 12, 331
149	V 6[255]	KSA 9, 264
150	Ⅷ 9[22]	KSA 12, 347
151	Ⅷ 2[107]	KSA 12, 114
152	Ⅷ 14[13]	KSA 13, 223-4
153	Ⅷ 11[371]	KSA 13, 166-7
154	Ⅷ 14[91]	KSA 13, 267-8
155	Ⅷ 10[190]	KSA 12, 569-70
156	Ⅷ 11[370]	KSA 13, 166
157	Ⅷ 15[74]	KSA 13, 453-4
158	Ⅷ 16[87]	KSA 13, 517
159	Ⅷ 11[365]	KSA 13, 161-2
160	Ⅷ 11[356]	KSA 13, 155-7
161	Ⅷ 11[354]	KSA 13, 154
162	Ⅷ 11[354]	KSA 13, 154
163	Ⅷ 11[360]	KSA 13, 158-9
164	Ⅷ 11[36], [272]	KSA 13, 20, 102
165	Ⅷ 11[360]	KSA 13, 158-9
166	Ⅷ 11[279]	KSA 13, 106
167	Ⅷ 11[282]	KSA 13, 108-9
168	Ⅷ 11[257]	KSA 13, 98
169	Ⅷ 11[275]	KSA 13, 103-4
170	Ⅷ 11[295]	KSA 13, 115
171	Ⅷ 14[57]	KSA 13, 244-5
172	Ⅷ 10[184]	KSA 12, 566-7

173	Ⅷ 22[4], [5]	KSA 13, 585-6
174	Ⅷ 10[96]	KSA 12, 510-1
175	Ⅷ 10[181]	KSA 12, 564-2
176	Ⅷ 14[130]	KSA 13, 312-3
177	Ⅷ 14[108]	KSA 13, 286-7
178	Ⅶ 25[419]	KSA 11, 122
179	Ⅷ 11[240]	KSA 13, 94-5
180	Ⅷ 11[380]	KSA 13, 179
181	Ⅷ 10[91]	KSA 12, 508
182	Ⅷ 10[79]	KSA 12, 500-1
183	Ⅷ 11[359]	KSA 13, 157-8
184	Ⅷ 14[223]	KSA 13, 396
185	Ⅷ 10[178]	KSA 12, 562
186	Ⅷ 10[96]	KSA 12, 510-1
187	Ⅷ 9[143]	KSA 12, 416
188	Ⅷ 10[199]	KSA 12, 574-5
189	Ⅷ 9[23]	KSA 12, 348
190	Ⅷ 10[186]	KSA 12, 567-8
191	Ⅷ 11[243], [244], [245]	KSA 13, 95
192	Ⅷ 10[49]	KSA 12, 478
193	Ⅷ 11[261], [262]	KSA 13, 98
194	Ⅷ 11[256]	KSA 13, 98
195	Ⅷ 11[294]	KSA 13, 114
196	Ⅷ 11[295]	KSA 13, 115
197	Ⅷ 10[198], [199]	KSA 12, 574-5
198	Ⅷ 11[354]	KSA 13, 154
199	Ⅷ 9[50]	KSA 12, 360
200	Ⅷ 10[191]	KSA 12, 570-1
201	Ⅷ 10[204]	KSA 12, 581
202	Ⅷ 10[201]	KSA 12, 579-80
203	Ⅷ 10[80]	KSA 12, 501-2
204	Ⅷ 10[157]	KSA 12, 545-9
205	Ⅷ 10[86]	KSA 12, 506
206	Ⅷ 9[88]	KSA 12, 381
207	Ⅷ 11[239]	KSA 13, 93-4
208	Ⅷ 11[155]	KSA 13, 73
209	Ⅷ 11[379]	KSA 13, 178-9
210	Ⅷ 10[73]	KSA 12, 498
211	Ⅷ 10[135]	KSA 12, 532
212	Ⅷ 11[365]	KSA 13, 162-2
213	Ⅷ 11[364]	KSA 13, 160-1
214	Ⅷ 11[364]	KSA 13, 161
215	Ⅷ 10[77]	KSA 12, 499-500
216	Ⅷ 10[188]	KSA 12, 568-9
217	Ⅷ 9[18]	KSA 12, 346
218	Ⅷ 11[374]	KSA 13, 167
219	Ⅷ 2[96]	KSA 12, 108
220	Ⅷ 11[373]	KSA 13, 167
221	Ⅷ 11[363]	KSA 13, 159-60
222	Ⅷ 11[112]	KSA 13, 53
223	Ⅷ 2[98]	KSA 12, 108-9
224	Ⅷ 11[262], [263]	KSA 13, 98-9
225	Ⅷ 11[365]	KSA 13, 161-2
226	Ⅷ 14[96]	KSA 13, 273
227	Ⅷ 15[89]	KSA 13, 458
228	Ⅶ 44[6]	KSA 11, 706-7
229	Ⅷ 14[179]	KSA 13, 363-4
230	Ⅷ 15[93]	KSA 13, 462
231	Ⅷ 14[171]	KSA 13, 357-8
232	Ⅷ 14[181]	KSA 13, 365
233	Ⅷ 14[155]	KSA 13, 338-9
234	Ⅷ 7[6]	KSA 12, 283
235	Ⅷ 10[108]	KSA 12, 515-7
236	Ⅷ 15[61]	KSA 13, 448
237	Ⅷ 15[62]	KSA 13, 448-9
238	Ⅷ 15[56]	KSA 13, 445
239	Ⅷ 11[366]	KSA 13, 144-5
240	Ⅷ 2[144]	KSA 12, 138
241	Ⅷ 11[319]	KSA 13, 134

242	Ⅷ 11[302]	KSA 13, 128
243	Ⅷ 10[7]	KSA 12, 457-8
244	Ⅷ 11[122]	KSA 13, 58-9
245	Ⅷ 10[152]	KSA 12, 541-2
246	Ⅷ 15[110]	KSA 13, 469-471
247	Ⅷ 14[9]	KSA 13, 221-2
248	Ⅷ 14[164]	KSA 13, 348
249	Ⅷ 10[98]	KSA 12, 512
250	Ⅷ 10[69]	KSA 12, 496
251	Ⅷ 15[19]	KSA 13, 417
252	Ⅷ 11[55]	KSA 13, 27-8
253	Ⅷ 2[165]	KSA 12, 147-8
254	Ⅷ 2[189], [190]	KSA 12, 160-1
255	Ⅶ 24[31]	KSA 10, 662
256	[원고 유실]	
257	Ⅷ 14[76]	KSA 13, 256
258	Ⅷ 2[165]	KSA 12, 149
259	Ⅶ 26[119]	KSA 11, 181-2
260	Ⅶ 24[15]	KSA 10, 651-3
261	Ⅷ 7[4]	KSA 12, 260
262	Ⅷ 16[83]	KSA 13, 515
263	Ⅶ 35[30]	KSA 11, 522
264	Ⅷ 11[298]	KSA 13, 126
265	Ⅷ 2[170]	KSA 12, 153
266	Ⅷ 7[6]	KSA 12, 276-7
267	Ⅷ 2[178]	KSA 12, 154
268	Ⅷ 15[29]	KSA 13, 422
269	Ⅷ 7[6]	KSA 12, 281-2
270	Ⅷ 10[121]	KSA 12, 527
271	Ⅷ 14[108]	KSA 13, 286-7
272	Ⅷ 10[154]	KSA 12, 542
273	Ⅷ 7[6]	KSA 12, 282
274	Ⅷ 9[159]	KSA 12, 429
275	Ⅷ 7[6]	KSA 12, 278-9
276	Ⅷ 5[35]	KSA 12, 196
277	Ⅶ 24[19]	KSA 10, 657
278	Ⅶ 40[43]	KSA 11, 650-1
279	Ⅷ 7[6]	KSA 12, 274-5
280	Ⅷ 10[39]	KSA 12, 474
281	Ⅷ 18[8]	KSA 13, 534
282	Ⅷ 23[4]	KSA 13, 605
283	Ⅷ 8[4]	KSA 12, 332-32
284	Ⅷ 9[85]	KSA 12, 379-80
285	Ⅶ 27[17], [18]	KSA 11, 279
286	Ⅷ 7[6]	KSA 12, 281
287	Ⅷ 7[6]	KSA 12, 280
288	Ⅷ 14[126]	KSA 13, 307-9
289	Ⅷ 14[128]	KSA 13, 310
290	Ⅷ 10[151]	KSA 12, 541
291	Ⅷ 14[185]	KSA 13, 371-3
292	Ⅷ 10[46], [47]	KSA 12, 477
293	Ⅷ 14[31]	KSA 13, 234
294	Ⅷ 15[92]	KSA 13, 461-2
295	《도덕의 계보》, II 24	KSA 5, 335
296	Ⅷ 9[156]	KSA 12, 427-8
297	Ⅷ 10[153]	KSA 12, 542
298	Ⅷ 10[194]	KSA 12, 572-3
299	Ⅷ 9[86]	KSA 12, 380
300	Ⅷ 9[87]	KSA 12, 380-1
301	Ⅷ 2[184]	KSA 12, 158
302	Ⅷ 11[103]	KSA 13, 50
303	Ⅷ 16[25]	KSA 13, 488-9
304	Ⅷ 11[54]	KSA 13, 25-7
305	Vs. zu Ⅷ 11[54] (KGW Ⅵ/5, App. z.St.)	
306	Ⅷ 7[6]	KSA 12, 273
307	Ⅷ 9[78]	KSA 12, 376
308	Ⅷ 9[140]	KSA 12, 415
309	Ⅷ 11[116]	KSA 13, 55
310	Ⅷ 10[32]	KSA 12, 472

311	Ⅷ 9[147]	KSA 12, 421-2	346	Ⅷ 14[143]	KSA 13, 328
312	Ⅷ 10[144]	KSA 12, 537	347	Ⅷ 9[124]	KSA 12,408-9
313	Ⅷ 14[112]	KSA 13, 289	348	Ⅷ 10[195]	KSA 12, 573
314	Ⅷ 11[376]	KSA 13, 169	349	Ⅷ 10[113]	KSA 12, 521-2
315	Ⅷ 9[173]	KSA 12, 437-9	350	Ⅷ 10[9]	KSA 12, 458-9
316	Ⅷ 10[84]	KSA 12, 505	351	Ⅷ 15[113]	KSA 13, 471-4
317	Ⅷ 10[109]	KSA 12, 517-8	352	Ⅷ 11[287]	KSA 13, 112
318	Ⅷ 10[83]	KSA 12, 504-5	353	Ⅷ 11[325]	KSA 13, 137-8
319	Ⅷ 10[85]	KSA 12, 505	354	Ⅷ 14[158]	KSA 13, 342-3
320	Ⅷ 16[31]	KSA 13, 491-2	355	Ⅷ 1[25], [27]	KSA 12, 16
321	Ⅷ 10[97]	KSA 12, 511-2	356	Ⅷ 16[13]	KSA 13, 486
322	Ⅷ 10[35]	KSA 12, 473	357	Vs. zu Ⅷ 16[13] (KGW Ⅷ/4, App.z.St.)	
323	Ⅷ 9[175]	KSA 12, 439	358	Ⅷ 16[14]	KSA 13, 486
324	Ⅷ 9[155]	KSA 12, 426	359	Ⅷ 10[177]	KSA 12, 561
325	Ⅷ 15[118]	KSA 13, 480	360	Ⅷ 7[12], 9[19]	KSA 12, 298, 347
326	Ⅷ 7[6]	KSA 12, 278	361	Ⅷ 10[117]	KSA 12, 523
327	Ⅷ 10[45]	KSA 12, 476-7	362	Ⅷ 7[65]	KSA 12, 319
328	Ⅷ 10[110]	KSA 12, 518-9	363	Ⅷ 15[118]	KSA 13, 480
329	Ⅷ 10[107]	KSA 12, 515	364	Ⅶ 25[287]	KSA 11, 85
330	Ⅷ 5[100]	KSA 12, 227	365	Ⅶ 26[93]	KSA 11, 175
331	Ⅷ 7[62]	KSA 12, 316-7	366	Ⅷ 2[188]	KSA 12,160
332	Ⅷ 11[132]	KSA 13, 62	367	Ⅶ 36[7]	KSA 11, 552
333	Ⅷ 7[15]	KSA 12, 299-300	368	Ⅷ 7[4]	KSA 12, 268
334	Ⅷ 14[113]	KSA 13, 290-1	369	Ⅷ 2[205]	KSA 12, 167
335	Ⅷ 11[278]	KSA 13, 105-6	370	Ⅷ 9[108]	KSA 12, 398
336	Ⅷ 10[174]	KSA 12, 559	371	Ⅷ 1[87]	KSA 12, 32
337	Ⅷ 12[1], Nr.239	KSA 13,205	372	Ⅶ 8[23]	KSA 10, 342
338	Ⅷ 15[48]	KSA 13, 442	373	Ⅷ 14[29], [30]	KSA 13, 231-4
339	Ⅷ 11[226]	KSA 13, 87-9	374	Ⅷ 10[112]	KSA 12, 521
340	Ⅷ 10[170]	KSA 12,558	375	Ⅷ 7[24]	KSA 12, 303
341	Ⅷ 11[138]	KSA 13, 63-5	376	Ⅷ 8[4]	KSA 12, 335
342	Ⅷ 11[297]	KSA 13, 125-6	377	Ⅷ 8[1]	KSA 12, 323-4
343	Ⅷ 7[6]	KSA 12, 273-4	378	Ⅷ 7[6]	KSA 12, 273
344	Ⅷ 11[58]	KSA 13, 29	379	Ⅷ 9[84]	KSA 12, 378
345	Ⅷ 2[168]	KSA 12, 152	380	Ⅷ 9[157]	KSA 12, 428

381	Ⅷ 9[22]	KSA 12, 347
382	Ⅷ 10[118]	KSA 12, 523-5
383	Ⅷ 14[163]	KSA 13, 347
384	Ⅷ 1[122]	KSA 12, 39
385	Ⅷ 10[206]	KSA 12, 582
386	Ⅷ 10[164], [203]	KSA 12, 551-2, 581
387	Ⅷ 11[310]	KSA 13, 131
388	Ⅷ 10[128]	KSA 12, 530-1
389	Ⅷ 7[6]	KSA 12, 280
390	Ⅷ 11[118]	KSA 13, 56
391	Ⅷ 2[131]	KSA 12, 132
392	Ⅷ 14[104]	KSA 13, 282
393	Ⅷ 10[124]	KSA 12, 528-9
394	Ⅷ 14[151]	KSA 13, 332-3
395	Ⅷ 4[7]	KSA 12, 180-1
396	Ⅷ 15[71]	KSA 13, 452-3
397	Ⅷ 15[55], [72], [73]	KSA 13, 444-5, 453
398	Ⅷ 15[65]	KSA 13, 450
399	Ⅷ 2[191]	KSA 12, 161-2
400	Ⅷ 8[4]	KSA 12, 333-4
401	Ⅷ 14[137], [138], [140]	KSA 13, 321-4
402	Ⅷ 15[64]	KSA 13, 450
403	Ⅷ 5[62], [63]	KSA 12, 208
404	Ⅷ 5[58]	KSA 12, 206
405	Ⅷ 2[207]	KSA 12, 168
406	Ⅷ 1[93]	KSA 12, 33
407	Ⅶ 26[300]	KSA 11, 230-1
408	Ⅶ 26[100]	KSA 11, 176-7
409	Ⅶ 34[195]	KSA 11, 486-7
410	Ⅷ 2[161]	KSA 12, 143-4
411	Ⅷ 10[150]	KSA 12, 539
412	Ⅷ 7[4]	KSA 12, 259
413	Ⅶ 34[59]	KSA 11, 438
414	Ⅷ 15[28]	KSA 13, 422
415	Ⅷ 2[195]	KSA 12, 162-3
416	Ⅷ 2[106]	KSA 12, 113
417	Ⅶ 24[28]	KSA 11, 661
418	Ⅶ 8[24]	KSA 10, 342
419	Ⅶ 41[4]	KSA 11, 678-9
420	Ⅶ 26[452]	KSA 11, 271
421	Ⅶ 26[13]	KSA 11, 153
422	Ⅶ 35[44]	KSA 11, 530-1
423	Ⅷ 14[142]	KSA 13, 325-7
424	Ⅶ 35[31], [32]	KSA 11, 522
425	Ⅷ 11[300]	KSA 13, 126
426	Ⅷ 14[27], [28]	KSA 13, 230-1
427	Ⅷ 11[375]	KSA 13, 167-9
428	Ⅷ 14[115], [116]	KSA 13, 291-3
429	Ⅷ 14[147]	KSA 13, 331-2
430	Ⅷ 14[111]	KSA 13, 288-9
431	Ⅷ 2[104]	KSA 12, 112
432	Ⅷ 14[92]	KSA 13, 268-270
433	Ⅷ 14[92]	KSA 13, 270
434	Ⅷ 14[129]	KSA 13, 310-312
435	Ⅷ 14[94]	KSA 13, 271-2
436	Ⅷ 2[93]	KSA 12, 93
437	Ⅷ 14[99], [100]	KSA 13, 276-8
438	Ⅷ 16[15]	KSA 13, 486-7
439	Ⅷ 14[131]	KSA 13, 313-4
440	Ⅷ 15[25]	KSA 13, 420-1
441	Ⅷ 14[146]	KSA 13, 330-1
442	Ⅷ 14[141]	KSA 13, 324-5
443	Ⅶ 36[11]	KSA 11, 553-4
444	Ⅷ 14[83]	KSA 13, 262-3
445	Ⅷ 15[25]	KSA 13, 421
446	Ⅷ 14[189]	KSA 13, 377
447	Ⅷ 14[194]	KSA 13, 380
448	Ⅷ 7[14]	KSA 12, 299

449	Ⅷ 9[57]	KSA 12, 363	483	Ⅶ 38[3]	KSA 11, 597-8
450	Ⅷ 9[58]	KSA 12, 363	484	Ⅷ 10[158]	KSA 12, 549
451	Ⅷ 7[14]	KSA 12, 299	485	Ⅷ 10[19]	KSA 12, 465
452	Ⅷ 15[46]	KSA 13, 440-1	486	Ⅷ 2[87]	KSA 12, 104-5
453	Ⅷ 15[91]	KSA 13, 460-1	487	Ⅷ 7[63]	KSA 12, 317-8
454	Ⅷ 16[54]	KSA 13, 504	488	Ⅷ 9[98]	KSA 12, 391-2
455	Ⅷ 15[58]	KSA 13, 446	489	Ⅷ 5[56]	KSA 12, 205-6
456	Ⅷ 14[160]	KSA 13, 345	490	Ⅶ 40[42]	KSA 11, 650
457	Ⅷ 15[52]	KSA 13, 442-3	491	Ⅷ 2[102]	KSA 12, 112
458	Ⅷ 14[107]	KSA 13, 285-6	492	Ⅶ 40[21]	KSA 11, 638-9
459	Ⅷ 15[77]	KSA 13, 454-5	493	Ⅶ 34[253]	KSA 11, 506
460	Ⅷ 14[109]	KSA 13, 287	494	Ⅶ 36[19]	KSA 11, 559-560
461	Ⅷ 14[134], [135]	KSA 13, 317-320	495	Ⅶ 25[470]	KSA 11, 138
462	Ⅷ 9[8], 10[28]	KSA 12, 342, 470	496	Ⅶ 26[127]	KSA 11, 182-3
463	Ⅶ 35[45]	KSA 11, 531-2	497	Ⅶ 26[12]	KSA 11, 152-3
464	Ⅶ 37[14]	KSA 11, 588-590	498	Ⅶ 26[137]	KSA 11, 185
465	Ⅷ 22[24]	KSA 13, 594	499	Ⅶ 41[11]	KSA 11, 687-8
466	Ⅷ 15[51]	KSA 13, 442	500	Ⅷ 2[92]	KSA 12, 106-7
467	Ⅷ 9[47]	KSA 12, 359	501	Ⅷ 5[65]	KSA 12, 209
468	Ⅷ 9[61]	KSA 12, 368	502	Ⅶ 40[29]	KSA 11, 644
469	AC13[KGW	KSA 6, 179	503	Ⅶ 26[61]	KSA 11, 164
	Ⅵ/5, App.z.st.]		504	Ⅷ 7[9]	KSA 12, 295
470	Ⅷ 2[155]	KSA 12, 142	505	Ⅷ 2[95]	KSA 12, 107-8
471	Ⅷ 2[132]	KSA 12, 133	506	Ⅶ 25[168]	KSA 11, 58-9
472	Ⅷ 7[1]	KSA 12, 249	507	Ⅷ 9[38]	KSA 12, 352-3
473	Ⅷ 5[11]	KSA 12, 188	508	Ⅶ 24[5]	KSA 10, 645
474	Ⅷ 11[120]	KSA 13, 57	509	Ⅷ 7[41]	KSA 12, 308
475	Ⅷ 2[204]	KSA 12, 167	510	Ⅷ 7[9]	KSA 12, 295-6
476	Ⅶ 26[49]	KSA 11, 161	511	Ⅷ 2[90]	KSA 12, 106
477	Ⅷ 11[113]	KSA 13, 53-4	512	Ⅶ 40[13]	KSA 11, 633-4
478	Ⅷ 14[152]	KSA 13, 334-5	513	Ⅷ 6[11]	KSA 12, 237
479	Ⅷ 15[90]	KSA 13, 458-460	514	Ⅷ 14[105]	KSA 13, 283
480	Ⅷ 14[122]	KSA 13, 301-2	515	Ⅷ 14[152]	KSA 13, 333-4
481	Ⅷ 7[60]	KSA 12, 315	516	Ⅷ 9[97]	KSA 13, 389-390
482	Ⅷ 5[3]	KSA 12, 185	517	Ⅷ 9[89]	KSA 13, 382

518	Ⅷ 2[91]	KSA 12, 106
519	Ⅷ 7[55]	KSA 12, 313-4
520	Ⅶ 36[23]	KSA 11, 561
521	Ⅷ 9[144]	KSA 12, 417-8
522	Ⅷ 5[22]	KSA 12, 193-4
523	Ⅷ 14[144], [145]	KSA 13, 329
524	Ⅷ 11[145]	KSA 13, 67-8
525	Ⅷ 16[56]	KSA 13, 504
526	Ⅷ 14[144]	KSA 13, 328-9
527	Ⅷ 5[68]	KSA 12, 210
528	Ⅷ 5[55]	KSA 12, 205
529	Ⅷ 14[146]	KSA 13, 330
530	Ⅷ 7[4]	KSA 12, 265-6
531	Ⅷ 2[84]	KSA 12, 103-4
532	Ⅶ 40[15]	KSA 11, 634-5
533	Ⅷ 9[91]	KSA 12, 386-7
534	[원고 유실]	
535	Ⅶ 38[4]	KSA 11, 598
536	Ⅷ 15[118]	KSA 13, 478-9
537	Ⅷ 2[126]	KSA 12, 125
538	Ⅷ 18[13]	KSA 13, 535
539	Ⅷ 14[148]	KSA 13, 332
540	Ⅶ 34[230]	KSA 11, 498
541	Ⅷ 14[48]	KSA 13, 242
542	Ⅷ 16[21]	KSA 13, 488
543	Ⅷ 11[115]	KSA 13, 54-5
544	Ⅷ 10[159]	KSA 12, 550
545	Ⅶ 36[25]	KSA 11, 561-2
546	Ⅷ 2[145]	KSA 12, 138
547	Ⅷ 2[158]	KSA 12, 143
548	Ⅷ 2[193]	KSA 12, 162
549	Ⅶ 36[26]	KSA 11, 562
550	Ⅷ 2[83]	KSA 12, 102
551	Ⅷ 14[98]	KSA 13, 274-5
552	Ⅷ 9[91]	KSA 12, 383
553	Ⅷ 5[4]	KSA 12, 185-6
554	Ⅷ 2[139]	KSA 12, 135
555	Ⅷ 2[154]	KSA 12, 141-2
556	Ⅷ 2[149-152]	KSA 12, 140-1
557	Ⅷ 2[85]	KSA 12, 104
558	Ⅷ 10[202]	KSA 12, 580
559	Ⅷ 11[134]	KSA 13, 62
560	Ⅷ 9[40]	KSA 12, 353
561	Ⅷ 2[87]	KSA 12, 104-5
562	Ⅶ 24[13]	KSA 10, 649-50
563	Ⅷ 5[36]	KSA 12, 197
564	Ⅷ 2[157]	KSA 12, 142-3
565	Ⅷ 6[14]	KSA 12, 238
566	Ⅷ 11[50]	KSA 13, 24
567	Ⅷ 14[184]	KSA 13, 370-1
568	Ⅷ 14[93]	KSA 13, 270-1
569	Ⅷ 9[106]	KSA 12, 395-6
570	Ⅷ 11[5]	KSA 13, 10
571	Ⅷ 10[205]	KSA 12, 582
572	Ⅷ 7[2]	KSA 12, 253
573	Ⅷ 15[59]	KSA 13, 447
574	Ⅶ 8[25]	KSA 10, 342-3
575	Ⅷ 2[132]	KSA 12, 133
576	Ⅷ 18[16]	KSA 13, 536-7
577	Ⅷ 9[26]	KSA 12, 348
578	Ⅷ 9[160]	KSA 12, 430
579	Ⅷ 8[2]	KSA 12, 328
580	Ⅷ 9[62]	KSA 12, 368-9
581	Ⅷ 9[63]	KSA 12, 369
582	Ⅷ 2[172]	KSA 12, 153
583	Ⅷ 14[103]	KSA 13, 280-2
584	Ⅷ 14[153], [154]	KSA 13, 336-8
585	Ⅷ 9[60]	KSA 12, 364-8
586	Ⅷ 14[168]	KSA 13, 350-5
587	Ⅷ 2[169]	KSA 12, 152

588	Ⅷ 7[49], [53]	KSA 12, 311-2
589	Ⅷ 2[147]	KSA 12, 139
590	Ⅷ 2[77]	KSA 12, 97
591	Ⅷ 3[5]	KSA 12, 171-2
592	Ⅷ 7[42]	KSA 12, 308-9
593	Ⅷ 1[125]	KSA 12, 40
594	Ⅶ 24[18]	KSA 10, 656
595	Ⅶ 25[299]	KSA 11, 87
596	Ⅷ 5[67]	KSA 12, 209-210
597	Ⅷ 5[59]	KSA 12, 206-7
598	Ⅷ 11[108]	KSA 13, 51
599	Ⅷ 2[109]	KSA 12, 114
600	III 2[117]	KSA 12, 120
601	Ⅷ 2[133]	KSA 12, 133
602	Ⅶ 25[505]	KSA 11, 146
603	Ⅶ 35[47]	KSA 11, 533
604	Ⅷ 2[82], [86]	KSA 12, 100, 104
605	Ⅷ 9[48]	KSA 12, 359
606	Ⅷ 2[174]	KSA 12, 153-4
607	Ⅷ 10[27]	KSA 13, 470
608	Ⅷ 5[14]	KSA 12, 189
609	Ⅶ 26[294]	KSA 11, 228
610	Ⅶ 26[170]	KSA 11, 194
611	Ⅶ 24[23]	KSA 10, 658
612	Ⅷ 9[119]	KSA 12, 403-4
613	Ⅶ 16[33]	KSA 10, 511
614	Ⅶ 25[312]	KSA 11, 92
615	Ⅶ 26[236]	KSA 11, 210
616	Ⅷ 2[108]	KSA 12, 114
617	Ⅷ 7[54]	KSA 12, 312
618	Ⅶ 36[34]	KSA 11, 564-5
619	Ⅶ 36[31]	KSA 11, 563
620	Ⅷ 2[159]	KSA 12, 143
621	Ⅷ 2[88]	KSA 12, 131
622	Ⅷ 2[105]	KSA 12, 112
623	Ⅷ 14[187]	KSA 13, 374
624	Ⅷ 7[56]	KSA 12, 314
625	Ⅷ 14[122]	KSA 13, 302-3
626	Ⅶ 24[10]	KSA 10, 648-9
627	Ⅷ 2[83]	KSA 12, 102-3
628	Ⅷ 2[89]	KSA 12, 105
629	Ⅷ 7[14]	KSA 12, 299
630	Ⅶ 36[18]	KSA 11, 559
631	Ⅷ 2[139]	KSA 12, 135-6
632	Ⅷ 2[142]	KSA 12, 137
633	Ⅷ 14[95]	KSA 13, 273
634	Ⅷ 14[79]	KSA 13, 257-8
635	Ⅷ 14[79]	KSA 13, 258-9
636	Ⅷ 14[186]	KSA 13, 373-4
637	Ⅶ 36[20]	KSA 11, 560
638	Ⅷ 2[143]	KSA 12, 137
639	Ⅷ 10[138]	KSA 13, 535-6
640	Ⅶ 24[17]	KSA 10, 656
641	Ⅶ 24[14]	KSA 10, 650-1
642	Ⅶ 36[22]	KSA 11, 560-1
643	Ⅷ 2[148]	KSA 12, 139-140
644	Ⅷ 7[9]	KSA 12, 297
645	Ⅶ 36[28]	KSA 11, 562
646	Ⅶ 36[29]	KSA 11, 562-3
647	Ⅷ 7[25]	KSA 12, 304-5
648	Ⅷ 7[9]	KSA 12, 297
649	Ⅷ 7[44]	KSA 12, 309
650	Ⅷ 2[63]	KSA 12, 89
651	Ⅷ 11[121]	KSA 13, 57-8
652	Ⅷ 14[174]	KSA 13, 361
653	Ⅷ 10[13]	KSA 12, 461
654	Ⅷ 1[118]	KSA 12, 38
655	Ⅶ 36[21]	KSA 11, 560
656	Ⅷ 9[151]	KSA 12, 424
657	Ⅷ 5[64]	KSA 12, 209

658	Ⅶ 35[15]	KSA 11, 513-4
659	Ⅶ 36[35], [36]	KSA 11, 565-6
660	Ⅷ 2[76]	KSA 12, 96-7
661	Ⅷ 7[2]	KSA 12, 252-3
662	Ⅶ 24[5]	KSA 10, 645
663	Ⅷ 2[88]	KSA 12, 105
664	Ⅶ 24[9]	KSA 10, 647-8
665	Ⅷ 7[1]	KSA 12, 249
666	Ⅷ 7[1]	KSA 12, 247-8
667	Ⅶ 24[15]	KSA 10, 651-2
668	Ⅷ 11[114]	KSA 13, 54
669	Ⅷ 11[71]	KSA 13, 33-4
670	Ⅶ 24[20], [21]	KSA 10, 657-8
671	Ⅶ 24[32], [34]	KSA 10, 663
672	Ⅷ 7[6]	KSA 12, 283
673	Ⅶ 24[28]	KSA 10, 661
674	Ⅷ 11[83]	KSA 13, 39-40
675	Ⅷ 11[96]	KSA 13, 44-5
676	Ⅶ 24[16]	KSA 10, 653-6
677	Ⅷ 7[3]	KSA 12, 256-7
678	Ⅷ 7[2]	KSA 12, 251-2
679	Ⅷ 7[9]	KSA 12, 296
680	Ⅷ 7[9]	KSA 12, 295
681	Ⅷ 7[9]	KSA 12, 294-5
682	Ⅷ 10[136]	KSA 12, 533
683	Ⅷ 14[110]	KSA 13, 287-8
684	Ⅷ 14[133]	KSA 13, 315-7
685	Ⅷ 14[123]	KSA 13, 303-5
686	Ⅶ 26[231]	KSA 11, 210
687	Ⅷ 9[7]	KSA 12, 342
688	Ⅷ 14[121]	KSA 13, 300-1
689	Ⅷ 14[81], [82]	KSA 13, 260-2
690	Ⅷ 11[29]	KSA 13, 17
691	Ⅷ 2[99]	KSA 12, 109
692	Ⅷ 14[121]	KSA 13, 301
693	Ⅷ 14[80]	KSA 13, 260
694	Ⅷ 11[77]	KSA 13, 38
695	Ⅷ 14[101]	KSA 13, 278-9
696	Ⅷ 11[75]	KSA 13, 37-8
697	Ⅷ 11[76]	KSA 13, 38
698	Ⅶ 7[233]	KSA 10, 314
699	Ⅷ 14[173]	KSA 13, 358-360
700	Ⅷ 7[48]	KSA 12, 311
701	Ⅷ 11[61]	KSA 13, 30
702	Ⅷ 14[714]	KSA 13, 360-1
703	Ⅷ 14[174]	KSA 13, 361-2
704	Ⅷ 11[111]	KSA 13, 52-3
705	《우상의 황혼》, 〈네 가지 중대한 오류들 2〉 다음의 원고	
706	Ⅷ 9[13]	KSA 12, 344-5
707	Ⅷ 10[137]	KSA 12, 533-5
708	Ⅷ 11[72]	KSA 13, 34-36
709	Ⅷ 9[13]	KSA 12, 344-5
710	Ⅷ 14[105]	KSA 13, 282-3
711	Ⅷ 11[74]	KSA 13, 37
712	Ⅷ 9[8]	KSA 12, 343
713	Ⅷ 14[8]	KSA 13, 221
714	Ⅶ 4[233]	KSA 10, 177
715	Ⅷ 11[73]	KSA 13, 36-7
716	Ⅷ 14[196]	KSA 13, 381
717	Ⅷ 11[407]	KSA 13, 187
718	Ⅷ 11[252]	KSA 13, 97
719	Ⅷ 10[8]	KSA 12, 458
720	Ⅷ 1[33]	KSA 12, 10
721	Ⅷ 9[145]	KSA 12, 419-420
722	Ⅷ 5[107]	KSA 12, 228
723	Ⅷ 11[258]	KSA 13, 98
724	Ⅷ 9[71]	KSA 12, 372
725	Ⅶ 7[56]	KSA 10, 260
726	Ⅷ 9[140]	KSA 12, 415

727	Ⅷ 9[140]	KSA 12, 415
728	Ⅷ 14[192]	KSA 13, 378
729	Ⅷ 11[407]	KSA 13, 188
730	Ⅷ 2[182]	KSA 12, 157
731	Ⅷ 10[15]	KSA 12, 461
732	Ⅷ 4[6]	KSA 12, 179-180
733	Ⅷ 16[35]	KSA 13, 495
734	Ⅷ 23[1]	KSA 13, 599-600
735	Ⅷ 10[148]	KSA 12, 538-9
736	Ⅷ 9[120]	KSA 12, 405-6
737	Ⅷ 14[209]	KSA 13, 388
738	Ⅷ 9[150]	KSA 12, 423
739	Ⅷ 14[197]	KSA 13, 382
740	Ⅷ 10[50]	KSA 12, 478-480
741	Ⅶ 24[22]	KSA 10, 658
742	Ⅷ 14[193]	KSA 13, 379-380
743	Ⅶ 2[28]	KSA 12, 77
744	Ⅶ 42[8]	KSA 11, 687
745	Ⅶ 8[6]	KSA 10, 327
746	Ⅷ 10[104]	KSA 12, 513-4
747	Ⅷ 10[176]	KSA 12, 560-1
748	Ⅷ 11[235], [236]	KSA 13, 92-3
749	Ⅷ 10[94]	KSA 12, 510
750	Ⅶ 25[349]	KSA 11, 104
751	Ⅷ 14[97]	KSA 13, 273-4
752	Ⅶ 26[282]	KSA 11, 224
753	Ⅶ 34[177]	KSA 11, 480
754	Ⅶ 25[219]	KSA 11, 71
755	Ⅶ 26[360]	KSA 11, 245
756	Ⅷ 1[160]	KSA 12, 46
757	Ⅶ 25[263]	KSA 11, 80
758	Ⅶ 7[167]	KSA 10, 296
759	Ⅷ 11[259]	KSA 13, 98
760	Ⅶ 16[22]	KSA 10, 507
761	Ⅷ 1[215]	KSA 12, 58
762	Ⅶ 34[164]	KSA 11, 476
763	Ⅷ 9[34]	KSA 12, 350
764	Ⅶ 9[47]	KSA 10, 361
765	Ⅷ 15[30]	KSA 13, 422-6
766	Ⅷ 5[108]	KSA 12, 228
767	Ⅶ 24[32], [33]	KSA 10, 663
768	Ⅶ 1[20]	KSA 10, 14
769	Ⅶ 16[26]	KSA 10, 507-8
770	《우산의 황혼》, 〈어느 반시대적 인간의 편력〉, 38 참조.	
771	Ⅶ 8[11]	KSA 10, 334
772	Ⅷ 9[67]	KSA 12, 370-1
773	Ⅷ 11[286]	KSA 13, 111-2
774	Ⅷ 7[6]	KSA 12, 275
775	Ⅷ 9[79]	KSA 12, 376
776	Ⅷ 9[145]	KSA 12, 419
777	Ⅷ 11[303]	KSA 13, 129
778	Ⅷ 14[157]	KSA 13, 341-2
779	Ⅷ 9[150]	KSA 12, 423
780	Ⅷ 11[407]	KSA 12, 187-8
781	Ⅷ 10[127]	KSA 12, 529-530
782	Ⅷ 11[137]	KSA 13, 63
783	Ⅶ 40[26]	KSA 11, 642-3
784	Ⅷ 10[82]	KSA 12, 502-4
785	Ⅷ 9[30]	KSA 12, 349
786	Ⅷ 10[57]	KSA 12, 485-490
787	Ⅶ 8[19]	KSA 10, 340
788	Ⅷ 7[6]	KSA 12, 283
789	Ⅷ 2[206]	KSA 12, 167-8
790	Ⅷ 11[104]	KSA 13, 50-1
791	Ⅶ 41[14]	KSA 11, 688-9
792	Ⅶ 36[3]	KSA 11, 550
793	Ⅷ 11[152]	KSA 13, 72
794	Ⅷ 14[168], [170]	KSA 13, 354, 356
795	Ⅶ 2[66]	KSA 12, 89

796	Ⅷ 2[114]	KSA 12, 118-9
797	Ⅷ 2[130]	KSA 12, 129
798	Ⅷ 14[36]	KSA 13, 235-6
799	Ⅷ 14[46]	KSA 13, 240
800	Ⅷ 14[117]	KSA 13, 293-5
801	Ⅷ 9[102]	KSA 12, 393-4
802	Ⅷ 9[102]	KSA 12, 394
803	Ⅷ 7[3]	KSA 12, 258
804	Ⅷ 10[167]	KSA 12, 554-5
805	Ⅷ 8[1]	KSA 12, 325-6
806	Ⅷ 8[1]	KSA 12, 324-5
807	Ⅷ 17[5]	KSA 13, 526-7
808	Ⅷ 14[120]	KSA 13, 299-300
809	Ⅷ 14[119]	KSA 13, 297-7
810	Ⅷ 10[60]	KSA 12, 493
811	Ⅷ 14[170]	KSA 13, 356-7
812	Ⅷ 14[119]	KSA 13, 297-8
813	Ⅷ 16[89]	KSA 13, 517-8
814	Ⅷ 10[33]	KSA 12, 472-3
815	Ⅷ 23[2]	KSA 13, 600-1
816	Ⅷ 14[84]	KSA 13, 263-4
817	Ⅷ 10[40]	KSA 12, 475
818	Ⅷ 11[3]	KSA 13, 9-10
819	Ⅷ 7[7]	KSA 12, 289-290
820	Ⅶ 37[12]	KSA 11, 587-8
821	Ⅷ 14[47]	KSA 13, 241
822	Ⅷ 16[40]	KSA 13, 499-500
823	Ⅷ 10[24]	KSA 12, 469
824	Ⅷ 9[170]	KSA 12, 435-6
825	Ⅷ 9[171]	KSA 12, 436
826	Ⅷ 10[25]	KSA 12, 469-470
827	Ⅷ 10[37]	KSA 12, 473
828	Ⅷ 7[7]	KSA 12, 286
829	Ⅷ 16[34]	KSA 13, 494-5
830	Ⅷ 11[330]	KSA 13, 140
831	Ⅷ 9[5]	KSA 12, 341
832	Ⅷ 9[53]	KSA 12, 361
833	Ⅷ 9[12]	KSA 12, 344
834	Ⅷ 16[37]	KSA 13, 497
835	Ⅷ 2[66]	KSA 12, 90
836	Ⅷ 9[110]	KSA 12, 399
837	Ⅷ 10[116]	KSA 12, 522-3
838	Ⅷ 16[29]	KSA 13, 489-491
839	Ⅷ 10[155]	KSA 12, 543
840	Ⅷ 14[42]	KSA 13, 239
841	Ⅷ 14[165]	KSA 13, 349
842	Ⅷ 14[61]	KSA 13, 246-8
843	Ⅷ 7[16]	KSA 12, 301
	Ⅷ 14[119]	KSA 13, 299
844	Ⅷ 2[112]	KSA 12, 117
845	Ⅷ 2[114]	KSA 12, 112
846	《즐거운 학문》370	KSA 3, 619-20
847	Ⅷ 9[112]	KSA 12, 400
848	Ⅷ 9[166]	KSA 12, 433-4
849	Ⅷ 11[312]	KSA 13, 131
850	Ⅷ 10[52]	KSA 12, 481-2
851	Ⅷ 15[10]	KSA 13, 409-11
852	Ⅷ 10[168]	KSA 13, 555-7
853	Ⅷ 11[415]	KSA 13, 193-4
	Ⅷ 17[3]	KSA 13, 521-2
854	Ⅶ 26[9]	KSA 11, 152
855	Ⅷ 11[36] [KGW Ⅷ/4, App.z.St.]	
856	Ⅷ 2[131]	KSA 12, 132
857	Ⅷ 15[120]	KSA 13, 481
858	Ⅷ 11[36]	KSA 13, 20
859	Ⅷ 7[6]	KSA 12, 280-1
860	Ⅶ 25[298]	KSA 11, 87
861	Ⅶ 25[174]	KSA 11, 60
862	Ⅶ 25[211]	KSA 11, 69
863	Ⅷ 15[78], [79]	KSA 13, 455

864	Ⅷ 14[182]	KSA 13, 365-370	899	Ⅶ 35[27], [28]	KSA 11, 520-1
865	Ⅷ 10[70]	KSA 12, 496	900	Ⅶ 34[112]	KSA 11, 457-8
866	Ⅷ 10[17]	KSA 12, 462-3	901	Ⅷ 9[44]	KSA 12, 357
867	Ⅷ 10[30]	KSA 12,471	902	Ⅷ 6[26]	KSA 12, 245
868	Ⅷ 11[31]	KSA 13, 17-8	903	Ⅷ 9[1]	KSA 12, 339
869	Ⅷ 1[4]	KSA 12, 10-11	904	Ⅷ 11[151]	KSA 13, 71
870	Ⅶ 25[348]	KSA 11, 103-4	905	Ⅷ 2[100]	KSA 12, 110
871	Ⅷ 11[153]	KSA 13, 72-3	906	Ⅷ 7[28]	KSA 12, 305
872	Ⅶ 25[343]	KSA 11, 101	907	Ⅶ 26[117]	KSA 11, 181
873	Ⅶ 26[262]	KSA 11, 219	908	Ⅶ 25[36]	KSA 11, 20-1
874	Ⅶ 25[344]	KSA 11, 102-3	909	Ⅷ 15[114]	KSA 13, 474
875	Ⅶ 27[43], [44]	KSA 11, 286	910	Ⅷ 10[103]	KSA 12, 513
876	Ⅷ 16[39]	KSA 13, 497-8	911	Ⅷ 1[123]	KSA 12, 39-40
877	Ⅷ 10[31]	KSA 12, 471	912	Ⅷ 14[161]	KSA 13, 346
878	Ⅷ 9[55]	KSA 12, 362-3	913	Ⅷ 1[130]	KSA 12, 41
879	Ⅷ 9[152]	KSA 12, 424	914	Ⅷ 2[66]	KSA 12, 90
880	Ⅷ 9[27]	KSA 12, 348	915	Ⅷ 9[93]	KSA 12, 387-8
881	Ⅷ 10[111]	KSA 12, 519-20	916	Ⅷ 10[165]	KSA 12, 552-3
882	Ⅷ 11[133]	KSA 13, 62		Ⅶ 25[226]	KSA 11, 73
883	Ⅷ 9[119]	KSA 12, 403-4	917	Ⅷ 11[285]	KSA 13, 110-1
884	Ⅷ 9[180]	KSA 12, 444-5	918	Ⅷ 15[98]	KSA 13, 464-5
885	Ⅷ 11[283]	KSA 13, 110	919	Ⅷ 14[205]	KSA 13, 387
886	Ⅷ 10[59]	KSA 12, 491-3	920	Ⅷ 9[104]	KSA 12, 394
887	Ⅷ 10[61]	KSA 12, 493-4	921	Ⅷ 11[146]	KSA 13, 68-9
888	Ⅷ 10[11]	KSA 12, 459-460	922	Ⅷ 10[29]	KSA 12, 471
889	Ⅷ 10[10]	KSA 12, 459	923	Ⅷ 15[116]	KSA 13, 475
890	Ⅷ 9[17]	KSA 12, 346	924	Ⅷ 10[44]	KSA 12, 476
891	Ⅷ 10[63], [64]	KSA 12, 494	925	Ⅷ 22[1]	KSA 13, 583-4
892	Ⅷ 15[118]	KSA 13, 480	926	Ⅷ 11[127]	KSA 13, 60-1
893	Ⅷ 10[175]	KSA 12, 559-560	927	Ⅷ 10[134]	KSA 12, 532
894	Ⅷ 9[158]	KSA 12, 428-9	928	Ⅷ 11[353]	KSA 13, 153-4
895	Ⅷ 9[174]	KSA 12, 439	929	Ⅷ 15[94]	KSA 13, 462-3
896	Ⅷ 9[137]	KSA 12, 413	930	Ⅷ 11[89]	KSA 13, 42
897	Ⅷ 5[98]	KSA 12, 225-6	931	Ⅷ 10[133]	KSA 12, 531-2
898	Ⅷ 9[153]	KSA 12, 424-6	932	Ⅷ 10[125]	KSA 12, 529

933	Ⅷ 9[139]	KSA 12, 414
934	Ⅷ 10[87]	KSA 12, 506
935	Ⅷ 23[4]	KSA 13, 605
936	Ⅷ 11[140]	KSA 13, 65
	Ⅷ 11[141]	KSA 13, 65-6
	Ⅷ 11[142]	KSA 13, 66
937	Ⅷ 9[134]	KSA 12, 412
938	Ⅶ 25[200]	KSA 11, 67
939	Ⅷ 2[1]	KSA 19, 67
940	Ⅶ 25[351]	KSA 11, 105
941	Ⅶ 7[145]	KSA 10, 290-1
942	Ⅶ 41[3]	KSA 11, 678
943	Ⅶ 35[76]	KSA 11, 542-5
944	Ⅷ 15[115]	KSA 13, 474-5
945	Ⅷ 5[49]	KSA 12, 201
946	Ⅷ 9[27]	KSA 12, 634
947	Ⅷ 15[118]	KSA 13, 480
948	Ⅷ 11[154]	KSA 13, 73
949	Ⅷ 11[44]	KSA 13, 21
950	Ⅷ 2[20]	KSA 12, 75
951	Ⅷ 10[114]	KSA 12, 522
952	Ⅷ 2[19]	KSA 12, 75
953	Ⅷ 5[61]	KSA 12, 207-8
954	Ⅷ 2[13]	KSA 12, 73-4
955	Ⅶ 34[94]	KSA 11, 451
956	Ⅶ 35[10]	KSA 11, 512
957	Ⅶ 37[8]	KSA 11, 580-3
958	Ⅶ 25[137]	KSA 11, 50
959	Ⅶ 36[58], 39[7]	KSA 11, 573, 622
960	Ⅷ 2[57]	KSA 12, 87-8
961	Ⅶ 34[178]	KSA 11, 480
962	Ⅶ 34[96]	KSA 11, 451-2
963	Ⅷ 11[48]	KSA 13, 22-3
964	Ⅶ 25[335]	KSA 11, 98-9
965	Ⅶ 25[342]	KSA 11, 101
966	Ⅶ 27[59]	KSA 11, 289
967	Ⅶ 35[18]	KSA 11, 515
968	Ⅷ 5[50]	KSA 12, 202
969	Ⅷ 9[45]	KSA 12, 358
970	Ⅷ 7[6]	KSA 12, 277-8
971	Ⅷ 11[25]	KSA 13, 15
972	Ⅶ 38[13]	KSA 11, 611-3
973	Ⅶ 34[74]	KSA 11, 443
974	Ⅶ 16[78]	KSA 10, 525
975	Ⅷ 1[56]	KSA 12, 24
976	Ⅶ 26[425]	KSA 11, 264-5
977	Ⅶ 42[1]	KSA 11, 692
978	Ⅶ 35[47]	KSA 11, 533-4
979	Ⅶ 35[47]	KSA 11, 533
980	Ⅶ 37[7]	KSA 11, 580
981	Ⅷ 10[68]	KSA 12, 495
982	Ⅶ 25[105]	KSA 11, 38
983	Ⅶ 27[60]	KSA 11, 289
984	Ⅶ 27[11]	KSA 11, 277
985	Ⅶ 38[11]	KSA 11, 609-10
986	Ⅷ 3[17]	KSA 12, 175
987	Ⅶ 26[75]	KSA 11, 168
988	Ⅶ 36[17]	KSA 11, 559
989	Ⅷ 11[13]	KSA 13, 13
990	Ⅶ 37[3]	KSA 11, 576
991	Ⅷ 2[166]	KSA 12, 150
992	V 21[3]	KSA 9, 683
993	Ⅷ 7[70]	KSA 12, 321-2
994	Ⅷ 9[16]	KSA 12, 346
995	Ⅶ 26[409]	KSA 11, 260
996	Ⅶ 39[7]	KSA 11, 622
997	Ⅶ 27[16]	KSA 11, 278
998	Ⅶ 25[270]	KSA 11, 82
999	Ⅶ 25[355]	KSA 11, 106
1000	Ⅶ 26[256]	KSA 11, 217

1001	Ⅶ 26[232]	KSA 11, 210
1002	Ⅷ 11[21]	KSA 13, 14
1003	Ⅷ 15[39]	KSA 13, 432
1004	Ⅷ 11[30]	KSA 13, 17
1005	Ⅷ 9[42]	KSA 12, 354-5
1006	Ⅷ 10[89]	KSA 12, 507
1007	Ⅷ 9[66]	KSA 12, 370
1008	Ⅷ 9[77]	KSA 12, 375-6
1009	Ⅷ 10[145]	KSA 13, 537-8
1010	Ⅷ 7[36]	KSA 12, 307
1011	Ⅷ 6[25]	KSA 12, 243
1012	Ⅶ 8[27]	KSA 10, 343
1013	Ⅷ 2[97]	KSA 12, 108
1014	Ⅷ 2[81]	KSA 12, 100
1015	Ⅷ 10[105]	KSA 12, 514-5
1016	Ⅷ 14[37]	KSA 13, 665
1017	Ⅷ 10[5]	KSA 12, 456-7
1018	Ⅷ 5[91]	KSA 12, 223-4
1019	Ⅷ 10[21]	KSA 12, 466-8
1020	Ⅷ 11[228]	KSA 13, 89-90
1021	Ⅷ 10[2]	KSA 12, 453-5
1022	Ⅷ 11[38]	KSA 13, 20
1023	Ⅷ 14[70]	KSA 13, 254
1024	Ⅷ 9[75]	KSA 12, 375
1025	Ⅷ 9[138]	KSA 12, 413-4
1026	Ⅶ 7[26], [27]	KSA 10, 251
1027	Ⅷ 9[154]	KSA 12, 426
1028	Ⅷ 9[94]	KSA 12, 388
1029	Ⅶ 25[95]	KSA 11, 33
1030	Ⅷ 7[39]	KSA 12, 308
1031	Ⅷ 9[177]	KSA 12, 440
1032	Ⅷ 7[38]	KSA 12, 307-8
1033	Ⅷ 14[11]	KSA 13, 222-3
1034	Ⅷ 16[16]	KSA 13, 487
1035	Ⅷ 10[203]	KSA 12, 580-1
1036	Ⅷ 2[153]	KSA 12, 141
1037	Ⅷ 10[90]	KSA 12, 507-8
1038	Ⅷ 17[4]	KSA 13, 525-6
1039	Ⅷ 14[1]	KSA 13, 217
1040	Ⅷ 18[1]	KSA 13, 531
1041	Ⅷ 16[32]	KSA 13, 492-3
1042	Ⅷ 1[4]	KSA 12, 11
1043	Ⅶ 26[105]	KSA 11, 177
1044	Ⅷ 1[127]	KSA 12, 40
1045	Ⅷ 5[34]	KSA 12, 196
1046	Ⅶ 25[438]	KSA 11, 128-9
1047	Ⅷ 11[35]	KSA 13, 19-20
1048	Ⅷ 2[186]	KSA 12, 160
1049	Ⅷ 2[106]	KSA 12, 113
1050	Ⅷ 14[14]	KSA 13, 224-5
1051	Ⅶ 41[6], [7]	KSA 11, 680-2
1052	Ⅷ 14[89]	KSA 13, 265-7
1053	Ⅶ 26[376]	KSA 11, 250
1054	Ⅷ 2[131]	KSA 12, 132
1055	Ⅶ 35[82]	KSA 11, 547
1056	Ⅶ 25[227]	KSA 11, 73
1057	Ⅶ 24[4]	KSA 10, 645
1058	Ⅶ 24[7]	KSA 10, 646
1059	Ⅶ 26[284]	KSA 11, 225
1060	Ⅶ 26[283]	KSA 11, 224-5
1061	원고 유실	
1062	Ⅶ 36[15]	KSA 11, 556-7
1063	Ⅷ 5[54]	KSA 12, 205
1064	Ⅶ 35[54], [55]	KSA 11, 536-7
1065	Ⅷ 11[94]	KSA 13, 43
1066	Ⅷ 14[188]	KSA 13, 374-6
1067	Ⅶ 38[12]	KSA 11, 610-11

역자 해제

니체는 왜 "권력에의 의지"를 말하는가?

1.《권력에의 의지》라는 유명하고 악명 높은 책

《권력에의 의지》는 여러 점에서 정말 이상한 책이다. 니체라는 이름을 떠올리면 반드시 함께 떠오르는 개념 중 하나가 "권력에의 의지"이지만, 사람들은 이 개념을 제목으로 삼고 있는 책을 잘 읽지 않는다. 우리는 종종 그 내용을 잘 모르면서도 단 하나의 개념과 한 마디의 문장에 끌려 사상가에게 매료되곤 한다. 칸트의 "정언명법", 헤겔의 "이성의 간계", 마르크스의 "소외", 에른스트 블로흐의 "희망의 원칙", 한나 아렌트의 "악의 평범함"과 같은 개념들은 우리의 상상력을 자극할 뿐만 아니라 이 개념을 말한 사상가들에 대한 관심을 불러일으킨다. "권력에의 의지"는 어쩌면 니체 사상을 가장 압축적으로 표현하는 개념일지도 모른다. 이 도전적이고 압축적인 용어로 상상할 수 있는 내용이 너무나 많아서 그것은 가장 오해를 많이 받는 개념이기도 하다.

《권력에의 의지》는 매우 유명하고 동시에 악명 높은 책이다. 니체의 사상을 잘 모르는 사람조차 이 책의 제목은 익히 알고 있다. 그러나 책 제목이 매우 널리 알려진 것과는 대조적으로 사람들은 이 책의 내용과 특성을 잘 알지 못한다. 많은 사람이 이 책을 자주 인용하고, 니체가 이 책에서 다루는 문제들이 여전히 논의되고 있다는 사실을 생각하면 매우 이상한 일이다. 그것은 이 책의 탄생이 나치즘 및 파시즘과 관계가 있다는 악명과 연관이 있다. 이런 소문과 평판이 이 책의 진정한 의미를 파악하지 못하게 만드는 장애물이 되었다.

이 책이 세상에 나온 지 한 세기가 지난 지금, 우리는 이제 오독과 오해의 덩굴을 걷어내고 이 책을 있는 그대로 맞닥뜨릴 수 있다.《권력에의 의지》의 문제점은 무엇이고, 탄생의 결함에도 불구하고 여전히 풍부한 유용성은 무엇인지를 이제는 가늠할 수 있다. 전후 니체 철학을 정치적으로 오용했던 이데올로기와 상관없이 니체 사상을 철학적으로 복권하는 데 결정적 역할을 했던 월터 카우프만(Walter Kaufmann)은《권력에의 의지》를 영어로 옮기면서 이 책과 관련된 두 가지 잘못된 견해를 지적했다. 각각의 오독과 오해는 시대적으로 번갈아 일어났다. 하나는 니체의 사상이 정치적으로 오용될 때 만들어졌으며, 다른 하나는 정치적 오용의 흔적을 씻어내고 니체 철학의 명예를 회복시키고자 했을 때 퍼졌다.

첫 번째 잘못된 견해는 니체의 친누이인 엘리자베트 푀르스터-니체(Elisabeth Förster-Nietzsche)가 페터 가스트(Peter Gast, 본명은 하인리히 쾨젤리츠)와 공동으로 이 책을 펴냈을 때 이미 만들어졌다. '정치적 오독과 오용'이라고 부를 수 있는 첫 번째 편견은 두 가지 동기와 밀접하게 연결되어있다. 첫째 동기는 니체가 1880년대 계획했지만 이루지 못한 '주저'의 전설과 관련된 것이다.《권력에의 의지》는 니체가 쓰고 싶었지만 실제로는 쓰지 않았던 책이다. 이 책의 편찬자들이 1880년대의 유고를 모아 《권력에의 의지》로 펴내는 순간부터 《권력에의 의지》는 니체 사상이 응축된 최고의 작품을 대표하는 것으로 널리 받아들여졌다. 니체 사상의 정치적 오용에 이바지한 알프레드 보이믈러(Alfred Bäumler)는 1930년 출간한 《권력에의 의지》의 크뢰너 문고판에 쓴 후기에서 이렇게 적었다. "《권력에의 의지》는 니체의 철학적 최고작(magnum opus)이다. 그의 사유의 모든 근본적인 결과가 이 책에 모여있다. 체계화하는 사람에 대한 저자의 혐오감이 우리가 이 작품을 하나의 체계로 부르는 것을 막지 말아야 한다." 나치 사상가였던 알프레드 보이믈러는 철학적으로 별로 무게감이 없지만, 그의 말은 이 책이 어떻게 수용되었는가를 선명하게 보여준다.

정치적 오독과 오용의 첫째 동기가 니체라는 저자의 의도와 연관이 있다면, 둘째 동기는 오히려 독자의 편에 있다. 니체 자신은 나치 이데올로기와 연관된 어떤 사상을 제시하지 않았음에도 정치적으로 오용되었다면, 그는 자신의 글에 대해 어떤 책임이 있는 것인가? 니체는 어떻게 나치즘과 파시즘을 선취한 사상가로 여겨지는 치명적인 영예를 얻게 되었으며, 이러한 주장은 과연 정당한가? 니체의 사상에는 파시즘을 유혹하는 무엇인가 치명적인 경향이 들어있는가? 이러한 질문들은 그의 사상이 나치 정권에 의해 오용되었다는 사실로 인해 논의되지 않고 침묵을 강요당했다.

'니체와 파시즘'이라는 주제에 관한 최근의 활발한 논의는 이 책을 비교적 중립적으로 바라볼 수 있게 했다. 독자들은 이 책에서 파시스트 기풍을 선호하는 것처럼 보이는 문장과 경향을 찾아낼 수도 있고, 동시에 파시즘을 철저하게 배격하는 니체의 근본 태도를 읽어낼 수도 있기 때문이다. 니체 사상에 대한 오독과 오해의 역사는 다음과 같은 질문을 던지면 오히려 이 책을 더욱 흥미롭게 만든다. 니체가 궁극적으로 추구한 사상의 체계가 있는가? 니체 사상에는 정말 파시즘의 경향이 내재하고 있는가?

《권력에의 의지》에 대한 두 번째 잘못된 견해는 제2차 세계대전 이후 니체 사상의 철학적 복권 과정에서 만들어졌다. 나치의 몰락과 함께 사람들은 니체의 대표작에 대한 흥미를 잃었으며, 이 책도 신뢰를 잃고 사람들의 관심에서 멀어져갔다. 니체의 철학에서 나치의 오염을 씻어내고 나치의 잔재를 없애려는 시도들은《권력에의 의지》라는 책을 해체했다. 이 새로운 오해와 신화의 탄생에 적지 않은 기여를 한 사람은 바로 카를 슐레히타(Karl Schlechta)였다. 그는 페터 가스트와 엘리자베트 푀르스터-니체가《권력에의 의지》에 모아놓은 유고의 단편들을 다시 '80년대의 유고'라는 제목으로 연대순으로 흩어놓으면서 이렇게 단정 짓는다. "《권력에의 의지》는 전혀 새로운 것을 담고 있지 않다. 니체가 출간했거나 출간할 의도를 가졌던 것을 알고 있는 사람에게 놀랄만한 것은 아무것도 없다." 이 새로운 관점의 요지는《권력에의 의지》가 전혀 읽을만한 가치가 없다는 것이었다.

그렇다면 우리는 니체가 직접 출간한 책들만 읽으면 되는가? 콜리와 몬티나리가 편집한 니체 비평전집은 오히려 그 반대를 증명한다. 유고는 이미 출판된 책들과 비교해도 충분히 읽을만한 가치가 있다. 니체의 사상을 체계적으로 이해할 수 있는 많은 단서를 담고 있으며, 혁신적이고 창의적인 단상들로 가득 차있다. 우리는 물론 니체의 글을 냉정하게 읽고, 그의 사상을 비판적으로 수용해야 한다. 그러나 글들을 연대순으로 흩어놓는다고 냉정하고 객관적인 것은 결코 아니다. 한때 나치가 그랬던 것처럼 이데올로기적 열광에 휩싸이지 않고 니체의 글을 객관적으로 읽는다면 오히려 철학자로서의 니체를 오해할 수 있다. 나치가 니체를 오용했다는 이유만으로 "권력에의 의지"라는 개념을 회피하고, '권력'이라는 용어를 '힘'이라는 용어로 대체한다면, 우리는 니체가 "권력에의 의지"의 철학적 의미와 내용뿐만 아니라 그가 이 문제에 대해 깊이 성찰했다는 사실마저 부정하는 꼴이 된다.

우리가 '문헌학적 오해와 오독'이라고 명명할 수 있는《권력에의 의지》에 대한 두 번째 잘못된 견해의 핵심은 이 책을 읽을 수 없게 만들었다는 데 있다. 카를 슐레히타의 작업에 대한 월터 카우프만의 지적은 매우 신랄하고 정확하다. "그것은《권력에의 의지》를 읽을 수 없도록 만들려는 시도를 대변한다." 니체의 노트와 단편을 다시 연대순으로 펼쳐놓는다고 그의 사상을 더 객관적으로 이해할 수 있는 것은 아니다. 익히 알려진 것처럼 니체는 아직 완전히 채워지지 않은 오래된 공책을 계속해서 사용하는 습관이 있었다. 어떤 때는 앞에서 뒤로, 어떤 때는 뒤에서 앞으로 쓰는 습관이 있었다고 한다. 때로는 오른쪽 페이지만 채우고, 때로는 왼쪽 페이지만 채웠다. 니체가 직접 쓴 원본을 아무리 충실하게 복원한다고 하더라도, 그의 생각의 흐름을 재현하고 또 그의 사상의 연속성과 통일성을 재구성하는 것은 결코 쉬운 일이 아니다.

니체는 "권력에의 의지"라는 개념으로 무엇을 말하려 했는가? 《선악의 저편》, 《도덕의 계보》, 《우상의 황혼》과 같은 책들을 쏟아냈던 마지막 시기에 니체는 왜 '권력에의 의지'라는 제목의 체계적 작업을 시도했던 것인가? 니체는 왜 위험으로서의 허무주의와 이에 대한 극복, 모든 가치의 가치전도, 새로운 가치의 창조, 그리고 디오니소스적 세계 긍정의 문제들을 "권력에의 의지"로 사유했던 것인가? 이러한 문제들에 관심이 있다면, 《권력에의 의지》는 여전히 읽을만한 가치가 있는 책이다. 이 책과 관련된 두 가지 편견과 오해가 학문적 논의를 통해 상당 부분 해소된 지금, 《권력에의 의지》는 니체 사상을 이해하는 데 꼭 필요한 책이다. 이 책은 여전히 쉽게 읽히고, 우리를 곧바로 니체의 후기 사상으로 안내한다. 이 책이 태생적으로 가진 결함에도 불구하고 니체 유고의 단편들을 쉽게 읽고 이해할 수 있게 해준다. 그것만으로도 이 책의 장점은 단점을 능가한다. 이 유용성을 최대한 활용하려면 우리는 물론 이 책이 니체의 마지막 의지에 의한 것이 아님을 항상 알고 있어야 한다.

2. 니체와 엘리자베트 전설의 진실

이 책의 의미를 제대로 파악하려면, 《권력에의 의지》를 둘러싼 전설이 어떻게 만들어졌는지를 이해해야 한다. 이 이상한 작품의 특성은 무엇인가? 작가들은 글을 쓸 때 종종 그 효과와 영향을 생각한다. 철학과 파시즘의 관계에서 20세기의 가장 커다란 지적 스캔들을 일으킨 하이데거는 자신의 유고가 출간되는 시점과 순서에 관한 유언을 남김으로써 죽은 뒤의 영향까지 생각했다. 니체는 1889년 1월 3일 광기의 발작으로 갑자기 정신적 사망에 이르렀기 때문에 유고에 관한 어떤 의지도 표현하지 못했다.《권력에의 의지》에 모아놓은 단편들은 이 책의 형식으로 출판할 의도가 있었던 것은 아니다. 단편들의 번호 붙이기 그리고 그 순서도 니체 자신에 의한 것이 아니다. 이런 점에서 이 책은 결코 니체 자신이 완성하고 출간한 책들과 비교할 수 없다. 페터 가스트와 엘리자베트 푀르스터-니체가 편집한 노트와 니체 자신이 정련한 잠언들을 혼동해서는 안 된다. 물론 그렇다고 이 책에 모인 단편들을 평가절하할 필요는 없다.

어떤 작가와 사상가를 전체적으로 이해하려면, 우리는 사상의 생성 과정의 흔적과 단편을 자신의 방식대로 편찬해야 한다. 그것이 주제별로 이루어지든 아니면 비평본의 방식처럼 연대순으로 정렬하든, 이해하기 위해선 편집해야 한다. 따라서 니체가 '권력에의 의지'라는 제목으로 기획했던 프로젝트의 과정에서 생성된 단편들을 주제별로 편집했다는 것 자체는 문제가 되지 않는다. 문제는《권력에의 의지》의 편찬으로 인해 니체 사상이 파시즘과 연결되었다는 점이다.

자신의 글에서 결코 파시즘을 옹호한 적이 없는 니체가 파시스트 사상가로 오해되었다는 사실은 정말 역설적이다. 니체는 분명 파시스트도 아니고 파시즘을 옹호하지도 않았다. 그러나 그가 파시스트로 해석되고 오용되었다는 것은 부인할 수 없는 사실이다. 니체와 파시즘을 연결하는 일은 시대착오적이다. 무솔리니의 파시즘 교리가 1922년 소위 '로마 행진'에서 완전히 실현되었다면, 그것은 니체가 죽기 이전이 아니라 사망 후 22년이 지난 일이다. 니체는 1889년 광기로 쓰러졌는데, 히틀러는 바로 같은 해인 1889년 4월 20일 오스트리아 브라우나우에서 태어났다. 죽은 사상가가 나치즘과 파시즘에 영향을 줄 수 있다면, 그것은 그의 글과 사상에 파시즘으로 해석될 수 있는 요소가 있기 때문일 것이다. 물론 니체는 '파시즘'이라는 용어를 자신의 글에서 사용하지도 않았고, 오늘날 파시즘적 요소라고 불릴 수 있는 사안에 대해 반대했다.

그렇다면 니체는 왜 파시즘과 엮이게 된 것인가? 니체 철학에 관심이 있고 또 현대인의 삶과 사회에 대한 니체의 예리한 통찰을 인정하고 높이 평가하는 사람들은 이 사실 자체가 불편하다. 니체의 사상에 조그만 연결 고리라도 있다면, 그것은 그가 파시즘을 산출한 시대 상황과 정신을 철저하게 성찰했기 때문이다. 니체는 결코 파시즘의 대부가 아니다. 니체는 오히려 나치즘과 파시즘으로 표출된 가치 위기의 전령이자 예언자이다. 니체는 자유주의와 사회주의와 같은 다양한 형태로 표출되는 현대 문화를 비판적으로 해부했으며, 파시즘의 핵심이라고 할 국가 중심주의를 정면으로 비판했다. 《차라투스트라는 이렇게 말했다》 1부의 〈새로운 우상에 대하여〉에서 "국가는 모든 냉혹한 괴물 가운데서 가장 냉혹한 괴물이다."라고 말하는 니체가 어떻게 파시즘의 사상가가 될 수 있단 말인가? 인격과 개성을 망각한 군중들이 모여드는 시장을 비판하며 새로운 가치를 창조할 수 있는 개인을 믿는 니체가 어떻게 파시즘의 선구자가 될 수 있단 말인가? 파시즘이 국가주의라면, 니체 사상의 핵심은 개인주의이다.

조금이라도 니체의 글을 읽어본 사람이라면 이처럼 분명하게 판단할 수 있는데도 니체가 쉽게 파시즘과 엮이는 까닭은 무엇인가? 이 질문은 많은 독자에게 1934년에 촬영된 사진 한 장을 떠올리게 한다. "독일의 나치즘과 이탈리아의 파시즘이라는 두 위대한 대중운동을 비옥하게 한 사상을 가진 독일철학자 흉상 앞의 총통." 1934년 아돌프 히틀러는 바이마르에 있는 '니체 기록 보관소'를 방문했다. 이때 동행한 개인 사진작가인 하인리히 호프만(Heinrich Hofmann)은 니체의 흉상을 바라보는 히틀러의 모습을 사진에 담았다. 창문을 사이에 두고 반대편의 철학자를 바라보는 히틀러의 모습은 철학자와 독재자를 연결하는 매우 인상적인 연출이었다. 철학자의 사상이 실제로 어떤 것인지는 더는 중요하지 않게 되었다. 니체의 머리의 절반만이 사진에 표시되었다는 것은 이를 상징적으로 말해주는 것처럼 보인다.

사실 히틀러 자신이 니체의 글을 읽었다는 증거는 거의 없다. 그가 니체를 설령 읽었다고 해도 광범위하지 않았음은 분명하다. 히틀러의 《나의 투쟁》에는 쇼펜하우어에 대한 언급은 있어도 니체에 대한 언급은 전혀 없다. 니체의 글과 말은 전체주의 정권과 파시즘에 유용하게 가공되고 오용되었을 뿐이다. 예컨대 무솔리니가 "위험하게 살라(vivi pericolosamente)"라는 니체의 말을 철학적 맥락에서 떼어내어 파시스트 슬로건으로 만든 것처럼, 니체의 글과 사상은 전체의 맥락 없이 조각조각 해체되었다. 니체가 정치적으로 오용되어 파시즘과 연결된 것은 정치적 목적을 위해 연출된 이미지와 조직된 숭배 때문이었다.

전후 니체 철학의 복권을 원하는 사람들은 이 연출과 숭배, 소위 말하는 니체 전설의 배후로 그의 누이인 엘리자베트 푀르스터-니체를 지목한다. 니체 사망 후 '니체 기록 보관소'를 설립하고 소장으로서 니체의 유고를 관리하고 니체 사상의 전파를 위해 애썼던 사람이 바로 엘리자베트였다. 히틀러가 바이마르 니체 기록 보관소를 방문한 것도 그녀의 끈질긴 간청 때문이었다. 엘리자베트 푀르스터-니체는 정말 니체를 나치의 권력에 바친 것인가? 엘리자베트는 정치적 목적을 위해 니체의 사상을 그릇된 방식으로 이용한 것인가? 아니면, 니체 사상을 전파하려는 목적으로 당시의 정치권력을 역시 그릇된 방식으로 이용한 것인가? 이 물음에 대한 답이 무엇이든 분명한 것은 엘리자베트가 나치 정권과 밀접한 관계를 맺었다는 사실이다.

엘리자베트는 니체가 나치에 의해 오용된 배후를 찾는 사람들에겐 쉬운 희생양이었다. 엘리자베트는 전후 니체 사상을 부활시키려는 학자들의 완벽한 표적이었다. 그들의 주장은 간단했다. 엘리자베트 때문에 니체가 나치에 의해 오용되었다는 것이다. 페터 가스트와 엘리자베트 푀르스터-니체가 편찬한《권력에의 의지》는 나치즘의 이상에 우호적인 주제를 강조하는 방식으로 배열되었다는 비난이 당연한 것으로 여겨졌다. 엘리자베트가 인종차별적인 니체의 이미지를 퍼뜨렸으며, 궁극적으로 무솔리니와 히틀러가 그들의 목적을 위해 사용할 수 있는 이미지를 전파했다는 '근거 없는' 주장이 널리 퍼졌다. 최근의 연구로 이 모든 주장은 거짓으로 드러났다. 엘리자베트가 만들어낸 니체 전설이 거짓인 것처럼, 전후의 학자들이 퍼뜨린 엘리자베트 전설도 거짓이다. 사람들은 누이인 엘리자베트의 명예를 훼손함으로써 철학자로서의 니체의 명예를 복원하려 했던 것이다.

엘리자베트에게 덧씌워진 가장 커다란 오명은 그녀가 20세기 출판 역사에서 가장 중대한 위조자라는 점이다. 특히 편지들이 엘리자베트의 위조에 희생되었다. 편지는 위조였지만 완전히 허구는 아니었다. 엘리자베트는 편지나 편지 초안을 가져와서 니체가 자신에게 직접 보낸 것처럼 보이도록 조작했다. 그러나 의심스러운 편지 대부분은 고독과 같은 개인적인 문제, 날씨, 독일 대중의 배신감 등에 맞춰져있어 나치의 이미지와는 전혀 상관이 없다. 그렇다면《권력에의 의지》도 위조된 것인가? 이 책은 물론 문헌학적으로 오염된 텍스트라고 할 수 있다. 하지만 니체의 비평본과 하나하나 비교해 보면,《권력에의 의지》의 텍스트들은 진짜 니체의 글이다. 단지 그 순서와 정렬이 본래의 것이 아닐 뿐이다. 니체의 후기 사상을 "권력에의 의지"로 체계적으로 읽고자 한다면 이 책은 여전히 좋은 안내서이다. 이제 우리는 정치적 오독과 오용의 책임을 온통 엘리자베트에게 씌우는 것을 중단하고《권력에의 의지》를 있는 그대로 이해하고 해석해야 한다. 그러려면《권력에의 의지》에 관한 니체의 사상이 어떻게 탄생하게 되었는지를 우선 알아볼 필요가 있다.

3.《권력에의 의지》의 탄생 배경과 과정

《권력에의 의지》의 탄생 배경은 정치적이기보다는 철학적이다. 니체는 결코 정치적 동기에서 이 책을 생각하고 계획하지 않았다.

이 책의 철학적 동기는 "권력에의 의지"를 구상할 시기의 니체의 실존적 상황을 살펴보면 분명하게 드러난다. 니체는 차라투스트라의 상징 동물인 독수리처럼 세계를 통찰하고 새로운 가치를 창조할 강력한 힘을 가지기를 원했지만, 그의 삶은 오히려 정반대였다. 니체의 전기 작가 베르너 로스(Werner Ross)의 표현처럼, 그는 연약한 비둘기의 삶을 산 "겁먹은 독수리"였다.

이런 실존적 위기는 1880년대 중반 강화된다. "나는 모든 글 가운데서 자신의 피로 쓴 것만을 사랑한다."라는 그의 말처럼 1883년 심혈을 기울여 쓴《차라투스트라는 이렇게 말했다》에 대한 독자의 무반응을 경험하면서 니체는 심각한 고독감에 휩싸인다. 그는 1885년《차라투스트라는 이렇게 말했다》의 제4부를 출간할 출판업자를 찾지 못해 자비로 출간할 지경이었다. 니체가 자신과 거의 동일시했던 차라투스트라가 인정받지 못했을 때 어떤 상황이었을지를 상상해보라. 독자의 무반응, 인정받지 못한다는 두려움 그리고 철저한 정신적 고독은 자신의 삶을 재검토하도록 압박했다. 그는 이 시기 질스-마리아에서 여름을 보내면서 "권력에의 의지"에 관한 집필을 구상했다.

니체는《차라투스트라는 이렇게 말했다》 제3부의 집필을 마치고 1884년 2월 친구 에르빈 로데(Erwin Rohde)에게 보낸 편지에서 자신의 고독을 고백하고 한탄한다. "우리가 여전히 공통점이 없고 다른 세계에서 살고 있다는 게 어떻게 가능한 일인가? 그래도 한때는……. 그런데 친구여, 내가 사랑하는 모든 사람과의 관계가 내겐 그렇다. 모든 게 끝났다. 과거도 보호도. 사람들은 여전히 만난다. 사람들은 침묵하지 않기 위해서 말한다. 사람들은 침묵하지 않기 위해서 여전히 편지를 쓴다. 그러나 눈빛은 진실을 말해준다. 눈빛은 내게 이렇게 말한다. '니체 친구여, 너는 이제 완전히 혼자다!'" (KSB 6, 479) 니체는 같은 편지에서 《차라투스트라는 이렇게 말했다》가 "본보기도 없고 비교할 수도 없고 선구자도 없는" 책일 뿐만 아니라 "거기에 들어있는 모든 것이 내 것"이라고 고백한다.

차라투스트라 이후의 고독은 니체의 사적인 관계에도 영향을 미친다. 니체는 누이 엘리자베트와의 친밀한 관계를 재정립한다. 엘리자베트가 인종주의자이며 식민주의 이상주의자인 베른하르트 푀르스터(Bernhard Förster)와 결혼하게 되자, 니체는 1885년 5월 20일 보낸 축하 편지에서 자신은 "일종의 삶의 청산"을 하고 있다고 말한다. 삶의 청산은 이제까지 썼던 글을 다시 읽고 재검토하는 방식으로 이루어진다. 니체는 자신의 글이 읽히지 않는 이유를 고민한다. 차라투스트라 이후 니체는 점점 더 이제까지 해왔던 세련된 글쓰기 양식에서 벗어나기 시작했다. 편지와 메모는 점점 공격적으로 변하고, 자부심에 가득 차며, 가차 없이 문제를 건드리는 방식이 되었다. 니체의 자기 검토는 이렇게 새로운 글쓰기로 나타난다.

니체가 자신의 삶을 다시 한번 복기하고 성찰하는 과정에서 삶은 더욱 모순적인 것으로 드러난다. 니체가 자신의 글과 사상을 자기 자신과 동일시하면 할수록 실존적 가치의 전환은 더욱 급격하게 일어난다. 자신을 오랫동안 괴롭혔던 병은 이제 건강의 원인이 되고, 고독은 새로운 가치를 창조할 수 있는 정신적 자원이 된다. 세계가 니체를 외면하면 할수록 자신에 대한 니체의 평가는 더욱 긍정적으로 변한다. 1884년 자신의 글들이 실패를 거듭하고 친구들에게서조차 이해받지 못하는 상황에서 마흔 살의 니체가 자신의 삶을 되돌아보면서 이제까지 쓴 글들을 다시 읽을 때, 그가 느낀 감정은 자기 확신이었다. 니체는 1884년 차라투스트라에 관한 생각으로 압도되었던 시기와 상황을 이렇게 서술한다.

> 나는 이제 아마도 유럽에서 가장 독립적인 사람일 것이다. 나의 목표와 과제들은 다른 어떤 다른 사람의 그것보다 훨씬 더 포괄적이다. 그리고 내가 위대한 정치라고 부른 것은 적어도 현재의 일들을 바라볼 수 있는 좋은 위치와 관점을 제공한다. 삶의 모든 수행에 관한 한, 진실하고 신뢰할 수 있는 친구인 당신에게 지금부터 나를 위해 단 한 가지만 보존하기를 간청한다. 그것은 개인을 배려하는 것으로부터의 최대한 독립과 자유이다. 내가 생각하는 것은 나에 관해 '강건해져라!'라는 차라투스트라의 경고가 말하는 것이다. 모든 사람에게 정의를 베풀고 기본적으로 내게 가장 적대적인 것을 가장 관대하게 대하는 나의 감각은 지나치게 발달했으며, 나뿐만 아니라 나의 과제에 대해서도 위험에 위험을 초래한다. 여기에서는 강화가 필요하며, 교육을 위해서 때때로 잔인함이 필요하다. (KSB 6, 498)

니체는 철저한 고독 속에서 강해지려 한다. 니체는 자신이 당하는 오해와 무관심을 "인류의 모든 위대한 스승이 겪는 고통"이라고 생각한다. 《차라투스트라는 이렇게 말했다》의 실패와 그로 인한 고독 속에서 니체는 왜 "권력에의 의지"를 구상하게 된 것일까? 우리는 종종 자신의 삶을 성찰하는 개인의 관점에서 '자기 권력'을 말하기도 한다. 자신이 가진 힘을 자유롭게 활용하고 표현함으로써 자기를 스스로 규정하고 관철하는 행위는 일종의 권력 행위로 인식된다. 자제, 절제, 자기통제만큼 분명한 권력 행위도 없다. 우리는 자기 자신을 통제하고 지배하는 과정에서 자신의 힘을 느낀다. 니체는 이를 '권력 감정'이라고 부른다. 니체는 이런 과정을 거쳐야만 '주권적 개인'이 탄생한다고 말한다. "권력에의 의지"가 세상에서 일어나는 일을 총체적으로 해석하려는 철학적 의미를 담고 있지만, 이러한 니체의 실존적 경험과 자기 성찰이 이 개념에 집약된 것도 분명한 사실이다.

니체가 1884년 5월 말비다 폰 마이젠부크(Malwida von Meysenbug)에게 보낸 편지는 우리에게 "권력에의 의지"에 관한 책의 성격을 이해할 수 있는 단서를 제공한다.

> 내가 한 일을 마음속 깊이 느끼는 몇몇 사람들이 있기 위해 몇 세대가 지나야 할지 누가 압니까! 그리고 가장 부당하고 완전히 부적합한 사람들이 언젠가 내 권위를 끌어댈 것이라는 생각조차 나를 두렵게 합니다. 그러나 그것은 인류의 모든 위대한 스승이 겪는 고통입니다. 그는 상황이 되면 자신이 인류의 운명이자 축복이 될 수 있음을 알고 있습니다. 이제, 나 자신은 적어도 지나치게 심한 오해를 조장하지 않기 위해 모든 것을 하고 싶습니다. 내 철학의 이 현관을 만들었으니 지금 나는 내 앞에서 본관도 완공될 때까지 다

시 일에 착수하는 데 지치지 않아야 합니다. 단지 야망의 언어를 이해하는 사람들은 인류가 수여해야 할 가장 높은 면류관에 내가 도달하고 있다고 말할 수 있습니다.(KSB 6, 499)

니체가《차라투스트라는 이렇게 말했다》를 미래 철학의 현관으로 생각했다면, 그가 본관으로 생각한 것은 도대체 무엇인가? 그가 다양한 관점과 형식으로 구상하고 계획했던 "권력에의 의지"가 완성되지 못한 본관이었음은 분명해 보인다. 인류의 위대한 스승으로서 니체가 자신의 사상을 체계화하여 들려주고 싶었던 것은 분명 "권력에의 의지"다. 니체가 이 미완성의 책을 계획하면서 이 책이 오해될 수 있다는 점을 예견한 것이 놀랍다. 자신의 철학을 이해하지 못하는 부적합한 자들이 오히려 니체의 권위를 끌어다 오용할지도 모른다는 것이다. 우리는 여기서 두 가지 의문을 가지게 된다. 인류가 최고의 면류관을 수여할 정도로 정점에 다다른 니체의 사상은 무엇인가? 왜 그는 이미 오해와 오독의 가능성을 예견한 것인가? 이 질문은 결국《권력에의 의지》의 편찬 문제로 이어진다.

4.《권력에의 의지》: 잠언과 체계화의 사이에서

니체의 사상에서 "권력에의 의지"는 하나의 철학적 개념이자 동시에 문학적 기획이다. 그리고 그것은 페터 가스트와 엘리자베트 푀르스터-니체가 1906년 정전의 형식으로 편찬한 책의 제목이다. 따라서 이 책의 의미와 위상을 제대로 파악하려면 우선 "권력에의 의지"라는 개념의 생성 과정과 같은 제목으로 자신의 핵심 사상을 정리하려고 했던 니체의 문학적 기획의 관계를 살펴볼 필요가 있다.

1880년 이후 "권력의 감정"에 관한 성찰로 조금씩 모습을 갖추기 시작한 이 개념은 1881년 《아침놀》에 '권력 욕망'으로 표현된다. 니체는 1882년 《즐거운 학문》 제1부 〈권력 감정에 관한 학설을 위하여〉라는 13번 잠언에서 권력 욕망의 개념을 확장한다. 남을 이롭게 하고 상처를 주는 것은 그들에게 자신의 권력을 행사하는 방법이며, 이러한 권력의지만이 그들이 원하는 모든 것이라고 말한다. "기쁨을 주거나 고통을 줌으로써 사람은 타인에게 자신의 권력을 행사한다. 사람은 그 이상을 원하지 않는다. 우리의 권력을 느끼게 만들어야 하는 사람들에게 우선 고통을 가한다. 왜냐하면 권력을 훨씬 더 느끼게 하는 수단은 기쁨보다 고통이기 때문이다." 권력 감정을 성찰하는 과정에서 권력에의 의지는 이렇게 인간의 행위를 총체적으로 해석하는 철학적 명제로 발전한다.

"권력에의 의지"가 온전한 형태로 처음으로 상세하게 서술된 것은 《차라투스트라는 이렇게 말했다》 제2부 〈자기 극복에 대하여〉라는 제목을 달고 있는 장에서다. "살아있는 자를 발견하는 곳, 그곳에서 나는 권력에의 의지를 발견했다. 그리고 시중을 드는 자의 의지에서도 주인이 되려는 의지를 발견했다. …… 오직 삶이 있는 곳, 그곳에 또한 의지가 있다. 그러나 그것은 삶에의 의지가 아니라 권력에의 의지라고 나는 그대에게 가르친다! 살아있는 자에게는 삶 그 자체보다 더 높이 평가되는 것이 많다. 그리고 이러한 평가를 통해서 말을 하는 것이 바로 권력에의 의지다!"

삶에 대한 니체의 해석과 그것을 표현한 정식인 "권력에의 의지"가 쇼펜하우어의 삶에 대한 의지처럼 형이상학적 원리인지는 여전히 하나의 문제이다. 니체가 삶, 생명 그리고 세계에서 일어나는 사건을 "권력에의 의지"로 해석했다는 점만은 분명하다. 왜 니체는 단순히 '의지'라고 말하지 않고, 또 생명의 현상을 '삶에의 의지'가 아니라 '권력에의 의지'로 해석했는지는 여전히 우리의 호기심과 궁금증을 자아낸다. 그뿐만 아니라 "권력에의 의지"는 처음부터 대립적이고 모순적인 해석을 허용한다. "권력에의 의지"를 순화시켜 긍정적으로 해석하려는 사람들은 '자기 극복'에 초점을 맞추지만, 왜 자기 극복이 지배와 복종 그리고 주인이 되고자 하는 의지와 연결되는지를 설명해야 한다.

우리가 이 개념에 관해 가질 수밖에 없는 의문은 사실 1880년대 후반의 니체를 괴롭혔던 철학적 문제였다. 니체는 이러한 문제들을 해결하기 위해 '권력에의 의지'라는 제목으로 책을 쓰려는 계획을 품었다. 1885년 늦여름 "권력에의 의지"가 책 제목으로 처음 등장한 이후 니체는 이 계획을 다양한 형태로 변주한다. 권력에의 의지는 때로는 "위대한 정치", "선한 유럽인" 그리고 "영원회귀" 사상과 함께 등장한다. 이 시기의 유고는 실제로 니체가 가진 영감과 직관을 이론적으로 작업하려는 시도, 자신이 읽은 것을 발췌하여 정리한 것, 그리고 자신의 집필 계획에 관한 목차 등을 포함한다. 1880년대 후반의 유고는 니체의 사유의 일기라고 할 수 있다.

여기서 우리는 '권력에의 의지'라는 제목이 계승되고 변형되고 강조되는 상세한 역사를 기술할 필요는 없다. 확실하게 말할 수 있는 것은 "권력에의 의지"에 관한 프로젝트가 오랫동안 핵심적으로 추진되었다는 사실이다. 물론 이 프로젝트와 함께 '정오와 영원', '미래의 철학', '선악의 저편'이라는 제목으로 다른 프로젝트들이 동시에 계획되었다. 에리히 포다흐(Erich F. Podach)는 이 시기의 유고를 "체계적인 주요 작품을 쓰려는 투쟁"으로 해석하지만, 비평본의 편집자인 몬티나리는 이러한 생각이 의심스럽다고 단언한다. 그는 자신의 주저 또는 대표작을 쓰려는 니체의 투쟁은 일어나지 않았다고 주장한다. 따라서 "필생의 역작이 병으로 인해 미완성으로 남게 되었다고 주장하는 것은 거의 순진한 생각"이라는 것이다.

물론 니체가 "권력에의 의지"로 계획했던 것이 자신의 사상을 총체적, 체계적으로 정리한 대표작인지는 알 수 없다. 그렇다고 니체 자신이 "권력에의 의지"로 자신의 사상을 표현하려 했다는 사실마저 사라지는 것은 아니다. 만약 그가 1889년 1월 3일 광기로 쓰러지지 않았더라면, 그가 어떤 작품을 우리에게 남겼을지는 여전히 의문이다. 의심할 여지 없이 분명한 사실은 니체가 《차라투스트라는 이렇게 말했다》 이후 사유 과정에서 탄생한 노트와 단편 중 일부를 1889년 출간된 《우상의 황혼》과 《안티크리스트》에 사용했지만, 이러한 작품들로 "권력에의 의지"의 기획이 완성되었다고 보기는 어렵다는 점이다.

니체가 마치 《차라투스트라는 이렇게 말했다》의 사상적 쌍둥이처럼 기획한 《권력에의 의지》를 이해하려면 이 책의 구상 과정을 동반한 철학적 핵심 문제를 포착할 필요가 있다. 니체는 1886년 출간한《선악의 저편》네 번째 겉표지에서 "권력에의 의지. 모든 가치의 가치전도 시도"를 공식적으로 예고했고, 1887년 출간한《도덕의 계보》제3논문 27에서 유럽 허무주의의 역사에 관한 문제를 자신이 준비 중인《권력에의 의지. 모든 가치의 가치전도 시도》라는 저서에서 다룰 것이라고 말한다.

니체는 이 예고에 앞서 1886년 여름 질스-마리아라고 적혀 있는 기록에서 "권력에의 의지"를 다음과 같이 4부로 구상했다.(KSA 12, 2[100], 109)

권력에의 의지

모든 가치의 가치전도 시도

1권: 위험 중의 위험(**이제까지의 가치 평가의 필연적 결과**로서의 허무주의의 서술)

2권: 여러 가치의 비판(논리학 등등)

3권: 입법자의 문제(그 안에는 고독의 역사가 있다). 반대로 가치 평가하는 사람들은 어떤 성질을 가져야 하는가? 현대적 영혼의 모든 특성을 가졌지만 그 특성들을 건강하게 변형시킬 수 있을 정도로 충분히 강한 사람들.

4권: 망치. 자신의 과제를 위한 수단

니체는 '권력에의 의지'라는 제목으로 허무주의, 가치 평가, 모든 가치의 가치전도, 새로운 가치의 창조와 관련된 자신의 사상을 체계화하려고 했던 것으로 보인다. 페터 가스트와 엘리자베트 푀르스터-니체가 《권력에의 의지》를 편찬하면서 목차로 삼았던 유고는 1887년 3월 17일 니스에서 기록한 초안에 기반한다.(KSA 12, 7[64], 318)

권력에의 의지

모든 가치의 가치전도 시도

첫 번째 책: 유럽 허무주의

두 번째 책: 이제까지의 최고 가치의 비판

세 번째 책: 새로운 가치 정립의 원리

네 번째 책: 규율과 훈육

1887년 3월 17일 니스에서 구상하다

니체가 "권력에의 의지"로 사유하고자 했던 핵심적인 문제는 허무주의이다. 허무주의의 문제는 1880년대 그가 직접 출간한 책과 사유의 일기 형식으로 남겨놓은 유고를 관통한다. 니체는 허무주의의 현상을 진단하고 그 기원을 추적하는 과정에서 가치 평가의 주요 동인으로서 '권력에의 의지'를 발견한다. 허무주의, 가치 비판, 모든 가치의 가치전도, 영원회귀 사상처럼 니체가 이 시기에 매달렸던 문제들은 모두 "권력에의 의지" 문제로 압축된다.

물론 《권력에의 의지》의 편찬자가 왜 다양한 구상 중에서 유독

1887년 3월 17일 니스 구상을 선택했는지는 알 수 없다. 몬티나리가 추측하는 것처럼 페터 가스트가 종종 자신이 니체보다 더 나은 작가와 철학자라고 착각한 탓일 수도 있다. 중요한 것은 1888년 8월 16일의 마지막 구상에 이르기까지《권력에의 의지》의 네 가지 동기는 유지되고 강화된다는 사실이다. 니체가 직접 발표한 글뿐만 아니라 그의 사유의 투쟁과 과정을 진지하게 생각한다면, 우리는 남겨진 유고를 어떤 식으로든 체계화할 수밖에 없다.

몬티나리가 말한 것처럼 니체의 유고에 대한 두 가지 고찰 방식이 가능하다. 하나는 손으로 쓴 노트 전체를 형성되어가는 어느 정도 통일적인 니체 사유의 표현으로 이해한다면, 다른 하나는 니체가 직접 실행에 옮긴 문학적 의도, 즉 출간 계획을 강조한다. 그 때문에 이 방식은 작품의 전체 단계를 찾아서 그 형성 과정을 재구성하려고 시도한다. 니체가 무엇을 작품에 수용하고, 단순히 빼버리며, 나중에 사용하기 위해 남겨두었으나 결국 이용하지 않았는지를 탐색한다. 물론 이 두 가지 방식은 니체 사유를 전체적으로 해석하기 위해 상호 보완해야 한다. 예컨대《권력에의 의지》의 마지막 잠언인 1067번의 글이《선악의 저편》의 36번 잠언에 수용되었다고 해서《권력에의 의지》로 서술된 사유 과정 자체가 대체되는 것은 아니다.

"권력에의 의지"를 이야기하는《선악의 저편》36은 이런 문장으로 끝맺는다. "내부로부터 본 세계, 그 '예지적' 성격을 향해 규정하고 명명한 세계, 이는 바로 '권력에의 의지'이며, 그 밖의 아무것도 아니다." 니체는 이 잠언을 욕망과 열정에 관한 성찰로 시작한다. 욕망과 열정의 세계 외에 현실로 주어진 것이 아무것도 없다고 가정한다면, 우리는 세계를 어떻게 해석해야 하는가? 세계에 대한 기계론적 해석과 유기적 해석을 고찰하며, 니체는 생식과 영양 섭취 그리고 배설과 신진대사를 권력에의 의지로 해석한다.

그런데 페터 가스트와 엘리자베트 푀르스터-니체가 편찬한《권력에의 의지》의 마지막 잠언은 하나의 질문으로 시작한다. "너희는 내게 "세계"가 무엇인지를 알고 있는가? 내가 너희에게 이 세계를 내 거울에 비추어 보여주어야만 하는가?" 이 질문에 대해 니체는 이 잠언의 마지막 문장으로 이렇게 답한다. "이 세계는 권력에의 의지다. 그리고 그 외에는 아무것도 아니다! 그리고 그대들 자신 역시 이러한 권력에의 의지다. 그리고 그 외에는 아무것도 아니다!" 몬티나리는 이 유고가《선악의 저편》에 다른 형식으로 수용됨으로써 제 소임을 다했다고 주장하지만, 두 잠언의 뉘앙스는 사뭇 다르다. 유고는 우리가 어떻게 읽느냐에 따라서 "권력에의 의지"를 해석할 수 있는 다양한 관점을 제공한다.

니체 사상의 다양성은 그의 독특한 글쓰기 양식에서만 기인하지 않는다. 니체의 글과 작품에서는 실제로 수많은 모순이 존재한다. 이 모순을 어떻게 이해할 것인가는 사실 모든 해석의 출발점이기도 하다. 니체의 사상은 몇 단계를 거쳐 발전하고 그때마다 커다란 단절을 이루기 때문에 서로 다른 시기에 발전한 사상을 잘못 연결하면 종종 사상이 모순적인 것처럼 보일 수도 있다. 그러나 니체 사상의 가장 커다란 모순은 어떤 체계도 허용하지 않는 잠언적 글쓰기와 자신의 사상에 통일적 체계를 부여하려는 시도의 갈등에서 기인한다. 그러므로 니체의 작품에서 서로 모순되는 일련의 사상을 발견한다고 해서 그것이 체계화의 경향을 부정할 근거가 되지는 못한다.《권력에의 의지》는 시기적으로 흩어져있는 단상과 단편들을 체계화하려는 하나의 시도일 뿐이다. 이런 점에서 니체의 유고는 있는 그대로의 진정한 형태로 발표되어야 한다는 문헌학적 경직성은 오히려 니체의 다양성을 파괴한다.

5. 왜 "힘에의 의지"가 아니라 "권력에의 의지"인가?

"권력에의 의지"는 세계에 대한 니체의 해석이다. 니체는 자신의 해석이 결코 절대적 타당성을 요청하는 하나의 진리라고 주장하지 않는다. 니체는 궁극적으로 배타적이고 폐쇄적일 수밖에 없는 체계를 반대한다. 하나의 완결된 사상의 체계를 가지는 것은 '자유정신'에 치명적이라고 생각한다는 점에서 니체는 오히려 다양성의 사상가이다. 니체가 오늘날에도 여전히 많이 읽히고 많은 영감을 주는 것은 바로 그의 사상이 다양한 결을 가지고 있기 때문이다.

《권력에의 의지》는 결코 니체의 사상이 체계적으로 집적된 그의 주저가 아니다. 이 책은 1880년대 후반의 유고를 읽고 이해할 수 있게 만들어주는 하나의 징검다리에 불과하다. 니체의 핵심 사상 중 하나인 "권력에의 의지"를 이해하는 일은 순전히 독자의 몫이고 과제이다. 니체는 스스로 이렇게 말한다. "동일한 텍스트가 무한히 많은 해석을 허용한다. 하나의 '올바른' 해석은 존재하지 않는다." 니체에 의하면 우리가 발견하기만 하면 되는 사태 및 사실 자체는 존재하지 않는다. 오직 해석만이 있을 뿐이다. 그리고 해석은 바로 권력에의 의지의 표현이다. 우리가 니체를 해석한다는 것은 바로 니체가 남겨놓은 텍스트의 주인이 된다는 뜻이다.

여기서 나는 니체의 "권력에의 의지"에 관한 해석을 체계적으로 서술하고 싶은 생각은 없다. 우리는 각자 니체의 글을 읽고 진지하게 받아들이면서 자기 생각을 정리하면 된다. 그렇지만 여기서 니체의 용어인 'Der Wille zur Macht(Will to Power)'를 왜 '힘에의 의지'가 아니라 '권력에의 의지'로 옮겼는지를 설명할 필요는 있다. 니체가 정치적으로 오용된 것이 마치 '권력에의 의지' 개념 때문이라는 편견이 여전히 남아있는 상황에서 이 개념을 '힘에의 의지'로 번역하는 것이 철학적으로 옳을 뿐만 아니라 니체를 정치적 오용과 오독으로부터 구원할 수 있다는 또 다른 착각과 편견이 떠돌아다니기 때문이다.

번역은 그 자체로 해석이다. 특히 철학적 용어와 텍스트의 경우가 그렇다. 콜리와 몬티나리가 편집한 니체 비평본의 한국어판을 책세상 출판사에서 《니체전집》으로 펴낼 때 편집위원으로 참여하면서 니체의 중요 용어에 대한 논의를 거쳐 번역 용어를 결정한 적이 있다. 가장 오래 논의한 개념은 '초인(Übermensch)'과 '권력에의 의지(Der Wille zur Macht)'였다. '초인'은 독일어 개념을 음역하여 '위버멘쉬'로 옮기고, '권력에의 의지'는 '힘에의 의지'로 통일하기로 했다. 나는 당시에도 '초인'과 '권력에의 의지'로 옮기는 것이 더 적합하다고 주장한 소수였다. 문학과 예술뿐만 아니라 다양한 영역에

광범위한 영향을 미친 니체의 사상을 단지 '철학자 니체'라는 관점에서 철학적으로 정화하려는 시도는 오히려 니체 사상을 오독하게 한다는 입장이었다.

그렇다면 왜 '힘'이 아니고 '권력'이며, '힘에의 의지'가 아니라 '권력에의 의지'인가? 우선, 니체의 글과 텍스트에서 사용된 '권력(Macht)'은 분명 '힘(Kraft)'과 구별되는 단어이다. 니체는 물론 두 용어를 섞어 써서 쉽게 구별되지 않는 사례도 있지만, 이 두 용어를 개념적으로 규정하여 그 뜻을 명료하게 밝히고자 할 때는 '권력'과 '힘' 사이에는 몇 가지 근본적인 차이가 있다는 점을 먼저 알아야 한다. 니체가 "권력에의 의지"라는 맥락에서 권력과 힘이라는 용어를 사용하는 잠언을 상세히 살펴보자.

> 우리의 물리학자들이 신이나 세계를 창조할 때 사용했던 "힘"이라는 승리에 찬 개념은 여전히 보완될 필요가 있다. 즉, 그 힘에는 어떤 내적 세계가 귀속되어야 하는데, 나는 그것을 "권력에의 의지", 다시 말해 권력을 나타내려는 혹은 권력을 행사하고 실행하려는 지칠 줄 모르는 욕망, 창조적 충동 등으로 부른다. 물리학자들은 그들의 원리에서 "원격작용"이라는 개념을 지우지 못한다. 반발력(혹은 견인력)도 마찬가지다. 그것은 아무런 도움도 되지 않는다. 우리는 모든 운동, 모든 "현상", 모든 "법칙"을 단지 어떤 내적 사건의 징후로 파악해야 하고, 인간의 비유를 끝까지 사용해야 한다.(KSA 11, 36[31], 563)

'힘'은 물리학적 개념이고, '권력'은 유기체적 개념이다. 본래 물리적으로 중립적이고 계량할 수 있는 힘에는 내적인 세계가 없다. 힘은 인간에 의해 관찰되고 측정될 뿐이다. 니체는 여기서 "권력에의 의지"라는 개념으로 세계를 새롭게 해석하려 한다. 세계에서 일어나는 사건을 마치 어떤 의지 행위의 징후로 해석할 수 있을까? 여기서 '권력'은 그것을 과시하고 행사하려는 욕망, 충동, 의지와 결합된 개념으로 해석되고 있다. 이런 점에서 '권력에의 의지'는 세계를 그 내면으로부터 해석하려는 철학적 개념이기는 하지만 인간의 의지 행위와 가장 커다란 유사성을 가진다. 동물의 모든 충동을 '권력에의 의지'로부터 끌어낼 수 있는 것처럼, 니체는 유기체적 생명의 모든 기능도 결국 이 하나의 원천으로 환원된다고 주장한다. 물론 니체는 인간 행위에도 권력과의 관계에서 '힘'이라는 용어를 사용하지만, 그런 경우에는 힘을 축적하려는 의지, 힘이 있다는 느낌과 감정처럼 단순히 물리적이지 않다는 수식어를 함께 사용한다. 만약 권력은 '살아있는 힘'이라고 말한다면, 힘은 권력 개념을 설명하는 술어일 뿐이지 그 자체 권력은 아니다.

니체가 '힘'과 '권력'을 차별하지 않는다고 말하는 것은 니체의 의도를 왜곡할 뿐만 아니라 니체 사상 전체를 잘못 읽는 것이다. 왜냐하면 니체의 권력에의 의지는 당시 지배적이었던 세계에 대한 물리학적 해석과는 다른 철학적 해석을 의도했기 때문이다. 우리는 여기서 니체가 당시 역학과 같은 자연과학적 지식에 정통했다는 사실을 상기할 필요가 있다. '권력'과 '힘' 사이에는 본질적인 차이가 있다. 힘은 양적 개념이라면, 권력은 질적 개념이다. 여기서 다른 유고한 편을 살펴보자.

> 몸 안의 귀족정치, 지배자의 다수성(조직의 투쟁). 노예제와 분업: 더 높은 유형은 더 낮은 유형을 **억압하여** 하나의 기능으로 만들 때만 가능하다. 쾌감과 고통은 대립이 아니다. 권력의 감정. "영양"은 만족할 줄 모르는 동화의, 권력에의 의지의 결과일 뿐이다. "생식"은 지배적인 세포가 자기 것으로 만든 것을 조직화할 힘이 없을 때 일어나는 붕괴이다. **형태화하는** 힘은 항상 새로운 '재료'(더 많은 '힘')를 저장하고자 하는 것이다. 알로부터 하나의 유기체를 형성하는 걸작.
> '기계론적 견해': 양(量) 이외에는 아무것도 원하지 않는다. 그러나 힘은 '질'(質) 속에 숨어있다. 그러므로 기계론은 오로지 과정을 서술할 수 있을 뿐, 설명할 수는 없다.(KSA 12, 2[76], 96)

이 유고는《권력에의 의지》의 660번으로 채택되었다. 비평본에는 '권력의 생리학을 위하여(Zur Physiologie der Macht)'라는 제목을 달고 있다. 니체는 세계를 생리학적 관점, 다시 말해 살아있는 생명체의 관점에서 해석하려 한다. 그렇기 때문에 니체는 많은 잠언에서 역동적인 것, 생명력 있는 것을 선호하여 세계에 대한 기계론적 해석을 거부한다. 힘의 용어에는 의도적, 계획적, 창조적 방향의 의미가 없기에 그는 힘의 물리적 개념에 불만을 표한다. 이 인용문에서도 알 수 있듯이 힘과 권력의 관계를 서술하자면, 권력은 조형하는 창조적 힘이다. 물론 이것 역시 하나의 해석일 뿐이다. 이 개념을 어떻게 옮기든 우리는 동일한 문제로 돌아갈 수밖에 없다. 니체가 '권력에의 의지'로 사유하려고 했던 것은 무엇인가? 이 책이 이 물음에 답하는 사유의 여정이 되길 바란다.

니체 연보

1844년 10월 15일 뢰켄에서 목사인 카를 루트비히 니체(Carl Ludwig Nietzsche)와 이웃 마을 목사의 딸 프란치스카 욀러(Franziska Öhler) 사이의 세 자녀 중 첫째로 태어나다.

1846년 여동생 엘리자베트(Elisabeth)가 태어나다.

1848년 혁명이 발발하다. 아버지가 뇌 질환을 앓기 시작하다. 카를 마르크스의 《공산당 선언》이 출간되다.

1849년 동생 요제프(Joseph)가 태어나다. 아버지가 사망하다.

1850년 동생 요제프가 사망하다. 가족과 함께 나움부르크로 이사하다.

1851년 '칸디다텐 베버(Kandidaten Weber)'라는 사설 교육기관에 들어가 그리스어와 라틴어 수업을 받다.

1858~1864년 14세 때 엘리트 김나지움 슐포르타(Schulpforta)에 입학하여 철저한 인문계 교육을 받다. 도수 높은 안경을 끼기 시작하고, 두통이 시작되다.

1862년 니체 사상의 방향을 암시하는 〈운명과 역사(Fatum und Geschichte)〉라는 글을 쓰다.

1864년 슐포르타를 우수한 성적으로 졸업하다. 본대학교에서 1864/65년 겨울 학기에 신학과 고전문헌학 공부를 시작하다.

1865년 1865/66년 겨울 학기에 리츨(Ritschl) 교수를 따라 라이프치히로 학교를 옮기다. 늦가을 고서점에서 쇼펜하우어의 《의지와 표상으로서의 세계》를 발견하고 탐독하다.

1866년 고대의 철학사가인 디오게네스 라에르티오스(Diogenes Laertios)에 관한 연구로 라이프치히대학교 당국이 주는 상을 받다. 디오게네스에 관한 연구와 리츨 교수의 높은 평가로 문헌학자로서 니체의 이름이 알려지기 시작하다.

1867년 1867년 10월 9일에서 1868년 10월 15일까지 나움부르크 포병부대에서 군 복무를 하다.

1868년 3월에 말을 타다가 떨어져 가슴에 심한 부상을 입고 10월에 제대한 후 라이프치히로 돌아가다. 11월 8일 동양학자인 브로크하우스(H. Brockhaus)의 집에서 바그너를 처음 만나다.

1869년 박사 학위도 없이 4월에 바젤대학교의 고전어와 고전문학 원외 교수로 위촉되다. 5월 17일 트립셴에 머물던 바그너를 처음 방문하고, 이때부터 니체는 자주 트립셴에 가게 되다. 《라인 문헌학지》에 발표한 논문과 디오게네스 라에르티오스의 자료에 관한 연구를 인정받아 라이프치히대학교에서 박사 학위를 받다. 스위스 국적을 신청하지 않은 채 프로이센 국적을 포기하다.

1870년 4월에 정교수가 되다. 7월에 프로이센-프랑스 전쟁에 자원하여 의무병으로 참전하지만, 이질과 디프테리아에 걸려 10월에 다시 바젤로 돌아오다.

1872년 《비극의 탄생》이 출간되다. 그라이프스발트대학교의 교수 초빙을 거절하다. 바그너가 바이로이트로 이사하다. 바이로이트 축제를 기획하고 5월에는 준비를 위해 바이로이트를 방문하다.

1873년 구토를 동반한 편두통이 심해지는 병이 시작되다. 눈이 극도로 나빠지다. 〈비도덕적 의미에서의 진리와 거짓에 관하여〉를 집필하다. 《반시대적 고찰》 1권을 출간하다.

1874년 《반시대적 고찰》 2권, 3권을 출간하다. 소크라테스 이전 사상가에 대한 니체의 강의를 들은 파울 레(Paul Ree)와의 친교가 시작되다.

1875년 겨울 학기에 니체의 강의를 들은 하인리히 쾨젤리츠(Heinrich Köselitz)라는 젊은 음악가가 니체의 가장 충실한 학생 중 하나이자 절친한 교우가 되다. 니체에게서 페터 가스트(Peter Gast)라는 예명을 받은 그는 니체가 사망한 후 니체의 여동생 엘리자베트와 함께 《권력에의 의지》 편집본의 편집자가 되다.

1876년 바이로이트에서 제1회 바그너 축제가 열리지만, 축제와 청중에 실망하여 바그너와 내면적으로 결별하다. 겨울 학기부터 병가를 허락받다. 10월에서 1877년 5월까지 소렌토에 있는 말비다 폰 마이젠부크 집에서 머무르다. 그곳에서 리하르트 바그너와 코지마 바그너와 마지막으로 만나다.

1878년 《인간적인 너무나 인간적인》 1부를 출간하다. 바그너가 이 책을 5월에 읽다. 니체와 바그너 사이의 열정과 갈등, 좌절로 점철된 관계는 실망으로 끝나다.

1879년 건강이 악화되어 3월 19일 강의를 중단하고 제네바로 휴양을 떠나다. 5월에는 바젤대학교에 사직서를 제출하다. 9월에 나움부르크에 오기까지 스위스 장크트모리츠에 머무르며 《혼합된 의견과 잠언들》을 출간하다. 118번의 심한 발작을 일으키다. 이때부터 확실한 거처 없이 방랑자 생활을 시작하다.

1880년 《방랑자와 그의 그림자》를 출간하다. 페터 가스트와 함께 베네치아에 머물면서 요양을 하다. 《아침놀》을 집필하다.

1881년 7월에 《아침놀》을 출간하다. 7월 초 처음으로 질스마리아에 머무르다. 타자기를 주문하다. 10월 1일에 제노바로 돌아가다.

1882년 《즐거운 학문》을 출간하다. 로마에서 루 살로메를 처음으로 만나다. 살로메와 함께 오르타 호수, 루체른, 타우텐부르크로 여행을 가다. 타우텐부르크에서 살로메와 매우 깊이 있는 대화를 나누지만, 살로메와 사이가 좋지 않은 여동생의 이간질로 둘의 관계가 소원해지다.

1883년 《차라투스트라는 이렇게 말했다》 1부를 쓴 후 매우 빠른 속도로 3부까지 집필하다. 베네치아에서 2월 13일 바그너가 사망하다.

1884년 《차라투스트라는 이렇게 말했다》 3부를 출판하다.

1885년 《차라투스트라는 이렇게 말했다》 4부를 출판할 출판업자를 찾지 못해 자비로 출간하다. 질스마리아에서 여름을 보내면서 《권력에의 의지》의 집필을 구상하다.

1886년 8월 초에 《선악의 저편》을 자비로 출판하다. 이전 작품들에 대한 새로운 서문을 쓰기 시작하다.

1887년 질스마리아에서 《도덕의 계보》를 집필하고 11월에 자비로 출판하다. 루 살로메가 안드레아스(Andreas)와 결혼한다는 소식을 접하고 우울증에 빠지다.

1888년 4월 2일까지 니스에 머무르면서 '모든 가치의 전도'에 관한 책을 구상하고 이 책의 일부를 《안티크리스트》라는 책으로 출판하다. 《바그너의 경우》, 《우상의 황혼》, 《이 사람을 보라》를 집필하다.

1889년 1월 3일 이탈리아 토리노의 카를로 알베르토 광장에서 채찍질 당하는 말을 보호하려고 말을 끌어안다가 발작을 일으키다. 이 시기 디오니소스, 십자가에 못 박혀 죽은 자, 니체 카이사르로 서명한 '광기의 쪽지편지'를 친지들에게 보내다. 오버베크가 니체를 바젤로 데리고 가서 정신병원에 입원시키다. 이후 어머니가 와서 예나대학교 정신병원으로 옮기다. 바젤 프리드마트 정신병원은 점진적 마비, 예나대학교 정신병원은 치유 불가의 진단을 내리다. 《우상의 황혼》, 《니체 대 바그너》, 《이 사람을 보라》를 출판하다.

1890년 5월에 어머니가 그를 나움부르크로 데리고 가서 돌보다.

1893년 여동생이 완전히 귀국하여 어머니와 함께 니체를 간호하다.

1894년 여동생이 니체 전집의 편찬을 담당할 니체 문서보관소(Nietzsche Archiv)를 설립하다.

1897년 4월 20일에 어머니가 71세의 나이로 사망하다. 이후에 여동생이 니체를 바이마르에 있는 '빌라 질버블릭'으로 데리고 가다.

1900년 8월 25일 정오경에 사망하다.

권력에의 의지

1판 1쇄 발행일 2023년 9월 18일

지은이 프리드리히 니체
옮긴이 이진우

발행인 김학원
발행처 (주)휴머니스트출판그룹
출판등록 제313-2007-000007호(2007년 1월 5일)
주소 (03991) 서울시 마포구 동교로23길 76(연남동)
전화 02-335-4422 **팩스** 02-334-3427
저자·독자 서비스 humanist@humanistbooks.com
홈페이지 www.humanistbooks.com
유튜브 youtube.com/user/humanistma **포스트** post.naver.com/hmcv
페이스북 facebook.com/hmcv2001 **인스타그램** @humanist_insta

편집주간 황서현 **기획** 전두현 **편집** 임미영 **디자인** 김태형
조판 홍영사 **용지** 화인페이퍼 **인쇄** 청아디앤피 **제본** 다인바인텍

ISBN 979-11-7087-040-1 93160